LEET

언어이해 Ⅱ | **2021~2016 학년도**

법학적성시험
문제 해설

법학전문대학원협의회 엮음

에피스테메
EPISTEME

법학적성시험 문제 해설

LEET 언어이해 II (2021~2016학년도)

©법학전문대학원협의회, 2025

제1판 1쇄 펴낸날   2011년 4월 1일
제16판 1쇄 펴낸날   2025년 12월 1일

엮은이 법학전문대학원협의회
펴낸이 고성환
펴낸곳 (사)한국방송통신대학교출판문화원
       (03088) 서울시 종로구 이화장길 54
       전화 | 1644-1232
       팩스 | 02-742-0956
       홈페이지 | press.knou.ac.kr
       출판등록 | 1982년 6월 7일 제1-491호

출판위원장 박지호
편집   박혜원·김양형
내지디자인 김정열
표지디자인 김민정

ISBN   978-89-20-05477-8 13360
값   18,000원

머리말

　법학적성시험은 법학전문대학원의 교육과정을 성공적으로 이수하는 데 필요한 수학 능력을 평가하기 위한 시험입니다. 2009학년도부터 2026학년도까지 총 18회의 시험이 치러졌으며, 출제의 전문성과 시행의 안정성이란 측면에서 신뢰를 받고 있습니다.

　시험은 언어이해, 추리논증, 논술의 세 영역으로 이루어져 있습니다. 언어이해 영역은 비교적 긴 분량의 글을 읽고 분석하여 이해하는 능력을, 추리논증 영역은 주어진 정보를 바탕으로 새로운 정보를 추리해 내는 능력과 제시된 논증을 분석하고 평가하는 능력을 측정합니다. 논술 영역은 논증적인 글쓰기 능력 및 표현력을 평가합니다.

　법학적성평가연구원은 법학적성시험을 안정적으로 출제하고 시행하는 데 그치지 않고 법조인에게 요구되는 자질 및 적성을 효과적으로 측정하는 시험이 될 수 있도록 꾸준히 노력해 왔습니다. 앞으로도 시험의 타당도와 신뢰도 제고를 위해 지속적으로 문항 연구를 진행하여 이를 시험에 반영할 것입니다.

　이 책은 제8회부터 제13회(2016~2021학년도)까지 출제된 법학적성시험 문제와 이에 관한 해설을 담고 있습니다. 문항 유형의 일부 차이에도 불구하고 예전 기출문제 또한 응시자의 독해력과 논리적 사고력을 측정하기 위한 것이라는 점에서 최근 기출문제와 본질적으로 다르지 않습니다. 이 책에 수록된 기출문제를 혼자 힘으로 풀어 본 후 자신의 풀이와 이 책의 해설을 비교하면서 학습하는 것은 법학적성시험을 효과적으로 준비하는 일인 동시에 그 자체로서 지적 흥미와 만족을 주리라 기대합니다.

　끝으로 법학적성시험 출제에 참여하셨던 교수님들, 법학적성평가연구원의 연구위원님들께 깊은 감사의 말씀을 드립니다. 시험을 준비하는 여러분들이 미래 법률가를 향한 원대한 목표를 이루어 나가시기를 진심으로 기원합니다.

법학전문대학원협의회 법학적성평가연구원장
양천수

CONTENTS

법학적성시험
언어이해 영역

2021

2021학년도 언어이해 영역 출제 방향

1. 출제의 기본 방향

언어이해 영역은 법학전문대학원 입학자들의 원활한 수학을 위한 언어 소양과 통합적 언어 능력을 평가하는 것을 목표로 삼는다. 2021학년도 언어이해 영역은 여러 유형의 다층적이고 고차원적인 텍스트를 대상으로 사실 이해 및 추론·적용 능력을 점검하는 것에 출제의 기본 방향을 두었다. 이번 시험의 출제 원칙은 다음과 같다.

- 내용 및 표현에서 모범이 되는 제시문을 다양한 분야에서 개발한다.
- 제시문의 정보들을 이해하고, 제시문의 대의를 파악하며, 정보들 간의 유기적 관련성을 분석·종합하는 능력을 평가한다.
- 제시문의 정보를 바탕으로 합리적인 결론을 이끌어내고, 특정 정보를 문제 상황에 적용하는 능력을 평가한다.

2. 출제 범위

언어이해 영역에서는 여러 분야의 다층적이고 고차원적인 글을 읽는 능력, 글의 정보를 바탕으로 적절한 추론이나 비판을 이끌어 내는 능력, 글의 정보를 관련 상황에 적용하는 능력 등을 평가한다. 이를 위해 이번 시험에서는 다양한 학문 분야의 근본적 문제나 최신 연구 동향을 적극 반영하되, 각 학문의 전문적인 지식 배경 없이도 문제를 풀 수 있는 범위에서 출제하였다.

이번 시험의 출제는 다음 사항을 고려하여 진행하였다.

- 여러 학문 분야의 기본 개념이나 범주들을 활용하되, 최신 이론의 동향, 시의성 있는 상황 등을 중심으로 제시문을 선정한다.
- 표준화된 모델들을 기반으로 문항 세트를 설계함으로써 제시문에 사용된 개념이나 범주들을 제대로 이해했는지 평가한다.
- 특정 전공, 특히 법학 전공의 배경지식 없이 제시문을 통한 정보로 풀 수 있게 제시문과 문항을 구성한다.

3. 제시문 및 문항

　언어이해 영역의 제시문은 가독성이 높고 논지가 분명하며 완결성 있어야 한다. 이번 출제에서는 제시문의 기본을 지키면서도 독해 및 사고 능력을 다각도로 측정하는 다양한 제시문들을 개발하였다. 문항은 '주제, 구조, 관점 파악', '정보의 확인과 재구성', '정보의 추론과 해석', '정보의 평가와 적용' 등 독해 활동을 균형 있게 평가하게 하였다. 특히 제시문과 〈보기〉를 연결하는 문항들을 다수 출제하여 비판 및 추론, 적용 능력을 입체적으로 평가하고자 하였다.

　이번 시험의 내용 영역은 '인문', '사회', '과학기술', '규범'의 4개 영역이며, 문항은 각 세트당 3문항, 총 10세트 30문항이다. 각 내용 영역별로 제시문의 주안점을 제시하면 다음과 같다.

　'인문' 분야에서는 먼저 '풍경의 발견과 풍경 속의 불안'을 통해 문학 예술에서의 인식틀 문제를 다루었으며, '이슬람 수피즘의 항쟁'을 통해 열강과의 오랜 전쟁을 치렀던 이슬람 권역의 상황을 이해해 보았다. 그리고 '귀신론에 대한 조선 성리학의 대응'을 통해 조선 성리학의 다양한 귀신 이해를 비교 분석하였다.

　'사회' 분야에서는 먼저 '근대국가에서의 권리와 권력의 관계'를 통해 민주주의 원칙에 대해 살펴보았으며, '가난한 나라의 빈곤 해결 방향'을 통해 빈곤에 대한 경제학자들의 다양한 시각을 소개하였다.

　'규범' 분야에서는 먼저 '평등'에 대한 이론적 시각의 비교를 통해 평등 개념 이해를 깊이 하였으며, '오형(五刑)의 변천'을 통해 동양 및 조선의 형벌이 지니는 유교적 함의를 파악해 보았다. 그리고 '법 해석의 철학적 논의'를 통해 법 해석의 철학적 기반을 심도 있게 소개하였다.

　'과학기술' 분야에서는 먼저 '프로세스 마이닝'에 관한 지문을 통해 IT 기술과 경영의 연관성을 파악해 보았으며, 다음으로 '바르부르크 효과'에 관한 제시문을 통해 암세포의 대사 과정이 드러내는 특이성을 이해하도록 하였다.

　이번 시험의 제시문들은 전반적으로 우리 사회와 세계에 대해 시의성 있으면서도 깊이 있는 이해를 유도하는 내용으로 구성되었으므로, 제시문을 읽는 것만으로도 수험생들에게 교육적 효과가 있을 것으로 기대한다.

4. 난이도 및 출제 시 유의점

2021학년도 언어이해 영역 시험에서는 2020학년도와 유사한 수준에서 적정 난이도를 확보하고자 하였다. 난삽한 제시문이나 모호한 문항을 통한 난이도 확보를 지양하고 실질적인 독해 능력을 측정하는 제시문과 문항을 출제하였다. 제시문의 가독성은 최대한 높이되, 제시문을 깊게 이해하고 새로운 상황에 적용하는 능력을 측정하는 방향으로 문항들을 설계하였다.

이번 시험에서 문항 출제 시의 유의점은 다음과 같다.

- 기출 문제나 사설 문제를 푼 경험으로는 풀리지 않게 하였으며, 특정 전공에 따른 유·불리 현상도 나타나지 않게 하였다.
- 출제의 의도를 감추거나 오해하게 하는 질문의 선택을 피하고, 평가하고자 하는 능력을 정확히 평가하게끔 간명한 형식을 취하였다.
- 다른 문항 및 답지 간의 간섭을 최소화하고, 답지 선택에서 능력에 따른 변별이 이루어지게 하였다.

[01~03] 다음 글을 읽고 물음에 답하시오.

비즈니스 프로세스는 고객 가치 창출을 위해 기업 또는 조직에서 업무를 처리하는 과정을 말한다. 업무 처리 과정을 업무흐름도로 도식화하는 과정을 프로세스 모델링이라 하며, 그 결과물을 프로세스 모델이라고 한다. 프로세스 모델은 업무 처리 활동 및 활동들 간의 경로로 구성된다. 프로세스 모델이 효율적으로 작동하고 있는지를 확인, 분석, 수정·보완, 개선하는 작업이 필요한데, 프로세스 마이닝은 그중 한 기법이다. 프로세스 마이닝은, 시뮬레이션처럼 실제 이벤트 로그 수집 이전에 정립한 프로세스 모델 중심 분석기법과, 데이터 마이닝처럼 프로세스를 고려하지 않는 데이터 중심 분석기법을 연결하는 역할을 한다.

프로세스 마이닝은 정보시스템을 통해 확보한 이벤트 로그에서 프로세스에 관련된 가치 있는 정보를 추출하는 것이다. 이벤트 로그란 정보시스템에 축적된 비즈니스 프로세스 수행 기록인데, 이것이 프로세스 마이닝의 출발점이 된다. 이벤트 로그는 행과 열로 표현되는 이차원 표 형태이다. 업무 활동으로 발생한 이벤트는 행으로 추가되며, 각 열에는 이벤트의 속성들이 기록된다. 이때 기록되는 속성으로 필수적인 것은 사례 ID, 활동명, 발생 시점이며, 다양한 분석을 위해 그 외 속성들도 추가될 수 있다. 이벤트 로그는 사용자에게 도움이 되는 정보를 직접 제공할 수 없는 원데이터이므로, 그것을 우리가 사용할 수 있는 정보로 변환해 주어야 한다. 프로세스 마이닝에는 프로세스 발견, 적합성 검증, 프로세스 향상의 세 가지 유형이 있다.

프로세스 발견이란 프로세스 분석가가 알고리즘을 통해 이벤트 로그로부터 프로세스 모델을 도출하는 것을 말하는데, 이때 분석가는 별다른 업무 지식 없이도 작업을 수행할 수 있다. 만일 도출된 프로세스 모델이 복잡하여 유의미한 분석이 곤란할 경우, 퍼지 마이닝이나 클러스터링 기법을 활용할 수 있다. 퍼지 마이닝은 실행 빈도가 낮은 활동을 제거 또는 병합하거나, 그 활동들 간의 경로를 제거함으로써 프로세스 모델을 단순화해 주는 기법이다. 이때 프로세스 모델에 나타난 활동과 경로에 대한 임곗값을 설정하여 모델의 복잡도를 조절할 수 있다. 클러스터링은 특성이 유사한 사례들을 같은 그룹으로 묶어주는 기법이다. 전체 이벤트 로그를 대상으로 프로세스를 도출할 때 복잡한 프로세스 모델이 도출될 경우, 이 기법을 적용하여 이벤트 로그를 여러 개로 나눌 수 있다. 이렇게 세분화된 이벤트 로그에 프로세스 발견 기법을 적용하면, 프로세스 모델의 복잡도가 줄어든다.

적합성 검증이란 기존의 프로세스 모델과 이벤트 로그 분석에서 도출된 결과를 비교하여 어느 정도 일치하는지를 확인하는 것이다. 이때 기존의 프로세스 모델과 이벤트 로그에서 도출된 결과물이 불일치하는 경우가 발생하는데, 먼저 기존의 프로세스 모델이 적절함에도 불구하고 업무 담당자가 이를 준수하지 않는 경우를 들 수 있다. 이 경우에는 현실 세계의 실제 업무 수행 실태를 교정해야 한다. 이와 달리 이벤트 로그의 분석 결과물이 더 적절한 것으로 판단되는 경우에는 기존의 프로세스 모델을 수정할 필요가 있다.

프로세스 향상에는 두 유형이 있다. 하나는 기존의 프로세스 모델을 '수정'하는 것이며, 다른 하나는 업무 수행 시간 및 담당자 등 이벤트 로그 분석에서 얻은 부가적 정보를 추가하여 발견된 프로세스 모델을 '확장'하는 것이다. 확장의 예로는 이벤트 로그로부터 도출된 프로세스 모델에 프로세스 내 병목지점과 재작업 흐름을 시각화하는 것을 들 수 있다.

프로세스 마이닝은 데이터 과학에 근거를 두고 프로세스 분석가가 업무 전문가와 협업하여 기업이 수행하는 비즈니스 프로세스에 대한 문제점을 진단하고 개선 방안을 도출하는 데 기여할 수 있다.

01.

윗글과 일치하는 것은?

① 이벤트 로그는 프로세스 마이닝의 출발점이지만 그 자체로는 유용한 정보라 할 수 없다.
② 업무 전문가의 충분한 지식 없이 이벤트 로그로부터 프로세스 모델을 도출하기는 어렵다.
③ 프로세스 발견은 프로세스에 내재된 업무 관련 규정을 이벤트 로그로부터 도출하는 것이다.
④ 클러스터링은 복잡한 프로세스 모델을 여러 개의 세부 프로세스 모델로 구분해 주는 기법이다.
⑤ 이벤트 로그에서 업무 담당자를 파악하여 기존의 프로세스 모델에 활동과 경로를 추가하는 것은 프로세스 수정이다.

문항 성격	문항유형 : 정보의 확인과 재구성
	내용영역 : 과학기술
평가 목표	이 문항은 제시문의 주요 개념들을 정확하게 이해하고 있는지 확인하는 문항이다.
문제 풀이	정답 : ①

이벤트 로그, 프로세스 발견과 클러스터링, 프로세스 수정 및 확장에 대한 제시문 내용을 확인하여 각 선택지의 진위 여부를 판단하도록 한다.

① 제시문 두 번째 단락 "이벤트 로그란 정보시스템에 축적된 비즈니스 프로세스 수행 기록인데, 이것이 프로세스 마이닝의 출발점이 된다."와 "이벤트 로그는 사용자에게 도움이 되는 정보를 직접 제공할 수 없는 원데이터이므로, 그것을 우리가 사용할 수 있는 정보로 변환해 주어야 한다."로부터, 이벤트 로그는 프로세스 마이닝의 출발점이지만 그 자체로는 유용한 정보라 할 수 없다는 것이 윗글과 일치함을 알 수 있다.

② 제시문 세 번째 단락 "프로세스 발견이란 프로세스 분석가가 알고리즘을 통해 이벤트 로그로부터 프로세스 모델을 도출하는 것을 말하는데, 이때 분석가는 별다른 업무 지식 없이도 작업을 수행할 수 있다."로부터, 업무 전문가의 충분한 지식 없이도 프로세스 모델을 도출할 수 있음을 알 수 있다.

③ 제시문 세 번째 단락 "프로세스 발견이란 프로세스 분석가가 알고리즘을 통해 이벤트 로그로부터 프로세스 모델을 도출하는 것을 말하는데,"로부터, 프로세스 발견은 프로세스에 내재된 업무 규정이 아니라 프로세스 모델을 도출하는 것임을 알 수 있다.

④ 제시문 세 번째 단락 "클러스터링은 특성이 유사한 사례들을 같은 그룹으로 묶어주는 기법이다. 전체 이벤트 로그를 대상으로 프로세스를 도출할 때 복잡한 프로세스 모델이 도출될 경우, 이 기법을 적용하여 이벤트 로그를 여러 개로 나눌 수 있다."로부터, 클러스터링은 프로세스 모델을 여러 개의 세부 프로세스 모델로 구분해 주는 것이 아니라 사례의 특성을 기준으로 이벤트 로그를 세분화하는 것임을 알 수 있다.

⑤ 제시문 다섯 번째 단락에 따르면, 이벤트 로그에서 업무 담당자를 파악하여 기존의 프로세스 모델에 활동과 경로를 추가하는 것은 프로세스 수정이 아니라 프로세스 확장이다.

02.

'프로세스 마이닝'에 대해 추론한 것으로 적절하지 않은 것은?

① 프로세스 마이닝을 도입하면 내부 규정의 준수 여부에 대한 감독이 용이해진다.

② 프로세스 마이닝을 통해 기존의 프로세스 모델이 실제로 어떻게 수행되는가를 파악할 수 있다.

③ 프로세스 마이닝은 판에 박힌 단순한 업무뿐 아니라 비정형적인 업무 처리 과정의 분석에도 활용된다.

④ 프로세스 마이닝은 예상된 이벤트 로그에 적용할 프로세스 모델 중심의 업무 성과 분석 및 개선 기법이다.

⑤ 프로세스 마이닝은 기존의 프로세스 모델뿐 아니라 발견으로 도출된 프로세스 모델을 향상하는 데에도 활용된다.

문항 성격	문항유형 : 정보의 추론과 해석
	내용영역 : 과학기술
평가 목표	이 문항은 제시문에 주어진 정보들을 이용하여 글의 주제인 프로세스 마이닝에 대해 적절하게 추론할 수 있는지 확인하는 문항이다.
문제 풀이	정답 : ④

프로세스 마이닝의 역할과 과정, 유형에 대한 제시문 내용을 숙지한 후 이로부터 적절하게 추론할 수 있는 선택지와 그렇지 않은 선택지를 분별하도록 한다.

정답 해설 ④ 제시문 첫 번째 단락으로부터, 프로세스 마이닝은 프로세스 모델 중심의 분석기법이라기보다는 프로세스 모델 중심 분석기법과 프로세스를 고려하지 않는 데이터 중심 분석기법을 연결하는 역할을 한다는 것을 알 수 있다. 또 두 번째 단락 "이벤트 로그란 정보시스템에 축적된 비즈니스 프로세스 수행 기록인데,"에서 이벤트 로그란 예상되는 것이 아니라 실제로 비즈니스 프로세스를 수행하는 과정에서 발생한 이벤트를 기록해 둔 것임을 파악할 수 있다. 따라서 프로세스 마이닝이 예상된 이벤트 로그에 적용할 프로세스 모델 중심의 업무 성과 분석 및 개선 기법이라는 것은 적절한 추론이 아니다.

오답 해설 ① 제시문 네 번째 단락 "적합성 검증이란 기존의 프로세스 모델과 이벤트 로그 분석에서 도출된 결과를 비교하여 어느 정도 일치하는지를 확인하는 것이다. 이때 기존의 프로세스 모델과 이벤트 로그에서 도출된 결과물이 불일치하는 경우가 발생하는데, 먼저 기존의 프로세스 모델이 적절함에도 불구하고 업무 담당자가 이를 준수하지 않는 경우를 들 수 있다."로부터, 적합성 검증을 통해 기존의 프로세스 모델에 내재하는 기업의 내부 규정이 실제로 지켜지고 있는지 확인 가능함을 알 수 있다. 그러므로 프로세스 마이닝을 통해 내부 규정의 준수 여부를 보다 용이하게 감독할 수 있다는 것은 적절한 추론이다.

② 제시문 두 번째 단락 "이벤트 로그란 정보시스템에 축적된 비즈니스 프로세스 수행 기록인데, 이것이 프로세스 마이닝의 출발점이 된다."로부터, 기존의 프로세스 모델이 실제로 어떻게 수행되고 있는지가 이벤트 로그에 기록된다는 것을

알 수 있다. 세 번째 단락 "프로세스 발견이란 프로세스 분석가가 알고리즘을 통해 이벤트 로그로부터 프로세스 모델을 도출하는 것을 말하는데,"에서 이벤트 로그로부터 기업이 보유한 기존의 프로세스 모델이 실제로 어떻게 수행되고 있는지 도출할 수 있음을 알 수 있다. 따라서 프로세스 마이닝을 통해 기존의 프로세스 모델이 실제로 어떻게 수행되는가를 파악할 수 있다는 것은 적절한 추론이다.

③ 제시문 세 번째 단락 "만일 도출된 프로세스 모델이 복잡하여 유의미한 분석이 곤란할 경우, 퍼지 마이닝이나 클러스터링 기법을 활용할 수 있다."로부터, 도출된 프로세스 모델이 복잡한 경우에도 분석이 가능함을 알 수 있다. 프로세스의 형태가 미리 확정되지 않는 비정형적인 업무는 정해진 절차대로 수행되는 것이 아니므로 대부분 복잡한 과정으로 업무가 진행된다. 따라서 프로세스 마이닝이 판에 박힌 단순한 업무뿐 아니라 비정형적인 업무 처리 과정의 분석에도 활용된다는 것은 적절한 추론이다.

⑤ 제시문 다섯 번째 단락 "프로세스 향상에는 두 유형이 있다. 하나는 기존의 프로세스 모델을 '수정'하는 것이며, 다른 하나는 … 발견된 프로세스 모델을 '확장'하는 것이다."로부터, 기존의 프로세스 모델을 수정하는 것과 발견된 프로세스 모델을 확장하는 것 모두 프로세스 향상임을 알 수 있다. 프로세스 향상은 프로세스 마이닝의 한 유형이므로, 프로세스 마이닝이 기존의 프로세스 모델뿐 아니라 발견으로 도출된 프로세스 모델을 향상하는 데에도 활용된다는 것은 적절한 추론이다.

03.

〈보기〉의 사례에 프로세스 마이닝을 적용할 때 가장 적절한 것은?

보 기

○○병원에서는 외래 환자의 과도한 대기 시간을 줄이고 의료 서비스의 품질을 개선하기 위해 외래 환자 진료 프로세스를 분석하고자 한다. 이 병원에서는 질환별로 진행해야 하는 표준 진료 프로세스를 임상진료 지침으로 수립해 두고 있다. 프로세스 마이닝 도구를 사용하여 프로세스 모델을 도출하였더니 지나치게 복잡한 프로세스 모델이 도출되어 분석이 곤란한 상황이다. 또한 환자의 민감한 개인 의료정보가 저장된 이벤트 로그를 프로세스 분석가에게 제공할 경우 정보 보호 및 프라이버시 이슈가 존재하고, 병원의 기밀이 유출될 우려가 제기되어 이를 해결하고자 한다.

① 복잡도 문제를 해결하기 위해 연령 및 질환을 기준으로 이벤트 로그의 사례를 클러스터링 하려면 필수적 속성만 이벤트 로그에 있어도 된다.
② 적합성 검증 결과 기존의 프로세스 모델과 이벤트 로그 분석 결과가 불일치하면 의료진에 대한 제재 조치나 지침 재교육이 필수적이다.
③ 이벤트 속성의 임곗값을 조절하여 빈번하게 수행되는 진료 프로세스 수행 패턴을 파악할 수 있다.
④ 환자의 개인정보 보호를 위해 사례 ID를 제외하고 이벤트 로그를 작성해야 한다.
⑤ 외래 환자의 대기 시간 분석을 위해서는 프로세스 확장이 필요하다.

<table>
<tr><td>문항 성격</td><td>문항유형 : 정보의 평가와 적용</td></tr>
<tr><td></td><td>내용영역 : 과학기술</td></tr>
<tr><td>평가 목표</td><td>이 문항은 프로세스 마이닝 개념을 적용하여 〈보기〉에 제시된 병원의 진료 프로세스를 평가하고자 할 때 제기되는 이슈와 고려해야 할 사항을 정확하게 파악하고 있는지 알아보는 문항이다.</td></tr>
<tr><td>문제 풀이</td><td>정답 : ⑤</td></tr>
</table>

적합성 검증 결과 불일치가 발생할 때에 두 가지 경우가 있다는 점과 환자의 과도한 대기 시간을 줄이기 위해서는 시간과 관련한 부가적 정보의 도출이 필요하다는 점에 특히 유의하여 선택지들의 적절성을 판단하도록 한다.

정답 해설 ⑤ 〈보기〉에서는 외래 환자의 과도한 대기 시간을 줄여야만 하는 상황이 제시되고 있다. 제시문 다섯 번째 단락 "다른 하나는 업무 수행 시간 및 담당자 등 이벤트 로그 분석에서 얻은 부가적 정보를 추가하여 발견된 프로세스 모델을 '확장'하는 것이다. 확장의 예로는 이벤트 로그로부터 도출된 프로세스 모델에 프로세스 내 병목지점과 재작업 흐름을 시각화하는 것을 들 수 있다."로부터, 이벤트 로그를 분석하여 획득한 시간 측면의 부가적 정보를 프로세스 모델에 추가함으로써 병목지점과 재작업 흐름의 양상을 파악할 수 있음을 알 수 있다. 따라서 외래 환자의 대기 시간 분석을 위해서 프로세스 확장이 필요하다는 것은 적절하다.

오답 해설 ① 연령 및 질환을 기준으로 이벤트 로그의 사례를 클러스터링 하려면 이와 관련한 속성이 이벤트 로그에 포함되어 있어야 한다. 그런데 제시문 두 번째 단락 "이때 기록되는 속성으로 필수적인 것은 사례 ID, 활동명, 발생 시점이며, 다양한 분석을 위해 그 외 속성들도 추가될 수 있다."에서 연령 및 질환 관련 속성은 필수적 속성이 아님을 알 수 있다. 따라서 연령 및 질환을 기준으로 이벤트 로그의 사례를 클러스터링 하려면 필수적 속성만 이벤트 로그에 있어도 된다는 것은 적절하지 않다.

② 제시문 네 번째 단락에 따르면, 적합성 검증 결과 기존의 프로세스 모델과 이벤트 로그 분석 결과가 불일치할 때 "기존의 프로세스 모델이 적절함에도 불구하고 업무 담당자가 이를 준수하지 않는 경우"일 수도 있고, "이벤트 로그의 분석 결과물이 더 적절한 것으로 판단되는 경우"일 수도 있다. 후자의 경우라면, "현실 세계의 실제 업무 수행 실태를 교정"하는 대신, "기존의 프로세스 모델을 수정할 필요가 있다." 따라서 적합성 검증 결과 기존의 프로세스 모델과 이벤트 로그 분석 결과가 불일치하면 의료진에 대한 제재 조치나 지침 재교육이 필수적이라는 것은 적절하지 않다.

③ 제시문 세 번째 단락 "퍼지 마이닝은 … 프로세스 모델을 단순화해 주는 기법이다. 이때 프로세스 모델에 나타난 활동과 경로에 대한 임곗값을 설정하여 모델의 복잡도를 조절할 수 있다."로부터, 임곗값을 설정하는 것은 이미 도출된 프로세스 모델의 복잡도를 조절하기 위해서임을 알 수 있다. 따라서 이벤트 속성의 임곗값을 조절하여 빈번하게 수행되는 진료 프로세스 수행 패턴을 파악할 수 있다는 것은 적절하지 않다.

④ 환자의 개인정보 보호를 위해서는 개인정보에 대한 비식별화가 필요한 것이지, 사례 ID를 제외하고 이벤트 로그를 작성해야 하는 것은 아니다. 제시문 두 번째 단락 "이때 기록되는 속성으로 필수적인 것은 사례 ID, 활동명, 발생 시점이며, 다양한 분석을 위해 그 외 속성들도 추가될 수 있다."로부터, 사례 ID는 필수적 속성이므로 제외할 수 없다는 것을 알 수 있다. 따라서 환자의 개인정보 보호를 위해 사례 ID를 제외하고 이벤트 로그를 작성해야 한다는 것은 적절하지 않다.

[04~06] 다음 글을 읽고 물음에 답하시오.

15세기 초 브루넬레스키가 제안한 선원근법은 서양의 풍경화에 큰 변화를 가져왔다. 고정된 한 시점에서 대상을 통일적으로 배치하는 기하학적 투시도법으로 인간의 눈에 보이는 대로 자연을 화폭에 담을 수 있게 된 것이다. 문학 비평가 가라타니 고진은 이러한 풍경화의 원리를 재해석한 '풍경론'을 통해 특정 문학 사조를 추종하는 문단의 관행을 비판했다.

고진에 따르면, 풍경이란 고정된 시점을 가진 한 사람에 의해 통일적으로 파악되는 대상이다. 내 눈 앞에 펼쳐진 풍경은 있는 그대로 존재하는 자연이 아니라 내가 보았기 때문에 여기 있는 것이며, 그런 점에서 모든 풍경은 내가 새롭게 발견한 대상이 된다. '풍경'은 단순히 외부에 존재해서가 아니라 주관에 의해 지각될 때 비로소 풍경이 된다.

고진은 이러한 과정을 '풍경의 발견'이라 부르고, 이를 근대인의 고독한 내면과 연결시켰다. 가령, 작가 구니키다 돗포의 소설에는 외로움을 느끼지만 정작 자기 주변의 이웃과 사귀지 않고 산책길에 만난 이름 모를 사람들이나 이제는 만날 일이 없는 추억 속의 존재들을 회상하며 그들에게 자신의 감정을 일방적으로 투사하는 주인공이 등장한다. 죽어갈 운명이라는 점에서는 모두가 동일하다면서, 주인공은 인간이란 누구든 다 친근한 존재들이라 말한다. 실제 이웃과의 관계 맺기를 기피한 채, 주인공은 현실적으로 아무 상관이 없는 사람들과 하나의 세계를 이루어 살고 있다. 고진은 인간마저도 하나의 풍경으로 취급해 버리는 주인공으로부터, 전도(顚倒)된 시선을 통해 풍경을 발견하는 '내적 인간'의 전형을 읽는다. 이로부터 고진은 "풍경은 오히려 외부를 보지 않는 자에 의해 발견된 것"이라는 결론을 얻는다.

고진의 풍경론은 한쪽에서는 내면성이나 자아라는 관점을, 다른 한쪽에서는 대상의 사실적 묘사라는 관점을 내세우며 대립하는 문단의 세태를 비판하기 위해 제시되었다. 주관의 재현과 객관의 재현을 내세우기에 마치 상반된 듯 보이지만 사실 두 관점은 서로 얽혀 있다는 것이다. 이미 풍경에 익숙해진 사람은 주관에 의해 배열된 세계를 벗어나지 못하고, 눈에 보이는 것이 본래적인 세계의 모습이라 믿는다. 풍경의 안에 놓여 있으면서도 풍경의 밖에 서 있다고 믿는 것이다. 고진은 만일 이러한 믿음에서 나온 외부 세계의 모사(模寫)를 리얼리즘이라 부른다면 그것이 곧 전도된 시선에서 비롯된 것임을 알아야 한다고 말한다. 리얼리즘의 본질을 '낯설게 하기'에서 찾는 러시아 형식주의의 견해 또한 마찬가지이다. 너무 익숙해서 실은 보고 있지 않은 것을 보게 만들어야 한다는 이 견해를 따른다면, 리얼리즘은 항상 새로운 풍경을 창출해야 한다. 따라서 리얼리스트는 언제나 '내적 인간'일 수밖에 없다.

물론 자신이 풍경 안에 갇혀 있다는 사실을 자각하는 이가 있을 수도 있다. 작가 나쓰메 소세키는 '문학이란 무엇인가'라는 질문을 던졌을 때, 자신이 참고해 온 문학책들이 자신의 통념을 만들고 강화했을 뿐이라는 사실을 깨닫고는 책들을 전부 가방에 넣어 버렸다. "문학 서적을 읽고 문학이 무엇인가를 알려고 하는 것은 피로 피를 씻는 일이나 마찬가지라고 생각했기 때문"이다. 고진은 소세키야말로 자신이 풍경에 갇혀 있다는 사실을 자각했던 것이라 본다. 일단 고정된 시점이 생기면 그에 포착된 모든 것은 좌표에 따라 배치되며 이윽고 객관적 세계의 형상을 취한다. 이 세계를 의심하기 위해서는 결국 자신의 고정된 시점 자체에 질문을 던지며 회의할 수밖에 없다. 이른바 '풍경 속의 불안'이 시작되는 것이다.

그렇다면 만일 선원근법에 의존하지 않는 풍경화, 예컨대 서양의 풍경화가 아닌 동양의 산수화를 고려한다면 고진의 풍경론은 달리 해석될까. 기하학적 투시도법을 따르지 않은 산수화에는 그야말로 자연이 있는 그대로 재현된 것처럼 보이니 말이다. 그러나 산수화의 소나무조차도 화가의 머릿속에 있는 소나무라는 관념을 묘사한 것이지 특정 시공간에 실재하는 소나무가 아니다. 요컨대 질문을 던지며 회의한들 그 외의 방식으로는 세계와 대면하는 방법을 알지 못하기에 막연한 불안이 생기는 사태를 막을 수는 없다. 그럼에도 불구하고 문학을 다루는 사람은 자신의 전도된 시선을 의심하는 일에 게을러서는 안 된다. 전도된 시선의 기만적 구도는 풍경 속의 불안을 느끼는 이들에 의해서만 감지될 수 있다. 이 미묘한 앞뒷면을 동시에 살피려는 시도가 없다면, 우리는 풍경의 발견이라는 상황을 보지 못할 뿐 아니라 단지 풍경의 눈으로 본 문학만을 쓰고 해석하게 될 것이다.

04.

윗글과 일치하지 <u>않는</u> 것은?

① 브루넬레스키의 선원근법은 풍경화에 사실감을 부여했다.
② 러시아 형식주의자들은 익숙한 세계를 새롭게 인식해야 한다고 주장했다.
③ 산수화와 풍경화는 기하학적 투시도법의 적용 여부에 따라 대상의 재현 양상이 대비된다.
④ 나쓰메 소세키는 문학 서적을 통해서 문학을 연구하는 작업이 자기 반복이라고 보았다.
⑤ 구니키다 돗포는 공적 관계를 기피하고 사적 관계에 몰두하는 인물을 소설의 주인공으로 삼았다.

문항 성격	문항유형 : 정보의 확인과 재구성
	내용영역 : 인문
평가 목표	이 문항은 제시문에 나온 여러 사례들을 정확하게 이해하고 있는지 묻는 문항이다.
문제 풀이	정답 : ⑤

선원근법에 의한 '풍경의 발견', '내적 인간', '풍경 속의 불안' 등 제시문의 주요 개념을 파악하기 위해서는 도입된 사례들의 원리를 맥락 속에서 정확하게 이해해야 한다.

정답 해설	⑤ 제시문 세 번째 단락 "구니키다 돗포의 소설에는 외로움을 느끼지만 정작 자기 주변의 이웃과 사귀지 않고 산책길에 만난 이름 모를 사람들이나 이제는 만날 일이 없는 추억 속의 존재들을 회상하며 그들에게 자신의 감정을 일방적으로

투사하는 주인공이 등장한다. 죽어갈 운명이라는 점에서는 모두가 동일하다면서, 주인공은 인간이란 누구든 다 친근한 존재들이라 말한다. 실제 이웃과의 관계 맺기를 기피한 채, 주인공은 현실적으로 아무 상관이 없는 사람들과 하나의 세계를 이루어 살고 있다.”로부터, 소설의 주인공이 현실에서 교류하는 대상과의 관계 맺기를 기피하고 실제로는 교류가 없는 대상에게 일방적으로 감정을 투사하면서 공동체적 관계를 맺고 있다고 착각함을 알 수 있다. “산책길에 만난 이름 모를 사람들”까지 포함하여 동일시한다는 점에서, 주인공이 공적/사적 관계를 기준으로 관계 맺기에 몰두하는 것이 아니라는 점을 확인할 수 있다.

오답 해설 ① 제시문 첫 번째 단락 “고정된 한 시점에서 대상을 통일적으로 배치하는 기하학적 투시도법으로 인간의 눈에 보이는 대로 자연을 화폭에 담을 수 있게 된 것이다.”로부터, 윗글과 일치하는 진술임을 알 수 있다. 선택지는 제시문의 ‘인간의 눈에 보이는 대로’라는 표현을 ‘거짓이 아니라 참’이라는 느낌이 들도록 바꾸어 진술한 것이다.

② 제시문 네 번째 단락 “너무 익숙해서 실은 보고 있지 않은 것을 보게 만들어야 한다는 이 견해를 따른다면, 리얼리즘은 항상 새로운 풍경을 창출해야 한다.”를 통해, 익숙해서 못 보는 것을 보도록 해야 하며, 이를 위해 주관에 의해 익숙한 대상을 지각되도록 만드는 방편을 고안하자는 것이 러시아 형식주의자들의 주장임을 알 수 있다.

③ 제시문 첫 번째 단락 “고정된 한 시점에서 대상을 통일적으로 배치하는 기하학적 투시도법 덕분에 인간의 눈에 보이는 대로 자연을 화폭에 담을 수 있게 된 것이다.”와 여섯 번째 단락 “기하학적 투시도법을 따르지 않은 산수화에는 그야말로 자연이 있는 그대로 재현된 것처럼 보이니 말이다.”로부터, 윗글과 일치하는 진술임을 알 수 있다.

④ 제시문 다섯 번째 단락 “문학 서적을 읽고 문학이 무엇인가를 알려고 하는 것은 피로 피를 씻는 일이나 마찬가지라고 생각했기 때문”을 통해, 윗글과 일치하는 진술임을 알 수 있다.

05.

'전도된 시선'을 설명한 것으로 가장 적절한 것은?

① 세계의 미묘한 앞뒷면을 동시에 살피는 것이다.
② 내면의 세계를 외부자의 시선으로 발견하는 것이다.
③ 현실을 취사선택하여 비현실적 세계를 만드는 것이다.
④ 실재로서 존재했지만 아무도 보지 못했던 풍경을 보는 것이다.
⑤ 주관적 시각을 통해 구성된 세계를 객관적 현실이라 믿는 것이다.

문항 성격	문항유형 : 정보의 추론과 해석
	내용영역 : 인문
평가 목표	이 문항은 제시문의 핵심적인 개념과 그 원리를 정확하게 이해하고 추론할 수 있는지 확인하는 문항이다.
문제 풀이	정답 : ⑤

'전도된 시선'에서 '전도'의 의미를 문맥에서 '거꾸로 뒤바뀜'으로 파악할 수 있어야 한다.

정답 해설 ⑤ 제시문 네 번째 단락 "이미 풍경에 익숙해진 사람은 주관에 의해 배열된 세계를 벗어나지 못하고, 눈에 보이는 것이 본래적인 세계의 모습이라 믿는다."와 다섯 번째 단락 "일단 고정된 시점이 생기면 그에 포착된 모든 것은 좌표에 따라 배치되며 이윽고 객관적 세계의 형상을 취한다. 이 세계를 의심하기 위해서는 결국 자신의 고정된 시점 자체에 질문을 던지며 회의할 수밖에 없다."로부터, 자신의 관념을 통해 형성된 세계를 실제 세계라 믿는 인식 틀의 역전이 일어남을 확인할 수 있다.

오답 해설 ① 제시문 여섯 번째 단락 "전도된 시선의 기만적 구도는 풍경 속의 불안을 느끼는 이들에 의해서만 감지될 수 있다. 이 미묘한 앞뒷면을 동시에 살피려는 시도가 없다면"을 참조할 때, 전도된 시선이란 자기 내면에 갇힌 양상이기에 앞뒷면을 동시에 살피는 일이 불가능하다.

② 내면의 세계를 외부자의 시선으로 발견하는 것은 '낯설게 하기'의 원리, 즉 익숙한 것을 낯선 것으로 바라볼 수 있게 하는 원리에 해당한다. '전도된 시선'이란, 외부 세계에 자기 관념을 덧씌우는 것 혹은 외부의 세계를 내면의 시선으로 발견하는 것이다. 제시문상 세 번째 단락의 표현에 따르면, "풍경은 오히려 외부를 보지 않는 자에 의해 발견된 것"이다.

③ 제시문 다섯 번째 단락 "일단 고정된 시점이 생기면 그에 포착된 모든 것은 좌표에 따라 배치되며 이윽고 객관적 세계의 형상을 취한다."의 '객관적 세계의 형상'이라는 표현에서 비현실적 세계를 만드는 것이 아님을 확인할 수 있다.

④ "실재로서 존재했지만 아무도 보지 못했던 풍경을 보는 것"은 러시아 형식주의에 대한 설명이다. '전도된 시선'이란 주관이 만들어 낸 세계에 몰두하는 것이다. '실재로서 존재'는 '주관에 의해 배열된 세계'라는 제시문 표현(네 번째 단락)과 어긋난다.

06.

윗글에 따를 때 고진의 관점에서 〈보기〉에 나타난 최재서의 입장을 해석한 것으로 가장 적절한 것은?

보기

최재서는 내면성과 자아의 실험적 표현을 추구하는 이상의 소설을 사실적 묘사라는 관점에서 '리얼리즘의 심화'라고 비평한 바 있다. 이상의 「날개」에는 돈을 사용하는 법도 모르고 친구를 사귀지도 않으며 자신의 작은 방을 벗어나지 않는 주인공이 등장한다. 최재서에 따르면, 자폐적으로 자기 세계에 갇혀 지내는 사내의 심리에 주목한 「날개」는 특정 대상의 내면까지도 '주관의 막을 제거한 카메라'를 들이대어 투명하게 조망한 사례이다. 대상에 따라 관점은 이동할 수 있다는 것, 문학 작품의 해석에 미리 확정된 관점이나 범주란 없다는 것이 최재서의 결론이다.

① 대상에 따라 관점이 이동할 수 있다는 의견은, 고진에게는 작가의 머릿속에 있는 관념이 서양 풍경화의 방식으로 재현되는 것이라 해석되겠군.

② 작품 해석에서 미리 확정된 범주란 없다는 의견은, 고진에게는 주관이 외부를 적극적으로 파악하여 풍경 속의 불안을 벗어난 것이라 해석되겠군.

③ 내면성과 자아의 실험적 표현을 추구하는 작품도 리얼리즘에 속할 수 있다는 의견은, 고진에게는 풍경 안에 갇혀 있음을 자각한 것이라 해석되겠군.

④ 「날개」가 대상의 내면에 '주관의 막을 제거한 카메라'를 들이댔다는 의견은, 고진에게는 주관의 재현과 객관의 재현을 내세우며 대립하는 것이라 해석되겠군.

⑤ 이상이 「날개」에서 자폐적으로 자기 세계에 갇혀 지내는 사내를 그렸다는 의견은, 고진에게는 풍경을 지각하지 못하는 '내적 인간'의 전형을 그린 것이라 해석되겠군.

문항 성격	문항유형 : 정보의 평가와 적용
	내용영역 : 인문
평가 목표	이 문항은 〈보기〉의 사례를 제시문 논지에 따라 정확하게 이해하고 해석할 수 있는지 확인하기 위한 문항이다.
문제 풀이	정답 : ③

〈보기〉에서 최재서는 모더니즘 문학의 대표 작가인 이상의 「날개」를 리얼리즘 문학의 관점으로 비평하면서, 문학 비평에는 정해진 관점이나 범주란 없다고 주장한다. 이러한 태도는 제시문에서 고진이 주장한 '풍경 속의 불안'을 느끼는 자의 태도와 같다.

정답 해설 ③ 내면과 자아를 다룬 작품에 대해 사실적 묘사를 중시하는 리얼리즘의 관점을 도입한 것은 자기 주관의 일방향성을 경계하는 태도에서 비롯된다. 고진은 이를 일컬어 풍경 안에 있음을 자각한다고 말하고 있다. 즉 이것은 '풍경 속의 불안'을 느끼는 자의 태도인 것이다.

오답 해설 ① 서양 풍경화는 기하학적 투시도법을 따른다. 즉 관점을 고정한 채 대상을 재배치하는 것이다. 따라서 대상에 따라 관점이 이동할 수 있다는 의견은, 고진에게 작가의 머릿속에 있는 관념이 서양 풍경화의 방식으로 재현된다고 해석될 수 없다. 작가의 머릿속에 있는 관념이 재현되는 것은 동양의 산수화에 해당한다.

② 제시문 여섯 번째 단락에 따르면, 질문과 회의를 통해서도 "세계와 대면하는 방법을 알지 못하기에 막연한 불안이 생겨나는 사태를 막을 수는 없다." 즉 풍경의 불안을 벗어나기란 불가능하다.

④ 최재서의 평가는 「날개」가 최대한 객관적인 태도를 유지하며 개인의 내면을 사실적으로 묘사하려고 시도한다는 점을 강조한 것이다. 이는 주관을 객관적으로 재현한다는 의도를 실현하기 위한 것으로, 주관의 재현과 객관의 재현이 서로 다른 관점이라며 대립하는 태도와는 상반된다.

⑤ 풍경은 단순히 외부에 존재해서가 아니라 주관에 의해서 지각될 때 비로소 풍경이 된다는 점에서 '내적 인간'은 풍경을 지각한 이후에야 성립할 수 있는 개념이다.

[07~09] 다음 글을 읽고 물음에 답하시오.

평등은 자유와 더불어 근대 사회의 핵심 이념으로 자리 잡고 있다. 인간은 가령 인종이나 성별과 상관없이 누구나 평등하다고 생각한다. 모든 인간은 평등하다고 말하는데, 이 말은 무슨 뜻일까? 그리고 그 근거는 무엇인가? 일단 이 말을 모든 인간을 모든 측면에서 똑같이 대우하는 절대적 평등으로 생각하는 이는 없다. 인간은 저마다 다르게 가지고 태어난 능력과 소질을 똑같게 만들 수 없기 때문이다. 절대적 평등은 개인의 개성이나 자율성 등의 가치와 충돌하기도 한다.

평등에 대한 요구는 모든 불평등을 악으로 보는 것이 아니라 충분한 이유가 제시되지 않은 불평등을 제거하는 데 목표를 두고 있다. '이유 없는 차별 금지'라는 조건적 평등 원칙은 차별 대우를 할 때는 이유를 제시할 것을 요구하고 있다. 이것은 어떤 이유가 제시된다면 특정한 부류에 속하는 사람들에게는 평등한 대우를, 그 부류에 속하지 않는 사람들에게는 차별적 대우를 하는 것을 허용한다. 그렇다면 사람들을 특정한 부류로 구분하는 기준은 무엇인가? 이것은 바로 평등의 근거에 대한 물음이다.

근대의 여러 인권 선언에 나타난 평등 개념은 개인들 사이의 평등성을 타고난 자연적 권리로 간주하였다. 하지만 이러한 자연권 이론은 무엇이 자연적 권리이고 권리의 존재가 자명한 이유가 무엇인지 등의 문제에 부딪히게 된다. 그래서 롤스는 기존의 자연권 사상에 의존하지 않는 방식으로 인간 평등의 근거를 마련하려고 한다. 그는 어떤 규칙이 공평하고 일관되게 운영되며, 그 규칙에 따라 유사한 경우는 유사하게 취급된다면 형식적 정의는 실현된다고 본다. 하지만 롤스는 형식적 정의에 따라 규칙을 준수하는 것만으로는 정의를 담보할 수 없다고 생각한다. 그 규칙이 더 높은 도덕적 권위를 지닌 다른 이념과 충돌할 수 있기에, 실질적 정의가 보장되기 위해서는 규칙의 내용이 중요한 것이다.

롤스는 인간 평등의 근거를 설명하면서 영역 성질(range property) 개념을 도입한다. 예를 들어 어떤 원의 내부에 있는 점들은 그 위치가 서로 다르지만 원의 내부에 있다는 점에서 동일한 영역 성질을 갖는다. 반면에 원의 내부에 있는 점과 원의 외부에 있는 점은 원의 경계선을 기준으로 서로 다른 영역 성질을 갖는다. 그는 평등한 대우를 받기 위한 영역 성질로서 '도덕적 인격'을 제시한다. 도덕적 인격이란 도덕적 호소가 가능하고 그런 호소에 관심을 기울이는 능력이 있다는 것인데, 이 능력을 최소치만 갖고 있다면 평등한 대우에 대한 권한을 갖게 된다. 도덕적 인격이라고 해서 도덕적으로 훌륭하다는 뜻이 아니라 도덕과 무관하다는 말과 대비되는 뜻으로 쓰고 있다. 그런데 어린 아이는 인격체로서의 최소한의 기준을 충족하고 있는지가 논란이 될 수 있다. 이에 대해 롤스는 도덕적 인격을 규정하는 최소한의 요구 조건은 잠재적 능력이지 그것의 실현 여부가 아니기에 어린 아이도 평등한 존재라고 말한다.

싱어는 위와 같은 롤스의 시도를 비판한다. 도덕에 대한 민감성의 수준은 사람에 따라 다르다. 그래서 도덕적 인격의 능력이 그렇게 중요하다면 그것을 갖춘 정도에 따라 도덕적 위계를 다르게 하지 말아야 할 이유가 분명하지 않다고 말한다. 그리고 평등한 권리를 갖는 존재가 되기 위한 최소한의 경계선을 어디에 그어야 하는지도 문제로 남는다고 본다. 한편 롤스에서는 도덕적인 능력을 태어날 때부터 가지고 있지 않거나 영구적으로 상실한 사람은 도덕적 지위를 가지고 있지 못하게 되는데, 이는 통상적인 평등 개념과 어긋난다. 그래서 싱어는 평등의 근거로 '이익 평등 고려의 원칙'을 내세운다. 그에 따르면 어떤 존재가 이익, 즉 이해관계를 갖기 위해서는 기본적으로 고통과 쾌락을 느낄 수 있는 능력을 갖고 있어야 한다. 그리고 그 능력을 가진 존재는 이해관계를 가진 존재이기 때문에 평등한 도덕적 고려의 대상이 된다. 이때 이해관계가 강한 존재를 더 대우하는 것이 가능하다. 반면에 그 능력을 갖지 못한 존재는 아무런 선호나 이익도 갖지 않기 때문에 평등한 도덕적 고려의 대상이 되지 않는다.

07.

'평등'을 설명한 것으로 가장 적절한 것은?

① 형식적 정의에서는 차별적 대우가 허용되지 않는다.
② 조건적 평등과 달리 절대적 평등은 결과적인 평등을 가져온다.
③ 불평등은 충분한 이유가 있더라도 평등의 이념에 부합하지 않는다.
④ 규칙에 따라 유사한 경우는 유사하게 취급해도 결과는 불평등할 수 있다.
⑤ 인간의 능력은 절대적으로 평등하게 만들 수 있지만 자율성에 어긋날 수 있다.

문항 성격	문항유형 : 주제, 구조, 관점 파악
	내용영역 : 규범
평가 목표	이 문항은 제시문의 핵심어인 평등의 개념을 이해하고 있는지 묻는 문항이다.
문제 풀이	정답 : ④

제시문 첫 번째 단락부터 세 번째 단락까지 평등의 근거를 묻게 되는 배경에 대해 설명하고 있다. 첫 번째 단락은 평등 개념이 절대적 평등이 아님을, 두 번째 단락은 평등이라고 하더라도 충분한 이유가 제시된 차별은 허용함을, 세 번째 단락은 형식적 정의와 실질적 정의의 차이를 설명한다.

④ 제시문 세 번째 단락에서 "규칙에 따라 유사한 경우는 유사하게 취급된다면 형식적 정의는 실현된다고 본다."라고 말하고 있다. 그런데 유사한 경우는 유사하게 취급된다는 것은 유사하지 않은 경우는 유사하게 취급되지 않는다는 것이니 그 결과는 불평등할 수 있다. 따라서 "규칙에 따라 유사한 경우는 유사하게 취급해도 결과는 불평등할 수 있다."라는 것은 적절하다.

① 제시문 세 번째 단락에 따르면, "규칙에 따라 유사한 경우는 유사하게 취급된다면 형식적 정의는 실현된다." 유사한 경우는 유사하게 취급된다는 것은 유사하지 않은 경우는 유사하게 취급되지 않는다는 것이다. 두 번째 단락에 따르면, "특정한 … 부류에 속하지 않는 사람들에게" 하는 것이 '차별적 대우'이다. 따라서 "형식적 정의에서는 차별적 대우가 허용되지 않는다."라는 것은 적절하지 않다.

② 제시문 첫 번째 단락에 따르면, "모든 인간을 모든 측면에서 똑같이 대우하는" 것이 '절대적 평등'인데 "인간은 저마다 다르게 가지고 태어난 능력과 소질을 똑같게 만들 수 없기 때문에", "조건적 평등과 달리 절대적 평등은 결과적인 평등을 가져온다."라는 것은 적절하지 않다.

③ 제시문 두 번째 단락에서 "평등에 대한 요구는 모든 불평등을 악으로 보는 것이 아니라 충분한 이유가 제시되지 않은 불평등을 제거하는 데 목표를 두고 있다."라고 말하고 있다. 이것은 충분한 "이유가 제시된다면 … 차별적 대우를 하는 것을 허용한다."라는 뜻이다. 따라서 "불평등은 충분한 이유가 있더라도 평등의 이념에 부합하지 않는다."라는 것은 적절하지 않다.

⑤ 제시문 첫 번째 단락에 따르면, "인간은 저마다 다르게 가지고 태어난 능력과 소질을 똑같게 만들 수 없"다. 따라서 "인간의 능력은 절대적으로 평등하게 만들 수 있지만 자율성에 어긋날 수 있다."라는 것은 적절하지 않다.

08.

롤스와 싱어를 이해한 것으로 적절하지 <u>않은</u> 것은?

① 롤스에서 평등의 근거가 되는 특성을 가지지 못한 존재는 부도덕하다.
② 롤스에서 영역 성질은 정도의 차를 감안하지 않는 동일함을 가리킨다.
③ 싱어에서는 인간이 아닌 존재가 느끼는 고통과 쾌락도 도덕적으로 고려해야 한다.
④ 싱어에서는 도덕적으로 평등하다고 인정받는 사람들도 차별적 대우를 받을 수 있다.
⑤ 롤스와 싱어는 도덕에 대한 민감성이 사람마다 다름을 인정한다.

문항 성격	문항유형 : 정보의 추론과 해석
	내용영역 : 규범
평가 목표	이 문항은 평등의 근거에 대한 롤스와 싱어의 견해를 이해하고 있는지 묻는 문항이다.
문제 풀이	정답 : ①

제시문 네 번째 단락과 다섯 번째 단락에서는 평등의 근거에 대해 각각 롤스와 싱어의 견해를 소개하고 있다. 이로부터 적절하게 도출할 수 있는 선택지와 그렇지 않은 선택지를 분별하도록 한다.

정답 해설 ① 제시문 네 번째 단락에서 "도덕적 인격이라고 해서 도덕적으로 훌륭하다는 뜻이 아니라 도덕과 무관하다는 말과 대비되는 뜻으로 쓰고 있다."라고 말하고 있다. 즉 도덕적 인격이 아닌 존재는 도덕과 무관할 뿐이지 부도덕한 것은 아니다. 따라서 "롤스에서 평등의 근거가 되는 특성을 가지지 못한 존재는 부도덕하다."라는 것은 적절하지 않다.

오답 해설 ② 제시문 네 번째 단락에서 "어떤 원의 내부에 들어 있는 점들은 그 위치가 서로 다르지만 원의 내부에 있다는 점에서 동일한 영역 성질을 갖는다."라고 말하고 있다. 따라서 "롤스에서 영역 성질은 정도의 차를 감안하지 않는 동일함을 가리킨다."라는 것은 적절하다.

③ 제시문 다섯 번째 단락에서 싱어에 따르면, "어떤 존재가 … 고통과 쾌락을 느낄 수 있는 능력을 … 가진 존재는 이해관계를 가진 존재이기 때문에 평등한 도덕적 고려의 대상이 된다." 따라서 "싱어에서는 인간이 아닌 존재가 느끼는 고통과 쾌락도 도덕적으로 고려해야 한다."라는 것은 적절하다.

④ 제시문 다섯 번째 단락에서 "이해관계가 강한 존재를 더 대우하는 것이 가능하다."라고 말하고 있다. 그리고 두 번째 단락에서 "어떤 이유가 제시된다면 특정한 부류에 … 속하지 않은 사람에게는 차별적 대우를 하는 것을 허용한다."라고 말하고 있다. 따라서 "싱어에서는 도덕적으로 평등하다고 인정받는 사람들도 차별적 대우를 받을 수 있다."라는 것은 적절하다.

⑤ 제시문 네 번째 단락 "어린 아이는 인격체로서의 최소한의 기준을 충족하고 있는지가 논란이 될 수 있다"로부터, 롤스는 도덕에 대한 민감성이 사람마다 다름을 인정한다는 것을 알 수 있다. 그리고 다섯 번째 단락 "도덕에 대한 민감성의 수준은 사람에 따라 다르다."로부터, 싱어도 도덕에 대한 민감성이 사람마다 다름을 인정한다는 것을 알 수 있다. 따라서 "롤스와 싱어는 도덕에 대한 민감성이 사람마다 다름을 인정한다."라는 것은 적절하다.

09.

〈보기〉에 대한 반응으로 적절하지 <u>않은</u> 것은?

> **보 기**
>
> • 갑은 고통을 느끼는 능력과 도덕적 능력을 회복 불가능하게 상실하였다.
> • 을은 도덕적 능력을 선천적으로 결여했지만 고통을 느낄 수 있다.
> • 병은 질병으로 인해 일시적으로 도덕적 능력을 상실하였다.

① 갑에 대해 싱어는 도덕적 고려의 대상이 아니라고 보겠군.
② 을이 도덕적 능력이 있는 사람보다 더 고통을 느낀다면 싱어는 더 대우를 받아야 한다고 생각하겠군.
③ 을이 도덕적 고려의 대상임을 설명할 수 있다는 점에서 싱어는 자신의 설명이 통상적인 평등 개념에 부합한다고 생각하겠군.
④ 병에 대해 롤스는 그 질병에 걸리지 않은 사람과 달리 평등하지 않게 생각하겠군.
⑤ 갑과 을에 대해 싱어는 롤스가 도덕적 인격임을 설명하지 못할 것이라고 보겠군.

문항 성격	문항유형 : 정보의 평가와 적용
	내용영역 : 규범
평가 목표	이 문항은 롤스의 '도덕적 인격'과 싱어의 '이익 평등 고려의 원칙'을 실제 사례에 적용할 수 있는지 알아보는 문항이다.
문제 풀이	정답 : ④

제시문 네 번째 단락과 다섯 번째 단락에서는 각각 롤스의 '도덕적 인격'과 싱어의 '이익 평등 고려의 원칙'을 소개하고 있다. 〈보기〉의 갑, 을, 병에 대해 이것을 적용할 경우에 적절한 반응과 그렇지 않은 반응을 분별하도록 한다.

정답 해설 ④ 제시문 네 번째 단락에서 "롤스는 도덕적 인격을 규정하는 최소한의 요구 조건은 잠재적 능력이지 그것의 실현 여부가 아니"라고 말하고 있다. 그렇다면 "도덕적 능력을 일시적으로 상실"한 병은 롤스에게 도덕적 인격체임을 알 수 있다. 따라서 "병에 대해 롤스는 그 질병에 걸리지 않은 사람과 달리 평등하지 않게 생각하겠군."이라는 것은 적절하지 않다.

오답 해설 ① 제시문 다섯 번째 단락에서 싱어에 따르면, "어떤 존재가 이익, 즉 이해관계를 갖기 위해서는 기본적으로 고통과 쾌락을 느낄 수 있는 능력을 갖고 있어야 한다.

그리고 그 능력을 가진 존재는 이해관계를 가진 존재이기 때문에 평등한 도덕적 고려의 대상이 된다." 그렇다면 고통을 느끼는 능력을 회복 불가능하게 상실한 갑은 싱어에게 도덕적 고려의 대상이 아니다. 따라서 "갑에 대해 싱어는 도덕적 고려의 대상이 아니라고 보겠군."이라는 것은 적절하다.

② 제시문 다섯 번째 단락에 따르면, 싱어는 "이해관계가 강한 존재를 더 대우하는 것이 가능하다"라고 보고 있다. 이때 이해관계는 고통과 쾌락을 느낄 수 있는 능력에 기반하고 있다. 따라서 "을이 도덕적 능력이 있는 사람보다 더 고통을 느낀다면 싱어는 더 대우를 받아야 한다고 생각하겠군."이라는 것은 적절하다.

③ 제시문 다섯 번째 단락에서 싱어는 "롤스에서는 도덕적인 능력을 태어날 때부터 가지고 있지 않거나 영구적으로 상실한 사람은 도덕적 지위를 가지고 있지 못하게 되는데, 이는 통상적인 평등 개념과 어긋난다."라고 말하고 있다. 그런데 싱어 자신은 "어떤 존재가 이익, 즉 이해관계를 갖기 위해서는 기본적으로 고통과 쾌락을 느낄 수 있는 능력을 갖고 있어야 한다."라고 생각하는데, 을은 고통을 느끼고 있으므로 이 기준에 해당한다. 따라서 "을이 도덕적 고려의 대상임을 설명할 수 있다는 점에서 싱어는 자신의 설명이 통상적인 평등 개념에 부합한다고 생각하겠군."이라는 것은 적절하다.

⑤ 제시문 다섯 번째 단락에서 싱어는 "롤스에서는 도덕적인 능력을 태어날 때부터 가지고 있지 않거나 영구적으로 상실한 사람은 도덕적 지위를 가지고 있지 못하게 되는데, 이는 통상적인 평등 개념과 어긋난다."라고 말하고 있다. 갑은 도덕적인 능력을 영구적으로 상실한 사람이고, 을은 도덕적인 능력을 태어날 때부터 가지고 있지 않은 사람이다. 따라서 "갑과 을에 대해 싱어는 롤스가 도덕적 인격임을 설명하지 못할 것이라고 보겠군."이라는 것은 적절하다.

[10~12] 다음 글을 읽고 물음에 답하시오.

살펴보건대, ㉠상고 시대 법에서 오형(五刑)은 중죄인에 대하여 이마에 글자를 새기고(묵형) 코나 팔꿈치, 생식기를 베어 내고(의형, 비형, 궁형), 죽이는(대벽) 형벌이었다. 다만 정상이 애처롭거나 신분과 공로가 높은 경우에는 예외적으로 오형 대신 유배형을 적용하였다. 나머지 경죄는 채찍이나 회초리를 쳤는데 따져볼 여지가 있는 경우에는 돈으로 대속할 수 있도록, 곧 속전(贖錢)할 수 있도록 하였다. 또 과실로 저지른 행위는 유배나 속전 할 것 없이 처벌하지 않았다. 그러나 배경을 믿고 범행을 저질렀거나 재범한 경우에는 유배나 속전 할 사유에 해당하더라도 형을 집행하였다.

형법은 선왕들이 통치에서 전적으로 믿고 의지하는 도구는 아니었지만 교화를 돕는 수단이었고, 백성들이 그른 짓을 하지 않도록 역할을 해 왔다. 그렇다면 신체를 상하게 하여 악을 징계한 것도 당시에는 고심 끝에 차마 어쩔 수 없이 행하는 하나의 통치였던 것이다. ⓒ지금의 법을 보면, 유배형과 노역형이 간악한 이를 효과적으로 막지 못하고 있다. 그렇다고 해서 그보다 더 무거운 형벌로 과도하게 적용하면 죽지 않아도 될 범죄자를 죽일 수 있어 적당하지 않다. 따라서 예전처럼 의형, 비형을 적용한다면, 신체는 다쳐도 목숨은 보전될 뿐만 아니라 뒷사람에게 경계도 되니 선왕의 뜻과 시의에 알맞은 일이다.

지금은 살인과 상해에 대하여도 속전할 수 있도록 하여, 재물 있는 이들이 사람을 죽이거나 다치게 하도록 만드니, 무고한 피해자에게는 이보다 더 큰 불행이 있겠는가? 그리고 살인자가 마을에서 편안히 살고 있으면, 부모의 원수를 갚으려는 효자가 어떻게 그대로 보겠는가? 변방으로의 유배를 그대로 집행하는 것이 양쪽을 모두 보전하는 일이다. 선왕들이 중죄인에 대하여 죽이거나 베면서 조금도 용서하지 않은 것은 그 죄인도 또한 피해자에게 잔혹히 했기 때문이니, 그 형벌의 시행이 매우 참혹해 보이지만 실상은 마땅히 해야 할 일을 집행한 것이다.

어떤 이가 말하기를, 신체에 가하는 형벌인 육형(肉刑)으로 오형만 있었던 상고 시대에 순임금이 그 참혹함을 차마 볼 수 없어서 유배, 속전, 채찍, 회초리의 형벌을 만들었다고 한다. 그렇다고 하면 요임금 때까지는 채찍이나 회초리에 해당하는 죄에도 묵형이나 의형을 집행했다는 말인가? 그러니 오형에 처하던 것을 순임금이 법을 바로잡아 속전할 수 있도록 하였다는 말은 옳지 않다. 의심스럽다든가 해서 중죄를 속전할 수 있도록 한다면, 부자들은 처벌을 면하고 가난한 이들만 형벌을 받을 것이다.

지금의 사법기관은 응보에 따라 화복(禍福)이 이루어진다는 말을 잘못 알고서, 죄의 적용을 자의적으로 하여 복된 보답을 구하려는 경향이 있다. 죄 없는 이가 억울함을 풀지 못하고 죄 지은 자가 되려 풀려나게 하는 것은 악을 행하는 일일 뿐이니 무슨 복을 받겠는가? 지금의 사법관들은 죄수를 신중히 살핀다는 흠휼(欽恤)을 잘못 이해하여서, 사람의 죄를 관대하게 다루어 법 적용을 벗어나도록 해 주는 것으로 안다. 그리하여 죽여야 할 이들을 여러 구실을 들어 대부분 감형되도록 한다. 참형에 해당하는 것이 유배형이 되고, 유배될 것이 노역형이 되고, 노역할 것이 곤장형이 되고, 곤장 맞을 것을 회초리로 맞게 되니, 이는 뇌물을 받아 법을 가지고 논 것이지 어찌 흠휼이겠는가?

인명은 지극히 중한 것이다. 만약 무고한 사람이 살해되었다면, 법관은 마땅히 자세히 살피고 분명히 조사하여 더는 의심의 여지가 없게 해야 할 것이다. 그리고 이렇게 한 뒤에는 반드시 목숨으로 갚도록 해야 한다. 이로써 죽은 자의 원통한 혼령을 위로할 뿐 아니라, 과부와 고아가 된 이가 원수 갚고자 하는 마음을 위로할 수 있으며, 또한 천리를 밝히고 나라의 기강을 떨치는 일이다. 보는 이들의 마음을 통쾌하게 할 뿐 아니라 후대의 징계도 되니, 또한 좋지 않겠는가.

지금은 교화가 쇠퇴하여 인심이 거짓을 일삼으며, 저마다 자신의 잇속만 챙기면서 풍속도 모두 무너졌다. 극악한 죄인은 죄를 받지 않고, 선량한 백성들은 자의적인 형벌의 적용을 면치 못하기도 한다. 또 강자에게는 법을 적용하지 않고 약자에게는 잔인하게 적용한다. 권문세가에는 너그럽고 한미한 집에는 각박하다. 똑같은 일에 법을 달리하고 똑같은 죄에 논의를 달리하여, 간사한 관리들이 법조문을 농락하고 기회를 잡아 장사하니, 그것은 단지 살인자를 죽이지 않고 형법을 방기하는 잘못에 그치는 일이 아니다. 이 통탄스러움을 이루 말로 다할 수 있겠는가.

– 윤기, 「논형법(論刑法)」 –

10.
글쓴이의 입장과 일치하는 것은?

① 교화를 중시하고 형벌의 과도한 적용을 삼가야 한다고 생각한다.
② 살인을 저지른 중죄인이 유배되는 일은 없어야 한다고 주장한다.
③ 인명이 소중하므로 사형과 같은 참혹한 형벌의 폐지에 찬성한다.
④ 형벌로 보복을 대신하려고 하는 응보적인 경향에 대해 반대한다.
⑤ 무고하게 살해된 피해자를 고려하면 의형은 합당한 처벌이라고 본다.

문항 성격	문항유형 : 주제, 구조, 관점 파악
	내용영역 : 규범
평가 목표	이 문항은 제시문에 나타난 여러 주장에 대한 이해를 바탕으로 글쓴이의 입장 혹은 태도를 파악할 수 있는지 알아보는 문항이다.
문제 풀이	정답 : ①

형벌의 과도한 적용을 반대하면서도, 사형을 받아야 할 죄인이 그 벌을 벗어나도록 관용하는 것에는 또한 반대한다는 것이 글쓴이의 주된 견해임을 파악할 수 있어야 한다.

정답 해설	① 제시문 두 번째 단락에서 형법에 대하여 "교화를 돕는 수단이었고, 백성들이 그른 짓을 하지 않도록 역할을 해 왔다."는 점을 말하면서 "유배형과 노역형이 간악한 이를 효과적으로 막지 못하고 있다. 그렇다고 해서 그보다 더 무거운 형벌로 과도하게 적용하면 죽이지 않아도 될 범죄자를 죽일 수 있어 적당하지 않다."

고 하여, 형벌이 과도하게 집행되어서는 안 된다는 점도 지적한다. 그러므로 "교화를 중시하고 형벌의 과도한 적용을 삼가야 한다고 생각한다."는 글쓴이의 입장과 일치한다.

② 제시문 세 번째 단락에서 살인과 상해에 대하여도 속전이 이루어지는 데 대하여 비판하면서, 살인자에 대하여 속전하도록 하는 것보다는 유배를 보내는 쪽이 타당하다고 주장한다. 따라서 "살인을 저지른 중죄인이 유배되는 일은 없어야 한다고 주장한다."는 글쓴이의 입장과 일치하지 않는다.

③ 인명이 중하다고 말하는 것은 피해자의 입장에서 말하는 것으로서, 그렇기 때문에 가해자는 사형에 처해져야 한다는 것이 글쓴이의 입장이어서, "인명이 소중하므로 사형과 같은 참혹한 형벌의 폐지에 찬성한다."는 글쓴이의 입장과 일치하지 않는다.

④ 제시문 여섯 번째 단락에서 글쓴이는 "반드시 목숨으로 갚도록 해야 한다. 이로써 죽은 자의 원통한 혼령을 위로할 뿐 아니라, 과부와 고아가 된 이가 원수 갚고자 하는 마음을 위로할 수 있"다고 말한다. 즉 글쓴이는 형벌로 보복을 대신하려고 하는 데 찬성하며, 그렇지 못한 당시의 경향에 대해서는 비판하는 입장이다.

⑤ 제시문 여섯 번째 단락에서 글쓴이는 피해자의 처지를 생각하여 사형을 집행해야 한다고 했다. "만약 무고한 사람이 살해되었다면, 법관은 마땅히 자세히 살피고 분명히 조사하여 더는 의심의 여지가 없게 해야 할 것이다. 그리고 이렇게 한 뒤에는 반드시 목숨으로 갚도록 해야 한다." 물론 두 번째 단락에서는 사형보다는 의형이나 비형이 신체는 상해도 죽지 않으니 낫지 않은가 하고 말하고 있으나, 이는 어디까지나 가해자의 입장을 헤아린 경우이다. "무고하게 살해된 피해자를 고려하면 의형은 합당한 처벌이라고 본다."는 글쓴이의 입장과 일치하지 않는다.

11.

윗글에 따라 ㉠, ㉡을 설명한 것으로 가장 적절한 것은?

① ㉠에서는 경미한 죄에도 오형을 적용하도록 되어 있었다.
② ㉠에서는 중죄에 대한 형벌을 육형으로 하는 것이 원칙이었다.
③ ㉡에서는 유배형도 정식의 형벌이므로 속전의 대상이 되지 않는다.
④ ㉠에서 오형에 해당하지 않는 형벌은 ㉡에서도 집행하지 않는다.
⑤ ㉠에서의 오형은 잔혹한 형벌이라 하여 ㉡에서는 모두 사라지게 되었다.

문항유형 : 정보의 확인과 재구성

내용영역 : 규범

이 문항은 상고 시대의 오형과 당대의 법에 대한 글쓴이의 이해를 파악하고 있는지 평가하는 문항이다.

정답 : ②

글쓴이는 상고 시대의 육형인 오형에 대한 이해를 바탕으로 현행 사법 실태에 대한 비판적인 견해를 피력하고 있다. 그 내용과 부합하는 선택지를 골라야 한다.

정답 해설 ② 제시문 네 번째 단락에 신체에 가하는 형벌이 육형이며 중죄에 적용하는 오형이 여기에 해당한다는 내용이 있고, 첫 번째 단락에서 상고 시대 법에서는 나머지 경죄에 대한 형벌도 채찍이나 회초리로 치는 것이라 하여 신체에 가하는 형벌이 었음을 알 수 있다. 유배형은 예외적으로 적용하는 형벌이었다. 이렇게 볼 때 원칙적으로 중죄와 그 나머지 경죄에 적용하는 형벌이 모두 육형으로 되어 있음을 알 수 있다. 따라서 "중죄에 대한 형벌을 육형으로 하는 것이 원칙이었다."는 적절하다.

오답 해설 ① 상고 시대 법에서 경죄에 대하여는 채찍이나 회초리를 친다고 하였고, 당시에 오형만 있었다는 견해에 대하여는 옳지 않다고 비판하고 있으므로, "경미한 죄에도 오형을 적용하도록 되어 있었다."는 적절하지 않다.

③ 제시문 세 번째 단락에서 "지금은 살인과 상해에 대하여도 속전할 수 있도록 하여, 재물 있는 이들이 사람을 죽이거나 다치게 하도록 만드니, 무고한 피해자에게는 이보다 더 큰 불행이 있겠는가? 그리고 살인자가 마을에서 편안히 살고 있으면, 부모의 원수를 갚으려는 효자가 어떻게 그대로 보겠는가? 변방으로의 유배를 그대로 집행하는 것이 양쪽을 모두 보전하는 일이다."라고 하여, 유배형이 속전되는 폐해를 지적하고 있다. 따라서 유배형이 속전의 대상이 되지 않는다는 것은 적절하지 않다.

④ 제시문 다섯 번째 단락에서 "참형에 해당하는 것이 유배형이 되고, 유배될 것이 노역형이 되고, 노역할 것이 곤장형이 되고, 곤장 맞을 것을 회초리로 맞게 되니"라 하고 있어, 오형에 해당하지 않지만 상고 시대의 법에는 있었던 회초리의 형벌을 확인할 수 있다. 따라서 오형에 해당하지 않던 형벌은 글쓴이 당대에 집행하지 않는다는 것은 적절하지 않다.

⑤ 오형 가운데 대벽은 사형이다. 글쓴이 당대의 형벌에도 사형이 있으므로 오형에 해당하는 것이 있다.

12.

윗글과 〈보기〉를 비교 평가한 것으로 적절하지 <u>않은</u> 것은?

상고 시대에 유배형은 육형을 가해서는 안 되는 관료에게 베푸는 관용의 수단으로서 공식적인 형벌이 아니라 임시방편과 같은 것이었다. 또 속전은 의심스러운 경우에 적용한 것이지 꼭 가벼운 형벌에만 해당했던 것도 아니었다. 여기서 속은 잇는다[續]는 데서 따다가 대속한다[贖]는 의미로 된 것이니, 육형으로 끊어진 팔꿈치를 다시 붙일 수 없는 참혹함을 받아들이지 못하는 어진 정치에서 비롯한 것임을 알 수 있다. 지금의 법에서 속전은 정황이 의심스럽거나 사면에 해당하는 경우에만 비로소 허용된다. 그에 해당하는 경우가 아니라면 부유함으로 처벌을 요행히 면해서는 안 되며, 해당하는 경우이면 가난뱅이는 속전도 필요 없다. 죽여야 할 사람을 끝없이 살리려고만 한다면 어찌 덕이 되겠는가. 흠휼은 한 사람이라도 죄 없는 자를 죽이지 않으려는 것이지 살리기만 좋아하는 것이 아니다.

① 법을 엄격하게 집행해야 한다고 보는 점은 두 글이 같은 태도이다.
② 속전의 남용에 대해 흠휼을 오해한 소치로 보는 점은 두 글이 같은 태도이다.
③ 상고 시대에 중죄를 속전할 수 있었는지에 대해서는 두 글이 서로 달리 보고 있다.
④ 중죄에 대한 속전이 부자들의 전유물이므로 폐지하자는 것에 대해서는 두 글이 다른 태도를 보일 것이다.
⑤ 유배의 효과가 없을 때 의형이나 비형을 되살릴 수 있다는 것에 대해서는 두 글이 같은 태도를 보일 것이다.

문항 성격	문항유형 : 정보의 평가와 적용
	내용영역 : 규범
평가 목표	이 문항은 상고 시대의 유배형과 속전, 당대의 속전, 흠휼에 대한 제시문과 〈보기〉의 해석을 정확히 비교하여 평가할 수 있는지 알아보기 위한 문항이다.
문제 풀이	정답 : ⑤

상고 시대의 유배형과 속전에 대한 제시문, 〈보기〉 간 해석 차이를 파악하여야 한다. 〈보기〉는 속전의 근거에 대한 견해도 제시하고, 속전의 집행과 흠휼의 관계에 대해서도 논한다.

⑤ 제시문(두 번째 단락)은 "지금의 법을 보면, 유배형과 노역형이 간악한 이를 효과적으로 막지 못하고 있다."고 평가하고 "따라서 예전처럼 의형, 비형을 적용한다면, 신체는 다쳐도 목숨은 보전될 뿐만 아니라 뒷사람에게 경계도 되니 선왕의 뜻과 시의에 알맞은 일이다."라고 하여, 유배형이나 노역형이 효과적이지 못하므로 상고 시대의 오형을 부활할 필요가 있다고 보고 있다. 반면에 〈보기〉는 속전이 "육형으로 끊어진 팔꿈치를 다시 붙일 수 없는 참혹함을 받아들이지 못하는 어진 정치에서 비롯한 것"이라는 입장이다. 즉 신체를 잘라내는 형벌은, 인정할 수 없는 어질지 못한 정치의 모습으로 보고 있다. 따라서 의형이나 비형의 부활에 대하여 두 글이 같은 태도를 보일 것이라는 평가는 적절하지 않다.

① 제시문(다섯 번째 단락)은 "지금의 사법기관은 응보에 따라 화복(禍福)이 이루어진다는 말을 잘못 알고서, 죄의 적용을 자의적으로 하여 복된 보답을 구하려는 경향이 있다. 죄 없는 이가 억울함을 풀지 못하고 죄 지은 자가 되려 풀려나게 하는 것은 악을 행하는 일일 뿐이니 무슨 복을 받겠는가?"라고 하여, 엄격하지 못한 법 적용을 비판한다. 〈보기〉는 "속전은 정황이 의심스럽거나 사면에 해당하는 경우에만 비로소 허용된다. 그에 해당하는 경우가 아니라면 부유함으로 처벌을 요행히 면해서는 안 되며"라고 하여, 속전을 사유에 해당할 때만 엄격히 적용할 것을 요구한다. 따라서 "법을 엄격하게 집행해야 한다고 보는 점은 두 글이 같은 태도이다."라는 평가는 적절하다.

② 제시문(다섯 번째 단락)은 "지금의 사법관들은 죄수를 신중히 살핀다는 흠휼(欽恤)을 잘못 이해하여서, 사람의 죄를 관대하게 다루어 법 적용을 벗어나도록 해주는 것으로 안다."고 하고, 〈보기〉는 "죽여야 할 사람을 끝없이 살리려고만 한다면 어찌 덕이 되겠는가. 흠휼은 한 사람이라도 죄 없는 자를 죽이지 않으려는 것이지 살리기만 좋아하는 것이 아니다."라고 하여, 속전의 남용 같은 지나친 관용적 법 적용에 대하여는 흠휼의 의미를 잘못 이해한 것으로 보고 있다. 따라서 "속전의 남용에 대해 흠휼을 오해한 소치로 보는 점은 두 글이 같은 태도이다."라는 평가는 적절하다.

③ 제시문(첫 번째 단락)은 "다만 정상이 애처롭거나 신분과 공로가 높은 경우에는 예외적으로 오형 대신 유배형을 적용하였다."고 하고, "나머지 경죄는 채찍이나 회초리를 쳤는데 따져볼 여지가 있는 경우에는 돈으로 대속할 수 있도록, 곧 속전(贖錢)할 수 있도록 하였다."고 하여, 경죄에 대하여 속전이 이루어졌다고 보지만, 〈보기〉는 "속전은 의심스러운 경우에 적용한 것이지 꼭 가벼운 형벌에만 해당했던 것도 아니었다."고 전제하고 "육형으로 끊어진 팔꿈치를 다시 붙일 수 없는 참혹함을 받아들이지 못하는 어진 정치에서 비롯한 것"이라고 하여, 오히

려 중죄에 적용하는 오형에 대한 관용으로 속전이 등장하게 되었다고 보고 있다. 따라서 "상고 시대에 중죄를 속전할 수 있었는지에 대해서는 두 글이 서로 달리 보고 있다."라는 평가는 적절하다.

④ 제시문(네 번째 단락)은 "의심스럽다든가 해서 중죄를 속전할 수 있도록 한다면, 부자들은 처벌을 면하고 가난한 이들만 형벌을 받을 것이다."라고 보고 있는 반면, 〈보기〉는 "지금의 법에서 속전은 정황이 의심스럽거나 사면에 해당하는 경우에만 비로소 허용된다. 그에 해당하는 경우가 아니라면 부유함으로 처벌을 요행히 면해서는 안 되며, 해당하는 경우이면 가난뱅이는 속전도 필요 없다."라고 하고 있다. 따라서 중죄에 대한 속전이 부자들의 전유물이므로 폐지하자는 것에 대해 제시문은 찬성할 것이지만, 〈보기〉는 정황이 의심스러운 경우라면 부자들에 대해서도 속전이 필요하다고 할 것이다. 〈보기〉는 기본적으로 속전을 어진 정치의 발로로 보는 태도를 견지하고 있다.

[13~15] 다음 글을 읽고 물음에 답하시오.

68혁명 이후 구조에서 차이로, 착취에서 자유나 배제로 문제 설정이 변화하고, 신자유주의적 반(反)정치의 경향이 강화되었던 1980년대에 르포르 는 '정치적인 것'의 활성화를 제기하였다. 그에 앞서 아렌트가 고대 아테네의 시민적 덕성의 복원을 통한 정치적인 것의 활성화를 제기했다면, 르포르는 근대 민주주의 자체의 긴장에 주목하면서 '인권의 정치'를 통한 정치적인 것의 부활을 시도하였다. 그는 인권을 공적 공간의 구성 요소로 파악하면서 개인에 내재된 자연권으로 보거나 개인의 이해관계에 기반한 소유권적 관점에서 파악하려는 자유주의적 입장을 거부한다. 르포르는 자유주의가 인간의 권리를 개인의 권리로 환원시킴으로써 사회적 실체에 접근하지 못하고, 결국 민주주의를 개인과 국가의 표상관계를 통해 개인들의 이익의 총합으로서 국가의 단일성을 확보하기 위한 수단으로 볼 뿐이라고 비판한다.

르포르는 1789년 「인권선언」의 조항들이 '개인적 자유'보다 '관계의 자유'를 의미한다고 본다. 선언의 제4조에서 언급한 '타인에게 해를 끼치지 않는 모든 것을 할 수 있는 자유'는 사회적 공간이 권력에 대해 권리들의 자율성을 향유한다는 의미이자, 어떤 것도 그 공간을 지배할 수 없다는 의미이다. 그리고 제11조에서 언급한 '생각과 의견의 자유로운 소통의 자유' 역시 근대 사회의 시민이 자신의 생명과 재산에 대한 위협을 느끼지 않고 의견을 표현할 수 있는 권리를 의미한다. 르포르는 이러한 권리가 개인과 개인의 존엄성에 대한 보호라기보다는 개인들끼리의 공존 형태,

특히 권력의 전능으로 인해 인간 간의 관계가 침탈될 우려에서 비롯된 특정한 공존 형태에 대한 정치적 개념이라고 본다.

르포르는 ㉠권리와 권력의 관계에 주목한다. 18세기에 형성된 인간의 권리는 사회 위에 군림하는 권력의 표상을 붕괴시키는 자유의 요구로부터 출현했다. 근대에 '인간의 권리'는 '시민의 권리'로서 존재해 왔다. 인간은 특정 국민국가의 성원으로서 국가권력에 의해 인정될 때, 즉 이방인이었던 아렌트가 포착했던 '권리들을 가질 수 있는 권리'가 전제될 때 비로소 권리를 향유할 수 있다. 하지만 르포르가 제기하는 것은 권력이 권리에 순응해야 한다는 점이다. 특히 저항권은 시민 고유의 것이지 결코 국가에게 그것의 보장을 요구할 수 없는 것이다. 그것은 권력에 대한 권리의 선차성이며, 권력이 권리에 어떤 영향도 미칠 수 없다는 것을 의미한다.

하지만 그의 비판자들은 권리가 권력을 통해서만 존재해 온 역사를 르포르가 간과하고 있다고 지적한다. 인권의 정치를 통한 권리의 확장은 권력의 동시적인 확장, 나아가 전체주의적 권력의 등장을 가져올 수 있다는 것이다. 근대 민주주의의 속성인 인민과 대표의 동일시에 따른 대표의 절대화를 통해 '하나로서의 인민'과 '사회적인 것의 총체로서의 당'에 대한 표상의 일치, 당과 국가의 일치, 결국 '일인' 통치로 귀결된 전체주의가 그 예라고 르포르를 비판한다.

물론 르포르도 새로운 권리의 발생이 국가권력을 강화시킬 수 있음을 인정한다. 따라서 국가권력에 대한 제어와 감시가 필요하며, 억압에 대한 저항으로서 정치적 자유가 강조된다. 공적 영역에서 실현되는 정치적 자유는, 시민들의 관계를 표현하는 장치이자 권력에 대한 통제 수단으로서 정치적인 것의 활성화를 통해 공론장과 같은 민주적 공간을 구성한다. 그러한 민주적 공간을 구성하는 권리로부터 법률이 형성된다. 따라서 권리의 근원은 그 누구에 의해서도 독점되지 않는 권력이어야 한다. 국가권력은 상징적으로는 단일하지만 실제적으로는 민주적으로 공유되어야 함에도, 이를 오해한 것이 전체주의이다.

결국 르포르는 권력이 제어할 수 있는 틀을 넘어 쟁의가 발생하는 장소로서 민주주의 국가를 제시함으로써 법이 인정하는 한에서 권리를 사유하는 자유주의적 법치국가의 한계를 넘어서고자 하며, 역사적으로 다양한 권리들이 권력이 정한 경계를 넘어서 생성되어 왔다는 점을 강조한다. 이때 인권의 정치는 차별과 배제에 대한 저항과 새로운 주체들의 자유를 위한 무기가 된다. 나아가 '권리들을 가질 수 있는 권리'라는 관념은 인간의 권리의 실현 조건으로서 국가권력이라는 틀 자체를 거부하면서, 자신이 거주하는 곳에서 권리의 실현을 요구하는 급진적 흐름으로서 세계시민주의의 가능성을 보여준다.

13.

윗글과 일치하지 <u>않는</u> 것은?

① 아렌트는 시민적 덕성의 복원을 통해, 르포르는 인권의 정치를 통해 공적 공간의 민주화에 대해 사유한다.

② 르포르는 근대 국가권력의 상징적 측면에서, 자유주의자들은 개인과 국가의 표상관계를 통해 권력의 단일성을 이해한다.

③ 자유주의자들은 자연권 혹은 소유권적 관점에서 개인의 권리를 파악하면서 민주주의를 개인의 권리들의 관계가 만들어 내는 쟁의의 공간으로 이해한다.

④ 전체주의는 근대 민주주의가 피통치자로서의 인민과 통치자로서의 대표를 동일시하는 경향이 극단화될 때 나타난다.

⑤ 세계시민주의는 인간의 권리가 실현되는 조건으로 국민국가의 성원이라는 전제를 거부할 필요가 있음을 주장한다.

문항 성격 문항유형 : 주제, 구조, 관점 파악
내용영역 : 사회

평가 목표 이 문항은 제시문에 등장하는 다양한 입장들을 정확히 이해하고 있는지를 묻는 문항이다. 특히 각각의 입장을 르포르가 어떻게 비판하면서 자신의 견해를 제시하고 있는지를 파악해야 한다는 점에서 이 문항은 글의 주제를 묻는 문항이기도 하다.

문제 풀이 정답 : ③

정치적인 것의 문제, 인권의 정치, 근대국가 권력의 특성 및 민주주의, 전체주의 등에 대한 다양한 입장들과 그들의 견해를 이해하고 필요시 제시문에서 재확인하도록 한다.

정답 해설 ③ 자유주의자들의 경우 자연권 혹은 소유권적 관점에서 개인의 권리를 파악한다는 것은 옳지만, 민주주의를 권리의 관계가 만들어 내는 쟁의의 공간으로 이해한다는 진술은 르포르의 것이다. 자유주의자들은 민주주의를 개인과 국가의 표상관계를 통해 개인들의 이익의 총합으로서 국가의 단일성을 확보하는 수단으로 보고 있다.

오답 해설 ① 아렌트는 고대 아테네의 시민적 덕성의 복원을 통해, 르포르는 인권의 정치를 통해 정치적인 것의 활성화를 시도한다. 이후 정치적인 것의 활성화를 통해 공론장과 같은 민주적 공간으로서 국가권력을 이해한다는 것으로 이어진다.

② 르포르는 근대 국가권력의 상징적 단일성을 강조하고, 자유주의자들은 개인과 국가의 표상관계를 통해 권력의 단일성을 확보하고자 한다.

④ 전체주의는 근대 민주주의의 속성인 인민과 대표의 일치가 극단적으로 나타날 때 등장한다.

⑤ 세계시민주의는 근대 국민국가에서 성원으로 인정되는 것을 시민 권리의 실현을 위한 조건으로 제시하고 있다는 점을 거부함으로써 인간의 권리를 확장하고자 한다.

14.

윗글에 따를 때 ㉠에 대한 르포르의 관점을 이해한 것으로 적절하지 않은 것은?

① 국가권력이 보장할 수 없는 시민 고유의 권리가 존재할 수 있다고 본다.

② 근대의 민주적 권력은 상징적 및 실제적 권력의 단일성에 근거하여 권리를 확장시켜 왔다고 본다.

③ 근대국가에서는 국가권력이 개인을 국민이라는 성원으로 인정하는 한에서 권리를 부여해 왔다고 본다.

④ 국가권력이 설정한 권리의 한계를 극복하면서 국민국가 초기에 인정되지 않았던 권리들이 인정받았다고 본다.

⑤ 권리를 사회적 관계의 산물로 이해함으로써 권리는 누구도 독점할 수 없는 민주적 공간을 구성하는 동력이 된다고 본다.

문항 성격	문항유형 : 정보의 추론과 해석
	내용영역 : 사회
평가 목표	이 문항은 르포르가 이해하고 있는 권리와 권력의 관계를 정확히 파악하고 있는지 확인하는 문항이다.
문제 풀이	정답 : ②

근대국가의 특징인 권리와 권력의 관계, 특히 권리의 선차적 요구와 그에 대한 권력의 민주주의적 과정을 통한 인정이라는 특성을 이해하도록 한다.

② 르포르는 근대 국민국가의 특성을 상징적 권력의 단일성과 실제적 권력의 민주주의적 공유라는 차원에서 민주적 공간으로 이해한다. 그리고 그러한 권력에 의한 권리의 확장을 주장한다. 따라서 "근대의 민주적 권력은 상징적 및 실제적 권력의 단일성에 근거하여 권리를 확장시켜 왔다."라는 것은 실제적 권력의 단일성을 언급하고 있다는 점에서 적절하지 않다.

① 르포르는 권력에 대한 권리의 선차성을 주장하면서 권력이 보장할 수 없는 시민 고유의 권리인 저항권이 존재하며, 그것은 권력에 인정을 요구할 수 없다고 주장한다.

③ 근대국가에서 개인들의 권리는 국가권력으로부터 원칙적으로 성원으로 인정될 때 향유할 수 있다. 르포르 역시 권리와 권력 관계 속에서 그것을 인정한다.

④ 르포르는 근대에서 권리의 권력에 대한 선차성의 차원에서 근대 국민국가 초기 인정되지 않았던 권리들은 시간의 흐름 속에서 국가가 설정한 경계를 넘어서 생성되어 왔다는 점을 강조한다.

⑤ 르포르는 권리를 자연권 혹은 소유권적 관점에서 이해하는 것을 비판하면서 권리를 사회적 관계의 산물로 이해하여, 그러한 권리들을 통해 정치적인 것이 활성화되며 그것을 통해 공론장과 같은 민주적 공간을 구성한다고 주장한다.

15.

르포르 와 〈보기〉의 푸코 를 비교한 것으로 가장 적절한 것은?

> **보기**
>
> 푸코 는 개인의 삶 자체가 위험이라는 인식하에서 국가가 출생에서 죽음에 이르기까지의 개인의 삶 전체를 관리하는 '생명관리권력의 시대'가 등장하였다고 주장한다. 근대에 개인의 권리의 확대는 개인을 위험으로부터 보호하려는 문제의식에서 비롯되었지만, 그것은 동시에 국가가 더 깊이 개인의 삶에 침투하는 권력으로 전환되는 역설을 낳았다. 개인이 권력의 시선, 즉 규율을 내면화함으로써 권력이 만들어 낸 주체가 되어간다는 점에서, 근대의 자율적 주체는 사라져 버렸다. 푸코는 개인에 대한 억압을 강조했던 기존의 권력 관념을 대신하여 국가권력이 생산적 권력임을 강조한다.

① 르포르는 권리에 대한 권력의 종속을 비판했다면, 푸코는 개인의 삶에 침투하는 권력의 특성에 주목했다.

② 르포르는 인권의 정치를 통해 민주주의의 확장을 주장했다면, 푸코는 권리에 대한 요구를 통해 권력을 제한하려 했다.

③ 르포르는 권리의 확장이 가져올 수 있는 권력의 비대화 및 독점화를 우려했다면, 푸코는 자율적 주체에 의한 권리의 확장을 주장했다.

④ 르포르는 권력이 설정한 경계를 넘어 권리의 주체를 형성할 것을 주장했다면, 푸코는 국가권력이 권력의 시선을 내면화하는 주체를 생산하고 관리한다는 점에 주목했다.

⑤ 르포르는 전체주의가 될 위험에서 벗어나기 위한 해결책을 근대 민주주의 내에서 찾으려 했다면, 푸코는 권력으로부터 개인의 안전을 확보하기 위한 해결책을 권력 내에서 찾으려 했다.

문항 성격	문항유형 : 정보의 평가와 적용
	내용영역 : 사회
평가 목표	이 문항은 〈보기〉로 주어진 새로운 정보인 푸코의 입장을 제시문의 르포르의 입장에 적용하여 적절히 비교할 수 있는지 확인하는 문항이다.
문제 풀이	정답 : ④

르포르는 권력에 대한 권리의 선차성을 언급하면서 권리의 주체에 대해 제안을 하고 있다면, 푸코는 권력에 의한 주체의 생산과 관리를 주장하고 있다. 르포르와 푸코가 권리와 권력의 관계를 사유하는 방식의 차이, 그에 따른 주체의 문제에 대한 관점의 차이를 파악하도록 한다.

정답 해설	④ 르포르는 권력에 대한 권리의 선차성을 주장하면서 권력이 설정한 경계를 넘어 권리의 정치를 통한 주체의 형성을 주장했다. 반면 푸코는 국가권력이 권력의 시선, 즉 규율을 내면화한 주체를 생산하고 관리한다는 점에 주목했다.
오답 해설	① 르포르는 원칙적으로 권력에 대한 권리의 우선성을 주장한다는 점에서 권리에 대한 권력의 종속을 비판했다는 것은 적절하지 않다. 권력과 권리를 종속관계로 파악하는 것 역시 오류이다. 르포르가 비판하는 지점은 권력의 독점이다.
	② 푸코는 권리에 대한 요구로 권력을 제한하려 했다기보다는 권력이 권리를 부여함을 통해 주체들을 만들고 생산한다는 점에 주목했다.
	③ 푸코는 개인의 권리의 확대로 인해 국가가 더 깊이 개인의 삶에 침투하는 권력으로 전환되는 역설을 낳았다고 보았다. 이로 인해 근대의 자율적 주체는 사라져 버렸다.
	⑤ 푸코는 권력으로부터 개인의 안전을 확보하기 위한 해결책을 찾으려 했던 것이 아니라, 사회 속에 개인의 삶이 가진 위험으로부터 개인을 보호하기 위해 권력이 작동한다는 점에 주목했다.

[16~18] 다음 글을 읽고 물음에 답하시오.

　　18세기 후반 이후, 이슬람 세계는 제국주의 침략을 받기 시작했고, 이슬람 신자들은 그에 맞서 저항하였다. 그중 눈에 띄는 것은 수피 종단들이 여러 지역에서 군사적 저항을 주도했다는 점이다. 대표적인 것이 알제리, 리비아, 수단에서의 항쟁이었다. 어떻게 이들이 상당한 기간 동안 열강에 맞서 저항할 수 있었을까?

　　수피즘은 신과의 영적 합일을 통한 개인적 구원을 추구한다. 수피즘을 따르는 이들인 수피는 속세의 욕심에서 벗어나 모든 것을 신께 의탁하며, 금욕적으로 살고자 했다. 8세기 초에 수피즘이 싹텄고, 9세기에는 독특한 신비주의 의식이 나타났다. 수피가 걷는 개인적인 영적 도정은 길을 잃을 수도, 자아도취에 빠져 버릴 수도 있었기에 위험하기도 했다. 그 때문에 그들은 영적 선배들을 스승으로 모시게 되었고, 거의 맹목적으로 스승을 따라야 했다. 10세기 말 수피들은 종단을 구성하기 시작했다. 수피 종단은 지역과 시기에 따라 성쇠를 거듭했지만, 점차 많은 동조자를 얻었다.

　　북아프리카의 경우, 수피 종단들은 한동안 쇠락하다가 18세기 이후 강력하게 재조직되어 선교와 교육기관의 역할도 담당했고, 지역 밀착을 통해 생활 공동체를 형성하는 구심점이 되면서 항쟁에 필요한 기반을 이미 갖추고 있었다. 이 지역에서 수피즘 지도자들이 외세에 맞서 부족들 간 이견을 봉합하고 결집시킬 수 있었던 요인 중 하나는 종교적 권위였다. 특히 알제리 항쟁을 이끌었던 압드 알 카디르와 리비아 항쟁 지도자였던 아흐마드 알 샤리프가 성인으로 존경받은 것은 정치적 권위를 확보하는 데 큰 도움이 되었다.

　　수니파에서 가장 엄격한 와하비즘은 성인을 인정하지 않고, 심지어 은사를 받기 위해 예언자 무하마드의 묘소에서 기도하는 것도 알라 외의 신성을 인정하는 것이라고 보아 배격했다. 하지만 수피즘에서는 성인의 존재를 인정했다. 성인은 왈리라고 불리는데, 질병과 불임을 치료하고 액운을 막는 등의 이적을 행할 수 있다는 것이다. 성인들의 묘소는 순례의 대상이 되었고, 이를 중심으로 설립된 수피즘 수도원은 지역 공동체의 중심이 되는 경우가 많았다.

　　한편 북서 아프리카의 수피즘 신자들은 혈통을 중시하는 베르베르 토속 신앙의 영향을 짙게 받아 무라비트를 성인으로 숭배했다. 무라비트는 코란 학자, 종교 교사 등을 통칭하는 용어였지만, 이 지역에서는 특정 수피 종단을 이끄는 왈리를 가리킨다. 무라비트는 신의 은총인 바라카를 가졌다고 여겨져 존경을 받았다. 무라비트는 특정 가문 출신 중 영적으로 선택된 소수만이 될 수 있었는데, 대표적으로는 예언자 무하마드의 후손인 샤리프 가문이 있다. 압드 알 카디르와 아흐마드 알 샤리프는 모두 이 가문 출신의 무라비트였다.

　　북동 아프리카에서 일어난 수단 항쟁의 주역인 무함마드 아흐마드의 경우는 달랐다. 그는 성인 가문 출신은 아니었지만, 당시 만연한 마흐디 의 도래에 대한 기대감을 충족시켜 종교적 권위를 얻고 이를 다시 정치적 권위로 전환시킴으로써 항쟁의 중심이 되었다. 이슬람교에서 마흐디란 종말의 순간 인류를 올바른 길로 인도하고 정의와 평화의 시대를 가져오는 구원자이다. 또한 마흐디는 부정의를 제거하고 신정주의 국가를 건설하는 개혁적 지도자이기도 하다. 마흐디 사상은 민간 신앙에서 출발하여 퍼진 것이었고, 특히 토속 신앙의 영향을 많이 받았던 수피들은 종단 지도자를 마흐디로 쉽게 받아들였다. 1881년, 무함마드 아흐마드는 자신이 예언자 무하마드의 생애와 사건을 재현하는 존재인 마흐디라고 선언했고, 이를 통해 여러 수피 종단과 부족 간의 갈등을 수습하여 외세에 맞서는 결속력을 만들었다.

더불어 수피즘의 의식에 참여한 이들 간에 생기는 형제애는 초국가적 조직망의 형성과 상호 협조를 가능하게 했다. 항쟁의 중심이었던 수피 종단들은 여러 나라에 수도원 중심의 조직을 가지고 있었다. 이들은 정보 교환, 물자 조달, 은신처 제공을 통해 항쟁을 뒷받침했다. 이처럼 영적 권위와 물질적 기반이 어우러져 비폭력 평화주의를 지향하던 종교 집단이 열강에 맞서 오랜 동안 저항할 수 있었던 것이다.

16.

윗글과 일치하지 <u>않는</u> 것은?

① 수피 종단들이 행했던 선교 활동은 알제리와 리비아, 수단에서 성공을 거두었다.
② 와하비즘 신봉자들은 예언자 무하마드를 특별한 존재로 받들면 일신교적 원칙을 어긴다고 보았다.
③ 수피들은 고유한 영적 의식의 참여를 통해 만들어진 연대 의식을 바탕으로 국제적 조직망을 구성했다.
④ 수피즘은 세속을 떠나 신에게 모든 것을 맡기는 삶을 추구하면서도 지역 공동체와의 협조를 중시했다.
⑤ 개인적 구원의 희구와 지도자에 대한 추종 간의 모순은 수피즘의 결과적 쇠락을 초래한 주요 원인이었다.

문항 성격	문항유형 : 정보의 확인과 재구성
	내용영역 : 인문
평가 목표	이 문항은 제시문 정보를 정확히 파악할 수 있고, 필요시 이를 재구성할 수 있는지 알아보기 위한 문항이다.

제시문 첫 번째 단락에서 수피 종단들의 항쟁 가능 이유를 물은 후, 두 번째 단락에서는 수피즘과 수피 종단에 대해서 내용 및 성립 시기 등을 설명하고 있다. 세 번째 단락에서는 북아프리카에서 수피 종단이 가진 위상과 역할을 설명하고, 네 번째 단락에서는 수피즘에서 성자로 추앙하는 왈리의 능력과 그에 대한 믿음을 소개한다. 다섯 번째 단락에서는 북서 아프리카에서 특별히 추앙되는 왈리인 무라비트에 대해 설명하고, 알제리와 리비아의 항쟁 지도자인 압드 알 카디르와 아흐마드 알 샤리프가 무라비트였음을 설명한다. 여섯 번째 단락에서는 수단의 지도자인 무함마드 아흐마드가 구원자로 여겨지는 마흐디라고 선언하여 결속력을 만들어 항쟁을 주도하는 과정을 설명한다. 일곱 번째 단락은 마무리로서 전반적인 설명을 축약하여 제시하고 있으므로 이 단락들의 독해를 통해 각 선택지의 진위 여부를 확인하도록 한다.

정답 해설 ⑤ 제시문 두 번째 단락 "수피 종단은 지역과 시기에 따라 성쇠를 거듭했지만, 점차 많은 동조자를 얻었다."로부터, 수피즘이 결과적으로 쇠락한 것이 아니라 성공적으로 신자를 늘려갔음을 알 수 있다.

오답 해설 ① 제시문 세 번째 단락 "북아프리카의 경우, 수피 종단들은 한동안 쇠락하다가 18세기 이후 강력하게 재조직되어 선교와 교육기관의 역할"을 했음을 알 수 있다. 같은 단락 "북아프리카의 경우, … 알제리 항쟁을 이끌었던, … 리비아 항쟁" 및 여섯 번째 단락 "북동 아프리카에서 일어난 수단 항쟁"을 통해 알제리, 리비아, 수단은 모두 북아프리카에 속함을 알 수 있다. 따라서 윗글과 일치한다.

② 제시문 네 번째 단락의 "와하비즘은 성인을 인정하지 않고, 심지어 은사를 받기 위해 예언자 무하마드의 묘소에서 기도하는 것도 알라 외의 신성을 인정하는 것이라고 보아 배격했다."라는 것은, 알라만을 섬기는 일신교적 원칙에 집착한다는 뜻이다. 따라서 윗글과 일치한다.

③ 제시문 두 번째 단락 "수피즘은 신과의 영적 합일을 통한 개인적 구원을 추구한다. … 9세기에는 독특한 신비주의 의식이 나타났다."로부터, 수피즘에 고유한 영적 의식이 있었음을 알 수 있고, 일곱 번째 단락 "수피즘의 의식에 참여한 이들 간에 생기는 형제애는 초국가적 조직망의 형성과 상호 협조를 가능하게 했다."로부터, 영적 의식 참여로 생성된 연대감이 국제적 조직망 구성을 가능하게 했음을 알 수 있다. 따라서 윗글과 일치한다.

④ 제시문 두 번째 단락에 따르면, "수피즘을 따르는 이들인 수피는 속세의 욕심에서 벗어나 모든 것을 신께 의탁하며, 금욕적으로 살고자 했다." 세 번째 단락에 따르면, "북아프리카의 경우, 수피 종단들은 … 선교와 교육기관의 역할도 담당했고, 지역 밀착을 통해 생활 공동체를 형성하는 구심점"이 되었다. 따라서 윗글과 일치한다.

17.

마흐디 에 대한 이해로 가장 적절한 것은?

① 수단의 수피즘에서 마흐디는 무하마드의 후손으로 받아들여지는 구원자를 의미했다.
② 마흐디는 신비주의적 의식을 통해 알라와 하나가 되는 경지에 이르렀을 때 완성된다.
③ 탁월한 군사적 능력을 지녀 외세를 막아 내는 국가 지도자로 존경받는 인물이 마흐디
이다.
④ 마흐디가 신정주의 국가를 건설할 것이라는 개혁적 개념은 이슬람 경전에서 그 기원을
찾을 수 있다.
⑤ 무함마드 아흐마드가 마흐디로 인정받은 것은 당시가 종말의 시대로 여겨지고 있었음
을 알려준다.

문항 성격	문항유형 : 정보의 추론과 해석
	내용영역 : 인문
평가 목표	이 문항은 마흐디를 제대로 이해하고 있는지 알아보는 문항이다.
문제 풀이	정답 : ⑤

이슬람에서 최후의 심판일에 도래한다고 믿는 마흐디의 개념과 역할, 수단에서의 사례를 파악하
도록 한다.

| 정답 해설 | ⑤ 제시문 여섯 번째 단락에 따르면, "이슬람교에서 마흐디란 종말의 순간 인류를
올바른 길로 인도하고 정의와 평화의 시대를 가져오는 구원자이다." "수단 항쟁
의 주역인 무함마드 아흐마드의 경우는 달랐다. 그는 성인 가문 출신은 아니었
지만, 당시 만연한 마흐디의 도래에 대한 기대감을 충족시켜 종교적 권위를 얻
고 이를 다시 정치적 권위로 전환시킴으로써 항쟁의 중심이 되었다." |
| 오답 해설 | ① 제시문 다섯 번째 단락 "무라비트는 특정 가문 출신 중 영적으로 선택된 소수만
이 될 수 있었는데, 대표적으로는 예언자 무하마드의 후손인 샤리프 가문이 있
다."와 여섯 번째 단락 "수단 항쟁의 주역인 무함마드 아흐마드 … 는 성인 가문
출신은 아니었지만,"으로부터, 무함마드 아흐마드가 예언자 무하마드의 후손이
아님을 알 수 있고, 그럼에도 그가 마흐디로 인정되었음을 "수단 항쟁의 주역인
무함마드 아흐마드 … 는 … 마흐디의 도래에 대한 기대감을 충족시켜 종교적
권위를 얻 … 었다. … 특히 토속 신앙의 영향을 많이 받았던 수피들은 종단 지
도자를 마흐디로 쉽게 받아들였다."로부터 알 수 있다. 따라서 "수단의 수피즘에 |

서 마흐디는 무하마드의 후손으로 받아들여지는 구원자를 의미했다."라는 것은 적절하지 않다.

② 제시문 여섯 번째 단락에 따르면, 마흐디는 "종말의 순간 인류를 올바른 길로 인도하고 정의와 평화의 시대를 가져오는 구원자"이므로 적절하지 않다. 두 번째 단락에 따르면, 신비주의적 의식을 통해 알라와 하나가 되는 경지를 추구하는 것은 수피이다.

③ 제시문 여섯 번째 단락에 따르면, "마흐디란 종말의 순간 인류를 올바른 길로 인도하고 정의와 평화의 시대를 가져오는 구원자"이므로 탁월한 군사적 능력을 지닐 필요가 없고, 또 어느 한 국가가 아닌 인류 전체의 구원자이자 지도자이다.

④ 제시문 여섯 번째 단락에 따르면, "마흐디 사상은 민간 신앙에서 출발하여 퍼진 것"이므로 이슬람 경전인 코란에서 나온 것이 아님을 알 수 있다.

18.

〈보기〉를 바탕으로 윗글에 관해 추론한 것으로 적절하지 <u>않은</u> 것은?

> **보기**
>
> "창조주시여, 당신은 현세와 내세에서 나의 반려자이십니다."라는 코란의 구절을 바탕으로 '알라의 반려자'라는 뜻의 왈리를 추앙하는 사상인 윌라야가 나타났다. 성인은 인류와 알라를 가로막는 욕망에서 초탈한 인물이어서 알라와 인류의 중재자로서 권능을 지닌다고 여겨졌고, 사후에도 권위가 남아 있었다. 묘소는 중립 지대였으며, 적대적 부족들도 함께 모이는 장터 역할도 했다. 일부 사람들은 최후의 심판일에 예언자 무하마드가 중재자로서 신도들을 구원할 것이라고 믿었다. 그가 예언자이면서 왈리라고 생각한 것이다.

① 초월적 능력은 지니지 않아도 무라비트가 될 수 있는 것은 예언자 무하마드의 혈통을 지녔기 때문일 것이다.

② 왈리가 특별한 능력을 시현한다고 믿어졌던 것은 윌라야에 의거해 신과 인간 사이에 중재자가 있다고 믿었기 때문일 것이다.

③ 왈리의 묘소를 중심으로 설립된 수피즘 수도원이 종종 지역 공동체의 중심이 된 것은 사후에도 권위가 남았기 때문일 것이다.

④ 압드 알 카디르가 부족 간의 이견을 봉합하고 결집할 수 있었던 것은 그가 욕망에서

초탈한 인물이라고 여겨졌기 때문일 것이다.

⑤ 샤리프 가문이 바라카를 지닐 수 있다고 인정되는 가문이 된 것은 예언자 무하마드가 최후의 심판에서 맡을 역할 때문일 것이다.

문항 성격	문항유형 : 정보의 평가와 적용
	내용영역 : 인문
평가 목표	이 문항은 왈리를 추앙하는 사상인 윌라야의 기원, 왈리의 능력과 그들에 대한 믿음을 설명하는 〈보기〉를 제시문과 연결하여 이해하고 추론할 수 있는지 알아보는 문항이다.
문제 풀이	정답 : ①

〈보기〉를 통해 윌라야 사상과 예언자 무하마드를 이해하고, 이를 제시문에 나타난 구체적 상황에 적용해 보도록 한다.

<table>
<tr><td>정답 해설</td><td>① 제시문 다섯 번째 단락에 따르면, "무라비트는 특정 가문 출신 중 영적으로 선택된 소수만이 될 수 있었"고, "신의 은총인 바라카를 가졌다고 여겨져 존경을 받았다." 결국 "무라비트는 … 특정 수피 종단을 이끄는 왈리를 가리킨다." 제시문 네 번째 단락에서 "성인은 왈리라고 불리는데, 질병과 불임을 치료하고 액운을 막는 등의 이적을 행할 수 있다는 것이다."라고 했으므로, 초월적 능력을 지니지 않은 이는 무라비트가 될 수 없어서 적절하지 않다.</td></tr>
<tr><td>오답 해설</td><td>② 제시문 네 번째 단락에서 "성인은 왈리라고 불리는데, 질병과 불임을 치료하고 액운을 막는 등의 이적을 행할 수 있다는 것이다."라고 했고, 〈보기〉에서는 "왈리를 추앙하는 사상인 윌라야가 나타났다. 성인은 인류와 알라를 가로막는 욕망에서 초탈한 인물이어서 알라와 인류의 중재자로서 권능을 지닌다고 여겨졌"다고 했으므로 적절하다.</td></tr>
</table>

③ 제시문 네 번째 단락에서 "성인들의 묘소는 순례의 대상이 되었고, 이를 중심으로 설립된 수피즘 수도원은 지역 공동체의 중심이 되는 경우가 많았다."라고 했고, 〈보기〉에서는 "성인은 … 사후에도 권위가 남아 있었다. 묘소는 중립 지대였으며, 적대적 부족들도 함께 모이는 장터 역할도 했다."라고 했으므로 적절하다.

④ 제시문 세 번째 단락에 따르면, 압드 알 카디르는 성인으로 존경받고 "부족들 간 이견을 봉합하고 결집시킬 수 있었"다. 〈보기〉에서 "성인은 인류와 알라를 가로막는 욕망에서 초탈한 인물"이라고 했으므로 적절하다.

⑤ 제시문 다섯 번째 단락에서 "무라비트는 신의 은총인 바라카를 가졌다고 여겨

저 존경을 받았다. 무라비트는 특정 가문 출신 중 영적으로 선택된 소수만이 될 수 있었는데, 대표적으로는 예언자 무하마드의 후손인 샤리프 가문이 있다."라고 했고, 〈보기〉에서는 "최후의 심판일에 예언자 무하마드가 중재자로서 신도들을 구원할 것이라고 믿었다. 그가 예언자이면서 왈리라고 생각한 것이다."라고 했으므로 적절하다.

[19~21] 다음 글을 읽고 물음에 답하시오.

조선 시대를 관통하여 제례는 왕실부터 민간에 이르기까지 폭넓게 시행되었으며, 그 중심에는 유학자들이 있었다. 그런 만큼 유학자들에게 제사의 대상이 되는 귀신은 주요 논제일 수밖에 없었고, 이들의 귀신 논의는 성리학의 자연철학적 귀신 개념에 유의하여 유학의 합리성과 윤리성의 범위 안에서 제례의 근거를 마련하는 데 비중을 두었다.

성리학의 논의가 본격화되기 전에는 대체적으로 귀신을 인간의 화복과 관련된 신령한 존재로 여겼다. 하지만 15세기 후반 남효온은 귀신이란 리(理)와 기(氣)로 이루어진 자연의 변화 현상으로서 근원적 존재의 차원에 있지는 않지만 천지자연 속에 실재하며 스스로 변화를 일으키는 존재라고 설명하여, 성리학의 자연철학적 입장에서 귀신을 재해석하였다. 이에 따라 귀신은 본체와 현상, 유와 무 사이를 오가는 존재로 이해되었고, 이 개념은 인간의 일에 적용되어 인간의 탄생과 죽음에 결부되었다. 성리학의 일반론에 따르면, 인간의 몸은 다른 사물과 마찬가지로 기로 이루어져 있고, 생명을 다하면 그 몸을 이루고 있던 기가 흩어져 사라진다. 기의 소멸은 곧바로 이루어지지 않고 일정한 시간을 두고 진행된다. 흩어지는 과정에 있는 것이 귀신이므로 귀신의 존재는 유한할 수밖에 없었고, 이는 조상의 제사를 4대로 한정하는 근거가 되었다.

기의 유한성에 근거한 성리학의 귀신 이해는 먼 조상에 대한 제사와 관련하여 문제의 소지를 안고 있었기에 귀신의 영원성에 대한 근거 마련이 필요했다. 이와 관련하여 ㉠서경덕은 기의 항구성을 근거로 귀신의 영원성을 주장하였다. 모든 만물은 기의 작용에 의해 생성 소멸한다고 전제한 그는 삶과 죽음 사이에는 형체를 이루는 기가 취산(聚散)하는 차이가 있을 뿐 그 기의 순수한 본질은 유무의 구분을 넘어 영원히 존재한다고 설명하였다. 기를 취산하는 형백(形魄)과 그렇지 않은 담일청허(湛一淸虛)로 구분한 그는 기에 유무가 없는 것은 담일청허가 한결같기 때문이라 주장하였다. 나아가 담일청허와 관계하여 인간의 정신이나 지각의 영원성도 주장하였다. 이 같은 서경덕의 기 개념은 우주자연의 보편 원리이자 도덕법칙인 불변하는 리와, 존재를 구성하는 질료이자 에너지인 가변적인 기라는 성리학의 이원적 요소를 포용한 것이었으며, 물질성과 생명

48

성도 포괄한 것이었다.

  ⓒ이이는 현상 세계의 모든 존재는 리와 기가 서로 의존하여 생겨난다는 입장을 분명히 하는 한편, 귀신이라는 존재가 지나치게 강조되면 불교의 윤회설로 흐를 수 있고, 귀신의 존재를 무시하면 제사의 의의를 잃을 수 있다는 점에 주목하였다. 그는 불교에서 윤회한다는 마음은 다른 존재와 마찬가지로 리와 기가 합쳐져 일신(一身)의 주재자가 된다고 규정하였다. 마음의 작용인 지각은 몸을 이루는 기의 작용이기 때문에 그 기가 한 번 흩어지면 더 이상의 지각 작용은 있을 수 없다고 지적하여 윤회 가능성을 부정하였다. 아울러 그는 성리학의 일반론을 수용하여 가까운 조상은 그 기가 흩어졌더라도 자손들이 지극한 정성으로 제사를 받들면 일시적으로 그 기가 모이고 귀신이 감통의 능력으로 제사를 흠향할 수 있다고 보았다. 기가 완전히 소멸된 먼 조상에 대해서는 서로 감통할 수 있는 기는 없지만 영원한 리가 있기 때문에 자손과 감통이 있을 수 있다고 주장하였다. 하지만 감통을 일으키는 것이 리라는 그의 주장은 작위 능력이 배제된 리가 감통을 일으킨다는 논리로 이해될 수 있어 논란의 소지가 있는 것이었다.

  이이의 계승자인 낙론계 유학자들은 귀신을 리와 기 어느 쪽으로 해석하는 것이 옳은가라는 문제의식으로 논의를 전개하였다. 김원행은 귀신이 리와 기 어느 것 하나로 설명될 수 없으며, 리와 기가 틈이 없이 합쳐진 묘처(妙處), 즉 양능(良能)에서 그 의미를 찾아야 한다고 주장하였다. 그는 양능이란 기의 기능 혹은 속성이지만 기 자체의 무질서한 작용이 아니라 기에 원래 자재(自在)하여 움직이지 않는 리에 따라 발현하는 것이라 설명하여 귀신을 리나 기로 지목하더라도 상충되는 것이 아니라고 보았다. 김원행의 동문인 송명흠도 모든 존재는 리와 기가 혼용한 것이라고 전제하고, 귀신을 리이면서 기인 것, 즉 형이상에 속하고 동시에 형이하에 속하는 것이라고 설명하였다. 그는 사람들이 귀신을 리로 보지 않는 이유는 양능을 기로만 간주하였기 때문이라 비판하고, 제사 때 귀신이 강림할 수 있는 것은 기 때문이지만 제사 주관자의 마음과 감통하는 주체는 리라고 설명하였다. 이처럼 기의 취산으로 귀신을 설명하면서도 리의 존재를 깊이 의식한 것은 조상의 귀신을 섬기는 의례 속에서 항구적인 도덕적 가치에 대한 의식을 강화하고자 한 것이었다.

19.

윗글에 대한 이해로 적절하지 <u>않은</u> 것은?

① 성리학적 귀신론은 신령으로서의 귀신 이해를 대체하는 것이었다.
② 조선 성리학자들은 먼 조상에 대한 제사가 단순한 추념이 아니라고 보았다.

③ 생성 소멸하는 기를 통해 귀신을 이해하는 것은 윤회설을 반박하는 논거였다.

④ 귀신의 기가 항구적인 감통의 능력을 가진다는 것은 제사를 지내는 근거였다.

⑤ 조선 성리학자들은 귀신이 자연 현상과 관계된 것이라는 공통적인 인식을 가졌다.

문항 성격	문항유형 : 정보의 확인과 재구성
	내용영역 : 인문
평가 목표	이 문항은 귀신에 대한 조선 성리학자들의 이해를 바르게 파악하고 있는지 묻는 문항이다.
문제 풀이	정답 : ④

제시문 첫 번째 단락에서 조선 성리학자들이 귀신에 대한 논의를 전개한 이유를 제시한 후, 두 번째와 세 번째 단락에서 기존의 신령적 존재로 이해된 귀신을 남효온으로부터 본격적으로 성리학의 자연철학적 귀신 이해가 이루어졌으나 기로 이해된 귀신이 기의 유한성으로 인해 먼 조상에 대한 제사의 근거가 없음을 지적하였다. 이어 귀신의 영원성을 서경덕이 기에 대한 새로운 이해를 통해 제시하였음을 설명한 후, 네 번째 단락에서 서경덕과 달리 리 개념을 적용하여 이해한 이이의 귀신론을 제시하였다. 다섯 번째 단락에서는 서경덕과 이이의 귀신론에서 드러난 문제점을 극복하고자 한 낙론계 유학자들의 귀신론을 설명하여 조선 성리학에서의 귀신에 대한 논의를 제의와 연관하여 그 합리성과 윤리성을 제시하였다. 이러한 조선 성리학자들의 귀신론에 대한 전반적인 내용을 여러 각도에서 제대로 이해하고 있어야 한다.

정답 해설 ④ 제시문 네 번째 단락 "기가 완전히 소멸된 먼 조상에 대해서는 서로 감통할 수 있는 기는 없지만 영원한 리가 있기 때문에 자손과 감통이 있을 수 있다고 주장하였다."를 통해 조상의 귀신은 기가 사라지기 때문에 감통의 능력을 가질 수 없고, 리를 통해 자손과 감통할 수 있다는 것을 확인할 수 있다.

오답 해설 ① 제시문 두 번째 단락에 따르면, "성리학의 논의가 본격화되기 전에는 대체적으로 귀신을 인간의 화복과 관련된 신령한 존재로 여겼다."15세기 후반 남효온이 "성리학의 자연철학적 입장에서 귀신을 재해석하였다. 이에 따라 귀신은 본체와 현상, 유와 무 사이를 오가는 존재로 이해되었"다.

② 제시문 세 번째 단락에 따르면, "성리학의 귀신 이해는 먼 조상에 대한 제사와 관련하여 문제의 소지를 안고 있었기에 귀신의 영원성에 대한 근거 마련이 필요했다." 이에 따라 서경덕, 이이, 낙론계 유학자들 모두 먼 조상의 귀신의 실재를 구명하려는 논의를 전개한 점에서 "조선 성리학자들은 먼 조상에 대한 제사가 단순한 추념이 아니라고 보았다."라는 것은 적절하다.

③ 제시문 네 번째 단락에 따르면, "불교에서 윤회한다는 마음은 다른 존재와 마찬

가지로 리와 기가 합쳐져 일신(一身)의 주재자가 된다고 규정하였다. 마음의 작용인 지각은 몸을 이루는 기의 작용이기 때문에 그 기가 한 번 흩어지면 더 이상의 지각 작용은 있을 수 없다고 지적하여 윤회 가능성을 부정하였다."

⑤ 남효온, 서경덕, 이이, 낙론계 학자들은 모두 자연 현상을 설명하는 리와 기를 통해 귀신을 설명하려 했다.

20.

㉠, ㉡에 대한 설명으로 가장 적절한 것은?

① ㉠은 형체의 존재 여부를 기의 취산으로 설명하면서 본질적인 기는 유와 무를 관통한다고 보았다.

② ㉠은 기를 형백과 담일청허로 이원화하여 삶과 죽음에 각각 대응시켜 인간과 자연을 일원적으로 구조화하였다.

③ ㉡은 생명이 다하면 기는 결국 흩어져 사라지기 때문에 제사의 주관자라 하더라도 결국에는 조상과 감통할 수 없게 된다고 보았다.

④ ㉡은 인간의 지각은 리에 근거한 기이지만 기는 소멸하더라도 리는 존재하기 때문에 지각 자체는 사라지지 않는다고 파악하였다.

⑤ ㉠과 ㉡은 모두 기의 취산을 통해 삶과 죽음의 영역을 구분하였기 때문에 귀신의 영원성에 대한 근거를 물질성을 지닌 근원적 존재에서 찾았다.

문항 성격	문항유형 : 정보의 추론과 해석
	내용영역 : 인문
평가 목표	이 문항은 서경덕의 기 중심의 귀신론과 이이의 리와 기를 모두 포함하는 귀신론에 대해 적절하게 이해하고 있는지, 양자의 공통점은 무엇인지 추론할 수 있는지 알아보는 문항이다.
문제 풀이	정답 : ①

서경덕은 기를 취산하는 기와 취산하지 않는 기, 즉 현상과 본체로 구분하여 후자를 근거로 귀신의 영원성을 제시하였고, 이이는 리와 기라는 이원적인 근원적 존재를 근거로 귀신을 설명하였다. 특히 그는 기의 생멸성과 리의 영원성을 근거로 불교의 윤회설을 비판하였으며, 귀신과의 영원한 감통을 리를 근거로 제시하였다.

정답 해설	① 제시문 세 번째 단락에서 서경덕은 "삶과 죽음 사이에는 형체를 이루는 기가 취

산(聚散)하는 차이가 있을 뿐"이라 말하여 형체의 존재 여부를 기의 취산으로 설명하였다. 같은 단락의 "그 기의 순수한 본질은 유무의 구분을 넘어 영원히 존재한다고 설명하였다."를 통해, 그는 본질적인 기는 유와 무를 관통한다고 보았다는 것을 확인할 수 있다.

오답 해설 ② 제시문 세 번째 단락에서 서경덕은 "기를 취산하는 형백(形魄)과 그렇지 않은 담일청허(湛一淸虛)로 구분"한 것을 확인할 수 있지만, "삶과 죽음 사이에는 형체를 이루는 기가 취산(聚散)하는 차이가 있을 뿐"이라는 표현으로 볼 때, 기를 형백과 담일청허로 이원화하여 각각 삶과 죽음에 대응시켰다고 해석할 수는 없다. 서경덕에 따르면 삶과 죽음은 모두 담일청허가 배제된 형백과 관련된 것이다.

③ 제시문 네 번째 단락의 "기가 완전히 소멸된 먼 조상에 대해서는 서로 감통할 수 있는 기는 없지만 영원한 리가 있기 때문에 자손과 감통이 있을 수 있다고 주장하였다."로부터, 제사 주관자와 귀신이 감통할 수 있고 그 근거는 기가 아닌 리임을 확인할 수 있다.

④ 제시문 네 번째 단락 "마음의 작용인 지각은 몸을 이루는 기의 작용이기 때문에 그 기가 한 번 흩어지면 더 이상의 지각 작용은 있을 수 없다고 지적하여 윤회 가능성을 부정하였다."로부터, 기의 소멸에 따라 지각도 사라짐을 알 수 있다.

⑤ 제시문 세 번째 단락에서 서경덕은 기의 취산을 통해 삶과 죽음의 영역을 구분했고 "기의 항구성을 근거로 귀신의 영원성을 주장하였다"는 것을 알 수 있다. 그러나 네 번째 단락 "기가 완전히 소멸된 먼 조상에 대해서는 서로 감통할 수 있는 기는 없지만 영원한 리가 있기 때문에 자손과 감통이 있을 수 있다고 주장하였다."로부터, 이이는 서경덕과 달리 귀신의 영원성의 근거를 물질적 존재가 아닌 원리인 리에서 찾았음을 확인할 수 있다.

21.

낙론계 유학자들의 입장과 부합하는 진술을 〈보기〉에서 고른 것은?

보기

ㄱ. 귀신을 기의 유행으로 말하면 형이하에 속하고, 리가 실린 것으로 말하면 형이상에 속하는 것이다.

ㄴ. 리가 있으면 기가 있고 기가 있으면 리가 있으니 어찌 혼융하여 떨어지지 않는 지극한 것이 아니겠는가.

ㄷ. 기가 오고 가며 굽고 펼치는 것은 기가 스스로 그러한 것이니 귀신이 없음에 어찌 의심이 있을 수 있겠는가.

ㄹ. 제사 때 능히 강림할 수 있게 하는 것은 리이고, 강림하는 것은 기이니, 귀신의 강림은 기의 강림이라 할 수 있지 않겠는가.

① ㄱ, ㄴ　　　　② ㄱ, ㄷ　　　　③ ㄴ, ㄷ
④ ㄴ, ㄹ　　　　⑤ ㄷ, ㄹ

문항 성격 문항유형 : 정보의 평가와 적용
내용영역 : 인문
평가 목표 이 문항은 낙론계 유학자들이 전개한 귀신에 대한 논의를 〈보기〉에 주어진 각각의 진술에 적용하여 적절히 평가할 수 있는지 확인하는 문항이다.
문제 풀이 정답 : ①

제시문 다섯 번째 단락에서 확인할 수 있듯, 낙론계 유학자들은 기 혹은 리와 기를 통해 귀신을 이해했던 전 시대의 귀신 이해 중 어느 것이 옳은가라는 문제의식하에서 리와 기가 합쳐진 묘처를 중심으로 귀신을 이해하였다.

〈보기〉 해설 ㄱ. 낙론계 유학자 김원행은 "기 자체의 무질서한 작용이 아니라 기에 원래 자재(自在)하여 움직이지 않는 리에 따라 발현하는 것"이라고 하여 기는 구체적인 작용을 하는 것, 리는 기에 실려 움직이지 않는 것으로 규정하였다. 그리고 송명흠은 귀신을 "리이면서 기인 것, 즉 형이상에 속하고 동시에 형이하에 속하는 것이라고 설명하였다." 이러한 점에서 귀신의 구체적인 형이하의 특성은 기에, 형이상의 특성은 리에 각각 해당하는 것임을 확인할 수 있다. 따라서 "귀신을 기의 유행으로 말하면 형이하에 속하고, 리가 실린 것으로 말하면 형이상에 속하는 것이다."라는 것은 낙론계 유학자들의 입장과 부합한다.

ㄴ. 낙론계 유학자들은 귀신이 리와 기 어느 것 하나로 설명될 수 없다고 하며, "리와 기가 틈이 없이 합쳐진 묘처(妙處)"에 유의하였다. 다시 말해 리와 기의 불가분리성을 제시한 것이다. 따라서 "리가 있으면 기가 있고 기가 있으면 리가 있으니 어찌 혼융하여 떨어지지 않는 지극한 것이 아니겠는가."라는 것은 낙론계 유학자들의 입장과 부합한다.

ㄷ. "기 자체의 무질서한 작용이 아니라 기에 원래 자재(自在)하여 움직이지 않는

리에 따라 발현하는 것"으로부터, 기의 운동 변화가 리에 근거한 것임을 확인할 수 있다. 따라서 "기가 오고 가며 굽고 펼치는 것은 기가 스스로 그러한 것이니 귀신이 없음에 어찌 의심이 있을 수 있겠는가."라는 것은 낙론계 유학자들의 입장과 부합하지 않는다.

ㄹ. 낙론계 유학자인 송명흠은 "제사 때 귀신이 강림할 수 있는 것은 기 때문이지만 제사 주관자의 마음과 감통하는 주체는 리라고 설명하였다." 따라서 "제사 때 능히 강림할 수 있게 하는 것은 리이고, 강림하는 것은 기이니, 귀신의 강림은 기의 강림이라 할 수 있지 않겠는가."라는 것은 낙론계 유학자의 입장과 부합하지 않는다.

[22~24] 다음 글을 읽고 물음에 답하시오.

빈곤 퇴치와 경제성장에 관해 다양한 견해가 제시되고 있다. 빈곤의 원인으로 지리적 요인을 강조하는 삭스는 가난한 나라의 사람들이 '빈곤의 덫'에서 빠져나오기 위해 외국의 원조에 기초한 초기 지원과 투자가 필요하다고 주장한다. 그가 보기에 대부분의 가난한 나라들은 열대 지역에 위치하고 말라리아가 극심하여 사람들의 건강과 노동성과가 나쁘다. 이들은 소득 수준이 너무 낮아 영양 섭취나 위생, 의료, 교육에 쓸 돈이 부족하고 개량종자나 비료를 살 수 없어서 소득을 늘릴 수 없다. 이런 상황에서는, 초기 지원과 투자로 가난한 사람들이 빈곤의 덫에서 벗어나도록 해 주어야만 생산성 향상이나 저축과 투자의 증대가 가능해져 소득이 늘 수 있다. 그런데 가난한 나라는 초기 지원과 투자를 위한 자금을 조달할 능력이 없기 때문에 외국의 원조가 필요하다는 것이다.

제도의 역할을 강조하는 경제학자들의 견해는 삭스와 다르다. 이스털리는 정부의 지원과 외국의 원조가 성장에 도움이 되지 않는다고 본다. 그는 '빈곤의 덫' 같은 것은 없으며, 빈곤을 해결하기 위해 경제가 성장하려면 자유로운 시장이 잘 작동해야 한다고 본다. 가난한 사람들이 필요를 느끼지 않는 상태에서 교육이나 의료에 정부가 지원한다고 해서 결과가 달라지지 않으며 개인들이 스스로 필요한 것을 선택하도록 해야 한다고 보기 때문이다. 마찬가지 이유로 이스털리는 외국의 원조에 대해서도 회의적인데, 특히 정부가 부패할 경우에 원조는 가난한 사람들의 처지를 개선하지는 못하고 부패를 더욱 악화시키는 결과만 초래한다고 본다. 이에 대해 삭스는 가난한 나라 사람들의 소득을 지원해 빈곤의 덫에서 빠져나오도록 해야 생활수준이 높아져 시민사회가 강화되고 법치주의가 확립될 수 있다고 주장한다.

빈곤의 원인이 나쁜 제도라고 생각하는 애쓰모글루도 외국의 원조에 대해 회의적이지만, 자유로운 시장에 맡겨 둔다고 나쁜 제도가 저절로 사라지는 것도 아니라고 본다. 그는 가난한 나라에서 경제성장에 적합한 좋은 경제제도가 채택되지 않는 이유가 정치제도 때문이라고 본다. 어떤 제도든 이득을 얻는 자와 손실을 보는 자를 낳으므로 제도의 채택 여부는 사회 전체의 이득이 아니라 정치권력을 가진 세력의 이득에 따라 결정된다는 것이다. 따라서 그는 지속적인 성장을 위해서는 사회 전체의 이익에 부합하는 경제제도가 채택될 수 있도록 정치제도가 먼저 변화해야 한다고 주장한다.

제도의 중요성을 강조한 나머지 외국의 역할과 관련해 극단적인 견해를 내놓는 경제학자들도 있다. 로머는 외부에서 변화를 수입해 나쁜 제도의 악순환을 끊는 하나의 방법으로 불모지를 외국인들에게 내주고 좋은 제도를 갖춘 새로운 도시로 개발하도록 하는 프로젝트를 제안한다. 콜리어는 경제 마비 상태에 이른 빈곤국들이 나쁜 경제제도와 정치제도의 악순환에 갇혀 있으므로 좋은 제도를 가진 외국이 군사 개입을 해서라도 그 악순환을 해소해야 한다고 주장한다.

배너지와 뒤플로 는 일반적인 해답의 모색 대신 "모든 문제에는 저마다 고유의 해답이 있다."는 관점에서 빈곤 문제에 접근해야 한다고 주장하고 구체적인 현실에 대한 올바른 이해에 기초한 정책을 강조한다. 두 사람은 나쁜 제도가 존재하는 상황에서도 제도와 정책을 개선할 여지는 많다고 본다. 이들은 현재 소득과 미래 소득 사이의 관계를 나타내는 곡선의 모양으로 빈곤의 덫에 대한 견해들을 설명한다. 덫이 없다는 견해는 이 곡선이 가파르게 올라가다가 완만해지는 '뒤집어진 L자 모양'이라고 생각함에 비해, 덫이 있다는 견해는 완만하다가 가파르게 오른 다음 다시 완만해지는 'S자 모양'이라고 생각한다는 것이다. 현실 세계가 뒤집어진 L자 모양의 곡선에 해당한다면 아무리 가난한 사람이라도 시간이 갈수록 점점 부유해진다. 이들을 지원하면 도달에 걸리는 시간을 조금 줄일 수 있을지 몰라도 결국 도달점은 지원하지 않는 경우와 같기 때문에 도움이 필요하다고 보기 어렵다. 그러나 S자 곡선의 경우, 소득 수준이 낮은 영역에 속하는 사람은 시간이 갈수록 소득 수준이 '낮은 균형'으로 수렴하므로 지원이 필요하다. 배너지와 뒤플로는 가난한 사람들이 빈곤의 덫에 갇혀 있는 경우도 있고 아닌 경우도 있으며, 덫에 갇히는 이유도 다양하다고 본다. 따라서 빈곤의 덫이 있는지 없는지 단정하지 말고, 특정 처방 이외에는 특성들이 동일한 복수의 표본집단을 구성함으로써 처방의 효과에 대한 엄격한 비교 분석을 수행하고, 지역과 처방을 달리하여 분석을 반복함으로써 이들이 어떻게 살아가는지, 도움이 필요한지, 처방에 대한 이들의 수요는 어떠한지 등을 파악해야 빈곤 퇴치에 도움이 되는 지식을 얻을 수 있다고 본다. 빈곤을 퇴치하지 못하는 원인이 빈곤에 대한 경제학 지식의 빈곤이라고 생각하는 것이다.

22.

윗글과 일치하지 <u>않는</u> 것은?

① 지리적 요인의 역할을 강조하는 경제학자라면 외국의 원조에 대해 긍정적이다.
② 제도의 역할을 강조하는 경제학자라 하더라도 자유로운 시장의 역할을 중시하는 경우도 있다.
③ 제도의 역할을 강조하는 경제학자라면 정치제도 변화가 경제성장을 위한 전제조건이라고 생각한다.
④ 제도의 역할을 강조하는 경제학자라 하더라도 외국이 성장에 미치는 역할을 중시하지 않는 경우도 있다.
⑤ 지리적 요인의 역할을 강조하는 경제학자만이 빈곤의 덫에서 빠져나오려면 초기 지원이 필요하다고 생각하는 것은 아니다.

문항 성격	문항유형 : 정보의 확인과 재구성
	내용영역 : 사회
평가 목표	이 문항은 제시문에 소개된 주장들을 정확하게 이해하고 있는지 확인하는 문항이다.
문제 풀이	정답 : ③

제시문에 소개된 다양한 견해들이 빈곤과 성장의 원인과 해법에 대해 어떤 입장을 취하고 있는지 이해하고 이들 사이의 공통점과 차이점이 무엇인지 파악하도록 한다.

정답 해설　③ 경제성장의 해법으로 제도의 역할과 함께 자유로운 시장의 작동을 강조한 이스털리는 정치제도의 변화에 대해 언급하지 않았다. 더구나 이스털리에 이어 소개된 애쓰모글루의 주장, 즉 정치제도의 변화가 경제성장의 전제조건이고, 자유로운 시장에 맡겨 둔다고 나쁜 제도가 저절로 사라지는 것은 아니라는 주장은 이스털리에 대한 비판으로 이해해야 한다. 따라서 제도의 역할을 강조하는 경제학자라 하더라도 정치제도의 변화가 경제성장을 위한 전제조건이라고 반드시 생각하는 것은 아니다.

오답 해설　① 제시문에서 지리적 요인의 역할을 강조하는 경제학자는 삭스뿐인데, 그는 빈곤 문제의 해결을 위해 외국의 원조가 필요하다고 주장한다.
② 이스털리가 그러한 사례에 해당한다.
④ 이스털리가 그러한 사례에 해당한다.
⑤ 지리적 요인의 역할을 강조하는 경제학자라고 단정할 수 없는 배너지와 뒤플로

는 '빈곤의 덫'이 존재할 경우 지원이 필요하다고 생각한다는 것을 제시문 다섯
번째 단락에서 확인할 수 있다.

23.

⎡배너지와 뒤플로⎤의 입장을 설명한 것으로 가장 적절한 것은?

① 제도보다 정책을 중시한다는 점에서 애쓰모글루에 동의한다.
② 가난한 사람들의 수요를 중시한다는 점에서 이스털리에 동의한다.
③ 거대한 문제를 우선해서는 안 된다고 보는 점에서 콜리어에 동의한다.
④ 정부가 부패해도 정책이 성과를 낼 수 있다고 보는 점에서 삭스에 반대한다.
⑤ 빈곤 문제를 해결하는 일반적인 해답이 있다고 보는 점에서 로머에 동의한다.

문항 성격	문항유형 : 정보의 추론과 해석
	내용영역 : 사회
평가 목표	이 문항은 배너지와 뒤플로의 입장과 다른 입장들의 공통점과 차이점을 정확히 파악
	하고 있는지 확인하는 문항이다.
문제 풀이	정답 : ②

배너지와 뒤플로의 견해가 가진 다양한 측면을 이해하고 각 측면과 관련하여 다른 견해에 동의하
는지 혹은 반대하는지 따져보도록 한다.

정답 해설 ② 제시문 다섯 번째 단락에서 배너지와 뒤플로가 가난한 사람들의 수요를 중시한
다는 것을 확인할 수 있고, 두 번째 단락에서 이스털리도 사람들의 필요를 중시
한다는 것을 확인할 수 있다.

오답 해설 ① 배너지와 뒤플로는 제도보다 "구체적인 현실에 대한 올바른 이해에 기초한 정책
을 강조한다." 반면 애쓰모글루는 "지속적인 성장을 위해서는 사회 전체의 이익
에 부합하는 경제제도가 채택될 수 있도록 정치제도가 먼저 변화해야 한다고 주
장한다."

③ 배너지와 뒤플로는 "나쁜 제도가 존재하는 상황에서도 제도와 정책을 개선할 여
지는 많다"고 보고 있으므로, 거대한 문제의 해결을 우선하는 입장이라고 할 수
없다. 반면 콜리어는 "제도의 중요성을 강조한 나머지 외국의 역할과 관련해 극
단적인 견해를 내놓는"다는 점에서 거대한 문제를 우선한다는 것을 알 수 있다.

④ 배너지와 뒤플로는 "나쁜 제도가 존재하는 상황에서도 제도와 정책을 개선할 여지는 많다"고 보고, "모든 문제에는 저마다 고유의 해답이 있"음을 강조하며 구체적인 정책의 내용을 중시한다. 제시문 두 번째 단락에 따르면, 정부가 부패할 경우 원조에 대해 회의적인 이스털리에 대해, "삭스는 가난한 나라 사람들의 소득을 지원해 빈곤의 덫에서 빠져나오도록 해야 생활수준이 높아져 시민사회가 강화되고 법치주의가 확립될 수 있다고 주장한다." 따라서 배너지와 뒤플로가 "정부가 부패해도 정책이 성과를 낼 수 있다고 보는 점에서 삭스에 반대한다."라는 것은 적절하지 않다.

⑤ 배너지와 뒤플로는 "일반적인 해답의 모색 대신 "모든 문제에는 저마다 고유의 해답이 있다."는 관점에서 빈곤 문제에 접근해야 한다고 주장"한다.

24.

윗글을 바탕으로 〈보기〉를 이해한 것으로 적절하지 <u>않은</u> 것은?

보기

  아래 그래프에서 S자 곡선은 현재 소득과 미래 소득의 관계를 표시한 것이다(45°선은 현재 소득과 미래 소득이 같은 상태를 나타낸다). 특정 시기 t의 소득이 a1이라면 t+1 시기의 소득은 a2이고, t+2 시기의 소득은 a3임을 알 수 있다. S자 곡선에서는 복수의 균형이 존재한다. 여기서 '균형'이란 한 번 도달하면 거기서 벗어나지 않을 상태를 말한다. 물론 외부적 힘이 가해질 경우에는 균형에서 벗어날 수도 있다.

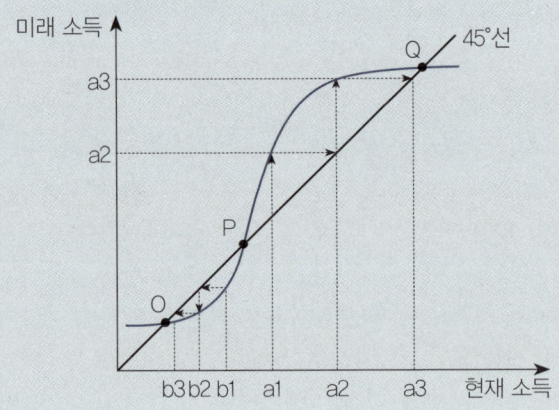

① 배너지와 뒤플로는 점 O를 '낮은 균형'이라고 보겠군.

② 삭스라면 지원으로 소득을 b3에서 b1으로 이동하도록 해야 한다고 보겠군.

③ 삭스라면 지원이 없을 경우에는 b3에서는 생산성이 향상되지 않는다고 보겠군.

④ 이스털리라면 점 P의 왼쪽 영역이 없는 세계를 상정하므로 점 P가 원점이라고 보겠군.

⑤ 이스털리라면 a1에서 지원이 이루어진다 해도 균형 상태의 소득 수준은 변하지 않는다고 보겠군.

문항 성격	문항유형 : 정보의 평가와 적용
	내용영역 : 사회
평가 목표	이 문항은 제시문의 견해들을 S자 곡선의 그래프와 연결하여 적절하게 이해할 수 있는지 알아보는 문항이다.
문제 풀이	정답 : ②

그래프에서 S자 곡선이 45°선보다 아래에 있을 경우 현재보다 미래에 더 가난해지고, 45°선보다 위에 있을 경우 현재보다 미래에 더 부유해진다는 것을 파악하고, 점 P의 왼쪽 영역과 오른쪽 영역에서 각각 점 O와 점 Q로 수렴한다는 것을 이해해야 한다.

정답 해설	② 삭스는 빈곤의 덫에서 빠져나오도록 하는 지원이 필요하다고 주장하므로 그래프에서 점 P 수준보다 더 낮은 소득 수준에서 더 높은 소득 수준으로 이동하도록 해야 한다고 주장하는 것이다. b1은 점 P 수준보다 더 낮은 소득 수준이므로 적절하지 않다.
오답 해설	① 배너지와 뒤플로가 말하는 '낮은 균형'이 그래프에서 점 O임을 알 수 있다.
	③ 삭스는 빈곤의 덫에서 벗어나야 생산성 향상이 가능해진다고 생각하므로, 점 O에서 점 P 사이에 해당하는 b3에서는 생산성이 향상되지 않는다고 볼 것이다.
	④ 이스털리는 빈곤의 덫이 없다고 본다. 제시문 다섯 번째 단락에서 빈곤의 덫이 없다는 견해는 '뒤집어진 L자 모양'의 곡선을 상정한다는 것을 알 수 있다. 따라서 적절하다.
	⑤ 제시문 다섯 번째 단락에 따르면, "현실 세계가 뒤집어진 L자 모양의 곡선에 해당한다면 아무리 가난한 사람이라도 시간이 갈수록 점점 부유해진다. 이들을 지원하면 도달에 걸리는 시간을 조금 줄일 수 있을지 몰라도 결국 도달점은 지원하지 않는 경우와 같기 때문에" 이스털리라면 a1에서 지원이 이루어진다 해도 균형 상태의 소득 수준은 변하지 않는다고 볼 것이다.

[25~27] 다음 글을 읽고 물음에 답하시오.

암세포의 대사 과정은 정상 세포와 다른 것으로 알려져 있다. 오토 바르부르크가 발표한 '바르부르크 효과'에 따르면 암세포는 '해당작용'을 주된 에너지 획득 기전으로 수행하고 또 다른 에너지 획득 방법인 '산화적 인산화'는 억제한다.

세포는 영양분으로 섭취한 큰 분자를 작은 분자로 쪼개는 과정을 통해 ATP를 생성하는데 이 과정을 '이화작용'이라고 한다. 또한 ATP와 같은 고에너지 분자의 에너지를 이용하여 세포의 성장과 분열을 위해 작은 분자로부터 단백질, 핵산과 같은 거대 분자를 합성하는 과정을 '동화작용'이라고 한다. 이화작용을 통해 ATP를 생산하기 위해 세포는 영양 물질을 내부로 수송하는데, 가장 대표적인 영양 물질인 포도당은 세포 내부로 이동하여 해당작용과 산화적 인산화를 통해 작은 분자로 분해된다. 이론적으로 포도당 1개가 가지고 있는 에너지가 전부 ATP로 전환될 경우 36개 또는 38개의 ATP가 만들어진다. 이 중 2개의 ATP는 세포질에서 일어나는 해당작용을 통해, 나머지는 미토콘드리아에서 대부분 산화적 인산화를 통해 만들어진다.

해당작용과 산화적 인산화는 수행되는 장소도 다르지만 요구 조건도 다르다. 해당작용에는 산소가 필요하지 않지만, 산화적 인산화에는 필수적이다. 세포 내부에 산소가 부족하면 산화적 인산화는 일어나지 못하고 해당작용만 진행되며, 이 경우에는 해당작용의 최종 산물인 피루브산이 젖산으로 바뀌는 젖산 발효가 일어난다. 심폐 기능에 비해 과격한 운동을 하였을 때 근육 세포에서 생성된 젖산이 근육에 축적된다. 젖산 발효 과정은 해당작용에 필요한 조효소 NAD$^+$의 재생산을 위해 필수적이다. NAD$^+$로부터 해당작용의 또 다른 생성물인 조효소 NADH가 생성되기 때문이다. 해당작용에서 포도당 1개가 2개의 피루브산으로 분해될 때 NADH가 2개 만들어지고, NADH 1개당 3개의 ATP를 산화적 인산화를 통해 만들 수 있는데, 젖산 발효를 하는 세포는 NADH를 에너지가 낮은 상태인 NAD$^+$로 전환하는 손해를 감수한다.

바르부르크 효과는 산소가 있어도 해당작용을 산화적 인산화에 비해 선호하는 암세포 특이적 대사 과정인 '유산소 해당작용'을 뜻한다. 암세포가 더 빨리 분열하는 악성 암세포로 변하면 산화적 인산화에 대한 의존을 줄이고 해당작용에 대한 의존이 증가한다. 약물 처리 등으로 그 반대의 경우가 되면, 해당작용에 대한 의존이 줄고 산화적 인산화에 대한 의존이 증가한다. 유산소 해당작용을 수행하는 암세포는 포도당 1개당 ATP 2개만을 생산하는 효율이 떨어지는 해당작용에 에너지 생산을 대부분 의존하므로 정상 세포에 비해 포도당을 더 많이 세포 내부로 수송하고 젖산을 생산한다.

바르부르크 효과의 원인에 대해 다음 세 가지 설명이 있다. 첫 번째는 암세포의 빠른 성장 때문에 세포의 성장에 필요한 거대 분자를 동화작용을 통해 만들기 위해 해당작용의 중간 생성 물질을 동화작용의 재료로 사용하려고 해당작용에 집중한다는 것이다. 두 번째는 체내에서 암세포의 분열로 암 조직의 부피가 커져서 산소가 그 내부까지 충분히 공급되지 못하기 때문에 암세포가 산소가 없는 환경에 적응하도록 진화했다는 것이다. 세 번째는 미토콘드리아의 기능을 암세포가 억제하여 미토콘드리아에 의해 유발되는 세포 자살 프로그램의 실행을 방해함으로써 스스로의 사멸을 막으려 한다는 이론이다. 바르부르크는 이러한 암세포 특이적 대사 과정의 변이를 발암의 원인으로 설명하였다. 그러나 최근의 연구에서는 발암 유전자의 활성화와 암 억제 유전자에 생기는 돌연변이가 주된 발암 원인이고, 바르부르크 효과는 암의 원인이라기보다는 그러한 돌연변이에 의한 결과로 발생하는 것으로 밝혀졌다.

25.

윗글과 일치하는 것은?

① 해당작용의 산물 중 NADH는 미토콘드리아에서 ATP를 추가로 생산하는 데 사용되지 않는다.
② 해당과정 중 소비되는 NADH의 재생산은 해당작용의 지속적 수행에 필수적이다.
③ 심폐기능에 비해 과격한 운동을 하면 근육에서 젖산은 늘어나고 NAD^+는 줄어든다.
④ 동화작용에서 거대 분자를 만들 때 해당작용의 중간 생성물이 사용된다.
⑤ 바르부르크 효과에 의해 암 억제 유전자의 돌연변이가 유발된다.

문항 성격	문항유형 : 정보의 확인과 재구성
	내용영역 : 과학기술
평가 목표	이 문항은 제시문의 주요 개념인 해당작용, 산화적 인산화, 그리고 암세포에 대해 정확히 이해하고 있는지 확인하는 문항이다.
문제 풀이	정답 : ④

동화작용과 이화작용의 차이, 해당작용과 산화적 인산화의 차이를 이해하고 그 기전을 파악해야 한다. 또한 암세포와 정상 세포의 대사 과정의 차이가 암 유발의 원인인지 또는 결과인지 제시문에서 조회할 수 있어야 한다.

정답 해설   ④ 제시문 다섯 번째 단락 "세포의 성장에 필요한 거대 분자를 동화작용을 통해 만들기 위해 해당작용의 중간 생성 물질을 동화작용의 재료로 사용하려고 해당작용에 집중한다는 것이다."로부터, 해당작용의 중간 생성물이 동화작용에 사용된다는 것을 알 수 있다.

① 제시문 세 번째 단락 "해당작용에서 포도당 1개가 2개의 피루브산으로 분해될 때 NADH가 2개 만들어지고, NADH 1개당 3개의 ATP를 산화적 인산화를 통해 만들 수 있는데,"로부터, 해당작용에서 생성되는 NADH는 미토콘드리아에서 수행되는 산화적 인산화를 통해 ATP를 생산하는 데 사용된다는 것을 알 수 있다.

② 제시문 세 번째 단락 "젖산 발효 과정은 해당작용에 필요한 조효소 NAD$^+$의 재생산을 위해 필수적이다. NAD$^+$로부터 해당작용의 또 다른 생성물인 조효소 NADH가 생성되기 때문이다."로부터, 해당작용의 지속적 수행에는 NAD$^+$의 재생산이 필요하다는 것을 알 수 있다. NADH는 해당작용의 산물이다.

③ 제시문 세 번째 단락 "심폐 기능에 비해 과격한 운동을 하였을 때 근육 세포에서 생성된 젖산이 근육에 축적된다. 젖산 발효 과정은 해당작용에 필요한 조효소 NAD$^+$의 재생산을 위해 필수적이다."로부터, 과격한 운동으로 인한 젖산 발효 과정에서 NAD$^+$가 늘어나는 것을 알 수 있다.

⑤ 제시문 다섯 번째 단락 "바르부르크 효과는 암의 원인이라기보다는 그러한 돌연변이에 의한 결과로 발생하는 것으로 밝혀졌다."로부터, 바르부르크 효과는 암 억제 유전자 돌연변이의 원인이 아니라 결과라는 것을 알 수 있다.

26.

윗글에서 추론한 것으로 적절하지 <u>않은</u> 것은?

① 미토콘드리아의 기능이 상실되면 NADH로부터 ATP를 만들지 못한다.

② 유산소 해당작용을 수행하는 암세포는 산소가 충분히 존재할 때에도 해당과정의 산물을 NAD$^+$와 젖산으로 전환시킨다.

③ 포도당 1개가 가지고 있는 에너지가 전부 ATP로 전환될 때 미토콘드리아에서 34개 또는 36개의 ATP가 만들어진다.

④ 포도당 1개가 피루브산 2개로 분해되었고 이때 생성된 조효소의 에너지도 모두 미토콘드리아에서 ATP로 전환되었다면, 이 과정에서 생성된 ATP는 모두 8개이다.

⑤ 암세포의 유산소 해당작용 과정 중 포도당 1개당 생산되는 ATP의 개수는 정상 세포의 산소가 있을 때 수행되는 해당작용의 과정 중 포도당 1개당 생산되는 NADH의 개수보다 많다.

문항 성격	문항유형 : 정보의 추론과 해석
	내용영역 : 과학기술
평가 목표	이 문항은 제시문에 제공된 개념과 원리를 정확하게 이해하고 이로부터 정밀하고 복잡한 추론을 수행할 수 있는지 평가하는 문항이다.
문제 풀이	정답 : ⑤

주어진 선택지가 적절한지 여부를 판단하기 위해 필요한 정보들을 제시문에서 정확하게 다시 조회하고 필요시 간단한 계산을 수행하도록 한다.

정답 해설 ⑤ 제시문 두 번째 단락 "이 중 2개의 ATP는 세포질에서 일어나는 해당작용을 통해, 나머지는 미토콘드리아에서 대부분 산화적 인산화를 통해 만들어진다."로부터, 해당작용 과정 중 포도당 1개당 생산되는 ATP는 2개인 것을 알 수 있고, 세 번째 단락 "해당작용에서 포도당 1개가 2개의 피루브산으로 분해될 때 NADH가 2개 만들어지고"로부터, 해당작용 과정 중 포도당 1개당 생산되는 NADH는 2개라는 것을 알 수 있다. 그러므로 ATP가 생산되는 개수와 NADH가 생산되는 개수는 같다.

오답 해설 ① 제시문 두 번째 단락 "나머지는 미토콘드리아에서 대부분 산화적 인산화를 통해 만들어진다."와 세 번째 단락 "NADH 1개당 3개의 ATP를 산화적 인산화를 통해 만들 수 있는데,"로부터, 미토콘드리아의 정상적인 기능을 통해 NADH로부터 ATP를 만들 수 있다는 것을 추론할 수 있다.

② 제시문 세 번째 단락 "해당작용의 최종 산물인 피루브산이 젖산으로 바뀌는 젖산 발효가 일어난다. … 젖산 발효 과정은 해당작용에 필요한 조효소 NAD$^+$의 재생산을 위해 필수적이다."와 네 번째 단락 "유산소 해당작용을 수행하는 암세포는 … 해당작용에 에너지 생산을 대부분 의존하므로"로부터, 암세포의 유산소 해당작용 과정에서 젖산 발효 과정과 마찬가지로 해당작용의 진행을 위해 필요한 NAD$^+$의 생산이 늘어나고 이때 젖산의 생산이 동반된다는 것을 추론할 수 있다.

③ 제시문 두 번째 단락 "포도당 1개가 가지고 있는 에너지가 전부 ATP로 전환될 경우 36개 또는 38개의 ATP가 만들어진다. 이 중 2개의 ATP는 세포질에서 일어나는 해당작용을 통해, 나머지는 미토콘드리아에서 대부분 산화적 인산화를 통해 만들어진다."로부터, 포도당 1개당 34(=36−2)개, 또는 36(=38−2)개의 ATP가 미토콘드리아에서 만들어진다는 것을 추론할 수 있다.

④ 제시문 두 번째 단락 "이 중 2개의 ATP는 세포질에서 일어나는 해당작용을 통해"로부터, 해당작용 과정 중 포도당 1개당 생산되는 ATP는 2개인 것을 알 수 있고, 세 번째 단락 "해당작용에서 포도당 1개가 2개의 피루브산으로 분해될 때

NADH가 2개 만들어지고, NADH 1개당 3개의 ATP를 산화적 인산화를 통해 만들 수 있는데."로부터, 해당작용에서 생기는 2개의 NADH가 6개의 ATP로 전환된다는 것을 알 수 있다. 해당작용에서 생기는 2개의 ATP와 NADH로부터 생산되는 6개의 ATP를 합치면 ATP는 모두 8개라는 것을 추론할 수 있다.

27.
윗글과 〈보기〉를 바탕으로 한 설명으로 가장 적절한 것은?

보 기

암을 진단하기 위해 사용되는 PET(양전자 방출 단층촬영)는 방사성 포도당 유도체를 이용하는 핵의학 검사법이다. 방사성 포도당 유도체는 포도당과 구조적으로 유사하여 암 조직과 같은 포도당의 흡수가 많은 신체 부위에 수송되어 축적되므로 단층촬영을 통해 체내에서 양전자를 방출하는 방사성 포도당 유도체의 분포를 추적할 수 있다.

① 피루브산이 젖산으로 전환되는 양이 증가하면 방사성 포도당 유도체의 축적이 줄어들 것이다.
② 포도당이 피루브산으로 전환되는 양이 감소하면 방사성 포도당 유도체의 축적이 늘어날 것이다.
③ 세포 내부의 산소가 줄어들어도 동일한 양의 ATP를 생성하려면 방사성 포도당 유도체의 축적이 늘어날 것이다.
④ ATP의 생성을 해당작용에 좀 더 의존하도록 대사 과정의 변화가 일어난다면 방사성 포도당 유도체의 축적이 줄어들 것이다.
⑤ ATP의 생성을 산화적 인산화에 좀 더 의존하도록 대사 과정의 변화가 일어난다면 방사성 포도당 유도체의 축적이 늘어날 것이다.

문항 성격	문항유형 : 정보의 평가와 적용
	내용영역 : 과학기술
평가 목표	이 문항은 암세포 진단 기술인 PET의 원리를 설명한 〈보기〉를 제시문과 연결하여 종합적으로 이해할 수 있는 능력을 평가하는 문항이다.

방사성 포도당 유도체 또한 포도당의 흡수가 많은 신체 부위에 수송되어 축적된다는 점을 〈보기〉에서 착안하도록 한다.

정답 해설   ③ 제시문 네 번째 단락 "암세포는 … 해당작용에 에너지 생산을 대부분 의존하므로 정상 세포에 비해 포도당을 더 많이 세포 내부로 수송하고 젖산을 생산한다."와 다섯 번째 단락 "산소가 그 내부까지 충분히 공급되지 못하기 때문에 암세포가 산소가 없는 환경에 적응하도록 진화했다는 것이다."로부터, 세포 내부의 산소가 줄어들게 되면 효율이 낮은 해당작용만을 통해 ATP를 만들어야 하므로 더 많은 포도당 유도체가 세포 내로 유입되어야 함을 알 수 있다.

오답 해설   ① 제시문 세 번째 단락 "… 해당작용만 진행되며, 이 경우에는 해당작용의 최종 산물인 피루브산이 젖산으로 바뀌는 젖산 발효가 일어난다."로부터, 피루브산이 젖산으로 바뀌는 양이 증가한다는 것은 해당작용이 더 많이 일어난다는 것을 의미함을 알 수 있다. 그러므로 피루브산이 젖산으로 전환되는 양이 증가하면 방사성 포도당 유도체의 축적이 늘어날 것이다.

② 제시문 세 번째 단락 "해당작용의 최종 산물인 피루브산이 젖산으로 바뀌는 젖산 발효"로부터, 포도당이 피루브산으로 전환되는 양이 감소한다는 것은 해당작용이 감소한다는 것을 의미함을 알 수 있다. 그러므로 포도당이 피루브산으로 전환되는 양이 감소하면 방사성 포도당 유도체의 축적이 줄어들 것이다.

④ 제시문 네 번째 단락 "약물 처리 등으로 그 반대의 경우가 되면, 해당작용에 대한 의존이 줄고 산화적 인산화에 대한 의존이 증가한다."와 "… 효율이 떨어지는 해당작용에 에너지 생산을 대부분 의존하므로 정상 세포에 비해 포도당을 더 많이 세포 내부로 수송하고 젖산을 생산한다."로부터, ATP의 생성을 해당작용에 좀 더 의존하도록 대사 과정의 변화가 일어난다면 방사성 포도당 유도체의 축적이 늘어날 것이다.

⑤ 제시문 네 번째 단락 "약물 처리 등으로 그 반대의 경우가 되면 해당작용에 대한 의존이 줄고 산화적 인산화에 대한 의존이 증가한다."와 "… 효율이 떨어지는 해당작용에 에너지 생산을 대부분 의존하므로 정상 세포에 비해 포도당을 더 많이 세포 내부로 수송하고 젖산을 생산한다."로부터, ATP의 생성을 산화적 인산화에 좀 더 의존하도록 대사 과정의 변화가 일어난다면 ATP를 보다 효율적으로 생성할 수 있으므로 방사성 포도당 유도체의 축적이 줄어들 것이다.

법을 해석할 때 반드시 그 문언에 엄격히 구속되어야 하는가를 놓고 오랫동안 논란이 있어 왔다. 한편에서는 법의 제정과 해석이 구별되어야 함을 이유로 이를 긍정하지만, 다른 한편에서는 애초에 법의 제정 자체가 완벽할 수 없는 이상, 사안에 따라서는 문언에 구애되지 않는 편이 더 바람직하다고 본다.

전통적인 법학방법론은 이 문제를 법률 문언의 한계 내에서 이루어지는 해석 외에 '법률의 문언을 넘은 해석'이나 '법률의 문언에 반하는 해석'을 인정할지 여부와 관련지어 다루고 있다. 학설에 따라서는 이들을 각각 '법률내재적 법형성'과 '초법률적 법형성'이라 부르며, 전자를 특정 법률의 본래적 구상 범위 내에서 흠결 보충을 위해 시도되는 것으로, 후자를 전체 법질서 및 그 지도 원리의 관점에서 수행되는 것으로 파악하기도 한다. 하지만 이러한 설명이 완전히 만족스러운 것은 아니다. 형식상 드러나지 않는 법률적 결함에 대처하는 것도 일견 흠결 보충이라 할 수 있지만, 이는 또한 법률이 제시하는 결론을 전체 법질서의 입장에서 뒤집는 것과 별반 다르지 않기 때문이다.

한편 종래 법철학적 논의에서는 문언을 이루고 있는 언어의 불확정성에 주목하는 경향이 두드러졌다. 단어는 언어적으로 확정적인 의미의 중심부와 불확정적인 의미의 주변부를 지니며, 중심부의 사안에서는 문언에 엄격히 구속되어야 하지만 주변부의 사안에서는 해석자의 재량이 인정될 수밖에 없다고 보는 견해가 대표적이다. 가령 ㉠주택가에서 야생동물을 길러서는 안 된다는 규칙이 있을 때, 초원의 사자가 '야생동물'에 해당한다는 점에 대해서는 의문이 없지만, 들개나 길고양이, 혹은 여러 종류의 야생동물의 유전자를 조합하여 실험실에서 창조한 동물이 그에 해당하는지는 판단하기 어렵기 때문에 결국 해석자가 재량껏 결정해야 한다는 것이다.

[A] 그러나 이러한 견해에 대해서는 주변부의 사안을 해석자의 재량에 맡기기보다는 규칙의 목적에 구속되게 해야 할 뿐 아니라, 심지어 중심부의 사안에서조차 규칙의 목적에 대한 조회 없는 문언이 해석자를 온전히 구속할 수 없다는 반론이 제기되고 있다. 인근에서 잡힌 희귀한 개구리를 연구·보호하기 위해 발견 장소와 가장 유사한 환경의 주택가 시설에 둘 수 있을까? 이를 긍정하는 경우에도 그러한 개구리가 의미상 '야생동물'에 해당한다는 점 자체를 부인할 수는 없을 것이다.

최근에는 기존의 법학방법론적 논의와 법철학적 논의를 하나의 연결된 구성으로 제시함으로써 각각의 논의에서 드러났던 난점을 극복하려는 시도가 이루어지고 있다. 이에 따르면 문언이 합당한 답을 제공하는 표준적 사안 외에 아무런 답을 제공하지 않는 사안이나 부적절한 답을 제공하는 사안도 있을 수 있는데, 이들이 바로 각각 문언을 넘은 해석과 문언에 반하는 해석이 시도되는 경우라 할 수 있다. 양자는 모두 이른바 판단하기 어려운 사안 이라는 점에서는 공통적이지만, 전자를 판단하기 어려운 까닭은 문언의 언어적 불확정성에 기인하는 것인 반면, 후자는 문언이 언어적 확정성을 갖추었음에도 불구하고 그것이 제공하는 답을 올바른 것으로 받아들일 수 없어 보이는 탓에 판단하기 어려운 것이라는 점에서 서로 구별되어야 한다.

그렇다면 판단하기 어려운 사안에서는 더 이상 문언을 신경 쓰지 않아도 되는 것일까? 그렇지는 않다. 문언이 답을 제공하지 않기 때문에 해석을 통한 보충이 필요한 경우라 하더라도 규칙의 언어 그 자체가 해석자로 하여금 규칙의 목적을 가늠하도록 인도해 줄 수 있으며, 문언이 제공하는 답이 부적절하고 어리석게 느껴질 경우라 하더라도 그러한 평가 자체가 어디까지나 해석자의 주관이라는 한계 속에서 이루어지는 것임을 부정할 수 없기 때문이다. 뻔히 부적절한 결과가 예상되는 경우에도 문언에 구속될 것을 요구하는 것은 일견 합리적이지 않아 보일 수 있다. 그럼에도 불구하고 문언을 강조하는 입장은 '재량'이 연상시키는 '사람의 지배'에 대한 우려와, 민주주의의 본질에 대한 성찰을 배경으로 하는 것임을 이해할 필요가 있다. 법률은 시민의 대표들이 지난한 타협의 과정 끝에 도출해 낸 결과물이다. 엄밀히 말해 오로지 법률의 문언 그 자체만이 민주적으로 결정된 것이며, 그 너머의 것에 대해서는, 심지어 입법 의도나 법률의 목적이라 해도 동등한 권위를 인정할 수 없다. 이러한 입장에서는 법률 적용의 결과가 부적절한지 여부보다 그것이 부적절하다고 결정할 수 있는 권한을 특정인에게 부여할 것인지 여부가 더 중요한 문제일 수 있다. 요컨대 해석자에게 그러한 권한을 부여하는 것이 바람직하지 않다고 생각하는 한, 비록 부적절한 결과가 예상되는 경우라 하더라도 여전히 문언에 구속될 것을 요구하는 편이 오히려 합리적일 수도 있는 것이다.

28.

윗글과 일치하는 것은?

① 전통적인 법학방법론 학설의 입장에서는 결국 문언을 넘은 해석과 문언에 반하는 해석을 구별하지 않는다.
② 종래의 법철학 학설 중 의미의 중심부와 주변부의 구별을 강조하는 입장에서는 해석에 있어 법률의 목적보다 문언에 주목한다.
③ 민주주의의 본질을 강조하는 입장에서는 비록 법률의 적용에 따른 것이라도 실질적으로 부적절한 결과를 인정할 수는 없다고 본다.

④ 법률 적용 결과의 합당성을 강조하는 입장에서는 문언이 제공하는 답이 부적절한지 여부는 해석자의 주관에 따라 달라질 수 있다고 주장한다.

⑤ 법학방법론과 법철학의 논의를 하나의 연결된 구성으로 제시하는 입장에서는 언어적 불확정성으로 인해 법률이 부적절한 답을 제공하는 사안에 주목한다.

문항 성격	문항유형 : 정보의 확인과 재구성
	내용영역 : 규범
평가 목표	이 문항은 제시문에 등장하는 법해석과 관련한 다양한 입장들을 이해하고 있는지 묻는 문항이다.
문제 풀이	정답 : ②

전통적인 법학방법론과 기존의 법철학 이론, 그리고 각각의 논의를 하나의 연결된 구성으로 제시하는 최근의 학설들에서 보여주는 법해석의 특징과 난점을 이해하고, 법률의 문언을 강조하는 입장과 법률 적용 결과의 합당성을 강조하는 입장의 기본적 주장을 정확히 파악하도록 한다.

정답 해설 ② 제시문 세 번째 단락의 "한편 종래 법철학적 논의에서는 문언을 이루고 있는 언어의 불확정성에 주목하는 경향이 두드러졌다. 단어는 언어적으로 확정적인 의미의 중심부와 불확정적인 의미의 주변부를 지니며, 중심부의 사안에서는 문언에 엄격히 구속되어야 하지만 주변부의 사안에서는 해석자의 재량이 인정될 수밖에 없다고 보는 견해가 대표적이다."와 이를 비판하면서 법률의 목적을 강조하는 네 번째 단락의 "그러나 이러한 견해에 대해서는 주변부의 사안을 해석자의 재량에 맡기기보다는 규칙의 목적에 구속되게 해야 할 뿐 아니라, 심지어 중심부의 사안에서조차 규칙의 목적에 대한 조회 없이는 문언이 해석자를 온전히 구속할 수 없다는 반론이 제기되고 있다."를 통해, 의미의 중심부와 주변부의 구별을 강조하는 입장에서는 법률의 목적보다 문언에 주목하고 있음을 알 수 있다.

오답 해설 ① 제시문 두 번째 단락 "전통적인 법학방법론은 이 문제를 법률 문언의 한계 내에서 이루어지는 해석 외에 '법률의 문언을 넘은 해석'이나 '법률의 문언에 반하는 해석'을 인정할지 여부와 관련지어 다루고 있다. 학설에 따라서는 이들을 각각 '법률내재적 법형성'과 '초법률적 법형성'이라 부르며, 전자를 특정 법률의 본래적 구상 범위 내에서 흠결 보충을 위해 시도되는 것으로, 후자를 전체 법질서 및 그 지도 원리의 관점에서 수행되는 것으로 파악하기도 한다."로부터, 이 입장이 문언을 넘은 해석과 문언에 반하는 해석을 각각 법률내재적 법형성과 초법률적 법형성으로 구별하여 파악하는 입장임을 알 수 있다. 같은 단락의 "하지만 이러한 설명이 완전히 만족스러운 것은 아니다. 형식상 드러나지 않는 법률적 결함에 대처하는 것도 일견 흠결 보충이라 할 수 있지만, 이는 또한 법률이 제시하는 결론을 전체 법질서의 입장에서 뒤집는 것과 별반 다르지 않기 때문이다."에도 불구하고 그것이 말하는 것은 법률의 흠결 중의 한 유형인 이른바 '형식상 드러나지 않는 법률적 결함'을 법률내재적 법형성과 초법률적 법형성의 개념 틀로 제대로 분류하지는 못하고 있다는 것일 뿐이며, 흠결 보충 전체를 대상으로 볼 때 문언을 넘은 해석(흠결 보충)과 문언에 반하는 해석을 구별하지 않는 것이라고는 할 수 없다.

③ 제시문 여섯 번째 단락의 "문언을 강조하는 입장은 '재량'이 연상시키는 '사람의 지배'에 대한 우려와, 민주주의의 본질에 대한 성찰을 배경으로 하는 것임을 이해할 필요가 있다."와 "비록 부적절한 결과가 예상되는 경우라 하더라도 여전히 문언에 구속될 것을 요구하는 편이 오히려 합리적일 수도 있는 것이다."로부터, 실질적으로 부적절한 결과가 발생해도 인정하고 넘어갈 것임을 알 수 있다.

④ 제시문 여섯 번째 단락의 "문언이 제공하는 답이 부적절하고 어리석게 느껴질 경우라 하더라도 그러한 평가 자체가 어디까지나 해석자의 주관이라는 한계 속에서 이루어지는 것임을 부정할 수 없기 때문이다."에서 결과의 합당성을 강조하는 입장의 주장이 아니라 그에 대한 비판임을 알 수 있다.

⑤ 제시문 다섯 번째 단락의 "전자를 판단하기 어려운 까닭은 문언의 언어적 불확정성에 기인하는 것인 반면, 후자는 문언이 언어적 확정성을 갖추었음에도 불구하고 그것이 제공하는 답을 올바른 것으로 받아들일 수 없어 보이는 탓에 판단하기 어려운 것"이라는 기술을 보면 '언어적 불확정성으로 인해 법률이 부적절한 답을 제공하는 사안'이라는 범주는 등장하지 않는다.

29.

판단하기 어려운 사안 에 대한 진술로 가장 적절한 것은?

① 법률의 문언이 극도로 명확한 경우에는 판단하기 어려운 사안이 발생하지 않는다.
② 판단하기 어려운 사안의 해석을 위해 법률의 목적에 구속되어야 하는 것은 아니다.
③ 문언을 넘은 해석은 문언이 해석자를 전혀 이끌어 주지 못할 때 비로소 시도될 수 있다.
④ 문언에 반하는 해석은 법률의 흠결이 있을 때 이를 보충하기 위한 것인 한 정당화될 수 있다.

⑤ 형식상 드러나 있는 법률의 흠결을 보충하기 위해서도 해당 법률의 본래적 구상보다는 전체 법질서를 고려한 해석이 필요하다.

문항 성격	문항유형 : 정보의 추론과 해석
	내용영역 : 규범
평가 목표	이 문항은 '판단하기 어려운 사안'의 개념에 관한 정보를 정확히 해석하고 있는지를 묻는 문항이다.
문제 풀이	정답 : ②

판단하기 어려운 사안은 전통적인 법학방법론의 용어로는 문언을 넘은 해석 내지 법률내재적 법형성과 문언에 반하는 해석 내지 초법률적 법형성에 해당하는 사안이며, 종래의 법철학 학설의 용어로는 단어의 의미의 주변부에 속하는 사안과 관련이 있고, 최근의 논의 경향에 의하면 문언이 아무런 답을 제공하지 않는 경우와 문언이 답을 제공하지만 올바른 답으로 받아들일 수 없을 것 같은 경우에 해당하고, 이는 각각 언어적 불확정성이 있는 경우 및 그렇지 않은 경우와 연결되는 사안이라 할 수 있다.

정답 해설	② 제시문 세 번째 단락의 "판단하기 어렵기 때문에 결국 해석자가 재량껏 결정해야 한다는 것이다."로부터, 판단하기 어려운 사안의 해석을 법률의 목적에 대한 구속이 아니라, '재량'의 인정을 통해 해결하려는 입장도 있을 수 있고, 여섯 번째 단락의 "비록 부적절한 결과가 예상되는 경우라 하더라도 여전히 문언에 구속될 것을 요구하는 편이 오히려 합리적일 수도 있는 것이다."로부터, 법률의 목적이 아니라 '문언'에 구속될 것을 요할 수도 있음을 알 수 있다.
오답 해설	① 제시문 네 번째 단락의 "심지어 중심부의 사안에서조차 규칙의 목적에 대한 조회 없이는 문언이 해석자를 온전히 구속할 수 없다는 반론이 제기되고 있다. 인근에서 잡힌 희귀한 개구리를 연구·보호하기 위해 발견 장소와 가장 유사한 환경의 주택가 시설에 둘 수 있을까? 이를 긍정하는 경우에도 그러한 개구리가 의미상 '야생동물'에 해당한다는 점 자체를 부인할 수는 없을 것이다."로부터, 문언의 의미가 명확한 중심부의 사안에 해당한다 해도 판단하기 어려운 사안이 발생함을 알 수 있다.
	③ 제시문 여섯 번째 단락의 "문언이 답을 제공하지 않기 때문에 해석을 통한 보충이 필요한 경우라 하더라도 규칙의 언어 그 자체가 해석자로 하여금 규칙의 목적을 가늠하도록 인도해 줄 수 있으며"로부터, 문언이 해석자를 전혀 이끌어 주지 못하는 때란 존재하지 않으며, 법률의 문언을 넘은 해석이 시도될 때에도 이러한 문언의 인도를 받음을 알 수 있다.

④ 제시문 두 번째 단락의 "전통적인 법학방법론은 이 문제를 법률 문언의 한계 내에서 이루어지는 해석 외에 '법률의 문언을 넘은 해석'이나 '법률의 문언에 반하는 해석'을 인정할지 여부와 관련지어 다루고 있다. 학설에 따라서는 이들을 각각 '법률내재적 법형성'과 '초법률적 법형성'이라 부르며, 전자를 특정 법률의 본래적 구상 범위 내에서 흠결 보충을 위해 시도되는 것으로, 후자를 전체 법질서 및 그 지도 원리의 관점에서 수행되는 것으로 파악하기도 한다."에서 흠결 보충은 법률의 문언을 넘은 해석에 관한 것임을 알 수 있다.

⑤ 제시문 두 번째 단락의 "전통적인 법학방법론은 이 문제를 법률 문언의 한계 내에서 이루어지는 해석 외에 '법률의 문언을 넘은 해석'이나 '법률의 문언에 반하는 해석'을 인정할지 여부와 관련지어 다루고 있다. 학설에 따라서는 이들을 각각 '법률내재적 법형성'과 '초법률적 법형성'이라 부르며, 전자를 특정 법률의 본래적 구상 범위 내에서 흠결 보충을 위해 시도되는 것으로, 후자를 전체 법질서 및 그 지도 원리의 관점에서 수행되는 것으로 파악하기도 한다." 및 "형식상 드러나지 않는 법률적 결함에 대처하는 것도 일견 흠결 보충이라 할 수 있지만, 이는 또한 법률이 제시하는 결론을 전체 법질서의 입장에서 뒤집는 것과 별반 다르지 않기 때문이다."로부터, 형식상 드러나지 않는 흠결의 경우처럼 논란이 일지 않는 경우, 즉 형식상 드러나 있는 흠결의 보충에서는 법률의 본래적 구상이 기준이 됨을 알 수 있다.

30.

[A]의 입장에서 ㉠을 해석한 것으로 가장 적절한 것은?

① 규칙의 목적이 야생의 생물 다양성을 보존하기 위한 것이라면, 멸종 위기 품종의 길고양이를 입양하는 것이 허용될 것이다.

② 야성을 잃어버린 채 평생을 사람과 함께 산 사자가 '야생동물'의 언어적 의미에 부합한다면, 그것을 기르는 것도 허용되지 않을 것이다.

③ 규칙의 목적이 주민의 안전을 확보하는 것이라면, 길들여지지 않는 야수의 공격성을 지닌 들개를 기르는 것이 금지될 수도 있을 것이다.

④ 인근에서 잡힌 희귀한 개구리를 관상용으로 키우는 것이 허용되었다면, '야생동물'의 언어적 의미를 주거에 두고 감상하기에 적합하지 않은 동물로 한정했을 것이다.

⑤ 여러 종류의 야생동물의 유전자를 조합하여 실험실에서 창조한 동물을 기르는 것이 금

지되었다면, '야생동물'의 언어적 의미를 자연에서 태어나 살아가는 동물로 한정했을 것이다.

문항 성격	문항유형 : 정보의 평가와 적용
	내용영역 : 규범
평가 목표	이 문항은 법해석에 관한 특정한 입장을 특정 규칙의 해석과 적용에 적절히 활용할 수 있는지 확인하는 문항이다.
문제 풀이	정답 : ③

[A]는 법의 해석에 있어 문언을 이루는 단어의 의미보다는 규범의 목적에 대한 고려를 중시하는 입장인데, 이를 ㉠주택가에서 야생동물을 길러서는 안 된다는 규칙에 적용하여, 들개, 길고양이, 유전자 조합 동물, 야성을 잃고 노쇠한 사자, 야생 개구리를 기르는 상황을 평가해 보도록 한다.

정답 해설 ③ 비록 들개가 전형적인 야생동물에 속하지는 않는다 해도, ㉠의 목적이 주민의 안전 보호에 있다면, 위험한 공격성을 지니고 있는 들개도 전형적인 야생동물과 마찬가지로 그것을 기르는 것이 금지될 수 있을 것이다.

오답 해설 ① 비록 길고양이가 전형적인 야생동물에 속하지는 않는다 해도, ㉠의 목적이 야생의 생물 다양성을 보존하는 데 있다면, 멸종 위기 품종인 길고양이도 전형적인 야생동물과 마찬가지로 그것을 기르는 것이 금지될 수 있을 것이다.

② [A]의 입장에서는 사자가 야성을 잃고 평생을 사람과 함께 살았어도 일단 사자인 한 '야생동물'의 언어적 의미에 해당한다 하더라도, 그 점에 근거하여 사안을 결정하지는 않을 것이다. 오히려 규칙의 목적을 고려하여 (주민 안전도 위협하지 않고, 딱히 야생의 생물 다양성 보존에 기여할 수도 없을 것 같은) 이미 야성을 잃어버린 노쇠한 사자를 기르는 것을 허용할 수도 있을 것이다.

④ [A]의 "주변부의 사안을 해석자의 재량에 맡기기보다는 규칙의 목적에 구속되게 해야 할 뿐 아니라, 심지어 중심부의 사안에서조차 규칙의 목적에 대한 조회 없이는 문언이 해석자를 온전히 구속할 수 없다"로부터, [A]의 입장에서는 문언의 언어적 의미를 기준으로 판단하는 것이 아님을 알 수 있다.

⑤ [A]의 입장에서는 문언의 언어적 의미를 기준으로 판단하는 것이 아니다. 설령 언어적 의미를 기준으로 한다 하더라도 유전자 조합 동물을 기르는 것이 금지되었다면, 이는 그것을 '야생동물'에 포함시켰기 때문이라고 봐야 한다.

법학적성시험
언어이해 영역

2022

2020학년도 언어이해 영역 출제 방향

1. 출제의 기본 방향

언어이해 영역은 법률 관련 전문가 및 법학전문대학원 입학자들에게 필요한 기본적인 언어 소양과 통합적 언어 능력을 평가하는 것을 시험의 기본 방향으로 삼는다. 특히 법학전문대학원에서 원활하게 수학하려면 학부 전공과 상관없이 공적 가치 판단이 요구되는 전문적인 글들을 독해하고 평가할 수 있는 능력이 요구된다. 이를 중요하게 고려하여 2020학년도 법학적성시험의 언어이해 영역은 수험생이 텍스트를 능동적으로 이해하고 비판적으로 대하며 텍스트에 담긴 정보를 문제 상황에 적용할 수 있는 능력을 갖추고 있는지를 점검하는 데 출제의 기본 방향을 두었다. 이번 시험의 구체적인 출제 원칙은 다음과 같다.

- 통합적이며 심층적인 독해 및 사고 능력을 평가한다.
- 내용 및 표현 면에서 모범이 될 수 있는 제시문을 다양한 분야에서 선정 또는 개발한다.
- 제시문의 핵심 정보나 주요 세부 정보들을 이해하고, 제시문의 대의를 파악하며, 정보들 간의 유기적 관련성을 분석·종합하는 능력을 평가한다.
- 제시문에서 획득한 정보를 바탕으로 제시문에 없는 사항을 추론하거나, 그 정보를 문제 상황에 적용하여 그 적실성을 판단하는 능력을 평가한다.

2. 출제 범위

언어이해 영역은 언어 이해 능력을 텍스트를 기반으로 평가하기 위한 영역이다. 따라서 언어이해 영역은 주제나 표현, 텍스트 형식 등이 상이하며, 다층적이고 고차원적 사고가 담긴 다양한 학문 분야의 텍스트들을 제한된 시간 내에 정확히 읽어 내는 능력, 그 텍스트를 바탕으로 적절한 추론이나 비판을 이끌어 낼 수 있는 능력, 제시문의 정보를 관련 상황에 적용하는 능력 등을 두루 평가하고자 한다. 이를 위해 이번 시험에서는 다양한 전문 분야에서 제시문의 소재를 구하되, 중요한 공적 가치를 지닌 주제들을 우선적으로 선정하였고, 언어이해 영역의 평가 목표들을 균형 있게 다룰 수 있는 문항을 제작하였다.

이번 시험에서 제시문을 선정할 때 고려한 사항은 다음과 같다.

첫째, 대학 교양 교육의 충실한 이수를 유도한다. 여러 학문 분야에 두루 사용되는 기본 개념이나 범주들을 중심으로 하되, 각 학문 분야의 최신 이론이나 연구 동향 또는 시의성 있는 문제 상황을 반영한 주제 등을 중심으로 제시문을 선정하였다.

둘째, 문항 세트를 원리적 모델들을 기반으로 설계한다. 이 설계를 통해 제시문에 사용된 개념이나 범주들을 제대로 이해했는지 평가할 수 있게 하였다.

셋째, 법학의 배경지식을 요구하는 제시문을 배제한다. 다양한 학문 분야에 걸쳐 학제적 내용 분야와 각 주제들을 연계함으로써 통합적 사고력과 문제 해결 능력을 평가할 수 있게 하였다.

넷째, 다양한 학문 분야들이 법적 문제들과 간학문적으로 연관됨을 보여 주는 제시문을 선정한다. 이를 통해 법의 이론적·현실적 연관성, 즉 법이 다른 학문 분야와 소통하는 양상이나 일상생활과 관련되는 양상 등에 대해 새로운 관점에서 사고하게 하였다.

다섯째, 최근의 시사, 학문적 관심과 동향을 반영하여 제시문 독해만으로도 교육적 효과를 얻을 수 있게 하였다.

3. 제시문 및 문항

언어이해 영역의 시험은 단순 지식이 아니라 사고 능력을 측정하는 데 주요한 목표가 있다. 따라서 언어이해 영역의 출제에서는 가독성이 뛰어나고 논지가 분명하며 완결성이 높은 제시문을 선정하고 개발하는 것이 중요하다. 이번 시험 역시 앞서 정립되었던 출제 목표와 기본 원칙을 충실하게 이어받아 수험생의 고차원적인 독해 능력 및 사고 능력을 측정하는 데 중점을 두었다.

이번 시험에서는 '인문', '사회', '과학기술', '규범'의 4개 내용 영역에서 10개 문항 세트(총 30문항)를 출제하였다. 각각의 문항 세트는 '주제, 구조, 관점 파악', '정보의 확인과 재구성', '정보의 추론과 해석', '정보의 평가와 적용' 등 독해와 관련된 4개 인지 활동을 균형 있게 평가하도록 문항 유형을 설계하였다.

특히 이번 시험에서는 기존의 출제 경향대로, 제시문의 다양한 정보들과 〈보기〉의 형태로 제시되는 정보들을 연결하여 해결하는 문항들을 다수 출제하였다. 종합적

인 판단 및 추론 능력, 비판 및 적용 능력을 측정하기 위한 것이다. 이 문항들은 고차
원적인 사고 능력을 요구하는 것으로서, 수험생들의 논리력과 분석력, 종합적 판단
력을 두루 점검할 수 있도록 설계한 것이다.

각 분야별로 제시문 선택의 주안점을 제시하면 다음과 같다.

'인문' 분야에서는 먼저 식민지 시대 최고의 리얼리스트로 꼽히는 소설가 채만식
의 작품『탁류』를 심도 있게 분석한 비평문을 선택하였다. 식민지 근대화의 논리와
개인의 운명 간에 존재하는 상동성을 추적하는 가운데 새로운 인간과 모럴의 가능성
을 천착하는 이 비평문은 법률가로서 갖추어야 할 인간과 삶에 대한 이해, 인문적 교
양을 되돌아보는 데 도움을 줄 것이다. 이어 각종 사료를 재구성하여 조선 시대의 성
리학적 가족 윤리를 반추하는 글을 제시문으로 선택하였다. 특히 중혼(重婚) 문제와
관련하여 제기되었던 여러 법적 논의들을 비교하면서 거대 서사가 아닌 미시 서사로
서 우리의 역사 문제를 되돌아보는 계기가 될 것으로 기대한다. 다음으로 논리학의
차원에서 시간여행에 대해 제기되는 문제 상황들을 성찰하는 글을 제시문으로 택하
였다. 이 글을 통해 시간에 대한 다양한 표상들을 이해하고 존재의 문제를 형이상학
적으로 성찰해 보게 하였다.

'사회' 분야에서, 먼저 지식인의 개념과 사회적 역할에 대한 다양한 논의들을 소개
하는 글을 제시문으로 택하였다. 근대 초기부터 탈근대에 이르기까지 시대 변화, 정
치 변동, 문화 교체에 따라 지식인의 위상과 사회적 역할에 대해 다양한 이론가들이
제기한 주장들을 소개하여 우리 사회에서 지식인이 지향해야 할 가치가 무엇인가
를 비판적으로 성찰할 기회를 주었다. 다음으로 헨리 조지와 그 계승자들의 '토지가
치세론'이 지니고 있는 경제적·정책적 함의를 다룬 글을 제시문으로 택하였다. 특히
경제 활동과 세제 간의 상관관계, 소득불평등의 심화와 그 해결책 등에 대해 분석하
는 이 글을 통해 수험생들은 우리 사회의 경제 현상을 보다 깊이 이해하는 기회를 얻
게 될 것이다.

'규범' 분야에서는 먼저 '도덕적 행위란 무엇인가'의 문제를 다룬 글을 제시문으로
택하였다. 인간의 삶에서 제기되는 다양한 도덕적 상황들을 윤리의 차원에서 비판적
으로 성찰하고 바람직한 행동의 방법과 원리에 대해 되돌아볼 기회를 제공하려고 하
였다. 이어 언어학의 형태소 개념을 가지고 법률 언어의 의미 변동 문제를 분석하는
글을 택하였다. 법문의 의미 해석과 적용에서 제기되는 다양한 실천적 문제들을 해

결하는 데 인접 학문의 관점이 유용하게 활용될 수 있음을 인식하는 계기가 될 것이다. 다음으로 연륜연대학이 법적 문제 해결에서 지니는 유용성을 소개하는 글을 택하였다. 나이테 분석이 법적 문제의 해결에 적용된 사례와 그 원리를 소개하는 이 글은 법의 문제를 간학문적 관점에서 이해함으로써 교양을 확대하는 데 도움을 줄 것으로 기대한다.

'과학기술' 분야에서는 먼저 우주선의 운동과 궤도 문제를 설명하는 글을 제시문으로 택하였다. 우주선이 궤도상에서 다른 로켓과 랑데부할 때 나타나는 여러 물리적 현상을 추적하여 역학적 에너지를 재미있게 설명해 주는 이 글은 인문사회 계열 출신의 수험생들도 과학적 내용이 담긴 글에 흥미를 느끼는 계기가 될 것이다. 이어 생명과학의 한 주제인 '오믹스'에 대해 소개하는 글을 제시문으로 택하였다. DNA와 RNA, 단백질의 관계들을 설명하고, 암세포를 분별하는 데 동원되는 단백질 분석의 기법을 소개하는 이 글은 생명과학에 대해 새로운 흥미를 이끌어 낼 수 있을 것으로 기대한다.

4. 난이도

2020학년도 언어이해 영역 시험에서는 난이도의 항상성을 유지하고자 했다. 따라서 고차원적 사고 능력을 평가하기에 적합한 적정 난이도를 확보했던 2019학년도와 유사한 수준에서 적정 난이도를 확보하는 데 주안점을 두었다. 특히 평가 자체만을 목적으로 논리나 사고를 의도적으로 비틀어서 복잡하게 구성하는 난삽한 제시문을 원천적으로 배제하고자 했다. 제시문 자체만을 통한 난이도 확보를 지양하고 실질적인 독해 능력을 측정하는 문항을 통한 난이도 확보가 이루어질 때, 비로소 바람직한 평가가 가능하다고 보았기 때문이다. 또한 고난도의 문항과 다소 평이한 문항을 골고루 배치하는 문항 구성을 통해 실질적인 변별력 확보를 시도하였다.

이를 위해 제시문의 가독성은 최대한 높이되, 제시문을 비판적 관점에서 심도 깊게 이해하고 새로운 상황에 적용하는 능력을 세밀하게 측정하는 방향으로 문항들을 설계하였다. 특히 추론과 적용 영역에서 단순한 추론이나 적용을 묻는 것이 아니라, 제시문의 정보들을 종합적으로 연결하여 추론하거나 적용·비판하는 문항을 다수 제시함으로써 실질적인 독해 능력과 사고력 측정이 이루어지도록 하였다.

한편 기출 문제나 사설 문제집을 푼 경험, 사교육의 경험으로 문제를 쉽게 푸는 경우도 최대한 방지하였다. 그리하여 친숙한 소재나 제재가 담긴 제시문이라도 수험생이 단순 지식을 통해 제시문에 접근하지 못하도록 제시문의 정보를 분석적·비판적으로 재구성하고, 새로운 상황에 적용하여 의미를 낯설게 하는 방식을 채택했다. 또한 문항 구성도 유사한 제시문이나 기출 문제를 접했던 경험에 의존해서는 절대 정답에 도달할 수 없도록 묻는 방식을 조정하였다. 그리하여 기출 문제나 사설 문제집을 중심으로 한 편협한 학습이 이번 시험을 보는 데 유리한 영향을 미칠 수 없도록 하였다. 고차원의 사고 능력을 갖추기 위해서는 결국 대학의 교양 교육을 정상적으로 이수하고 평소에 풍부한 독서 경험을 쌓아야 함을 재차 확인하는 계기가 될 것으로 기대한다.

아울러 특정 전공에 유리한 경우가 없게 하는 데에도 이번 출제진은 세심한 노력을 기울였다. 해당 전공 학생이 아니라 하더라도 제시문을 이해할 수 있도록 필요한 관련 정보를 빠짐없이 제공하여 문제를 푸는 데 어려움이 없게 하였다.

5. 문항 출제 시의 유의점 및 강조점

- 언어이해 영역에서 평가하고자 하는 능력이 주로 통합적 이해력과 심층 분석력이라는 점을 고려하여 제시문 분량과 세부 문항 설계 방식에 융통성을 두었다.
- 제시문의 내용과 문항 구성에 있어서 기존 문제나 사설 문제집을 푼 경험에 의존해서는 풀리지 않도록 하였으며, 특정 전공에 따른 유·불리 문제가 나타나지 않도록 하였다.
- 출제의 의도를 감추거나 오해하게 하는 질문의 선택을 피하고, 평가하고자 하는 능력을 정확히 평가할 수 있도록 간명한 형식을 취하였다.
- 문항 및 선택지 간의 간섭을 최소화하고, 선택지 선택에서 능력에 따른 변별이 이루어질 수 있도록 하였다.

[01~03] 다음 글을 읽고 물음에 답하시오.

법률은 언어로 기술되어 있다. 따라서 법조문의 의미도 원칙적으로 그 사회의 언어 문법에 따라 이해되어야 한다. 하지만 필요에 따라 법조문의 문법 단위들은 일반적 의미를 넘어서는 개념으로 나아가기도 한다. '–물(物)'은 물건이나 물질이라는 사전적 의미를 갖는 형태소인데, '창문(窓門)'의 '창'이나 '문'같이 독자적으로 쓰일 수 있는 자립형태소가 아니라 '동화(童話)'의 '동'과 '화'처럼 다른 어근과 결합할 필요가 있는 의존형태소이다. 이 '물'의 의미가 학설과 판례에서 그리고 입법에서도 새롭게 규정되어 가는 모습을 법의 세계에서 발견할 수 있다.

형사소송법은 압수의 대상을 "증거물 또는 몰수할 것으로 사료되는 물건"으로 정하고 "압수물"이라는 표현도 사용하고 있어서, 전통적으로 압수란 유체물(有體物)에 대해서만 가능한 것으로 이해되었다. 그런데 디지털 증거가 등장하고 그 중요성이 날로 높아짐에 따라 변화가 일게 되었다. 디지털 증거는 유체물인 저장 매체가 아니라, 그에 담겨 있으면서 그와 구별되는 무형의 정보 자체가 핵심이다. 또한 저장 매체 속에는 특정 범죄 사실에 관련된 정보 외에 온갖 사생활의 비밀까지 담긴 일도 많다. 그리하여 정보 그 자체를 압수해야 한다는 인식이 생겨났고, 마침내 출력이나 복사도 압수 방식으로 형사소송법에 규정되었다. 민사소송에서 증거조사의 대상이 되는 문서는 문자나 기호, 부호로써 작성자의 일정한 사상을 표현한 유형물이라 이해된다. 이 때문에 문자 정보를 담고 있는 자기 디스크 등을 문서로 볼 수 있는지에 대한 논쟁이 일었다. 이를 해결하기 위해 민사소송법 제374조에 "정보를 담기 위하여 만들어진 물건"에 대한 규정을 두게 되었지만, 여전히 매체 중심의 태도를 유지하고 있어서, 일찍이 정보 자체를 문서로 인정한 다른 여러 법률들과 대비된다. 최근에 제정된 법률에서는 위 조항에 대한 특칙을 두어 정보 자체를 문서로서 증거조사할 수 있는 근거도 마련되었다.

형법은 문서, 필름 등 물건의 형태를 취하는 음란물의 제조와 유포를 처벌하도록 하고 있다. 판례는 음란한 영상을 수록한 디지털 파일 그 자체는 유체물이 아니므로 음란물로 볼 수 없다고 보았다. 하지만 사회 문제로 대두된 아동 포르노그래피의 유포를 차단하기 위해 신설된 법령에서는 필름·비디오물·게임물 외에 통신망 내의 음란 영상에 대하여도 '아동·청소년 이용 음란물'로 규제한다. 비디오물과 게임물의 개념도 변화를 겪어 왔다. 과거에 게임 관계 법령에서 비디오물은 "영상이 고정되어 있는 테이프나 디스크 등의 물체"로 정의되었고, 게임물은 이에 포함되었다. 이후에 게임 산업이 발전하면서 새로운 법률을 제정하여 게임물에 대한 독자적 정의를 마련할 때, 유체물에 고정되어 있는지를 따지지 않는 영상물로 규정하기 시작하였다. 이 과정에서 게임물과 개념적으로 분리된 비디오물은 종전처럼 다루어질 수밖에 없었다. 하지만 곧이어 관련 법령이 정비되어 이 또한 "연속적인 영상이 디지털 매체나 장치에 담긴 저작물"이라 정의하게 되었다.

판례는 또한 재산 범죄인 장물죄에서 유통이 금지된 장물의 개념을 재물, 곧 취득한 물건 그 자체로 본다. 그러면서 전기와 같이 '관리할 수 있는 동력'은 장물이 될 수 있다고 한다. 그런데 동력에 대하여 재물로 간주하는 형법 제346조를 절도와 강도의 죄, 사기와 공갈의 죄, 횡령과 배임의 죄, 손괴죄에서는 준용하고 있지만, 장물죄에서는 그렇지 않다. 판례는 위 조문이 주의를 불러일으키는 기능을 할 뿐이라 보는 것이다. 그런데 재물을 팔아서 얻은 무언가는 이미 동일성을 상실한 탓에 더 이상 장물이 아니라 하였다. 또한 물건이 아닌 재산상 가치인 것을 취득했다고 해도 그 역시 장물은 아니라고 보았는데, 이에 대해서는 ㉠비판이 있다. 오늘날 금융 거래 환경에서 금전이 이체된 예금계좌상의 가치가 유체물인 현금과 본질적으로 다르지 않다는 것이다. 언어의 의미는 사전에 쓰인 정의대로 고정되어 있기만 한 것이 아니라, 사람들이 그것을 사용하기에 따라 항상 새롭게 규정되는 것이며, 언어를 통해 비로소 인식되는 법의 의미도 마찬가지라 할 수 있다.

01.
윗글의 내용과 일치하는 것은?

① 디지털 정보는 그것을 담고 있는 매체와 결합되어 있다는 특성 때문에 저장 장치를 압수하는 방식으로 압수 절차가 이루어져야 한다는 한계가 있다.
② 전자적 형태의 문자 정보는 문자나 기호로 되어 있지 않은 문서이기 때문에 정보 자체만을 증거조사의 대상으로 삼을 수 없다.
③ 형법상 음란물은 유체물인 반면에 아동·청소년 이용 음란물은 무체물이란 점에서 양자의 차이가 있다.
④ 비디오물은 영상이 매체나 장치에 담긴 저작물이라 정의되면서 유체물에 고정되어 있는지를 따질 필요가 없게 되었다.
⑤ 게임물에 관한 입법의 변천 과정은 규제의 중심이 콘텐츠에서 매체로 옮겨갔음을 보여준다.

문항 성격	문항유형 : 정보의 확인과 재구성
	내용영역 : 규범
평가 목표	이 문항은 제시문에서 설명하는 여러 개념들을 정확하게 이해하고 있는지 평가하는 문항이다.

제시문 첫 번째 단락에서 '–물'이라는 형태소에 대하여 설명한 뒤 이후부터는 법령에서 그것이 들어간 낱말들이 갖는 의미의 차이나 변화들을 사회적 맥락과 함께 다루고 있다. 이런 의미, 개념들에 대한 이해를 바탕으로 각 선택지의 진위를 확인한다.

정답 해설   ④ 제시문 세 번째 단락 "게임물에 대한 독자적 정의를 마련할 때, 유체물에 고정되어 있는지를 따지지 않는 영상물로 규정하기 시작하였다."와 "비디오물은 종전처럼 다루어질 수밖에 없었다. 하지만 곧이어 관련 법령이 정비되어 이 또한 "연속적인 영상이 디지털 매체나 장치에 담긴 저작물"이라 정의하게 되었다."로부터 비디오물에 대해서도 유체물에 고정되어 있는지를 따질 필요가 없게 되었음을 알 수 있다.

오답 해설   ① 제시문 두 번째 단락 "디지털 증거는 … 무형의 정보 자체가 핵심이다. … 그리하여 정보 그 자체를 압수해야 한다는 인식이 생겨났고, 마침내 출력이나 복사도 압수 방식으로 형사소송법에 규정되었다."로부터, 디지털 정보의 압수가 저장 장치를 압수하는 방식으로 이루어질 필요가 없게 되었음을 확인할 수 있다.

② 제시문 두 번째 단락 "문자 정보를 담고 있는 자기 디스크 등을 문서로 볼 수 있는지에 대한 논쟁이 일었다. … 특칙을 두어 정보 자체를 문서로서 증거조사할 수 있는 근거도 마련되었다."로부터, 전자적 형태의 문자 정보 자체만을 증거조사의 대상으로 삼을 수 있게 되었음을 확인할 수 있다.

③ 제시문 세 번째 단락 "필름·비디오물·게임물 외에 통신망 내의 음란 영상에 대하여도 '아동·청소년 이용 음란물'로 규제한다."로부터, 유체물과 무체물 모두 '아동·청소년 이용 음란물'이 될 수 있다는 점을 알 수 있다.

⑤ 제시문 세 번째 단락 "비디오물과 게임물의 개념도 변화를 겪어 왔다. 과거에 게임 관계 법령에서 비디오물은 "영상이 고정되어 있는 테이프나 디스크 등의 물체"로 정의되었고, 게임물은 이에 포함되었다. 이후에 … 게임물에 대한 독자적 정의를 마련할 때, 유체물에 고정되어 있는지를 따지지 않는 영상물로 규정하기 시작하였다."로부터, 규제의 중심이 매체에서 콘텐츠로 옮겨갔음을 확인할 수 있다.

02.

㉠의 대상으로 가장 적절한 것은?

① 장물을 팔아서 생긴 현금을 장물죄의 적용 대상으로 보지 않는다는 태도
② 장물의 개념을 범죄로 취득한 물건 그 자체로 한정하여서는 안 된다는 태도
③ 관리할 수 있는 전기도 현행 형법상 장물죄에서 규율하는 재물로 인정한다는 태도
④ 은행 계정에 기록된 자산 가치에 대해서 장물죄의 규정을 적용하지 않는다는 태도
⑤ 장물죄에서 형법 제346조의 준용이 없더라도 그 죄에서 규정하는 재물에는 동력이 포함된다는 태도

문항 성격	문항유형 : 정보의 추론과 해석
	내용영역 : 규범
평가 목표	이 문항은 제시문에서 '장물'에 대하여 설명하는 내용을 중심으로 판례의 태도와 그에 대한 비판의 맥락을 정확하게 추론하고 있는지 평가하는 문항이다.
문제 풀이	정답 : ④

제시문 네 번째 단락에서 '장물'에서 '–물'이 갖는 의미에 대하여 판례의 태도를 살펴보고 그에 대한 검토를 하고 있다. "물건이 아닌 재산상 가치인 것을 취득했다고 해도 그 역시 장물은 아니라고 보았는데, 이에 대해서는 비판이 있다. 오늘날 금융 거래 환경에서 금전이 이체된 예금계좌상의 가치가 유체물인 현금과 본질적으로 다르지 않다는 것이다."에서, 비판의 대상이 되는 부분과 그 근거로 제시된 내용을 바탕으로 하여, 각 선택지의 진위를 확인한다.

정답 해설	④ ㉠의 근거는 "오늘날 금융 거래 환경에서 금전이 이체된 예금계좌상의 가치가 유체물인 현금과 본질적으로 다르지 않다는 것"이므로, 은행 계정에 기록된 자산 가치, 즉 예금계좌상의 가치에 대하여 장물죄의 규정을 적용하지 않는 태도는 비판의 대상이라 할 수 있다.
오답 해설	① 장물을 팔아서 생긴 현금은 "재물을 팔아서 얻은 무언가"이므로, 이를 장물죄의 적용 대상으로 보지 않는 것은 "이미 동일성을 상실한 탓에 더 이상 장물이 아니라"고 보기 때문이다. 따라서 비판 대상인 판례의 태도가 아니다.
	② 장물의 개념을 범죄로 취득한 물건 그 자체로 한정하여서는 안 된다는 태도는 결국 물건이 아닌 예금계좌상의 가치와 물건인 현금을 구별하지 않으려는 ㉠과 같은 입장이다.

③ 관리할 수 있는 전기도 현행 형법상 장물죄에서 규율하는 재물로 인정하는 판례의 태도는 비판의 대상이 아니라, 오히려 비판 대상인 판례와 대비되고 있다.

⑤ 장물죄에서 형법 제346조의 준용이 없더라도 그 죄에서 규정하는 재물에는 동력이 포함된다는 것은 판례에서 ③의 근거로 제시된 것이므로, 이것 또한 비판의 대상이 아니다.

03.

윗글을 바탕으로 〈보기〉를 설명할 때, 가장 적절한 것은?

보기

형법 제129조 제1항은 "공무원 또는 중재인이 그 직무에 관하여 뇌물을 수수, 요구 또는 약속한 때에는 5년 이하의 징역 또는 10년 이하의 자격정지에 처한다."라고 규정한다. 이에 대한 근래의 판결에 "뇌물죄에서 뇌물(賂物)의 내용인 이익이라 함은 금전, 물품 기타의 재산적 이익뿐만 아니라 사람의 수요·욕망을 충족시키기에 족한 일체의 유형·무형의 이익을 포함하며, 제공된 것이 성적 욕구의 충족이라고 하여 달리 볼 것이 아니다."라는 판시가 있었다.

① '뇌물'에서의 '물'은 사전적 의미보다 축소된 개념으로 해석되는 문법 단위이다.

② '뇌물'과 '장물'에서의 '물'은 자립형태소와 결합하지 않았다는 점에서, '증거물'에서의 '물'과 차이가 있다.

③ '게임물'에서의 '물'은 물건에 한정되는 개념으로 변화함으로써 '뇌물'에서의 '물'보다 좁은 의미를 갖게 되었다.

④ '뇌물'로 보는 대상에는 재물뿐 아니라 광범위한 이익까지 인정되므로, '뇌물'에서의 '물'과 '장물'에서의 '물'은 동일한 의미를 가진다.

⑤ '압수물'의 개념 변화는 압수 방식을 새롭게 해석한 결과라는 점에서, '뇌물'에서 '물'의 의미 변화가 입법으로 규정한 결과라는 것과 차이가 있다.

문항 성격	문항유형 : 정보의 평가와 적용
	내용영역 : 규범
평가 목표	이 문항은 제시문에서 설명하는 형태소 '-물'을 이해하고 법조문에서의 의미를 정확
	하게 파악하였는지를 '뇌물'의 개념으로써 평가하는 문항이다.
문제 풀이	정답 : ②

제시문 첫 번째 단락에서 '-물'이라는 형태소에 대하여 설명한 뒤 이후부터는 법령에서 그것이 들어간 낱말들이 갖는 의미의 차이나 변화들을 사회적 맥락과 함께 다루고 있다. 문법적 의미와 법적 개념을 이해하고 이를 '뇌물'이라는 다른 개념에 적용함으로써 각 선택지의 진위를 확인한다.

정답 해설	② '뇌물'과 '장물'에서의 '뇌'와 '장'은 독자적으로 쓰일 수 없는 의존형태소이다. 반
	면에 '증거물'에서의 '증거'는 독자적으로 쓰일 수 있는 자립형태소이다. 따라서
	'뇌물'과 '장물'에서의 '물'은 자립형태소와 결합하지 않았고, '증거물'에서의 '물'
	은 자립형태소와 결합한 것이다.

오답 해설	① 〈보기〉에 따르면 '뇌물'은 물건을 포함한 "재산적 이익뿐만 아니라 사람의 수요·
	욕망을 충족시키기에 족한 일체의 유형·무형의 이익을 포함하"기 때문에, '뇌물'
	에서의 '물'은 제시문 첫 번째 단락의 "물건이나 물질이라는 사전적 의미"보다
	더 넓은 개념이라 할 수 있다.
	③ 제시문 세 번째 단락에서 게임물이 유체물에 한정되는 개념이었다가 "유체물에
	고정되어 있는지를 따지지 않는 영상물"로 변화하는 내용을 설명하고 있으므로,
	'게임물'에서 '물'의 개념이 물건에 한정되는 개념으로 변화하였다고 평가하는
	것은 타당하지 않다.
	④ 제시문 네 번째 단락 "장물의 개념을 재물, 곧 취득한 물건 그 자체로 본다."로
	부터, '장물'에서의 '물'은 재물 외에 광범위한 이익까지도 포함하는 '뇌물'에서의
	'물'과 동일한 의미를 가진다고 할 수 없음을 알 수 있다.
	⑤ 제시문 두 번째 단락 "출력이나 복사도 압수 방식으로 형사소송법에 규정되었
	다."로부터, '압수물'의 개념 변화가 압수 방식을 새롭게 해석한 결과가 아니라
	입법으로 규정한 결과임을 알 수 있다. 반대로 '뇌물'에서 '물'의 의미 변화는 입
	법으로 규정한 결과가 아니라 판결에서 해석의 결과임을 〈보기〉로부터 알 수
	있다.

　　고려 말에는 관료들이 동시에 여러 처를 두는 경우나 처와 첩의 구분이 모호한 경우가 많았다. 이 때문에 토지나 봉작(封爵) 등을 누가 받을 것인가를 두고 친족 사이에 소송이 빈번하였다. 이러한 분쟁을 해결하고 성리학적 가족 윤리를 확립하기 위해 조선 태종 때부터 본격적으로 중혼 규제 방침을 정하였다.

　　1413년(태종 13)에 사헌부에서는, "부부는 인륜의 근본이니 적처와 첩의 분수를 어지럽히면 안 됩니다. 전 왕조 말에 이러한 기강이 무너졌으니 이제라도 바로잡아야 합니다. 앞으로는 혼서(婚書)의 유무와 혼례식 여부로 처와 첩을 구분하고, 처와 첩의 지위를 바꾼 경우에는 처벌 후 원래대로 바꾸며, 처가 있는데도 다시 처를 취한 자는 처벌 후 후처를 이혼시키십시오. 만약 당사자가 이미 죽어 바꾸거나 이혼할 수 없는 경우에는 선처(先妻)를 적처로 삼아 봉작하고 토지를 지급해야 할 것입니다."라고 아뢰었다. 이것이 받아들여져 ㉠규제가 시작되었다.

　　그런데 다음 해인 1414년(태종 14)에 대사헌 유헌 등은 위 규제를 기본으로 다음과 같이 몇 가지 ㉡수정 보완 기준을 제시하였다. "세월이 많이 지나 증빙 자료가 많지 않습니다. 이제 은의(恩義)가 깊고 얕음과 동거 여부를 고려하여, 선처와는 은의가 약하고 후처와 종신토록 같이 살았다면, 후처라도 작첩(爵牒)과 수신전(守信田)을 주고 노비는 자식에게 균분(均分)하게 하십시오. 만약 처첩의 자식들 사이에 적통을 다투는 경우에는 신분, 혼서 및 혼례를 조사하여 판결하며, 처인지 첩인지에 따라 그 자식에게 노비를 차등 분급하게 하고, 세 명의 처를 둔 경우에는 선후를 논하지 말고, 그중 종신토록 같이 산 자에게 작첩과 수신전을 주되 노비는 세 처의 자식에게 균분하게 하십시오. 영락 11년(태종 13) 3월 11일 이후부터 처가 있는데 또 처를 얻은 자는 엄히 징계하여 후처와 이혼시키되, 그중 드러나지 않다가 아버지가 죽은 후 자손들이 적통을 다투면 선처를 적통으로 삼으십시오."

　　이상의 기준은 이후 「육전등록」에도 수록되어 실시되었다. 그런데 이제 자식이 아버지의 다른 처와 어떤 관계로 설정되어야 하는지에 논란이 발생하였다. 세종 때 이담 아들의 사례가 대표적이었다. 이담은 백 씨와 혼인한 상태에서 다시 이 씨에게 장가들었다. 이는 태종 13년 이전의 일이어서 처벌의 대상은 아니었으나, 1448년(세종 30) 이 씨가 사망하면서 새로운 문제가 발생하였다. 백 씨의 아들인 이효손이 이 씨를 위한 상복을 입지 않자, 이 씨의 아들인 이성손이 사헌부에 고발한 것이다. 이효손이 상복을 어떻게 입어야 하는지를 두고 다음과 같이 조정 관료들의 의견이 갈렸다.

　　ⓐ집현전에서 아뢰기를, "예에는 두 명의 처를 두지 않는 것이 정도(正道)이지만, 전 왕조 말에 여러 명의 처를 두는 것이 너무 일반적이었으므로 한시적으로 모두 적처로 인정하였습니다. 「육

전등록」에서 이미 여러 처를 인정하였으니 이효손은 이 씨를 위해서도 상복을 3년 입어야 합니다.」라고 하였다.

ⓑ예조에서 아뢰기를, 「육전등록」에서 여러 처를 모두 인정하기는 하였으나 국가에서 주는 작첩과 수신전은 한 사람에게 그쳤습니다. 이는 국가가 정도를 지향하였음을 보여주는 것입니다. 백 씨는 선처이고 이담과 평생 동거하였으니 그 의리가 이 씨와 같지 않습니다. 이효손이 이 씨를 위해 친모와 똑같이 한다면 친모를 내치는 꼴이 될 것이므로 상복은 1년 입어야 합니다. 이렇게 한다고 해서 이 씨를 첩모로 대우하는 것에 이르지는 않을 것입니다.」라고 하였다.

ⓒ이조판서 정인지는 아뢰기를, 「예에는 두 명의 처를 두지 않는데, 「육전등록」에서 은의와 동거 여부를 고려함으로써 문란함을 방기하게 되었습니다. 이를 항구적인 법식으로는 삼을 수는 없으니, 두 아내의 아들들은 각각 자기 어머니에 대해서만 상복을 입게 해야 할 것입니다.」라고 하였다.

ⓓ경창부윤 정척은 아뢰기를, 「이 씨가 이효손에게 계모가 되는 것은 아니지만, 「육전등록」 상 선처·후처의 법에 의거해서 이를 계모에 견주어 상복을 3년 입고, 훗날 백 씨의 상에는 이성손이 3년을 입게 하는 것이 좋겠습니다.」라고 하였다.

ⓔ어떤 이는 "이제라도 이 씨를 강등하여 첩모로 대우하여 첩모를 위한 상복을 입는 것이 마땅합니다."라고 하였다.

04.

윗글의 내용과 일치하는 것은?

① ㉠에서는 처와 첩을 구분할 때 생사 여부를 기준으로 하였다.
② ㉡에서는 처인지 첩인지에 따라 그 자식들에게 노비를 차등 분급하였다.
③ ㉠과 달리 ㉡에서는 처를 첩으로 바꾸거나 첩을 처로 바꾸면 처벌을 받았다.
④ ㉡과 달리 ㉠에서는 다처일 경우 모든 처와 이혼해야 하였다.
⑤ ㉠과 ㉡ 모두에서 영락 11년 3월 11일 이후부터 은의와 동거 여부를 중혼 허용의 기준으로 삼았다.

이 문항은 1413년(㉠)과 1414년(㉡)의 규제안의 내용을 이해하고 있는지 평가하는 문항이다.

문제 풀이 정답 : ②

㉠이 있는 제시문 두 번째 단락에는 1413년 방안이 서술되어 있고, ㉡이 있는 세 번째 단락에는 1414년 방안이 서술되어 있다. 1414년 방안은 1413년 방안을 기본으로 하되 일부를 수정하고 부족한 내용을 보완한 것이다. ㉠과 ㉡에서 공통적으로 인정되고 있는 점과 차이점을 파악하였는지를 확인하는 문제이다.

정답 해설 ② 제시문 세 번째 단락에 "처인지 첩인지에 따라 그 자식에게 노비를 차등 분급하게"한다는 규정이 제시되어 있다.

오답 해설 ① 제시문 두 번째 단락에 "혼서의 유무와 혼례식 여부로 처와 첩을 구분"한다는 규정이 제시되어 있다.

③ 제시문 두 번째 단락 "처와 첩의 지위를 바꾼 경우에는 처벌"은 ㉠의 내용이기도 하다.

④ 제시문 두 번째 단락 "처가 있는데도 다시 처를 취한 자는 처벌 후 후처를 이혼시키십시오."로부터, 다처인 경우에는 모두와 이혼하는 것이 아니라 후처와 이혼해야 하는 것임을 알 수 있다. 이는 ㉡에서도 수정되지 않았다.

⑤ 제시문 세 번째 단락 "영락 11년 3월 11일 이후부터 처가 있는데 또 처를 얻은 자는 엄히 징계하여 후처와 이혼시키되"로부터, 영락 11년 3월 11일 이후로는 중혼이 아예 허용되지 않았음을 알 수 있다. ㉠과 ㉡ 어디에서도 영락 11년 3월 11일 이후 중혼을 허용한다는 내용이 없으며, 은의와 동거 여부는 ㉡에서 규제 전 중혼에 대하여 작첩과 수신전을 어느 처에게 줄 것인가를 정하는 기준으로 정해진 것이다.

05.

ⓐ~ⓔ에 대한 설명으로 적절하지 <u>않은</u> 것은?

① ⓐ의 논리에 따르면 이성손은 백 씨 사후에 백 씨를 위해 3년간 상복을 입어야 한다.

② ⓑ의 논리에 따르면 아버지의 적처라도 경우에 따라 어머니로서의 대우에 대한 판단이 달라야 한다.

③ ⓑ와 ⓒ 중 어느 쪽의 논리를 따르더라도 백 씨와 이 씨는 모두 적처로 인정된다.

④ ⓒ와 ⓓ 중 어느 쪽의 논리를 따르는지에 따라 이효손이 이 씨를 위해 상복을 입는 여부가 달라진다.

⑤ ⓓ와 ⓔ 중 어느 쪽의 논리에 따르더라도 이효손은 이 씨를 위해 상복을 입지 않아도 된다.

문항 성격	문항유형 : 정보의 추론과 해석
	내용영역 : 인문
평가 목표	이 문항은 ⓐ~ⓔ의 논리를 제대로 파악하여 각 입장에서 가능한 주장이나 전제를 올바르게 추론할 수 있는지를 평가하는 문항이다.
문제 풀이	정답 : ⑤

이담 아들의 사례는 태종 13년 이전의 중혼이었기 때문에 이담이 백 씨와 이 씨를 처로 두고 있다고 해서 처벌받거나 이혼해야 할 필요는 없었다. 그러나 각각의 아들들이 백 씨와 이 씨를 어머니로서 어떻게 대우해야 하는지에 대한 논쟁이 벌어진 것으로서, 약간씩 다른 다섯 가지 입장의 논리를 이해하고 이를 바탕으로 추론한다.

정답 해설 ⑤ ⓓ의 논리는 각 아들이 자신의 친모가 아닌 아버지의 다른 처를 계모로 설정하여 3년의 상복을 입으라는 것이다. 이럴 경우 이효손은 이 씨를 위해 3년의 상복을 입어야 한다. ⓔ는 이 씨를 첩모로 대우하라고 하므로 이효손은 첩모를 위한 상복을 입어야 한다. ⓓ와 ⓔ 어느 쪽 논리를 따르더라도 이효손은 이 씨를 위해 상복을 입어야 하고, 기간의 차이가 있을 뿐이다.

오답 해설 ① ⓐ는 「육전등록」에서 백 씨와 이 씨를 모두 적처로 인정한 이상 친모와 똑같은 상복을 입어야 한다는 입장이다. 따라서 백 씨의 아들인 이효손이 이 씨를 위해 3년간 상복을 입어야 할 뿐 아니라 이 씨의 아들인 이성손도 향후 백 씨의 상이 있을 때 백 씨를 위해 3년간 상복을 입어야 한다.

② ⓑ는 「육전등록」에서 백 씨와 이 씨를 모두 적처로 인정하였음은 인정하지만 "이효손이 이 씨를 위해 친모와 똑같이 한다면 친모를 내치는 꼴이 될 것이"라고 하여 상복의 기간을 1년으로 할 것을 주장하였다. 따라서 백 씨와 이 씨를 어머니로서는 각각 다르게 대해야 한다고 판단하였음을 알 수 있다.

③ 제시문 네 번째 단락 "이상의 기준은 이후 「육전등록」에도 수록되어 실시되었다. 그런데 이제 자식이 아버지의 다른 처와 어떤 관계로 설정되어야 하는지에 논란이 발생하였다."로부터, 적처 문제는 일단락되었음을 확인할 수 있다. ⓑ는 「육전등록」 규정의 문제점을 지적하기는 하지만 이를 수정해야 한다는 내용이 없으며

다만 친모 백 씨와 이 씨의 어머니로서의 대우만 달라야 한다는 내용이다. ⓒ 역시 「육전등록」 규정의 문제점을 지적하고 있지만 항구적인 법식으로 삼을 수는 없다고만 하고 있을 뿐 이 사안에 있어서 백 씨와 이 씨의 적처 여부를 바꾸어야 한다는 의견을 밝히고 있지는 않다. ⓒ의 논리는 이담과 이 씨는 이효손에게 아버지와 그의 적처의 관계로 인정되기는 하지만 그렇다고 해서 이 씨와 이효손이 어머니-자식 관계로 성립되는 것은 아니라는 것이다. 따라서 ⓑ와 ⓒ 두 논리 모두 백 씨와 이 씨를 적처로 인정한다는 점에서는 변화가 없다. ⓐ~ⓔ 중 「육전등록」의 기준에 의하여 적처로 인정된 이 씨를 적처로 인정할 수 없다는 의견은 ⓔ뿐이다.

④ ⓒ는 아들들이 각각 자기 어머니에 대해서만 상복을 입게 하라고 하였으므로 이 경우 이효손은 이 씨를 위해 상복을 입지 않아도 되며, ⓓ는 계모에 견주어 상복을 입게 하라고 하였으므로 이 경우 이효손은 이 씨를 위해 3년간 상복을 입어야 한다.

06.

윗글을 바탕으로 〈보기〉에 대해 추론할 때, 적절하지 <u>않은</u> 것은?

보 기

1415년(태종 15) 박일룡은 자신의 어머니를 적처로 인정하고 자신을 적자로 인정해 달라며 소(訴)를 제기하였다. 그의 아버지 박길동은 이조판서를 지낸 인물로, 1390년(고려 공양왕 2) 상인(商人) 노덕만의 서녀(庶女)인 노 씨를 혼례 없이 들여 박일룡을 낳았다. 이후 박길동은 1395년(태조 4) 현감 김거정의 딸인 김 씨와 혼서를 교환하고 혼례를 거친 후 그 사이에 박이룡을 낳았다. 한편 김 씨와 혼인한 상태에서 1402년 대사헌 허생의 딸인 허 씨와 혼서를 교환하고 혼례를 거친 후 그 사이에 박삼룡을 낳았다. 김 씨는 친정인 창녕에 거주하였으며, 박길동은 허 씨와 한양에서 평생 동거하였다. 박이룡과 박삼룡 모두 어려서, 집안의 큰일은 첫아들인 박일룡이 실질적으로 도맡았다. 1413년 5월 박길동이 죽었는데, 이때에 이르러 박일룡이 소를 제기한 것이었다.

① 박길동 사망 직후에 소가 제기되어 그 해에 판결되었다면, 작첩과 수신전은 김 씨에게 주어졌을 것이다.

② 박길동이 소가 제기될 당시까지 생존해 있었다고 해도 중혼에 대해 처벌받지는 않았을 것이다.

③ 박일룡이 집안의 일을 주관하는 아들이라는 점은 판결에 영향을 주지 않았을 것이다.

④ 이 소송에서 작첩과 수신전은 은의나 동거 여부를 따져 허 씨에게 주어졌을 것이다.

⑤ 이 소송에서는 세 명의 처를 둔 경우의 규정을 적용하여 판결이 내려졌을 것이다.

문항 성격	문항유형 : 정보의 평가와 적용
	내용영역 : 인문
평가 목표	이 문항은 1413년 규제안과 1414년의 수정 보완 기준을 이해하여 구체적인 사례에 적용할 수 있는지를 평가하는 문항이다.
문제 풀이	정답 : ⑤

〈보기〉의 박길동이 아내를 둔 시점은 1390년, 1395년, 1402년이어서 모두 1413년 이전이다. 이중 노 씨는 상인의 서녀이므로 신분이 양반인 박길동보다 낮을 뿐만 아니라 혼례 없이 들었다고 하므로 첩에 해당함을 알 수 있다. 따라서 그 아들인 박일룡도 첩자에 해당한다. 그에 비해 김 씨와 허 씨는 각각 현감과 대사헌의 딸이어서 박길동과 신분이 동등하고 혼서 교환과 혼례를 거쳤기 때문에 처에 해당하며, 1414년 기준에 따라 둘 다 적처로 인정된다. 따라서 그 아들들인 박이룡과 박삼룡 모두 적자가 된다. 허씨는 가장 마지막에 혼인하였지만 박길동이 평생 동거하였으므로, 은의가 깊고 동거한 처가 된다. 박길동의 사망 시점은 1413년 5월이어서 1413년 규정이 적용될 수 있으나 소가 제기된 시점은 1415년이므로 1414년의 수정 보완 기준이 적용된다.

정답 해설	⑤ 〈보기〉는 1명의 첩(노 씨)과 2명의 처(김 씨와 허 씨)를 둔 규정을 적용해야 한다.
오답 해설	① 박길동 사망 직후라면 1413년 5월이며 그 해에 판결되었다면 1414년 수정 보완 기준이 나오기 전이다. 따라서 이는 1413년 규정에 따라 판결된다. 이 경우 제시문 두 번째 단락 "이미 죽어 바꾸거나 이혼할 수 없는 경우에는 선처를 적처로 삼아 봉작하고 토지를 지급해야 할 것입니다."가 적용되어, 선처인 김 씨가 작첩과 수신전을 받는다.
	② 박길동의 중혼은 1413년 이전 사례이므로 이에 대해서 처벌받지 않는다.
	③ 1413년의 규제안과 1414년의 수정 보완 기준 어느 것에서도 아들의 집안일 주관 여부는 판단의 기준이 되지 않는다.
	④ 소가 제기된 1415년은 1414년의 수정 보완 기준을 적용하여 판결을 하게 되므로, 후처라도 평생 동거한 허 씨가 작첩과 수신전을 받는다.

현대 생명과학의 핵심적인 키워드들 중 하나는 오믹스(omics)이다. 단일 유전자, 단일 단백질의 기능과 구조 분석에 집중하였던 과거의 생명과학과 달리, 오믹스는 거시적인 관점에서 한 개체, 혹은 하나의 세포가 가지고 있는 유전자 전체의 집합인 '유전체'를 연구하는 유전체학, RNA 전체 즉 '전사체'에 대한 연구인 전사체학, 단백질 전체의 집합인 '단백질체'를 연구하는 단백질체학 등의 연구를 통칭한다.

분자생물학 이론에 따르면 DNA가 가지고 있는 유전자 정보의 일부만이 전사 과정을 통해 RNA로 옮겨진다. 그리고 RNA 중의 일부만이 번역 과정을 통해 단백질로 만들어진다. 어떠한 생물 개체나 어떠한 세포와 같은 특정 생명 시스템의 유전체는 그 시스템이 수행 가능한 모든 기능에 대한 유전 정보를 총괄하여 가지고 있다. 한 인간이라는 시스템과 그 인간의 간(肝)세포라는 또 다른 시스템의 유전체는 동일한 정보를 가지고 있지만, 인간의 간세포와 생쥐의 간세포의 유전체는 각각 서로 다른 정보를 가지고 있다. 한편 전사체는 유전체 정보의 일부분 즉 유전체 정보들 중 현재 수행 중일 가능성이 큰 기능에 대한 정보를 가지고 있고, 단백질체는 전사체의 일부분 즉 실제로 수행 중인 기능에 대한 정보를 담고 있다. ㉠생명체에서 생화학 반응의 촉매 작용과 같은 필수적인 '일'을 직접 수행하는 물질은 단백질체를 이루는 단백질들이다.

인간에게는 2만 종 이상의 단백질이 있고, 인체의 세포들은 종류에 따라 전체 단백질 중 일부를 서로 다른 조합으로 가지고 있다. 즉 피부 세포, 신경 세포, 근육 세포 등에서 공통으로 발견되는 단백질도 있고, 한 종류의 세포에서만 발견되는 단백질도 있다. 세포는 외부의 자극이나 내재된 프로그램에 의해 한 종류에서 다른 종류의 세포로 변화하는 과정을 겪는데, 이러한 현상을 '분화'라고 한다. 분화를 통해 다른 세포로 변하게 되면 가지고 있는 단백질의 조합도 달라진다. 세포의 분화는 개체 발생 과정에서 주로 관찰되지만, 정상 세포가 암세포로 바뀌는 과정도 분화 과정이라 할 수 있다.

어떤 환자의 암세포와 정상 세포를 대상으로 단백질체학 응용 연구를 수행하는 경우를 생각해 보자. 암세포의 단백질체와 정상 세포의 단백질체를 서로 비교해 보면, 정상 세포에 비하여 암세포에서 양이 변화되어 있는 단백질을 발견할 수 있다. 과학자들은 이러한 단백질을 새로운 암 치료 표적 단백질 후보로 찾아내어 연구를 진행한다. ㉡암세포에서 정상 세포보다 양이 늘어나 있는 단백질은 발암 단백질의 후보가 될 수 있고, 암세포에서 정상 세포보다 양이 줄어든 단백질은 암 억제 단백질의 후보가 될 수 있다.

그렇다면 이렇게 찾아낸 단백질이 2만 종 이상의 단백질 중 어느 것인지 알아내는 과정은 어떻게 진행될까? 단백질은 20종류의 아미노산이 일렬로 연결된 형태를 가지며, 단백질 하나의 아미노산 개수는 평균 500개 정도이다. 서로 다른 단백질은 서로 다른 아미노산 서열을 가지기 때문에 특정 단백질의 아미노산 서열을 알면 그 단백질이 어떤 단백질인지 알아낼 수 있다.

단백질의 아미노산 서열을 알기 위한 실험 방법은 여러 가지가 있는데, 그중의 하나가 펩타이드의 분자량 분석이다. 미지의 단백질에 트립신을 가하여 평균 10개 정도의 아미노산으로 이루어진 조각인 펩타이드로 자른 후 분자량을 측정한다. 트립신은 특정 아미노산을 인지하여 자르므로 어떤 아미노산과 아미노산 사이가 잘릴 것인지 예측할 수 있다. 실제로 단백질체를 분석한 데이터는 펩타이드의 분자량 값과 펩타이드들 간의 상대적인 양을 숫자로 표현한 값으로 나타난다. 모든 인간 단백질의 아미노산 서열, 아미노산의 분자량이 이미 알려져 있으므로, 암세포 단백질체와 정상 세포 단백질체에 트립신을 가하여 얻은 ⓒ펩타이드의 분자량 분석을 통해 치료용 표적 후보 단백질을 알아낼 수 있다.

07.

윗글의 내용과 일치하는 것은?

① 신경 세포의 모든 RNA는 단백질로 번역된다.
② 인간 간세포의 유전체 정보는 인간 간세포의 단백질체 정보의 일부이다.
③ 인간 간세포의 단백질체 정보는 생쥐 간세포의 단백질체 정보와 동일하다.
④ 암세포는 피부나 근육의 세포와 달리 정상 세포에서 분화한 것이 아니다.
⑤ 암세포의 단백질체 정보는 정상 세포의 단백질체 정보와 동일하지 않다.

문항 성격	문항유형 : 정보의 확인과 재구성
	내용영역 : 과학기술
평가 목표	이 문항은 제시문의 소재 중 하나인 단백질체와 유전체의 개념을 이해하고 있는지 평가하는 문항이다.
문제 풀이	정답 : ⑤

제시문 첫 번째 단락에서 오믹스에 대한 정의를 내린 후, 두 번째 단락에서 오믹스의 연구 대상인 유전체, 전사체와 단백질체 간의 상호 관계와 생체 내에서의 기능을 설명하고 있다. 세 번째, 네 번째 단락에서 세포의 분화 과정 중 일어나는 현상, 그리고 암세포화에 따른 단백질체의 변화를 기술하고 있으므로 이 단락들의 독해를 통해 각 선택지의 진위를 확인한다.

⑤ 제시문 세 번째 단락 "분화를 통해 다른 세포로 변하게 되면 가지고 있는 단백
질의 조합도 달라진다. … 정상 세포가 암세포로 바뀌는 과정도 분화 과정이라
할 수 있다."와 네 번째 단락 "암세포의 단백질체와 정상 세포의 단백질체를 서
로 비교해 보면, 정상 세포에 비하여 암세포에서 양이 변화되어 있는 단백질을
발견할 수 있다."로부터, 암세포의 단백질체 정보는 정상 세포의 단백질체 정보
와 동일하지 않다는 것을 알 수 있다.

① 제시문 두 번째 단락 "RNA 중의 일부만이 번역 과정을 통해 단백질로 만들어진
다."로부터, 신경 세포의 RNA 중 일부만 단백질로 번역된다는 것을 알 수 있다.

② 제시문 두 번째 단락 "전사체는 유전체 정보의 일부분 즉 유전체 정보들 중 현
재 수행 중일 가능성이 큰 기능에 대한 정보를 가지고 있고, 단백질체는 전사체
의 일부분 즉 실제로 수행 중인 기능에 대한 정보를 담고 있다."로부터, 단백질
체 정보가 유전체 정보의 일부임을 알 수 있다.

③ 단백질체 정보는 유전체 정보의 일부라는 것(② 참조)과 제시문 두 번째 단락
"인간의 간세포와 생쥐의 간세포의 유전체는 각각 서로 다른 정보를 가지고 있
다."로부터, 인간 간세포의 단백질체 정보와 생쥐 간세포의 단백질체 정보는 서
로 다르다는 사실을 추론할 수 있다.

④ 제시문 세 번째 단락 "정상 세포가 암세포로 바뀌는 과정도 분화 과정이라 할
수 있다."로부터, 암세포도 정상 세포에서 분화한 것임을 알 수 있다.

08.

윗글에서 추론한 내용으로 적절하지 <u>않은</u> 것은?

① 세포의 분화 과정 동안 세포의 유전체 정보는 변화하지 않는다.
② 어떤 단백질에 트립신을 첨가한 후에 생성되는 펩타이드들의 아미노산 서열은 동일
하다.
③ 인간의 신경 세포와 근육 세포의 기능이 서로 다른 이유는 단백질체 정보가 서로 다르
기 때문이다.
④ 어떤 단백질의 아미노산 서열을 알면 트립신 처리 후 그 단백질에서 생성될 펩타이드
들의 분자량을 예측할 수 있다.
⑤ 어떤 단백질에서 유래한 특정 펩타이드의 양이 정상 세포에서 보다 암세포에서 더 많
다면 그 단백질은 발암 단백질의 후보이다.

내용영역 : 과학기술

평가 목표 | 이 문항은 유전체와 단백질체의 개념을 이해하는지 여부와 암 치료용 표적 단백질의 동정(同定, identification) 과정에 대하여 추론할 수 있는지를 평가하는 문항이다.

문제 풀이 | 정답 : ②

세포의 분화 과정 중 유전체 정보와 단백질체 정보의 변화에 대하여 정확히 이해하고 트립신 처리 후 생성되는 펩타이드의 분자량 분석을 통하여 미지의 단백질을 동정하는 방법을 이해하여, 이를 바탕으로 추론한다.

정답 해설 | ② 제시문 다섯 번째 단락 "단백질은 20종류의 아미노산이 일렬로 연결된 형태를 가지며, 단백질 하나의 아미노산 개수는 평균 500개 정도이다."와 여섯 번째 단락 "미지의 단백질에 트립신을 가하여 평균 10개 정도의 아미노산으로 이루어진 조각인 펩타이드로 자른 후 분자량을 측정한다."로부터, 어떠한 단백질에 트립신을 첨가한 후에 생성되는 펩타이드들의 아미노산 서열이 동일하다고 추론하는 것은 적절하지 않음을 알 수 있다.

오답 해설 | ① 제시문 두 번째 단락 "한 인간이라는 시스템과 그 인간의 간세포라는 또 다른 시스템의 유전체는 동일한 정보를 가지고 있지만,"으로부터, 세포의 분화 과정을 통해 다른 세포로 바뀌어도 유전체 정보는 변하지 않는다는 것을 추론할 수 있다.

③ 제시문 두 번째 단락 "전사체는 유전체 정보의 일부분 즉 유전체 정보들 중 현재 수행 중일 가능성이 큰 기능에 대한 정보를 가지고 있고, 단백질체는 전사체의 일부분 즉 실제로 수행 중인 기능에 대한 정보를 담고 있다."와 세 번째 단락 "피부 세포, 신경 세포, 근육 세포 등에서 … 한 종류의 세포에서만 발견되는 단백질도 있다."로부터, 피부 세포, 신경 세포, 근육 세포의 기능이 서로 다른 것은 서로 다른 단백질을 가지고 있기 때문이라는 사실을 추론할 수 있다.

④ 제시문 여섯 번째 단락 "트립신은 특정 아미노산을 인지하여 자르므로 어떤 아미노산과 아미노산 사이가 잘릴 것인지 예측할 수 있다."로부터, 단백질의 아미노산 서열을 알면 트립신 처리 후 생성되는 펩타이드들을 구성하는 아미노산들을 예측하는 것이 가능함을 알 수 있고, "아미노산의 분자량이 이미 알려져 있으므로."로부터, 펩타이드를 구성하는 아미노산들을 알면 그 펩타이드의 분자량을 계산하는 것이 가능함을 알 수 있다. 따라서 어떤 단백질의 아미노산 서열에 관한 정보가 있으면 트립신 처리 후 생성되는 펩타이드들의 분자량을 예측하는 것이 가능함을 알 수 있다.

⑤ 제시문 여섯 번째 단락의 단백질 트립신 분해를 통해 펩타이드를 만드는 과정으로부터, 어떤 단백질에서 유래한 특정 펩타이드의 양이 많은 세포는 그 단백질의 양이 많은 세포라는 것을 추론할 수 있다. 이러한 추론과 제시문 네 번째 단락 "암세포에서 정상 세포보다 양이 늘어나 있는 단백질은 발암 단백질의 후보가 될 수 있고,"로부터, 어떤 단백질에서 유래한 특정 펩타이드의 양이 암세포에서 정상 세포보다 많다면 그 단백질은 발암 단백질의 후보가 될 것임을 알아낼 수 있다.

09.

㉠~㉢에 대한 〈보기〉의 설명 중 적절한 것만을 있는 대로 고른 것은?

보 기

ㄱ. 최초의 생명체가 DNA나 단백질은 가지고 있지 않고 RNA만 가지고 있었다면, ㉠의 설득력은 약화된다.

ㄴ. 양이 많아지면 덩어리를 이루어 오히려 기능이 비활성화되는 단백질이 있다면, ㉡의 설득력은 약화된다.

ㄷ. 트립신을 첨가한 서로 다른 단백질에서 같은 분자량을 지닌 펩타이드가 생성된다면, ㉢의 설득력은 강화된다.

① ㄱ   ② ㄷ   ③ ㄱ, ㄴ
④ ㄴ, ㄷ   ⑤ ㄱ, ㄴ, ㄷ

문항 성격	문항유형 : 정보의 평가와 적용
	내용영역 : 과학기술
평가 목표	이 문항은 생명체 내에서의 유전 정보의 흐름을 이해하는지, 단백질의 양과 기능의 상관관계를 본문으로부터 추론할 수 있는지, 그리고 미지의 단백질 동정을 위한 펩타이드 분자량 측정 과정의 원리를 이해하는지 평가하는 문항이다.
문제 풀이	정답 : ③

분자생물학의 핵심 원리를 이해하고, 트립신 처리 후 생성되는 펩타이드의 분자량 분석을 통하여 미지의 단백질을 동정하는 방법을 이해하여, 이를 새로운 상황에 응용한다.

ㄱ. 최초의 생명체가 RNA만 가지고 있었다면 그 생명체가 수행해야 할 생명 활동
은 RNA에 의하여 이루어졌을 것이므로, 세포 내에서 직접 생명 활동을 수행하
는 물질은 RNA나 DNA가 아니고 단백질이라는 ㉠의 설득력은 약화된다.

ㄴ. 양이 많아지면 비활성화되는 단백질이 있다면 특정 단백질의 양과 그 단백질의
기능 사이의 연관성은 약해지므로, 그러한 연관성을 전제로 하는 ㉡의 설득력은
약화된다.

ㄷ. 서로 다른 단백질 A와 B에서 같은 분자량을 지닌 펩타이드가 생성된다면 그 펩
타이드가 단백질 A에서 만들어진 것인지 단백질 B에서 만들어진 것인지 알 수
없으므로, 펩타이드 분자량 분석으로 치료용 표적 후보 단백질을 알아낼 수 있
다는 ㉢의 설득력은 약화된다.

〈보기〉의 ㄱ과 ㄴ만이 적절한 설명이므로 ③이 정답이다.

[10~12] 다음 글을 읽고 물음에 답하시오.

채만식의 소설 「탁류」는 1935년에서 1937년에 이르는 2년간의 이야기로, 궁핍화가 극에 달해
연명에 관심을 가질 수밖에 없었던 조선인의 현실을 중요한 문제로 삼은 작품이다. 그런데 채만
식이 「탁류」에서 현실을 대하는 태도에는 식민지 근대화 과정에 대한 작가의 민감한 시선이 들어
있었다. 그는 전 지구적 자본주의 시스템과 토착적 시스템의 갈등에 의해서 만들어진, 게다가 식
민지적 상황 때문에 더욱더 굴곡진 수많은 우여곡절에 주목하였다. 채만식의 민감한 시선은 「탁
류」에서 집중적으로 그려진 '초봉'의 몰락 과정 에서도 구체적으로 드러난다. 그것은 인간과 사
물을 환금의 가능성으로만 파악하는 자본주의의 기제가 인간의 순수한 영혼을 잠식해 들어가고,
그러면서 그 이윤 추구의 원리를 확대 재생산하는 과정을 보여 준다.

소설의 앞부분에서 초봉은 경제적 어려움에 시달리는 가족을 위해서라면 자기희생을 마다하지
않는 순수한 영혼의 소유자로 등장한다. 태수는 그런 초봉에게 끊임없이 베풀면서 초봉을 그녀
의 ㉠고유한 영토로부터 끌어낸다. 그런 베풂을 순수 증여라고 해도 될까. 아니, 꽤나 검은 의도
를 숨기고 행한 증여이니 그것은 사악한 증여라고 해야 할 터이다. 하여간 태수는 끊임없이 증여
하고 선물하면서 초봉의 고유한 모럴, 그러니까 노동을 통해 조금씩 무언가를 축적해 가는 삶의
방식을 회의에 빠뜨린다. 그리고 그 증여 행위를 집요하게 반복함으로써 초봉의 호의적인 시선을
얻어낸다. 하지만 그 순간이란 ㉡하나의 변곡점과도 같은 것이었다. 그때부터 그는 초봉에게 증
여한 것의 대가로 무언가를 요구함으로써 초봉을 타락한 교환가치의 세계 속으로 끌어들인다.

초봉이 교환의 정치경제학에 익숙해질 무렵, 제호가 초봉에게 접근한다. 제호는 객관적인 지표를 가지고 초봉의 육체를 돈으로 측량하고 그와의 거래를 제안한다. 초봉 또한 제호가 자신의 상품성을 그만치 높게 봐 주자 이 거래를 흔쾌하게 받아들인다. 비록 그 교환이 서로 간의 의지가 관철된 것이었어도 이 거래 이후로 초봉은 상품으로 전락하게 된다. 그리고 그런 초봉에게 형보가 나타나 초봉과 송희 모녀의 호강을 구실로 가학성을 노골적으로 드러내면서 잉여의 성적 착취를 반복한다. 형보는 이 타락한 사회에 동화된 초봉이 어떠한 고통을 겪게 될지라도 이 세계 바깥으로 나갈 용기를 낼 수 없을 것이라고 확신하고 있었기에 초봉의 거부감을 아랑곳하지 않았다.

'초봉의 몰락'은 이렇듯 초봉이 교환의 정치경제학을 자기화함으로써 ⓒ영혼이 없는 자동인형으로 전락하는 것으로 귀결되었다. 그리고 그 과정에서 초봉은 아버지 정주사가 미두*로 일확천금을 꿈꾸듯 자신의 인격을 버리고 스스로를 상품으로 만들어 나갔다. 자신에 대한 착취에 강렬한 거부감을 가지기도 하였지만 결국에는 모든 것을 상품화하는, 특히 여성의 몸을 상품화하는 자본주의 기제의 ⓓ노회함과 집요함 앞에 굴복하고 말았다. 그렇다면 「탁류」에는 추악한 세상의 탁류에서 벗어날 가능성이 전혀 없는 것일까? 채만식은 「탁류」에서 그 특유의 냉정한 태도로 한편으로는 부정적인 삶의 양태들을 냉소하고 풍자하는가 하면, 다른 한편으로는 보다 의미 있는 삶의 형식 혹은 보다 나은 미래를 가능케 할 잠재적 가능성이나 가치들을 끈질기게 탐색해 내었다.

"위험이 있는 곳에 구원의 힘도 함께 자란다."라는 ⓔ횔덜린의 말을 좀 뒤집어 말하자면, 「탁류」가 세상을 위험이 가득한 곳으로 묘사할 수 있었던 것은 아마도 그 위험 속에 같이 자라는 구원의 힘을 어느 정도 감지했기 때문이리라. 그 구원의 가능성은 소설의 결말 부분에서 초봉이 형보를 죽였다는 점으로만 한정되지는 않는다. 「탁류」에는 개념의 위계를 갖춰 계기가 제시되는 것은 아니나 타락한 교환의 질서 바깥으로 나갈 수 있는 여러 계기들이 곳곳에 흩어져 있다. 딸 송희를 낳으면서 초봉이 어머니 마음을 갖게 되는 것도, 자유주의자이자 냉소주의인 계봉이 일하는 만큼의 대가를 얻어야 한다는 철칙을 지니고 살아가는 것도, 승재가 남에게 그저 베풀려고 하는 것도 모두 그에 해당하는 것들이다. 이것들 중에서도 초봉과 승재의 삶에서 드러나는 증여의 삶은 「탁류」가 타락한 세계를 넘어설 수 있는 길로 제시하는 것이며, 이를 우리는 '증여의 윤리'라고 부를 수 있을 터이다.

*미두(米豆) : 미곡의 시세를 이용하여 약속으로만 거래하는 일종의 투기 행위

10.

윗글에 대한 설명으로 가장 적절한 것은?

① 시대의 특수성을 고려하여 삶의 양태에 대한 소설가의 비판적 인식을 추적한다.
② 인물의 내면 심리에 대한 세밀한 분석을 통해 소설가의 내면 심리를 천착한다.
③ 궁핍으로 인한 연명의 문제보다 윤리의 문제를 중시한 소설가의 인식을 비판한다.
④ 인간의 존재론적 모순에 대한 소설가의 염세적 시선에 주목하여 삶의 의미를 반추한다.
⑤ 현실을 대하는 소설가의 이중적 태도를 인물들이 표방하는 이념의 분석을 통해 통찰한다.

문항 성격	문항유형 : 주제, 구조, 관점 파악
	내용영역 : 인문
평가 목표	이 문항은 「탁류」에 나타나는 작가 채만식의 현실 인식에 대한 필자의 태도를 이해할 수 있는지를 평가하는 문항이다.
문제 풀이	정답 : ①

필자가 채만식의 현실 인식을 어떻게 해석하는가가 제시문의 중심 내용으로, 첫 번째 단락에 요약적으로 제시되고 두 번째 단락부터 구체적으로 전개된다.

정답 해설 ① 제시문 첫 번째 단락 "채만식이 「탁류」에서 현실을 대하는 태도에는 식민지 근대화 과정에 대한 작가의 민감한 시선이 들어 있었다. 그는 전 지구적 자본주의 시스템과 토착적 시스템의 갈등에 의해서 만들어진, 게다가 식민지적 상황 때문에 더욱더 굴곡진 수많은 우여곡절에 주목하였다."로부터, 필자가 「탁류」의 시대적 배경이 지닌 특수한 상황과 관련된 채만식의 시선을 중시하고 있음을 알 수 있다. 또 "인간과 사물을 환금의 가능성으로만 파악하는 자본주의의 기제가 인간의 순수한 영혼을 잠식해 들어가고, 그러면서 그 이윤 추구의 원리를 확대 재생산하는 과정을 보여 준다."로부터, 필자는 채만식이 당시의 삶의 양태들을 냉소하고 풍자한 것으로 파악하고 있음을 확인할 수 있다. 두 번째 단락부터 필자는 채만식의 "민감한 시선"의 대상이 된 시대적 특수성을 고려하여, 당시의 삶의 양태들에 대한 채만식의 냉소적·풍자적·비판적 인식을 구체적으로 분석하고 있다.

② 제시문에서 필자는 인물의 심리에 대한 세밀한 분석을 통해 인물의 심리를 언급
하고 있지는 않으며, 작가 채만식의 내면 심리를 파헤치고 있지도 않다.

③ 제시문에서 필자는 작가 채만식이 궁핍으로 인한 연명의 문제보다 윤리의 문제
를 중시한다고 여기지 않는다. 따라서 이에 대한 필자의 비판도 있을 수 없다.

④ 제시문에서 필자는 「탁류」를 채만식이 부정적 삶의 양태를 냉소하고 풍자한 작
품으로 여기지, 인간의 존재론적 모순을 염세적 시선에서 바라본 것으로 여기지
는 않는다.

⑤ 제시문에서 필자는 현실을 대하는 소설가의 이중적 태도를 인물들이 표방하는
이념에 대한 분석이 아니라 인물들이 보여 주는 삶의 양상들에 대한 분석을 통
해 통찰한다.

11.

'초봉'의 몰락 과정 과 관련하여 ㉠~㉤을 이해할 때, 적절하지 않은 것은?

① ㉠은 자본주의 기제로부터 영향을 받기 이전에 가족에 대한 증여자로서 '초봉'이 지녔
던 순수한 영혼을 환기한다.

② ㉡은 '초봉'이 노동에 의해 빈곤에서 벗어날 수 있다는 믿음을 되찾으면서 교환의 정치
경제학이라는 틀 속에 빠져들기 시작한다는 점을 알려준다.

③ ㉢은 '초봉'이 물신주의적 가치관을 수용하게 됨으로써 인간과 사물을 환금의 가능성
으로만 파악하게 되었음을 나타낸다.

④ ㉣은 '초봉'의 몰락 과정이 순진성의 세계를 끈덕지고도 교활하게 파괴하는 식민지 근
대화 과정과 상통함을 보여 준다.

⑤ ㉤은 구원의 힘이 역설적 방식으로 존재함을 강조하는 것으로, 왜곡된 자본주의 논리
를 벗어날 힘이 '초봉'의 몰락 과정에서 생성되어 가기도 함을 시사해 준다.

문항유형 : 정보의 추론과 해석

내용영역 : 인문

이 문항은 제시문에 드러난 필자의 관점이나 입장을 고려하여 제시문의 특정 어구들
이 가지는 의미를 파악할 수 있는지를 평가하는 문항이다.

필자의 분석에 따르면, 소설의 앞부분에서 순수한 영혼의 소유자로 등장한 초봉은 점점 교환의 정치경제학에 익숙해지면서 타락한 교환가치의 세계로 들어가게 된다. 그러나 필자는 초봉이 이렇게 '몰락'해 가는 과정에서 역설적으로 구원의 가능성을 찾아내고 있다.

정답 해설 ② ⓒ은 "노동을 통해 조금씩 무언가를 축적해 가는 삶의 방식"을 지닌 초봉이 태수에 의해 교환가치의 세계로 끌려들어 가게 되었음을 나타내는 것이다. 이 변화는 초봉이 노동에 의해 빈곤에서 벗어날 수 있다는 믿음을 상실해 가는 것을 의미한다.

오답 해설 ① ⓐ은 초봉이 교환가치의 세계로 진입하기 이전의 상황을 나타내는 것이다. 이 상황에서 초봉은 가족에 대한 증여자이자 순수한 영혼의 소유자로 제시된다.

③ ⓒ은 타락한 교환가치의 세계로 진입한 초봉이 인간과 사물을 오로지 환금의 가능성으로만 파악하게 되었음을 나타내는 것이다. '영혼이 없는 자동인형'은 더 이상 생각을 하지 않고, 자신의 몸을 화폐와 기계적으로 교환할 따름이다.

④ ⓔ은 타락한 자본주의의 기제가 초봉이 지녔던 순진성의 세계를 파괴하는 양상을 나타내는 것이다. 「탁류」가 담아낸 우여곡절이 "전 지구적 자본주의 시스템과 토착적 시스템의 갈등에 의해서 만들어진, 게다가 식민지적 상황 때문에 더욱더 굴곡진" 것이라는 필자의 관점에서 보면, 초봉이 지녔던 이러한 순진성의 세계는 식민지 근대화 과정 이전 조선의 그것이기도 하다고 할 수 있다.

⑤ ⓜ은 구원의 힘이 역설적 방식으로 존재함을 강조한 것이다. 필자는 이 '구원의 힘'이 존재하는 방식에 주목하여 「탁류」에 들어 있는 구원의 가능성을 포착해 낸다. 필자는 구원의 가능성, 즉 "타락한 교환의 질서 바깥으로 나갈 수 있는" 또는 "타락한 세계를 넘어설 수 있는" 가능성은 초봉의 몰락 과정에서 초봉이 어머니 마음을 갖게 되면서도 생성될 수 있음을 「탁류」가 제시한다고 이해한다.

12.

윗글을 바탕으로 〈보기〉를 감상할 때, 적절하지 <u>않은</u> 것은?

<보기>

　계봉이는 승재가 오늘도 아침에 밥을 못 하는 눈치를 알고 가서, 더구나 방세가 밀리기는커녕 이달 오월 치까지 지나간 사월달에 들여왔는데, 또 이렇게 돈을 내놓는 것인 줄 잘 알고 있다.

　계봉이는 승재의 그렇듯 근경 있는 마음자리가 고맙고, 고마울 뿐 아니라 이상스럽게 기뻤다. 그러나 그러면서도 한편으로는 얼굴이 꼿꼿하게 들려지지 않을 것같이 무색하기도 했다.

　"이게 어인 돈이고?"

　계봉이는 돈을 받는 대신 뒷짐을 지고 서서 준절히 묻는다.

　"그냥 거저……."

　"그냥 거저라니? 방세가 이대지 많을 리는 없을 것이고……."

　"방세구 무엇이구 거저, 옹색하신데 쓰시라구……."

　계봉이는 인제 알았다는 듯이 고개를 두어 번 까댁까댁하더니,

　"나는 이 돈 받을 수 없소."

　하고는 입술을 꽉 다문다. 장난엣말로 듣기에는 음성이 너무 강경했다.

　승재는 의아해서 계봉이의 얼굴을 짯짯이 건너다본다. 미상불, 여전한 장난꾸러기 얼굴 그대로는 그대로지만, 그러한 중에도 어디라 없이 기색이 달라진 게, 일종 오만한 빛이 드러났음을 볼 수가 있었다.

　승재는 분명히 단정하기는 어려우나, 혹시 나의 뜻을 무슨 불순한 사심인 줄 오해나 받은 것이 아닌가 하는 생각도 들었다. 그렇게 생각하고 보니, 비록 마음이야 담담하지만 일이 좀 창피한 것도 같았다. (중략)

　계봉이는 문제된 오 원짜리 지전을 내려다본다. 아무리 웃고 말았다고는 하지만 그대로 집어 들고 들어가기가 좀 안되었다. 그러나 그렇다고 종시 안 가지고 가기는 더 안되었다. 잠깐 망설이다가 할 수 없이 그는 돈을 집어 든다.

－ 채만식, 「탁류」－

① 초봉을 전락시킨 돈은 이윤 추구 원리의 작동을, 승재가 계봉에게 건네는 '돈'은 순수 증여를 표상하는 것으로 볼 수 있겠군.

② 제호는 속물주의적 논리를 통해 자신의 의지를 관철하고, 승재는 '마음'의 가치를 통하여 자신의 선의를 드러낸다고 볼 수 있겠군.

③ 형보는 돈의 위력을 믿고 초봉의 고통을 아랑곳하지 않고, 계봉은 자존심 때문에 '근경 있는 마음자리'에 대해 양가적인 태도를 보인다고 볼 수 있겠군.

④ 태수의 과잉 증여와는 달리, 승재의 증여는 대가를 바라는 '불순한 사심'을 지니지 않은 것이기에 타락한 교환 세계에서 벗어날 희망의 표지로 볼 수 있겠군.

⑤ 교환의 정치경제학을 무의식적으로 자기화한 초봉과는 달리, '입술'을 꽉 다무는 계봉의 모습은 '증여의 윤리'를 의식적으로 수용하려는 태도를 나타낸 것으로 볼 수 있겠군.

문항 성격	문항유형 : 정보의 평가와 적용
	내용영역 : 인문
평가 목표	이 문항은 제시문에서 초봉의 몰락 과정과 '증여의 윤리'를 대하는 필자의 관점을 적용하여 소설 「탁류」를 감상할 수 있는지를 평가하는 문항이다.
문제 풀이	정답 : ⑤

제시문 전반에서 초봉이 몰락하게 되는 과정을 알 수 있다. 그리고 두 번째 단락에서 태수가 교환의 정치경제학의 관점에서 어떠한 사람인지를 알 수 있으며, 세 번째 단락에서 제호와 형보가 교환의 정치경제학의 관점에서 어떠한 사람들인지를 알 수 있다. 그리고 마지막 단락 "계봉이 일하는 만큼의 대가를 얻어야 한다는 철칙을 지니고 살아가는 것도, 승재가 남에게 그저 베풀려고 하는 것도"로부터, 계봉과 승재가 어떤 사람인지, 그리고 승재의 증여가 어떤 성격의 것인지 알 수 있다.

정답 해설　⑤ 제시문 네 번째 단락 "교환의 정치경제학을 자기화(하는) … 과정에서 초봉은 … 자신의 인격을 버리고 스스로를 상품으로 만들어 나갔다."로부터, 초봉이 교환의 정치경제학을 자기화한 것은 의식적으로 이루어진 행위였다고 평가할 수 있다. 그리고 〈보기〉에서 계봉이 입술을 꽉 다무는 모습은 승재가 건네는 돈을 의식적으로 거부하는 태도를 드러내므로, 제시문의 '증여의 윤리'를 의식적으로 수용하는 것으로 보기 어렵다.

오답 해설　① 제시문에서 초봉을 전락시킨 돈은 타락한 자본주의의 기제를 표상하는 것이기에 이윤 추구 원리의 작동을 표상한다고 할 수 있다. 반면에 〈보기〉에서 승재가 계봉에게 건네는 돈은 제시문 마지막 단락 "승재가 남에게 그저 베풀려고 하는 것"에 따르면 순수 증여를 표상하는 것이라고 볼 수 있다.

② 제시문 세 번째 단락에 보이는 제호가 초봉과 성(性)을 거래하는 과정은 속물주의적 논리를 통해 자신의 의지를 관철시키는 것이라고 할 수 있다. 반면에 〈보기〉에서 승재는 계봉의 가정 형편을 생각해서 조건 없는 돈을 계봉에게 건네므로, 마음의 가치를 통해 자신의 선의를 드러내는 것으로 이해할 수 있다.

102

③ 제시문 세 번째 단락에 따르면 형보는 초봉과 그 딸의 호강을 구실로 가학성을 노골적으로 드러내므로, 이는 형보가 돈의 위력을 믿고 초봉의 고통을 아랑곳하지 않는 것이라고 할 수 있다. 그리고 제시문 마지막 단락 "계봉이 일하는 만큼의 대가를 얻어야 한다는 철칙을 지니고 살아가는 것"에 따르면, 〈보기〉에서 계봉이 승재의 '근경 있는 마음자리'를 양가적으로 대하는 것은 노동의 가치를 중시하는 계봉의 자존심 때문이라고 할 수 있다.

④ 제시문 두 번째 단락에 따르면 초봉에 대한 태수의 과잉 증여는 초봉의 호의적인 시선을 얻어내어 결국에는 증여의 대가를 요구하기 위한 것으로, 순수한 것이 아니라 "꽤나 검은 의도를 숨기고 행한 증여"이다. 그러나 〈보기〉에서 계봉에게 돈을 건네는 승재의 증여는 제시문 마지막 단락 "승재가 남에게 그저 베풀려고 하는 것"에 따르면 불순한 사심을 지니지 않은, 달리 말해 마음의 가치를 중시하는 증여에 해당하는 것이다. 그러므로 이를 타락한 교환 세계에서 벗어날 희망의 표지로 이해할 수 있는 것이다.

[13~15] 다음 글을 읽고 물음에 답하시오.

'좋은 세금'의 기준과 관련하여 조세 이론은 공정성과 효율성을 거론하고 있다. 경제주체들이 경제적 능력 혹은 자신이 받는 편익에 따라 세금을 부담하는 경우 공정한 세금이라는 것이다. 또한 조세는 경제주체들의 의사 결정을 왜곡하여 조세 외에 추가로 부담해야 하는 각종 손실 또는 비용, 즉 초과 부담이라는 비효율을 초래할 수 있는데 이러한 왜곡을 최소화하는 세금이 효율적이라는 것이다.

19세기 말 ㉠헨리 조지가 제안했던 토지가치세는 이러한 기준에 잘 부합하는 세금으로 평가되고 있다. 그는 토지 소유자의 임대소득 중에 자신의 노력이나 기여와는 무관한 불로소득이 많다면, 토지가치세를 통해 이를 환수하는 것이 바람직하다고 주장했다. 토지에 대한 소유권은 사용권과 처분권 그리고 수익권으로 구성되는데, 사용권과 처분권은 개인의 자유로운 의사에 맡기고 수익권 중 토지 개량의 수익을 제외한 나머지는 정부가 환수하여 사회 전체를 위해 사용하자는 것이 토지가치세의 기본 취지이다. 조지는 토지가치세가 시행되면 다른 세금들을 없애도 될 정도로 충분한 세수를 올려줄 것이라고 기대했다. 토지가치세가 토지단일세라고도 지칭된 것은 이 때문이다. 그는 토지단일세가 다른 세금들을 대체하여 초과 부담을 제거함으로써 경제 활성화에 크게 기여할 것으로 보았다. 토지단일세는 토지를 제외한 나머지 경제 영역에서는 자유 시장을 옹호했던 조지의 신념에 잘 부합하는 발상이었다.

토지가치세는 불로소득에 대한 과세라는 점에서 공정성에 부합하는 세금이다. 조세 이론은 수요자와 공급자 중 탄력도가 낮은 쪽에서 많은 납세 부담을 지게 된다고 설명한다. 토지는 세금이 부과되지 않는 곳으로 옮길 수 없다는 점에서 비탄력적이며 따라서 납세 부담은 임차인에게 전가되지 않고 토지 소유자가 고스란히 떠안게 된다는 점에서 토지가치세는 공정한 세금이 된다. 한편 토지가치세는 초과 부담을 최소화한다는 점에서 효율적이기도 하다. 통상 어떤 재화나 생산요소에 대한 과세는 거래량 감소, 가격 상승과 함께 초과 부담을 유발한다. 예를 들어 자동차에 과세하면 자동차 거래가 감소하고 부동산에 과세하면 지역 개발과 건축업을 위축시켜, 초과 부담이 발생하게 된다. 그러나 토지가치세는 토지 공급을 줄이지 않아 초과 부담을 발생시키지 않는다. 토지가치세 도입에 따른 여타 세금의 축소가 초과 부담을 줄여 경제를 활성화한다는 G7 대상 연구에 따르면, 이러한 세제 개편으로 인한 초과 부담의 감소 정도가 GDP의 14~50%에 이른다.

하지만 토지가치세는 일부 국가를 제외하고는 현실화되지 못했는데, 여기에는 몇 가지 이유가 있다. 토지가치세는 이론적인 면에서 호소력이 있으나 현실에서는 복잡한 문제가 발생한다. 토지에 대한 세금이 가공되지 않은 자연 그대로의 토지에 대한 세금이어야 하나 이러한 토지는 현실적으로 찾기 어렵다. 토지 가치 상승분과 건물 가치 상승분의 구분이 쉽지 않다는 것도 어려움을 가중한다. 토지를 건물까지 포함하는 부동산으로 취급하여 그에 과세하는 국가에서는 부동산 거래에서 건물을 제외한 토지의 가격이 별도로 인지되는 것이 아니므로, 건물을 제외한 토지의 가치 평가가 어렵다. 조세 저항도 문제가 된다. 재산권 침해라는 비판이 거세지면 토지가치세를 도입하더라도 세율을 낮게 유지할 수밖에 없어, 충분한 세수가 확보되지 않을 수 있다. 토지가치세는 빈곤과 불평등 문제에 대한 조지의 이상을 실현하는 데에도 적절한 해법이 되지 못한다는 비판에 직면하고 있다. 백 년 전에는 부의 불평등이 토지에서 비롯되는 부분이 컸지만, 오늘날 전체 부에서 토지가 차지하는 비중이 19세기 말에 비해 크게 감소했다. 토지 소유의 집중도 또한 조지의 시대에 비해 낮다. 따라서 토지가치세의 소득 불평등 해소 능력에도 의문이 제기된다.

오늘날 토지가치세는 새롭게 주목받고 있는데, 이는 '외부 효과'와 관련이 깊다. 첨단산업 분야의 대기업들이 자리를 잡은 지역 주변에는 인구가 유입되고 일자리가 늘어난다. 하지만 임대료가 급등하고 혼잡도 또한 커진다. 이 과정에서 해당 지역의 부동산 소유자들은 막대한 이익을 사유화하는 반면, 임대료 상승이나 혼잡비용 같은 손실은 지역민 전체에게 전가된다. 이러한 상황에서 높은 세율의 토지가치세가 본격적으로 실행에 옮겨질 수 있다면 불로소득에 대한 과세를 통해 외부 효과로 인한 피해를 보상하는 방안이 될 수 있다.

13.

㉠에 대한 설명으로 가장 적절한 것은?

① 개량되지 않은 토지에서 나오는 임대료 수입은 불로소득으로 여겼다.
② 토지가치세로는 재정에 필요한 조세 수입을 확보할 수 없다고 보았다.
③ 토지의 처분권은 보장하되 사용권과 수익권에는 제약을 두자고 주장하였다.
④ 토지가치세는 경제적 효율성 제고를 통하여 공정성을 높이는 방안이라고 보았다.
⑤ 모든 경제 영역에서 시장 원리를 사회적 가치에 부합하게 규제해야 한다고 주장하였다.

문항 성격 문항유형 : 정보의 확인과 재구성
내용영역 : 사회

평가 목표 이 문항은 제시문에 나타난 헨리 조지의 주장을 정확하게 이해하고 있는지 평가하는 문항이다.

문제 풀이 정답 : ①

제시문 두 번째 단락에 헨리 조지가 제안한 토지가치세가 어떤 내용을 담고 있는가가 서술되어 있다.

정답 해설 ① 제시문 두 번째 단락 "그는 토지 소유자의 임대소득 중에 자신의 노력이나 기여와는 무관한 불로소득이 많다면, 토지가치세를 통해 이를 환수하는 것이 바람직하다고 주장했다."와 "토지 개량의 수익을 제외한 나머지는 정부가 환수하 … 자는 것이 토지가치세의 기본 취지이다."로부터, 개량되지 않은 토지에서 나오는 수입은 환수해야 하는 불로소득이라는 것이 헨리 조지의 주장이었음을 확인할 수 있다.

오답 해설 ② 제시문 두 번째 단락 "조지는 토지가치세가 시행되면 다른 세금들을 없애도 될 정도로 충분한 세수를 올려줄 것이라고 기대했다."로부터, 토지가치세만으로도 재정에 필요한 조세 수입을 충분히 확보할 수 있다는 것이 헨리 조지의 생각이었음을 확인할 수 있다.

③ 제시문 두 번째 단락 "사용권과 처분권은 개인의 자유로운 의사에 맡기고 수익권 중 토지 개량의 수익을 제외한 나머지는 정부가 환수하 … 자는 것이 토지가치세의 기본 취지이다."로부터, 헨리 조지가 토지의 사용권에는 제약을 두지 말자고 주장하였음을 확인할 수 있다.

④ 제시문 두 번째 단락의 앞부분은 토지가치세의 공정성에 관한 설명이고, 뒷부분은 토지가치세의 효율성에 관한 설명이다. 공정성과 효율성이 병렬적으로 서술되고 있으므로, 효율성 제고가 공정성 제고의 수단이라는 것은 헨리 조지의 주장이 아니었음을 확인할 수 있다.

⑤ 제시문 두 번째 단락 "토지를 제외한 나머지 경제 영역에서는 자유 시장을 옹호했던 조지의 신념"으로부터, 헨리 조지는 대부분의 경제 영역에서 시장 원리를 그대로 적용해야 한다고 주장하였음을 확인할 수 있다.

14.

윗글에서 추론한 내용으로 적절하지 <u>않은</u> 것은?

① 정부가 높은 세율의 토지가치세를 도입한다면, 외부 효과로 발생한 이익의 사유화를 완화할 수 있을 것이다.

② 자동차세의 인상이 자동차 소비자들의 의사 결정에 영향을 미치지 않는다면, 자동차세는 세수 증대에 효과적일 것이다.

③ 토지가치세가 단일세가 되어 누진세인 근로소득세가 폐지된다면, 고임금 근로자가 저임금 근로자보다 더 많은 혜택을 얻게 될 것이다.

④ 조지의 이론을 계승하는 학자라면, 부가가치 생산에 기여한 부분에 대해서는 세금을 부과하지 않는 것이 바람직하다고 보았을 것이다.

⑤ 부동산에 대해 토지와 건물을 구분하여 과세할 수 있다면, 토지가치세의 도입으로 토지의 공급 감소와 가격 상승 문제가 해소되어 조세 저항이 줄어들 것이다.

문항 성격	문항유형 : 정보의 추론과 해석
	내용영역 : 사회
평가 목표	이 문항은 제시문의 내용을 바탕으로 적절하게 추론할 수 있는지 평가하는 문항이다.
문제 풀이	정답 : ⑤

국가적 규모의 간척 사업이나 영토 확장을 제외하면 토지 공급(임대)은 가격이나 세금에 대하여 비탄력적이다. 제시문 세 번째 단락의 과세로 인한 자동차 거래 감소나 건축업 위축은 초과 부담을 발생시키므로, 과세 때문에 의사 결정의 왜곡이 있었던 것이다.

⑤ 제시문 세 번째 단락 "토지는 세금이 부과되지 않는 곳으로 옮길 수 없다"에서 확인할 수 있듯이 토지 공급은 세금과 무관하게 고정되어 있으므로, 토지가치세 도입으로 토지 공급 감소 문제가 해소되지 않는다. 또 네 번째 단락에 토치가치세의 도입이 조세 저항을 초래한다고 서술되어 있다.

① 제시문 다섯 번째 단락 "높은 세율의 토지가치세가 … 불로소득에 대한 과세를 통해 외부 효과로 인한 피해를 보상하는 방안이 될 수 있다."로부터 높은 세율의 토지가치세 도입이 부동산 소유자들의 이익 사유화와 지역민 전체에의 손실 전가라는 문제에 대한 방안이 될 수 있음을 추론할 수 있다.

② 제시문 세 번째 단락 "자동차에 과세하면 자동차 거래가 감소하고"와 "토지가치세는 토지 공급을 줄이지 않아"로부터, 자동차세 인상이 자동차 소비자들의 의사 결정에 영향을 미치지 않는다면 자동차 거래가 줄어들지 않음을 추론할 수 있다. 세금이 인상되었는데 자동차 거래가 줄지 않으면 세수는 증대된다.

③ 제시문 네 번째 단락 "토지가치세는 빈곤과 불평등 문제에 대한 조지의 이상을 실현하는 데에도 적절한 해법이 되지 못한다는 비판에 직면하고 있다. … 오늘날 전체 부에서 토지가 차지하는 비중이 19세기 말에 비해 크게 감소했다."와 소득이 많을수록 세율이 높아지는 누진세의 특성으로부터, 토지단일세로 인한 누진적 근로소득세의 폐지로 고임금 근로자가 더 많은 혜택을 얻게 될 것임을 추론할 수 있다.

④ 제시문 두 번째 단락에 토지가치세는 불로소득에 대한 과세이고 토지 소유자의 노력이나 기여로 얻은 수익은 과세 대상이 아니라고 하였으므로, 이 이론을 계승하는 학자는 (토지 개량의 수익과 마찬가지로) 부가가치 생산에의 기여로 얻은 소득에는 세금을 부과하지 않는 것이 바람직하다고 보았을 것이다.

15.

윗글을 바탕으로 〈보기〉의 사례를 평가할 때, 적절하지 <u>않은</u> 것은?

- X국은 요트 구매자에게 높은 세금을 부과하는 사치세를 도입하여 부유층의 납세 부담을 늘리려고 하였다. 그러나 부자들은 요트 구매를 줄이고 지출의 대상을 바꾸었다. 반면 요트 생산 시설은 다른 시설로 바꾸기 어려웠고 요트 공장에서 일하던 근로자들은 대량 해고되었다. 아울러 X국은 근로소득세를 인상해서 부족한 세수를 보충하였다.
- Y국은 국민의 건강 증진을 위해 담배 소비를 줄이려는 목표로 담배세를 인상하였다. 그러나 담배세 인상으로 인한 담배 가격 상승에도 불구하고 담배 소비는 거의 감소하지 않았다. 정부의 조세 수입은 크게 증가하였지만 소비자들의 불만이 고조되었다.

① 공급자에게 부과되는 토지가치세와 달리, X국의 '사치세' 및 Y국의 '담배세'는 소비자에게 부과되고 있군.

② 초과 부담을 발생시키는 X국의 '사치세'와는 달리, Y국의 '담배세' 및 토지가치세는 초과 부담을 거의 발생시키지 않는군.

③ 과세 대상자 이외의 타인에게 납세 부담이 추가되는 X국의 '사치세'와 달리, Y국의 '담배세'와 토지가치세에서는 납세 부담이 과세 대상자에게 집중되는군.

④ 탄력도가 낮은 쪽에서 납세 부담을 지게 만들 수 있는 토지가치세와 달리, X국의 '사치세' 및 Y국의 '담배세'는 탄력도가 높은 쪽에서 납세 부담을 지게 하는군.

⑤ 조세 개편의 정책 목표를 달성하지 못한 X국의 '사치세' 및 Y국의 '담배세'와 달리, 토지가치세는 도입할 때 거둘 수 있는 경제 활성화 효과가 최근 연구에서 확인되고 있군.

문항 성격	문항유형 : 정보의 평가와 적용
	내용영역 : 사회
평가 목표	이 문항은 제시문의 내용을 〈보기〉의 사례에 적용하고 토지가치세의 상황과 비교할 수 있는지 평가하는 문항이다.

조세 이론에 따르면, 정부의 과세로 경제주체들이 지게 되는 납세 부담은 공급자와 수요자 중 탄력도가 낮은 쪽에서 많이 지게 된다. 제시문 세 번째 단락에 설명된 것과 같이, 토지의 경우 공급의 탄력도가 수요의 탄력도보다 낮기 때문에, 토지 소유자는 임차인에게 납세 부담을 전가하지 못하고 소유자 자신이 지게 된다. 그러나 납세자가 공급자이고 공급의 탄력도가 수요의 탄력도보다 높은 경우 또는 납세자가 수요자이고 수요의 탄력도가 공급의 탄력도보다 높은 경우에는 납세자는 자신의 납세 부담을 다른 경제주체에게 전가할 수 있다.

정답 해설　④ 〈보기〉에서 사치세의 경우 탄력도가 높은 요트 구매자는 납세 부담을 지지 않으며, 담배세의 경우 탄력도가 낮은 담배 소비자가 납세 부담을 진다는 점을 확인할 수 있다.

오답 해설　① 제시문 두 번째 단락에서 토지가치세는 불로소득을 올리는 토지 소유자, 즉 토지 공급자에게 부과된다는 것을 확인할 수 있고, 〈보기〉에서 사치세와 담배세는 각각 요트 소비자와 담배 소비자에게 부과된다는 것을 확인할 수 있다.

② 제시문 첫 번째 단락에 초과 부담을 "경제주체들의 의사 결정을 왜곡하여 조세 외에 추가로 부담해야 하는 각종 손실 또는 비용"이라고 정의하였다. 제시문과 〈보기〉로부터 경제주체들의 의사 결정을 왜곡하는 세금은 사치세뿐임을 확인할 수 있고, 또 사치세가 요트 공장 근로자들에게 대량 해고라는 손실 또는 비용을 부담하게 하였음을 확인할 수 있다.

③ 제시문 세 번째 단락 "납세 부담은 임차인에게 전가되지 않고 토지 소유자가 고스란히 떠안게 된다"로부터, 토지가치세의 납세 부담이 과세 대상자에게 집중됨을 확인할 수 있고, 〈보기〉로부터 사치세로 인한 납세 부담은 사치세 과세 대상자가 아닌 일반 근로자에게 추가되었지만 담배세로 인한 납세 부담은 담배세 과세 대상자만 지게 되었음을 확인할 수 있다.

⑤ 제시문 세 번째 단락 "토지가치세 도입에 따른 여타 세금의 축소가 초과 부담을 줄여 경제를 활성화한다는 G7 대상 연구에 따르면, 이러한 세제 개편으로 인한 초과 부담의 감소 정도가 GDP의 14~50%에 이른다."로부터, 토지가치세 도입이 경제를 활성화한다는 연구를 확인할 수 있다. 또 〈보기〉로부터 사치세는 부유층의 납세 부담 증가라는 정책 목표를 달성하지 못하고 담배세는 담배 소비 감소라는 정책 목표를 달성하지 못하였음을 확인할 수 있다.

20세기 초 프랑스에서 발생한 드레퓌스 사건은 지식인이라는 집단을 조명하고, 억압적 권력에 저항하는 비판적 지식인이라는 이상을 부각하는 계기가 되었다. 신학을 중심으로 지식이 축적되고 수도원의 사제들이 권력을 행사하는 전문가 지식인으로 존재했던 중세에도 아벨라르와 같은 비판적 지식인이 존재했다. 계몽주의 시대에는 특정 분야를 깊이 파고들지 못하더라도 모든 분야를 두루 섭렵할 수 있는 능력을 지닌 사람을 지식인으로 정의하기도 했다. 한 예로 18세기의 백과전서파는 근대적 분류 체계로 지식을 생산해 개인이 시각 매체에 의존하여 지식을 소비하는 문자 문화시대의 지평을 열었다. 이런 과정에서 지식 권력은 지식의 표준 장악을 둘러싸고 중앙 집중화되었다.

드레퓌스 사건은 근대적 지식인상에 대한 논쟁을 불러일으켰다. ㉠만하임은 지식인 가운데도 출신, 직업, 재산, 정치적·사회적 지위 등에 차이가 있는 경우가 많기에 지식인을 단일 계급으로 간주할 수 없으며, 지식인은 보편성에 입각해 사회의 다양한 계급적 이해들을 역동적으로 종합하여 최선의 길을 모색해야 한다고 보았다. 반면 ㉡그람시는 계급으로부터 독립적인 지식인이란 신화에 불과하다고 지적하면서 계급의 이해에 유기적으로 결합하여 그것을 당파적으로 대변하는 유기적 지식인을 대안으로 제시하였다. 이때 소외 계급의 해방을 위한 과제는 역사적 보편성을 지니며, 지식인은 소외 계급에게 혁명적 자의식을 불어넣고 조직하는 역할을 자임한다. ㉢사르트르는 만하임과 그람시의 지식인 개념 사이에서 긴장을 유지했다. 부르주아 계급에 속한 지식인은 지배 계급이 요구하는 당파적 이해와 지식인이 추구해야 할 보편적 지식 간의 모순을 발견하고, 보편성에 입각하여 소외 계급의 해방을 추구해야 한다. 하지만 그 지식인은 결코 유기적 지식인이 될 수 없는 존재이다. 결국 소외 계급에서 출현한 전문가가 유기적 지식인이 되도록 계급의식을 일깨우는 계몽적 역할이 지식인에게 부여되는 것이다.

오늘날 인터넷의 발달로 가상공간이 열려 탈근대적 지식 문화 와 사회 공간이 창조되면서 지식의 개념도 변하고 있다. 또한 디지털화된 다양한 정보들이 연쇄적으로 재조합되면서 하이퍼텍스트 형태를 띠게 된다. 정해진 시작과 끝이 없고 미로나 뿌리줄기같이 얽혀 있어 독자의 입장에서 어떤 길을 선택하느냐에 따라 텍스트의 복수성이 무한해졌다. 그 결과 지식 생산자에 해당하는 저자의 권위는 사라지고 지식 권력은 탈중심화된다. 하이퍼텍스트와 새로운 독자의 탄생은 집단적이고 감정이입적인 구술 문화가 지녔던 특성들을 지식 문화에서 재활성화한다. 특히 가상공간에서 정보와 지식이 공유와 논박을 거쳐 소멸 또는 확산되는 과정은 새로운 지식을 생산해 내는 기제로서 집단 지성을 출현시킨다. 집단 지성은 엘리트 집단으로부터 지식 권력을 회수하고 새로운 민주주의의 가능성을 열어놓기도 한다. 그러나 이는 대중의 자율성에 기초한 참여와 협업을 전제할 때 가능하며, 참여와 협업이 결여될 때 순응주의가 등장하고 집단 지성은 군중심리로 전락할 수도 있다.

　하이퍼텍스트 시대에 집단 지성이 출현함에 따라 기존의 지식인상은 재조명될 필요가 있다. 특히 프랑스 68혁명 이후 등장했던 이론가들을 소환할 만하다. 예를 들어 ⓒ푸코는 대중의 대변자로서의 지식인이 불필요한 시대에서도 여전히 대중의 지식 및 담론을 금지하고 봉쇄하는 권력 체계와 이 권력 체계의 대리인 역할을 자임하는 고전적 지식인의 존재에 주목했다. 푸코는 이들을 보편적 지식인으로 규정한 후 이를 대체할 새로운 지식인상으로 특수적 지식인을 제시했다. 그가 말하는 특수적 지식인은 거대한 세계관이 아니라 특정한 분야에서 전문적인 지식을 지니고 있는 존재이다. 그리고 자신의 분야에 해당하는 구체적인 사안에 정치적으로 개입하면서 일상적 공간에서 투쟁한다. 푸코에 따르면 진실한 담론은 지식과 미시권력 간의 관계에서 발견될 뿐이다.

　한편 지식인상의 탈근대적 모색에 있어 근대론적 시각을 더하려는 시도도 있다. ⓓ부르디외에 따르면, 지식인은 사회 총자본의 관점에서 볼 때에는 지배 계급에 속하지만, 경제 자본보다 문화 자본의 비중이 더 큰 문화생산자적 속성을 지니며, 시장의 기제에 따라 부르주아지에 의해 지배받는다. 이런 점에서 볼 때 지식인은 피지배 분파에 속한다. 따라서 이 문화생산자들은 각자의 특수한 영역에 대한 상징적 권위를 가지고 지식인의 자율성을 위협하는 권력에 저항하며 사회 전체에 보편적인 가치를 전파해 나가는 투쟁을 전개할 때에만 비로소 지식인의 범주에 들 수 있다. 부르디외는 이 과정에서 역사적인 따라서 한시적인 보편을 개념화한다. 그리고 지식인은 정치활동을 통하여 권력이 보편적인 것처럼 제시하는 특수성들을 역사화하는 역할과, 보편적인 것, 예컨대 과학·철학·문학·법 등에 접근하는 조건들을 보편화하는 역할을 함께 수행한다.

16.
윗글의 내용과 일치하는 것은?

① 권력에 대한 비판적 지식인은 드레퓌스 사건과 함께 비로소 출현했다.
② 계몽주의 시대의 지식인은 특정 분야의 전문가라는 특권적 위상을 지녔다.
③ 근대의 지식인은 개개인의 차이에도 불구하고 보편성을 추구해야 하는 존재로 인식되었다.
④ 탈근대의 지식인은 자신의 전문 분야에서 제기되는 문제의 정치적 특성을 인정하지 않으려는 존재이다.
⑤ 탈근대의 대중은 자율적인 참여와 협업에 기초하여 권력에 대한 순응주의로부터 벗어났다.

문항 성격	문항유형 : 정보의 확인과 재구성
	내용영역 : 사회
평가 목표	이 문항은 지식인의 역할의 역사적 변천 과정에 대한 서술을 제대로 파악했는지 평가하는 문항이다.
문제 풀이	정답 : ③

제시문 첫 번째 단락에서 중세와 계몽주의 시대의 지식인의 정의를 서술하였고, 두 번째 단락에서는 근대 지식인의 개념과 역할을 만하임, 그람시, 사르트르의 이론을 통해 살펴보았으며, 세 번째 단락에서는 가상공간과 함께 나타난 지식의 개념의 변화 양상을 서술하였다. 네 번째 단락과 다섯 번째 단락에서는 탈근대 하이퍼텍스트의 등장과 함께 출현한 집단 지성 사회에서 지식인의 역할 변화를 푸코와 부르디외의 이론을 통해 살펴보았다.

정답 해설 ③ 제시문 두 번째 단락에 따르면, "지식인 가운데도 출신, 직업, 재산, 정치적·사회적 지위 등에 차이가 있는 경우가 많기에 지식인을 단일 계급으로 간주할 수 없"다는 만하임의 견해를 그람시나 사르트르도 옳은 것으로 전제하고서 논의를 전개하였다. 그리고 "만하임은 … 지식인은 보편성에 입각해 … 최선의 길을 모색해야 한다고 보았다."와 "그람시는 … 유기적 지식인을 대안으로 제시하였다. 이때 소외 계급의 해방을 위한 과제는 역사적 보편성을 지니며, 지식인은 소외 계급에게 혁명적 자의식을 불어넣고 조직하는 역할을 자임한다." 및 "사르트르는 만하임과 그람시의 지식인 개념 사이에서 긴장을 유지했다. 부르주아 계급에 속한 지식인은 … 보편성에 입각하여 소외 계급의 해방을 추구해야 한다. … 소외 계급에서 출현한 전문가가 유기적 지식인이 되도록 계급의식을 일깨우는 계몽적 역할이 지식인에게 부여되는 것이다."로부터, 세 사람 모두 지식인은 보편성에 입각하여 행동해야 한다고 주장하였음을 확인할 수 있다.

오답 해설 ① 제시문 첫 번째 단락 "수도원의 사제들이 권력을 행사하는 전문가 지식인으로 존재했던 중세에도 아벨라르와 같은 비판적 지식인이 존재했다."로부터, 드레퓌스 사건 이전에도 권력에 대한 비판적 지식인이 존재했음을 알 수 있다. 드레퓌스 사건은 비판적 지식인을 부각시키는 계기가 되었을 뿐이다.

② 제시문 첫 번째 단락 "계몽주의 시대에는 특정 분야를 깊이 파고들지 못하더라도 모든 분야를 두루 섭렵할 수 있는 능력을 지닌 사람을 지식인으로 정의하기도 했다."로부터, 계몽주의 시대 지식인은 특정 분야의 전문가가 아니었음을 알 수 있다.

④ 제시문 네 번째 단락에 따르면 푸코는 탈근대 지식인의 역할은 자신의 전문 분야에서 미시권력에 저항하는 것이라 하였고, 다섯 번째 단락에 따르면 부르디외

는 탈근대 지식인의 역할은 전문 분야에서 투쟁하며 보편적 가치를 전파하는 것이라고 하였다.

⑤ 제시문 세 번째 단락 "집단 지성은 엘리트 집단으로부터 지식 권력을 회수하고 새로운 민주주의의 가능성을 열어놓기도 한다. 그러나 이는 대중의 자율성에 기초한 참여와 협업을 전제할 때 가능하며, 참여와 협업이 결여될 때 순응주의가 등장하고 집단 지성은 군중심리로 전락할 수도 있다."로부터, 탈근대의 대중은 참여와 협업의 유무에 따라 권력에 대한 순응주의에서 벗어날 수도 있고 순응주의로 빠질 수도 있음을 알 수 있다.

17.

탈근대적 지식 문화 에 관한 설명으로 가장 적절한 것은?

① 구술 문화적 특성을 공유하는 다양한 텍스트들이 형성되고 지식이 전파된다.
② 지식의 표준을 장악하려는 경쟁을 통해 중앙 집중적 지식 권력의 영향력이 커진다.
③ 사회적 지식의 형성에서 지식을 처음 생산한 자의 권위가 이전 시대보다 강화된다.
④ 문화생산자적 속성을 지닌 지식인의 사회적 지위가 부르주아 계급에서 피지배 계급으로 전락한다.
⑤ 집단 지성이 엘리트로부터 지식 권력을 회수하여 대중의 지식 및 담론을 규제하는 새로운 권력 체계를 형성한다.

문항 성격	문항유형 : 주제, 구조, 관점 파악
	내용영역 : 사회
평가 목표	이 문항은 제시문 세 번째 단락의 주제로서 네 번째, 다섯 번째 단락의 서술을 위한 전제가 되는 '탈근대적 지식 문화'를 정확히 이해하고 있는지 평가하는 문항이다.
문제 풀이	정답 : ①

가상공간의 등장과 함께 발달한 탈근대적 지식 문화는 하이퍼텍스트 형태를 띠고 집단적·감정이입적인 논쟁을 통해 복수의 텍스트가 지식으로 전파되며, 이 과정에서 저자의 권위는 사라지고 중앙 집중적 권력은 탈중심화된다. 아울러 집단 지성은 지식인으로부터 지식 권력을 회수하며, 새로운 민주주의의 가능성을 열어놓기도 한다. 그러나 여전히 대중적 지식 및 담론을 금지하고 봉쇄하는 권력 체계와 이의 대리인 역할을 자임하는 지식인이 존재하고 있다. 따라서 지식인의 역할은 자신의 전문 분야에서 이 권력 체계에 저항하는 일이다.

① 제시문 세 번째 단락 "정해진 시작과 끝이 없고 미로나 뿌리줄기같이 얽혀 있어 독자의 입장에서 어떤 길을 선택하느냐에 따라 텍스트의 복수성이 무한해졌다. … 하이퍼텍스트 … 의 탄생은 집단적이고 감정이입적인 구술 문화가 지녔던 특성들을 지식 문화에서 재활성화한다."로부터, 구술 문화적 특성이 무한히 다양한 텍스트에서 활성화되면서 지식이 전파됨을 알 수 있다.

② 제시문 첫 번째 단락으로부터 "지식 권력은 지식의 표준 장악을 둘러싸고 중앙 집중화되었다."는 계몽주의 시대 이후 탈근대 이전의 현상이었음을 알 수 있다. 세 번째 단락 "독자의 입장에서 어떤 길을 선택하느냐에 따라 텍스트의 복수성이 무한해졌다. 그 결과 지식 생산자에 해당하는 저자의 권위는 사라지고 지식 권력은 탈중심화된다."로부터, 탈근대적 지식 문화는 반대로 중앙 집중적 지식 권력의 영향력에서 벗어났음을 알 수 있다.

③ 제시문 세 번째 단락 "지식 생산자에 해당하는 저자의 권위는 사라지고 지식 권력은 탈중심화된다."로부터, 지식을 처음 생산한 저자의 권위가 이전 시대보다 약해졌음을 알 수 있다.

④ 제시문 다섯 번째 단락 "지식인은 … 지배 계급에 속하지만, … 문화생산자적 속성을 지니며, 시장의 기제에 따라 부르주아지에 의해 지배받는다. 이런 점에서 볼 때 지식인은 피지배 분파에 속한다."로부터, 지식인이 부르주아 계급에 속하지는 않지만 피지배 계급이 아니라 지배 계급에 속함을 알 수 있다. 다만 그 안에서 피지배 분파에 속할 뿐이다.

⑤ 제시문 세 번째 단락으로부터 "집단 지성은 엘리트 집단으로부터 지식 권력을 회수하"였음을 알 수 있으나, 이것이 대중의 담론 및 지식을 규제하는 새로운 권력 체계의 등장으로 이어지는 것은 아님을 제시문 네 번째 단락 "푸코는 … 여전히 대중의 지식 및 담론을 금지하고 봉쇄하는 권력 체계 … 의 존재에 주목했다."로부터 확인할 수 있다.

18.

㉠~㉢에 대한 이해로 가장 적절한 것은?

① ㉠은 지식인이 전문 지식과 보편적 지식의 종합을 통해 동질적인 계급으로 형성될 수 있는 존재라고 여겼을 것이다.

② ㉡은 지식인이 계급적 이해관계와 이성적 사유 사이의 모순으로부터 출발하여 보편성

을 향해 부단히 나아가야 하는 불안정한 존재라고 여겼을 것이다.

③ ⓒ은 지식인이 서로 적대 관계에 있는 계급들 중 어느 쪽과 제휴해 있어도 개별 계급의 한계를 딛고 계급적 이해들을 종합할 수 있는 존재라고 여겼을 것이다.

④ ⓔ은 지식인이 자신의 특수 분야와 관계된 미시권력에 저항해 보편적 지식을 전파하는 운동을 전개해야 하는 존재라고 여겼을 것이다.

⑤ ⓜ은 지식인이 범주의 측면에서 보편적 지식인과 특수적 지식인으로 명확하게 구분할 수 없는 존재라고 여겼을 것이다.

문항 성격	문항유형 : 정보의 추론과 해석
	내용영역 : 사회
평가 목표	이 문항은 제시문에 소개된 이론가들의 지식인의 역할에 대한 서술을 정확하게 이해하고 이를 바탕으로 적절한 추론을 할 수 있는지 평가하는 문항이다.
문제 풀이	정답 : ⑤

근대 및 탈근대 지식인의 속성 및 역할에 대한 만하임, 그람시, 사르트르, 푸코, 부르디외의 이론을 이해하여 각 선택지의 추론의 적절성을 판단한다.

정답 해설 ⑤ 제시문 다섯 번째 단락 "부르디외에 따르면, 지식인은 … 문화생산자적 속성을 지니며, … 이 문화생산자들은 각자의 특수한 영역에 대한 상징적 권위를 가지고 지식인의 자율성을 위협하는 권력에 저항하며 사회 전체에 보편적인 가치를 전파해 나가는 투쟁을 전개할 때에만 비로소 지식인의 범주에 들 수 있다."로부터, 푸코가 말한 특수적 지식인과 보편적 지식인을 부르디외는 구분한 것이 아니라 결합하였다고 추론할 수 있다.

오답 해설 ① 제시문 두 번째 단락 "만하임은 지식인 가운데도 출신, 직업, 재산, 정치적·사회적 지위 등에 차이가 있는 경우가 많기에 지식인을 단일 계급으로 간주할 수 없으며, 지식인은 보편성에 입각해 사회의 다양한 계급적 이해들을 역동적으로 종합하여 최선의 길을 모색해야 한다고 보았다."로부터, 만하임은 지식인을 동질적인 계급으로 형성될 수 있는 존재로 보지 않았음을 추론할 수 있다.

② 제시문 두 번째 단락 "그람시는 계급으로부터 독립적인 지식인이란 신화에 불과하다고 지적하면서 계급의 이해에 유기적으로 결합하여 그것을 당파적으로 대변하는 유기적 지식인을 대안으로 제시하였다. 이때 소외 계급의 해방을 위한 과제는 역사적 보편성을 지니며, 지식인은 소외 계급에게 혁명적 자의식을 불어넣고 조직하는 역할을 자임한다."로부터, 그람시는 지식인을 자신의 부르주아

계급적 존재와 역사적 보편성 사이에서 모순을 느끼는 불안정한 존재로 보지 않았다고 추론할 수 있다.

③ 제시문 두 번째 단락 "사르트르는 만하임과 그람시의 지식인 개념 사이에서 긴장을 유지했다. 부르주아 계급에 속한 지식인은 지배 계급이 요구하는 당파적 이해와 지식인이 추구해야 할 보편적 지식 간의 모순을 발견하고, 보편성에 입각하여 소외 계급의 해방을 추구해야 한다."로부터, 사르트르는 지식인이 소외 계급의 해방이라는 역사적 보편성을 부단히 실천하는 존재일 뿐 계급적 이해의 종합과는 무관한 존재인 것으로 보았다고 추론할 수 있다.

④ 제시문 네 번째 단락 "푸코는 이들을 보편적 지식인으로 규정한 후 이를 대체할 새로운 지식인상으로 특수적 지식인을 제시했다. 그가 말하는 특수적 지식인은 거대한 세계관이 아니라 특정한 분야에서 전문적인 지식을 지니고 있는 존재이다. 그리고 자신의 분야에 해당하는 구체적인 사안에 정치적으로 개입하면서 일상적 공간에서 투쟁한다."로부터, 푸코가 제시한 특수적 지식인은 보편적 지식을 전파하는 역할을 하는 존재가 아님을 추론할 수 있다.

[19~21] 다음 글을 읽고 물음에 답하시오.

세상은 변화를 겪는다. 사람이 그렇게 여기는 이유는 시간이 흐른다고 생각하기 때문이다. 그런데 4차원주의자는 시간이 흐르지 않는다고 주장한다. 시간이 흐르지 않는다면, 과거, 현재, 미래는 똑같이 존재할 것이다. 이러한 견해를 가진 사람을 ㉠영원주의자라고 한다. 시간의 흐름 여부에 대한 인식의 차이는 과거, 현재, 미래에 대한 개념 혹은 표상의 차이를 가져 온다. 영원주의자들에게 매 순간은 시간의 퍼즐을 이루는 하나의 조각처럼 이미 주어져 있다. 영원주의자에게 시제는 특별한 의미를 가지지 않으며, 과거, 현재, 미래 사이에는 앞 또는 뒤라는 관계만이 존재한다. 현재는 과거의 뒤이고 동시에 미래의 앞일 뿐이다. 영원주의 세계에서 한 사람은 각 시간 단계를 가지는데, 그 사람이 없던 수염을 기르면 이는 시간의 흐름에 따른 변화가 아니다. 외모의 차이는 단지 그 사람의 서로 다른 단계 사이의 차이일 뿐이다. 반면에 3차원주의자는 시간이 흐른다는 견해를 내세운다. 시간이 흐른다면, 과거, 현재, 미래 시제는 모두 다른 의미나 표상을 지닌다. 이러한 생각을 지니는 이들 중에 오직 현재만이 존재한다고 보는 사람이 바로 현재주의자이다. 그들에게는 이미 지나간 과거와 아직 도래하지 않은 미래는 존재하지 않으므로, 지금 주어진 현재만이 존재한다.

시간여행은 시간에 관한 견해가 첨예하게 대립하는 주제이다. 현재주의자에 따르면, 현재에서 과거, 미래의 특정 시점을 찾아가는 것은 영원주의자의 생각처럼 시간 퍼즐의 여러 조각 중 하나를 찾아가는 것이 아니다. ⓛ 현재주의자 중에 다수는 시간여행이 불가능하다고 주장한다. 누군가가 시간여행을 하려면 과거나 미래로 이동할 수 있어야 하지만, 이미 흘러간 과거와 아직 오지 않은 미래는 실재하지 않는다. 이를 도착지 비존재의 문제라고 할 수 있다.

　　현재주의자 중에도 시간여행이 가능하다고 보는 사람이 있다. 과거로의 시간여행을 시작하는 현재 시점 T_n에서 과거의 특정 시점 T_{n-1}은 실재가 아니다. 그러나 시간여행자가 T_{n-1}에 도착할 때 그 시점은 그에게 현재가 되어 존재하지 않을까? 하지만 이는 과거를 마치 현재인 양 여기게 하는 속임수라고 보는 사람도 있다. 과거 시점 T_{n-1}에 도착한다면, 과거는 이제 현재가 된다. 그러나 시간여행의 가능성을 따질 때 우리가 관심을 가지는 현재는 애초에 출발하는 시점인 T_n이지 과거의 도착지인 T_{n-1}이 아니다. 만일 T_{n-1}이 현재가 된다는 것이 중요하다면, T_{n-1}에 도착한 사람에게 T_n은 이제 미래가 된다는 것 역시 중요하다. 그런데 현재주의자는 미래의 비존재를 주장하므로, T_{n-1}에 도착한 시간여행자는 존재하지 않는 미래에서 출발하여 현재에 도착한 셈이다. 이것이 바로 출발지 비존재의 문제이다. 결국 3차원주의 세계에서 시간여행이 가능하다는 점을 보여주려면 출발지 비존재의 문제를 해소해야 한다.

　　시간여행의 가능성을 믿는 3차원주의자는 '출발지 비존재'를 '출발지 미결정'으로 보게 되면 문제가 해소된다고 주장할 수 있다. 시간여행자가 과거 T_{n-1}에 도착하는 순간, 그는 실재하지 않는 미래로부터 현재로 이동한 것이 아니라 미결정된 미래로부터 현재로 이동한 것이 된다. 그렇다고 하더라도 출발지 비존재의 문제와 마찬가지로, 미래는 아직 존재하지 않기에 전혀 결정되지 않았으며 아직 결정되지 않은 것이 다른 어떤 것의 원인이 될 수 없으므로 시간여행은 여전히 불가능하다는 비판에 직면할 수 있다. 그러나 T_{n-1}에 도착하는 사건의 원인이 T_n에서의 출발이라는 점을 고려한다면, T_{n-1}에 도착하는 순간 미래 사건이 되는 시간여행은 도착 시점에서 이미 결정된 사건으로 여겨질 수 있다. 즉 미래는 계속 미결정된 것이 아니라, 시간여행 여부에 따라 미결정되었다고도 할 수 있고 결정되었다고도 할 수 있다. 이에 ⓒ 조건부 결정론자는 출발지 미결정의 문제가 해소되어 시간여행에 걸림돌이 없다고 주장한다. 그러나 시간여행이 3차원주의와 양립할 수 없음을 고수하는 이들은 출발지 비존재의 문제를 출발지 미결정의 문제로 대체하여 이를 해소하는 전략을 받아들이지 않을 것이다.

19.

㉠~㉢에 관한 설명으로 가장 적절한 것은?

① ㉠과 ㉡은 모두 미래가 이미 결정되어 있는 시간이라고 본다.
② ㉠과 ㉡은 모두 시간여행에서 과거에 도착하는 순간 출발지는 더 이상 존재하지 않는 다고 본다.
③ ㉠과 ㉢은 모두 과거로 출발하는 시간여행이 가능하다고 본다.
④ ㉡과 달리 ㉢은 시제가 특별한 의미를 가지지 않는다고 본다.
⑤ ㉢과 달리 ㉡은 시간여행에 필요한 도착지가 존재한다고 본다.

문항 성격	문항유형 : 주제, 구조, 관점 파악
	내용영역 : 인문
평가 목표	이 문항은 제시문에 설명된 여러 견해와 주장을 정확하게 이해했는지 평가하는 문항이다.
문제 풀이	정답 : ③

대표적인 시간 이론, 즉 영원주의와 현재주의에 관한 설명이 제시문 첫 번째 단락에 나온 후, 다음 단락부터 시간 이론의 여러 측면이 시간여행, 특히 과거로의 시간여행의 논리적 가능성에 관해 적용된다. 이 과정에서 현재주의자(또는 3차원주의자)의 두 견해가 대립한다. 각 견해를 정확하게 이해한 후, 시간여행에서 발생하는 여러 논리적 문제와 해결책을 확인한다.

정답 해설 ③ 제시문 첫 번째 단락 "시간이 흐르지 않는다면, 과거, 현재, 미래는 똑같이 존재할 것이다. 이러한 견해를 가진 사람을 영원주의자라고 한다. … 영원주의자들에게 매 순간은 시간의 퍼즐을 이루는 하나의 조각처럼 이미 주어져 있다."와 두 번째 단락 "현재주의자에 따르면, 현재에서 과거, 미래의 특정 시점을 찾아가는 것은 영원주의자의 생각처럼 시간 퍼즐의 여러 조각 중 하나를 찾아가는 것이 아니다."로부터, ㉠은 ㉡과 달리 시간여행의 가능성을 긍정한다는 것을 알 수 있다. 그리고 네 번째 단락 "이에 조건부 결정론자는 출발지 미결정의 문제가 해소되어 시간여행에 걸림돌이 없다고 주장한다."로부터, ㉢은 시간여행이 가능하다고 본다는 것을 알 수 있다.

오답 해설 ① 제시문 네 번째 단락 "그렇다고 하더라도 출발지 비존재의 문제와 마찬가지로, 미래는 아직 존재하지 않기에 전혀 결정되지 않았으며 아직 결정되지 않은 것이 다른 어떤 것의 원인이 될 수 없으므로 시간여행은 여전히 불가능하다는 비판"과 "그러나 시간여행이 3차원주의와 양립할 수 없음을 고수하는 이들은 출발지 비존재의 문제를 출발지 미결정의 문제로 대체하여 이를 해소하는 전략을 받아들이지 않을 것이다."로부터, ⓒ은 미래가 아직 결정되어 있지 않다고 생각한다는 것을 확인할 수 있다. 반면에 ㉠은 제시문 첫 번째 단락 "영원주의자들에게 매 순간은 시간의 퍼즐을 이루는 하나의 조각처럼 이미 주어져 있다."로부터 알 수 있듯이 미래가 이미 결정되어 있다고 생각한다.

② 제시문 세 번째 단락 "현재주의자는 미래의 비존재를 주장하므로, T_{n-1}에 도착한 시간여행자는 존재하지 않는 미래에서 출발하여 현재에 도착한 셈이다. 이것이 바로 출발지 비존재의 문제이다."로부터, ⓒ은 시간여행자가 과거에 도착하는 순간 출발지(T_n)는 더 이상 존재하지 않는다고 본다는 것을 확인할 수 있다. 그러나 과거, 현재, 미래가 똑같이 존재한다고 생각하는 ㉠에게는 도착지 비존재나 출발지 비존재가 개념적으로 불가능하다.

④ 제시문 첫 번째 단락 "영원주의자에게 시제는 특별한 의미를 가지지 않으며,"와 "반면에 3차원주의자는 시간이 흐른다는 견해를 내세운다. 시간이 흐른다면, 과거, 현재, 미래 시제는 모두 다른 의미나 표상을 지닌다."로부터, ⓒ과 ⓒ 모두 시제가 특별한 의미를 가진다고 본다는 것을 확인할 수 있다.

⑤ 제시문 두 번째 단락 "현재주의자 중에 다수는 시간여행이 불가능하다고 주장한다. 누군가가 시간여행을 하려면 과거나 미래로 이동할 수 있어야 하지만, 이미 흘러간 과거와 아직 오지 않은 미래는 실재하지 않는다. 이를 도착지 비존재의 문제라고 할 수 있다."로부터, ⓒ은 시간여행에 필요한 도착지가 존재하지 않는다고 본다는 것을 확인할 수 있다.

20.

윗글에서 추론한 내용으로 적절하지 <u>않은</u> 것은?

① 3차원주의자 중에는 과거를 거슬러 올라갈 수 없는 시간으로 여기는 사람이 있을 것이다.
② 현재주의자는 누군가의 외모가 변한 것을 보면 이는 시간이 흘렀기 때문이라고 생각할 것이다.
③ 4차원주의자는 도래하지 않은 시간으로부터 이미 지나간 시간으로 시간의 흐름을 거슬러 올라갈 수 있다고 생각할 것이다.
④ 시간여행이 가능하다고 믿는 3차원주의자는 출발지 미결정의 문제가 해결되면 출발지

비존재의 문제가 해소된다고 생각할 것이다.

⑤ 시간여행의 가능성을 부인하는 3차원주의자는 우리가 미래에 도착하는 순간 도착지가 생겨난다는 주장에 대해, 그 경우에도 출발지 비존재의 문제가 남아 있다고 비판할 것이다.

문항 성격	문항유형 : 정보의 추론과 해석
	내용영역 : 인문
평가 목표	이 문항은 제시문에 설명된 여러 견해와 논증을 정확하게 이해한 후 이에 관해 논리적으로 추론할 수 있는지 평가하는 문항이다.
문제 풀이	정답 : ③

제시문에는 세상의 변화와 시간여행의 가능성에 관하여 세 가지 견해가 소개되어 있다. 시간이 흐르지 않는다고 생각하는 4차원주의자, 시간은 흐르는 것이기 때문에 시간여행이 불가능하다고 보는 3차원주의자 또는 시간은 흐르는 것이지만 그럼에도 시간여행은 가능하다고 믿는 3차원주의자의 입장에서 각 선택지의 추론의 적절성을 판단한다.

정답 해설	③ 제시문 첫 번째 단락 "그런데 4차원주의자는 시간이 흐르지 않는다고 주장한다. 시간이 흐르지 않는다면, 과거, 현재, 미래는 똑같이 존재할 것이다."로부터, 4차원주의자는 시간의 흐름을 부인한다는 것을 알 수 있다. 따라서 4차원주의자는 시간의 흐름을 거슬러 올라갈 수 있다는 생각을 할 수 없다.
오답 해설	① 제시문 첫 번째 단락 "3차원주의자는 시간이 흐른다는 견해를 내세운다. 시간이 흐른다면, 과거, 현재, 미래 시제는 모두 다른 의미나 표상을 지닌다. 이러한 생각을 지니는 이들 중에 오직 현재만이 존재한다고 보는 사람이 바로 현재주의자이다."와 두 번째 단락 "현재주의자 중에 다수는 시간여행이 불가능하다고 주장한다. 누군가가 시간여행을 하려면 과거나 미래로 이동할 수 있어야 하지만, 이미 흘러간 과거와 아직 오지 않은 미래는 실재하지 않는다."로부터, 3차원주의자 중에는 과거는 이미 흘러가서 존재하지 않기 때문에 거슬러 올라갈 수도 없다고 여기는 사람이 있다는 것을 추론할 수 있다.
	② 제시문 첫 번째 단락 "세상은 변화를 겪는다. 사람이 그렇게 여기는 이유는 시간이 흐른다고 생각하기 때문이다."와 "3차원주의자는 시간이 흐른다는 견해를 내세운다."로부터, 3차원주의자에 속하는 현재주의자는 사람의 외모 변화는 시간이 흘렀기 때문이라고 생각할 것으로 추론할 수 있다.
	④ 제시문 네 번째 단락 "시간여행의 가능성을 믿는 3차원주의자는 '출발지 비존재'

를 '출발지 미결정'으로 보게 되면 문제가 해소된다고 주장할 수 있다."와 "조건부 결정론자는 출발지 미결정의 문제가 해소되어 시간여행에 걸림돌이 없다고 주장한다. 그러나 시간여행이 3차원주의와 양립할 수 없음을 고수하는 이들은 출발지 비존재의 문제를 출발지 미결정의 문제로 대체하여 이를 해소하는 전략을 받아들이지 않을 것이다."로부터, 시간여행이 가능하다고 믿는 3차원주의자는 출발지 미결정의 문제가 해소되면 출발지 비존재의 문제도 해소된다고 생각할 것으로 추론할 수 있다.

⑤ 제시문 세 번째 단락 "그러나 시간여행자가 T_{n-1}에 도착할 때 그 시점은 그에게 현재가 되어 존재하지 않을까? 하지만 이는 과거를 마치 현재인 양 여기게 하는 속임수라고 보는 사람도 있다."와 "결국 3차원주의 세계에서 시간여행이 가능하다는 점을 보여주려면 출발지 비존재의 문제를 해소해야 한다."는 과거로 가는 것에 관한 설명이지만, 미래로 가는 것에도 똑같이 적용될 수 있다. 즉 시간여행이 불가능하다고 믿는 3차원주의자는 시간여행자가 미래의 특정 시점에 도착할 때 그 시점(=도착지)이 현재가 되어 존재한다는 주장은 속임수이기 때문에 여전히 출발지 비존재의 문제가 남아 있다고 비판할 것이다.

21.

윗글을 바탕으로 〈보기〉를 설명할 때, 적절하지 <u>않은</u> 것은?

보 기

밴드 결성 전, 존 레논은 자신이 유명한 가수가 될 것이라는 예언을 듣는다. 자신의 미래가 궁금해진 레논은 마침 타임머신 실험 소식을 듣고 10년 후의 미래로 가고자 자원하였다. 10년 후, 그의 밴드는 유명해지고 데뷔 이전 머리가 짧았던 그는 긴 머리를 가지게 된다. 만일 10년 후로의 시간여행이 가능하다면, 미래를 방문한 무명의 레논은 장발의 록 스타인 자신을 직접 보게 될 것이다. 그러나 이는 '동일한 것은 서로 구별될 수 없다.'라는 ⓐ원리에 위배된다. 즉 '동일한 사람이 무명이면서 동시에 스타이다.'라는 ⓑ논리적 모순이 발생하는 것이다. 이 문제가 해소되지 않으면 레논은 10년 후로 시간여행을 할 수 없다.

① 시간여행의 도착지가 존재하지 않는다는 논리에 따를 경우, ⓐ에 위배되는 사건은 아예 일어나지 않겠군.

② 레논의 서로 다른 단계 중에 현재 단계가 뒤의 단계를 방문할 수 있다고 가정하면, 영원주의자에게 ⓑ는 문제가 되지 않겠군.

③ 조건부 결정론자의 논리에 따를 경우, 레논이 미래에 도착하면 자신의 10년 후 모습을 직접 보기 이전이라도 도착 순간에 이미 출발지 비존재의 문제가 해소되겠군.

④ 미래에 도착하는 시점의 레논과 미래에 있던 레논이 동일한 외모를 가질 수 있다고 가정하면, 현재주의자는 ⓐ에 위배되는 일이 발생하지 않았다고 주장할 수 있겠군.

⑤ 두 사람이 만나는 시간은 제3의 관찰자가 볼 때는 동시인 것처럼 보이지만 각자의 시간 흐름에서는 동시가 아니라고 가정하면, 현재주의자 중에는 ⓑ가 해소될 수 있다고 보는 사람도 있겠군.

| 문항 성격 | 문항유형 : 정보의 평가와 적용 |
| 내용영역 : 인문 |

평가 목표 이 문항은 제시문에 설명된 여러 견해와 논증을 정확하게 이해한 후, 새로운 상황에 논리적으로 적용하여 발생하는 문제와 해결책을 평가할 수 있는지 평가하는 문항이다.

문제 풀이 정답 : ④

제시문의 각 견해는 과거로의 시간여행에서 발생하는 여러 논리적 문제에 대한 해결책을 내놓고 있다. 미래로의 시간여행에서 발생하는 〈보기〉의 문제에 이 해결책을 적용하면 어떠한 결론을 도출할 수 있을지 생각해 본다.

정답 해설 ④ 〈보기〉 "이는 '동일한 것은 서로 구별될 수 없다.'라는 원리에 위배된다. 즉 '동일한 사람이 무명이면서 동시에 스타이다.'라는 논리적 모순이 발생하는 것이다."로부터, 둘의 외모에 차이가 없다고 하더라도 논리적 모순의 구체적인 내용 즉 '무명이면서 동시에 스타임'이 그대로 남기 때문에 ⓐ에 위배되는 상황은 여전히 발생한다는 것을 알 수 있다.

오답 해설 ① 제시문 두 번째 단락 "누군가가 시간여행을 하려면 과거나 미래로 이동할 수 있어야 하지만, 이미 흘러간 과거와 아직 오지 않은 미래는 실재하지 않는다. 이를 도착지 비존재의 문제라고 할 수 있다."로부터, 도착지가 없으면 시간여행을 할 수 없다는 것을 알 수 있다. 〈보기〉에서 ⓐ에 위배되는 상황은 (10년 후로의) 시간여행이 가능하다는 것을 전제로 하고 있으므로, 도착지가 없어서 시간여행이 불가능하다면 ⓐ에 위배되는 사건도 발생할 수 없다.

② 제시문 첫 번째 단락 "영원주의 세계에서 한 사람은 각 시간 단계를 가지는데, 그 사람이 없던 수염을 기르면 이는 시간의 흐름에 따른 변화가 아니다. 외모의 차이는 단지 그 사람의 서로 다른 단계 사이의 차이일 뿐이다."로부터, 영원주의 자에게는 레논의 현재 단계가 뒤의 단계를 방문할 수 있다는 가정이 가능함을 알 수 있다. 그렇게 가정할 경우 동일한 사람이 아닌 한 사람의 두 단계가 존재 하는 것이므로 ⓑ가 해소된다.

③ 제시문 네 번째 단락 "시간여행의 가능성을 믿는 3차원주의자는 '출발지 비존재' 를 '출발지 미결정'으로 보게 되면 문제가 해소된다고 주장할 수 있다."와 "조건 부 결정론자는 출발지 미결정의 문제가 해소되어 시간여행에 걸림돌이 없다고 주장한다."로부터, 조건부 결정론자는 출발지 비존재의 문제가 해소될 수 있다 는 논리를 제시한다는 점을 알 수 있다. 이 논리는 제시문의 과거로의 시간여행 뿐만 아니라 〈보기〉의 미래로의 시간여행에도 동일한 구조로 적용될 수 있다.

⑤ 제시문 세 번째, 네 번째 단락의 현재주의자 중에 시간여행이 가능하다고 보는 사람이 있다는 내용으로부터, 현재주의자는 시간여행을 떠난 현재의 레논과 미 래의 레논이 만나는 시간은 제3의 관찰자가 볼 때는 동시인 것처럼 보이지만 각 자의 시간 흐름에서는 동시가 아니라고 가정할 수 있음을 알 수 있다. 현재주의 자가 이러한 가정을 한다면, 〈보기〉의 "즉 '동일한 사람이 무명이면서 동시에 스 타이다.'라는 논리적 모순이 발생하는 것이다."에서 '동시에'의 문제가 해소될 수 있다.

[22~24] 다음 글을 읽고 물음에 답하시오.

우리 행위의 가치를 평가할 때 언제나 우선적이어서 여타의 모든 가치들의 조건을 이루는 선의 지라는 개념이 있다. 이 선의지 개념을 발전시키기 위해, 먼저 도덕적 의무라는 개념에 대해 생각 해 보자. '의무에 어긋나는' 것으로 인식된 모든 비도덕적인 행위에 대해서는 비록 그런 행위들이 이런저런 의도에는 유용하다고 할지라도 여기서는 고려하지 않겠다. 이런 행위는 의무와 충돌하 므로, 과연 그 행위들이 '의무에서 비롯하는' 것일 수 있느냐는 물음이 이 행위 자체에서 아예 발 생할 수 없기 때문이다. 의무에서 비롯하는 행위는 어떤 조건도 없이 오로지 당위(當爲)에 의거한 행위이다. 의무에 어긋나는 행위를 의무에서 비롯하는 행위와 구별하는 것은 쉽다. 이와 달리 '의 무에 맞는' 행위를 의무에서 비롯하는 행위와 구별하는 것은 어렵다. 의무에 맞는 행위를 유발하 는 동인은 다양해서, 어떤 것은 행위자의 이해관계에서 출발하기도 하고, 다른 어떤 것은 사랑이나 동정심 등의 감정에 의해 나타나기도 한다.

예컨대 자신의 이득이 우선인 ㉠의사가 수입을 늘리기 위해 최선을 다해 진료한다면, 그의 행위는 의무에 맞는 일이다. 하지만 환자가 정당하게 대우받는 것처럼 보인다고 해서 이 행위가 의무에서 비롯하여 행해졌다고 말할 수는 없다. 한편 공감 능력이 뛰어나 이웃의 불행에 발 벗고 나서서 돕는 ㉡사람이 있다. 그의 행위는 의무에 부합하며 매우 칭찬받을 만하지만 아무런 도덕적 가치를 갖지 못하며 단지 성격적 특성이 발현된 것일 뿐이다. 공감하는 행위가 의무에 맞고 칭찬과 격려를 받을 만하더라도 도덕적 존경의 대상은 아니다. 하지만 이 박애주의자가 뇌 손상으로 공감 능력을 상실하고도 다만 의무로 인식하여 타인을 돕는 경우라면, 그 행위는 비로소 진정한 도덕적 가치를 갖게 된다.

의무에서 비롯하는 행위는 그 도덕적 가치를 행위에서 기대되는 결과에 의존하지 않으며 대신에 행위를 결정하는 동기인 의지에서 구한다. 결과는 다른 원인으로 성취될 수도 있으며, 이성적 존재자의 의지가 요구되지도 않는다. 반면에 무조건적인 최고선은 이성적 존재자의 의지에서 만날 수 있을 뿐이다. 이런 연유로 오직 법칙에 대한 표상, 즉 법칙 자체에 대한 생각만이 우리가 도덕적이라고 부르는 탁월한 선을 이룬다. 물론 기대된 결과가 아닌 법칙의 표상이 의지를 규정하는 근거가 되는 한, 이 표상은 이성적 존재자에게서만 발생한다. 이 탁월한 선은 이미 법칙에 따라 행동하는 인격 자체에 있으므로 우리는 결과에서 이 선을 기대해서는 안 된다. 이러한 탁월한 선에 따르면, ㉢거짓 약속을 하는 사람의 주관적 원리는 모든 사람을 위한 보편적 법칙이 될 수 없다. 거짓 약속을 하는 행위를 보편적 법칙으로 삼고자 한다면, 그 어떤 약속도 있을 수 없는 모순이 발생한다. 즉 행위자의 주관적 원리는 보편적 법칙이 되자마자 자기 파괴를 겪게 된다.

행위를 규정하는 의지를 단적으로 그리고 제한 없이 선하다고 할 수 있으려면 법칙을 표상할 때 이로부터 기대되는 결과를 고려하지 않고 표상하는 것이 의지를 규정해야만 한다. 어떤 법칙을 준수할 때 의지에서 일어날 수 있는 모든 충동을 의지에서 빼앗는다면, 이제 남아 있는 것이라곤 행위 일반의 보편적 합법칙성뿐이므로, 이것만을 의지를 일으키는 원리로 사용해야 한다. 다시 말해 나는 내 주관적 원리가 보편적 법칙이 되어야 한다고 바랄 수 있도록 오로지 그렇게만 행위를 해야 한다.

22.

윗글의 내용과 일치하는 것은?

① 결과가 이성적 존재자의 공감을 얻는다면 그 행위는 도덕적이다.
② 도덕적 가치 판단은 동기인 의지와 품성인 덕을 모두 고려해야 한다.
③ 어떤 행위가 만인의 보편적 이익을 지향한다면 그 행위는 도덕적이다.
④ 감정에서 우러나는 자발적 행위라야 진정한 도덕적 가치를 가진다.
⑤ 이타적인 동기에서 유발되는 행위 자체는 도덕적 존경의 대상이 될 수 없다.

문항 성격	문항유형 : 정보의 확인과 재구성
	내용영역 : 규범
평가 목표	이 문항은 진정한 도덕적 가치를 지니는 행위가 어떤 것인가를 이해하고, 동기(의무에서 비롯하는)와 결과(의무에 맞는) 각각의 관점에서 동일한 행위가 다른 가치를 지닐 수 있다는 점을 대비적으로 파악할 수 있는지 평가하는 문항이다.
문제 풀이	정답 : ⑤

제시문 첫 번째 단락에서 '의무에 어긋나는' 행위, '의무에서 비롯하는' 행위, '의무에 맞는' 행위가 구별된다고 논한 후, 두 번째 단락에서 구체적 사례를 통하여 그러한 행위들이 정확히 어떻게 구별되는지 설명하고 있다. 세 번째, 네 번째 단락에서는 의무에서 비롯하는 행위의 도덕적 가치의 근거가 되는 선의지에 관하여 논한다.

정답 해설	⑤ 제시문 두 번째 단락 "공감 능력이 뛰어나 이웃의 불행에 발 벗고 나서서 돕는 … 행위는 의무에 부합하며 매우 칭찬받을 만하지만 아무런 도덕적 가치를 갖지 못하며 … 도덕적 존경의 대상은 아니다."로부터, 이타적인 동기에서 유발되는 행위가 도덕적 존경의 대상이 될 수 없다는 것을 확인할 수 있다.
오답 해설	① 제시문 두 번째 단락 "공감 능력이 뛰어나 이웃의 불행에 발 벗고 나서서 돕는 … 행위는 … 아무런 도덕적 가치를 갖지 못하며 … 공감하는 행위가 의무에 맞고 칭찬과 격려를 받을 만하더라도 도덕적 존경의 대상은 아니다."로부터, 이웃의 불행을 치유한다는 결과가 이성적 존재자인 행위자의 공감을 얻는 경우에도 그 행위가 도덕적인 것은 아닐 수 있음을 확인할 수 있다. 공감의 유무로 도덕적 행위 여부를 따질 수는 없다.

② 제시문 첫 번째, 두 번째 단락에 따르면 의무에서 비롯하는 행위만 도덕적 가치를 가진다. 그러므로 세 번째 단락 "의무에서 비롯하는 행위는 그 도덕적 가치를 행위에서 기대되는 결과에 의존하지 않으며 대신에 행위를 결정하는 동기인 의지에서 구한다."로부터, 도덕적 가치 판단에서 품성인 덕은 고려할 요소가 아님을 확인할 수 있다.

③ 제시문 첫 번째, 두 번째 단락에 따르면 의무에서 비롯하는 행위만 도덕적 가치를 가진다. 그러므로 세 번째 단락 "의무에서 비롯하는 행위는 그 도덕적 가치를 행위에서 기대되는 결과에 의존하지 않으며 대신에 행위를 결정하는 동기인 의지에서 구한다."로부터, '만인의 보편적 이익'이라는 결과가 행위에서 기대된다 할지라도 그것만으로 그 행위가 도덕적이라고 할 수는 없다는 것을 확인할 수 있다. 행위의 결과가 아니라 행위의 동기가 도덕적 가치 판단의 기준이다.

④ 제시문 두 번째 단락 "공감 능력이 뛰어나 이웃의 불행에 발 벗고 나서서 돕는 … 행위는 의무에 부합하며 매우 칭찬받을 만하지만 아무런 도덕적 가치를 갖지 못하며"로부터, 감정에서 우러나는 자발적 행위가 전혀 도덕적 가치를 갖지 못하는 경우가 있다는 것을 확인할 수 있다.

23.

윗글에 대한 이해로 적절하지 <u>않은</u> 것은?

① '의무에 맞는' 행위는 '의무에 어긋나는' 행위가 될 수도 있다.
② '의무에 맞는' 행위는 '의무에서 비롯하는' 행위가 아닐 수도 있다.
③ '의무에서 비롯하는' 행위는 '의무에 맞는' 행위가 될 수밖에 없다.
④ '의무에 어긋나는' 행위는 '의무에 맞는' 행위와 유발 동인이 동일할 수도 있다.
⑤ '의무에서 비롯하는' 행위는 '의무에 어긋나는' 행위와 달리 이성적 존재자의 선의지에 따른다.

문항 성격	문항유형 : 주제, 구조, 관점 파악
	내용영역 : 규범
평가 목표	이 문항은 '의무에 어긋나는' 행위, '의무에서 비롯하는' 행위, '의무에 맞는' 행위의 의미를 정확히 이해하고, 이 세 종류 행위의 관계를 정확하게 파악할 수 있는지 평가하는 문항이다.

'의무에 어긋나는' 행위는 '의무에서 비롯하는' 행위와 쉽게 구분되지만, '의무에 맞는' 행위는 '의무에서 비롯하는' 행위와 쉽게 구분되지 않는다. 왜냐하면 '의무에 맞는' 행위 중에는 '의무에서 비롯하는' 행위도 있지만 그렇지 않은 행위도 있기 때문이다. 이 세 종류 행위 사이의 관계를 정확히 파악하여 각 선택지의 진위를 확인한다.

정답 해설 ① 제시문 첫 번째 단락으로부터 의무에 어긋나는 행위는 의무에서 비롯하는 행위와 분명하게 구분되는 반면, 의무에 맞는 행위는 의무에서 비롯하는 행위와 구분하기가 어렵다는 것을 알 수 있다. 의무에 맞는 행위는 결과의 측면에서 도덕적인 행위처럼 보이기 때문이다. 그러나 의무에 맞는 행위와 의무에 어긋나는 행위는 결과의 측면에서 분명하게 구분되는 서로 다른 행위이다. 따라서 의무에 맞는 행위는 의무에 어긋나는 행위가 될 수 없다.

오답 해설 ② 제시문 두 번째 단락의 수입을 늘리기 위해 최선을 다해 환자를 진료하는 의사의 사례와 공감 능력이 뛰어나 타인을 돕는 사람의 사례는 의무에 맞는 행위가 의무에서 비롯하는 행위가 아닐 수도 있음을 보여 준다.

③ 제시문 네 번째 단락 "행위를 규정하는 의지를 단적으로 그리고 제한 없이 선하다고 할 수 있으려면 법칙을 표상할 때 이로부터 기대되는 결과를 고려하지 않고 표상하는 것이 의지를 규정해야만 한다."에 설명된 도덕적인 동기에 의해 유발된 행위는 도덕적인 행위이므로, 도덕적인 행위로 보일 수밖에 없다. 도덕적인 동기에 의해 유발된 행위는 '의무에서 비롯하는' 행위이고, 도덕적인 것으로 보이는 행위는 '의무에 맞는' 행위이다.

④ 제시문 두 번째 단락 사례의 의사가 수입의 증가라는 유발 동인에 의하여 행위를 할 때, 한편으로 환자의 진료에 최선을 다하는 '의무에 맞는' 행위를 할 수도 있지만, 다른 한편으로 환자를 수단시하는 '의무에 어긋나는' 행위를 할 수도 있다. 이처럼 의무에 맞는 행위와 의무에 어긋나는 행위의 유발 동인이 동일할 수도 있다.

⑤ 제시문 세 번째 단락 "의무에서 비롯하는 행위는 그 도덕적 가치를 … 행위를 결정하는 동기인 의지에서 구한다. … 무조건적인 최고선은 이성적 존재자의 의지에서 만날 수 있을 뿐이다."로부터, 의무에서 비롯하는 행위는 이성적 존재자의 선의지에 따른다는 것을 알 수 있다. 이와 달리 의무에 어긋나는 행위는 이러한 선의지와 전혀 상관이 없다.

24.

윗글의 입장에서 ㉠~㉢을 평가할 때, 가장 적절한 것은?

① ㉠이 자신의 평판을 위해서일지라도 모든 환자를 똑같이 대우한다면, 그의 행위는 탁월한 선이 발현된 것으로서 도덕적으로 정당하다.

② ㉡이 법칙에 대한 표상만으로 자신의 의지를 규정하여 이웃을 돕는다면, 그의 행위는 도덕적으로 정당하다.

③ ㉡이 보편적 합법칙성에 부합하도록 인격의 탁월성을 극대화할 수 있다면, 그의 행위는 도덕적으로 정당하다.

④ ㉢의 주관적 원리가 보편적 법칙과 최고선 사이의 모순을 극복할 수 있다면, 그의 행위는 도덕적으로 정당할 수 있다.

⑤ ㉢이 친구를 도우려는 선한 의도에서 자신의 이익에 대한 고려를 완전히 배제할 수 있다면, 그의 행위는 도덕적으로 정당할 수 있다.

문항 성격	문항유형 : 정보의 평가와 적용
	내용영역 : 규범
평가 목표	이 문항은 제시문에 대한 이해를 바탕으로 제시문에 등장하는 사례들을 적절하게 판단할 수 있는지 평가하는 문항이다.
문제 풀이	정답 : ②

제시문 각 단락의 내용을 정확하게 이해한 후, 이를 사례에 적용하여 판단할 수 있어야 한다. 이를 위해서는 도덕적 가치와 관련하여 제시문이 크게 두 가지 입장에서 논증을 펼치고 있다는 점을 먼저 정확히 이해해야 한다. 첫 번째 논증은 첫 번째 단락과 두 번째 단락에 해당하며, 진정한 도덕적 가치는 의무에서 비롯하는 행위에만 있고 의무에 맞는 행위들 중 어떤 것은 의무에서 비롯하는 행위가 아니라는 점에 집중하고 있다. 동기의 측면에 이해관계가 얽혀 있거나, 사랑이나 동정심과 같은 감정이 동기로 작용할 때 그것은 진정으로 도덕적 가치를 가지지 못한다는 것이다. 두 번째 논증은 세 번째 단락과 네 번째 단락에 해당하는데, 행위 주체의 주관적 원리가 예외 없이 보편화 가능해야 한다는 점에 집중하고 있다. 여기서 사례로 든 거짓 약속은 주관적 원리가 보편화될 때 주관적 원리 자신을 스스로 파괴하게 되므로 도덕적으로 정당화될 수 없음을 보여 준다. 이 두 논증에 입각하여, 자기 이익을 추구하는 의사, 공감 능력이 뛰어난 사람, 거짓 약속을 하는 사람이 각기 어떤 조건에서 도덕적으로 정당한지를 평가한다.

정답 해설	② 제시문 네 번째 단락 "행위를 규정하는 의지를 단적으로 그리고 제한 없이 선하다고 할 수 있으려면 법칙을 표상할 때 이로부터 기대되는 결과를 고려하지 않

128

고 표상하는 것이 의지를 규정해야만 한다."로부터, 박애주의자가 공감 능력이 뛰어나 이웃을 도우려고 하는 것은 도덕적으로 유의미한 조건이 아니며, 법칙에 대한 표상으로 자신의 의지를 규정하는지 여부만이 도덕적 평가의 기준이 된다는 것을 알 수 있다. 따라서 그가 법칙에 대한 표상만으로 자신의 의지를 규정하였다면, 그 의지에 따른 행위는 도덕적으로 정당하다.

오답 해설 ① 자신의 이익이 우선인 의사가 모든 환자를 똑같이 대우함에 있어서, 행위의 '동기'는 자기 이익이며 행위의 '결과'는 공평한 환자 치료이다. 제시문 네 번째 단락 "행위를 규정하는 의지를 단적으로 그리고 제한 없이 선하다고 할 수 있으려면 법칙을 표상할 때 이로부터 기대되는 결과를 고려하지 않고 표상하는 것이 의지를 규정해야만 한다."로부터, 결과와 도덕은 전혀 상관없다는 것을 알 수 있으므로, 설사 결과가 도덕적인 것처럼 보인다 할지라도 이 행위는 도덕적으로 정당하다고 할 수 없다.

③ 제시문 네 번째 단락 "남아 있는 것이라곤 행위 일반의 보편적 합법칙성뿐이므로, 이것만을 의지를 일으키는 원리로 사용해야 한다. 다시 말해 나는 내 주관적 원리가 보편적 법칙이 되어야 한다고 바랄 수 있도록 오로지 그렇게만 행위를 해야 한다."로부터, 도덕적으로 정당한 행위는 보편적 합법칙성에 부합하는 행위가 아니라, 보편적 법칙이 될 수 있는 자신의 주관적 원리에 따르는 행위임을 알 수 있다. 또 제시문 세 번째 단락 "이 탁월한 선은 이미 법칙에 따라 행동하는 인격 자체에 있으므로 우리는 결과에서 이 선을 기대해서는 안 된다."에서의 인격은 법칙의 표상을 갖고 법칙에 따르는 인격을 의미하며, 극대화할 수 있는 탁월성과 관련된 것은 아니다.

④ 제시문 세 번째 단락 "거짓 약속을 하는 사람의 주관적 원리는 모든 사람을 위한 보편적 법칙이 될 수 없다. 거짓 약속을 하는 행위를 보편적 법칙으로 삼고자 한다면, 그 어떤 약속도 있을 수 없는 모순이 발생한다. 즉 행위자의 주관적 원리는 보편적 법칙이 되자마자 자기 파괴를 겪게 된다."로부터, 거짓 약속을 하는 자의 주관적 원리는 이것에 어떠한 조건이 추가된다 할지라도 결코 보편적 법칙이 될 수 없음을 알 수 있다. 그리고 제시문 네 번째 단락 "나는 내 주관적 원리가 보편적 법칙이 되어야 한다고 바랄 수 있도록 오로지 그렇게만 행위를 해야 한다."로부터, 자신의 주관적 원리가 보편적 법칙이 되어야 한다고 바라는 것이 불가능한 경우에는 그의 행위가 도덕적으로 정당화될 수 없음을 알 수 있다. 한편으로 보편적 법칙과 최고선은 동일한 것이기 때문에 이 사이의 모순이란 있을 수 없다. 따라서 거짓 약속을 하는 행위는 어떠한 경우에도 도덕적으로 정당할 수 없음을 알 수 있다.

⑤ 거짓 약속을 하는 자의 주관적 원리는 이것에 어떠한 조건이 추가된다 할지라도 결코 보편적 법칙이 될 수 없고, 그의 행위는 도덕적으로 정당화될 수 없다. 또한 친구를 도우려는 선한 의도에 따른 행위는 친구가 아닌 사람에게 불리하게 작용하는 결과를 발생시킬 수 있으므로, 결코 도덕적으로 정당한 것이 될 수 없다.

[25~27] 다음 글을 읽고 물음에 답하시오.

1965년 제미니 4호 우주선은 지구 주위를 도는 궤도에서 최초의 우주 랑데부를 시도했다. 궤도에 진입하여 중력만으로 운동 중이던 우주선은 같은 궤도상 전방에 있는 타이탄 로켓과 랑데부하기 위해 접근하고자 했다. 조종사는 속력을 높이기 위해 우주선을 목표물에 향하게 하고 후방 노즐을 통하여 일시적으로 연료를 분사하였다. 하지만 이 후방 분사를 반복할수록 목표물과의 거리는 점점 더 멀어졌고 연료만 소모하자 랑데부 시도를 포기했다.

연료를 분사하면 우주선은 분사 방향의 반대쪽으로 추진력을 받는다. 이는 뉴턴의 제3법칙인 '두 물체가 서로에게 작용하는 힘은 항상 크기가 같고, 방향은 반대이다.'로 설명할 수 있다. 질량이 큰 바위를 밀면, 내가 바위를 미는 힘이 작용이고, 바위가 나를 반대 방향으로 미는 힘이 반작용이다. 똑같은 크기의 힘을 주고받았는데 내 몸만 움직이는 이유는 뉴턴의 제2법칙인 '같은 크기의 힘을 물체에 가했을 때, 물체의 질량과 가속도는 반비례한다.'로 설명할 수 있다. 연료를 연소해 기체를 분사하는 힘은 작용이고, 그 반대 방향으로 우주선에 작용하는 추진력은 반작용이다. 우주선에 비해 연료 기체의 질량은 작더라도 연료 기체를 고속 분사하면 우주선은 충분한 가속도를 얻는다.

지구 궤도를 도는 우주선은 우주에 자유롭게 떠 있는 것 같지만, 기체 분사에 의한 힘 외에 중력이 작용하고 있어서 그 영향을 고려해야 한다. 우주선은 지구의 중력을 받으며 원 또는 타원 궤도를 빠르게 돈다. 이때 궤도를 한 바퀴 도는 데 걸리는 시간인 주기는 궤도의 지름이 클수록 더 길다. 우주선은 속력과 관련된 운동 에너지(K)와 중력에 관련된 중력 위치 에너지(U)를 가진다.

$$K = \frac{1}{2}mv^2, \quad U = -\frac{GMm}{r},$$

G : 만유인력 상수, M : 지구의 질량, m : 우주선의 질량,
r : 지구중심과 우주선의 거리, v : 우주선의 속력.

운동 에너지는 우주선 속력의 제곱에 비례한다. 우주선의 중력 위치 에너지는 우주선이 지구에서 무한대 거리에 있으면 0으로 정의되고, 지구에 가까워지면 그 값은 작아지므로 음수이다. 즉, 우주선이 지구에 가까울수록 중력 위치 에너지는 작아지고, 멀수록 중력 위치 에너지는 커진

다. 운동 에너지와 중력 위치 에너지의 합인 역학적 에너지(E)는 $E=K+U$로 표현된다. 지구의 중력만 작용할 때, 궤도 운동하는 우주선의 역학적 에너지는 크기가 일정하게 보존된다. 역학적 에너지가 보존될 때, 궤도 운동하는 우주선이 지구 중심에서 멀어지면 속력이 느려지고 가까워지면 속력이 빠르게 된다. 또한 원 궤도에서 작용하는 중력의 크기가 클수록 속력이 빨라진다. 우주선의 궤도는 연료 분사로 속력을 조절해 〈그림〉과 같이 바뀔 수 있다. 우주선이 운동하는 방향을 전방, 반대 방향을 후방이라 하자. 〈그림〉의 원 궤도에 있는 우주선이 궤도의 접선 방향으로 후방 분사하여 운동 에너지를 증가시키면, 그만큼 역학적 에너지도 증가하여 우주선은 기존의 원 궤도보다 지구로부터 더 멀리 도달할 수 있는 〈그림〉의 큰 타원 궤도로 진입한다. 하지만 전방 분사하면, 운동 에너지가 감소하고 〈그림〉의 작은 타원 궤도로 진입하여 우주선은 기존보다 지구에 더 가까워진다.

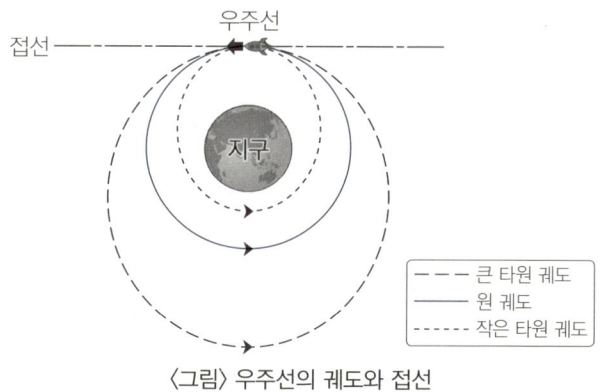

〈그림〉 우주선의 궤도와 접선

　목표물과 우주선이 같은 원 궤도에서 같은 방향으로 운동할 때, 목표물이 전방에 있는 경우, 우주선이 후방 분사를 하면 궤도의 접선 방향으로 우주선의 속력이 빨라져서 큰 타원 궤도로 진입하게 된다. 따라서 분사가 끝나면, 속력이 주기적으로 변화하고 목표물과의 거리가 더 멀어진다. 반대로, 목표물이 후방에 있는 경우 전방 분사를 하면 〈그림〉의 작은 타원 궤도로 진입한 우주선의 속력은 원 궤도에서보다 더 느려진 진입 속력과 더 빨라진 최대 속력 사이에서 변화한다. 이때 목표물과의 거리는 더 멀어진다.

　랑데부에 성공하려면 우주선을 우리의 직관과 반대로 조종해야 한다. 우주선과 목표물이 같은 원 궤도에서 같은 운동 방향일 때 목표물이 전방에 있다고 하자. 이때 우주선이 일시적으로 전방 분사하면 속력이 느려지고, 기존보다 더 작은 타원 궤도로 진입해서 목표물보다 더 빠른 속력으로 운동할 수 있다. 하지만 궤도가 달라서, 진입한 타원 궤도의 주기가 기존 원 궤도의 주기보다 더 짧다는 것을 이용하여 한 주기 혹은 여러 주기 후 같은 위치에서 만나도록 속력을 조절한다. 목표물보다 낮은 위치에서 충분히 가까워지면, 우주선이 접근하여 랑데부한다.

25.

윗글의 내용과 일치하지 <u>않는</u> 것은?

① 뉴턴의 제3법칙은 우주선 추진의 원리 중 하나이다.
② 원 궤도의 지름이 클수록 우주선의 속력이 더 빨라진다.
③ 타원 궤도 운동 중인 우주선은 역학적 에너지가 보존된다.
④ 우주선이 분사하는 연료 기체는 우주선보다 가속도가 크다.
⑤ 원 궤도에 있는 우주선이 속력을 늦추면 회전 주기가 짧아진다.

문항 성격   문항유형 : 정보의 확인과 재구성
　　　　　　 내용영역 : 과학기술

평가 목표   이 문항은 제시문에서 설명하는 물리학의 기본 법칙들과 랑데부를 위한 우주선의 움직임을 이해하고 있는지 평가하는 문항이다.

문제 풀이   정답 : ②

제시문 두 번째 단락에서 우주선이 추진력을 받는 원리를 뉴턴의 제3법칙과 제2법칙으로 설명하고, 네 번째 단락부터는 이 추진력을 이용하여 우주선이 궤도를 수정해 가면서 랑데부하는 방법을 설명한다.

정답 해설   ② 제시문 네 번째 단락 "궤도 운동하는 우주선이 지구 중심에서 멀어지면 속력이 느려지고 가까워지면 속력이 빠르게 된다."로부터, 원 궤도의 지름이 클수록 우주선이 지구 중심에서 멀어지므로 속력이 느려진다는 것을 알 수 있다.

오답 해설   ① 제시문 두 번째 단락 "연료를 분사하면 우주선은 분사 방향의 반대쪽으로 추진력을 받는다. 이는 뉴턴의 제3법칙인 '두 물체가 서로에게 작용하는 힘은 항상 크기가 같고, 방향은 반대이다.'로 설명할 수 있다."로부터, 뉴턴의 제3법칙이 우주선이 추진력을 받는 것에 관한 주된 원리임을 알 수 있다.

③ 제시문 네 번째 단락 "지구의 중력만 작용할 때, 궤도 운동하는 우주선의 역학적 에너지는 크기가 일정하게 보존된다."로부터, 지구의 중력을 받으며 타원 궤도를 돌고 있는 우주선의 역학적 에너지가 보존된다는 것을 알 수 있다.

④ 제시문 두 번째 단락 "뉴턴의 제2법칙인 '같은 그기의 힘을 물체에 가했을 때, 물체의 질량과 가속도는 반비례한다.' … 우주선에 비해 연료 기체의 질량은 작더라도"로부터, 우주선에 비해 연료 기체의 가속도가 크다는 것을 알 수 있다.

⑤ 제시문 여섯 번째 단락 "우주선이 일시적으로 전방 분사하면 속력이 느려지고, 기존보다 더 작은 타원 궤도로 진입해서 … 진입한 타원 궤도의 주기가 기존 원 궤도의 주기보다 더 짧다"로부터, 원 궤도의 우주선이 속력을 늦추면 더 작은 타원 궤도로 진입하여 회전 주기가 짧아진다는 것을 알 수 있다. 참고로 진입한 타원 궤도의 주기가 기존 원 궤도의 주기보다 짧은 이유는 세 번째 단락 "궤도를 한 바퀴 도는 데 걸리는 시간인 주기는 궤도의 지름이 클수록 더 길다."로부터 알 수 있다.

26.

윗글을 바탕으로 추론할 때, 〈보기〉에서 적절한 것만을 있는 대로 고른 것은?

> **보기**
>
> ㄱ. 제미니 4호가 원 궤도상에서 후방 분사를 한 경우라면, 후방 분사 이후의 궤도는 지구로부터 더 멀어질 수 있다.
> ㄴ. 타원 궤도에 있는 우주선의 운동 에너지 크기와 중력 위치 에너지 크기는 일정하게 유지된다.
> ㄷ. 원 궤도에 있는 우주선이 궤도의 접선 방향 분사로 역학적 에너지를 증가시키면, 진입한 궤도에서 우주선의 최대 중력 위치 에너지는 커진다.

① ㄱ   ② ㄴ   ③ ㄱ, ㄷ
④ ㄴ, ㄷ   ⑤ ㄱ, ㄴ, ㄷ

문항 성격	문항유형 : 정보의 추론과 해석
	내용영역 : 과학기술
평가 목표	이 문항은 제시문에 주어진 정보를 통해 우주선의 움직임과 에너지 변화를 추정할 수 있는지 평가하는 문항이다.
문제 풀이	정답 : ③

제시문의 정보를 조합하여 우주선의 분사 이후 움직임을 예상하고, 이를 에너지의 관점에서도 파악해 본다.

〈보기〉 해설

ㄱ. 제시문 네 번째 단락 "〈그림〉의 원 궤도에 있는 우주선이 궤도의 접선 방향으로 후방 분사하여 운동 에너지를 증가시키면, 그만큼 역학적 에너지도 증가하여 우주선은 기존의 원 궤도보다 지구로부터 더 멀리 도달할 수 있는 〈그림〉의 큰 타원 궤도로 진입한다."로부터, 제미니 4호가 원 궤도상에서 후방 분사한 후의 궤도는 〈그림〉의 큰 타원 궤도가 되어 지구 중심으로부터 더 멀어지게 될 것을 예상할 수 있다.

ㄴ. 원 궤도 운동 중인 우주선과 달리, 타원 궤도 운동 중인 우주선은 지구와의 거리가 계속 달라지는 것을 〈그림〉에서 확인할 수 있다. 제시문 네 번째 단락 "우주선이 지구에 가까울수록 중력 위치 에너지는 작아지고, 멀수록 중력 위치 에너지는 커진다. 운동 에너지와 중력 위치 에너지의 합인 역학적 에너지(E)는 $E=K+U$로 표현된다. 지구의 중력만 작용할 때, 궤도 운동하는 우주선의 역학적 에너지는 크기가 일정하게 보존된다."로부터, 운동 에너지와 중력 위치 에너지의 합의 크기는 일정하게 유지되지만 우주선과 지구의 거리에 따라 운동 에너지와 중력 위치 에너지 각각의 크기는 커지거나 작아짐을 알 수 있다. 따라서 타원 궤도 운동 중인 우주선의 운동 에너지 크기와 중력 위치 에너지 크기는 지속적으로 변한다는 것을 추론할 수 있다.

ㄷ. 제시문 네 번째 단락 "〈그림〉의 원 궤도에 있는 우주선이 궤도의 접선 방향으로 후방 분사하여 운동 에너지를 증가시키면, 그만큼 역학적 에너지도 증가하여 우주선은 기존의 원 궤도보다 지구로부터 더 멀리 도달할 수 있는 〈그림〉의 큰 타원 궤도로 진입한다. 하지만 전방 분사하면, 운동 에너지가 감소하고 〈그림〉의 작은 타원 궤도로 진입하여 우주선은 기존보다 지구에 더 가까워진다."로부터, 원 궤도에 있는 우주선이 궤도의 접선 방향 분사로 역학적 에너지를 증가시켰다면 우주선이 후방 분사한 것임을 추론할 수 있고, 이 경우 큰 타원 궤도로 진입하게 된다는 것을 다섯 번째 단락 "목표물과 우주선이 같은 원 궤도에서 같은 방향으로 운동할 때, 목표물이 전방에 있는 경우, 우주선이 후방 분사를 하면 궤도의 접선 방향으로 우주선의 속력이 빨라져서 큰 타원 궤도로 진입하게 된다."로부터 알 수 있다. 큰 타원 궤도에서는 우주선과 지구 사이의 최대 거리가 원 궤도에서보다 멀 것이므로, 네 번째 단락 "우주선이 지구에 가까울수록 중력 위치 에너지는 작아지고, 멀수록 중력 위치 에너지는 커진다."로부터, 우주선이 진입한 궤도인 큰 타원 궤도에서 우주선의 최대 중력 위치 에너지는 원 궤도에 있었을 때보다 커질 것임을 추론할 수 있다.

〈보기〉의 ㄱ과 ㄷ만이 적절한 추론이므로 ③이 정답이다.

134

27.

윗글을 바탕으로 〈보기〉를 이해할 때, 적절하지 <u>않은</u> 것은?

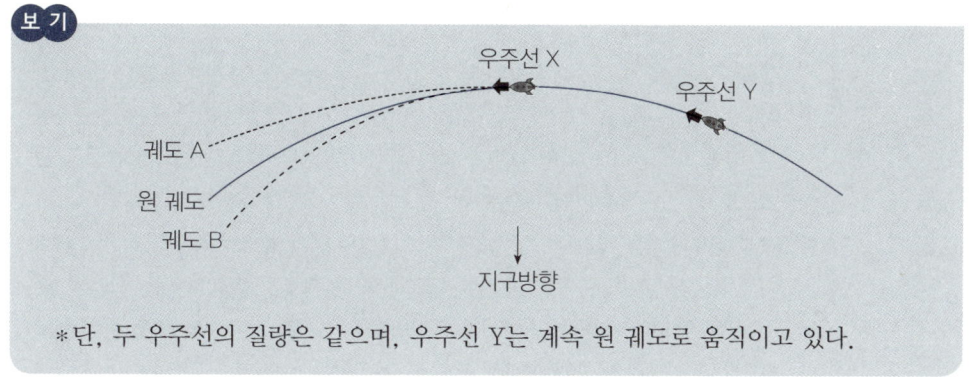

① 전방 분사한 우주선 X가 진입한 궤도에서 가지는 최대 운동 에너지는 우주선 Y보다 더 크다.
② 우주선 X는 궤도 A에서의 최소 중력 위치 에너지가 궤도 B에서의 최소 중력 위치 에너지보다 크다.
③ 후방 분사한 이후의 우주선 X의 중력 위치 에너지의 최솟값은 우주선 Y의 중력 위치 에너지와 같다.
④ 우주선 X가 궤도 A로 진입한 경우, 지구를 한 바퀴 도는 동안 우주선 Y와 같은 운동 에너지를 가지는 궤도상의 지점은 하나이다.
⑤ 우주선 X와 우주선 Y의 가능한 거리 중 최댓값은 우주선 X가 궤도 B로 진입한 경우가 궤도 A로 진입한 경우보다 작다.

문항 성격	문항유형 : 정보의 평가와 적용
	내용영역 : 과학기술
평가 목표	이 문항은 제시문에서 설명하는 물리학의 기본 법칙들과 우주선의 움직임을 바탕으로 궤도 운동에서 우주선의 물리량들 사이의 차이나 관계를 이해할 수 있는지 평가하는 문항이다.
문제 풀이	정답 : ④

제시문 네 번째 단락으로부터, 지구에서 멀수록 중력 위치 에너지는 크고 운동 에너지는 작다는 것을 알 수 있다. 그리고 〈보기〉의 궤도 A와 궤도 B는 각각 제시문 〈그림〉의 큰 타원 궤도와 작은

타원 궤도에 해당한다. 즉 〈보기〉의 우주선 X는 제시문 〈그림〉의 원 궤도를 돌다가 연료 분사 후 큰 타원 궤도 또는 작은 타원 궤도로 진입하고, 우주선 Y는 계속해서 제시문 〈그림〉의 원 궤도를 도는 것으로 이해하면 된다.

④ 제시문 다섯 번째 단락 "전방 분사를 하면 〈그림〉의 작은 타원 궤도로 진입한 우주선의 속력은 원 궤도에서보다 더 느려진 진입 속력과 더 빨라진 최대 속력 사이에서 변화한다."는 우주선 X가 〈보기〉의 궤도 B로 진입한 경우에 관한 설명이다. 이를 궤도 A로 진입한 경우에 적용하면 '후방 분사를 하면 〈그림〉의 큰 타원 궤도로 진입한 우주선의 속력은 원 궤도에서보다 더 빨라진 진입 속력과 더 느려진 최소 속력 사이에서 변화한다.'가 될 것이다. 즉 궤도 A로 진입한 우주선 X의 진입 당시 속력은 〈보기〉의 원 궤도에서보다 빠르지만, 이후 점점 느려져 최소 속력은 〈보기〉의 원 궤도에서의 속력보다 느려지며, 이후 다시 빨라져서 궤도 A 진입 지점으로 돌아올 때에는 궤도 A 진입 당시의 속력이 되는데 이것이 최대 속력이다. 궤도 A에서 우주선 X의 속력은 이 최대 속력과 최소 속력 사이에서 변하게 된다. 반면 우주선 X와 질량이 같고 〈보기〉의 원 궤도를 도는 우주선 Y는 우주선 X가 〈보기〉의 원 궤도를 돌던 속력과 같은 속력으로 움직이고 있으므로, 우주선 X가 궤도 A에서 지구를 한 바퀴 도는 동안 두 지점에서 우주선 Y와 속력이 같아지게 될 것이다(최대 속력인 지점에서 출발하여 우주선 Y와 속력이 같은 지점을 거쳐 최소 속력인 지점에 도달하고 다시 우주선 Y와 속력이 같은 지점을 거쳐 최대 속력인 지점에 도달함으로써 지구를 한 바퀴 돌게 된다). 두 우주선의 질량이 같고 운동 에너지는 속력의 제곱에 비례하므로, 우주선 X가 궤도 A에서 지구를 한 바퀴 도는 동안 두 지점에서 우주선 Y와 운동 에너지가 같아지게 될 것이다.

① 제시문 네 번째 단락 "〈그림〉의 원 궤도에 있는 우주선이 궤도의 접선 방향으로 … 전방 분사하면, 운동 에너지가 감소하고 〈그림〉의 작은 타원 궤도로 진입하여 우주선은 기존보다 지구에 더 가까워진다."로부터, 전방 분사 후 우주선 X는 〈그림〉의 작은 타원 궤도에 해당하는 〈보기〉의 궤도 B로 진입하여 기존보다 지구에 가까워진다는 것을 알 수 있으므로, 네 번째 단락 "궤도 운동하는 우주선이 지구 중심에서 멀어지면 속력이 느려지고 가까워지면 속력이 빠르게 된다."로부터, 우주선 X의 속력이 원 궤도에 있는 우주선 Y보다 빨라질 것임을 추론할 수 있다. 두 우주선의 질량은 같으므로, 제시문의 식 $K=\frac{1}{2}mv^2$으로부터 우주선 X의 최대 운동 에너지가 우주선 Y보다 크다는 결론이 도출된다.

② 제시문 네 번째 단락 "우주선이 지구에 가까울수록 중력 위치 에너지는 작아지고, 멀수록 중력 위치 에너지는 커진다."로부터, 〈그림〉의 큰 타원 궤도에 해당하는 〈보기〉의 궤도 A에서 우주선 X의 중력 위치 에너지는 원 궤도와 접하는 지점에서 최소이고 이외의 지점에서는 이보다 크며, 〈그림〉의 작은 타원 궤도에 해당하는 〈보기〉의 궤도 B에서 우주선 X의 중력 위치 에너지는 원 궤도와 접하는 지점에서 최대이고 이외의 지점에서는 이보다 작다는 것을 추론할 수 있다. 즉 우주선 X의 궤도 A에서의 최소 중력 위치 에너지는 궤도 B에서의 최대 중력 위치 에너지와 같다.

③ 제시문 네 번째 단락 "〈그림〉의 원 궤도에 있는 우주선이 궤도의 접선 방향으로 후방 분사하여 운동 에너지를 증가시키면, … 우주선은 기존의 원 궤도보다 지구로부터 더 멀리 도달할 수 있는 〈그림〉의 큰 타원 궤도로 진입한다."로부터, 후방 분사 후 우주선 X는 〈그림〉의 큰 타원 궤도에 해당하는 〈보기〉의 궤도 A로 진입한다는 것을 알 수 있다. 또 네 번째 단락 "우주선이 지구에 가까울수록 중력 위치 에너지는 작아지고, 멀수록 중력 위치 에너지는 커진다."로부터, 〈그림〉의 큰 타원 궤도에 해당하는 〈보기〉의 궤도 A로 진입한 후 우주선 X의 중력 위치 에너지는 원 궤도와 접하는 지점에서 최소라는 것을 추론할 수 있는데, 원 궤도와 접하는 지점에서이므로 이 최솟값은 원 궤도를 도는 우주선 Y의 중력 위치 에너지와 같다.

⑤ 제시문 〈그림〉을 보면, 작은 타원 궤도를 도는 우주선과 원 궤도를 도는 우주선의 가능한 거리 중 최댓값(원 궤도의 지름)이 큰 타원 궤도를 도는 우주선과 원 궤도를 도는 우주선의 가능한 거리 중 최댓값(큰 타원 궤도의 긴 지름)보다 작다는 것을 확인할 수 있다. 따라서 두 우주선의 가능한 거리 중 최댓값은 우주선 X가 〈그림〉의 작은 타원 궤도에 해당하는 〈보기〉의 궤도 B로 진입한 경우가 〈그림〉의 큰 타원 궤도에 해당하는 〈보기〉의 궤도 A로 진입한 경우보다 작다.

과학 기술이 발달하고 일상의 삶에 미치는 영향이 점점 커짐에 따라 법정에서 과학 기술 전문가의 지식을 필요로 하는 사례도 늘고 있다. 유전자 감식에 의한 친자 확인, 디지털 포렌식을 통한 범죄 수사 등은 이미 낯설지 않고, 최근에는 연륜연대학에 기초한 과학적 증거의 활용도 새롭게 관심을 끌고 있다.

연륜연대학이란, 나이테를 분석하여 나무의 역사를 재구성하는 과학이다. 온대림에서 자라는 대부분의 수목은 매년 나이테를 하나씩 만들어 내는데, 그것의 폭, 형태, 화학적 성질 등은 수목이 노출되어 있는 환경의 영향을 받는다. 예를 들어 나이테의 폭은 강수량이 많았던 해에는 넓게, 가물었던 해에는 좁게 형성된다. 따라서 연속된 나이테가 보여 주는 지문과도 같은 패턴은 나무의 생육 연대를 정확히 추산하기 위한 단서가 된다.

[A]
2005년에 400개의 나이테를 가진 400년 된 수목을 베어 냈는데, 그 단면에서 1643년부터 거슬러 1628년까지 16년 동안 넓은 나이테 5개, 좁은 나이테 5개, 넓은 나이테 6개 순으로 연속된 특이 패턴이 보였다고 하자. 한편 인근의 역사 유적에 대들보로 사용된 오래된 목재는 나무의 중심부와 그것을 둘러싼 332개의 나이테를 보여 주지만 베어진 시기를 알 수 없었는데, 만일 그 가장자리 나이테에서 7개째부터 앞서의 수목과 동일한 패턴이 발견된다면 그 목재로 사용된 나무는 1650년경에 베어졌고 1318년경부터 자란 것이라는 결론을 내릴 수 있다. 나아가 그 목재를 유적의 기둥 목재와 비슷한 방식으로 비교하여, 나이테 기록을 보다 먼 과거까지 소급할 수 있다.

이와 같이 나이테를 통한 비교 연대 측정은 예술 작품이나 문화재 등의 제작·건립 시기를 추정하는 과학적 기법을 제공하기도 하지만, 종종 법률적 사안의 해결에 도움을 주기도 한다. 수목으로 소유지 경계를 표시하던 과거에는 수목의 나이를 확인하는 것이 분쟁 해결에 중요한 역할을 담당하였다. 형사 사건에서도 나이테 분석을 활용한 적이 있다. 1932년 린드버그의 아기를 납치·살해한 범인을 수목 과학자인 콜러가 밝혀낸 일화는 잘 알려져 있다. 그는 범행 현장에 남겨진 수제 사다리의 목재를 분석함으로써, 그것이 언제 어느 제재소에서 가공되어 범행 지역 인근의 목재 저장소로 운반되었는지를 추적하는 한편, 용의자의 다락방 마루와 수제 사다리의 일부가 본래 하나의 목재였다는 사실도 입증해 냈다.

나이테 분석의 활용 잠재성이 가장 큰 영역은 아마도 환경 소송 분야일 것이다. 과학자들은 나이테에 담긴 환경 정보의 종단 연구를 통해 기후 변동의 역사를 고증하고, 미래의 기후 변화를 예측하는 데 주로 관심을 기울여 왔다. 하지만 나이테에 담긴 환경 정보에는 비단 강수량이나 수목 질병만이 아니라 중금속이나 방사성 오염 물질, 기타 유해 화학 물질에 대한 노출 여부도 포함되므로 이를 분석하면 특정 유해 물질이 어느 지역에 언제부터 배출되었는지를 확인할 수 있을 것이다. 넓은 의미의 연륜연대학 중에서 이처럼 수목의 화학적 성질에 초점을 맞춘 연구만을 따로 연륜화학이라 부르기도 한다.

　　한편 과학 기술 전문가의 견해가 법정에서 실제로 유의미하게 활용되기 위해서는 일정한 기준을 충족해야 하는데, 이 점은 나이테 분석도 마찬가지다. 법원으로서는 전문가의 편견 및 오류 가능성이나 특정 이론의 사이비 과학 여부 등에도 신경을 쓸 수밖에 없기 때문이다. [B] 나이테 분석을 통한 환경오염의 해석은 분명 물리적 환경 변화의 해석에서보다 고려해야 할 변수도 많고, 아직 그 역사도 상당히 짧다. 하지만 이 같은 해석 기법이 환경 소송을 주재할 법원의 요구에 부응할 수 있는 과학 기술적 토대를 갖추었다고 평가하는 견해가 점차 늘어나고 있다.

28.

윗글로 보아 적절하지 <u>않은</u> 것은?

① 나이테 분석이 이미 생성된 나이테만을 대상으로 할 수밖에 없다면, 아직 발생하지 않은 변동을 예측하는 데는 사용되지 못할 것이다.
② 특정 수목이 소유지 경계 획정 시 성목(成木)으로 심은 것이라면, 그 나이테의 개수가 경계 획정 시기까지 소급한 햇수보다 적지 않을 것이다.
③ 발생 연도가 확실한 사건에 대한 지식이 추가되면, 비교할 다른 나무가 없어도 특정 수목의 생육 연대를 비교적 정확하게 추산하는 것이 가능하다.
④ 배후지의 나무와 달리 차로변의 가로수만 특정 나이테 층에서 납 성분이 발견되었다면, 그 시기에는 납을 함유한 자동차 연료가 사용되었다고 추정하는 것이 가능하다.
⑤ 가장자리 나이테 층뿐 아니라 심부로도 수분과 양분이 공급되는 종류의 나무라면, 나이테 분석을 통해 유해 화학 물질의 배출 시기를 추산할 때 오차가 발생할 것이다.

문항 성격	문항유형 : 주제, 구조, 관점 파악
	내용영역 : 규범
평가 목표	이 문항은 연륜연대학에 관한 제시문의 주요 내용을 이해하고 있는지 평가하는 문항이다.

제시문 두 번째 단락에서 연륜연대학의 개념과 기본적인 방법론을 소개하고, 세 번째 단락([A] 부분)에서 가상의 사례를 들어 다른 나무의 나이테와 비교하는 방법을 설명한다. 네 번째 단락에서는 연륜연대학이 법적 사안의 해결에 어떻게 도움을 주었는지를 소개하고, 다섯 번째 단락과 여섯 번째 단락([B] 부분)에서는 연륜연대학의 한 분야인 연륜화학이 환경 소송에서 유용하게 쓰일 가능성 및 그 전제 조건과 한계를 논한다.

정답 해설 ① 제시문 다섯 번째 단락 "과학자들은 나이테에 담긴 환경 정보의 종단 연구를 통해 기후 변동의 역사를 고증하고, 미래의 기후 변화를 예측하는 데 주로 관심을 기울여 왔다."로부터, 이미 생성된 나이테의 분석만으로도 미래의 변화를 예측하는 것이 가능함을 알 수 있다.

오답 해설 ② 제시문 세 번째 단락으로부터 나이테는 1년에 1개씩 생긴다는 것을 알 수 있다. 또 경계 획정 시 성목으로 심은 것이라면, 그 나무의 나이가 경계 획정 시기까지 소급한 햇수보다 많거나 같을 것이다. 따라서 나이테의 개수도 경계 획정 시기까지 소급한 햇수보다 적지 않을 것이다. 네 번째 단락 "수목으로 소유지 경계를 표시하던 과거에는 수목의 나이를 확인하는 것이 분쟁 해결에 중요한 역할을 담당하였다."도 이것이 전제되었기 때문에 가능하였다.

③ 제시문 다섯 번째 단락 "나이테에 담긴 환경 정보에는 비단 강수량이나 수목 질병만이 아니라 중금속이나 방사성 오염 물질, 기타 유해 화학 물질에 대한 노출 여부도 포함되므로 이를 분석하면 특정 유해 물질이 어느 지역에 언제부터 배출되었는지를 확인할 수 있을 것이다."로부터, 대홍수나 긴 가뭄, 공장의 오염 물질 배출과 같은 사건의 발생 연도가 확실하다면 한 나무의 나이테만 분석하여도 생육 연대를 비교적 정확히 추산하는 것이 가능함을 알 수 있다. 사건 발생 연도에 생성된 나이테가 강수량이나 유해 물질에 대한 노출 등의 정보를 반영하기 때문이다.

④ 제시문 다섯 번째 단락 "나이테에 담긴 환경 정보에는 … 중금속 … 에 대한 노출 여부도 포함되므로 이를 분석하면 특정 유해 물질이 어느 지역에 언제부터 배출되었는지를 확인할 수 있을 것이다."로부터, 배후지 나무에서는 납 성분이 발견되지 않고 차로변 나무의 특정 나이테 층에서만 납 성분이 발견된 것은 차로변의 나무만 특정 시기에 납에 노출되었기 때문이라는 결론을 내릴 수 있다. 따라서 그 시기에 납을 함유한 자동차 연료가 사용되었다고 추정하는 것이 가능하다.

⑤ 제시문 다섯 번째 단락 "나이테에 담긴 환경 정보에는 … 유해 화학 물질에 대한 노출 여부도 포함되므로 이를 분석하면 특정 유해 물질이 어느 지역에 언제부터 배출되었는지를 확인할 수 있을 것이다."는 새 나이테가 형성되는 가장자리만 유해 화학 물질의 영향을 받음을 전제로 하는 것이다. 그러나 심부로도 수분과 양분이 공급된다면 유해 화학 물질 또한 심부로 유입될 것이므로, 나이테 분석의 전제가 맞지 않게 되어 유해 물질의 배출 시기를 정확하게 추산할 수 없게 된다.

29.

[A]에 대해 추론한 내용으로 옳지 <u>않은</u> 것은?

① 2005년에 베어 낸 수목은 1605년경부터 자랐을 것이다.
② 대들보로 사용된 목재의 가장자리에서 10번째 나이테는 폭이 넓을 것이다.
③ 대들보로 사용된 목재의 가장자리에서 20번째 나이테는 폭이 좁을 것이다.
④ 대들보로 사용된 목재의 가장자리에서 15번째 나이테는 1635년경에 생겼을 것이다.
⑤ 대들보로 사용된 목재와 기둥 목재의 나이테 패턴 비교 구간은 1318년경에서 1650년경 사이에 있을 것이다.

문항 성격	문항유형 : 정보의 추론과 해석
	내용영역 : 규범
평가 목표	이 문항은 심은 시기가 확실한 나무와 그렇지 않은 나무의 나이테를 비교하는 방법의 목적과 효과를 이해하고 있는지 평가하는 문항이다.
문제 풀이	정답 : ③

가장자리 나이테에서 7개째부터 보이는 "앞서의 수목과 동일한 패턴"은 "1643년부터 거슬러 1628년까지 16년 동안 넓은 나이테 5개, 좁은 나이테 5개, 넓은 나이테 6개 순으로 연속된 특이 패턴"을 가리키므로, 가장자리에서 7개째의 나이테가 1643년의 나이테이며 7개째부터 22개째까지 16개의 나이테가 위 특이 패턴을 보인다는 것을 추론할 수 있다.

정답 해설	③ 가장자리에서 7개째 나이테부터 앞서의 수목과 동일한 패턴, 즉 "넓은 나이테 5개, 좁은 나이테 5개, 넓은 나이테 6개 순으로 연속된 특이 패턴"이므로, 가장자리에서 7개째부터 11개째까지는 넓은 나이테, 12개째부터 16개째까지는 좁은 나

이테, 17개째부터 22개째까지는 넓은 나이테이다. 따라서 가장자리에서 20개째는 폭이 넓은 나이테일 것이다.

오답 해설 ① 2005년에 베어 냈고 400년 된 나무이므로 1605년경부터 자랐다고 추론할 수 있다.

② 가장자리에서 7개째 나이테부터 앞서의 수목과 동일한 패턴, 즉 "넓은 나이테 5개, 좁은 나이테 5개, 넓은 나이테 6개 순으로 연속된 특이 패턴"이므로, 가장자리에서 7개째부터 11개째까지는 넓은 나이테이다. 따라서 가장자리에서 10개째 나이테는 폭이 넓은 나이테일 것이다.

④ 가장자리 나이테에서 7개째부터 보이는 "1643년부터 거슬러 1628년까지 16년 동안 넓은 나이테 5개, 좁은 나이테 5개, 넓은 나이테 6개 순으로 연속된 특이 패턴"과 동일한 패턴을 바탕으로, 가장자리에서 7개째 나이테는 1643년의 나이테라는 것을 추론할 수 있다. 이에 근거하여 역산(逆算)하면 가장자리에서 15개째 나이테는 1635년의 나이테라는 결론이 도출된다.

⑤ "그 목재로 사용된 나무는 … 1318년경부터 자란 것이라는 결론을 내릴 수 있다. 나아가 그 목재를 유적의 기둥 목재와 비슷한 방식으로 비교하여, 나이테 기록을 보다 먼 과거까지 소급할 수 있다."로부터, 유적의 기둥 목재에 보이는 나이테가 1318년보다 먼 과거의 정보를 기록하고 있다는 것을 추론할 수 있고, 이는 이 기둥 목재로 사용된 나무가 1318년보다 먼 과거에서부터 자랐다는 뜻이다. 또 대들보 목재와 기둥 목재는 동일한 유적에 쓰인 목재이므로 비슷한 시기에 베어졌을 것으로 추정할 수 있다. 따라서 두 목재의 나이테 패턴 비교 구간은 1318년경에서 1650년경 사이에 있음을 추론할 수 있다.

30.

[B]를 참조하여 〈보기〉의 입장들을 설명할 때, 적절하지 않은 것은?

> **보기**
>
> X국에는 과학적 연구 자료를 법적으로 활용하는 기준에 대하여 다음과 같은 입장들이 있다. 각각의 입장에서 전문가의 '나이테 분석에 근거한 연구 결과'가 어떻게 이용될지 생각해 보자.
>
> A : 관련 분야 전문가들의 일반적 승인을 얻은 것만을 증거로 활용한다.

B : 사안에 대한 관련성이 인정되는 한 모두 증거로 활용하되, 전문가의 편견 개입 가능성이나 쟁점 혼란 또는 소송 지연 등의 사유가 있을 경우에는 활용하지 않는다.

C : 사안에 대한 관련성이 인정되고, 일정한 신뢰성 요건(검증 가능성, 적정 범위 내의 오차율 등)을 갖춘 것은 모두 증거로 활용한다.

① A를 따르는 법원이 수목의 병충해 피해 보상을 판단할 때 해당 연구 결과를 유의미하게 활용한다면, 나이테를 통한 비교 연대 측정 방법은 대체로 인정된다고 추정할 수 있군.

② A를 따르는 법원이 공장의 유해 물질 배출로 인한 피해의 배상을 판단할 때 해당 연구 결과를 유의미하게 활용한다면, 연륜화학의 방법은 대체로 인정된다고 추정할 수 있군.

③ B를 따르는 법원이 방사능 피해 보상 문제에서 해당 연구 결과를 유의미하게 활용한다면, 그 연구의 수행자가 피해 당사자의 입장을 적극 대변하는 인물이라고 추정할 수 있군.

④ C를 따르는 법원이 장기간의 가뭄으로 인한 농가 피해의 보상을 판단할 때 해당 연구 결과를 유의미하게 활용한다면, 나이테 분석은 사이비 과학이 아니라고 추정할 수 있군.

⑤ C를 따르는 법원이 홍수로 인한 농가 피해의 보상을 판단할 때 해당 연구 결과를 유의미하게 활용하지 않는다면, 연륜연대학의 방법이 일정한 신뢰성의 요건을 충족하지 못한다고 추정할 수 있군.

문항 성격	문항유형 : 정보의 평가와 적용
	내용영역 : 규범
평가 목표	이 문항은 과학 기술 전문가의 연구 결과가 법정에서 유의미하게 활용되기 위하여 충족해야 하는 기준에 관한 여러 입장을 정확하게 이해하여 구체적인 사안에 적용할 수 있는지 평가하는 문항이다.
문제 풀이	정답 : ③

과학 기술 전문가의 연구 결과가 법정에서 유의미하게 활용되기 위하여 충족해야 하는 기준에 관하여 A~C의 세 입장이 있다. A는 관련 분야 전문가들의 일반적 승인을 요구하고, B는 사안에 대한 관련성만 인정되면 된다고 하면서도 일정한 경우에는 연구 결과를 활용해선 안 된다는 입장이다. C는 사안에 대한 관련성과 일정한 신뢰성 요건을 요구한다. 제시문 두 번째 단락 "연륜연대학이란, 나이테를 분석하여 나무의 역사를 재구성하는 과학이다. 온대림에서 자라는 대부분의 수목

은 매년 나이테를 하나씩 만들어 내는데, 그것의 폭, 형태, 화학적 성질 등은 수목이 노출되어 있는 환경의 영향을 받는다. 예를 들어 나이테의 폭은 강수량이 많았던 해에는 넓게, 가물었던 해에는 좁게 형성된다."와 다섯 번째 단락 "나이테에 담긴 환경 정보에는 비단 강수량이나 수목 질병만이 아니라 중금속이나 방사성 오염 물질, 기타 유해 화학 물질에 대한 노출 여부도 포함되므로 이를 분석하면 특정 유해 물질이 어느 지역에 언제부터 배출되었는지를 확인할 수 있을 것이다. 넓은 의미의 연륜연대학 중에서 이처럼 수목의 화학적 성질에 초점을 맞춘 연구만을 따로 연륜화학이라 부르기도 한다."로부터, 선택지 ①~⑤의 수목의 병충해 피해, 공장의 유해 물질 배출로 인한 피해, 방사능 피해, 장기간의 가뭄으로 인한 농가 피해, 홍수로 인한 농가 피해는 모두 연륜연대학 또는 연륜화학이 활용될 수 있는 영역임을 알 수 있다. 즉 선택지 ①~⑤에서 법원이 유의미하게 활용하거나 유의미하게 활용하지 않는 연륜연대학적/연륜화학적 연구 결과는 모두 사안에 대한 관련성이 인정된다.

정답 해설 ③ 입장 B는 "… 전문가의 편견 개입 가능성 … 의 사유가 있을 경우에는 (과학적 연구 자료를 증거로) 활용하지 않는다."이므로, 이 입장을 따르는 법원이 연륜연대학적 연구 결과를 유의미하게 활용한다면 연구 수행자가 편견을 가지고 있을 가능성이 없다고 보는 것이다. 그러나 피해 당사자의 입장을 적극 대변하는 것은 편견을 가지고 있음을 의미한다.

오답 해설 ① 입장 A는 "관련 분야 전문가들의 일반적 승인을 얻은 것만을 증거로 활용한다." 이므로, 이 입장을 따르는 법원이 연륜연대학적 연구 결과를 유의미하게 활용한다면 연륜연대학적 연구(=나이테를 통한 비교 연대 측정)가 관련 분야에서 대체로 인정된다고 보는 것이다.

② 입장 A는 "관련 분야 전문가들의 일반적 승인을 얻은 것만을 증거로 활용한다." 이므로, 이 입장을 따르는 법원이 연륜화학적 연구 결과를 유의미하게 활용한다면 연륜화학이 관련 분야에서 대체로 인정된다고 보는 것이다.

④ 입장 C는 "일정한 신뢰성 요건(검증 가능성, …)을 갖춘 것은 모두 증거로 활용한다."이므로, 이 입장을 따르는 법원이 연륜연대학적 연구 결과를 유의미하게 활용한다면 연륜연대학적 연구(=나이테 분석)가 검증 가능성이라는 신뢰성 요건을 갖추었다고, 즉 사이비 과학이 아니라고 보는 것이다.

⑤ 입장 C는 "사안에 대한 관련성이 인정되고, 일정한 신뢰성 요건(…)을 갖춘 것은 모두 증거로 활용한다."이므로, 이 입장을 따르는 법원이 사안에 대한 관련성이 인정되는 연륜연대학적 연구 결과를 유의미하게 활용하지 않는다면 그 연구 결과가 일정한 신뢰성 요건을 갖추지 못하였다고 보는 것이다.

법학적성시험
언어이해 영역

2019

2019학년도 언어이해 영역 출제 방향

1. 출제의 기본 방향

언어이해 영역은 법학전문대학원 학생 및 법률가들에게 필요한 언어 소양과 통합적 언어 능력을 평가하는 것을 기본 방향으로 삼는다. 특히 법학전문대학원에서 원활하게 수학하려면 학부 전공과 상관없이 공적 가치 판단이 요구되는 전문적인 글들을 독해하고 평가할 수 있는 능력이 요구된다. 이를 중요하게 고려하여 2019학년도 법학적성시험 언어이해 영역은 수험생이 텍스트를 능동적으로 이해하고 비판적으로 대하며 새로운 문제 상황에 적용할 수 있는 능력을 갖추고 있는지를 점검하는 데 출제의 기본 방향을 두었다. 구체적인 출제 원칙은 다음과 같다.

- 통합적이며 심층적인 독해 및 사고 능력을 평가한다.
- 제시문의 핵심 정보나 주요 세부 정보들을 이해하고, 제시문의 대의를 파악하며, 정보들 간의 유기적 관련성을 분석·종합하는 능력을 평가한다.
- 제시문에서 획득한 정보를 바탕으로 제시문에 없는 사항을 추론하거나, 그 정보를 문제 상황에 적용하여 그 적실성을 판단하는 능력을 평가한다.

2. 출제 범위

언어이해 영역은 독해를 기반으로 한 언어이해 능력을 평가하는 영역이다. 이 능력은 다양한 주제를 다룬 여러 유형의 글들을 정확히 읽어 내는 능력, 그 글을 바탕으로 적절한 추론과 비판을 이끌어낼 수 있는 능력, 제시문의 정보를 관련 상황에 적용하는 능력 모두를 뜻한다. 이를 평가하기 위해 이번 시험에서는 다양한 전문 분야에서 제시문의 제재를 구하되, 중요한 공적 가치를 지닌 주제들을 우선적으로 선정하였고, 언어이해 영역의 여러 평가 목표를 균형 있게 다룰 수 있도록 하였다.

3. 제시문 및 문항

언어이해 영역의 출제에서는 가독성이 뛰어나고 논지가 분명하며 완결성이 높은 제시문을 개발하는 것이 중요하다. 개발 시 고려한 주요 사항은 다음과 같다.

첫째, 대학 교양 교육의 충실한 이수를 유도하고 제시문 독해만으로도 교육적 효과를 얻을 수 있게 하기 위하여 여러 학문 분야에 두루 사용되는 기본적인 개념이나 범주들을 제대로 이해했는지 평가할 수 있게 하였다.

둘째, 법학의 배경 지식을 요구하는 제시문 대신 학제적 내용 분야와 각 주제들을 연계함으로써 통합적 사고력과 문제해결 능력을 평가할 수 있게 하였다.

셋째, 법적 문제들과 연관될 수 있는 다양한 제시문을 작성함으로써 법의 이론적·현실적 연관성을 폭넓게 사고하게 하였다.

이번 시험에서는 '인문', '사회', '과학기술', '규범'으로 분류된 4개 내용 영역에서 10개 문항 세트(총 30문항)를 출제하였다. 각각의 문항 세트는 '주제, 구조, 관점 파악' 능력, '정보의 확인과 재구성' 능력, '정보의 추론과 해석' 능력, '정보의 평가와 적용' 능력을 균형 있게 평가하도록 설계하였다.

특히 이번 시험에서는 제시문의 다양한 정보들과 〈보기〉의 형태로 제시되는 정보들을 연결시켜 해결하는 문항들을 다수 출제하였다. 종합적인 판단 및 추론 능력, 비판 및 적용 능력을 측정하기 위한 것이다. 이 문항들은 수험생들의 논리력과 분석력, 종합적 판단력을 점검하는 데 중점을 두었다.

각 내용 영역별 제시문은 다음과 같다.

'인문' 영역에서는 먼저 아리스티데스의 「로마 송사(頌辭)」를 소개하는 글을 제시하였다. 로마 제국이 지배하던 그리스 출신 지식인이 제국의 통치를 바라보는 태도를 비판적 시선으로 분석하고 있는 이 글은 수험생들에게 올바른 역사관이 무엇인가를 되돌아보는 계기가 될 것이다.

이어 현대 문학의 주요 주제 중 하나인 멜랑콜리의 개념과 그 의의를 소개하는 이론 중심의 비평문을 제시하였다. 현대 예술가나 문학인들이 직면하는 멜랑콜리의 감정을 사회적 현실과 관련시켜 분석하는 이 비평문은 법률가에게 필요한 인간에 대한 이해, 인문적 교양을 갖추게 하는 데 도움이 될 것이다.

다음으로 정신과 물질의 관계에 대한 해명을 시도한 '뒤집힌 감각질 사고 실험'을 비판적으로 소개하는 글을 제시하였다. 사고 실험의 과정과 결과, 그리고 그에 대한 비판을 이해하고 평가할 수 있는 논리적 사고력의 함양을 특히 요구하는 글이다.

'사회' 영역에서는 먼저 경제 주체들의 행동에 나타나는 '이상 현상'에 대한 전통적 경제학과 행동경제학의 상이한 해석을 소개하는 글을 제시하였다. 사람들이 생애에 걸친 소비의 계획을 수립하고 그에 따라 소비 생활을 하는 데 있어서 '심적 회계'가 어떻게 작동하는지를 분석하는 이 글을 통해 수험생들은 우리 사회의 경제 현상을 보다 깊이 이해하는 기회를 얻게 될 것이다.

이어 최근 유럽의 일부 정치 현상으로서 극우민족주의에서 나타나는 네이션의 구성 및 정치적 작동 방식을 비판적 시선으로 분석하고 있는 글을 제시하였다. 신자유주의 시대에 잉여로 간주되는 존재들을 통해 극우민족주의를 극복할 새로운 형태의 정치질서와 연대의식의 가능성을 타진하는 이 글은 올바른 정치 체제와 이념이 무엇인가에 대한 비판적 성찰의 기회를 제공할 것이다.

'과학기술' 영역에서는 먼저 첨단 소재 분야의 연구에서 활용되는 전자 현미경에 대해 소개하는 글을 제시하였다. 광학 현미경의 원리와의 비교, 유추를 통해 전자 현미경의 원리를 재미있게 설명해 주는 이 글은 수험생들이 과학적 내용을 담은 글에 대해서도 흥미를 느끼는 계기가 될 것이다.

이어 '온톨로지'에 대해 소개하는 글을 제시하였다. 특정 영역의 지식을 모델링하여 구성원들의 지식 공유 및 재사용을 가능하게 하는 온톨로지의 개념, 표현 언어, 응용 분야와 사례 등을 설명하는 이 글은 최근 우리 사회에서 관심이 고조되고 있는 인공지능 및 시맨틱 웹 기술을 이해하는 데 도움을 줄 것이다.

'규범' 영역에서 먼저 법의 유래와 기원, 본질의 문제를 해명하려는 다양한 이론적 시도들을 소개하고 각각의 이론이 지닌 논리적 근거를 비판적으로 검토하는 글을 제시하였다. 관습이론, 구조이론, 갈등이론 등을 중심으로 우리 사회에서 법이 차지하는 의미가 무엇인가를 성찰하고 있는 이 글은 법의 사회적 의미에 대한 교양을 넓혀 줄 것이다.

이어 동물에 대한 윤리적 대우와 의무의 문제를 다룬 글을 제시하였다. 동물감정론과 동물권리론을 소개하는 것은 물론, 두 이론이 제기한 윤리적 문제를 포식의 문제를 중심으로 논박하는 비판론을 함께 제시하여 자연에 대한 인간의 윤리적 의무에 대한 근원적 성찰의 기회를 제공하려고 하였다.

다음으로 명확성의 원칙을 중심으로 근대법의 기획을 비판적으로 다루는 글을 제시하였다. 법문의 의미 해석과 적용에서 제기되는 다양한 실천적 문제들을 통해 법문에 대한 국민의 이해 가능성 문제에 대해 새로운 인식을 제공받을 수 있을 것이다.

4. 난이도

2019학년도 법학적성시험에서는 2018학년도와 유사한 수준으로 난이도를 조정하고자 했다. 특히 난삽한 제시문을 통해서 난이도를 조정하는 것을 지양하고 실질적인 독해 능력을 측정하는 문항을 통해서 난이도를 조정하였다. 또한 고난도의 문항과 평이한 문항을 골고루 배치하여 변별력을 실질적으로 높이려고 하였다. 이를 위해 제시문의 가독성은 최대한 높이되, 제시문을 비판적 관점에서 심도 깊게 이해하고 새로운 상황에 적용하는 능력을 세밀하게 측정하고자 문제를 설계하였다.

특히 추론과 적용 영역에서 단순한 추론이나 적용을 묻는 것이 아니라, 제시문의 여러 정보들을 종합적으로 연결하여 추론하거나 적용·비판하는 문항을 다수 제시함으로써 실질적인 사고력 측정이 이루어지도록 하였다.

한편, 시중 수험서나 모의고사를 중심으로 한 편협한 학습 경험에 의존해서는 문제를 쉽게 해결할 수 없게끔 출제하였다. 수험생이 단순 지식을 통해 제시문에 접근하지 못하도록 정보를 분석적·비판적으로 재구성하고 새로운 상황에 적용하여 의미를 낯설게 하는 방식을 채택했다. 고차원의 사고 능력은 결국 평소에 풍부한 독서 경험을 쌓지 않으면 불가능함을 재차 확인하는 계기가 될 수 있을 것이다.

아울러 특정 전공자가 아니면 해결할 수 없는 문항이 없도록 출제진은 세심한 노력을 기울였다. 문제해결에 필요한 관련 정보를 빠짐없이 제공하여 해당 전공자가 아니라 하더라도 문제를 푸는 데 어려움이 없게 하였다.

5. 문항 출제 시의 유의점 및 강조점

- 언어이해 영역에서 평가하고자 하는 능력이 주로 통합적 이해력과 심층 분석력에 있다는 점을 고려하여 제시문 분량과 세부 문항 설계 방식에 융통성을 두었다.
- 제시문의 내용과 문항 구성에 있어서 시중 수험서나 모의고사를 중심으로 학습한 경험에 의존해서는 풀리지 않도록 하였으며, 특정 전공에 따른 유불리도 나타나지 않도록 하였다.
- 출제의 의도를 감추거나 오해하게 하는 질문의 선택을 피하고, 평가하고자 하는 능력을 정확히 평가할 수 있도록 간명한 형식을 취하였다.
- 문항 및 선택지 간의 간섭을 최소화하고, 선택지 선택에서 능력에 따른 변별이 이루어질 수 있도록 하였다.

[01~03] 다음 글을 읽고 물음에 답하시오.

법의 본질에 대해서는 많은 논의들이 있어 왔다. 그 오래된 것들 가운데 하나가 사회에 형성된 관습에서 그 본질을 파악하려는 견해이다. 관습이론에서는 이런 관습을 확인하고 재천명하는 것이 법이 된다고 본다. 곧 법이란 제도화된 관습이라고 보는 것이다. 관습을 재천명하는 역할은 원시 사회라면 족장 같은 권위자가, 현대 법체계에서는 사법기관이 수행할 수 있다. 입법기관에서 이루어지는 제정법 또한 관습을 확인한 결과이다. 예를 들면 민법의 중혼 금지 조항은 일부일처제의 사회적 관습에서 유래하였다고 설명한다. 나아가 사회의 문화와 관습에 어긋나는 법은 성문화되어도 법으로서의 효력이 없으며, 관습을 강화하는 법이어야 제대로 작동할 수 있다고 주장한다. 성문법이 관습을 변화시킬 수 없다는 입장을 취하는 것이다.

법을 사회구조의 한 요소로 보고 그 속에서 작용하는 기능에서 법의 본질을 찾으려는 구조이론이 있다. 이 이론에서는 관습이론이 법을 단순히 관습이나 문화라는 사회적 사실에서 유래한다고 보는 데 대해 규범을 정의하는 개념으로 규범을 설명하는 오류라 지적한다. 구조이론에서는 교환의 유형, 권력의 상호 관계, 생산과 분배의 방식, 조직의 원리들이 모두 법의 모습을 결정하는 인자가 된다. 이처럼 법은 구조화의 결과물이며, 이 구조를 유지하고 운영할 수 있는 합리적 방책이 필요하기에 도입한 것이다. 따라서 구조이론에서는 상이한 법 현상을 사회 구조의 차이에 따른 것으로 설명한다.

1921년 팔레스타인 지역에 세워진 모샤브 형태의 정착촌 A와 키부츠 형태의 정착촌 B는 토지와 인구의 규모가 비슷한 데다, 토지 공유를 바탕으로 동종의 작물을 경작하였고, 정치적 성향도 같았다. 그런데도 법의 모습은 서로 판이했다. A에서는 공동체 규칙을 강제하는 사법위원회가 성문화된 절차에 따라 분쟁을 처리하고 제재를 결정하였지만, B에는 이러한 기구도, 성문화된 규칙이나 절차도 없었다. 구조이론은 그 차이를 이렇게 ⊙분석한다. B에서는 공동 작업으로 생산된 작물을 공동 소유하는 형태를 지니고 있어서 구성원들 사이의 친밀성이 높고 집단 규범의 위반자를 곧바로 직접 제재할 수 있었다. 하지만 작물의 사적 소유가 인정되는 A에서는 구성원이 독립적인 생활 방식을 바탕으로 살아가기 때문에 비공식적인 규율로는 충분하지 않고 공식적인 절차와 기구가 필요했다.

법의 존재 이유가 사회 전체의 필요라는 구조이론의 전제에 의문을 제기하면서, 법과 제도로 유지되고 심화되는 불평등에 주목하여야 한다는 갈등이론도 등장한다. 갈등이론에서 법은 사회적 통합을 위한 합의의 산물이 아니라, 지배 집단이 억압 구조를 유지·강화하여 자신들의 이익을 영위하려는 하나의 수단이라고 주장한다. 19세기 말 미국에서는 아동의 노동을 금지하는 아동 노동 보호법을 만들려고 노력하여 20세기 초에 제정을 보았다. 이것은 문맹, 건강 악화, 도덕적 타락을 야기하는 아동 노동에 대한 개혁 운동이 수십 년간 지속된 결과이다. 이에 대해 관습이론에서는 아동과 가족생활을 보호하여야 한다는 미국의 전통적 관습을 재확인하는 움직임이라고 해석할 것이다. 구조이론에서는 이러한 법 제정을 사회구조가 균형을 이루는 과정으로 설명하려 할 것이다. 하지만 갈등이론에서는 법 제정으로 말미암아 값싼 노동력에 근거하여 생존하는 소규모 기업이 대거 퇴출되었다는 점, 개혁 운동의 많은 지도자들이 대기업 사장의 부인들이었고 운동 기금도 대기업의 기부에 많이 의존하였다는 점을 지적한다.

이론 상호 간의 비판도 만만찮다. 관습이론은 비합리적이거나 억압적인 사회·문화적 관행을 합리화해 준다는 공격을 받는다. 구조이론은 법의 존재 이유가 사회적 필요에서 나온다는 단순한 가정을 받아들이는 것일 뿐이고, 갈등이론은 편향적인 시각으로 흐를 수 있을 것이라고 비판받는다.

01.

윗글에 대한 이해로 가장 적절한 것은?

① 관습이론은 지배계급의 이익을 위한 억압적 체계를 합리화한다는 비판을 받는다.
② 구조이론은 법이 그런 모습을 띠는 이유보다는 법이 발생하는 기원을 알려 주려 한다.
③ 구조이론은 규범을 정의하는 개념으로 규범을 설명하기 때문에 논리적 문제가 있다고 공격을 받는다.
④ 갈등이론은 사회관계에서의 대립을 해소하는 역할에서 법의 기원을 찾는다.
⑤ 갈등이론은 법 현상에 대한 비판적 접근을 통해 전체로서의 사회적 이익을 유지하는 기능적 체계를 설명한다.

문항 성격	문항유형 : 주제, 구조, 관점 파악
	내용영역 : 규범
평가 목표	이 문항은 제시문의 주제인 법의 본질에 관한 견해, 즉 관습이론, 구조이론, 갈등이론의 일반적 특징을 이해하였는지 평가하는 문항이다.
문제 풀이	정답 : ①

제시문을 통해 각 이론들의 일반적 특징을, 마지막 단락에서 이들 상호 간 비판의 요지를 파악해야 한다.

정답 해설 ① 제시문 첫 번째 단락에서 관습이론은 관습을 확인하고 재천명하는 것이 법이며, 이런 법은 관습이나 문화와 부합하여야 한다는 입장임을 확인할 수 있다. 그런데 이런 태도는 비합리적이거나 억압적인 사회·문화적 관행까지도 합리화시켜 준다는 비판도 받고 있다는 점이 마지막 단락에 나타난다. 또한 네 번째 단락의 "지배 집단이 억압 구조를 유지·강화하여 자신들의 이익을 영위하려는"이라는 표현에서 '억압적 체계'에 대한 의미를 보충적으로 얻을 수 있다. 따라서 적어도 갈등이론은 관습이론에 대해 지배계급의 이익을 위한 억압적 체계를 합리화한다는 비판을 하고 있음이 명백하다.

오답 해설 ② 구조이론이 법을 구조화의 결과물로 보고 있다고 요약하는 점에서 "법이 그런 모습을 띠는 이유"라는 입장에 가깝고, "법이 발생하는 기원을 알려 주려 한다."는 것은 사회에 형성된 관습을 확인하고 재천명하는 것이 법이 된다고 보는 관습이론의 태도와 상통한다.

③ 오히려 구조이론은 관습이론이 "규범을 정의하는 개념으로 규범을 설명하는 오류"라고 비판한다.

④ 갈등이론은 지배계급의 이익을 옹호하는 억압적 대립 구도를 해소하기보다는 드러내려 하는 데 주안점을 두며, 그런 해소 기능을 법의 기원으로 삼고 있지도 않다.

⑤ 갈등이론은 전체로서의 사회적 이익을 추구한다는 관점에서 보고 있지 않기 때문에 "법은 사회적 통합을 위한 합의의 산물이 아니라"고 이야기하며, 오히려 특정한 "지배 집단이 억압 구조를 유지·강화하여 자신들의 이익을 영위하려는 하나의 수단이라고 주장"하고 있다.

02.

㉠의 내용으로 적절하지 <u>않은</u> 것은?

① A의 사법위원회가 지닌 사회 구조 유지의 기능이 사적 소유제의 도입에 따른 가정 간 빈부 격차를 고착시키는 역할을 수행하였다고 규명한다.

② B의 공동생활 방식은 구성원들이 일상적인 비난과 제재의 가능성에 놓이도록 만들기 때문에 천명되지 않은 관습도 법처럼 지켜졌다고 파악한다.

③ A와 B는 사회의 조직이나 구조가 상이하기 때문에 서로 다른 법체계를 가졌다고 설명한다.

④ B와 달리 A에서 성문화된 규칙이 발전한 모습을 보고 사회 관행과 같은 비공식적 규율은 독립적인 생활 방식의 규율에 적합하지 않았다고 해석한다.

⑤ B와 달리 A는 구성원이 함께 하는 생활 속에서 규범을 체득하는 구조가 아니라서 규율 내용을 명시하여야 규범을 둘러싼 갈등을 억제할 수 있었다고 이해한다.

문항 성격 문항유형 : 정보의 확인과 재구성
내용영역 : 규범

평가 목표 이 문항은 구조이론의 분석 방식을 정밀하게 파악하고 있는지 확인하는 문항이다.

문제 풀이 정답 : ①

제시문 두 번째 단락의 일반적 설명과 세 번째 문단의 예시를 통해 구조이론과 그 분석의 방식을 파악할 수 있다.

정답 해설 ① 갈등이론은 법과 제도로 유지되고 심화되는 불평등에 주목한다. 예컨대 갈등이론은 아동 노동 금지법의 사례를 중소기업의 퇴출과 대기업의 이익이라는 측면에서 이해하고자 한다. 따라서 "사법위원회가 지닌 사회 구조 유지의 기능이 사적 소유제의 도입에 따른 가정 간 빈부 격차를 고착시키는 역할을 수행하였다고 규명"하는 것은 갈등이론의 분석에 해당하는 것이라 할 수 있다.

오답 해설 ② 공동생활 방식을 가진 B는 성문화된 절차나 규칙이 없는 체제이다. 이처럼 성문화되지 않은 규범으로 통제될 수 있는 이유를 "공동생활 방식은 구성원들이 일상적인 비난과 제재의 가능성에 놓이도록 만들기 때문"이라 하여 사회 구조에서 찾는 것은 구조이론의 태도라 할 수 있다.

③ 구조이론은 법을 구조화의 결과로 보고 있다. 따라서 구조가 다르면 법이 달라진다는 설명은 구조이론의 분석 태도라 할 수 있다.

④ 성문화된 규칙과 절차로 규율되는 A와 비공식적 사회 규범으로 통제되는 B의 차이가 나타나는 이유를 독립적인 생활 방식과 공동생활 방식의 차이라고 해석하는 것은 법 현상이 달리 나타나는 이유를 사회 조직 원리의 차이로 해석하려는 구조이론의 분석에 해당한다.

⑤ 갈등 해소 기능을 하는 법 절차가 A에서는 명시적으로 성문화되어 있지만, B에서는 그렇지 않은 그 이유를 규범을 익히게 되는 사회적 구조에서 찾는 것은 구조이론의 분석 방식이라 할 수 있다.

03.

관습이론 에 관한 추론으로 적절하지 <u>않은</u> 것은?

① 구조이론이나 갈등이론이 법을 자연적으로 발생한 것이 아니라고 보는 데 대하여 관습이론도 동의할 것이다.

② 상이한 법체계를 가진 두 사회에 대하여 구조이론이 조직 원리상의 차이로 그 원인을 설명할 때, 관습이론은 관습이 서로 다르기 때문이라고 이를 반박할 것이다.

③ '여성발전기본법', '남녀차별금지및구제에관한법률'의 제정이 한국 사회에서 여성에 대한 차별 관행의 전환을 이끌어 냈다는 평가는 관습이론의 논거를 강화할 것이다.

④ 과거 남계 혈통 중심의 호주제가 현재의 변화된 가족 문화에 맞지 않기 때문에 개정 민법으로 폐지되었다는 분석에 대해, 관습이론은 관습을 재천명하는 법의 역할을 보여 준다고 하여 지지할 것이다.

⑤ 허례허식을 일소하기 위하여 1993년 제정된 '가정의례에관한법률'이 금지한 행위들이 국민들 사이에서 여전히 지속되다가 1999년에 그 법률이 폐지되었다는 사실에서, 성문법이 관습을 변화시킬 수 없다는 주장은 힘을 얻을 것이다.

문항 성격	문항유형 : 정보의 평가와 적용
	내용영역 : 규범
평가 목표	이 문항은 관습이론에 대하여 구조이론과 갈등이론의 관계 속에서 전체적으로 이해하여 선택지 사례들에 적용할 수 있는지 평가하는 문항이다.
문제 풀이	정답 : ③

특히 선택지 ③~⑤의 사례들을 주의 깊게 살피고 이것들이 관습이론과 어떤 관계에 있는지 추론해 낼 수 있어야 한다.

정답 해설	③ 관습이론은 "사회의 문화와 관습에 어긋나는 법은 성문화되어도 법으로서의 효력이 없으며, 관습을 강화하는 법이어야 제대로 작동할 수 있다고 주장한다." 즉, "성문법이 관습을 변화시킬 수 없다는 입장을 취하는 것이다." 이에 대하여 법의 제정이 기존 관행을 전환시켰다는 사실을 드는 것은 관습이론의 논거를 약화하려는 시도이다.
오답 해설	① 관습이론은 법을 "제도화된 관습"이라 하여 자연발생적인 것이 아니라 제도화된 것으로 보고 있으며, 구조이론이나 갈등이론에서도 법을 "사회 전체의 필요에 따라" 또는 "지배 집단이 억압 구조를 유지·강화"하기 위해 도입한 것으로 보고 있다.

② 구조이론과 관습이론의 차이는 한마디로 법 현상에 차이가 나는 이유를 구조 때문으로 보는지 관습 때문으로 보는지에 있다.

④ 관습이론은 법을 "제도화된 관습"이라 보고 있다. 따라서 전통적인 호주제가 현재의 가족 문화적 관행에 맞지 않아서 폐지하는 개정 민법의 입법을 할 수밖에 없었다는 분석에 대해 관습이론은 지지할 것이다.

⑤ '가정의례에관한법률'을 제정했지만 동법이 국민들의 문화에 맞지 않아 지켜지지 못했고 국민은 여전히 관습대로 행동한 결과 동법이 폐지되고 말았다는 역사는 성문법이 관습을 변화시킬 수 없다는 관습이론의 주장과 일치한다.

[04~06] 다음 글을 읽고 물음에 답하시오.

서기 2세기 중엽, 로마의 속주 출신 그리스인 아리스티데스는 로마 통치의 특징을 묘사하는 「로마 송사(頌辭)」라는 연설문을 남긴다. 이 글은 로마 제국에 대한 동시대인의 증언이자, 정복자가 아닌 속주, 즉 식민지 지식인의 논평이라는 점에서 흥미롭다. 그렇지만 로마의 통치 원리에 대한 그의 설명은 정작 로마인에게는 익숙한 것이 아니었다. 예를 들어 그는 '보편 시민'을 구현하려는 시민권 정책의 개방성 원리를 칭찬하지만, 로마인은 그 정책 배후의 이념을 숙고하지 않았다. 로마인에게 속주 엘리트들에 대한 시민권 개방은 분리 통치를 위한 '지배 비결'이었을 뿐이다.

하지만 아리스티데스는 로마의 정책을 이념의 측면에서 볼 필요가 있었다. 이미 300여 년간 그리스 지식인들은 로마 권력의 속성과 그리스인이 로마 통치에 관해 취할 태도에 대한 담론을 지속해 왔기 때문이다. 우선 로마의 지배에 들어간 기원전 2세기 중엽 이래 그리스 지식인들은 그리스인의 대처 자세에 대해 고민했다. 가장 먼저 이를 논의한 이들은 기원전 2~1세기의 철학자 파나이티오스와 포세이도니오스였다. 그들의 논리는 최선자(最善者)의 지배가 약자에게 유익하다는 것이었다. 그로써 그리스인은 로마인에 대해 지배의 도덕적 정당성을 인정하면서 ㉠순응주의를 드러냈다. 하지만 과연 로마인은 최선자였던가? 속주에 배치된 군 지휘관과 관리들에 대한 속주민의 고발이 잦았던 당시 현실에서 보면 그 대답은 어렵지 않다.

한편 서기 1세기 초 로마의 정체(政體)가 공화정에서 제정으로 바뀐 뒤, 그때까지 통치하기보다는 그저 점령해 온 지역에서 실질적 행정이 시작되었다. 그 결과 로마의 통치가 공고해지고, 로마가 가져온 평화의 혜택이 자명해졌다. 그리스 문화를 존중하는 로마 황제들의 배려가 늘어가면서, 그리스인의 자유 상실감은 상당히 약화되었다. 이제 그들은 문학과 철학에서의 문화 권력을 인정받는 대가로 권력과 타협할 준비가 되어 있었다. 이를 ㉡타협주의라고 부를 수 있을 것이다.

예컨대 서기 1세기 초의 역사가 디오니시우스는 실체적 근거도 없이 로마인의 뿌리는 사실 그리스인이라며 일종의 동조론(同祖論)을 제기했다. 그렇지만 이는 로마인에 대한 아부가 아니라 그리스인을 위한 타협의 신호였다. 정복자로 성공한 로마인을 불편하게 대할 이유가 없다는 것이었다. 거의 같은 시기의 수사학자 디오는 황제들이 타락하지 않으면, 로마가 관대한 통치를 펴고 그리스인의 이상인 '화합'을 실현할 것이라고 전망하였다. 아직까지는 자신들의 정체성을 지키기 위한 노력을 포기하지 않았기 때문이다.

그러나 아리스티데스의 시기에 이르면 속주 지식인들의 기조는 ⓒ동화주의로 변했다. 역사가 아피아누스는 제정이 안정과 평화, 풍요를 안겨 주었다고 보았고, 그런 의미에서 로마가 공화정에서 제정으로 전환된 것을 축복이라고 묘사했다. 이는 그가 아직도 옛 정체에 대한 향수를 짙게 간직하고 있던 로마의 전통적 지배 계층보다 새로운 체제와 일체감을 더 지녔음을 보여 준다. 그리고 아리스티데스는 「로마 송사」에서 그리스에 대한 혜택과 배려를 더 이상 논하지 않고, 제국 시민으로서의 관점을 강조한다. 그리고 제국 통치가 가져다 준 평화의 전망 속에서 그리스의 지역 엘리트들은 더 이상 통치할 권리를 두고 서로 싸우지 않는다고 말한다. 요컨대 아리스티데스는 식민지 엘리트들의 탈정치화를 상정하고 있다. 그는 모든 속주 도시의 정치적 자립성이 세계 제국 안에서 소멸되는 상태를 꿈꾸는 것이다.

게다가 그가 보기에 로마는 이전의 다른 제국인 페르시아에 비해 행정 조직과 지배 이념에 있어서 비교 우위를 지녔다. 로마의 행정 조직은 거대하지만 동시에 체계적인 점이 특징이라는 것이다. 이 체계적인 면이란 곧 통치의 탈인격성을 가리키며, 바로 페르시아 왕의 전횡과 대척을 이루는 것이다. 이렇게 「로마 송사」는 '팍스 로마나'가 절정에 달해 있던 서기 2세기 중엽의 로마 정책에 대해 공감하고 동조하며 결국 동화되었던 그리스 지식인들의 자세를 잘 보여 주고 있다.

04.

윗글의 내용과 일치하는 것은?

① 공화정 말기에 로마의 속주 행정은 페르시아와 달리 전횡성을 극복하였다.
② 공화정 말기에 속주민은 로마 군 지휘관과 관리들의 통치에 이견을 표하지 못했다.
③ 제정 초기에 로마의 상류층은 평화와 안정을 보장하는 체제의 변화를 환영하였다.
④ 제정 초기에 그리스 지식인들은 로마의 그리스 문화 존중을 바탕으로 자존감을 지켰다.
⑤ '팍스 로마나' 절정기의 시민권 정책은 '보편 시민' 양성이라는 통치 원리의 산물이었다.

문항 성격	문항유형 : 주제, 구조, 관점 파악
	내용영역 : 인문
평가 목표	이 문항은 제시문의 구조와 소주제들을 정확하게 파악하고 있는지 확인하는 문항 이다.
문제 풀이	정답 : ④

제시문에 나와 있는 정보들을 시기별로 정리하여 그 내용을 이해하고, 다른 곳에 있는 정보들과 같이 파악하면 정답을 알 수 있다.

정답 해설 ④ 서기 1세기 초인 제정 초기에 그리스 지식인들은 "그리스 문화를 존중하는 로마 황제들의 배려"를 받았고, "문학과 철학에서의 문화 권력을 인정받는 대가로 권력과 타협"하여 자존감을 지켰다. 다시 말해, 그리스인은 로마 황제들의 배려와 존중을 받아들여 자존감만은 지킬 수 있게 되었기에 로마의 통치에 타협적 태도를 보인 것이다.

오답 해설 ① 제시문 세 번째 단락 "서기 1세기 초 로마의 정체(政體)가 공화정에서 제정으로 바뀐 뒤, 그때까지 통치하기보다는 그저 점령해 온 지역에서 실질적 행정이 시작되었다."에서 공화정 말기까지 행정은 아직 제대로 시행되지 않았음을 알 수 있다.

② 기원전 2~1세기, 즉 공화정 말기에 "속주에 배치된 군 지휘관과 관리들에 대한 속주민의 고발이 잦았던 당시 현실"을 본다면 이견을 표하지 못한 정도가 아니라 적극적으로 이견을 표했다는 것을 알 수 있다.

③ 아리스티데스의 시기, 즉 제정 초기에 "아직도 옛 정체에 대한 향수를 짙게 간직하고 있던 로마의 전통적 지배 계층"은 예전의 체제인 공화정을 그리워하고 있었으므로 새로운 체제인 제정을 환영하지 않았다는 것을 알 수 있다.

⑤ '팍스 로마나' 절정기인 서기 2세기 중엽은 아리스티데스의 시기이다. 제시문 첫 번째 단락 "그(아리스티데스)는 '보편 시민'을 구현하려는 시민권 정책의 개방성 원리를 칭찬하지만, 로마인은 그 정책 배후의 이념을 숙고하지 않았다. 로마인에게 속주 엘리트들에 대한 시민권 개방은 분리 통치를 위한 '지배 비결'이었을 뿐이다."로부터 로마의 시민권 정책은 '보편 시민' 양성이라는 통치 원리에서 나온 것이 아님을 알 수 있다.

05.

㉠~㉢에 대한 설명으로 적절하지 <u>않은</u> 것은?

① ㉠에서는 지배의 정당성을 윤리적 정당성과 일치시키는 논리를 내세웠다.
② ㉡에서는 그리스 정체성의 유지를 중시한다는 특징을 갖고 있다.
③ ㉢에서는 제국 행정 시스템의 체계적인 면을 높이 평가했다.
④ ㉡과 ㉢에서는 자유보다 평화와 안전을 중시한다는 공통점을 지녔다.
⑤ ㉠, ㉡, ㉢ 모두 로마의 정체 변화를 긍정적으로 파악하고 있다.

문항 성격	문항유형 : 정보의 확인과 재구성
	내용영역 : 인문
평가 목표	이 문항은 제시문의 주요 개념인 순응주의, 타협주의, 동화주의의 내용을 정확하게 파악하고 재구성해 낼 수 있는지 평가하는 문항이다.
문제 풀이	정답 : ⑤

제시문에 나와 있는 세 가지 주요 개념들에 대한 정보들을 시기별로 정리하여 그 내용을 이해하고, 다른 곳에 있는 정보들과 함께 파악하면 적절한 설명을 가려낼 수 있다.

정답 해설 ⑤ ㉠의 시기는 기원전 2~1세기이므로 서기 1세기 초에 있었던 로마의 정체 변화, 즉 공화정에서 제정으로 변화가 있기 전에 있었던 일이다. 따라서 ㉠은 그 시기에 일어나지 않았던 사건에 대해서 긍정적으로 파악할 수 없다.

오답 해설 ① ㉠의 시기인 기원전 2~1세기에 파나이티오스와 포세이도니오스는 "최선자(最善者)의 지배가 약자에게 유익하다."며 지배의 정당성을 윤리적 정당성과 같이 보는 논리를 전개했다.

② ㉡의 시기에는 "아직까지는 자신들의 정체성을 지키기 위한 노력을 포기하지 않았"기 때문에 적절하다.

③ ㉢의 시기인 서기 2세기 중반에 아리스티데스는 "로마의 행정 조직은 거대하지만 동시에 체계적인 점이 특징"이었고, "페르시아에 비해 행정 조직과 지배 이념에 있어서 비교 우위를 지녔다."고 보았다.

④ 먼저 ㉡의 시기에는 "평화의 혜택이 자명"해졌고, "자유 상실감은 상당히 약화"되었으며, "문화 권력을 인정받는 대가로 권력과 타협"할 준비가 되어 있었다. 따라서 이는 자유보다 평화를 중시한다는 의미가 된다. 또 ㉢의 시기에는 "모든 속주 도시의 정치적 자립성이 세계 제국 안에서 소멸되는 상태를 꿈꾸"고 있었

다. '정치적 자립성'이란 정치적으로 자유롭게 스스로의 의사를 구현하는 것으로, 이것의 소멸을 꿈꾸는 것은 자유를 포기하는 것으로 볼 수 있다. 또한 "제정이 안정과 평화, 풍요를 안겨 주었다."고 파악하고 있으므로, 이 두 가지 정보를 종합하면 자유보다 평화와 안정을 중시하였다는 점을 알 수 있다.

06.

윗글을 바탕으로 〈보기〉를 평가한 내용으로 가장 적절한 것은?

보 기

정치가는 자신과 출신 도시가 로마 통치자들에게 책잡히지 않도록 해야 함은 물론, 로마의 고위 인사 중에 친구를 가지도록 해야만 한다. 로마인은 친구들의 정치적 이익을 증대시켜 주는 데 열심이기 때문이다. 우리가 거물들과의 우정에서 이득을 보게 되었을 때, 그 이점이 우리 도시의 복지에 이어지도록 하는 것도 좋다. …… 우리 그리스 도시들이 누리는 축복들인 평화, 번영, 풍요, 늘어난 인구, 질서, 화합을 생각해 보라. 그리스인이 이민족들과 싸우던 모든 전쟁은 자취를 감추었다. 자유에 관한 한, 우리 도시 주민들은 통치자들이 허용해 주는 커다란 몫을 누리고 있다. 아마 그 이상의 자유는 주민들을 위해서도 좋지 않을 것이다.

— 플루타르코스, 「정치가 지망생을 위한 권고」

① '우리 도시'와 '화합'을 말하고 있다는 점에서, 그리스인의 정체성 지키기를 포기하지 않은 디오와 같은 자세를 견지한다고 보아야겠군.

② '자신과 출신 도시', '평화'와 '풍요'를 거론하고 있다는 점에서, 황제의 통치를 환영한 아피아누스와 동시대인의 주장이라고 보아야겠군.

③ 로마는 '친구들'의 '정치적 이익'을 지켜 준다고 한다는 점에서, 시민권 확대에 주목한 아리스티데스와 같은 태도를 보이고 있다고 보아야겠군.

④ 그리스인이 '이민족들'과 싸우던 전쟁이 사라졌음을 강조한다는 점에서, 로마인과 그리스인이 한 뿌리를 가졌다고 보는 디오니시우스의 주장을 지지한다고 보아야겠군.

⑤ '통치자들'의 눈치를 보고 그들이 준 '번영'과 '질서'를 상기시킨다는 섬에서, 약사에게 유익한 점을 고민한 파나이티오스, 포세이도니오스와 동시대인의 견해라고 보아야겠군.

문항유형 : 정보의 평가와 적용

내용영역 : 인문

이 문항은 〈보기〉의 정보를 제시문의 내용과 연계하여 합리적으로 이해할 수 있는지를 평가하기 위한 문항이다.

정답 : ①

〈보기〉는 플루타르코스의 작품 내용 중 일부이다. 〈보기〉에서 플루타르코스는 그리스의 정치가 지망생들에 대한 권고에서 로마의 통치를 인정하고, 오히려 로마인 중 권력자들과 친분을 맺으라고 충고한다. 그래야 그리스 도시들과 본인이 혜택을 본다고 판단하기 때문이다. 또한 로마의 통치가 많은 혜택을 가져다 주었으며 자유의 일부만으로 만족하라고 말하고 있다. 이는 전형적인 타협주의의 입장이며, 그 중에서도 디오의 견해와 일치한다.

정답 해설 ① 〈보기〉는 "로마가 관대한 통치를 펴고 그리스인의 이상인 '화합'을 실현할 것이라고 전망"한다는 점에서 "자신들의 정체성을 지키기 위한 노력을 포기하지 않았"던 디오와 같은 입장이다.

오답 해설 ② 아피아누스는 "제정이 안정과 평화, 풍요를 안겨 주었다고 보았고, 그런 의미에서 로마가 공화정에서 제정으로 전환된 것을 축복이라고" 보았던 서기 2세기 중엽의 인물이다. 이 시기에는 이미 그리스인의 정체성을 포기하고 세계 제국의 시민으로 살아가기를 바랐던 때이기 때문에, 〈보기〉처럼 '우리 도시'를 중시하지 않았다.

③ 아리스티데스는 서기 2세기 중엽의 인물로서 〈보기〉와 달리, "그리스에 대한 혜택과 배려를 더 이상 논하지 않고, 제국 시민으로서의 관점을 강조"한다.

④ 플루타르코스는 디오니시우스처럼 그리스인과 로마인이 같은 조상을 가졌다고 주장하고 있지는 않다. 〈보기〉의 "그리스인이 이민족들과 싸우던 모든 전쟁은 자취를 감추었다."는 표현은 그리스인이 외부 국가들과 전쟁을 더 이상 하지 않는 평화의 상태에 있다는 것이지, 같은 조상을 가졌다는 것이 아니다.

⑤ 플루타르코스는 디오와 같이 타협주의의 입장을 견지하고 있으므로 서기 1세기의 인물이라고 추론하는 것이 가장 합리적이다. 반면 파나이티오스와 포세이도니오스는 순응주의를 취한 기원전 2~1세기의 인물들이다. 따라서 플루타르코스는 이들과 동시대인이 아니라고 볼 수 있다.

첨단 소재 분야의 연구에서는 마이크로미터 이하의 미세한 구조를 관찰할 수 있는 전자 현미경이 필요하다. 전자 현미경과 광학 현미경의 기본적인 원리는 같다. 다만 광학 현미경은 관찰의 매체로 가시광선을 사용하고 유리 렌즈로 빛을 집속하는 반면, 전자 현미경은 전자빔을 사용하고 전류가 흐르는 코일에서 발생하는 자기장을 이용하여 전자빔을 집속한다는 차이가 있다.

광학 현미경은 시료에 가시광선을 비추고 시료의 각 점에서 산란된 빛을 렌즈로 집속하여 상(像)을 만드는데, 다음과 같은 이유로 미세한 구조를 관찰하는 데 한계가 있다. 크기가 매우 작은 점광원에서 나온 빛은 렌즈를 통과하면서 회절 현상에 의해 광원보다 더 큰 크기를 가지는 원형의 간섭무늬를 형성하는데 이를 '에어리 원반'이라고 부른다. 만약 시료 위의 일정한 거리에 있는 두 점에서 출발한 빛이 렌즈를 통과할 경우 스크린 위에 두 개의 에어리 원반이 만들어지게 되며, 이 두 점의 거리가 너무 가까워져 두 에어리 원반 중심 사이의 거리가 원반의 크기에 비해 너무 작아지면 관찰자는 더 이상 두 점을 구분하지 못하고 하나의 점으로 인식하게 된다. 이 한계점에서 시료 위의 두 점 사이의 거리를 '해상도'라 부른다. 일반적으로 현미경에서 얻을 수 있는 최소의 해상도는 사용하는 파동의 파장, 렌즈의 초점 거리에 비례하며 렌즈의 직경에 반비례한다. 따라서 사용하는 파장이 짧을수록 최소 해상도가 작아지며, 더 또렷한 상을 얻을 수 있다. 광학 현미경의 경우 파장이 가장 짧은 가시광선을 사용하더라도 그 해상도는 파장의 약 절반인 200nm보다 작아질 수가 없다. 반면 전자 현미경에 사용되는 전자빔의 전자도 양자역학에서 말하는 '입자-파동 이중성'에 따라 파동처럼 행동하는데 이 파동을 '드브로이 물질파'라고 한다. 물질파의 파장은 입자의 질량과 속도의 곱인 운동량에 반비례하는데 전자 현미경에서 가속 전압이 클수록 전자의 속도가 크고 수십 kV의 전압으로 가속된 전자의 물질파 파장은 대략 0.01nm 정도이다. 하지만 전자 현미경의 렌즈의 성능이 좋지 않아 해상도는 보통 수 nm이다.

전자 현미경의 렌즈는 전류가 흐르는 코일에서 발생하는 자기장을 사용하여 전자의 이동 경로를 휘게 하여 전자를 모아 준다. 전하를 띤 입자가 자기장 영역을 통과할 때 속도와 자기장의 세기에 비례하는 힘을 받는데 그 방향은 자기장에 대해 수직이다. 전자 렌즈는 코일을 적절히 배치하여 특별한 형태의 자기장을 발생시켜 렌즈를 통과하는 전자가 렌즈의 중심 방향으로 힘을 받도록 만든다. 코일에 흐르는 전류를 증가시키면 코일에서 발생하는 자기장의 세기가 커지고 전자가 받는 힘이 커져 전자빔이 더 많이 휘어지면서 초점 거리가 줄어드는 효과를 얻을 수 있다. 대물렌즈의 초점 거리가 작아지면 현미경의 배율은 커진다. 따라서 광학 현미경에서는 배율을 바꿀 때 대물렌즈를 교체하지만 전자 현미경에서는 코일에 흐르는 전류를 조절하여 일정 범위 안에서 배율을 마음대로 조정할 수 있다. 하지만 렌즈의 중심과 가장자리를 통과하는 전자가 받는 힘을 적절히 조절하여 한 점에 모이도록 하는 것이 어려우므로 광학 현미경에 비해 초점의 위치가 명확하지 않다.

전자 현미경은 고전압으로 가속된 전자빔을 사용하므로 현미경의 내부는 기압이 대기압의 $1/10^{10}$ 이하인 진공 상태여야 한다. 전자는 공기와 충돌하면 에너지가 소실되거나 굴절되는 등 원하는 대로 제어하기 어렵기 때문이다. 또한 절연체 시료를 관찰할 때 전자빔의 전자가 시료에 축적되어 전자빔을 밀어내는 역할을 하게 되므로 이미지가 왜곡될 수 있다. 이 때문에 보통 절연체 시료의 표면을 금 또는 백금 등의 도체로 얇게 코팅하여 사용한다.

광학 현미경에서는 실제의 상을 눈으로 볼 수 있지만, 전자 현미경에서는 시료에서 산란된 전자의 물질파를 검출기에 집속하여 상이 맺힌 지점에서 전자의 분포를 측정함으로써 시료 표면의 형태를 디지털 영상으로 나타낸다. 이러한 전자 현미경의 특성을 활용하면 다양한 검출기 및 주변 기기를 장착하여 전자 현미경의 응용 분야를 확장할 수 있다.

07.

윗글의 내용과 일치하는 것은?

① 광학 현미경의 해상도는 시료에 비추는 빛의 파장에 의존하지 않는다.
② 전자 현미경에서 진공 장치 내부의 기압이 높을수록 선명한 상을 얻을 수 있다.
③ 전자 현미경에서 렌즈의 중심과 가장자리를 통과한 전자는 같은 점에 도달한다.
④ 전자 현미경에서 시료의 표면에 축적되는 전자가 많을수록 상의 왜곡이 줄어든다.
⑤ 광학 현미경과 전자 현미경은 모두 시료에서 산란된 파동을 관찰하여 상을 얻는다.

문항 성격	문항유형 : 주제, 구조, 관점 파악
	내용영역 : 과학기술
평가 목표	이 문항은 제시문의 주제인 현미경의 작동 원리를 이해하고 있는지 확인하는 문항이다.
문제 풀이	정답 : ⑤

제시문을 통해 광학 현미경과 전자 현미경이 각각 가시광선과 전자의 드브로이 물질파를 사용하고 있음을 알 수 있다. 또 사용하는 파동 및 렌즈의 특성과 해상도 사이의 관계를 파악할 수 있다. 그리고 전자 현미경에서 고전압으로 가속된 전자를 사용하기 위한 진공의 필요성과 시료 표면에서 전자 축적에 따른 영향을 확인할 수 있다.

⑤ 제시문 두 번째 단락 "광학 현미경은 시료에 가시광선을 비추고 시료의 각 점에서 산란된 빛을 집속하여 상을 만드는데, …"와 마지막 단락 "… 전자 현미경에서는 시료에서 산란된 전자의 물질파를 검출기에 집속하여 상이 맺힌 지점에서 …"로부터 광학 현미경과 전자 현미경 모두 시료에서 산란된 파동을 관찰하여 상을 얻는다는 것을 알 수 있다.

① 제시문 두 번째 단락 "일반적으로 현미경에서 얻을 수 있는 최소의 해상도는 사용하는 파동의 파장, 렌즈의 초점 거리에 비례하며 …"에서 광학 현미경의 해상도는 빛의 파장에 의존한다는 것을 알 수 있다.

② 제시문 네 번째 단락으로부터 기압이 높으면 공기와의 충돌에 의한 전자의 에너지 손실이 크고 굴절이 많이 일어나므로 상이 또렷해지지 않으리라는 것을 알 수 있다.

③ 제시문 세 번째 단락 "하지만 렌즈의 중심과 가장자리를 통과하는 전자가 받는 힘을 적절히 조절하여 한 점에 모이도록 하는 것이 어려우므로 광학 현미경에 비해 초점의 위치가 명확하지 않다."에서 렌즈의 중심과 가장자리를 통과한 전자가 같은 점에 도달하지 않음을 알 수 있다.

④ 제시문 네 번째 단락 "또한 절연체 시료를 관찰할 때 전자빔의 전자가 시료에 축적되어 전자빔을 밀어내는 역할을 하게 되므로 이미지가 왜곡될 수 있다."에서 표면에 축적되는 전자가 많을수록 상의 왜곡이 커짐을 알 수 있다.

08.

윗글에서 이끌어 낼 수 있는 전자 현미경의 특성만을 〈보기〉에서 있는 대로 고른 것은?

> **보 기**
>
> ㄱ. 전자의 물질파 파장이 길수록 전자가 전자 렌즈를 지날 때 더 큰 힘을 받는다.
> ㄴ. 전자의 가속 전압을 증가시키면 상에서 에어리 원반의 크기를 더 작게 할 수 있다.
> ㄷ. 전자 렌즈의 코일에 흐르는 전류를 감소시키면 상의 해상도를 더 작게 할 수 있다.

① ㄱ   ② ㄴ   ③ ㄷ
④ ㄱ, ㄴ   ⑤ ㄱ, ㄴ, ㄷ

문항 성격 문항유형 : 정보의 추론과 해석

내용영역 : 과학기술

평가 목표 이 문항은 전자 현미경을 사용함에 있어, 이런저런 조건이 바뀜에 따라 일어나는 현상들을 추론할 수 있는지 평가하는 문항이다.

문제 풀이 정답 : ②

여러 변수 사이의 관계, 다시 말해 파장, 초점 거리와 해상도 사이의 관계, 물질파 파장과 속도 사이의 관계, 속도와 전자 렌즈에서 받는 힘의 관계로부터 〈보기〉에 주어진 변수들 사이의 관계를 추론할 수 있다. 특히 '해상도'는 제시문에서 "이 한계점에서 시료 위의 두 점 사이의 거리"로 정의되어 있음에 유의해야 한다.

〈보기〉 해설   ㄱ. 물질파 파장과 속도는 반비례하므로 전자의 물질파 파장이 더 길다는 것은 전자의 속도가 더 작다는 것이다. 전자 렌즈를 지날 때 전자가 받는 힘은 속도에 비례하므로 전자가 전자 렌즈를 지날 때 더 작은 힘을 받는다.

ㄴ. 전자의 가속 전압을 증가시키면 전자의 속도가 커지고 물질파 파장은 속도에 반비례하므로 전자의 물질파 파장이 작아진다. 이 경우 해상도는 파장에 비례하므로 전자 현미경의 해상도가 작아지는데 이는 에어리 원반이 더 가까이 접근해도 구분이 된다는 의미이다. 거리가 더 가까워도 구분이 되려면 에어리 원반의 크기가 더 작아야 한다. 따라서 가속 전압을 증가시키면 에어리 원반의 크기를 더 작게 할 수 있다.

ㄷ. 전자 렌즈의 코일에 흐르는 전류를 감소시키면 전자가 받는 힘이 감소하고 경로의 휘어짐이 작아져 초점 거리가 길어지게 된다. 해상도는 초점 거리에 비례하므로 해상도를 더 작게 할 수 없다.

09.

〈보기〉에 대한 설명으로 가장 적절한 것은?

(가)와 (나)는 크기가 일정한 미세 물체가 일정한 간격으로 배치된 구조를 전자 현미경으로 각각 찍은 사진이며 (나)는 (가)에서 사각형 부분에 해당한다.

(가)   (나)

① (가)의 해상도는 30nm보다 크다.

② (가)에서 전자 현미경 내부의 기압은 대기압보다 크다.

③ (나)에서 사용된 전자의 물질파 파장은 20nm보다 크다.

④ (나)에서 렌즈의 코일에 흐르는 전류는 (가)의 경우보다 크다.

⑤ (나)에서 사용된 전자의 속력은 (가)에서 사용된 전자의 속력보다 3배 작다.

문항 성격	문항유형 : 정보의 평가와 적용
	내용영역 : 과학기술
평가 목표	이 문항은 전자 현미경의 작동 원리를 〈보기〉의 전자 현미경 사진에 적용하여 해석할 수 있는지 평가하는 문항이다.
문제 풀이	정답 : ④

(가)에서는 하나의 점으로 보이는 물체가 (나)에서는 서로 다른 네 개의 점으로 구분되어 보인다는 사실로부터 사용된 전자 현미경의 상태 혹은 조건을 파악할 수 있다.

정답 해설 ④ (나)가 (가)보다 배율이 더 크다. 제시문 세 번째 단락 "대물렌즈의 초점 거리가 작아지면 현미경의 배율은 커진다."와 "코일에 흐르는 전류를 증가시키면 … 초점 거리가 줄어드는 효과를 얻을 수 있다."로부터 전자 코일에 흐르는 전류가 (나)에서 더 크다는 것을 알 수 있다.

오답 해설 ① (가)에서 간격이 약 15nm인 구조가 구분되어 관찰되므로 해상도는 30nm보다 클 수 없다.

② 전자 현미경이 작동되기 위해서는 내부 기압이 대기압보다 매우 낮은 진공 상태에 있어야 하므로, (가)를 촬영한 전자 현미경 내부 기압이 대기압보다 클 수는 없다.

③ 최소 해상도는 파장의 반이고 (나)에서 간격이 약 5nm인 구조가 구분되어 관찰되므로 해상도는 10nm보다 클 수 없고 물질파 파장은 20nm보다 클 수 없다.

⑤ 최소 해상도는 파장의 반이고 물질파 파장은 속력(속도의 크기)에 반비례한다. (나)가 (가)보다 해상도가 작으므로 물질파 파장이 작고 속력은 더 크다.

[10~12] 다음 글을 읽고 물음에 답하시오.

현대 문학의 주요 비평 개념 중 하나인 멜랑콜리는 본래 '검은 담즙'을 뜻하는 고대 그리스의 의학 용어였다. 그 당시 검은 담즙은 '우울과 슬픔에 젖는 기질'의 원인으로 간주되었고, 나태함, 게으름, 몽상 등은 '우울질'의 표현이자 멜랑콜리의 속성이라 분류되었다. 이런 속성들은 열정처럼 적극적으로 분출되는 감정이 아니라 열정의 결여 상태, 즉 감정을 느낄 수 있는 능력이 쇠락해진 상태와 관련된다는 공통점이 있다. 멜랑콜리가 야기하는 정신적 무능에 대해 키르케고르는 "멜랑콜리는 무사태평한 웃음 속에서 메아리치는 이 시대의 질병이며, 우리로부터 행동과 희망의 용기를 앗아 간다."라고 평하기도 했다.

멜랑콜리는 상실을 인식하고 그 상실감에 자발적으로 침잠하는 태도이다. 일회적이고 찰나적이어서 다시는 돌이킬 수 없는 대상들을 향한 상실감에서 멜랑콜리는 유래한다. 그럼에도 멜랑콜리는 다만 어둡지만은 않으며 매혹적인 면을 가지고 있다. 삶과 죽음, 사랑과 이별처럼 인식 불가능한 타자성을 외면하기보다 차라리 자기 안에 가두려는 욕망이기 때문이다. 멜랑콜리는 대상의 상실에 따른 퇴행적 반응이라기보다는 오히려 상실된 대상을 살아 있게 만드는 몽환적인 능력이다. 따라서 이처럼 타자성을 자기 속에 가두고 관조하면서 자기만의 세계로 빠져 들려는 자, 즉 멜랑콜리커(Melancholiker)가 진정으로 추구하는 것은 상실된 대상 자체가 아니라 그 대상의 부재이며, 이 대상이 현존하지 않는 한에서 그것은 늘 점유를 향한 멜랑콜리커의 욕망을 추동하는 힘으로 작용한다.

멜랑콜리의 몽환적 능력은 현실을 대하는 태도의 측면에서 여러 견해를 낳았다. 벤야민이 "멜랑콜리커의 고독과 침잠, 즉 외면적 부동성(不動性)은 단순한 무기력이 아니라 사물을 꿰뚫어 보는 깊이 있는 사유를 상징"한다고 한 것은 대표적이다. 그는 멜랑콜리커의 고독이 곧 사물에 대한 통찰의 깊이를 나타낸다고 본다. 프로이트는 충분히 슬퍼한 후에 일상으로 귀환하는 애도와 달리 멜랑콜리는 "상실한 대상과 자아가 하나가 되어 버리는 감정"이라 말하면서, 결과적으로 자아를 일상에서 격리한다는 점을 강조했다. 물론 무기력한 슬픔이라는 멜랑콜리의 특성은 이성적인 절제를 강조해 온 근대 사회에서는 결코 환영받을 만한 것이 못 되었다. 하이데거가 근대에 유일하게 남은 열정이 있다면 '열정의 소멸에 대한 열정'이라고 말한 것도 근대 사회의 이러한 이성주의적 특성과 밀접한 관련이 있다.

그러므로 멜랑콜리는 미래에 대한 낙관과 혁신에 대한 자신감 위에 설립된 근대의 진보적 세계관의 필연적인 그림자가 되었다. 근대가 창출한 ㉠사회적 모더니티는 국민국가, 자본주의 그리고 시민주의를 축으로 하는 공적 제도의 영역에서, 베버의 언급을 따르자면 '정신(Geist) 없는 전문가'와 '가슴 없는 향락가'들을 양산해 낸다. 그러나 사회적 모더니티의 지배적 가치들에 저항하는 태도라 할 ㉡문화적 모더니티는 진보하는 부르주아지의 공적 세계가 은폐한 사적 공간에서 멜랑콜리커들을 키워 낸다. 문화적 모더니티는 부르주아지의 근대가 아니라 소위 사회적 부적응자들, 즉 몰락한 귀족, 룸펜 프롤레타리아트, 실패한 예술가, 부유(浮遊)하는 지식인들처럼 세계의 바깥에서 떠도는 존재들의 근대이다. 사회적 모더니티의 주체는 계산적 합리성에 근거하여 세계와 대면하고, 규율의 엄격성에 따라 세계에 질서를 부여함으로써 세계의 주인이 된다. 그러나 멜랑콜리커들은 세계의 주인이 되기보다는 자신이 상실했다고 생각하는 그 무엇을 찾는 데에 몰두하고자 한다. 이에 멜랑콜리커는 흔히 탐구자 혹은 수집가의 모습으로 나타난다. 사회적 모더니티는 과학과 기술의 힘으로 외적 자연을 탈신비화하고, 열정을 이해관계로 치환하여 인간의 내적 자연마저 감정의 횡포로부터 해방시켰다. 그러나 문화적 모더니티는 이러한 해방의 역설적 결과로 나타난 환멸감 속에서, 도리어 잃어버린 것들을 우울의 감정으로 보존하려고 한다.

이로써 멜랑콜리는 일종의 문명 비판적인 태도가 된다. 멜랑콜리는 사회적 모더니티가 빠른 속도로 일소한 근원적 가치들과 대상들을 문화적 모더니티의 영역에서 보존한다. 더 이상 지상에 존재하지 않는 것들 앞에서 우리는 우울하다. 그러나 더 정확하게 표현하자면, 우울한 자들에게만 이러한 가치들은 부재하는 현존이라는 역설적 방식으로 살아남는다. 상실된 가치와 대상들을 아직 신앙하는 자는 우울하지 않다. 또한 이들이 완벽하게 소멸되었다고 믿는 자 역시 우울할 수 없다. 멜랑콜리커는 그 중간에 머물면서 '소멸됨으로써 살아있는 어떤 것'을 끝없이 추구하는 것이다.

10.

윗글의 내용과 일치하는 것은?

① 키르케고르는 멜랑콜리의 정신적 무능이 실존적 세계관을 형성하고 절망을 해소하는 요인이 된다고 보았다.
② 벤야민은 고독과 침잠에 빠진 멜랑콜리커의 무기력에서 사물의 본질에 도달할 수 있는 사유의 가능성을 발견하였다.
③ 프로이트는 상실된 대상과 자아가 통합된 애도를 그것이 분리된 멜랑콜리와 구분함으로써 근대인의 몽환적 능력을 강조하였다.
④ 하이데거는 능동적 절제를 통해 감정을 억누르는 것이 감정에 대한 근대인의 근본적 자세가 되어야 한다고 주장하였다.
⑤ 베버는 근대 사회의 모든 영역이 숙련된 기술을 갖춘 엘리트들로 채워져야 한다고 보았다.

문항 성격	문항유형 : 주제, 구조, 관점 파악
	내용영역 : 인문
평가 목표	이 문항은 제시문에 인용된 주요 철학자들의 관점을 정확하게 이해하고 있는지 평가하는 문항이다.
문제 풀이	정답 : ②

제시문의 정확한 독해를 통해 근대 사회의 성격과 멜랑콜리의 특성 및 시대적 의의에 대한 철학자들의 관점을 파악해야 한다.

정답 해설 ② 벤야민은 멜랑콜리커의 고독과 침잠에 빠진 멜랑콜리커의 외면적 부동성을 그대로 무기력하다고 간주하지 않고, 이로부터 사물을 꿰뚫어 보는 사유의 상징성을 읽어 내고 있다. 벤야민은 멜랑콜리커의 부동성에서 도리어 사색의 가능성을 발견해 내는 역발상을 시도했다고 할 수 있다.

오답 해설 ① 키르케고르가 "멜랑콜리는 무사태평한 웃음 속에서 메아리치는 이 시대의 질병이며, 우리로부터 행동과 희망의 용기를 앗아 간다."고 말한 것은 멜랑콜리가 야기하는 정신적 무능을 강조한 표현이다. 선택지 ①은 '절망을 해소하는 요인'이라는 치료적 목적이라고 그 의미를 반대로 이해하였다.

③ 프로이트는 '충분히 슬퍼한 후에 일상으로 귀환하는 애도와 달리 멜랑콜리는 상실한 대상과 자아가 하나가 되어 버리는 감정'이라 설명하였다. 선택지 ③은 애

도를 상실된 대상과 자아가 통합된 감정으로, 멜랑콜리를 대상과 자아가 분리된 감정이라 하여, 두 개념을 혼동하여 반대로 서술하였다.

④ 하이데거가 근대에 유일하게 남은 열정이 있다면 '열정의 소멸에 대한 열정'일 뿐이라고 말한 것은 근대 이성중심주의적 사고의 폭력성에 대해 지적하고, 일방적으로 감정을 소멸시키려 하는 태도가 문제적이라 생각했기 때문이다. 선택지 ④는 하이데거가 감정을 억누르고 이성중심주의적 사고를 해야 한다고 당위적으로 주장하였다는 내용을 포함하고 있으므로 제시문에 어긋나는 서술이라 할 수 있다.

⑤ 베버가 '정신 없는 전문가'와 '가슴 없는 향락가'에 대해 언급한 것은 근대의 '공적 제도의 영역'이 '정신'과 '가슴', 즉 영혼과 열정을 결여한 반쪽짜리의 지식인들, 즉 불완전한 엘리트로 채워지고 있음을 비판하기 위한 것이었다. 선택지 ⑤는 베버의 언급을, 공적 영역이 아닌 '모든 영역'에 적용한다는 점에서 확대 해석했다고 할 수 있으며, 또한 불완전한 엘리트가 양산되는 사태를 경계해야 한다는 입장이 아니라 숙련된 엘리트로 채워지고 있는 현상을 지지한다는 입장으로 오독하고 있다.

11.

㉠과 ㉡에 대한 설명으로 적절하지 않은 것은?

① ㉠은 외적 자연과 내적 자연을 구분하지만 이들 모두를 계산적 합리성으로 지배한다.
② ㉡은 이성으로부터의 해방이 가져온 역설적 결과로 나타난 환멸감을 근간으로 성립된다.
③ ㉠과 ㉡은 세계에 질서를 부여하려는 주체가 존재하느냐의 유무에서 차이를 보인다.
④ ㉠과 ㉡은 공적 영역과 사적 영역에서 근대가 만들어낸 대립적 인간상이 출현하는 양상과 관련된다.
⑤ ㉠은 외적 자연을 변화의 대상으로 삼고, ㉡은 근대적 발전이 앗아간 것들을 부재하는 현존의 상태로 보존한다.

문항 성격   문항유형 : 정보의 확인과 재구성
           내용영역 : 인문
평가 목표   이 문항은 근대성의 상이한 두 측면을 구분하고, 각각의 특징적인 요인을 확인하여 재구성할 수 있는 능력을 평가하는 문항이다.

제시문 네 번째 단락의 사회적 모더니티와 문화적 모더니티의 특징에 대한 서술을 통해, 자연, 감정, 구성원 등 제반 양상의 공통점과 차이점을 추출해 내야 한다.

정답 해설

② "사회적 모더니티는 과학과 기술의 힘으로 외적 자연을 탈신비화하고, 열정을 이해관계로 치환하여 인간의 내적 자연마저 감정의 횡포로부터 해방시켰다. 그러나 문화적 모더니티는 이러한 해방의 역설적 결과로 나타난 환멸감 속에서, 도리어 잃어버린 것들을 우울의 감정으로 보존하려고 한다."는 설명을 참조할 수 있다. 문화적 모더니티는, 감정을 통제하며 오로지 이성으로 세계를 지배하려고 했으나 그러한 이성의 지배가 전혀 만족스럽지 않았다는 사실, 다시 말해 '감정의 횡포를 몰아내고 획득한 이성적 지배'가 곧 환멸감을 낳았다는 상황으로부터 유래한다. 이때의 환멸감은 원치 않은 사회상에서 유래한 환멸감이 아니라, 동경하고 바랐던 사회상에서 유래한 환멸감이라는 점에서 역설적이다. 이로부터 문화적 모더니티는, 감정의 횡포로부터의 해방이 가져온 역설적 결과로 나타난 환멸감을 근간으로 성립되었다고 할 수 있다. 답지는 감정의 횡포로부터의 해방이 아니라, 이성으로부터의 해방이라고 문맥을 혼동하고 있으므로 부적절한 기술이라 할 수 있다.

오답 해설

① "사회적 모더니티는 과학과 기술의 힘으로 외적 자연을 탈신비화하고, 열정을 이해관계로 치환하여 인간의 내적 자연마저 감정의 횡포로부터 해방시켰다."는 설명을 참조해 볼 수 있다. 이에 따르면 사회적 모더니티는 외적 자연과 내적 자연을 구분하고 있음을. 다만 각각 '과학과 기술의 힘', '열정을 이해관계로 치환'함으로써 자연이라는 대상에 대하여 공통적으로 도구적이며 계산적인 합리성을 무기로 삼아 지배하려 든다는 것을 추론할 수 있다.

③ "사회적 모더니티의 주체는 계산적 합리성에 근거하여 세계와 대면하고, 규율의 엄격성에 따라 세계에 질서를 부여하면서 세계의 주인이 된다. 그러나 멜랑콜리 커들은 세계의 주인이 되기보다는 자신이 상실했다고 생각하는 그 무엇을 찾는 데에 몰두한다."는 설명에서, 사회적 모더니티와 문화적 모더니티의 주역들이 자기 앞에 펼쳐진 세계에 대하여 전혀 상반된 태도로 대응한다는 사실을 확인할 수 있다. 전자가 계산과 규율, 질서를 무기로 삼아 이성적으로 세계를 장악하면서 세계의 주인이 된다는 주체적 태도를 보이는 데 대하여, 후자는 세계에 질서를 부여하는 데 대하여 개입 의사가 없으며 자신이 잃어버린 그 무엇을 찾아 자기 내면으로 무기력하게 침잠하는 태도를 보인다는 점을 알 수 있다. 이에 따라, 전자와 후자를 '세계에 질서를 부여하는 주체가 존재하느냐의 유무'로 구분할 수 있다.

④ "근대가 창출한 사회적 모더니티는 국민국가, 자본주의 그리고 시민주의를 축으로 하는 공적 제도의 영역에서, 베버의 표현을 따르자면 '정신(Geist) 없는 전문가'와 '가슴 없는 향락가'들을 양산해 낸다. 그러나 사회적 모더니티의 지배적 가치들에 저항하는 태도라 할 문화적 모더니티는 진보하는 부르주아의 공적 세계가 은폐한 사적 공간에서 멜랑콜리커들을 키워 낸다. 문화적 모더니티는 부르주아지의 근대가 아니라 소위 사회적 부적응자들, 즉 몰락한 귀족, 룸펜 프롤레타리아트, 실패한 예술가, 부유하는 지식인들처럼 세계의 바깥에서 떠도는 존재들의 근대이다."라는 설명에서, 두 모더니티가 공적 영역과 사적 영역(사적 공간)의 이원성을 바탕으로 성립되었음을 알 수 있다. 또한 전자는 영혼과 열정을 소거한 전문가와 향락자들, 즉 "미래에 대한 낙관과 혁신에 대한 자신감 위에 설립된 근대의 진보적 세계관"을 보유한 "세계의 주인들"로 구성되어 있는 반면, 후자는 사회의 지배질서에 무관심한 채 세계의 바깥에서 부유하는 소위 사회적 부적응자들을 구성원으로 삼고 있음을 확인할 수 있다.

⑤ "사회적 모더니티는 과학과 기술의 힘으로 외적 자연을 탈신비화하고, 열정을 이해관계로 치환하여 인간의 내적 자연마저 감정의 횡포로부터 해방시켰다. 그러나 문화적 모더니티는 이러한 해방의 역설적 결과로 나타난 환멸감 속에서, 도리어 잃어버린 것들을 우울의 감정으로 보존하려고 한다."와 제시문 다섯 번째 단락 "우울한 자들에게만 이러한 가치들은 부재하는 현존이라는 역설적 방식으로 살아남게 된다."를 연결시킴으로써, 전자가 자연을 과학과 기술의 힘을 동원하여 변화시키려는 대상으로 삼는 반면, 후자는 이러한 변화의 과정(기술의 발전과 진보의 과정)에서 상실된 가치들을 부재의 현존이라는 방식으로 보존함을 추론할 수 있다.

172

12.

윗글을 바탕으로 〈보기〉를 이해한 내용으로 적절하지 <u>않은</u> 것은?

보기

　최명익의 「비 오는 길」(1936)은 식민지 근대화가 진행되는 도시의 풍경을 그린다. 표제는 주인공 병일의 내면을 '우울한 장맛비'로 비유한 것이다. 작가는 정치적 저항이 불가능해진 상황에서 과거의 이상을 잃고 슬퍼하는 청년을 주인공으로 선택했다. 병일의 상실감은 특정 대상에 집착하는 증세인 독서벽(讀書癖)으로 나타난다. 그의 독서벽은 독서회를 조직하여 삶의 목표와 정치의식을 고민하던 학생 시절의 유산이다. 궁핍하게 살아가는 병일에게 이웃 사내는 책 살 돈으로 저축하라 훈계하지만, 병일은 책이 없으면 최소한의 자기 생활도 없을 것이라고 답한다. 그의 태도는 돈을 모아 '세상살이'를 하는 것이 행복이라는 이웃 사내의 인생관과 대조를 이룬다. 병일은 자신의 무능력을 인정하지만 이웃 사내의 생활이 행복은 아니라고 생각한다. 군중 속에서 홀로 '방향 없이 머뭇거리는 고독감'에 잠기면서도 병일은 책을 읽는다.

① 병일이 느끼는 '방향 없이 머뭇거리는 고독감'에서, 상실된 가치에 대한 믿음과 불신 사이에 끼어 있는 중간자의 모습을 엿볼 수 있군.
② 병일이 '세상살이'를 외면하고 독서에 집착한다는 사실에서, 과거에 지향했던 가치에서 여전히 벗어나지 못하는 탐구자로서의 면모를 찾아볼 수 있군.
③ 이웃 사내가 병일에게 저축의 중요성을 훈계하는 모습에서, 식민지 근대 도시의 일상적 가치에 순응하는 보통 사람의 모습을 떠올릴 수 있군.
④ 이웃 사내가 '세상살이'의 중요성을 강조하고 있다는 사실에서, 그가 '감정'을 느낄 수 있는 능력이 쇠약해진 상태의 인물임을 확인할 수 있군.
⑤ 작가는 정치적 저항이 불가능한 상황에서 방황하는 청년을 통해, 근원적 가치가 부재의 상태로 보존된다는 창작 의도를 드러내려 했다고 해석할 수 있군.

문항 성격	문항유형 : 정보의 평가와 적용
	내용영역 : 인문
평가 목표	이 문항은 제시문의 주요 개념 및 설명을 구체적인 작품에 적용하여 해석할 수 있는지 평가하는 문항이다.
문제 풀이	정답 : ④

〈보기〉에 소개된 현대 한국 단편소설 「비 오는 길」(최명익, 1936)에 대한 작품 해설을 읽고, 이를 바탕으로 제시문에 주어진 멜랑콜리의 주요 개념과 근대 모더니티의 특성과 연결시켜 심층적으로 작품을 해석해야 한다.

정답 해설 ④ 이웃 사내가 '세상살이'를 강조하는 것은 식민지 통치 체제에 순응하면서 일상의 행복을 추구하라는 권유이다. '행복'을 적극적으로 추구한다는 점에서 이웃 사내의 감정이 쇠약해졌다는 서술은 부적합하다. 한편 제시문에 따르면 "'감정'을 느낄 수 있는 능력이 쇠락해진 상태"는 멜랑콜리의 속성에 해당하므로 이 또한 이웃 사내의 성격과는 어울리지 않는 진술임을 알 수 있다.

오답 해설 ① 식민지 근대에 적응하지 못하고 방향을 잃은 채 어디로 갈지 주저한다는 점에서 병일은 멜랑콜리커에 해당한다. 그는 과거의 자신이 추구했던 가치를 버리지 못하지만, 그렇다고 과거의 잃어버린 가치가 장차 반드시 실현되리라는 확신을 가지고 있지도 않다. 이러한 평가를 제시문의 "상실된 가치와 대상들을 아직 신앙하는 자는 우울하지 않다. 또한 이들이 완벽하게 소멸되었다고 믿는 자 역시 우울할 수 없다. 멜랑콜리커는 그 중간에 머물면서 '소멸됨으로써 살아있는 어떤 것'을 끝없이 추구하는 것이다."에 적용해 볼 수 있다. 병일의 '방향 없이 머뭇거리는 고독감'을, 제시문 마지막 단락에서 설명된 상실된 가치와 대상에 대한 유효성을 여전히 믿지도 그렇다고 완벽히 소멸되었다고 믿지도 않는 멜랑콜리커의 존재 방식과 연결시켜, 병일은 믿음과 불신 사이에 끼어 있는 '중간자'라는 평가를 끌어낼 수 있다.

② '세상살이'를 외면하고 독서에 집착한다는 점은 특정 대상에 대한 상실감이 특정한 습관으로 표면화된 것이라 할 수 있다. 책 살 돈으로 저축을 하라는 이웃 사내의 제안에도 그는 책이 없다면 최소한의 자기 생활도 없을 것이라면서, 자기 세계를 확보하고 지키려는 모습을 보인다. 이상의 내용은 제시문에 주어진 바 있는 "멜랑콜리커들은 그러한(세계의) 질서에 순응하기보다는 자신이 상실했다고 생각하는 그 무엇을 찾는 데에 몰두한다. 이에 멜랑콜리커는 흔히 탐구자 혹은 수집가의 모습으로 나타난다."라는 내용과 연결된다. 상실감에 빠져 독서를 통해서라도 자기 세계를 지켜 보려고 노력하는 병일의 태도로부터, 그가 '과거에 지향했던 가치에서 여전히 벗어나지 못하는 탐구자'이자 멜랑콜리커라는 해석이 가능하다.

③ 이웃 사내는 병일에게 책을 살 돈으로 저축을 하라거나, 돈을 모아 '세상살이'를 하는 것이 행복이라고 훈계한다. 그의 시선으로 본다면 병일은 적극적으로 사회 생활에 뛰어들지 않고, 자신의 미래에 대비하지 않는 특이한 사람이다. 이와 반대로 이웃 사내는 당대 사회 대부분의 사람들이 따르는 가치에 어긋나지 않으

며, 남들보다 더 잘 살기 위해 노력하면서 살아가는 평범한 인물이다. 이에 따라 이웃 사내를, 이 소설의 배경으로 주어진 식민지 근대 도시의 일상적 가치에 순응하며 살아가는 보통 사람이라 설명할 수 있다.

⑤ 작가는 상실한 대상에 대해 집착하고 그 슬픔에 빠져 무기력해진 인물인 병일을 주인공으로 삼았다. 평범하고 세속적이지만 안정적인 이웃 사내의 삶과 자기 세계를 구축하려 하지만 방향을 잃고 불안정한 병일의 삶은 작중에서 선명한 대조를 이룬다. 식민지 근대화가 진행되면서 이웃 사내를 비롯한 대부분의 사람들은 일신의 부와 행복을 추구하느라 점차 정치적 저항에 무관심해지고 삶의 목표와 정치의식을 갖는 일의 소중함을 잊는다. 작가는 주인공 병일을 자기 세계를 관조하면서 잃어버린 이상을 찾아 방황하는 무기력한 멜랑콜리커로 설정하여, 이로써 식민지화된 조선의 한 도시에서 여전히 옛 흔적으로 남아 있기는 하지만 더 이상 시대적으로 유효하지도 않고 관심의 대상이 되지도 못하는 민족적 정치의식의 존재 방식을 보여 주고자 하였다. 이러한 작가의 창작 의도를 제시문에 언급된 '부재하는 현존', 즉 근원적 가치가 부재의 상태로 보존된다는 것으로 해석할 수 있다.

[13~15] 다음 글을 읽고 물음에 답하시오.

동물은 쾌락, 고통 등을 느낄 수 있는 만큼 그들도 윤리적으로 대우해야 한다는 주장이 ㉠동물감정론이다. 한편 ㉡동물권리론에 따르면 동물도 생명권, 고통받지 않을 권리 등을 지닌 존재인 만큼 그들도 윤리적으로 대우해야 한다. 하지만 동물도 윤리적 대상으로 고려해야 한다는 두 이론을 극단적으로 전개하면 새로운 윤리적 문제가 발생한다. ㉢포식에 관련한 비판은 그러한 문제를 지적하는 대표적인 입장이다.

인간은 동물을 음식, 의류 등으로 이용해 왔지만, 인간만이 동물에게 고통을 주며 권리를 침해한 것은 아니다. 야생의 포식 동물 또한 피식 동물을 잔인하게 잡아먹는다. 피식 동물이 느끼는 고통은 도살에서 동물이 느끼는 고통보다 훨씬 클 수도 있다. 동물의 권리에 대한 침해 문제 또한 마찬가지로 설명할 수 있다. 인간의 육식이나 실험 등이 고통 유발이나 권리 침해 때문에 그르다면, 야생 동물의 포식이 피식 동물의 고통을 유발하거나 그 권리를 침해하는 것 또한 그르다고 해야 할 것이다. 그른 것은 바로잡아야 한다는 점에서 인간의 육식 등은 막아야 하는 것일 수 있다. 그렇다 해도 동물의 포식까지 막아야 한다고 하는 것은 터무니없다. 예컨대 사자가 얼룩말을 잡아먹지 못하도록 일일이 막는 것은 우선 우리의 능력을 벗어난다. 설령 가능해도 그렇게 하는 것은 자연 질서를 깨뜨리므로 올바르지 않다. 동물감정론과 동물권리론이 야생 동물의 포식을 방지해야 한다는 과도한 의무까지 함축할 수 있다는 점만으로도 그 이론을 비판할 충분한 이유가 된다.

동물감정론은 윤리 결과주의에 근거한다. 이것은 행동의 올바름과 그름 등은 행동의 결과에 의거하여 평가되어야 한다는 입장이다. 전형적 윤리 결과주의인 공리주의에 따르면 행동의 효용, 곧 행동이 쾌락을 극대화하는지의 여부가 그 평가에서 가장 주요한 기준이 된다. 이때 효용은 발생할 것으로 기대되는 고통의 총량을 차감한 쾌락의 총량에 의해 계산한다. 동물감정론이 포식 방지와 같은 의무를 부과한다는 지적에 대한 공리주의자의 응답은 다음과 같다. 포식 동물의 제거 등을 통해 피식 동물을 보호함으로써 얻을 수 있는 쾌락의 총량보다 이러한 생태계의 변화를 통해 유발될 고통의 총량이 훨씬 클 것이다. 따라서 동물을 이유 없이 죽이거나 학대하지 않는 것으로 인간이 해야 할 바를 다한 것이며 동물의 행동까지 규제해야 할 의무는 없다.

하지만 공리주의를 동원한 동물감정론은 포식 방지가 인간의 의무가 될 수 없음을 증명하는 데 성공하지 못한다. 기술 발전 등으로 인해 포식에 대한 인간의 개입이 더욱 수월해지고, 그로 인해 기대할 수 있는 쾌락의 총량이 고통의 총량보다 실제 더 커질 수 있기 때문이다. 쾌락 총량의 극대화를 기치로 내건 동물감정론에서의 효용 계산으로 포식 방지의 의무가 산출될 수도 있다.

한편 동물권리론은 행동의 평가가 '의무의 수행' 등 행동 그 자체의 성격에 의거해야 한다는 윤리 비결과주의를 근거로 내세운다. 전형적 윤리 비결과주의인 의무론에 따르면 행위의 도덕성은 행위자의 의무가 적절히 수행되었는지의 여부에 따라 결정된다. 동물권리론이 포식 방지와 같은 의무를 부과한다는 지적에 대한 의무론자의 응답은 다음과 같다. 도덕 행위자는 자신의 행동을 조절하고 설명할 수 있는 능력을 지닌 반면, 포식 동물과 같은 도덕 수동자는 그런 능력이 결여된 존재이다. 의무를 지니려면 그렇게 할 수 있는 능력을 지녀야 한다. 도덕 수동자는 도덕에 맞춰 자신의 행동을 조절할 수 없으므로 그런 의무를 지니지 않는 것이다. 인간의 육식에서나 동물의 포식에서도 동물의 권리가 침해된 것이기는 마찬가지다. 그러나 동물은 자신의 행동을 조절할 능력을 갖지 않기에 다른 동물을 잡아먹지 않을 의무도 없다. 결국 사자가 얼룩말을 잡아 포식하는 것을 막을 인간의 의무 또한 없다는 것이다.

하지만 의무론을 동원한 동물권리론은 포식에 관련한 비판을 오해했다는 문제점 을 갖는다. 포식 방지에 대한 비판의 핵심은 사자가 사슴을 잡아먹는다고 할 때 우리가 그것을 그만 두게 할 의무가 있는지의 문제이지, 사자가 그만 두어야 할 의무가 있는지의 여부는 아니기 때문이다. 그저 새미로 고양이를 괴롭히는 아이는 도덕 수동자이니 그 행동을 멈춰야 할 의무가 없다고 하더라도 과연 그 부모 또한 이를 막을 의무가 없다고 하겠는가?

13.

㉠~㉢에 대한 설명으로 가장 적절한 것은?

① ㉠에서는 동물의 포식 때문에 생겨나는 야생의 고통은 효용 계산에서 무시해도 된다고 본다.
② ㉡에서는 인간이 동물에 대해 의무가 있는지를 판단할 때 인간의 도덕 행위자 여부를 고려해야 한다고 본다.
③ ㉢에서는 인간의 육식은 그르지만 야생 동물의 포식은 그르지 않다고 본다.
④ ㉠과 ㉡에서는 모두 동물에게 포식 금지의 의무가 있다고 본다.
⑤ ㉠과 ㉢에서는 모두 포식을 방지하는 행동이 그른 까닭을 생명 공동체의 안정성 파괴에서 찾는다.

문항 성격	문항유형 : 주제, 구조, 관점 파악
	내용영역 : 규범
평가 목표	이 문항은 동물감정론, 동물권리론, 그리고 포식에 관련한 비판의 관점을 정확하게 파악하고 있는지 평가하는 문항이다.
문제 풀이	정답 : ②

제시문 두 번째 단락, 세 번째 단락, 다섯 번째 단락을 통해 각각의 입장에서 주장하는 바를 확인할 수 있다.

정답 해설 ② 제시문 다섯 번째 단락 "동물권리론은 … 윤리 비결과주의를 근거로 내세운다. 전형적 윤리 비결과주의인 의무론에 따르면 행위의 도덕성은 행위자의 의무가 적절히 수행되었는지의 여부에 따라 결정된다."에서 적절한 설명임을 확인할 수 있다.

오답 해설 ① 제시문 세 번째 단락 "동물감정론은 윤리 결과주의에 근거한다. … 포식 동물의 제거 등을 통해 피식 동물을 보호함으로써 얻을 수 있는 쾌락의 총량보다 이러한 생태계의 변화를 통해 유발될 고통의 총량이 훨씬 클 것이다."에서 적절하지 않은 설명임을 확인할 수 있다.

③ 제시문 두 번째 단락 "인간의 육식이나 실험 등이 고통 유발이나 권리 침해 때문에 그르다면, 야생 동물의 포식이 피식 동물의 고통을 유발하거나 그 권리를 침해하는 것 또한 그르다고 해야 할 것이다."에서 적절하지 않은 설명임을 확인할 수 있다.

④ 제시문 다섯 번째 단락 "동물은 자신의 행동을 조절할 능력을 갖지 않기에 다른 동물을 잡아먹지 않을 의무도 없다."에서 동물권리론에서는 동물에게 포식 금지의 의무가 없다고 본다는 것을 확인할 수 있다.

⑤ 제시문 세 번째 단락 "포식 동물의 제거 등을 통해 피식 동물을 보호함으로써 얻을 수 있는 쾌락의 총량보다 이러한 생태계의 변화를 통해 유발될 고통의 총량이 훨씬 클 것이다."에서 동물감정론에서는 포식을 방지하는 행동이 그른 까닭을 생명 공동체의 안정성 파괴가 아니라 쾌락 총량의 극대화에서 찾는다는 것을 확인할 수 있다.

14.

윗글을 바탕으로 추론할 때, 적절한 것만을 〈보기〉에서 있는 대로 고른 것은?

보기

ㄱ. 공리주의에 따르면, 포식 동물의 제거로 늘어날 쾌락의 총량이 고통의 총량보다 커지면 포식 동물을 제거해야 할 것이다.

ㄴ. 공리주의에 따르면, 동물에 대한 윤리적 대우의 범위는 야생에 개입할 수 있는 인간의 기술 발전 수준에 반비례할 것이다.

ㄷ. 의무론에 따르면, 인간에게 피식 동물을 구출할 수 있는 능력이 있다면 인간은 반드시 그렇게 할 의무가 있을 것이다.

ㄹ. 의무론에 따르면, 동물을 대하는 인간 행동의 올바름, 그름 등은 결과가 아닌 행동 그 자체의 성질에서 찾을 수 있을 것이다.

① ㄱ, ㄴ   ② ㄱ, ㄹ   ③ ㄴ, ㄷ
④ ㄱ, ㄷ, ㄹ   ⑤ ㄴ, ㄷ, ㄹ

문항 성격   문항유형 : 정보의 확인과 재구성
           내용영역 : 규범
평가 목표   이 문항은 동물감정론과 동물권리론 및 각각의 근거인 공리주의와 의무론을 이해하고 그들 사이의 관계를 파악하고 있는지 평가하기 위한 문항이다.

정답 : ②

〈보기〉ㄷ에 대한 판단이 핵심이다. 의무론에 따르면 인간이든 동물이든 의무를 지니려면 능력을 지녀야 한다. 하지만 이는 능력의 소지가 의무의 소지를 함축한다는 주장과는 별개의 주장이다.

〈보기〉해설

ㄱ. 공리주의에 따르면 행동의 올바름과 그름을 평가하는 가장 중요한 기준은 쾌락 총량의 극대화 여부이므로, ㄱ은 적절한 추론이다.

ㄴ. 제시문 네 번째 단락 "기술 발전 등으로 인해 포식에 대한 인간의 개입이 더욱 수월해지고, 그로 인해 기대할 수 있는 쾌락의 총량이 고통의 총량보다 실제 더 커질 수 있기 때문이다. … 효용 계산으로 포식 방지의 의무가 산출될 수도 있다."로부터 ㄴ은 적절하지 않은 추론임을 알 수 있다.

ㄷ. 의무론에 따르면 "의무를 지니려면 그렇게 할 수 있는 능력을 지녀야 한다." 이와 동일한 진리치를 갖는 내용은 "그러한 능력이 없다면 의무도 없다."는 것이다. '능력이 있다면 의무도 있다.'는 제시문으로부터 필연적으로 이끌어 낼 수 있는 내용이 아니므로 ㄷ은 적절하지 않은 추론이다.

ㄹ. 제시문 다섯 번째 단락 "동물권리론은 행동의 평가가 '의무의 수행' 등 행동 그 자체의 성격에 의거해야 한다는 윤리 비결과주의를 근거로 내세운다. 전형적 윤리 비결과주의인 의무론에 따르면 행위의 도덕성은 행위자의 의무가 적절히 수행되었는지의 여부에 따라 결정된다."에서 ㄹ은 적절한 추론임을 알 수 있다.

15.

문제점 의 내용으로 가장 적절한 것은?

① 도덕 수동자에게는 책임이 없다는 사실로부터 도덕 행위자에게도 도덕 수동자의 행동에 대한 책임이 없다고 단정했다.

② 어린 아이가 도덕 수동자라는 사실로부터 어린 아이에게는 도덕적 책임을 물을 수 없다고 단정했다.

③ 포식 동물도 어린 아이와 마찬가지로 행동 조절 능력을 결여한 도덕 수동자라는 점을 간과했다.

④ 야생에서의 권리 침해가 인간 세계에서의 그것에 비해 더욱 잔인하다는 점을 간과했다.

⑤ 피식 동물도 인간과 마찬가지로 쾌락과 고통을 느끼는 능력이 있다는 점을 간과했다.

문항 성격	문항유형 : 정보의 추론과 해석
	내용영역 : 규범
평가 목표	이 문항은 비유를 해석하고 이것이 의미하는 바를 추론하는 능력을 평가하는 문항이다.
문제 풀이	정답 : ①

다섯 번째 단락과 여섯 번째 단락을 통해, 포식에 관련한 비판에 대한 의무론의 응답이 지니는 문제점에 대한 비유의 내용을 구체화할 수 있다.

정답 해설	① 제시문 여섯 번째 단락 "… 아이는 도덕 수동자이니 그 행동을 멈춰야 할 의무가 없다고 하더라도 과연 그 부모 또한 이를 막을 의무가 없다고 하겠는가?"에서 아이가 도덕 수동자라면 부모는 도덕 행위자로 해석하는 것이 자연스럽다. 따라서 선택지 ①은 문제점의 내용으로 적절하다.
오답 해설	② 비유가 어린 아이의 의무와 그 부모의 의무를 비교하고 있다는 점을 제대로 이해하지 못하고 있다.
	③ 비유가 도덕 행위자와 도덕 수동자의 의무를 비교하고 있다는 점을 제대로 이해하지 못하고 있다.
	④ 비유가 도덕 행위자이든 도덕 수동자이든, 인간 세계에서든 야생에서든 동물의 권리가 침해된 점에서는 같아서 비교의 대상이 되지 않는다는 점을 제대로 이해하지 못하고 있다.
	⑤ 비유가 쾌락을 느끼는 능력이 아닌, 의무를 지니는 존재가 지녀야만 할 능력에 대한 것이라는 점을 이해하지 못하고 있다.

[16~18] 다음 글을 읽고 물음에 답하시오.

경제 이론은 경제 주체들의 행동에 관한 예측을 시도하는데, 현실에서 관찰되는 사람들의 행동이 이론에서의 예측과 다르게 나타나는 경우도 적지 않다. 경제학은 이들 '이상 현상'을 분석하고 토론하는 과정에서 발전했는데, 최근 이 흐름은 사람들의 행동에 관한 ㉠전통적 경제학의 가정을 문제 삼는 ㉡행동경제학에 의해 주도되었다.

전통적 경제학과 행동경제학의 차이가 본격적으로 확인되는 대표적 영역이 저축과 소비에 관련한 분야이다. 전통적 경제학에서는 사람들이 자신에게 무엇이 최선인지를 잘 알면서 전 생애 차원에서 최적의 소비 계획을 세우고 불굴의 의지로 실행한다고 가정한다. 이들은 또한 돈에는 사용 범위를 제한하는 꼬리표 같은 것이 붙어 있지 않아 전용(轉用)이 가능하다고 가정하며, 이러한 '전용 가능성'이 자유롭고 유연한 선택을 촉진함으로써 후생을 높여 준다고도 믿는다. 전통적 경제학은 이러한 인식을 근거로 사람들이 일생 동안 소비 수준을 비교적 고르게 유지할 것이며 소득의 경우 나이가 들면서 점점 증가하다가 퇴직 후 급속히 감소하는 패턴을 보인다는 점에 착안해, 연령에 따른 소비 패턴은 연령에 따른 소득 패턴과 독립적으로 유지될 것이라고 예측했다. 그러나 사람들의 연령에 따른 실제 소비 패턴은 연령에 따른 소득 패턴과 상당히 유사하게 나타났다. 전통적 경제학에서는 이러한 이상 현상을 '유동성 제약' 개념을 통해 해명했다. 즉 금융 시장이 완전치 않아 미래 소득이나 보유 자산 등을 담보로 현재 소비에 충분한 유동성을 조달하는 데 제약이 존재하므로, 소비 수준이 이론의 예측에 비해 낮다는 것이다.

행동경제학에서는 청년 시절과 노년 시절의 소비가 예측보다 적은 것은 외부 환경의 제약에 따른 어쩔 수 없는 행동이 아니라 자발적 선택의 결과물이라며, 이를 '심적 회계'에 의해 설명한다. 사람들은 현금, 보통 예금, 저축 예금, 주택 등 각종 자산을 마음 속 별개의 계정에 배치하고 그 사용에도 상이한 원리를 적용한다는 것이다. 자산의 피라미드 중 맨 아래층에는 지출이 가장 용이한 형태인 현금이 있는데, 이는 대부분 지출에 사용된다. 많은 이들은 급전이 필요할 경우 저축 예금이 있는데도 연리 20%가 넘는 신용카드 현금 대출 서비스를 받아 해결한다. 금융적으로 바람직한 방법은 예금을 인출해 지출을 하는 것임에도, 높은 금리로 돈을 빌리고 낮은 금리로 저축을 하는 비합리적 행동을 하는 것이다. 마음속 가장 신성한 계정에는 퇴직 연금이나 주택과 같이 노후 대비용 자산들이 놓여 있는데, 이들은 최악의 사태가 발생하지 않는 한 마지막까지 인출이 유보되는 자산들이다. 심적 회계가 이런 방식으로 작동하는 경우 자산의 전용 가능성은 현저히 떨어지며, 특정 연도에 행하는 소비는 일생 동안의 소득 총액뿐 아니라 그 소득을 낳는 자산들이 마음속 어느 계정에 있는가에 따라서도 달라진다.

행동경제학에 따르면, 사람들은 자신에게 무엇이 최선인지 잘 알고 전 생애에 걸친 최적의 소비 계획을 세우지만, 미래보다 현재를 더 선호하고 유혹에 빠지기 쉽다. 사람들은 자신과 가족의 장기적 안전을 지키기 위해 행동을 제약하기 위한 속박 장치를 마음속에 만들어 내는데, 이러한 자기 통제 기제가 바로 심적 회계이다. 심적 회계의 측면에서 본다면, 전통적 경제학이 주목했던 유동성 제약은 장기적으로 자신에게 불리한 지출 행위를 사전에 차단하기 위한 자발적 선택의 결과로 이해될 수 있다. 심적 회계가 당장의 유혹을 억누르고 현재의 지출을 미래로 미루는 행위, 곧 저축을 스스로 강제하는 기제라면, 퇴직 연금이나 국민 연금 제도는 이런 기제가 사회적 차원에서 구현된 것이다.

16.

윗글의 내용과 일치하지 <u>않는</u> 것은?

① 이상 현상에 대한 분석은 경제학을 발전시키는 자양분으로 작용했다.
② 퇴직 연금 제도는 개인의 심적 회계가 사회적 차원으로 확장된 것이다.
③ 저축은 현재의 소비를 미룸으로써 미래의 지출 능력을 높이려는 행위이다.
④ 심적 회계는 미래보다 현재를 중시하는 본능을 억제하려는 자기 통제 기제이다.
⑤ 자산 피라미드의 하층부에 있는 자산일수록 인출을 하지 않으려는 계정에 배치된다.

문항 성격	문항유형 : 주제, 구조, 관점 파악
	내용영역 : 사회
평가 목표	이 문항은 주어진 제시문 주제인 '심적 회계'를 정확하게 이해하고 있는지 평가하는 문항이다.
문제 풀이	정답 : ⑤

제시문 세 번째 단락과 네 번째 단락을 통해 '심적 회계'라는 행동경제학 개념을 정확하게 파악하도록 한다.

정답 해설	⑤ 세 번째 단락 "자산의 피라미드 중 맨 아래층에는 지출이 가장 용이한 형태인 현금이 있는데, 이는 대부분 지출에 사용된다."에서 윗글의 내용과 일치하지 않음을 알 수 있다.
오답 해설	① 첫 번째 단락 "경제학은 이들 '이상 현상'을 분석하고 토론하는 과정에서 발전했는데 …"에서 윗글의 내용과 일치함을 확인할 수 있다.
	② 네 번째 단락 "심적 회계가 … 저축을 스스로 강제하는 기제라면, 퇴직 연금이나 국민 연금 제도는 이런 기제가 사회적 차원에서 구현된 것이다."에서 윗글의 내용과 일치함을 확인할 수 있다.
	③ 네 번째 단락 "심적 회계가 당장의 유혹을 억누르고 현재의 지출을 미래로 미루는 행위, 곧 저축을 스스로 강제하는 기제라면"에서 윗글의 내용과 일치함을 확인할 수 있다.
	④ 네 번째 단락 "사람들은 자신과 가족의 장기적 안전을 지키기 위해 행동을 제약하기 위한 속박 장치를 마음속에 만들어 내는데, 이러한 자기 통제 기제가 바로 심적 회계이다."에서 윗글의 내용과 일치함을 확인할 수 있다.

17.

㉠과 ㉡을 비교한 내용으로 가장 적절한 것은?

① ㉠과 ㉡에서는 사람들이 유혹에 취약한 존재라고 여긴다는 점에서 의견을 같이할 것이다.
② ㉠에서는 연령대별 소비의 특성을 자발적 선택으로 이해하고, ㉡에서는 그 특성을 외부적 제약 요인에서 찾을 것이다.
③ ㉠에서는 유동성 제약의 원인을 금융 시장의 불완전성에서 찾고, ㉡에서는 그 원인을 개인의 심리적 요인에서 찾을 것이다.
④ ㉠에서는 ㉡에서와 달리 유동성 제약이 심화되면 소비가 자유롭고 원활하게 행해진다고 볼 것이다.
⑤ ㉠과 ㉡에서는 모두 급전이 필요한 상황에서 신용카드 현금 대출 서비스를 받는 대신 저축 예금을 인출하는 선택이 금융적으로 바람직한 방법이라는 것을 부정적으로 판단할 것이다.

문항 성격	문항유형 : 정보의 확인과 재구성
	내용영역 : 사회
평가 목표	이 문항은 제시문에서 제공된 정보에 근거하여 전통적 경제학과 행동경제학을 적절하게 비교할 수 있는지 확인하는 문항이다.
문제 풀이	정답 : ③

소비와 저축을 둘러싼 이상 현상을 해명하는 과정에서 전개된 전통적 경제학과 행동경제학의 논의와 주요 개념들을 파악하고 이해하도록 한다.

정답 해설 ③ 두 번째 단락 "전통적 경제학에서는 이러한 이상 현상을 '유동성 제약' 개념을 통해 해명했다. 즉 금융 시장이 완전치 않아 미래 소득이나 보유 자산 등을 담보로 현재 소비에 충분한 유동성을 조달하는 데 제약이 존재하므로, 소비 수준이 이론의 예측에 비해 낮다는 것이다."와 네 번째 단락 "심적 회계의 측면에서 본다면, 전통적 경제학이 주목했던 유동성 제약은 장기적으로 자신에게 불리한 지출 행위를 사전에 차단하기 위한 자발적 선택의 결과로 이해될 수 있다."는 내용을 함께 고려하면, 적절한 진술임을 확인할 수 있다.

① 제시문 두 번째 단락 "전통적 경제학에서는 사람들이 자신에게 무엇이 최선인지를 잘 알면서 전 생애 차원에서 최적의 소비 계획을 세우고 불굴의 의지로 실행한다고 가정한다."에서 적절하지 않은 진술임을 확인할 수 있다.

② 제시문 두 번째 단락 "사람들의 연령에 따른 실제 소비 패턴은 연령에 따른 소득 패턴과 상당히 유사하게 나타났다."와 "전통적 경제학에서는 이러한 이상 현상을 '유동성 제약' 개념을 통해 해명했다. 즉 금융 시장이 완전치 않아", 그리고 세 번째 단락 "행동경제학에서는 청년 시절과 노년 시절의 소비가 예측보다 적은 것은 외부 환경의 제약에 따른 어쩔 수 없는 행동이 아니라 자발적 선택의 결과물"이라는 내용을 함께 고려하면, 적절하지 않은 진술임을 확인할 수 있다.

④ 제시문 두 번째 단락 "금융 시장이 완전치 않아 미래 소득이나 보유 자산 등을 담보로 현재 소비에 충분한 유동성을 조달하는 데 제약이 존재하므로, 소비 수준이 이론의 예측에 비해 낮다."는 내용에 비춰 볼 때, 적절하지 않은 진술임을 확인할 수 있다.

⑤ 제시문 세 번째 단락 "많은 이들은 급전이 필요할 경우 저축 예금이 있는데도 연리 20%가 넘는 신용카드 현금 대출 서비스를 받아 해결한다. 금융적으로 바람직한 방법은 예금을 인출해 지출을 하는 것임에도"라는 내용에 비춰 볼 때, 적절하지 않은 진술임을 확인할 수 있다.

18.

윗글을 바탕으로 〈보기〉를 설명한 내용으로 적절하지 <u>않은</u> 것은?

보기

A 국가에서는 1980년대 후반에 세법을 개정하여, 세금 공제 대상을 줄였다. 자동차·카드·주택 등 여러 영역에서 허용되던 공제 대상을 주택 담보 대출로 제한함으로써 주택 소유의 확대를 유도했다. 은행들은 주택가액과 기존 담보 대출액의 차액을 담보로 한 2차 대출 상품을 내놓는 방식으로 이에 대응하였다. 그 결과 다양한 대출 상품들이 생겨나고 주택 가격 거품이 부풀어 오름에 따라 주택을 최후의 보루로 삼던 사회적 규범이 결국 붕괴했고 노인 가구들도 2차 주택 담보 대출을 받는 상황이 초래되었다. 또한 주택 가격 상승에 따른 미실현 이익을 향유하며 지출을 늘리는 가구가 늘어나면서 경제의 불안정성은 커졌고 마침내 20여 년 후 금융 위기 사태가 발발했다. 그 결과 가계의 소득 감소와 소비 위축 등으로 경기 침체가 나타났다.

① 1980년대 후반의 새로운 조세 정책이 촉진한 새로운 대출 상품에 대한 A 국가 국민들의 대응으로 볼 때, 주택 자산이 전통적으로 지니던 '마음속 가장 신성한 계정'으로서의 성격이 약화되었겠군.

② 정부 정책과 금융 관행의 변화가 야기한 위기로 볼 때, 금융 위기 이후의 A 국가는 주택 소유자들이 '유동성 제약'을 완화하게끔 '심적 회계'의 작동 방식을 바꾸도록 유도하는 정책을 필요로 했겠군.

③ '자산의 전용 가능성' 제고가 경제의 불안정성 심화로 이어졌던 것으로 볼 때, A 국가에서 '자발적 선택 가능성'의 확대는 장기적으로 경제 활동을 위축시키는 부정적 결과를 낳았다고 평가할 수 있겠군.

④ 부동산 거품 현상으로 초래된 '사회적 규범'의 변화로 볼 때, 금융 위기 이전의 은행들은 주택을 저축이 아닌 소비 확대의 수단으로 바꾸도록 유도함으로써 A 국가 국민들이 장래를 대비할 여력을 약화시켰겠군.

⑤ 현재 소득이 없는 경제 주체들도 2차 주택 담보 대출 상품을 통해 추가적인 지출을 했던 것으로 볼 때, 전통적 경제학에서는 '소비 패턴은 연령에 따른 소득 패턴과 독립적으로 유지'되리라는 예측이 실현되었다고 여겼겠군.

문항 성격	문항유형 : 정보의 평가와 적용
	내용영역 : 사회
평가 목표	이 문항은 제시문의 정보를 〈보기〉에서 주어진 새로운 내용에 적용하여 해석할 수 있는 능력을 평가하는 문항이다.
문제 풀이	정답 : ②

정부 정책의 변화 속에서 금융 기관이 대출 방식에 혁신을 꾀하고 이것이 다시 사람들의 저축에 관한 의사 결정을 바꿈으로써 대대적인 경제적 변화가 발생하는 일련의 과정들을 제시문의 주요 개념을 통해 해석하도록 한다.

정답 해설	② 유동성 제약의 지나친 완화로 금융 위기가 발생했다는 점에서 이를 방지하는 정책의 기본 방향은 유동성 제약을 강화하게끔 심적 회계의 작동 방식을 바꾸도록 유도하는 것이 타당하다.
오답 해설	① 제시문 세 번째 단락 "마음속 가장 신성한 계정에는 퇴직 연금이나 주택과 같이 노후 대비용 자산들이 놓여 있는데, 이들은 최악의 사태가 발생하지 않는 한 마지막까지 인출이 유보되는 자산들이다."와 〈보기〉에서 2차 주택 담보 대출이 크게 늘어났다는 내용을 함께 고려하면, 적절한 설명이다.

③ 제시문 두 번째 단락 "'전용 가능성'이 자유롭고 유연한 선택을 촉진함으로써 후생을 높여 준다고도 믿는다."와 〈보기〉의 "그 결과 가계의 소득 감소와 소비 위축 등으로 경기 침체가 나타났다."를 함께 고려하면, 적절한 설명이다.

④ 제시문 세 번째 단락 "마음속 가장 신성한 계정에는 퇴직 연금이나 주택과 같이 노후 대비용 자산들이 놓여 있는데, 이들은 최악의 사태가 발생하지 않는 한 마지막까지 인출이 유보되는 자산들이다."에 비춰 볼 때, 적절한 설명임을 알 수 있다.

⑤ 제시문 두 번째 단락 "전통적 경제학은 연령에 따른 소비 패턴은 연령에 따른 소득 패턴과 독립적으로 유지될 것이라고 예측했다."와 "유동성을 조달하는 데 제약이 존재하므로, 소비 수준이 이론의 예측에 비해 낮다는 것이다", 그리고 2차 주택 담보 대출 상품을 통한 추가적 지출이 유동성 제약의 완화임을 함께 고려하면, 적절한 설명임을 확인할 수 있다.

[19~21] 다음 글을 읽고 물음에 답하시오.

심신 문제는 정신과 물질의 관계에 대해 묻는 오래된 철학적 문제이다. 정신 상태와 물질 상태는 별개의 것이라고 주장하는 이원론이 오랫동안 널리 받아들여졌으나, 신경 과학이 발달한 현대에는 그 둘은 동일하다는 동일론이 더 많은 지지를 받고 있다. 그러나 똑같은 정신 상태라고 하더라도 사람마다 그 물질 상태가 다를 수 있고, 인간과 정신 상태는 같지만 물질 상태는 다른 로봇이 등장한다면 동일론에서는 그것을 설명할 수 없다는 문제가 생긴다. 그래서 어떤 입력이 들어올 때 어떤 출력을 내보낸다는 기능적·인과적 역할로써 정신을 정의하는 기능론이 각광을 받게 되었다. 기능론에서는 정신이 물질에 의해 구현되므로 그 둘이 별개의 것은 아니라고 주장한다는 점에서 이원론과 다르면서도, 정신의 인과적 역할이 뇌의 신경 세포에서든 로봇의 실리콘 칩에서든 어떤 물질에서도 구현될 수 있음을 보여 준다는 점에서 동일론의 문제점을 해결할 수 있기 때문이다.

그래도 정신 상태에는 물질 상태와 다른 무엇인가가 있다고 생각하는 이원론에서는 '나'가 어떤 주관적인 경험을 할 때 다른 사람에게 그 경험을 보여줄 수는 없지만 나는 분명히 경험하는 그 느낌에 주목한다. 잘 익은 토마토를 봤을 때의 빨간색의 느낌, 시디신 자두를 먹었을 때의 신 느낌, 꼬집힐 때의 아픈 느낌이 그런 예이다. 이런 질적이고 주관적인 감각 경험, 곧 현상적인 감각 경험을 철학자들은 '감각질'이라고 부른다. 이 감각질이 뒤집혔다고 가정하는 사고 실험을 통해 기능론에 대한 비판이 제기된다. 나에게 빨강으로 보이는 것이 어떤 사람에게는 초록으로 보이고 나에게 초록으로 보이는 것이 그에게는 빨강으로 보인다는 사고 실험이 그것이다. 다만 각자에게 느껴지는 감각질이 뒤집혀 있을 뿐이고 경험을 할 때 겉으로 드러난 행동과 하는 말은 똑같다. 예컨대 그 사람은 신호등이 있는 건널목에서 똑같이 초록 불일 때 건너고 빨간 불일 때는 멈추며, 초록 불을 보고 똑같이 "초록 불이네."라고 말한다. 그러나 그는 자신의 감각질이 뒤집혀 있는지 전혀 모른다. 감각질은 순전히 사적이며 다른 사람의 감각질과 같은지를 확인할 수 있는 방법이 없기 때문이다. 그렇다면 나와 어떤 사람의 정신 상태는 현상적으로 다르지만 기능적으로는 같으므로, 현상적 감각 경험은 배제하고 기능적·인과적 역할만으로 정신 상태를 설명하는 기능론은 잘못된 이론이라는 논박이 가능하다.

　㉠뒤집힌 감각질 사고 실험에 의한 기능론 논박이 성공하려면 감각질이 뒤집힌 사람이 그렇지 않은 사람과 색 경험이 현상적으로는 다르지만 기능적으로 다르지 않다는 조건이 성립해야 한다. 두 경험이 기능적으로 다르지 않다면 두 사람의 색 경험 공간이 대칭적이어야 한다. 다시 말해서 색들이 가지는 관계들의 구조는 동일한 패턴을 가져야 하는 것이다. 예를 들어 나의 빨간색 경험과 노란색 경험 사이의 관계를 보여 주는 특성들이 다른 사람의 빨간색 경험(사실은 초록색 경험)과 노란색 경험 사이의 관계를 보여 주는 특성들과 동일해야 한다. 그래야 두 사람이 현상적으로 다른 경험을 하더라도 기능적으로 동일하기에 감각질이 뒤집혔다는 것이 탐지 불가능하다. 그러나 색을 경험한다는 것은 색 외적인 속성들, 예컨대 따뜻함과 생동감 따위와도 복잡하게 관련되어 있는데, 그것 때문에 색 경험 공간이 비대칭적이게 된다. ㉡빨강-초록의 감각질이 뒤집힌 사람은 익지 않은 초록색 토마토가 빨간색으로 보일 것인데, 이 경우 그가 초록이 가지는 생동감 대신 빨강이 가지는 따뜻함을 지각할 것이기 때문에 감각질이 뒤집히지 않은 사람과 다른 행동을 보일 것이다.

　뒤집힌 감각질 사고 실험은 색 경험 공간이 대칭적이어야 성공하지만, 앞에서 제시한 문제점을 안고 있어서 비판을 받기도 한다. 그런 까닭에 이 사고 실험에 의한 기능론 논박은 성공하지 못한다고 평가할 수 있다.

19.

윗글의 내용과 일치하는 것은?

① 동일론에서는 물질 상태가 같으면 정신 상태도 같다는 것을 설명할 수 없다.
② 이원론에서는 어떤 사람의 행동과 말을 통해서 그 사람의 감각질이 어떠한지 확인한다.
③ 기능론에서는 인간과 로봇이 물질 상태는 달라도 정신 상태는 같을 수 있음을 설명할 수 있다.
④ 뒤집힌 감각질 사고 실험은 기능론으로는 정신의 인과적 측면을 설명할 수 없다는 것을 보여 주려고 한다.
⑤ 이원론과 기능론은 정신 상태를 갖는 존재의 물질 상태를 인정하지 않는다는 점에서 일치한다.

문항 성격	문항유형 : 주제, 구조, 관점 파악
	내용영역 : 인문
평가 목표	이 문항은 심신 문제에 대한 이론들과 뒤집힌 감각질 사고 실험을 정확하게 이해하고 있는지 평가하는 문항이다.
문제 풀이	정답 : ③

제시문 첫 번째 단락과 두 번째 단락을 통해 심신 문제에 대한 이론들과 뒤집힌 감각질 사고 실험의 내용을 알 수 있다.

정답 해설 ③ 제시문 첫 번째 단락에서 "똑같은 정신 상태라고 하더라도 사람마다 그 물질 상태가 다를 수 있고, 인간과 정신 상태는 같지만 물질 상태는 다른 로봇이 등장한다면 동일론은 그것을 설명할 수 없다는 문제가 생긴다."고 했는데, 기능론은 "정신의 인과적 역할이 뇌의 신경 세포에서든 로봇의 실리콘 칩에서든 어떤 물질에서도 구현될 수 있음을 보여 준다"는 장점이 있다. 따라서 기능론은 인간과 로봇이 물질 상태는 달라도 정신 상태는 같을 수 있음을 그 기능이 같다는 방식으로 설명할 수 있다.

오답 해설 ① 동일론은 정신 상태와 물질 상태가 동일하다고 주장하는 이론이다. 따라서 동일론에서는 물질 상태가 같으면 정신 상태도 같다는 것을 충분히 설명할 수 있다. 물질 상태가 곧 정신 상태이기 때문이다.

② 이원론은 감각질을 도입하면서 이것은 "주관적인 경험을 할 때 다른 사람에게 보여줄 수는 없지만 나는 분명히 경험하는 느낌"이지만, "경험을 할 때 겉으로 드러난 행동과 하는 말은 똑같다"라고 말했다. 따라서 어떤 사람의 감각질이 어떠한지를 그의 행동과 말을 통해서는 확인할 수 없다.

④ 이원론은 뒤집힌 감각질 사고 실험을 통해 "현상적 감각 경험은 배제하고 기능적·인과적 역할만으로 정신 상태를 설명하는 기능론은 잘못된 이론이라"고 비판한다. 따라서 뒤집힌 감각질 사고 실험은 기능론이 정신의 인과적 측면이 아니라 현상적 측면을 설명할 수 없다는 것을 보여 주려고 한다.

⑤ 이원론은 정신 상태와 물질 상태는 별개의 것이라고 주장하는 이론이다. 따라서 이원론은 정신 상태를 갖는 존재의 물질 상태를 인정하지 않는 것은 아니다. 다만 그 둘이 별개라고 주장할 뿐이다. 한편 기능론은 "정신의 인과적 역할이 뇌의 신경 세포에서든 로봇의 실리콘 칩에서든 어떤 물질에서도 구현될 수 있음을 보여 준다"고 했다. 곧 기능론은 정신 상태를 갖는 각 종(또는 개체)마다 물질 상태가 다르다고 주장하는 것뿐이지 물질 상태를 인정하지 않는 것은 아니다.

20.

비판 의 내용으로 가장 적절한 것은?

① 색 경험 공간은 대칭적이어서, 감각질이 뒤집힌 사람이 그렇지 않은 사람과 현상적으로 동등하고 기능적으로 다를 경우는 발생할 수 없다.

② 색 경험 공간은 비대칭적이어서, 감각질이 뒤집힌 사람이 그렇지 않은 사람과 현상적으로 다르고 기능적으로 동등할 경우는 발생할 수 없다.

③ 감각질이 뒤집히지 않은 사람은 입력이 같으면 출력도 같으므로, 그의 감각질이 뒤집히지 않았다는 사실은 탐지할 수 없다.

④ 감각질이 뒤집힌 사람은 입력이 같아도 출력이 다르므로, 그의 감각질이 뒤집혔다는 사실은 탐지할 수 없다.

⑤ 정신 상태의 현상적 감각 경험을 배제할 수 없으므로, 기능적 역할만으로 정신 상태를 설명할 수 없다.

문항 성격	문항유형 : 정보의 추론과 해석
	내용영역 : 인문
평가 목표	이 문항은 뒤집힌 감각질 사고 실험에 의한 기능론 논박을 이해하고 그것에 대한 저자의 비판 요지를 추론할 수 있는지 평가하는 문항이다.
문제 풀이	정답 : ②

제시문 세 번째 단락에서 뒤집힌 감각질 사고 실험에 의한 기능론 논박이 안고 있는 '문제점'을 읽어 낼 수 있으면 '비판'으로 적절한 내용을 바로 추론할 수 있다.

정답 해설 ② 제시문 세 번째 단락은 "뒤집힌 감각질 사고 실험에 의한 기능론 논박이 성공하려면 감각질이 뒤집힌 두 사람의 색 경험이 현상적으로는 다르지만 기능적으로 다르지 않다는 조건이 성립해야 한다. 두 경험이 기능적으로 다르지 않다면 두 사람의 색 경험 공간이 대칭적이어야 한다."라고 시작하고 있다. 이어 색을 경험하는 것은 색 외적인 속성들과 관련되어 있기 때문에 색 경험 공간은 비대칭적이라는 주장이 뒤따른다. 이에 따르면 감각질이 뒤집힌 사람은 그렇지 않은 사람과 다른 행동을 보일 것이다. 다시 말해, 현상적으로는 다르지만 기능적으로는 다르지 않다는 조건은 성립할 수 없다.

오답 해설 ① 정답 해설에서 밝힌 바대로 비판은 색 경험 공간은 비대칭적이라는 주장을 하고 있다. 따라서 "색 경험 공간은 대칭적이어서"라는 진술은 비판의 내용으로 적절하지 않다.

③ 제시문은 결국 뒤집힌 감각질 사고 실험이 성공하지 못함을 보여 주고자 한다. 따라서 '감각질이 뒤집히지 않은 사람'에 대해서는 '문제점'을 지적하지 않는다.

④ 제시문 세 번째 단락은 뒤집힌 감각질 사고 실험은 감각질이 뒤집힌 사람이 뒤집히지 않은 사람과 "현상적으로 다른 경험을 하더라도 기능적으로 동일하기에 감각질이 뒤집혔다는 것이 탐지 불가능"해야 하는데, 실제로는 탐지 가능하다 ("감각질이 뒤집히지 않은 사람과 다른 행동을 보일 것이다")는 것을 말해 주고 있다. 따라서 감각질이 뒤집힌 사람의 감각질이 뒤집혔다는 것을 탐지할 수 없다는 진술은 적절하지 않고 '문제점'이 아니다.

⑤ "정신 상태의 현상적 감각 경험을 배제할 수 없으므로 기능적·인과적 역할만으로 정신 상태를 설명할 수 없다."는 것은 뒤집힌 감각질 사고 실험을 도입한 이원론자의 주장이다. '문제점'은 그 주장에 기반해 제시한 사고 실험에 대해 제시된 것으로 이 주장은 '문제점'이 될 수 없다.

21.

윗글과 〈보기〉를 바탕으로 ㉠과 ㉡을 설명할 때, 적절하지 <u>않은</u> 것은?

> **보기**
>
> 빨강과 초록의 감각질이 뒤집힌 사람이 따뜻한 물로 손을 씻으러 세면대로 갔다. 세면대에는 따뜻한 물이 나오는 꼭지는 빨간색으로, 차가운 물이 나오는 꼭지는 파란색으로 되어 있었다.

① ㉠이 성공한다는 측은 ㉡에게는 빨간색 꼭지가 초록색으로 보인다고 설명하겠군.

② ㉠이 성공한다는 측은 ㉡이 빨간색 꼭지를 보고 "이게 빨간색이구나."라고 말한다고 설명하겠군.

③ ㉠이 실패한다는 측은 ㉡이 빨간색 꼭지를 보고 따뜻함을 지각하지 못할 것이라고 설명하겠군.

④ ㉠이 성공한다는 측과 실패한다는 측 모두 ㉡이 빨간색 꼭지를 틀지 않을 것이라고 설명하겠군.

⑤ ㉠이 성공한다는 측과 실패한다는 측 모두 ㉡이 빨간색 꼭지와 파란색 꼭지를 구별할 수 있다고 설명하겠군.

문항 성격	문항유형 : 정보의 평가와 적용
	내용영역 : 인문
평가 목표	이 문항은 뒤집힌 감각질 사고 실험에 의한 기능론 논박과 그것에 대한 저자의 비판을 구체적 상황에 적용할 수 있는지 평가하는 문항이다.
문제 풀이	정답 : ④

제시문 두 번째 단락에서 ㉠이 성공한다는 측의 생각을, 세 번째 단락에서 ㉠이 실패한다고 생각하는 측의 생각을 파악한 후, 이를 〈보기〉 상황에 적용하여 선택지들의 진위를 판단해야 한다.

정답 해설   ④ ㉠이 성공한다는 측은 빨강과 초록의 감각질이 뒤집힌 사람은 뒤집히지 않은 사람과 빨간색을 초록색으로 느끼는 것만 차이가 있지 그 외의 행동은 똑같다고 생각한다. 따라서 ㉠이 성공한다고 생각하는 측은 ㉡이 빨간색 꼭지를 틀 것이라고 설명할 것이다. 한편 ㉠이 실패한다고 생각하는 측은 ㉡이 감각질이 뒤집히지 않은 사람과 다른 행동을 보일 것이라고 했는데, 이 경우에는 초록색의 생동감을 동시에 느낄 것이므로 빨간색 꼭지를 틀지는 않는다고 설명할 것이다.

① ㉠이 성공한다는 측은 "나에게 빨강으로 보이는 것이 어떤 사람에게는 초록으로 보이고 나에게 초록으로 보이는 것이 그에게는 빨강으로 보인다."는 입장이므로 ㉡에게는 빨간색 꼭지가 초록색으로 보인다고 설명할 것이다.

② ㉠이 성공한다는 측은 빨강과 초록의 감각질이 뒤집힌 사람은 뒤집히지 않은 사람과 빨간색을 초록색으로 느끼는 것만 차이가 있지 그 외의 행동은 똑같다고 생각한다. 따라서 그는 ㉡이 빨간색 꼭지를 보고 "이게 빨간색이구나."라고 말한다고 설명할 것이다.

③ ㉠이 실패한다는 측은 "색을 경험한다는 것은 색 외적인 속성들, 예컨대 따뜻함과 생동감 따위와도 복잡하게 관련되어 있"으므로 "익지 않은 초록색 토마토가 빨간색으로 보일 것인데, 이 경우 그가 초록이 가지는 생동감 대신 빨강이 가지는 따뜻함을 지각할 것이기 때문에 감각질이 뒤집히지 않은 사람과 다른 행동을 보일 것이다."라고 생각한다. 이 내용을 〈보기〉 상황에 적용해 보면 "빨간색 꼭지에서 초록색을 지각할 것인데, 이 경우 그는 초록이 가지는 생동감을 동시에 지각할 것이기 때문에 감각질이 뒤집히지 않은 사람과 다른 행동을 보일 것이다."라고 말할 수 있다. 따라서 ㉠이 실패한다고 생각하는 측은 ㉡이 빨간색 꼭지를 보고 생동감을 지각할 것이라고 설명할 것이다.

⑤ ㉠이 성공한다는 측은 빨강과 초록의 감각질이 뒤집힌 사람은 뒤집히지 않은 사람과 빨간색을 초록색으로 느끼는 것만 차이가 있지 그 외의 행동은 똑같다고 생각한다. 따라서 그는 ㉡이 빨간색 꼭지와 파란색 꼭지를 구별하는 데 문제가 없다고 설명할 것이다. 한편 ㉠이 실패한다는 측은 ㉡이 빨간색 꼭지를 초록색으로 느낄 때 거기서 생동감을 느낀다고 주장한다. 그러나 생동감은 파란색과 관련된 색 외적인 속성들은 아니므로 그는 빨간색 꼭지와 파란색 꼭지를 구별하지 못한다고 설명하지는 않는다.

[22~24] 다음 글을 읽고 물음에 답하시오.

1990년대 이후 온톨로지(ontology)는 인공지능 연구에서 각광을 받고 있다. 연구자들마다 '온톨로지'란 용어를 조금씩 다른 의미로 사용하고 있지만, 널리 받아들여지는 정의는 "관심 영역 내 공유된 개념화에 대한 형식적이고 명시적인 명세"다. 여기서 '관심 영역'은 특정 영역 중심적이리는 것을, '공유된'은 관련된 사람들의 합의에 의한 것이라는 것을, '개념화'는 현실 세계에 대한 모형이라는 것을 뜻한다. 즉 특정 영역의 지식을 모델링하여 구성원들의 지식 공유 및 재사용을 가능하게 하는 것이 바로 온톨로지인 것이다. 또 '형식적'은 기계가 읽고 처리할 수 있는 형태로 온톨로지를 표현해야 한다는 것을 뜻한다. 그 결과로서 얻어지는 '명시적인 명세'는 일종의 공학적 구조물로서 다양한 용도로 사용된다.

온톨로지를 사전과 비교하면 '개념화'를 쉽게 이해할 수 있다. 사전에는 각각의 표제어에 대해 뜻풀이, 동의어, 반대어 등 언어적 특성들이 정리되어 있다. 온톨로지에는 표제어 대신 개념이, 그리고 언어적 특성들 대신 개념들 간 논리적 특성들이 기록된다. '개념(class)'은 어떤 공통된 속성들을 공유하는 '개체들(instances)'의 집합이고, 개체는 세상에 존재하는 구체적인 개별자이다. 온톨로지에서 개념은 관계를 통해 다른 개념들과 연결된다. 필수적인 관계는 개념 간의 계층 구조를 형성하는 상속 관계이다. 상속 관계에서 하위 개념은 상위 개념의 모든 속성을 물려받는다. 예컨대 '스누피'라는 특정 개체가 속한 견종 '몰티즈'라는 개념은 '개'의 하위 개념이므로, '몰티즈'는 상위 개념인 '개'가 가진 모든 속성을 물려받는다. 널리 사용되는 또 다른 관계로 부분–전체 관계가 있다. 이외에도 온톨로지에는 관계를 포함한 다양한 논리적 특성들을 기록할 수 있다.

온톨로지 표현 언어는 대부분 일차 술어 논리에 기초를 두고 있다. 일차 술어 논리는 '모든'과 '어떤'을 변수와 함께 사용하는 언어로 표현력이 매우 뛰어나다. 예컨대 "진짜 이탈리아 피자는 오직 얇고 바삭한 베이스만을 갖는다."를 일차 술어 논리로 옮기면 "모든 x에 대해, 만약 x가 진짜 이탈리아 피자라면, 얇고 바삭한 베이스인 어떤 y가 존재하고 x는 y를 베이스로 갖는다."가 된다. 그런데 이것이 반드시 장점인 것은 아니다. 일차 술어 논리로 정교하고 복잡하게 표현된 온톨로지를 막상 기계는 효율적으로 다룰 수 없는 경우가 발생하기 때문이다. 따라서 온톨로지 표현 언어는 일차 술어 논리에 각종 제약을 두어 표현력을 줄이는 대신 취급을 용이하도록 한 것이 대부분이다. 예컨대 월드 와이드 웹 컨소시움의 권고안인 '웹 온톨로지 언어' OWL에는 Lite, DL, Full의 세 가지 버전이 있는데, 후자로 갈수록 표현력이 커진다. 즉 OWL DL은 OWL Lite의 확장이고 OWL Full은 OWL DL의 확장이다. OWL DL까지는 계산학적 완전성과 결정 가능성이 보장된다. 이는 OWL DL로 표현된 온톨로지에서는 추론 엔진이 유한한 시간 내에 항상 해를 찾을 수 있음을 뜻한다.

OWL을 쓰면 복잡하고 다양한 논리적 특성들을 표현할 수 있지만 논리학에 익숙하지 않은 사용자에게 OWL은 너무 어렵다. 이로 인해 그 이름과는 달리, 웹에서 OWL이 널리 쓰이는 것은 아직까지 요원해 보인다. 오히려 전문 지식에 대한 정교한 논리적 표현이 요구되는 영역에서는 OWL이 이용되는 경우가 있다. 예컨대 미국 국립암센터에서 개발한 의료 영역 온톨로지인 NCI 시소러스는 OWL 포맷으로도 제공되는데, 이것은 약 4만 개의 개념과 백 개 이상의 관계로 이루어져 있다. 이외에도 의료 영역은 일찍부터 여러 그룹에서 각기 목적에 맞는 온톨로지를 발전시켜 왔다. 대표적인 것으로는 UMLS, SNOMED–CT 등이 있다.

온톨로지는 일반적으로 특정 영역 종사자들의 관심과 필요에 의해 구축되나 반드시 그런 것은 아니다. 1984년 개발이 시작된 Cyc는 인간의 모든 지식을 담고자 하는 대규모 온톨로지다. 지식 공학자 소와(Sowa)는 철학의 연구 성과를 적극적으로 수용한 상위 수준 온톨로지를 제시한 바 있다. 세상에 존재하는 모든 것을 분류하려면 시간, 공간과 같은 일반적인 개념들을 다루어야만 하는데, 이는 철학자들이 이런 개념들에 대해 가장 오랫동안 깊이 사유했기 때문이다.

22.

온톨로지 에 대한 설명으로 적절하지 <u>않은</u> 것은?

① 지식의 공유와 재사용을 위해 설계된 인공물이다.
② 대상 체계의 개념 구조를 명시적으로 드러내고자 한다.
③ 실제 사용되려면 기계가 처리할 수 있는 형태로 표현되어야 한다.
④ 개념과 그 개념에 속한 개체들은 상속 관계에 의해 서로 연결된다.
⑤ 동일한 영역에서도 종사자들의 관심과 필요에 따라 서로 다른 온톨로지가 구축될 수 있다.

문항 성격	문항유형 : 주제, 구조, 관점 파악
	내용영역 : 과학기술
평가 목표	이 문항은 제시문의 주제인 온톨로지를 정확하게 이해하고 있는지 확인하는 문항이다.
문제 풀이	정답 : ④

첫 번째 단락에서 '온톨로지'가 정의된 후, 두 번째 단락에서는 '개념'과 '관계', 특히 '상속 관계'에 대해 설명되고 있다. 이 두 단락의 내용을 중심으로 각 선택지의 진위 여부를 확인하도록 한다.

정답 해설 ④ 제시문 두 번째 단락 "온톨로지에서 개념은 관계를 통해 다른 개념들과 연결된다."에서 확인할 수 있다. 상속 관계 또한 관계이므로 이를 통해 개념과 개념이 연결된다. 개념과 개체가 연결되는 것이 아니다.

오답 해설 ① "특정 영역의 지식을 모델링하여 구성원들의 지식 공유 및 재사용을 가능하게 하는 것이 바로 온톨로지"이고 이것은 "일종의 공학적 구조물", 즉 설계된 인공물이다.

② 온톨로지의 정의인 "관심 영역 내 공유된 개념화에 대한 형식적이고 명시적인 명세"로부터 명백하다.

③ 제시문 첫 번째 단락 "또 '형식적'은 기계가 읽고 처리할 수 있는 형태로 온톨로지를 표현해야 한다는 것을 뜻한다. … '명시적인 명세'는 일종의 공학적 구조물로서 다양한 용도로 사용된다."로부터 확인할 수 있다.

⑤ 특정 영역 내에서도 "관련된 사람들"이 누구냐에 따라, 그들 간 "합의"의 내용에 따라, "관심과 필요"에 따라 얼마든지 다른 온톨로지가 만들어질 수 있다. 제시문 네 번째 단락 "(NCI 시소러스) 이외에도 의료 영역은 일찍부터 여러 그룹에서 각기 목적에 맞는 온톨로지를 발전시켜 왔다. 대표적인 것으로는 UMLS, SNOMED-CT 등이 있다."에서 이를 확인할 수 있다.

23.

온톨로지 표현 언어에 대해 추론한 내용으로 적절한 것만을 〈보기〉에서 있는 대로 고른 것은?

보 기

ㄱ. 동일한 온톨로지를 서로 다른 두 개의 언어로 각각 표현하기 위해서는 이들 언어의 표현력이 동등해야 한다.

ㄴ. 일차 술어 논리 표현 "모든 x에 대해, x가 빵이면 x는 장미이다."는 '빵'이 상위 개념, '장미'가 하위 개념인 상속 관계를 나타낸다.

ㄷ. 계산학적 완전성에 대한 보장 없이 최대의 표현력을 활용하여 온톨로지 구축을 원하는 사용자는 OWL Lite보다는 OWL Full을 사용할 것이다.

① ㄱ   ② ㄴ   ③ ㄷ

④ ㄱ, ㄴ   ⑤ ㄴ, ㄷ

문항 성격	문항유형 : 정보의 확인과 재구성
	내용영역 : 과학기술
평가 목표	이 문항은 온톨로지 표현 언어에 대한 정보를 제시문에서 확인하고 재구성하는 능력을 평가하기 위한 문항이다.

제시문 두 번째 단락에서 '상속 관계'를 이해하고 세 번째 단락에서 '일차 술어 논리' 및 'OWL'에 관한 정보를 파악한 후에 〈보기〉 각 선택지의 진위를 판단한다.

〈보기〉해설 ㄱ. OWL DL에 비해 OWL Full은 표현력이 크다. 그런데 OWL DL로 표현된 온톨로지는 모두 OWL Full로 표현할 수 있다. 따라서 동일한 온톨로지를 서로 다른 두 개의 언어로 각각 표현할 경우에 있어 반드시 이들 언어의 표현력이 동등해야 하는 것은 아니다.

ㄴ. 다이어그램을 그려 보면 일차 술어 논리 표현이 의미하는 바를 쉽게 알 수 있다. 여기서는 '빵'이 하위 개념이고 '장미'가 상위 개념이다. 모든 빵은 장미지만, 그 역은 아니기 때문이다.

ㄷ. 세 가지 종류의 OWL 중 표현력이 가장 큰 것은 OWL Full이고 가장 작은 것은 OWL Lite이다. 그런데 OWL DL까지만 계산학적 완전성과 결정 가능성이 보장되고, OWL Full은 그렇지 못하다.

24.

윗글과 〈보기〉를 바탕으로 소와의 상위 수준 온톨로지에 대해 이해한 것으로 적절하지 <u>않은</u> 것은?

보기

소와의 상위 수준 온톨로지를 그림으로 나타내면 다음과 같다.

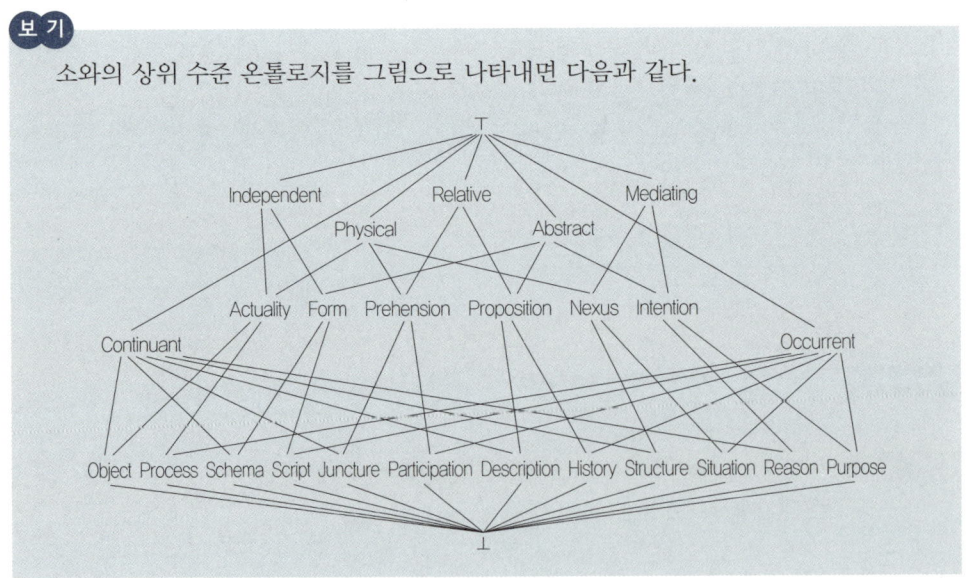

⊤는 세상에 존재하는 모든 것들의 집합을, ⊥는 공집합을 뜻한다. ⊤ 바로 아래 원 초적 개념으로 'Independent'와 'Relative'와 'Mediating', 'Physical'과 'Abstract', 'Continuant'와 'Occurrent' 이렇게 7가지가 있다. 하나의 선으로 연결된 두 개념 중 위쪽이 상위 개념, 아래쪽이 하위 개념이다.

한편 상속 관계는 추이성(transitivity)을 갖는 대표적인 관계다. 즉 A, B, C가 각각 개념이라 할 때, 하위 개념 A가 상위 개념 B와 상속 관계를 맺고 하위 개념 B가 상위 개념 C와 상속 관계를 맺으면, 하위 개념 A는 상위 개념 C와 상속 관계를 맺는다.

① 상위 개념으로 원초적 개념을 단 한 개만 갖는 개념은 없고, 오직 2개의 원초적 개념을 갖는 개념은 모두 6개다.

② ⊤는 세상에 존재하는 모든 것들이므로 이 개념은 존재하는 모든 속성을 다 가지고 있고, ⊥에는 어떠한 개체도 속하지 않으므로 이 개념은 어떠한 속성도 갖지 않는다.

③ 'Continuant'와 'Occurrent'의 공통 하위 개념은 오직 ⊥뿐이므로, 'Continuant'의 속성과 'Occurrent'의 속성을 모두 갖는 개체는 존재하지 않는다.

④ 'Object'는 'Actuality'의 하위 개념이고 또한 'Continuant'의 하위 개념이기도 하므로, 'Actuality'의 속성과 'Continuant'의 속성을 모두 물려받는다.

⑤ 'Process'는 'Actuality'의 하위 개념이고 'Actuality'는 'Physical'의 하위 개념인데, 상속 관계는 추이성을 가지므로, 'Process'는 'Physical'의 하위 개념이다.

문항 성격	문항유형 : 정보의 추론과 해석
	내용영역 : 과학기술
평가 목표	이 문항은 제시문의 내용을 소와의 상위 수준 온톨로지에 적용하여 구체적인 정보를 추론하고 해석해 내는 능력을 평가하는 문항이다.
문제 풀이	정답 : ②

그림의 전체 구조 및 개념들 간 연결 여부를 파악하고, 제시문의 '상속 관계'와 〈보기〉의 '추이성'을 적용하여 각 선택지의 진위 여부를 판단한다.

정답 해설	② 하위 개념은 상위 개념의 속성을 상속받으므로, 최하위 개념 ⊥는 자신을 제외한 모든 개념들이 가진 속성, 즉 존재하는 모든 속성을 상속받는다. ⊤는 세상에 존재하는 모든 것들이 공유하는 속성만을(만약 그러한 속성이 있다면) 가진다.

① 최상위 개념 및 7개의 원초적 개념들은 상위 개념으로 원초적 개념을 단 한 개
도 갖지 않는다. 'Actuality'가 위치한 줄의 6개 개념들은 상위 개념으로 원초적
개념을 각각 2개씩만 갖는다. 'Object'가 위치한 줄의 12개 개념들은 상위 개념으
로 원초적 개념을 각각 3개씩만 갖는다. 최하위 개념인 ⊥는 상위 개념으로 원
초적 개념을 7개 갖는다.

③ 그림에서 'Continuant'와 'Occurrent'의 공통 하위 개념은 ⊥뿐임을 확인할 수
있다. ⊥는 공집합이므로 'Continuant'와 'Occurrent'는 상호 배타적인 개념이고,
이 두 개념의 속성을 모두 갖는 개체는 존재하지 않는다.

④ 그림으로부터 'Object'는 'Actuality'의 하위 개념이고 'Continuant'의 하위 개념
임을 확인할 수 있다. 상속 관계에 관한 제시문의 설명으로부터 'Object'는 이 두
개념의 속성을 모두 물려받음을 알 수 있다.

⑤ 그림으로부터 'Process'는 'Actuality'의 하위 개념이고 'Actuality'는 'Physical'의
하위 개념임을 확인할 수 있다. 추이성에 관한 〈보기〉의 설명으로부터 'Process'
는 'Physical'의 하위 개념이라는 것을 알 수 있다.

[25~27] 다음 글을 읽고 물음에 답하시오.

최근 프랑스 극우민족주의 세력인 국민연합은 과거의 인종주의적 경향에서 탈피하여 프랑스
공화주의의 수호자로 자처하기 시작했다. 국민연합은 공화주의의 핵심적 원칙이라고 할 수 있
는 '라이시테', 즉 정치와 종교의 엄격한 분리라는 세속화를 새롭게 강조하고 있다. 1905년 법률
로 확정된 라이시테 원칙은 당시 보수적 가톨릭이 정치 및 교육에 개입하는 것을 제어하기 위해
제시된 것이다. 그런데 최근 프랑스 사회에서는 이 원칙에 의거하여 공공장소에서 종교적 표지를
드러내는 것을 금지하여 결과적으로 무슬림에 대한 억압이 이루어지고 있다. 이와 더불어 시민권
획득에서 프랑스어 및 프랑스 법과 가치에 대한 의무가 강조됨으로써 통합을 위한 국가의 역할보
다는 통합되는 자의 책임과 의지가 중시되기 시작했다.

원래 국민국가 시기에 인민은 동일성에 기반한 '네이션(nation)', 즉 '민족/국민'이라는 틀을 통
해 권리를 부여받으면서 민주주의적 주체로서 구성되었다. 네이션의 동일성은 문화적 기반을 강
조하는 폐쇄적 '민족' 개념과 정치적 원칙에 대한 동의만을 조건으로 하는 개방적 '국민' 개념으로
구분되어 형성되어 왔다. 후자가 전자보다 공화주의적 논리에 기반하고 있다는 점 때문에 바람직
한 것으로 여겨져 왔다. 하지만 최근의 극우민족주의 에서 제시하는 네이션은 문화적 개념과 시

민적 개념 사이의 차이를 없애고 경계를 갖는 포섭과 배제의 논리로만 작동하고 있다. 극우민족주의는 네이션을 새로운 상징, 가치 등을 중심으로 재구성하면서 네이션에 대한 호명을 시도한다. 네이션의 구성에서 극우민족주의자들은 과거처럼 종교, 문화 등의 기준을 통한 적극적 방식이 아니라 소극적 방식, 즉 이러저러한 것은 네이션의 특성이 될 수 없으며, 그렇기 때문에 네이션의 구성원이 아니라는 방식으로 네이션을 재구성한다. 그들에게 네이션은 존재하지 않는 '망령'일 뿐이다.

또한 그렇게 구성된 네이션은 시민들의 집합체, 연대와 삶의 공동체로서 국민국가의 주권자라는 위상을 잃고, 정치적 주체로서보다는 치안과 통치의 대상으로 전락하고 있다. 오늘날 국가는 시장이 야기한 삶의 불확실성과 불안에 대한 개입을 중단하고, 비경제적 유형의 개인 안전에 대한 책임을 수행함으로써 자신의 정당성을 확보하고자 한다. 결국 정치(politics)는 사라지고 치안(police)만이 남는다. 국민국가 수준에서 '사회적인 것'을 해결하기 위해 밑바탕이 되었던 공화주의와 케인즈주의의 사회적 국민국가는 후퇴하고, 이민 노동자 등 잉여 노동력의 공급을 통한 노동 유연성 확대와 그 관리를 위한 방편으로 사회적 배제의 정치 전략이 작동한다. 즉 극우민족주의는 신자유주의와의 동거를 통하여 국민/비국민 혹은 시민/비시민의 구분 전략을 구사하고 있다. 극우민족주의자들은 신자유주의적 세계에 '잉여'로서 존재하는 이민 노동자나 '위험한 외국인'을 통합 불가능한 자들로 여겨 배제의 대상으로 삼았다. 신자유주의 속에서 유색 인종 노동자들은 사회의 안전을 위협할 수 있는 잠재적 범죄자이자 위험한 계급으로서 국가 권력이 수행하는 '안전의 정치'의 대상으로 확정된다. 안전의 위협이라는 비상 상황이 일상적인 것이라고 강조되면서 '위험한 계급'으로서 이주 노동자에 대한 권력의 예외적인 행사 역시 일상화된다.

극우민족주의는 기존 좌우 정당의 틀을 넘어서 특정 집단을 공동의 적으로 만들면서 세력화를 추구한다. 극우민족주의 정당에 대한 지지 세력의 30~40%가 과거 좌파 정당을 지지했던 노동자 계급이라는 사실에서도 그것을 알 수 있다. 또한 극우민족주의는 포퓰리즘의 한 유형으로 볼 수 있는데, 이는 포퓰리즘의 출발이 근대 대의제의 거부와 인민의 직접적 정치 실천에 대한 욕망의 발현이기 때문이다. 하지만 극우민족주의자들은 여전히 근대 대의제 정치가 '상징적'으로 전제하는 대표되는 자의 단일성을 위해 내부의 타자를 부정하고 있다. 하지만 국가가 구성하는 주권적 인민의 배치 안에는 국민과 같은 형태의 공식적 인민으로 실존하지 않는 많은 인민이 존재한다. 두 차례 세계 대전 전후에 등장했던 전체주의적 권력은 단일성을 위한 상징적 권력과 사회적, 계급적 분할에 의해 단일화될 수 없는 실재적 권력을 동일시함으로써 인류 역사에 불행한 결과를 초래하였다.

25.

윗글의 내용과 일치하지 <u>않는</u> 것은?

① 최근 프랑스 극우민족주의는 공화주의 원칙을 무슬림에 대한 배제의 기준으로 활용하고 있다.
② 최근 프랑스 시민권 획득의 조건에서 통합을 위한 국가의 역할보다는 이주자의 책임이 강조되고 있다.
③ 최근 극우민족주의는 기존에 좌파 정당을 지지했던 노동자 계급을 흡수하면서 세력을 확장하고 있다.
④ 국민국가 시기에 정치적 원칙에 기반한 국민 개념은 문화적 민족 개념보다 개방적인 것으로 간주되었다.
⑤ 신자유주의 시대에 들어와 네이션은 주권자로서의 위상을 강화하면서 직접적 정치 실천을 확대하고 있다.

문항 성격	문항유형 : 정보의 확인과 재구성
	내용영역 : 사회
평가 목표	이 문항은 제시문의 세부 내용 파악이 제대로 이루어졌는지 평가하기 위한 문항이다.
문제 풀이	정답 : ⑤

단락별 핵심 내용을 정리하고 기억하여 되도록 제시문을 한 번만 읽고 선택지들의 진위를 판단하도록 한다.

정답 해설 ⑤ 제시문 세 번째 단락 "(신자유주의 시대에 들어와) 네이션은 시민들의 집합체, 연대와 삶의 공동체로서 국민국가의 주권자라는 위상을 잃고, 정치적 주체로서보다는 치안과 통치의 대상으로 전락하고 있다."에서 제시문 내용과 일치하지 않음을 확인할 수 있다.

오답 해설 ① 제시문 첫 번째 단락 "최근 프랑스 극우민족주의 세력인 국민연합은 … 프랑스 공화주의의 수호자로 자처하기 시작했다. … 최근 프랑스 사회에서는 이 원칙(라이시테 원칙)에 의거하여 공공장소에서 종교적 표지를 드러내는 것을 금지하여 결과적으로 무슬림에 대한 억압이 이루어지고 있다."에서 확인할 수 있다.
② 제시문 첫 번째 단락 "시민권 획득에서 프랑스어 및 프랑스 법과 가치에 대한 의무가 강조됨으로써 통합을 위한 국가의 역할보다는 통합되는 자의 책임과 의지가 중시되기 시작했다."에서 확인할 수 있다.

③ 제시문 네 번째 단락 "극우민족주의는 기존 좌우 정당의 틀을 넘어서 특정 집단을 공동의 적으로 만들면서 세력화를 추구한다. 극우민족주의 정당에 대한 지지 세력의 30~40%가 과거 좌파 정당을 지지했던 노동자 계급이라는 사실에서도 그것을 알 수 있다."에서 확인할 수 있다.

④ 제시문 두 번째 단락 "네이션의 동일성은 문화적 기반을 강조하는 폐쇄적 '민족' 개념과 정치적 원칙에 대한 동의만을 조건으로 하는 개방적 '국민' 개념으로 구분되어 형성되어 왔다."에서 확인할 수 있다.

26.

윗글을 바탕으로 │최근의 극우민족주의│를 이해한 내용으로 가장 적절한 것은?

① 문화적 민족 개념과 시민적 국민 개념의 차이를 없애면서 국민적 동일성에 기반한 정치를 제거하려고 시도하고 있다.

② 위험한 계급에 대한 새로운 호명을 통해 치안을 위한 장치이자 연대의 공동체로서 국민국가의 위상을 강조하고 있다.

③ 네이션을 재구성하여 근대의 대의제 정치를 폐기하고 직접적 정치를 통해 민주주의의 위기를 극복하고자 한다.

④ 이주 노동자 등을 공동의 '적'으로 호명하여 사회의 안전에 대한 위협을 강조함으로써 국가 권력의 예외적 행사를 정당화하려 한다.

⑤ '사회적인 것'을 해결하기 위해 시민들의 경제적 삶의 안정성을 확보하고 실종된 정치를 회복함으로써 안전의 정치를 확대하고자 한다.

문항 성격 문항유형 : 정보의 추론과 해석
내용영역 : 사회

평가 목표 이 문항은 "최근의 극우민족주의"에 대한 제시문 내용을 종합적으로 해석할 수 있는 능력을 평가하기 위한 문항이다.

문제 풀이 정답 : ④

선택지에 따라 진위 판단을 위한 제시문 조회 지점이 여러 군데 있을 수 있으므로, 판단에 확신이 없을 시 반드시 제시문을 재확인하도록 한다.

④ 최근의 극우민족주의가 특정 집단을 공동의 적으로 만들고(네 번째 단락) 사회 안전이 위협받는 비상 상황을 강조하면서 권력의 예외적 행사를 일상화하고 있다(세 번째 단락)는 점에서 선택지 ④는 적절하다.

① 최근의 극우민족주의는 문화적 민족 개념과 시민적 국민 개념의 차이를 없앤 채 네이션에 대한 소극적 정의를 통해 배제해야 할 것이 무엇인가를 찾고 있고(두 번째 단락), 다시 단일성에 기반한 정치를 추구하고 있다(네 번째 단락)는 점에서 선택지 ①은 적절하지 않다.

② '위험한 계급에 대한 새로운 호명'을 치안 장치로 볼 수는 있겠지만, '연대의 공동체로서 국민국가의 위상 강조'와는 거리가 멀다. 세 번째 단락에 따르면, 연대와 삶의 공동체로서 국민국가의 위상은 오히려 약화되고 있다.

③ "근대의 대의제 정치를 폐기하고 직접적 정치를 통해 민주주의의 위기를 극복하고자 한다."는 선택지 표현은 극우민족주의가 좌우 정당의 틀을 넘어선 세력화를 추구하고 여전히 근대 대의제 정치가 전제하는 대표되는 자의 단일성을 위한다는 점(네 번째 단락)에서 적절하지 않다.

⑤ 최근의 극우민족주의에서 제시하는 네이션은 "정치적 주체로서보다는 치안과 통치의 대상"이고, 여기에는 "시장이 야기한 삶의 불확실성과 불안에 대한 개입"이 존재하지 않는다. "결국 정치는 사라지고 치안만이 남는다."(세 번째 단락)는 점에서 적절하지 않다.

27.

윗글을 바탕으로 〈보기〉의 ⓐ를 평가할 때, 가장 적절한 것은?

보기

근대 정치에 대해 문제 제기하면서 인민을 정치의 전면에 등장시킨 포퓰리즘은 대중영합적 정치로의 변질 가능성뿐만 아니라 ⓐ민주주의적 정치의 확장 가능성도 지닌다. 신자유주의 시대에 새롭게 출현하는 '사회적인 것', 예를 들어 비정규직 노동자, 불법체류자 등의 문제를 해결하고 편협한 동일성의 정치를 극복하기 위해 정치에 대한 새로운 사유와 실천이 필요하다. 국민국가라는 경계를 가로질러 새로운 민주주의를 실천한 주체를 모색하고 민주주의를 재구성할 수 있어야 한다. 이 과정에서 포퓰리즘은 편협한 국가주의 이념을 극복하고 신자유주의에 대항하는 새로운 공동체와 국제적 연대를 이끌어 낼 가능성을 함축하고 있다.

① 국민과 계급, 인종의 경계를 넘어서는 새로운 대중이 정치의 전면에 등장한다면, 대중의 안전을 최우선하는 치안의 정치가 실현될 수 있다.

② 정치적·경제적 동기에 의해 생겨나는 이주민을 포용하는 통합의 장치를 작동시킨다면, 국민적 단일성을 강화하는 새로운 형태의 전체주의가 등장할 위험이 있다.

③ 대중이 정치체의 단일성을 확보하기 위한 상징적 권력과 단일화될 수 없는 실재적 권력을 구별한다면, 동일화될 수 없는 '인민'을 배제하는 동일성의 정치가 구현될 가능성이 높아질 것이다.

④ 공화주의의 정치적 원칙을 기반으로 네이션을 적극적으로 구성하여 새로운 국민국가의 민주주의 정치를 위한 주체로 삼는다면, 신자유주의로 인해 훼손된 국민국가의 이념과 민주주의의 가치가 복원될 것이다.

⑤ 비정규직, 난민, 이주 노동자 등에 의해 생겨난 '사회적인 것'의 해결을 위해 사회적 국민국가 방식의 해결을 넘어서는 민주주의적 실천을 모색한다면, 경계 구분을 통한 배제의 정치를 극복하고 새로운 공동체와 세계 질서가 도래할 수 있다.

문항 성격	문항유형 : 정보의 평가와 적용
	내용영역 : 사회
평가 목표	이 문항은 제시문 내용을 〈보기〉의 제안에 비판적으로 적용할 수 있는 능력을 평가하는 문항이다.
문제 풀이	정답 : ⑤

〈보기〉는 최근 포퓰리즘을 통해 인민이 정치의 전면에 등장하고 있는 현상을 주목하고, 그것이 대중 영합적으로 흐르지 않고 민주주의의 확장의 계기가 되기 위해 국민국가 수준을 넘어서는 '사회적인 것'의 해결과 국민국가라는 경계를 넘어서는 민주주의적 주체의 구성을 제안하고 있다.

정답 해설	⑤ '사회적인 것'에 대한 국민국가 방식의 해결이 의미를 잃고 있다는 제시문 내용과 이를 극복하기 위한 〈보기〉의 제안을 결합한 것으로 적절한 진술이다.
오답 해설	① '치안의 정치'란 제시문 표현을 따르면 신자유주의 하에서 국가 권력이 수행하는 '안전의 정치'로 이해할 수 있다. 이것은 '사회적인 것'의 해결과 새로운 민주주의 실천 주체 모색, 그리고 민주주의 재구성을 제안하는 〈보기〉의 취지와 어긋난다.
	② 제시문에 따르면 이주민에 대한 '통합의 장치'가 아니라 '배제의 장치'가 작동할 때, 국민적 단일성을 강화하는 새로운 형태의 전체주의가 등장할 위험이 생긴다.

③ 제시문에 따르면 "단일성을 위한 상징적 권력"과 "단일화될 수 없는 실재적 권력"을 동일시할 때 인류 역사에 불행한 결과가 초래하였다. 따라서 대중이 이를 구별한다면, "동일화될 수 없는 인민을 배제하는" 동일성의 정치가 아니라 민주주의 정치가 구현될 가능성이 높아질 것이다.

④ 제시문은 국민국가 이념의 복원을 말하고 있지는 않거니와, 이는 국민국가의 경계를 넘나드는 민주주의 정치의 필요성을 제기하는 〈보기〉와는 맞지 않는 주장이다. 따라서 제시문을 바탕으로 한 적절한 평가라고 볼 수 없다.

[28~30] 다음 글을 읽고 물음에 답하시오.

프랑스 혁명 이후에는 법관의 자의적 해석의 여지를 없애기 위하여 법률을 명확히 기술하여야 한다는 생각이 자리 잡았다. 이러한 근대법의 기획 에서 법은 그 적용을 받는 국민 개개인이 이해할 수 있게끔 제정되어야 한다. 법이 정하고 있는 바가 무엇인지를 국민이 이해할 수 있어야 법을 통한 행위의 지도와 평가도 가능하기 때문이다. 이에 따라 형사법 분야에서는 형벌 법규의 내용을 사전에 명확히 정해야 하고, 법문이 의미하는 한계를 넘어선 해석을 금지한다. 법치국가라는 헌법 이념에서도 자의적인 법 집행을 막기 위하여 ㉠법률의 내용은 명확해야 한다는 원리가 정립되었다. 여기서 법률의 내용이 명확해야 한다는 것은 법문이 절대적으로 명확한 상태여야만 한다는 것까지 뜻하지는 않는다. 입법 당시에는 미처 예상치 못했던 사태가 언제든지 생길 수 있을 뿐 아니라, 바로 그러한 이유 때문에라도 법률은 일반적이고 추상적인 형식을 띨 수밖에 없는 탓이다. 따라서 법률의 명확성이란 일정한 해석의 필요성을 배제하지 않는 개념이다.

일반적으로 해석을 통하여 법문의 의미를 구체화할 때에는 입법자의 의사나 법률 그 자체의 객관적 목적까지 참조하기도 한다. 그러나 이러한 해석 방법은 언뜻 타당한 것처럼 보이지만, 실제로 이에 대해서는 많은 비판이 제기되고 있다. 우선 입법자의 의사나 법률 그 자체의 객관적 목적이 과연 무엇인지를 확정하는 작업부터 녹록하지 않을 것이다. 더욱 심각한 문제는 그것까지 고려해서 법이 요구하는 바가 무엇인지 파악할 것을 법의 전문가가 아닌 여느 국민에게 기대할 수는 없다는 점이다. 법률의 명확성이 말하고 있는 바는 법문의 의미를 구체화하는 작업이 국민의 이해 수준의 한계 내에서 이루어져야 한다는 것이지, 구체화한 만큼 실제로 국민이 이해할 것이라고 추정할 수 있다는 것은 아니기 때문이다. 나아가 입법자의 의사나 법률 그 자체의 객관적 목적을 고려한 해석은 법문의 의미를 구체화하는 데 머물지 않고 종종 법문의 한계를 넘어서는 방편으로 활용되며 남용의 위험에 놓이기도 한다.

한편 법의 적용을 위한 해석을 이미 주어져 있는 대상에 대한 인식에 지나지 않는 것으로 여기는 시각이 아니라, 법문의 의미를 구성해 내는 활동으로 보는 시각에서는 근본적인 문제를 제기한다. 입법자가 법률을 제정할 때 그 규율 내용이 불분명하여 다의적으로 해석될 수 있게 해서는 안 되는데, 이러한 기대와 달리 법률의 규율 내용이 실제로는 법관의 해석을 거친 이후에야 비로소 그 의미가 구성되는 것이라면 국민이 행위 당시에 그것을 알고 자신의 행동 지침으로 삼는다는 것은 원천적으로 불가능하기 때문이다. 이뿐만 아니라 법률의 제정과 그 적용은 각각 입법기관과 사법기관의 영역이라는 권력 분립 원칙 또한 처음부터 실현 불가능하다.

그렇다면 근대법의 기획은 그 자체가 허구적이거나 불가능한 것으로 포기되어야 하는가? 이 물음에 대해서는 다음과 같이 대답할 수 있다. 첫째, 법의 해석이 의미를 구성하는 기능을 갖는다는 통찰로부터 곧바로 그와 같은 구성적 활동이 해석자의 자의와 주관적 판단에 완전히 맡겨져 있다는 결론을 내릴 수는 없다. 단어의 의미는 곧 그 단어가 사용되는 방식에 따라 확정되는 것이지만, 이 경우의 언어 사용은 사적인 것이 아니라 집단적인 것이며, 따라서 언어 사용 그 자체가 사회적 규칙에 의해 지도된다는 사실과 마찬가지로 법의 해석과 관련한 다양한 방법론적 규칙들 또한 해석자의 자유를 적절히 제한하기 때문이다. 둘째, 해석의 한계나 법률의 명확성 원칙은 법의 해석을 담당하는 법관과 같은 전문가를 겨냥한 것으로 파악함으로써 문제를 감축하거나 해소할 수 있다. 다시 말해서 법률이 다소 모호하게 제정되어 평균적인 일반인이 직접 그 의미 내용을 정확히 파악할 수 없다 하더라도 법관의 보충적인 해석을 통해서 그 의미 내용을 확인할 수 있다면 크게 문제되지 않는다는 것이다.

[A] 다만 이와 같은 대답에 대하여는 여전히 의문이 생긴다. 국민 각자가 법이 요구하는 바를 이해할 수 있어야 된다는 이념은 사실 '일반인'이라는 추상화된 개념의 도입을 통해 한 차례 타협을 겪은 것이었다. 그런데 '전문가'라는 기준을 도입함으로써 입법자의 부담을 재차 줄이면 근대법의 기획이 제기한 문제의 본질로부터 너무 멀어져 버릴 수도 있는 것이다.

28.

근대법의 기획 에 관한 설명으로 가장 적절한 것은?

① 사법 권력으로 입법 권력의 통제를 꾀하였다.
② 금지된 행위임을 알고도 그 행위를 했다는 점을 형사 처벌의 기본 근거로 삼는다.
③ 법관의 해석 없이도 잘 작동하는 법률을 만들고자 했던 기획은 마침내 성공하였다.

④ 이해 가능성이 없는 법률에 대한 해석의 부담을 법관이 아니라 국민에게 전가하고 있다.

⑤ 자의적 해석 가능성만 없다면 국민이 이해할 수 없는 법률로도 국민의 행위를 평가할 수 있다고 본다.

문항 성격 문항유형 : 주제, 구조, 관점 파악

내용영역 : 규범

평가 목표 이 문항은 제시문의 주제인 근대법의 기획에 대해 정확히 이해하고 있는지 평가하는 문항이다.

문제 풀이 정답 : ②

제시문 첫 번째 단락에 근대법의 기획인 법률의 명확성의 원칙에 대해 설명되어 있다. 근대법의 기획이 성공했는지는 두 번째 단락을 통해서 알 수 있다.

정답 해설 ② 근대법의 기획에 따르면 "법은 그 적용을 받는 국민 개개인이 이해할 수 있"어야 법을 통한 행위의 지도와 평가가 가능하다. 따라서 어떠한 행위가 금지되고 있는지에 대한 이해 가능성이 전제되어야 형사 처벌을 할 수 있다.

오답 해설 ① 제시문 첫 번째 단락 "법관의 자의적 해석의 여지를 없애기 위하여 법률을 명확히 기술하여야 한다는 생각"에서 입법 권력에 의해 사법 권력의 통제를 꾀하고자 했음을 알 수 있다.

③ 제시문 첫 번째 단락에 따르면 근대법의 기획인 "법률의 명확성이란 일정한 해석의 필요성을 배제하지 않는 개념이다." 그리고 두 번째 단락 "일반적으로 해석을 통하여 법문의 의미를 구체화할 때에는 입법자의 의사나 법률 그 자체의 객관적 목적까지 참조하기도 한다. 그러나 이러한 해석 방법은 언뜻 타당한 것처럼 보이지만, 실제로 이에 대해서는 많은 비판이 제기되고 있다."에서 근대법의 기획이 이루어지지 못했다는 것을 알 수 있다.

④ 법률의 해석은 그것을 담당하는 전문가인 법관이 할 수밖에 없다. 국민이 이해할 수 있는 한도까지 법관은 해석해야 한다. 그 해석의 부담을 국민에게 지울 수는 없는 것이다. 또한 이해 가능성이 없는 법률은 이미 근대법의 기획에서 벗어난 법률이다.

⑤ 자의적 해석 가능성이 없다고 하더라도 근대법의 기획 자체가 "국민 개개인이 이해할 수 있게끔" 법이 제정되어야 한다는 것이므로, 이해 가능성이 없는 법률로 국민의 행위를 평가할 수는 없다.

29.

윗글을 바탕으로 ㉠을 비판할 때, 논거로 사용하기에 적절하지 <u>않은</u> 것은?

① 전문가인 법관에 의해 법문의 의미가 구성되지 않으면 자의적 법문 해석에서 벗어나기 어렵다.
② 법관의 해석을 통해서야 비로소 법의 의미가 구성될 경우에는 권력 분립 원칙이 훼손될 수 있다.
③ 법의 객관적 목적을 고려한 법문 해석은 법문 의미의 한계를 넘어서는 방편으로 남용되기도 한다.
④ 법관의 해석을 통해서야 비로소 법의 의미가 구성된다고 하면 법을 국민의 행동 지침으로 삼기 어렵다.
⑤ 국민이 입법자의 의사까지 일일이 확인하여 법문의 의미를 이해한다는 것은 현실적으로 기대하기 어렵다.

문항 성격	문항유형 : 정보의 평가와 적용
	내용영역 : 규범
평가 목표	이 문항은 법률 명확성의 원칙에 대한 비판을 정확히 이해하고 있는지 평가하는 문항이다.
문제 풀이	정답 : ①

제시문 두 번째 단락과 세 번째 단락은 근대법의 기획에서 나온 법률 명확성의 원칙에 대한 비판이다. 따라서 그 비판 논거를 여기서 찾아야 한다. 특히 세 번째 단락은 법의 의미가 구성된다는 입장에 대한 설명임에 유의해야 한다.

정답 해설	① 제시문 세 번째 단락에 따르면 "법문의 의미를 구성해 내는 활동으로 보는 시각"은 법률 명확성 원칙이 허구가 아닌가라는 근본적인 문제를 제기하고 있다. "입법자가 법률을 제정할 때 그 규율 내용이 불분명하여 다의적으로 해석될 수 있게 해서는 안 되는데, 이러한 기대와 달리 법률의 규율 내용이 실제로는 법관의 해석을 거친 이후에야 비로소 그 의미가 구성되는 것이라면 국민이 행위 당시에 그것을 알고 자신의 행동 지침으로 삼는다는 것은 원천적으로 불가능하기 때문이다." 따라서 법관에 의해 법문의 의미가 구성된다 해도 여전히 자의적 법문 해석에서 벗어나기 어렵다는 것이 법률 명확성 원칙에 대한 비판 논거이다.

② 제시문 세 번째 단락 "법률의 규율 내용이 실제로는 법관의 해석을 거친 이후
에야 비로소 그 의미가 구성되는 것이라면 … 법률의 제정과 그 적용은 각각 입
법기관과 사법기관의 영역이라는 권력 분립 원칙 또한 처음부터 실현 불가능하
다."를 통해 법률 명확성 원칙에 대한 비판 논거임을 확인할 수 있다.

③ 제시문 두 번째 단락 "법률 그 자체의 객관적 목적을 고려한 해석은 … 종종 법
문의 한계를 넘어서는 방편으로 활용되며 남용의 위험에 놓이기도 한다."를 통
해 법률 명확성 원칙에 대한 비판 논거임을 확인할 수 있다.

④ 제시문 세 번째 단락 "이러한 기대와 달리 법률의 규율 내용이 실제로는 법관의
해석을 거친 이후에야 비로소 그 의미가 구성되는 것이라면 국민이 행위 당시에
그것을 알고 자신의 행동 지침으로 삼는다는 것은 원천적으로 불가능하기 때문
이다."를 통해 법률 명확성 원칙에 대한 비판 논거임을 확인할 수 있다.

⑤ 제시문 두 번째 단락 "입법자의 의사나 법률 그 자체의 객관적 목적이 과연 무
엇인지를 확정하는 작업부터 녹록하지 않을 것이다. … 법이 요구하는 바가 무
엇인지 파악할 것을 법의 전문가가 아닌 여느 국민에게 기대할 수는 없다."를 통
해 법률 명확성 원칙에 대한 비판 논거임을 확인할 수 있다.

30.

[A]로부터 추론한 내용으로 가장 적절한 것은?

① 가장 이상적인 법은 '일반인'이 이해할 수 있는 법일 것이다.
② 법치국가의 이념을 구현하기 위해서는 법률 전문가의 역할이 확대되어야 할 것이다.
③ '일반인'이 이해할 수 있는 입법은 국민 각자가 이해할 수 있는 입법보다 입법자의 부
담을 경감시킬 것이다.
④ 입법 과정에서 일상적인 의미와는 다른 법률 전문 용어의 도입을 확대하여 법문의 의
미를 명확히 해야 할 것이다.
⑤ 행위가 법률로 금지되는 것인지 여부를 행위 당시에 알 수 있었는지에 대하여 법관은
입법자의 입장에서 판단해야 할 것이다.

문항유형 : 정보의 추론과 해석

내용영역 : 규범

이 문항은 특정 관점 [A]에서 합리적으로 추론할 수 있는 능력을 평가하는 문항이다.

정답 : ③

[A]는 근대법의 기획인 법률 명확성 원칙에 대한 비판에 대한 대답이다. 즉 '전문가'라는 기준을 도입하여 우회하는 것은 결국 근대법의 기획을 잠탈하는 것이라는 것이다. 결국 근대법의 기획이 애초 의도한 바와 같이 국민 개개인이 이해할 수 있는 법률 명확성의 원칙으로 회귀해야 하는 것이라는 점을 에둘러 표현한 것이다.

정답 해설 ③ "'전문가'라는 기준을 도입함으로써 입법자의 부담을 재차 줄이면"으로부터 국민 개개인 → 일반인 → 전문가의 순으로 입법자의 부담이 줄어든다는 것을 추론할 수 있다.

오답 해설 ① "사실 '일반인'이라는 추상화된 개념의 도입을 통해 한 차례 타협을 겪은 것이었다. 그런데 '전문가'라는 기준을 도입함으로써 입법자의 부담을 재차 줄이면 근대법의 기획이 제기한 문제의 본질로부터 너무 멀어져 버릴 수도 있는 것이다."에서, 특히 '타협', '재차' 등의 단어로부터 '일반인'이 아니라 국민 개개인이 이해할 수 있는 법을 이상적인 법으로 상정하고 있음을 추론할 수 있다.

② "사실 '일반인'이라는 추상화된 개념의 도입을 통해 한 차례 타협을 겪은 것이었다. 그런데 '전문가'라는 기준을 도입함으로써 입법자의 부담을 재차 줄이면 근대법의 기획이 제기한 문제의 본질로부터 너무 멀어져 버릴 수도 있는 것이다."로부터 법률 전문가의 역할을 강조하지 말아야 한다는 것을 추론할 수 있다.

④ 법률 전문 용어를 도입하면 결국 법률 전문가의 역할이 강화될 것이다.

⑤ 국민이 이해할 수 있는 입법이 이루어져야 한다는 것, 즉 법률의 명확성 원칙으로 돌아가는 것이 결국 [A]의 관점이다. 그렇다면 행위가 법률로 금지되는 것인지 여부를 행위 당시에 알 수 있었는지에 대하여 법관은 입법자가 아니라 행위자의 입장에서 판단해야 할 것이다.

법학적성시험
언어이해 영역

2018

2018학년도 언어이해 영역 출제 방향

1. 출제의 기본 방향

언어이해 영역은 법률 관련 전문가 및 법학전문대학원 입학자들에게 필요한 기본적인 언어 소양과 통합적 언어 능력을 평가하는 것을 시험의 기본 방향으로 삼는다. 특히 법학전문대학원에서 원활하게 수학하려면 학부 전공과 상관없이 공적 가치 판단이 요구되는 전문적인 글들을 독해하고 평가할 수 있는 능력이 요구된다. 이를 중요하게 고려하여 2018학년도 법학적성시험의 언어이해 영역은 텍스트들을 능동적으로 이해하고 비판적으로 대하며 나아가 적용할 수 있는 능력을 갖추고 있는지를 점검하는 데 출제의 기본 방향을 두었다. 이번 시험의 구체적인 출제 원칙은 다음과 같다.

- 통합적이며 심층적인 독해 및 사고 능력을 평가한다.
- 문학비평, 사학, 철학, 정치학, 경제학, 생물학, 기술, 법철학, 민법학 등의 다양한 분야에서 내용 및 표현 면에서 모범이 될 수 있는 제시문을 선정 또는 개발한다.
- 제시문의 핵심 정보나 주요 세부 정보들을 이해하고, 제시문의 대의를 파악하며, 정보들 간의 유기적 관련성을 분석·종합하는 능력을 평가한다.
- 제시문에서 획득한 정보를 바탕으로 제시문에 없는 사항을 추론하거나, 그 정보를 문제 상황에 적용하여 그 적실성을 판단하는 능력을 평가한다.

2. 출제 범위

언어이해 영역은 독해를 기반으로 한 언어 이해 능력을 평가하기 위한 영역이다. 이 능력은 다양한 주제를 다룬 폭넓은 유형의 글들을 정확히 읽어 내는 능력, 그 글들을 바탕으로 적절한 추론과 비판을 수행할 수 있는 능력, 제시문의 정보를 관련 상황에 적용하는 능력 모두를 뜻한다. 이를 점검하기 위해 이번 시험에서는 다양한 전문 분야에서 제시문의 소재를 구하되, 중요한 공적 가치를 지닌 주제들을 우선적으로 선정하였고, 언어이해 영역의 여러 평가 목표를 균형 있게 다룰 수 있도록 하였다.

이번 시험에서 제시문을 선정할 때 고려한 사항은 다음과 같다.

첫째, 대학 교양 교육의 충실한 이수를 유도하기 위하여 여러 학문 분야에 두루 사용되는 기본적인 개념이나 범주들을 중심으로 하되, 각 학문 분야의 최신 이론이나 시의성 있는 문제 상황을 반영하는 주제로 제시문들을 작성하였다.

둘째, 문항 세트를 원리적 모델들을 기반으로 설계함으로써 제시문에 사용된 개념이나 범주들을 제대로 이해했는지 평가할 수 있게 하였다.

셋째, 법학의 배경지식을 요구하는 제시문 대신 학제적 내용 분야와 각 주제들을 연계함으로써 통합적 사고력과 문제 해결 능력을 평가할 수 있게 하였다.

넷째, 다양한 학문 분야들이 법적 문제들과 연관될 수 있음을 보여주는 제시문을 선정함으로써 법의 이론적·현실적 연관성을 폭넓게 사고하게 하였다.

다섯째, 최근의 시사와 학문적 동향을 반영하여 제시문 독해만으로도 교육적 효과를 얻을 수 있게 하였다.

3. 제시문 및 문항

언어이해 영역의 시험은 지식이 아니라 능력을 측정하는 데 주요한 목표가 있다. 따라서 이번 출제에서는 가독성이 뛰어나고 취지가 분명한 제시문을 바탕으로 독해와 사고 능력을 측정하는 데 중점을 두었다. 이 같은 방향은 실질적인 독해 능력을 제대로 점검하는 데 기본 원칙이 될 것으로 생각한다.

이번 시험에서는 '인문', '사회', '과학기술', '규범'으로 분류된 4개 내용 영역으로 문학비평, 서양사, 철학, 정치, 경제, 윤리, 생물, 기술, 법철학, 차별 금지법, 상속법 등의 분야에서 11개 문항 세트(총 35문항)를 출제하였다. 각각의 문항 세트는 세부 정보 이해, 대의 파악, 관점과 의도 파악, 추론, 비판과 적용 등 독해와 관련된 5개 영역을 전제로 제시문 특성에 따라 구성하였다.

특히 이번 시험에서는 제시문의 다양한 정보들을 〈보기〉의 상황에 따라 종합적으로 판단하고 추론하는 적용 문제를 다수 출제하였다. 정치, 경제, 법철학 등의 분야에 제시된 이 문제들은 수험생들의 논리력과 분석력, 종합적 판단력을 점검하는 데 중점을 두었다.

이제 각 분야별로 제시문 선택의 주안점을 제시하면 다음과 같다.

'인문' 분야에서 문학비평은 황매천·이육사·윤동주를 서양의 비극 개념에 견주어 비교하는 비평문을 제시문으로 선택하였다. 현실을 대하는 시인의 다양하고도 원칙 있는 면모를 분석하는 이 비평문은 법률가에게 필요한 인문적 교양을 갖추게 하는 데 도움이 될 것이다. 다음으로, 사학은 폴란드의 역사 서술 방식의 변화를 다룬 글을 제시문으로 선택하였다. 20세기 역사의 격변을 배경으로 약소국인 폴란드의 역사 서술을 타산지석으로 살펴보는 이 글은 수험생들에게 보다 타당한 역사의식을 갖추게 하는 데 일조할 것이다. 다음으로, 철학은 "태어나는 것이 좋은가, 좋지 않은가"에 대한 베나타의 논증을 비판적으로 소개하는 글을 제시문으로 택하였다. 이 글을 통해 논리적 능력 외에 태어남 자체가 지니는 가치에 대한 재인식이 필요함을 깨달아 법률가로서 지녀야 할 인본주의적 태도에 대해 생각해 보게 하였다.

'사회' 분야에서 우선 경제는 신고전주의 기업 이론에 맞선 거래 비용 기업 이론을 다루는 글을 제시문으로 택하였다. 기업의 존재 이유를 시장 메커니즘과 구별하여 파악하는 이론을 다룬 이 글을 통해 수험생들은 경제 주체인 기업이 어떻게 움직이는지에 대한 보다 깊은 이해를 할 수 있을 것이다. 다음으로, 정치는 합의제 민주주의를 중심으로 헌정 설계가 어떻게 이루어지는지를 다룬 글을 제시문으로 택하였다. 다양한 정치 체제를 합의제와 다수제라는 틀로 분석한 이 글은 국가의 정치체계와 작동 방식에 대한 새로운 이해를 제공할 것이다.

'규범' 분야에서 우선 윤리는 칸트와 헤겔에 이르는 현대윤리학의 이론 체계를 다루는 글을 제시문으로 택하였다. 이성에 의한 의지가 칸트에서 헤겔로 넘어오면서 보다 현실적으로 구체적인 체계를 갖추는 과정을 다룬 이 글은 현대 세계에서 윤리학이 구상하는 개인과 시민사회 그리고 국가의 존재 양상에 대한 이해를 도울 것이다. 다음으로, 법철학에서는 법 해석의 방법론을 비판적으로 다루는 글을 택하였다. 명확한 것으로 여겨지는 법 해석 방식들이 실상은 그 근거가 박약하며 혼란스러울 수 있음을 보여준 이 글을 통해 수험생들은 개론적 지식을 넘어선 새로운 안목을 제공받을 수 있을 것이다. 다음으로, 차별 금지법에서는 차별 금지법을 노동과 고용을 중심으로 살펴보는 글을 제시문으로 택하였다. 소수자 인권 보호를 원칙으로 하는 차별 금지법을 다룬 이 글은 법의 취지와 내용, 그리고 판단 및 적용에 대한 시야를 넓혀 줄 것이다. 마지막으로, 상속법에서는 유류분 제도의 성립과 변화를 다룬 글을 제시문으로 택하였다. 프랑스와 우리나라의 유류분 제도를 사적으로 분석하는 이 글은 제도의 역사와 내용 그리고 적용에 이르기까지 상속제도를 종합적으로 이해하는 데 도움을 줄 것이다.

'과학기술' 분야에서 생물은 성 결정 과정을 사람을 중심으로 소개하는 글을 제시문으로 택하였다. 염색체에서 각 성 기관의 형성을 다룬 이 글은 기본 모델에서 구체적 성이 결정되는 과정에 대한 이해를 하게 해 줄 것이다. 다음으로, 기술은 DNA 컴퓨팅에 대해 소개하는 글을 제시문으로 택하였다. 기존의 컴퓨팅과 달리 DNA를 활용한 사진법 계산을 기반으로 한 컴퓨팅을 다룬 이 글은 생물학과 전산학이 융합되는 사례를 통해 최근 기술의 발전을 잘 보여줄 것이다.

4. 난이도

2018학년도 법학적성시험에서는, 적정한 난이도를 유지했다고 판단되는 2017학년도의 난이도와 같은 수준으로 난이도를 조정하고자 했다. 특히 난삽한 제시문을 통해서 난이도를 조정하는 것이 아니라 독해 능력을 실질적으로 측정하는 문항을 통해서 난이도를 조정하였다. 따라서 제시문의 가독성은 최대한 높이되, 문항의 독해 능력 점검 정도를 세밀하게 측정하는 문제를 내는 데 중점을 두었다.

특히 추론과 적용 영역에서 단순한 추론이나 적용을 묻던 예년의 수준을 벗어나, 제시문의 여러 정보들을 종합적으로 연결하여 추론하거나 적용하는 문항을 다수 제시함으로써 실질적인 사고력 측정이 이루어지도록 하였다.

한편 기출 문제나 사설 문제집을 푼 경험으로 문제를 쉽게 푸는 경우도 최대한 방지하였다. 그리하여 대표적으로 법철학 제시문에서 보듯이 제시문의 제재를 새로운 관점에서 재구성하여 실질적으로는 전혀 유사하지 않게 하고, 나아가 문항 구성도 기출 문제를 푼 사전 경험이나 지식으로는 절대 해결될 수 없게 하였다. 그리하여 설사 부분적으로 겹치는 내용을 미리 학습한 경우가 있다고 하더라도 그것이 이번 시험을 보는 데 유리한 영향을 미칠 수 없게끔 출제하였다.

아울러 그리고 특정 전공에게 유리한 경우가 없게 하는 것에도 이번 출제진은 세심한 노력을 기울였다. 해당 전공이 아니라 하더라도 필요한 관련 정보를 빠짐없이 제공하여 문제를 푸는 데 어려움이 없게 하였다.

5. 문항 출제 시의 유의점 및 강조점

- 언어이해 영역에서 평가하고자 하는 능력이 주로 통합적 이해력과 심층 분석력

에 있다는 점을 고려하여 제시문 분량과 제시문당 문항 수에 융통성을 두었다.

• 제시문의 내용과 문항 구성에 있어서 기존 문제나 사설 문제집을 푼 경험에 의존해서는 풀리지 않도록 하였으며, 특정 전공에 따른 유·불리도 나타나지 않도록 하였다.

• 출제의 의도를 감추거나 오해하게 하는 질문의 선택을 피하고, 평가하고자 하는 능력을 정확히 평가할 수 있도록 간명한 형식을 취하였다.

• 문항 및 선택지 간의 간섭을 최소화하고, 선택지 선택에서 능력에 따른 변별이 이루어질 수 있도록 하였다.

[01~03] 다음 글을 읽고 물음에 답하시오.

전통적인 의미에서 차별은 성별, 인종, 종교, 사상, 장애, 사회적 신분 등에 따라 특정 집단을 소수자로 낙인찍고 불리하게 대우하는 것을 말한다. 일반적으로 민주 국가의 헌법 질서에는 인권 보호의 취지에서 위와 같은 사유에 따른 차별을 금지해야 한다는 가치판단이 포함되어 있다. 이에 따라 우리 헌법도 선언적 의미에서, "누구든지 성별·종교 또는 사회적 신분에 의하여 정치적·경제적·사회적·문화적 생활의 모든 영역에 있어서 차별을 받지 아니한다."라고 규정했다. 특히 고용과 관련된 분야는 소수자에 대한 차별의 문제가 첨예하게 대두하는 대표적인 규범 영역이다. 고용 관계에서의 차별 금지 역시 근로자의 인권 보호가 무엇보다 강조된다. 따라서 노동 시장의 공정한 경쟁과 교환 질서의 확립을 위한 정책적 목적에 의존하더라도, 근로자에 대한 인권 보호의 취지에 부합하지 않는 경우에는 근로자에 대한 차별 금지 입법은 그 정당성이 상실된다.

차별 금지 원칙 내지 평등의 개념은 고용 관계에서도 같은 것을 같게 대우해야 한다는 것이다. 다만 무엇이 같은지를 제시해 주는 구체적인 기준이 존재하지 않는 한, 차별을 금지하는 사유가 어떤 속성을 갖는지에 따라 차별 금지 원칙으로부터 근로자가 보호되는 효과는 달라질 수 있다. 즉 장애인은 그에 대한 차별 금지 법규가 존재함에도 근로의 내용과 관련된 장애의 속성 때문에 근로자로 채용되는 데 차별을 받을 수도 있다. 그리고 구체적인 고용 관계의 근로 조건이 강행 규정에 의하여 제한되는 경우와 당사자의 자유로운 의사에 의거하여 결정되는 경우 중 어디에 해당하는지에 따라, 차별 금지로 인한 근로자의 보호 정도가 달라진다. 강행 규정이 개별 근로자에 대한 임금 차별을 금지하고 있는 경우, 그 차별의 시정을 주장하는 근로자는 비교 대상자와 자신의 근로가 동등하다는 것을 증명함으로써 평등한 대우를 받을 권리를 확인받을 수 있다. 반면 개별 근로자의 임금 차이가 사용자와 근로자 사이의 자유로운 계약에 따른 것이라면, 동일 조건의 근로자에 대한 임금 차별을 금지하는 강행 규정이 없는 한, 그러한 계약이 개별 근로자에 대한 임금 차이를 정당화하는 합리적 이유가 될 수도 있다.

차별 금지 법규가 강행 규정이어서 근로자에 대한 보호가 강화되는 영역에서도, 다시 차별 금지 법규의 취지에 따라 근로자에 대한 보호 정도는 달라진다. 예를 들어, 「남녀고용평등과 일·가정 양립 지원에 관한 법률」에 있는 '남녀의 동일 가치 노동에 대한 동일 임금 지급 규정'이 사용자가 설정한 임금의 결정 요소 중 단지 여성이라는 이유로 불리하게 작용하는 임금 체계를 소극적으로 수정하기 위한 것이라면, 이는 여성에 대한 차별 금지의 보호 정도가 상대적으로 약하게 적용되는 국면으로 볼 수 있다. 반면 위 규정의 취지가 실제 시장에서 여성 노동자의 가치가 저평가되어 있음을 감안하여, 이에 대한 보상을 상향 조정함으로써 남녀 간 임금의 결과적 평등을 도모하려는 것이라면, 이는 차별 금지 원칙의 보호 정도가 강한 범주에 포함된다고 할 수 있다.

같은 근로관계라도 연령이나 학력·학벌에 따른 근로자의 차별 금지는 성별 등 전통적 차별 금지 사유들에 비하여 차별의 금지로 인한 근로자의 보호 정도가 약하다고 보아야 한다. 물론 고령자나 저학력자에 대한 차별 금지 법규나 원칙의 취지 역시 전통적인 차별 금지 사유의 취지와 다를 바 없다. 그러므로 특정 연령대의 근로자를 필요로 하는 사용자의 영업 활동을 과도하게 제한하지 않는 한, 노동 시장의 정책적 목적을 달성하기 위하여 차별 금지 법규를 제정하는 것은 가능하다. 그러나 연령에 따른 노동 능력의 변화는 모든 인간이 피할 수 없는 운명이므로 ㉠연령을 이유로 한 차별을 금지하는 것은 정당하지 않다는 주장도 있다.

01.

윗글의 내용과 부합하는 것은?

① 종교적 신념의 차별을 금지하는 법규가 정당하다면 인권 보호라는 취지를 지닌다.
② 장애를 이유로 하는 차별의 금지는 장애의 유형이 다르더라도 보호되는 효과가 달라지지는 않는다.
③ 사회적 신분을 이유로 하는 차별의 금지는 우리 헌법 질서에서 가치 판단의 대상에 포함되지 않는다.
④ 성별에 대한 차별 금지 법규와 연령에 대한 차별 금지 법규는 근로자에 대한 보호의 정도가 동일하다.
⑤ 여성 근로자에 대한 차별 금지 법규는 여성에 대한 차별을 소극적으로 수정하기 위한 경우에는 적용되지 않는다.

문항 성격	문항유형 : 주제, 요지, 구조 파악
	내용영역 : 규범
평가 목표	이 문항은 제시문의 주제인 차별 금지를 정확하게 파악하고 있는지 확인하는 문항이다.
문제 풀이	정답 : ①

차별을 금지하고 있는 구체적인 사유, 차별을 금지하는 법규 및 법질서의 취지, 차별 금지의 효과와 정도 등에 대한 제시문의 내용을 이해하고 이에 부합하는 선택지를 골라야 한다.

　　정답 해설 　　① 제시문 첫 번째 단락 "일반적으로 민주 국가의 헌법 질서에는 인권 보호의 취지에서 위와 같은 사유에 따른 차별을 금지해야 한다는 가치판단이 포함되어 있다.…… 고용 관계에서의 차별 금지 역시 근로자의 인권 보호가 무엇보다 강조된다."로부터 확인할 수 있다.

오답 해설 ② 제시문 두 번째 단락 "차별을 금지하는 사유가 어떤 속성을 갖는지에 따라 차별 금지 원칙으로부터 근로자가 보호되는 효과는 달라질 수 있다. 즉 장애인은 그에 대한 차별 금지 법규가 존재함에도 근로의 내용과 관련된 장애의 속성 때문에 근로자로 채용되는 데 차별을 받을 수도 있다."로부터 장애라는 차별 금지 사유의 속성, 즉 근로의 내용과 관련된 장애의 종류에 따라, 채용 여부와 같은 차별 금지의 효과가 달라질 수 있음을 알 수 있다.

③ 제시문 첫 번째 단락 "이에 따라 우리 헌법도 선언적 의미에서, "누구든지 성별·종교 또는 사회적 신분에 의하여 정치적·경제적·사회적·문화적 생활의 모든 영역에 있어서 차별을 받지 아니한다."라고 규정했다."로부터 부합하지 않는 선택지임을 알 수 있다.

④ 제시문 마지막 단락 "같은 근로관계라도 연령이나 학력·학벌에 따른 근로자의 차별 금지는 성별 등 전통적 차별 금지 사유들에 비하여 차별의 금지로 인한 근로자의 보호 정도가 약하다고 보아야 한다."로부터 부합하지 않는 선택지임을 알 수 있다.

⑤ 제시문 세 번째 단락 "「남녀고용평등과 일·가정 양립 지원에 관한 법률」에 있는 '남녀의 동일 가치 노동에 대한 동일 임금 지급 규정'이 사용자가 설정한 임금의 결정 요소 중 단지 여성이라는 이유로 불리하게 작용하는 임금 체계를 소극적으로 수정하기 위한 것이라면,……"으로부터 부합하지 않는 선택지임을 알 수 있다.

02.

윗글을 바탕으로 추론할 때, 적절하지 <u>않은</u> 것은?

① 특정 종교를 갖고 있다는 이유로 기업에서 고용을 거부하는 것은 우리나라의 헌법 질서에 반한다.

② 고령의 전문직 종사자의 노동 시장 참여를 촉진할 목적으로 연령에 대한 차별 금지 법규를 제정하는 것은 가능하다.

③ 동일 조건의 개별 근로자에 대한 임금 차별을 금지하는 강행 규정이 있더라도 당사자들이 자유롭게 계약을 한다면 임금의 차이가 정당화될 수 있다.

④ 근로자에 대한 인권 보호의 취지 및 정책적 목적 없이 연령에 따른 차별을 획일적으로

금지하는 법규는 사용자의 영업에 대한 자유를 침해할 여지가 있다.

⑤ 학력·학벌에 대한 차별 금지 법규가 인권 보호의 취지를 고려하지 않고 특정한 정책적 목적에만 의존하여 제정된 경우에는 그 정당성이 보장되지 않는다.

문항 성격	문항유형 : 정보의 추론과 해석
	내용영역 : 규범
평가 목표	이 문항은 제시문의 정보를 바탕으로 추론 가능한 범위를 명확하게 확정할 수 있는 능력을 평가하는 문항이다.
문제 풀이	정답 : ③

차별 금지 사유를 정확히 이해하고 이를 바탕으로 추론하여 적절한 선택지를 고르도록 한다.

정답 해설 ③ 제시문 두 번째 단락 "구체적인 고용 관계의 근로 조건이 강행 규정에 의하여 제한되는 경우와 당사자의 자유로운 의사에 의거하여 결정되는 경우 중 어디에 해당하는지에 따라, 차별 금지로 인한 근로자의 보호 정도가 달라진다. …… 개별 근로자의 임금 차이가 사용자와 근로자 사이의 자유로운 계약에 따른 것이라면, 동일 조건의 근로자에 대한 임금 차별을 금지하는 강행 규정이 없는 한, 그러한 계약이 개별 근로자에 대한 임금 차이를 정당화하는 합리적 이유가 될 수도 있다."로부터 적절하지 않은 추론임을 알 수 있다.

오답 해설 ① 제시문 첫 번째 단락 "이에 따라 우리 헌법도 선언적 의미에서, "누구든지 성별·종교 또는 사회적 신분에 의하여 정치적·경제적·사회적·문화적 생활의 모든 영역에 있어서 차별을 받지 아니한다."라고 규정했다."로부터 적절한 추론임을 알 수 있다.

② 제시문 마지막 단락 "고령자나 저학력자에 대한 차별 금지 법규나 원칙의 취지 역시 전통적인 차별 금지 사유의 취지와 다를 바 없다. …… 노동 시장의 정책적 목적을 달성하기 위하여 차별 금지 법규를 제정하는 것은 가능하다."로부터 적절한 추론임을 알 수 있다.

④ 제시문 마지막 단락 "특정 연령대의 근로자를 필요로 하는 사용자의 영업 활동을 과도하게 제한하지 않는 한, 노동 시장의 정책적 목적을 달성하기 위하여 차별 금지 법규를 제정하는 것은 가능하다."로부터 적절한 추론임을 알 수 있다.

⑤ 제시문 첫 번째 단락 "일반적으로 민주 국가의 헌법 질서에는 인권 보호의 취지에서 위와 같은 사유에 따른 차별을 금지해야 한다는 가치판단이 포함되어 있다. …… 고용 관계에서의 차별 금지 역시 근로자의 인권 보호가 무엇보다 강조

된다. 따라서 노동 시장의 공정한 경쟁과 교환 질서의 확립을 위한 정책적 목적에 의존하더라도, 근로자에 대한 인권 보호의 취지에 부합하지 않는 경우에는 근로자에 대한 차별 금지 입법은 그 정당성이 상실된다."로부터 적절한 추론임을 알 수 있다.

03.

㉠과 부합하는 진술만을 〈보기〉에서 있는 대로 고른 것은?

> **보 기**
>
> ㄱ. 특정 연령층에게 취업 특혜를 부여함으로써 결과적으로 60대 이상 고령자의 취업 기회를 상대적으로 제한하게 된 법규는 국민의 평등권을 침해하지 않을 것이다.
> ㄴ. 사용자와 근로자가 자유로운 계약을 통해 정년을 45세로 정했다면 차별 금지 원칙을 위반하지 않을 것이다.
> ㄷ. 50세를 넘은 퇴역 군인은 예비군 관련 직책을 맡을 수 없다는 법규를 제정하더라도 차별 금지 원칙에 위배되지 않을 것이다.

① ㄱ   ② ㄴ   ③ ㄱ, ㄷ
④ ㄴ, ㄷ   ⑤ ㄱ, ㄴ, ㄷ

문항 성격 문항유형 : 정보의 평가와 적용
내용영역 : 규범
평가 목표 제시문에서 소개하고 있는 특정한 주장의 함의를 파악하여 이를 사례에 적용하는 능력을 평가하는 문항이다.
문제 풀이 정답 : ⑤

㉠은 인간은 누구나 노화에 따른 노동 능력의 변화를 겪을 수밖에 없기 때문에, 연령 자체를 차별 금지 사유로 삼을 수 없다는 주장, 즉 연령에 의한 차별은 허용될 수 있다는 주장이다. 이것과 부합하는 진술을 〈보기〉에서 고르도록 한다.

〈보기〉 해설 ㄱ. 60대 이상 고령자에 대한 취업 기회를 제한하는 법규가 국민의 평등권을 침해하지 않는다고 하여, 60대 이상 고령자에 대한 차별을 허용하는 내용이므로 ㉠과 부합한다.

ㄴ. 45세를 넘은 사람들의 취업 기회를 박탈하는 계약을 허용한다는 내용이므로 ⊙
과 부합한다.

ㄷ. 50세를 넘은 사람들의 취업 기회를 박탈하는 법규를 허용한다는 내용이므로 ⊙
과 부합한다.

[04~06] 다음 글을 읽고 물음에 답하시오.

1989년 냉전 체제가 해체되면서 동유럽사, 특히 폴란드의 역사 서술은 더 복잡해졌다. 예컨대
소련–폴란드 전쟁을 거론하지 않을 만큼 강했던, '사회주의 모국'을 비판해서는 안 된다는 금기는
사라졌다. 미래보다 과거가 더 변화무쌍하고 예측하기 힘들다는 농담은 실로 그럴듯했다. 당시
동유럽의 '벨벳 혁명'은 가까운 과거에 대한 사회적 이해를 크게 바꾸었기 때문이다. '사회주의 형
제애'라는 공식적 기억의 장막이 걷히자, 개인사와 가족사의 형태로 사적 영역에 숨어 있던 기억
들이 양지로 나왔다.

이 현상은 폴란드 연대 노조의 민주화 운동이 시작된 1980년부터 지하 출판되었던 역사서들에
서 이미 찾아볼 수 있다. 그 역사 해석은 다양했는데, 특히 전투적 반공주의 역사가들은 민족주의
를 내세우며 사회주의가 외래 이데올로기라는 점을 강조했다. 그들은 폴란드 공산당 특히 국제주
의 분파를 소련의 이익을 위해 민족을 판 배반자라고 하여 주공격 대상으로 삼았다. 이 분파 지도
부의 상당수가 유대계임을 감안하면, 전투적 반공주의가 반유대주의로 이어지는 것은 자연스러
웠다. 흥미롭게도 이들의 입장과 1968년을 전후한 폴란드 공산당의 공식적 입장은 공통분모를 가
진다. 당시 권력을 장악한 애국주의 분파 역시 민족주의와 반유대주의를 내세웠기 때문이다. 그
러나 '사회주의 모국'에 대한 공격을 용납할 수 없는 것은 국제주의 분파와 마찬가지였다. 그들은
반독일 감정을 키워 소련에 대한 대중적 반감을 해소하려 했다.

이 시기 ⓐ공산당의 공식적 역사 서술과 ⓑ전투적 반공주의 역사 서술을 엮는 끈이 민족주의
와 반유대주의였다면, 19세기부터 21세기 초까지 좌우를 막론하고 폴란드의 역사 문화를 아우르
는 집단 심성은 희생자 의식 이었다. 폴란드 낭만주의가 처음 내세운 '십자가에 못 박힌 민족'이
라는 이미지는 폴란드 인이 공유하는 역사 문화 코드였다. 그리고 이차 대전에서 독일의 침공에
의해 오백여만 명이 희생된 사실은 이 의식을 강화했다. 하지만 그 중 삼백여만 명이 유대계였다
는 것은 공식적으로 언급되지 않았다.

이 코드가 본격적으로 흔들린 분기점은 2000년의 스톡홀름 선언이었다. 여기에 참여한 유럽
정상들은 홀로코스트 교육의 의무화에 합의했고, 이는 동유럽 국가들이 나토에 가입하는 전제 조

건이 되었다. 이 시기 동유럽에서 때늦은 홀로코스트 책임론이 제기된 것도 이와 무관하지 않다. 동유럽 국가들은 나토와 유럽연합에 가입함으로써 서구화를 추진했다. 정치적 서구화는 문화적 서구화를 낳고, 문화적 서구화는 역사학의 경우 전 유럽적 기억의 공간에 과거를 재배치하는 것을 의미했다. 이를 전통적인 역사 서술 단위인 민족과 국가를 넘어선다는 의미에서 ⓒ'트랜스내셔널 역사 서술'이라고 부를 수 있다. 이제 트랜스내셔널 역사와 충돌하는 민족적, 국가적 기억은 재구성되거나 수정되어야 했다. 폴란드의 경우, 일방적으로 희생당했다는 의식이 재검토되어야 했다. 나치 점령 당시 폴란드 인의 협력이나 방관, 유대인에 대한 공격 등은 어느 정도 자발적이었기 때문이다. 실제로 아우슈비츠 등지에서의 유대인 희생은 공산 정권 시기에 비판적 자기 성찰의 계기는 고사하고 아예 '말소된 기억'이었다. 유대인의 비극을 강조하다가 다른 이들의 고통을 소홀히 할 수 있다는 것이 한 가지 구실이었고, 일부 서구 자본가들의 나치 지지가 더 중요하다는 것이 또 다른 구실이었다. 더구나 빨치산의 반파시즘 투쟁을 강조하는 데 홀로코스트 가담 혹은 방관 문제는 방해가 되는 주제였다.

그러나 폴란드에서 과거에 대한 자기반성이 자동적으로 나타나지는 않았다. 1941년 같은 마을에 살았던 유대인들을 폴란드 인 주민들이 학살했던 사건을 다룬 『이웃들』이 2000년에 출간되자, 민족의 명예가 손상되었다고 느낀 민족주의자들의 분노가 확산되었다. 그리고 학살의 주체가 나치 비밀경찰이었다거나, 생존자의 증언만으로는 신뢰성이 부족하다는 등의 민족주의에 입각한 반론들이 나타났다. 이와 함께 독일 극우파들이 연합군의 독일 민간인 폭격 등을 역사적 맥락에서 분리하여 강조함으로써 민족주의를 정당화할 때마다, 역설적으로 폴란드에서의 자기 성찰은 약화되었다. 상충하는 민족적 기억들이 적대적 갈등 관계를 유지함으로써 서로의 존재 이유를 정당화해 주는 '민족주의의 적대적 공존 관계'가 형성되었던 것이다.

04.

윗글에 대한 이해로 가장 적절한 것은?

① 1960년대 후반에 폴란드가 소련에 대한 반감을 반독일 감정으로 해소하려 한 것은 '민족주의의 적대적 공존 관계'를 보여 주는 사례이다.

② 1980년대에 나타난 폴란드의 다양한 역사 해석은 냉전 체제가 해체되면서 일원화되었다.

③ 1980년대 말의 벨벳 혁명을 계기로 폴란드 역사 서술에서는 소련과의 관계 재설정이

본격화되었다.
④ 1989년 이후에도 사회주의 종주국에 대한 폴란드의 신뢰 관계는 나토 가입 시기까지 이어졌다.
⑤ 2000년에 출간된 『이웃들』에 대한 폴란드 민족주의자들의 반응은 전 유럽적 기억 공간으로의 기억 재배치 작업이 완료되었음을 보여 준다.

문항 성격	문항유형 : 정보의 확인과 재구성
	내용영역 : 인문
평가 목표	이 문항은 폴란드 역사 서술의 변화를 다룬 제시문으로부터 정보를 확인하여 선택지의 진위를 판단할 수 있는 능력을 평가하는 문항이다.
문제 풀이	정답 : ③

1960년대 후반에는 전반적으로 소련에 대한 반감이 생성되었으나, 당시 공산당 집권 세력은 독일에 대한 반감을 고취함으로써 이를 억제하려 했다. 하지만 이는 서로 상충하는 기억들이 서로의 존재 이유를 정당화해 주는 민족주의의 적대적 공존 개념과는 다르다. 그리고 냉전 체제가 해소된 후 트랜스내셔널 역사 서술이 나타났지만, 민족주의적 반론도 공존하였다. 1980년대 말 벨벳 혁명 이후 동유럽은 소련과의 관계를 단절하였으며, 2000년에 출간된 『이웃들』에 대한 민족주의자들의 반론은 아직도 트랜스내셔널한 기억들이 마무리되지 못했음을 보여준다.

정답 해설 ③ 제시문 첫 번째 단락에서, 1989년 냉전 체제가 해체되었고 당시 동유럽의 '벨벳 혁명'은 가까운 과거에 대한 사회적 이해를 크게 바꾸었으며, '사회주의 모국'을 비판해서는 안 된다는 금기가 사라졌음을 알 수 있다. 사회주의 모국은 소련이므로 이 선택지는 윗글에 대한 이해로 적절하다.

오답 해설 ① "반독일 감정을 키워 소련에 대한 대중적 반감을 해결"하려 한, 1968년을 전후한 폴란드 공산당의 공식적 입장은 독일에 대한 반감을 키워 소련에 대한 반감을 해소하려 한 것이므로 "상충하는 민족적 기억들이 적대적 갈등 관계를 유지함으로써 서로의 존재 이유를 정당화해 주는 '민족주의의 적대적 공존 관계'"라고 할 수 없다.
② 냉전 체제가 해체된 후 "전통적인 역사 서술 단위인 민족과 국가를 넘어선다는 의미에서 '트랜스내셔널 역사 서술'"이 나타났다. 그러한 사례로 "1941년 같은 마을에 살았던 유대인들을 폴란드 인 주민들이 학살했던 사건을 다룬 『이웃들』"이 있는데, 이 책에 대한 반응으로 "민족주의에 입각한 반론들이 나타났다." 따라서 역사 해석은 일원화된 것이 아니다.

④ "1989년 냉전 체제가 해체되면서" "'사회주의 모국'을 비판해서는 안 된다는 금기는 사라졌"을 정도로 "당시 동유럽의 '벨벳 혁명'은 가까운 과거에 대한 사회적 이해를 크게 바꾸었기 때문"에 신뢰 관계가 이어졌다는 것은 적절하지 않다.

⑤ 이 책에 대한 반응으로 "민족주의에 입각한 반론들이 나타났"으므로 "트랜스내셔널 역사와 충돌하는 민족적, 국가적 기억은 재구성되거나 수정"되어야 했고, "폴란드의 경우, 일방적으로 희생당했다는 의식이 재검토"되어야 했는데 그렇지 못했다.

05.

희생자 의식 에 대한 글쓴이의 견해로 적절하지 <u>않은</u> 것은?

① 폴란드 인은 '희생자 의식'을 벗어나 비판적으로 자기 성찰을 해야 한다.

② 전투적 반공주의 역사가들은 지하 출판한 역사서를 통해 '희생자 의식'을 전복하려 했다.

③ '희생자 의식'을 수정하기 위해서는 나치에 대한 자발적 협력을 역사 서술의 대상으로 삼아야 한다.

④ 이차 대전 시기의 폴란드 인의 희생 중 과반수가 유대계였다는 사실의 공표는 '희생자 의식'을 약화시킬 수 있었다.

⑤ 19세기와 20세기의 폴란드 인의 정서적 기저에는 자신들이 '십자가에 못 박힌 민족'이라는 '희생자 의식'이 자리 잡고 있었다.

문항 성격	문항유형 : 정보의 추론과 해석
	내용영역 : 인문
평가 목표	이 문항은 폴란드 인의 오랜 집단 심성인 '희생자 의식'에 대하여 글쓴이가 어떻게 파악하고 평가하는지 추론할 수 있는 능력을 측정하고자 하는 문항이다.
문제 풀이	정답 : ②

폴란드 인이 19세기 낭만주의가 폴란드 민족을 '십자가에 못 박힌 민족'이라고 규정하며 자신들이 일방적 희생을 계속 당해왔다고 보는 것이 폴란드의 '희생자 의식'이다. 글쓴이는 이 의식이 21세기에 이르러서는 희석되고 지워져서 스스로를 비판적으로 돌아보아야 한다고 보았다. 그러기 위해서는 폴란드 인이 아닌 유대인의 희생도 객관적으로 표현해야 하며, 자신들이 행한 나치 협력

이나 유대인 공격도 냉철하게 고백할 수 있어야 했다. 이런 작업은 2000년 이후 시작되었지만 확실하게 완료되지는 않았다.

② 희생자 의식은 "19세기부터 21세기 초까지 좌우를 막론하고 폴란드의 역사 문화를 아우르는 집단 심성"이고, "동유럽 국가들은 나토와 유럽연합에 가입함으로써 서구화를 추진했다. 정치적 서구화는 문화적 서구화를 낳고, 문화적 서구화는 역사학의 경우 전 유럽적 기억의 공간에 과거를 재배치하는 것을 의미"했으므로 희생자 의식은 2000년 이후에나 바뀌기 시작한다. "전투적 반공주의 역사가들은 민족주의를 내세"웠으므로 적절하지 않다.

① "유대인 희생은 공산 정권 시기에 비판적 자기 성찰의 계기는 고사하고 아예 말소된 기억"이었으며, "폴란드의 경우, 일방적으로 희생당했다는 의식이 재검토되어야 했다."고 밝히고 있으므로 적절하다.

③ "폴란드의 경우, 일방적으로 희생당했다는 의식이 재검토되어야 했다. 나치 점령 당시의 협력이나 방관, 유대인에 대한 공격 등은 어느 정도 자발적이었기 때문"이었으므로 그것 또한 역사 서술의 대상으로 삼고 자기 성찰을 해야 했다.

④ "이차 대전에서 독일의 침공에 의해 오백여만 명이 희생된 사실은 이 의식을 강화했다. 하지만 그 중 삼백여만 명이 유대계였다는 것은 공식적으로 언급되지 않았"다는 점은 "유대인의 비극을 강조하다가 다른 이들의 고통을 소홀히 할 수 있다는 것이 한 가지 구실이었고, 서구 자본가들의 나치 지지가 더 중요하다는 것이 또 다른 구실이었다. 더구나 빨치산의 반파시즘 투쟁을 강조하는 데 홀로코스트 가담 혹은 방관 문제는 방해가 되는 주제"여서 적절하다.

⑤ "폴란드 낭만주의가 처음 내세운 '십자가에 못 박힌 민족'이라는 이미지는 폴란드 인이 공유하는 역사 문화 코드"였으므로 적절하다.

06.

윗글을 바탕으로 〈보기〉의 사건들에 대한 ⓐ~ⓒ의 서술 방향을 추론한 것으로 가장 적절한 것은?

보기

㉠ 1943년 나치 점령 하에 있던 폴란드 바르샤바의 유대인 게토에서 나치에 저항하는 봉기가 일어났다.

ⓛ 1979년 폴란드 출신 교황이 비르케나우 강제수용소 자리에서 미사를 집전한 것을 계기로 1984년 가스 저장실 터의 끝자락에 세운 카르멜 수도원은 폴란드 국민의 자부심의 장소가 되었다.

① ⓐ는 국제주의 분파와의 협력이 필요하다고 보아, 유대계 폴란드 인이 ㉠에서 나치에 대한 투쟁을 선도했다고 서술했을 것이다.

② ⓑ는 강제수용소 자리를 역사적 교육의 터로 온전히 활용해야 한다고 보아, ⓛ에 대해 비판적으로 서술했을 것이다.

③ ⓒ는 홀로코스트 교육에 필요하다고 보아, ㉠의 봉기 지역이 유대인 구역이라는 점을 객관적으로 서술했을 것이다.

④ ⓐ와 ⓒ는 모두 정치적인 이유에서 ㉠에 대해서는 사실을 왜곡하여 서술하고, ⓛ에 대해서는 찬성하는 논조로 서술했을 것이다.

⑤ ⓐ, ⓑ, ⓒ는 모두 역사 서술의 기본 원칙을 준수하기 위하여, ㉠, ⓛ에 대해서 있는 그대로 서술했을 것이다.

문항 성격	문항유형 : 정보의 평가와 적용
	내용영역 : 인문
평가 목표	이 문항은 폴란드 역사에서 실제로 일어났던 사건들을 공산당의 공식적 역사 서술, 전투적 반공주의 서술, 트랜스내셔널 역사 서술이 각기 어떻게 해석할지 제시문의 정보를 적용하여 추론하는 능력을 평가하는 문항이다.
문제 풀이	정답 : ③

〈보기〉의 ㉠은 1943년 바르샤바의 유대인 구역에서 반나치 봉기가 일어난 사건이다. 전투적 반공주의 역사 서술과 공산당의 공식적 역사 서술은 민족주의와 반유대주의적 입장을 공유하고 있었으므로 이 사건을 서술하지 않고 무시했을 것이다. 혹은 유대계라는 것을 밝히지 않고 그저 폴란드 인의 봉기라고 서술했을 것이다. 다만 트랜스내셔널 역사 서술의 측면에서는 있는 사실을 그대로 밝혔을 것이다. ⓛ은 폴란드 인 교황의 방문을 기념하여 세워진 수도원을 말하므로 민족주의적 입장을 공유하는 전투적 반공주의와 공산당의 공식적 역사 서술에서는 이 사실을 찬성하거나 강조하는 서술을 하였을 것이다. 트랜스내셔널 역사 서술은 굳이 그 사실을 강조할 필요는 없으며 따라서 있던 그대로 객관적 서술을 하였을 것이다.

〈보기〉 해설	㉠ 폴란드의 유대인이 반나치 투쟁을 했다는 점을 나타내는 선택지다.
	ⓛ 폴란드 출신 교황이 온 것을 기념하는 수도원이 자부심의 장소가 되었으므로 민

정답 해설 ③ ⓒ는 트랜스내셔널 역사 서술이다. "역사학의 경우 전 유럽적 기억의 공간에 과거를 재배치하는 것을 의미"하는 것이 트랜스내셔널 역사 서술인데, 이 서술은 "2000년의 스톡홀름 선언이었다. 여기에 참여한 유럽 정상들은 홀로코스트 교육의 의무화에 합의"에 따르는 것을 따르므로 ㉠의 유대인 봉기를 객관적으로 서술해야 적절하다.

오답 해설 ① ⓐ는 공산당의 공식적 역사 서술이다. 공산당의 공식적 역사 서술은 "이차 대전에서 독일의 침공에 의해 오백여만 명이 희생된 사실은 이 의식을 강화했다. 하지만 그 중 삼백여만 명이 유대계였다는 것은 공식적으로 언급되지 않았"을 정도로 유대인의 희생을 감추려 했다. 따라서 적절하지 않다.

② ⓑ는 전투적 반공주의 역사 서술이다. 이 서술은 "민족주의와 반유대주의"를 "공통분모"로 가지고 있었으므로 민족주의를 강조하였다. 따라서 그들은 비판적으로 서술하지 않았을 것이므로 적절하지 않다.

④ 트랜스내셔널 역사 서술에서는 "희생자 의식을 재검토"해야 하므로 유대인의 봉기를 왜곡하여 서술하지 않았을 것이다. 동시에 트랜스내셔널 역사 서술은 "홀로코스트 교육의 의무화에 합의"한 스톡홀름 선언이 계기가 되어 성립한 것이므로 역사적 교육의 터가 훼손된 것을 찬성하지 않았을 것이다. 따라서 적절하지 않다.

⑤ 전투적 반공주의, 공산당의 공식적 역사 서술에서는 "민족주의와 반유대주의를 내세웠"기에 ㉠에 대해서는 언급하지 않았을 것이다. 따라서 적절하지 않다.

[07~09] 다음 글을 읽고 물음에 답하시오.

> 한 가닥의 DNA는 아데닌(A), 구아닌(G), 시토신(C), 티민(T)의 네 종류의 염기를 가지고 있는 뉴클레오티드가 선형적으로 이어진 사슬로 볼 수 있다. 보통의 경우 〈그림 1〉과 같이 두 가닥의 DNA가 염기들 간 수소 결합으로 서로 붙어 있는 상태로 존재하는데, 이를 '이중나선 구조'라 부른다. 이때 A는 T와, G는 C와 상보적으로 결합한다. 온도를 높이면 두 가닥 사이의 결합이 끊어져서 각각 한 가닥으로 된다.

〈그림 1〉 염기들 간 상보적 결합의 예

정보과학의 관점에서는 DNA도 정보를 표현하는 수단으로 볼 수 있다. 한 가닥의 DNA 염기서열을 4진 코드로 이루어진 특정 정보로 해석할 수 있기 때문이다. 즉, 'A', 'G', 'C', 'T'만을 써서 순서가 정해진 연속된 n개의 빈칸을 채울 때, 총 4^n개의 정보를 표현할 수 있고 이 중 특정 연속체를 한 가지 정보로 해석할 수 있다.

DNA로 정보를 표현한 후, DNA 분자들 간 화학 반응을 이용하면 연산도 가능하다. 1994년 미국의 정보과학자 에이들먼은 『사이언스』에 DNA를 이용한 연산에 대한 논문을 발표했고, 이로써 'DNA 컴퓨팅'이라는 분야가 열리게 되었다. 이 논문에서 에이들먼이 해결한 것은 정점(예 : 도시)과 간선(예 : 도시 간 도로)으로 이루어진 그래프에서 시작 정점과 도착 정점이 주어졌을 때 모든 정점을 한 번씩만 지나는 경로를 찾는 문제, 즉 '해밀턴 경로 문제(HPP)'였다. HPP는 정점의 수가 많아질수록 가능한 경로의 수가 급격하게 증가하기 때문에 소위 '어려운 문제'에 속한다.

DNA 컴퓨팅의 기본 전략은, 주어진 문제를 DNA를 써서 나타내고 이를 이용한 화학 반응을 수행하여 답의 가능성이 있는 모든 후보를 생성한 후, 생화학적인 실험 기법을 사용하여 문제 조건을 만족하는 답을 찾아내는 것이다. 에이들먼이 HPP를 해결한 방법을 〈그림 2〉의 그래프를 통해 단순화하여 설명하면 다음과 같다. 〈그림 2〉는 V0이 시작 정점, V4가 도착 정점이고 화살표로 간선의 방향을 표시한 그래프를 보여 준다. 즉, V0에서 V1로는 갈 수 있으나 역방향으로는 갈 수 없다. 먼저 그래프의 각 정점을 8개의 염기로 이루어진 한 가닥 DNA 염기서열로 표현한다. 그리고 각 간선을 그 간선이 연결하는 정점의 염기서열로부터 취하여 표현한다. 즉, V0(〈CCTTGGAA〉)에서 출발하여 V1(〈GGCCAATT〉)에 도달하는 간선의 경우는 V0의 뒤쪽 절반과 V1의 앞쪽 절반을 이어 붙인 염기서열 〈GGAAGGCC〉의 상보적 코드 〈CCTTCCGG〉로 나타낸다. 이렇게 6개의 간선 각각을 DNA 코드로 표현한다.

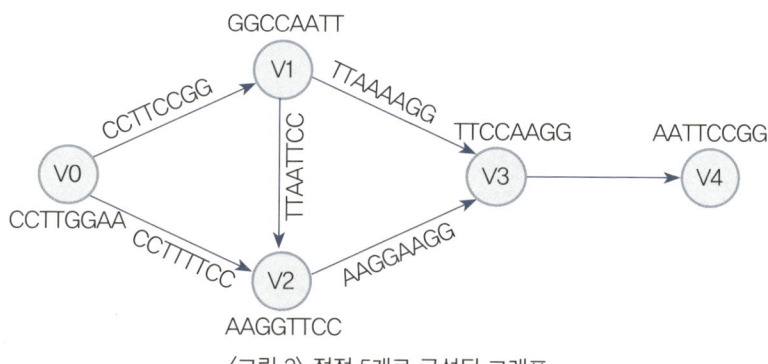

〈그림 2〉 정점 5개로 구성된 그래프

이제 DNA 합성 기술을 사용하여 이들 코드를 종류별로 다량 합성한다. 이들을 하나의 시험관에 넣고 서로 반응을 시키면 DNA 가닥의 상보적 결합에 의한 이중나선이 형성되는데, 이것을 '혼성화 반응(hybridization)'이라 한다. 혼성화 반응의 결과로 경로, 즉 정점들의 연속체가 생성된다. 시험관 안에는 코드별로 막대한 수의 DNA 분자들이 있기 때문에, 이들 사이의 이러한 상호 작용은 대규모로 일어난다. ㉠이상적인 실험을 가정한다면, 혼성화 반응을 통해 〈그림 2〉 그래프의 가능한 모든 경로에 대응하는 DNA 분자들이 생성된다. 경로의 예로 (V0, V1), (V1, V2), (V0, V1, V2) 등이 있다. 이와 같이 생성된 경로들로부터 해밀턴 경로를 찾아 나가는 절차는 다음과 같다.

[1단계] V0에서 시작하고 V4에서 끝나는지 검사한 후, 그렇지 않은 경로는 제거한다.
[2단계] 경로에 포함된 정점의 개수가 5인지 검사한 후, 그렇지 않은 경로는 제거한다.
[3단계] 경로에 모든 정점이 포함되었는지 검사한다.
[4단계] 지금까지의 과정을 통해 취한 경로들이 문제에 대한 답이라고 결정한다.

에이들먼은 각 단계를 적절한 분자생물학 기법으로 구현했다. 그런데 DNA 분자들 간 화학 반응은 시험관 내에서 한꺼번에 순간적으로 일어난다는 특성을 갖고 있다. 요컨대 에이들먼은 기존 컴퓨터의 순차적 연산 방식과는 달리, 대규모 병렬 처리 방식을 통해 HPP의 해결 방법을 제시한 것이다. 이로써 DNA 컴퓨팅은 기존의 소프트웨어 알고리즘이나 하드웨어 기술로는 불가능했던 문제들의 해결에 대한 잠재적인 가능성을 보여 주었다.

07.

DNA 컴퓨팅에 대한 설명으로 적절하지 않은 것은?

① 창시자는 미국의 정보과학자 에이들먼이다.
② DNA로 정보를 표현하고 이를 이용하여 연산을 하는 것이다.
③ 기본적인 해법은 가능한 모든 경우를 생성한 후, 여기서 답이 되는 것만을 찾아내는 것이다.
④ 기존 컴퓨터 기술의 발상을 전환하여 분자생물학적인 방법으로 접근함으로써 정보 처리 방식의 개선을 모색했다.
⑤ DNA 컴퓨팅을 이용하여 HPP를 풀 때, 간선을 나타내는 DNA의 염기 개수는 정점을 나타내는 DNA의 염기 개수의 두 배다.

문항유형 : 주제, 요지, 구조 파악

내용영역 : 과학기술

이 문항은 제시문의 주제인 DNA 컴퓨팅을 정확하게 이해하고 있는지 확인하는 문항 이다.

정답 : ⑤

선택지들의 진위를 판단하기가 어렵지 않기에, 제시문 재조회 없이 읽은 내용을 떠올려서 부적절 한 선택지를 고르는 것이 바람직하다.

⑤ 간선을 나타내는 DNA의 염기 개수는 8개로 정점을 나타내는 DNA의 염 기 개수와 같다. 제시문 네 번째 단락 "즉, V0(〈CCTTGGAA〉)에서 출발하여 V1(〈GGCCAATT〉)에 도달하는 간선의 경우는 V0의 뒤쪽 절반과 V1의 앞쪽 절반 을 이어 붙인 염기서열 〈GGAAGGCC〉의 상보적 코드 〈CCTTCCGG〉로 나타낸 다."에서 이를 알 수 있다. 〈그림 2〉의 정점과 간선의 DNA 코드를 통해서도 이를 직관적으로 파악할 수 있다.

① 제시문 세 번째 단락 "1994년 미국의 정보과학자 에이들먼은 『사이언스』에 DNA 를 이용한 연산에 대한 논문을 발표했고, 이로써 'DNA 컴퓨팅'이라는 분야가 열 리게 되었다."에서 적절한 설명임을 알 수 있다.

② 제시문 세 번째 단락 "DNA로 정보를 표현한 후, DNA 분자들 간 화학 반응을 이 용하면 연산도 가능하다."에서 적절한 설명임을 알 수 있다.

③ 제시문 네 번째 단락 "DNA 컴퓨팅의 기본 전략은, 주어진 문제를 DNA를 써서 나타내고 이를 이용한 화학 반응을 수행하여 답의 가능성이 있는 모든 후보를 생성한 후, 생화학적인 실험 기법을 사용하여 문제 조건을 만족하는 답을 찾아 내는 것이다."에서 적절한 설명임을 알 수 있다.

④ 제시문 마지막 단락 "요컨대 에이들먼은 기존 컴퓨터의 순차적 연산 방식과는 달리, 대규모 병렬 처리 방식을 통해 HPP의 해결 방법을 제시한 것이다. 이로써 DNA 컴퓨팅은 기존의 소프트웨어 알고리즘이나 하드웨어 기술로는 불가능했던 문제들의 해결에 대한 잠재적인 가능성을 보여 주었다."에서 적절한 설명임을 알 수 있다.

08.

㉠에 대한 설명으로 적절하지 <u>않은</u> 것은?

① (V1, V2, V3, V4)는 정점이 네 개이지만, 에이들먼의 해법 [1단계]에서 걸러진다.
② V3에서 V4로 가는 간선으로 한 가닥의 DNA 〈TTCCTTAA〉가 필요하다.
③ 정점을 두 개 이상 포함하고 있는 경로는 두 가닥 DNA로 나타내어진다.
④ 정점을 세 개 포함하고 있는 경로는 모두 네 개이다.
⑤ 해밀턴 경로는 (V0, V1, V2, V3, V4)뿐이다.

문항 성격	문항유형 : 정보의 확인과 재구성
	내용영역 : 과학기술
평가 목표	이 문항은 에이들먼의 해법 중 경로 생성 및 해(解)의 탐색 과정을 정확하게 인지하고 있는지 확인하는 문항이다.
문제 풀이	정답 : ④

〈그림 2〉의 그래프 및 이에 대한 DNA 코드, 그리고 실제 DNA를 사용한 실험 과정을 이해해야 한다.

정답 해설 ④ 정점을 세 개 포함하고 있는 경로는 모두 여섯 개로 각각은 다음과 같다. (V0, V1, V2), (V0, V1, V3), (V0, V2, V3), (V1, V2, V3), (V1, V3, V4), (V2, V3, V4)

오답 해설 ① (V1, V2, V3, V4)는 시작 정점이 V1이므로 에이들먼의 해법 [1단계]에서 걸러진다.
② V3의 뒤쪽 절반과 V4의 앞쪽 절반을 이어 붙인 염기서열이 〈AAGGAATT〉이므로 이것의 상보적 코드는 〈TTCCTTAA〉이다.
③ 제시문 다섯 번째 단락 "이들을 하나의 시험관에 넣고 서로 반응을 시키면 DNA 가닥의 상보적 결합에 의한 이중나선이 형성되는데, 이것을 '혼성화 반응 (hybridization)'이라 한다. 혼성화 반응의 결과로 경로, 즉 정점들의 연속체가 생성된다."에서 적절한 설명임을 알 수 있다.
⑤ 해밀턴 경로란 "정점과 간선으로 이루어진 그래프에서 시작 정점과 도착 정점이 주어졌을 때 모든 정점을 한 번씩만 지나는 경로"다. 〈그림 2〉의 그래프에서 V0이 시작 정점, V4가 도착 정점으로서 모든 정점을 한 번씩만 지나는 경로를 실제로 따져보면 (V0, V1, V2, V3, V4)가 유일하다.

09.

〈보기〉의 ⓐ에 대한 설명으로 적절한 것만을 있는 대로 고른 것은?

　　DNA 컴퓨팅의 실용화를 위해서는 여러 기술적인 문제점들을 해결해야 한다. 그중 하나는 정보 처리의 정확도다. DNA 컴퓨팅은 화학 반응에 기반을 두는데, ⓐ반응 과정상 오류가 발생할 경우 그릇된 연산을 수행하게 된다.

ㄱ. ⓐ가 발생하지 않는다면, 〈그림 2〉 그래프에서는 에이들먼의 [3단계]가 불필요하다.

ㄴ. 혼성화 반응에서 엉뚱한 분자들이 서로 붙는 것을 방지할 수 있도록 DNA 코드를 설계하는 것은 ⓐ를 최소화하기 위한 방법이다.

ㄷ. DNA 컴퓨팅의 원리를 적용한 소프트웨어를 개발하면, ⓐ를 방지하면서도 대규모 병렬 처리를 통한 문제 해결이 기존 컴퓨터에서 가능하다.

① ㄱ　　　　　　　　　② ㄴ　　　　　　　　　③ ㄱ, ㄴ
④ ㄱ, ㄷ　　　　　　　　⑤ ㄴ, ㄷ

문항 성격　문항유형 : 정보의 추론과 해석

　　　　　　내용영역 : 과학기술

평가 목표　이 문항은 에이들먼의 해법을 실제 실험으로 구현할 때 일어날 수 있는 일을 추론해 보게 함으로써 해법 각 단계의 의미를 정확하게 이해하고 있는지 평가하기 위한 문항이다.

문제 풀이　정답 : ③

ㄱ에 대한 판단이 핵심이다. 각 단계에 따라 남아있는 경로를 직접 적어보는 편이 안전하다.

〈보기〉 해설　ㄱ. 이상적인 실험을 가정하면 그래프에서 가능한 모든 경로가 생성된다. 만약 반응 과정상 오류가 없다면, 이들 경로 이외에 다른 경로는 만들어지지 않는다. 이 경우, 시작 정점이 V0, 도착 정점이 V4인 경로는 (V0, V1, V3, V4), (V0, V2, V3, V4), (V0, V1, V2, V3, V4), 이렇게 세 가지로 이들만이 1단계를 통과한다. 2단계를 통해 이 중 정점이 5개인 (V0, V1, V2, V3, V4)만 남게 되며, 이것이 해밀턴 경로이다. 따라서 3단계는 불필요하다. 그러나 실제 실험에서는 반응 과정상 오류가 발생할 수 있기 때문에 3단계가 요구된다. 예컨대 V0, V1, V2, V3, V4)는 1단계와 2단계를 통과하지만, 해밀턴 경로의 조건을 만족하지 않기 때문에 3단계의 검사가 반드시 필요하다.

ㄴ. 화학 반응 과정에서 발생할 수 있는 여러 오류 중 하나로 엉뚱한 분자들이 서로 붙는 것을 생각해 볼 수 있다. 예컨대 A가 T가 아니라 G나 C와 붙는 경우다. 이를 방지하기 위해 DNA 코드 설계를 최적화(optimization)하는 것은 반응 과정상 오류를 최소화하기 위한 방법이다.

ㄷ. DNA 컴퓨팅은 시험관 내에서 한꺼번에 순간적으로 일어나는 화학 반응을 이용하고 있다는 점에서 병렬 처리 방식으로 볼 수 있다. 이것은 기존 시스템의 순차 처리 방식과는 근본적으로 다르다. 따라서 아무리 DNA 컴퓨팅의 원리를 적용한다고 해도, 기존 방식의 소프트웨어를 기존의 하드웨어에서 작동시키는 한, 대규모 병렬 처리를 통한 문제 해결은 불가능하다. 이는 기껏해야 DNA 컴퓨팅을 순차적으로 구현한 모의실험(simulation)에 불과하다.

[10~12] 다음 글을 읽고 물음에 답하시오.

예이츠는 어느 편지에서 "내게 지상 목표는 비극 한가운데서 사람을 환희하게 만드는 신념과 이성에서 우러나오는 행위"라고 하면서, "동양은 언제나 해결이 있고, 그러므로 비극에 대해선 아무것도 모르오. 영웅적인 절규를 발해야 하는 것은 우리지 동양은 아니오."라고 말한 바 있다. 이러한 대조는 기실 동서 양분론에 기초를 둔 흔한 관념 이상의 것은 아니다. 이 대조가 어떤 진실을 담고 있음을 인정하면서도 우리는 예이츠의 견해를 다시 검토할 필요가 있는 것이다. 근대 한국시의 몇몇 순간들은 비극적 황홀 을 볼 수 있는 예이츠의 만년의 시 「유리」에 비길 만하기 때문이다.

햄릿과 리어는 즐겁다
두려움을 송두리째 변모시키는 즐거움
모든 사람들이 노리고 찾고 그리곤 놓쳤다
암흑, 머릿속으로 타들어 오는 천국
비극이 절정에 달할 때

근대 한국시사에서 황매천과 이육사와 윤동주가 보여주는 비극적 황홀의 순간들은 그들이 상황에 참여한 방식에 따라 그 성격이 다소 다르다. 유생이며 전통적 원칙주의자인 황매천은 소극적 저항의 삶을 살면서 비극적인 최후를 선택한다. 그는 일제의 국권 강탈에 항거하여, "난리를 겪어 나온 허여센 머리/죽재도 못 죽는 게 몇 번이더뇨./오늘에는 어찌할 길이 없으니/바람 앞의 촛불이 창공 비추네."라는 절명시를 남기고 자결했다. '바람 앞의 촛불'의 이미지로 자신이 성취한 비극적 황홀의 순간을 표현했던 것이다.

어려서 한학을 배운 이육사의 시는 겉으로는 형식적인 균형과 절제에 바탕을 둔 고전적인 풍격을 보여준다. 동시에 그의 시는 현대적인 혁명가로서의 이상주의를 품고 있다. 혁명가로서의 삶을 가장 힘차게 나타낸 작품 「절정」에서 시인은 자신이 부딪치게 된 식민지 상황을 한계상황으로 표현한다. 시인은 자신이 비극 한가운데 놓여 있음을 깨닫고 '겨울' 즉 '매운 계절'을 '강철로 된 무지개'로 본 것이다. 이 비극적인 비전은 또 하나의 비극적 황홀의 순간을 나타내거니와 여기서 우리는 시인이 자기가 놓인 상황에서 거리를 두고 하나의 객관적인 이미지를 발견함을 본다.

기독교 집안에서 자란 윤동주는 비록 비극적인 종말을 맞기는 했지만, 황매천처럼 가차 없는 비평가도 아니었고, 이육사처럼 두려움을 모르는 투사도 아니었다. 그 대신 그는 자신의 시대를 괴롭게 살다 죽어간 외롭고 양심적인 문학도였다. 그의 생애의 수동적인 외관과는 달리 그는 그리스도와 같은 죽음을 일종의 황홀 가운데서 꿈꿀 정도로 민족주의적이었다. 그의 소원이 실현될 때까지 "모가지를 드리우고/꽃처럼 피어나는 피"(「십자가」)를 흘림으로써 비극적인 상황에서 놓여나기까지 때를 기다리는 것이다.

그러나 이 시인들의 비극적인 비전은 공통된 특징을 가지고 있다. 그 비전은 사유와 관조 또는 명상의 산물이었다. 말을 바꾸면 그것은 시인이 상황을 객관적으로 바라봄으로써 얻은 충분히 자각된 비전이다. 그런데 이것을 가능케 한 것은 동양인의 정신에 특유한 초연함과 달관의 상태로 생각된다. 동양에서 비극적인 순간은 흔히 주인공의 신념에 찬 행위보다 초연한 관조 속에서 드러났던 것이다. 예이츠가 생각한 것처럼 동양에는 비극이 없는 것이 아니라 서양처럼 열정적이거나 야단스럽지는 않을지라도 그 나름의 비극을 가지고 있는 셈이다.

우리가 다룬 모든 시인에게 공통된 또 하나의 특징은 시인이 그러한 비극적 순간의 작자일 뿐만 아니라 그들 자신이 비극의 주인공이라는 점이다. 이것은 동양에 있어서 시의 전통적인 개념 및 성질과 무관하지 않은 듯하다. 중국에서 시에 관한 오래된 정의는 '마음속에 있는 바의 발언', 즉 ㉠'언지(言志)'이다. 이러한 뜻에서의 시는 작품과 시인 사이의 구별을 용납하지 않는 개인적이며 서정적인 시이다. 허구로서의 '포에시스'의 개념과는 반대로 동양에서 시는 시인 자신의 삶과 하나가 되어 있었다. 그것은 전통적으로 수양의 일부이며 내면생활의 직접적인 음성으로 생각되었다.

그러므로 동양에서는 비극이 허구적인 세계에 형상화된 경우로 존재하지 않고, 비극이 있다면 시인 자신이 주인공이 되는 비극으로 존재한다. 이것은 분명 예이츠가 만년에 시적 계획으로뿐만 아니라 또한 개인적인 이상으로서 매우 골몰했던 바이다. 그것은 그의 '지상 목표'였으며, 그가 "모든 사람들이 노리고 찾고 그리곤 놓쳤다"라고 말하고 있는 것으로 보아 지극히 달성하기 어려운 목표이기도 했다. 그러나 우리가 살펴 본 세 사람의 한국 시인들은 이 어려운 이상을 그들의 삶과 시에서 실현했으며, 적어도 황매천과 이육사의 경우 그들의 비극적 황홀의 시적 가치는 기이하게도 예이츠의 인식과 흡사했다.

10.
윗글의 내용과 일치하는 것은?

① 황매천은 시대 현실에 초연한 덕분에 시적 성취에 성공했다.
② 이육사는 전통적인 것과 현대적인 것의 갈등을 자신의 한계상황으로 인식했다.
③ 황매천과 이육사는 예이츠가 추구했던 시적 계획을 실제 삶에서 구현했다.
④ 황매천과 윤동주는 원칙과 신념에 따라 능동적으로 죽음을 맞이했다.
⑤ 황매천, 이육사, 윤동주는 모두 종교로 인해 빚어지는 내적 갈등을 창작에 담아냈다.

문항 성격	문항유형 : 정보의 확인과 재구성
	내용영역 : 인문
평가 목표	이 문항은 황매천, 이육사, 윤동주의 삶과 문학에 대해 글쓴이가 전달하는 정보를 정확하게 파악하고 있는지 평가하는 문항이다.
문제 풀이	정답 : ③

황매천, 이육사, 윤동주가 보여준 삶의 행로를 비교하면서 공통점과 차이점을 이해하고 평가한 후 그 내용과 부합하는 선택지를 골라야 한다.

정답 해설 ③ 제시문 마지막 단락에 따르면, "예이츠가 만년에 시적 계획으로뿐만 아니라 또한 개인적인 이상으로서 매우 골몰했던 바"는 "시인 자신이 주인공이 되는 비극"이었다. 이것은 시를 통해 구현되는 "시적 계획"이었을 뿐만 아니라 실제의 삶에서 구현되어야 하는 "개인적인 이상"이었지만, "모든 사람들이 노리고 찾고 그리곤 놓쳤다"라고 표현한 것에서 짐작할 수 있듯이 "지극히 달성하기 어려운 목표"였다. 그런데 황매천과 이육사와 윤동주가 "이 어려운 이상을 그들의 삶과 시에서 실현"했다.

오답 해설 ① 제시문 두 번째 단락에 따르면, 황매천이 "소극적 저항의 삶을 살면서"도 "일제의 국권 강탈에 항거"하여 "비극적인 최후를 선택"했다고 하므로, "시대 현실에 초연"했다는 것은 윗글의 내용과 일치하지 않는다.

② 제시문 세 번째 단락에 따르면, "작품 「절정」에서 시인은 자신이 부딪치게 된 식민지 상황을 한계상황으로 표현"했다고 하므로, "전통적인 것과 현대적인 것의 갈등을 자신의 한계상황으로 인식"했다는 것은 윗글의 내용과 일치하지 않는다.

④ 제시문 두 번째 단락에 따르면, 황매천은 "일제의 국권 강탈에 항거하여 …… 절명시를 남기고 자결"했다고 하므로 원칙과 신념에 따라 "능동적으로 죽음을 맞이했다."고 할 수 있다. 네 번째 단락에 따르면, 윤동주는 시를 통해서 "그리스도와 같은 죽음을 일종의 황홀 가운데서 꿈꿀 정도로 민족주의적"이긴 했지만 "자신의 시대를 괴롭게 살다 죽어간 외롭고 양심적인 젊은 문학도"이므로 "수동적인" 삶을 살았다고 할 수 있다. 따라서 황매천과 윤동주가 모두 "원칙과 신념에 따라 능동적으로 죽음을 맞이했다."는 것은 윗글의 내용과 일치하지 않는다.

⑤ 제시문 두 번째 단락에 따르면, 황매천은 "유생"이고 "전통적 원칙주의자"여서 "종교로 인해 빚어지는 내적 갈등"을 겪었다고 보기 어렵다. 세 번째 단락에 따르면, 이육사는 "어려서 한학을 배"웠고 "고전적인 풍격"과 "현대적인 혁명가로서의 이상주의"를 동시에 보여주고 있다는 점에서 내적 갈등을 겪는다고 볼 수 있지만, "상이한 종교로 인해 빚어지는 갈등"이라고 말하기는 어렵다. 네 번째 단락에 따르면, 윤동주는 "기독교 집안에서 자라난" 인물이며 "그리스도와 같은 죽음을 일종의 황홀 가운데서 꿈"꾸고 있으므로, "종교로 인해 빚어지는 내적 갈등"을 겪는다고 말할 수 없다.

11.

㉠에 대한 설명으로 가장 적절한 것은?

① 시를 시인의 도야된 인격을 담는 언어적 구성물로 본다.
② 시를 시인의 개인적인 서정을 담은 허구적 표현물로 본다.
③ 시를 현실을 초월하려는 시인의 의지를 표현한 정신적 생산물로 본다.
④ 시를 세련된 언어를 통해 독자들에게 즐거움을 주는 심미적 구조물로 본다.
⑤ 시를 시인이 살고 있는 현실을 사실적으로 형상화한 문화적 창조물로 본다.

문항유형 : 정보의 추론과 해석

내용영역 : 인문

이 문항은 '언지'에 관해 제시문에서 주어진 정보를 해석하여, '언지'가 시에 대해 어떤 입장을 지녔는지 추론하는 능력을 평가하는 문항이다.

정답 : ①

제시문에서 주어진 '언지'에 관한 정보를 바탕으로 하여 현실-작가-작품-독자라는 문학의 네 가지 요소에 기대어, '언지'의 시에 대한 관점을 확인하고, 그 내용과 일치하는 선택지를 골라야 한다.

① "언지"는 시를 "마음속에 있는 바의 발언", 달리 말해 "수양의 일부이며 내면생활의 직접적인 음성"으로 이해하는 것을 말한다. 따라서 시 창작은 시인의 인격 수양의 일부이며, 이러한 인격 수양의 과정을 언어로 구체화한 것이므로 적절하다.

② "언지"에 따르면 시를 "개인적인 서정"을 담은 것으로 볼 수도 있지만, "작품과 시인 사이의 구별을 용납하지 않는"다는 점에서 허구적 표현물로 보는 것은 적절하지 않다.

③ "언지"에 따르면 시는 "시인 자신의 삶과 하나"라는 점에서 현실을 초월하려는 시인의 의지를 표현한 생산물로 보는 것은 적절하지 않다.

④ "언지"에 따르면 시는 "마음속에 있는 바의 발언", 곧 시인의 정신세계를 표현하는 것에 관심을 기울이고 있기에 독자들에게 즐거움을 주는 심미적 구조물로 보는 것은 적절하지 않다.

⑤ "언지"에 따르면 시는 "마음속에 있는 바의 발언", 곧 시인의 정신세계를 표현하는 것에 관심을 기울이고 있기에 시인이 살고 있는 현실을 형상화한 문화적 창조물로 보는 것은 적절하지 않다.

12.

비극적 황홀 에 대한 글쓴이의 입장으로 가장 적절한 것은?

① 시인의 비극적 삶은 시에서의 비극적 황홀에 도달하기 위한 필수 조건이다.

② 비극적 황홀은 작품 속에 등장하는 주인공의 삶 외에 작품을 창작하는 작사의 삶에서도 발견할 수 있다.

③ 비극적 상황에 놓인 주인공의 비극적 황홀을 통해 독자들의 현실 참여를 이끌어내는

것이 이상적인 서정시이다.

④ 비극적 황홀은 주인공의 신념에 찬 행위에 바탕을 두고 있기 때문에 상황에 대한 관조만으로는 도달할 수 없다.

⑤ 햄릿이나 리어 같은 주인공이 도달한 비극적 황홀은 절망적 상황을 극적으로 해결함으로써 얻어지는 체험이다.

문항 성격	문항유형 : 의도, 관점, 입장 파악
	내용영역 : 인문
평가 목표	이 문항은 예이츠의 '비극적 황홀'의 개념과 세 명의 한국 시인을 분석하면서 보여준 글쓴이의 '비극적 황홀'의 개념 사이에 존재하는 공통점과 차이점을 파악함으로써 글쓴이의 의도와 관점, 입장을 종합적으로 파악하는 능력을 평가하는 문항이다.
문제 풀이	정답 : ②

'비극적 황홀'의 개념을 둘러싼 예이츠와 글쓴이의 개념적 차이를 확인하여 글쓴이의 '비극적 황홀'의 정확한 내포에 해당하는 선택지를 골라야 한다.

정답 해설	② 글쓴이는 예이츠의 비극 개념을 받아들이지만, 동양에는 비극이 존재하지 않는다는 예이츠와 달리 동양에서도 "나름의 비극을 가지고" 있다는 주장을 펼친다. 그 결과 "동양에서는 비극이 허구적인 세계에 형상화된 경우로 존재하지 않고, 비극이 있다면 시인 자신이 주인공이 되는 비극으로 존재"한다고 보고 있다는 점에서 비극적 황홀은 작품 속에 등장하는 주인공의 삶에서 발견하는 경우와 작품을 창작하는 작자의 삶에서 발견하는 경우로 구분되어질 수 있다.
오답 해설	① 주인공의 비극적 황홀에 주목하는 서양의 경우와, 작자와 작품의 일치에 바탕을 두고 시인의 비극적인 삶이 작품에서의 비극적 황홀로 이어지는 동양의 경우를 함께 고려했을 때, 시인의 비극적 삶은 시에서의 비극적 황홀에 도달하기 위한 필수 조건이라고 한 것은 동양의 경우에만 해당하기 때문에 이 선택지는 적절하지 않다.
	③ 글쓴이는 "동양에서는 비극이 허구적인 세계에 형상화된 경우로 존재하지 않고, 비극이 있다면 시인 자신이 주인공이 되는 비극으로 존재한다. 이것은 분명 예이츠가 만년에 시적 계획으로뿐만 아니라 또한 개인적인 이상으로서 매우 골몰하였던 바"라고 말하고 있다. 즉, 시인이 시를 창작하거나 혹은 시인이 현실을 살아가는 과정에서 비극적 황홀에 도달하는 것을 시인의 계획이자 목표이며 이상으로 바라보고 있을 뿐이다. 독자에게 "현실 참여"와 같은 '영향'을 미치고자 하는 것은 글쓴이의 입장이라 볼 수 없다.

④ 글쓴이는 황매천과 이육사와 윤동주의 예를 통해서 "이 시인들의 비극적인 비전은 공통된 특징을 가지고 있다. 그 비전은 사유와 관조 또는 명상의 산물이었다. 말을 바꾸면 그것은 시인이 상황을 객관적으로 바라봄으로써 얻은 충분히 자각된 비전이다."라고 말하고 있다. 따라서 동양의 경우에는 '(시인이 놓여 있는) 상황에 대한 관조'를 통해서도 비극적인 황홀에 도달할 수 있다고 글쓴이는 보고 있다.

⑤ 글쓴이는 예이츠의 비극 개념을 인정한다. 그런데 예이츠는 "동양은 언제나 해결이 있고, 그러므로 비극에 대해선 아무것도 모르오. 영웅적인 절규를 발해야 하는 것은 우리지 동양은 아니오."라고 말한 바 있다. 따라서 햄릿이나 리어가 비극적인 존재로 될 수 있었던 것은 절망적 상황에 대해 맞서면서도 해결에 이르지 못한 상태 때문이었다. 따라서 절망적 상황을 극적으로 해결했다는 것은 글쓴이의 입장으로 적절하지 않다.

[13~15] 다음 글을 읽고 물음에 답하시오.

서양 근대 윤리학에서 칸트의 도덕 철학과 헤겔의 윤리 이론은 각기 도덕성과 인륜성의 개념으로 대표되며 오늘날에도 여전히 논란거리를 제공하고 있다.

이 가운데 칸트의 도덕 철학이 갖는 우선적 목표는 '보편도덕'을 확립하는 것이다. 그는 신과 같은 초월적 존재의 권위에 기대지 않고, 인간 존재에게 '이성'이 그 자체로 이미 주어졌다는 사실에 의거하여 '보편도덕'을 세운다. 그는 인간과 도덕으로부터 ㉠경험 세계의 모든 우연적 요소들을 제거한다. 인간이 피와 살을 가진 물리적 세계의 존재이고, 감정이나 취향과 같은 경향성을 가지며, 다른 사람들과 함께 살아가는 존재라는 사실을 모두 소거한다. 이로써 인간이 이성적 존재라는 단 하나의 사실에 초점을 맞춘다. '이성' 이외에 그 어떤 것도 필요로 하지 않는 '의지'의 개념을 도출하고 그것을 '이성적 의지'라고 부른다. 이성적 의지는 순수한 의지이며 자유로운 의지이자 자율적 의지이다. 여기서 자유란 스스로 법칙을 제정하고 동시에 자신이 제정한 법칙에 스스로 예속되는 '자기입법'과 '자기예속'으로서 '자율'의 능력을 의미한다. 그리고 행위를 강제하는 의무는 ㉡'법칙에 대한 존경으로부터 생겨난 행위의 필연성'에서 비롯하며, 도덕적 행위의 유일한 판단 기준이 된다.

'이성적 주체'로서 개인은 인류 전체를 대표하고 나아가서 모든 이성적 존재를 대변할 수 있는 '자기 완결적' 존재이고, 그의 주관적 행위 원리인 준칙이 도덕 세계의 필연적 보편 법칙이 됨으로써 ⓒ도덕적 주체가 된다. 칸트는 도덕 원리이자 의무를 ⓔ'정언명법'이라 부르며 다음과 같이 정식화한다. "네 의지의 준칙이 동시에 보편적 입법의 원리로서 타당하도록 행위하라." 이에 따르면 도덕성의 핵심은 ⓜ'보편화 가능성'에 있다.

헤겔은 칸트의 도덕성 개념을 비판하며 '윤리적 삶'의 가치를 높이 평가한다. 윤리적 삶은 진정한 자유의 실현이며, 이는 끝없이 전진하는 자기의식이 도달하는 지점이다. 도덕적 질서와 달리 윤리적 질서는 실재하는 내용을 지닌다. 그리하여 추상적인 또는 형식적인 이성의 원리에 기초하여 무엇이 의무인지 결정할 수 없는 어려움이 윤리의 수준에서는 사라진다. 가족이나 시민사회, 국가와 같은 윤리적 공동체에 참여한다는 것은, 인간 본성의 이성적인 본질이 외적으로 실현되는 것이며, 이 공동체의 구성원으로서 특정 역할을 받아들여 그에 따른 의무와 책임을 인정하게 됨을 의미한다. 그리고 각자가 지닌 특수한 의지가 보편적 의지로서의 윤리적 질서와 일치하게 됨을 확인하기만 하면, 윤리적 질서 안에서 의무와 권리는 하나가 되어 의무는 더 이상 강제가 아니게 된다.

헤겔은 윤리적 삶의 영역을 ⓐ인륜이라 부른다. 인륜이 발전하는 계기는 세 단계로 이루어진다. 첫 번째 단계는 가족이다. 개인은 가족을 통해서 윤리적 삶으로 들어간다. 가족 안에서 개체성에 대한 자기의식을 비로소 얻게 되며 독립적인 개인이 아니라 가족의 한 구성원임을 알게 되고, 부부 간 그리고 부모와 자식 간에 존재하는 권리와 의무를 받아들이게 된다. 두 번째 단계는 시민사회이다. 시민사회는 스스로 존재하는 개인들의 필요에 따른 연합과 법률적 체계화 그리고 그들의 특수한 공통 이익을 얻기 위한 외적인 조직체를 통해서 발생한다. 개인은 자기 자신의 실재하는 정신이 시민사회 안에 구체화되어 있음을 발견할 때, 일정 수준의 자유에 도달한다. 시민사회에서 개인은 각자의 사회적 지위에 따라 특수하게 구체화된 존재이지만, 법적 체계에서는 모두 동등한 권리를 지닌 존재이다. 세 번째 단계는 국가이다. 개인의 개체성과 특수한 관심은 자신의 완전한 발전의 성취와 권리의 분명한 인식을 추구한다. 이와 함께 개인은 자기 이익을 넘어서서 보편의 이익과 일치하려 하며, 보편을 인식하고 의욕하려 한다. 개인이 국가 안에서 진정한 개체성을 지니고 보편을 자기 자신의 실재하는 정신으로 인식하며 보편을 자신의 목표로 간주하여 적극적으로 추구할 때, 국가란 그에게 자유의 실현이 된다.

13.

㉠~㉤에 관한 설명으로 가장 적절한 것은?

① ㉠을 제거하기 위해 도덕적 주체는 개인적 취향, 전통과 관행, 추론 능력과 무관하게 도덕 법칙을 정초한다.

② ㉡에 따른 행위란 이성의 요구에 따라 우리가 하여야 할 바를 행하는 것으로 이런 행위만 진정한 도덕적 행위가 된다.

③ ㉢은 외부의 사건이나 다른 행위자가 원인이 되어 행위를 하지 않으며 자신의 경향성을 행위의 동기로 한다.

④ ㉣은 '네가 어떤 목적을 성취하고 싶다면 그 목적에 맞는 수단으로 행위하면 된다'는 뜻이다.

⑤ ㉤을 통해 초월적 존재에 의해 선험적으로 주어진 권위로부터 행위의 도덕성이 확보된다.

문항 성격	문항유형 : 정보의 확인과 재구성
	내용영역 : 규범
평가 목표	이 문항은 칸트의 도덕철학의 핵심적 개념을 설명한 제시문으로부터 정보를 확인하여 선택지의 진위를 판단할 수 있는 능력을 평가하는 문항이다.
문제 풀이	정답 : ②

칸트의 도덕성에 관한 다섯 가지 개념을 제시문의 해당 부분 내용을 조회하여 파악하도록 한다.

정답 해설 ② 제시문 두 번째 단락 "행위를 강제하는 의무는 '법칙에 대한 존경으로부터 생겨난 행위의 필연성'에서 비롯하며, 도덕적 행위의 유일한 판단 기준이 된다."에 따르면, '법칙에 대한 존경으로부터 생겨난 행위의 필연성'은 의무이고 의무만이 행위를 도덕적 행위로 만드는 유일한 기준이다.

오답 해설 ① 제시문 두 번째 단락 "그는 인간과 도덕으로부터 경험 세계의 모든 우연적 요소들을 제거한다. 인간이 피와 살을 가진 물리적 세계의 존재이고, 감정이나 취향과 같은 경향성을 가지며, 다른 사람들과 함께 살아가는 존재라는 사실을 모두 소거한다. 이로써 인간이 이성적 존재라는 단 하나의 사실에 초점을 맞춘다."에 따르면, 이성에 속하는 추론 능력을 도덕 주체로부터 제거해서는 안 된다.

③ 제시문 두 번째 단락 "인간이 피와 살을 가진 물리적 세계의 존재이고, 감정이나 취향과 같은 경향성을 가지며, 다른 사람들과 함께 살아가는 존재라는 사실을

모두 소거한다."에 따르면, 도덕적 주체는 경향성에 따른 행위를 하지 않아야 하며, 따라서 경향성을 행위의 동기로 삼을 수도 없다.

④ 제시문 세 번째 단락 "칸트는 도덕 원리이자 의무를 '정언명법'이라 부르며 다음과 같이 정식화한다. "네 의지의 준칙이 동시에 보편적 입법의 원리로서 타당하도록 행위하라." 이에 따르면 도덕성의 핵심은 '보편화 가능성'에 있다."에 따르면, 정언명법은 아무 다른 조건 없이 다만 의지의 준칙이 보편적 입법의 원리로 타당할 것만을 요구하고 있다. 반면에 "네가 어떤 목적을 성취하고 싶다면 그렇게 행위하라."는 명령은 '네가 어떤 목적을 성취하고 싶다면'이라는 조건이 붙어 있다. 따라서 이는 '정언명법'에 대한 설명이 아니라 조건이 따라 붙는 가언적 명령에 대한 설명이다.

⑤ 제시문 두 번째 단락 "그는 신과 같은 초월적 존재의 권위에 기대지 않고, 인간 존재에게 '이성'이 그 자체로 이미 주어졌다는 사실에 의거하여 '보편도덕'을 세운다."에 따르면, 도덕 혹은 도덕성은 초월적 존재의 권위에 기대지 않고 오직 그 자체로 이미 주어진 이성에 의거하여 구성된다. 또한 제시문 세 번째 단락에 따르면, 보편화 가능성이란 준칙이 보편법칙이 되는 것으로 내 행위의 원리가 모든 이성적 존재의 행위 원리가 될 수 있는 것을 말한다. 따라서 보편화 가능성을 통해 초월적 존재에 의해 선험적으로 주어진 권위로부터 행위의 도덕성이 확보된다는 설명은 적절하지 않다.

14.

[비판]의 내용으로 적절하지 않은 것은?

① 이성의 형식에만 호소하기에 이성의 내용을 실질적으로 갖추지 못하고 있다.
② 도덕 원리를 구성할 때 의무와 권리를 함께 고려하지 않고 일방적으로 의무를 부각하고 있다.
③ 인간의 자유를 이성적 존재의 보편성으로 한정하여 윤리적 삶의 구체적인 자유를 설명하지 못하고 있다.
④ 인간에게 본성으로 주어진 이성 능력을 발휘하여 보편의지를 함양하는 과정에 논증이 편중되어 균형을 잃고 있다.
⑤ 고립적인 자기동일성의 차원에 머무름으로써 윤리적 삶의 각 단계를 거쳐 자기의식에 도달하는 자아 형성의 가능성을 도외시하고 있다.

문항 성격	문항유형 : 정보의 평가와 적용
	내용영역 : 규범
평가 목표	이 문항은 헤겔의 관점을 적용하여 칸트의 도덕 철학에 대해 적절하게 비판할 수 있는지 평가하는 문항이다.
문제 풀이	정답 : ④

헤겔의 윤리적 삶은 실재하는 내용을 지닌다. 가족이나 시민사회, 국가와 같은 윤리적 공동체에 참여한다는 것은 공동체의 구성원으로서 특정 역할을 받아들여 그에 따른 의무와 책임을 인정하는 것이다. 각자가 지닌 특수한 의지가 보편적 의지로서의 윤리적 질서와 일치함을 확인하기만 하면, 윤리적 질서 안에서 의무와 권리는 하나가 되어 의무는 더 이상 강제가 아니게 된다. 그 결과 윤리적 삶은 진정한 자유의 실현이며, 이는 끝없이 전진하는 자기의식이 도달하는 지점이다. 헤겔의 이러한 입장으로부터 그가 칸트의 도덕 철학을 추상적인 또는 형식적인 이성의 원리에 기초하여 무엇이 의무인지 결정할 수 없으며, 독립적인 자기 완결성에 한정되어 있음을 비판하고 있음을 추론할 수 있다.

정답 해설   ④ 제시문 두 번째 단락 "인간 존재에게 '이성'이 그 자체로 이미 주어졌다는 사실에 의거하여 '보편도덕'을 세운다. 그는 인간과 도덕으로부터 경험 세계의 모든 우연적 요소들을 제거한다."와 세 번째 단락 "'이성적 주체'로서 개인은 인류 전체를 대표하고 나아가서 모든 이성적 존재를 대변할 수 있는 '자기 완결적' 존재이고, 그의 주관적 행위 원리인 준칙이 도덕 세계의 필연적 보편 법칙이 됨으로써 도덕적 주체가 된다."는 칸트와 관련한 내용으로 여기에 따르면, 이성에 의거한 보편성은 함양하는 것이 아니라 그 자체로 이미 주어져 있는 것이다. 한편 제시문 네 번째 단락 "도덕적 질서와 달리 윤리적 질서는 실재하는 내용을 지닌다. 그리하여 추상적인 또는 형식적인 이성의 원리에 기초하여 무엇이 의무인지 결정할 수 없는 어려움이 윤리의 수준에서는 사라진다."는 헤겔 관련 내용으로 이에 따르면, 헤겔은 칸트의 도덕성에 대해 이성의 능력의 한계를 간과하고 있음을 비판하는 것이 아니라 이성이 형식적이고 추상적으로 한계 지워져 있음을 비판하고 있음을 알 수 있다.

오답 해설   ① 제시문 네 번째 단락 "헤겔은 칸트의 도덕성 개념을 비판하며 '윤리적 삶'의 가치를 높이 평가한다. 윤리적 삶은 진정한 자유의 실현이며, 이는 끝없이 전진하는 자기의식이 도달하는 지점이다. 도덕적 질서와 달리 윤리적 질서는 실재하는 내용을 지닌다. 그리하여 추상적인 또는 형식적인 이성의 원리에 기초하여 무엇이 의무인지 결정할 수 없는 어려움이 윤리의 수준에서는 사라진다."에 따르면, 헤겔은 칸트의 도덕적 질서가 형식적인 이성의 원리에 기초한 까닭에 이성의 내용으로 무엇이 의무인지 결정할 수 없는 어려움이 따른다고 보고 있음을 알 수 있다. 따라서 이 선택지는 비판으로 적절하다.

② 칸트에 따르면, 도덕적 행위는 의무에 따른 행위에 한정된다. 그런데 제시문 네 번째 단락 "가족이나 시민사회, 국가와 같은 윤리적 공동체에 참여한다는 것은, 인간 본성의 이성적인 본질이 외적으로 실현되는 것이며, 이 공동체의 구성원으로서 특정 역할을 받아들여 그에 따른 의무와 책임을 인정하게 됨을 의미한다. 그리고 각자가 지닌 특수한 의지가 보편적 의지로서의 윤리적 질서와 일치하게 됨을 확인하기만 하면, 윤리적 질서 안에서 의무와 권리는 하나가 되어 의무는 더 이상 강제가 아니게 된다."에 따르면, 헤겔은 의무와 권리를 함께 고려하고 있음을 알 수 있다. 따라서 이 선택지는 비판으로 적절하다.

③ 제시문 두 번째 단락에 따르면, 칸트는 이성적 존재의 이성적 의지는 자유로운 의지와 같은 것으로, 이성 곧 자유에 의거하여 도덕의 보편성이 성립한다고 파악하고 있음을 알 수 있다. 그런데 제시문 네 번째 단락 "윤리적 삶은 진정한 자유의 실현이며, 이는 끝없이 전진하는 자기의식이 도달하는 지점이다. 도덕적 질서와 달리 윤리적 질서는 실재하는 내용을 지닌다."와 "이 공동체의 구성원으로서 특정 역할을 받아들여 그에 따른 의무와 책임을 인정하게 됨을 의미한다. 그리고 각자가 지닌 특수한 의지가 보편적 의지로서의 윤리적 질서와 일치함을 확인하기만 하면, 윤리적 질서 안에서 의무와 권리는 하나가 되어 의무는 더 이상 강제가 아니게 된다.", 그리고 마지막 단락 "개인이 국가 안에서 진정한 개체성을 지니고 보편을 자기 자신의 실재하는 정신으로 인식하며 보편을 자신의 목표로 간주하여 적극적으로 추구할 때, 국가란 그에게 자유의 실현이 된다."에서, 헤겔은 윤리적 삶 속의 윤리적 질서는 실재하는 내용을 지니고 있을 뿐더러 이 내용은 구체적임을 부연설명하고 있음을 알 수 있다. 따라서 이 선택지는 비판으로 적절하다.

⑤ 제시문 두 번째와 세 번째 단락에서, 칸트는 인간은 이성이 그 자체로 이미 주어져 있고, 이성적 존재로서 '자기 완결적'이어서 다른 어떤 것을 필요로 하지 않는 주체로 보고 있음을 알 수 있다. 그런데 제시문 네 번째와 마지막 단락에서, 헤겔은 윤리적 삶은 가족에서 시작하여 시민사회와 국가로 단계가 발전함에 따라 끝없이 전진하는 자기의식이 도달하는 지점으로 파악하고 있음을 확인할 수 있다. 따라서 이 선택지는 비판으로 적절하다.

15.

@에 대한 설명으로 적절하지 <u>않은</u> 것은?

① 가족의 단계에서 자녀들은 양육될 권리를 지닌다.
② 시민사회의 단계에서 모든 구성원들의 사회적 지위는 동등하다.
③ 국가의 단계에서 개체성은 사유와 구체적 현실 모두에서 보편성으로 통일된다.
④ 시민사회보다 국가에서 개인의 자유는 고양된 형태로 구현된다.
⑤ 가족, 시민사회, 국가는 이성이 외적으로 발현되는 단계들을 나타낸다.

문항 성격	문항유형 : 정보의 확인과 재구성
	내용영역 : 규범
평가 목표	이 문항은 헤겔의 인륜성의 계기인 가족, 시민사회, 국가에 대한 설명으로부터 정보를 확인하고 재구성하는 능력을 평가하는 문항이다.
문제 풀이	정답 : ②

인륜의 계기인 가족, 시민사회, 국가는 인간 본성의 이성적인 본질이 외적으로 실현되는 것으로, 이 계기는 단계적으로 발전한다. 가족을 통해서 개인은 부부 간 그리고 부모와 자식 간에 존재하는 권리와 의무를 받아들이게 된다. 이로부터 부모가 자식을 양육해야 할 의무가 따름을 추론할 수 있다. 시민사회에서 개인은 각자의 사회적 지위에 따라 특수하게 구체화된 존재이지만 법적 체계에서는 모두 동등한 권리를 지닌 존재이다. 이로부터 개인의 사회적 지위가 동등하지 않음을 확인할 수 있다. 국가 안에서 개인은 진정한 개체성을 지니고 현실적으로 보편을 자기 자신의 실재하는 정신으로 인식하며 보편을 자신의 목표로 간주하여 추구한다.

정답 해설	② 제시문 마지막 단락 "시민사회에서 개인은 각자의 사회적 지위에 따라 특수하게 구체화된 존재이지만, 법적 체계에서는 모두 동등한 권리를 지닌 존재이다."로부터 적절하지 않음을 쉽게 확인할 수 있다.
오답 해설	① 제시문 마지막 단락으로부터 가족 안에서 부모와 자식 간에는 권리와 의무가 있으며 윤리적 공동체의 질서는 실재하는 내용을 가지므로, 부모가 자식에게 지는 의무로서 자식의 양육은 가장 기본적인 의무임을 추론할 수 있다.
	③ 제시문 마지막 단락으로부터 국가에서 개인은 진정성을 지니고 보편을 자기 자신의 실재하는 정신으로 인식한다고 함으로써, 개체성이 '실재하는 구체적 현실'에서 그리고 정신으로서 '사유'의 측면에서 모두 보편성이 됨을 알 수 있다.

④ 제시문 마지막 단락 "인류가 발전하는 계기는 세 단계로 이루어진다. 첫 번째 단계는 가족이다. …… 두 번째 단계는 시민사회이다. …… 개인은 자기 자신의 실재하는 정신이 시민사회 안에 구체화되어 있음을 발견할 때, 일정 수준의 자유에 도달한다. …… 세 번째 단계는 국가이다. …… 개인이 국가 안에서 진정한 개체성을 지니고 보편을 자기 자신의 실재하는 정신으로 인식하며 보편을 자신의 목표로 간주하여 적극적으로 추구할 때, 국가란 그에게 자유의 실현이 된다."로부터 시민사회는 일정 수준의 자유를 그리고 국가는 시민사회와 같은 제한이 따르지 않는 자유를 실현할 수 있게끔 발전한다는 것을 알 수 있다.

⑤ 제시문 네 번째 단락 "가족이나 시민사회, 국가와 같은 윤리적 공동체에 참여한다는 것은, 인간 본성의 이성적인 본질이 외적으로 실현되는 것이며, 이 공동체의 구성원으로서 특정 역할을 받아들여 그에 따른 의무와 책임을 인정하게 됨을 의미한다."와 마지막 단락 "인류가 발전하는 계기는 세 단계로 이루어진다."로부터 윤리적 공동체이자 인류의 계기인 가족, 시민사회, 국가는 인간 본성의 이성적인 본질이 외적으로 실현되는 것임을 알 수 있다.

[16~18] 다음 글을 읽고 물음에 답하시오.

일반적이고 추상적인 형태의 법을 개별 사례에 적용하려 한다면 이른바 해석을 통해 법의 의미 내용을 구체화하는 작업이 필요하다. 어떤 새로운 사례가 특정한 법의 규율을 받는지 판단하기 위해서는 선례들, 즉 이미 의심의 여지없이 그 법의 규율을 받는 것으로 인정된 사례들과 비교해 볼 필요가 있는데, 그러한 비교 사례들을 제공할 뿐 아니라 구체적으로 어떤 비교 관점이 중요한지를 결정하는 것도 바로 해석의 몫이다.

넓은 의미에서는 법이 명료한 개념들로 쓰인 경우에 벌어지는 가장 단순한 법의 적용조차도 해석의 결과라 할 수 있지만, 일반적으로 문제 되는 것은 법이 불확정적인 개념이나 근본적으로 규범적인 개념, 혹은 재량적 판단을 허용하는 개념 등을 포함하고 있어 그것의 적용이 법문의 가능한 의미 범위 내에서 이루어지고 있는지 여부가 다투어질 경우이다. 그러한 범위 내에서 이루어지는 해석적 시도는 당연히 허용되지만, 그것을 넘어선 시도에 대해서는 과연 그 같은 시도가 정당화될 수 있는지를 따로 살펴봐야 한다.

하지만 언어가 가지는 의미는 고정되어 있는 것이 아니기 때문에, 애초에 법문의 가능한 의미 범위라는 것은 존재하지 않는다고 볼 수도 있다. 따라서 그것을 기준선으로 삼아, 당연히 허용되는 '법의 발견'과 별도의 정당화를 요하는 이른바 '법의 형성'을 구분 짓는 태도 또한 논란으로부터 자유롭다고 말할 수는 없다. 더욱이 가장 단순한 것에서 매우 논쟁적인 것까지 모든 법의 적용이 해석적 시도의 결과라는 공통점을 지니고 있는 한, 기준선의 어느 쪽에서 이루어지는 것이든 법의 의미 내용을 구체화하려는 활동의 본질에는 차이가 없을 것이다.

예컨대 법의 발견과 형성 과정에서 동일하게 법의 축소와 확장을 두고 고민하게 된다. 이를 통해서 특정 사례에 그 법의 손길이 미치는지 여부가 결정될 것이기 때문이다. 다만 그것이 법문의 가능한 의미 범위 내에서 이루어지는 경우와, 법의 흠결을 보충하기 위해 불가피하게 그 범위를 넘어서는 경우의 구분에 좀 더 주목하는 견해가 있을 뿐이다. 이렇게 보면 결국 법의 적용을 위한 해석적 시도란 법문의 가능한 의미 범위 안팎에서 법을 줄이거나 늘림으로써 그것이 특정 사례를 규율하는지 여부를 정하려는 것이라 할 수 있다.

흥미로운 점은 ⊙법의 축소와 확장이라는 개념마저 그다지 분명한 것이 아니라는 데 있다. 특히 형벌 법규와 관련해서는 가벌성의 범위가 줄어들거나 늘어나는 것을 가리킬 경우가 있는가 하면, 법규의 적용 범위가 좁아지거나 넓어지는 것을 지칭할 경우도 있다. 혹은 법문의 의미와 관련하여 언어적으로 매우 엄격하게 새기는 것을 축소로 보는가 하면, 명시되지 않은 요건을 덧붙이게 되는 탓에 확장이라 일컫기도 한다. 한편 이른바 법의 실질적 의미에 비추어 시민적 자유와 권리에 제약을 가하거나 법적인 원칙에 예외를 두는 것을 축소로 표현하기도 하며, 학설에 따라서는 입법자의 의사나 법 그 자체의 목적과 비교함으로써 축소와 확장을 판정하기도 한다.

가령 법은 단순히 '자수를 하면 형을 면제한다'라고만 정하고 있는데, 이를 '범행이 발각된 후에 수사기관에 자진 출두하는 것은 자수에 해당하지 않는다'라고 새기는 경우를 생각해 보자. 그러한 해석적 시도는 가벌성을 넓힌다는 점에서는 확장이지만, 법규의 적용 범위를 좁힌다는 점에서는 축소에 해당한다. 한편 자수의 일차적이고도 엄격한 의미는 '범행 발각 전'의 그것만을 뜻한다고 할 수 있다면, 그와 같은 측면에서는 법문의 의미를 축소하는 것이지만, 형의 면제 요건으로 단순히 자수 이외에 '범행 발각 전'이라고 하는 명시되지 않은 요소를 추가하여 법문의 의미를 파악하고 있는 점에서는 확장이다. 나아가 형의 면제 기회가 줄어드는 만큼 시민적 자유의 제약을 초래한다는 점에서는 축소이지만, 자수를 통한 형의 면제가 어디까지나 자신의 행위 결과에 대하여 책임을 져야 한다는 대원칙의 예외에 불과하다면, 그와 같은 예외의 폭을 줄이고 원칙으로 수렴한다는 점에서는 확장이라 말할 수 있다.

이렇듯 법의 해석과 적용을 인도하는 주요 개념들, 즉 법문의 가능한 의미 범위 및 그 안팎에서 시도되는 법의 축소와 확장은 대체로 정체가 불분명할 뿐 아니라 ㄴ 존재론적 기초를 의심받기도 하지만, 여전히 많은 학설과 판례가 이들의 도구적 가치를 긍정하고 있다. 그것은 규범적 정당성과 실천적 유용성을 함께 추구하는 법의 논리가 법적 사고의 과정 자체에 남긴 유산인 것이다.

16.

해석 에 관한 윗글의 입장과 일치하는 것은?

① 법의 발견과 법의 형성 사이에 본질적인 차이는 없다.
② 법의 해석은 법의 흠결을 보충하는 활동에서 비롯한다.
③ 법문의 가능한 의미 범위를 넘어선 해석적 시도는 정당화될 수 없다.
④ 법문이 명료한 개념들로만 쓰인 경우라면 해석이 개입할 여지가 없다.
⑤ 법이 재량적 판단을 허용하는 개념을 도입함으로써 해석적 논란을 차단할 수 있다.

문항 성격	문항유형 : 의도, 관점, 입장 파악
	내용영역 : 규범
평가 목표	이 문항은 법학방법론의 기본이라 할 수 있는 법의 해석과 적용 문제에 관한 학설 내용을 제시문의 입장에서 정확히 파악하고 있는지 평가하는 문항이다.
문제 풀이	정답 : ①

기본적으로 넓은 의미의 해석 개념에 의존하면서, 법의 적용을 위해서는 언제나 해석이 필요하다는 입장을 취하고 있는 제시문의 입장은 법의 발견과 법의 형성 사이에 본질적인 차이는 없다고 본다. 하지만 법의 형성의 경우는 법의 흠결을 보충하는 작업을 수반하고, 그러한 작업이 적절한 것이었음을 보여주기 위한 정당화의 요구가 뒤따른다는 점에서 일부 구별되는 점도 있다.

정답 해설 ① "법문의 가능한 의미 범위"라는 기준선을 경계로 하여 일견 법의 발견과 법의 형성을 구별하기는 하지만 그것은 모두 해석적 시도의 결과라는 공통점을 지니며, 법의 의미 내용을 구체화하려는 활동의 본질에는 차이가 없다는 것이 제시문의 입장이다. 기준선의 어느 쪽에서 이루어지는 것이든 법의 의미 내용을 구체화하려는 활동의 본질에는 차이가 없을 것이다.

오답 해설 ② 법의 해석은 일반·추상적인 법 규범을 구체적인 사례에 적용하는 과정에서 반드시 거쳐야 하는 것이다. 특히 제시문의 입장에서는 가장 단순한 법의 적용도 해석의 과정을 거친 결과로 보고 있다. 따라서 법문의 가능한 의미 범위를 넘어서 법의 흠결을 보충하기 위한 법의 형성 과정에 이르지 않고서도 해석은 이루어진다.

③ 법문의 가능한 의미 범위를 넘어서 해석적 시도가 이루어지는 경우는 불가피하게 그래야 한다는 점에 대한 정당화가 수반되어야 한다. 이는 그러한 시도가 원천적으로 정당화될 수 없다는 단정과는 구별해야 하며, 필요·적절한 상황에서

불가피하게 이루어진 그러한 시도는 충분히 정당화될 수 있다는 것이 제시문의 입장이다.

④ 법문이 명료한 개념들로 쓰여 가장 단순하게 법의 적용만이 문제되는 경우조차도 제시문은 넓은 의미의 해석 개념에 포함되는 것으로 파악하고 있다. 이는 여전히 일반·추상적인 법 규범을 구체적인 사례에 적용하는 과정에서 반드시 거쳐야 하는 것이기 때문이다.

⑤ 제시문에 의하면 법이 불확정적인 개념, 근본적으로 규범적인 개념, 재량적 판단을 허용하는 개념 등을 포함하고 있을 경우에는 그것의 적용 과정에서 다툼이 생기게 된다. 즉 당연히 허용되는 법의 발견과 별도의 정당화를 요하는 법의 형성의 한계선에 대해서도 해석 주체들 사이에서 견해가 일치하지 않을 것이기 때문이다.

17.

윗글을 바탕으로 〈보기〉의 견해를 평가한 것으로 적절하지 <u>않은</u> 것은?

보기

엄밀히 말해서 모든 면에서 동일한 두 사례란 있을 수 없다. 다양한 사례들은 서로 어떤 면에서는 유사하지만, 다른 면에서는 그렇지 않다. 따라서 법관이 참조하는 과거의 유사 사례들 중 해결해야 할 새로운 사례와 동일한 사례는 어떤 것도 없으며, 심지어 제한적인 유사성 탓에 서로 상반된 해결 지침을 제시하기 일쑤다. 법관의 역할이란 결국 어느 유사 사례가 관련성이 더 높은지를 정하는 데 있으며, 사례 비교를 통한 법의 구체화란 과거의 유사 사례들로부터 새로운 사례에 적용할 지혜를 빌리는 일일 뿐이다. 진정한 의미에서 법관을 구속하는 선례는 없으며, 법의 해석이라는 것은 실상 유추에 불과한 것이다.

① 법의 발견에 대해 추가적 정당화를 요구하고 있다.
② 법관의 임의적인 법 적용을 사실상 허용하고 있다.
③ 규범 대 사례의 관계를 사례 대 사례의 관계로 대체하고 있다.
④ 선례로 확립된 사례들과 단순한 참조 사례들을 구별하지 않고 있다.
⑤ 참조 사례들 간의 차이가 법적으로 의미가 있을지 판단하는 것은 해석의 몫임을 간과하고 있다.

〈보기〉의 주장은 사실 모든 해석 활동이 단지 유사 사례들 사이의 유추에 불과하다는 것이다. 〈보기〉는 전적으로 동일한 두 사례는 존재할 수 없다는 일반적인 관점에서 출발하여, 엄밀한 의미에서 구속적인 선례란 존재할 수 없다고 결론짓는다. 어차피 동일하지 않은 사례들 사이에서 해당 법의 적용 과정에서 법관이 반드시 따라야 하는 것으로서 일반적으로 확립된 선례라는 것은 의미가 없다는 것이다. 이렇게 〈보기〉의 입장은 법관의 창조적인 사례 동원에 주목할 뿐이다. 이러한 〈보기〉의 입장에 대하여 선례의 구속성과 법의 실천적 유용성 및 규범적 정당성에 무게를 두는 제시문의 입장에서 평가한 것의 적절성 여부를 파악해야 한다.

정답 해설 ① 〈보기〉의 관점은 제시문에서 법의 발견이라고 부른 활동, 즉 추가적인 정당화 없이 당연히 수행할 수 있는 해석적 활동의 기본적 중요성을 따로 인정하지 않고 있다. 하지만 이것은 모든 해석적 시도에 대하여 별도의 추가적 정당화를 인정한다는 의미에서 그러한 것이 아니라, 반대로 해석이라고 불리는 활동의 가능성을 본질적으로 부정한다는 의미에서 그러한 것이다. 〈보기〉에 의하면 법관의 역할은 단지 유사 사례들 중 관련성이 높은 것을 취사선택하는 데 한정될 뿐이다.

오답 해설 ② 〈보기〉의 입장은 결국 구속적 선례를 인정하지 않고, 어차피 모두 다를 수밖에 없는 유사 사례들 사이에서 법관이 취사선택하는 것을 종래 해석이라 불렀던 활동의 본질이라고 보고 있다. 이는 곧 법관의 임의적인 법 적용을 사실상 허용하는 견해라 할 수 있다.

③ 통상 해석을 말할 때 일반·추상적인 법 규범을 구체적·개별적 사례에 적용하는 과정에서 일어나는 활동으로 이해하는데, 〈보기〉의 견해는 단지 법관이 유사 사례들 사이의 관련성을 정하는 과정, 즉 과거의 사례에 비추어 새로운 사례에 대처하는 것만이 가능하다고 본다. 여기에는 사례들 사이의 유사성에 대한 판단만을 인정하는 태도가 전제되어 있다.

④ 〈보기〉는 법관을 구속하는 선례의 존재를 인정하지 않고 있다. 이는 일반적으로 확립된 사례를 구속성 있는 선례로 받아들이는 제시문의 입장과 다르다.

⑤ 〈보기〉는 어떠한 사례도 동일하지 않다는 전제에서 출발하여 구속적인 선례란 있을 수 없다는 결론에 이르고 있다. 그러나 비록 사례들의 사실 관계가 부분적

으로 다를 수밖에 없는 것은 필연적이라 하더라도, 많은 경우의 사실적 차이는 법적인 의미에서 볼 때 그저 무시할 수 있는 것에 불과할 수 있다. 그렇기 때문에 사건의 당사자라는 사실적 요소의 차이에도 불구하고 선례의 구속성이 여전히 인정되는 것이다. 따라서 사례들의 필연적인 불일치성으로부터 곧바로 선례의 존재 불가능성, 고유한 의미의 해석의 불가능성 등의 결론에 도달하는 것은 잘못이며, 오히려 해석을 통해 무의미한 사실적 차이와 의미 있는 차이를 선별해 내는 것이 필요하다고 볼 수 있다. 요컨대 제시문의 입장에서는, 다양한 사례들 사이의 비교 과정이 법의 해석 과정에서 필요하기는 하지만, 법의 해석이 오로지 사례 비교에 불과한 것은 아니며, 그와 같은 개념으로 포착되지 않는 고유한 해석의 몫이 있다는 것을 〈보기〉가 제대로 반영하지 못하고 있다고 평가할 수 있는 것이다.

18.

〈보기〉의 ⓐ에서 ⓑ로의 변화에 대하여 ㉠을 판단할 때, 적절하지 않은 것은?

> **보기**
>
> "공공연히 사실을 적시하여 사람의 명예를 훼손한 자도, 오로지 공익을 위해 진실한 내용만을 적시했다면 처벌하지 않는다."라는 법은 ⓐ언론의 공익적인 활동을 보호하려는 취지로 제정·적용되었으나, ⓑ이후 점차 일반 시민들에게도 적용되는 것으로 해석되어 왔다.

① 가벌성의 범위를 기준으로 삼으면, 처벌의 대상이 줄어든다는 점에서 법의 축소라고 할 수 있다.
② 시민적 자유의 제약 가능성을 기준으로 삼으면, 시민이 누리는 표현의 자유를 제한한다는 점에서 법의 축소라고 할 수 있다.
③ 법규의 적용 범위를 기준으로 삼으면, 언론에서 일반 시민으로 적용 범위가 넓어진다는 점에서 법의 확장이라고 할 수 있다.
④ 입법자가 의도했던 법의 외연을 기준으로 삼으면, 법의 보호를 받는 대상이 늘어난다는 점에서 법의 확장이라고 할 수 있다.
⑤ 법문에 명시된 요건을 기준으로 삼으면, 명시되지 않은 부가 조건이 더 이상 적용되지 않는다는 점에서 법의 축소라고 할 수 있다.

문항 성격	문항유형 : 정보의 추론과 해석
	내용영역 : 규범
평가 목표	이 문항은 법의 축소와 확장 개념의 불명확성 또는 다양성을 이해하고, 그러한 이해를 바탕으로 〈보기〉의 사례에 대한 함의를 도출할 수 있는지 평가하는 문항이다.
문제 풀이	정답 : ②

법의 축소와 확장을 이해하는 기준은 매우 다양할 수 있다. 제시문에서 '자수'의 의미에 관한 예를 통해 설명하고 있는 기준들이 〈보기〉의 사례에 적용될 때의 상황을 추론하여 각각의 기준에 따른 적용이 제대로 이루어진 것인지 여부를 가려내도록 한다.

정답 해설	② 본래 언론의 공익적 활동에 대해서만 명예훼손을 이유로 한 처벌의 위험을 감수하지 않고 활발하게 활동할 수 있도록 하던 법이 모든 시민들에게도 그러한 면제 혜택을 부여하는 것으로 달리 해석되고 있는 것은, 시민들의 공익적 사실 제보·폭로 활동을 위축시키는 것이 아니라 장려하는 효과가 있다는 점에서 시민적 자유의 제약 가능성을 줄여 주는 것이라 할 수 있다. 따라서 이는 법의 확장이라고 볼 수 있다.
오답 해설	① 명예훼손 행위를 실제로 할 경우에도 일정한 공익적 판단의 견지에서 처벌받지 않도록 하는 법을 몇몇 언론에 대해서만 적용하다가 모든 시민들에게 확대 적용했다면 이는 가벌성의 관점에서는 범위가 전반적으로 축소될 수 있도록 한 것이므로 법의 축소로 볼 수 있다.
	③ 법의 적용 대상이 몇몇 언론에 한정되어 있던 것에서 널리 모든 시민들을 대상으로 넓어지므로 법의 확장이라 할 수 있다.
	④ 입법자의 의도는 공익적 언론에 한해서만 면제 사유를 적용하는 것이었는데, 그렇게 되면 이러한 면제 조항의 적용을 받는 대상의 외연은 몇몇 언론에 한정된다. 그런데 이를 모든 일반 시민들에 대해서 확대 적용한다면, 면제 조항의 적용을 받는 대상의 외연은 확장될 것이다.
	⑤ 법문에 명시되지 않았던 "공익적 언론"이라는 요소를 초기에는 법문에 추가하여 해석함으로써, 이른바 명시되지 않은 부가 조건의 추가라는 점에서 법의 확장이 이루어지고 있었다고 할 수 있는데, 나중에 더 이상 이러한 부가 조건을 추가하지 않는 것으로 바뀌었기 때문에 명시되지 않은 부가 조건의 제거를 통해 법의 축소가 이루어진 것으로 이해할 수 있다.

사람의 성염색체에는 X와 Y 염색체가 있다. 여성의 난자는 X 염색체만을 갖지만, 남성의 정자는 X나 Y 염색체 중 하나를 갖는다. 인간의 성은 여성의 난자에 X 염색체의 정자가 수정되는지, 아니면 Y 염색체의 정자가 수정되는지에 따라 결정된다. 전자의 경우는 XX 염색체의 여성으로, 후자의 경우는 XY 염색체의 남성으로 발달할 수 있게 된다.

인간과 같이 두 개의 성을 갖는 동물의 경우, 하나의 성이 성 결정의 기본 모델이 된다. 동물은 종류에 따라 기본 모델이 되는 성이 다르다. 조류의 경우 대개 수컷이 기본 모델이지만, 인간을 포함한 포유류의 경우 암컷이 기본 모델이다. ㉠기본 모델이 아닌 성은 성염색체 유전자의 지령에 의해 조절되는 일련의 단계를 거쳐, 개체 발생 과정 중에 기본 모델로부터 파생된다. 따라서 남성의 형성에는 여성 형성을 위한 기본 프로그램 외에도 Y 염색체에 의해 조절되는 추가적인 과정이 필요하다. Y 염색체의 지령에 의해 생성된 남성 호르몬의 작용이 없다면 태아는 여성이 된다.

정자가 난자와 수정된 초기에는 성 결정 과정이 억제되어 일어나지 않는다. 약 6주가 지나면, 고환 또는 난소가 될 단일성선(單一性腺) 한 쌍, 남성 생식 기관인 부고환·정관·정낭으로 발달할 볼프관, 여성 생식 기관인 난관과 자궁으로 발달할 뮐러관이 모두 생겨난다. 볼프관과 뮐러관은 각기 남성과 여성 생식 기관 일부의 발생에만 관련이 있으며, 두 성을 구분하는 외형적인 기관들은 남성과 여성 태아의 특정 공통 조직으로부터 발달한다. 이러한 공통 조직이 남성의 음경과 음낭이 될지, 아니면 여성의 음핵과 음순이 될지는 태아의 발생 과정에서 추가적인 남성 호르몬 신호를 받느냐 받지 못하느냐에 달려 있다.

임신 7주쯤에 Y 염색체에 있는 성 결정 유전자가 단일성선에 남성의 고환 생성을 명령하는 신호를 보내면서 남성 발달 과정의 첫 단계가 시작된다. 단일성선이 고환으로 발달하고 나면, 이후의 남성 발달 과정은 새로 형성된 고환에서 생산되는 호르몬에 의해 조절된다. 적절한 시기에 맞춰 고환에서 분비되는 호르몬 신호가 없다면 태아는 남성의 몸을 발달시키지 못하며, 심지어 정자를 여성에게 전달하는 데 필요한 음경조차 만들어내지 못한다.

고환이 형성되고 나면 고환은 먼저 항뮐러관형성인자를 분비하여 뮐러관을 없애라는 신호를 보낸다. 이 신호에 반응하여 뮐러관이 제거될 수 있는 때는 발생 중 매우 짧은 시기에 국한되기 때문에 이 신호의 전달 시점은 매우 정교하게 조절된다. 그 다음에 고환은 남성 생식기의 발달을 촉진하기 위해 볼프관에 또 다른 신호를 보낸다. 주로 대표적인 남성 호르몬인 테스토스테론이 이 역할을 담당하는데 이 호르몬이 수용체에 결합하면 볼프관은 부고환·정관·정낭으로 발달한다. 이들은 모두 고환에서 음경으로 정자를 내보내는 데 관여하는 기관이다. 만약 적절한 시기에 고환으로부터 이와 같은 호르몬 신호가 볼프관에 전달되지 않으면 볼프관은 임신 후 14주 이내에 저절로 사라진다. 이외에도 테스토스테론이 효소의 작용에 의하여 변화되어 생긴 호르몬인 디하이드로테스토스테론은 전립선, 요도, 음경, 음낭 등과 같은 남성의 생식 기관을 형성하도록 지시한다. 형성된 음낭은 임신 후기에 고환이 복강에서 아래로 내려오면 이를 감싼다. 여성 태아에서 단일성선을 난소로 만드는 변화는 남성 태아보다 늦은 임신 3~4개월쯤에 시작한다. 이 시기에 남성의 생식 기관을 만드는 데 필요한 볼프관은 호르몬 신호 없이도 퇴화되어 사라진다. 여성 신체의 발달은 남성에서처럼 호르몬 신호에 전적으로 의존하지는 않지만, 여성 호르몬인 에스트로젠이 난소의 적절한 발달과 정상적인 기능 수행에 필수적인 요소로 작용한다고 알려져 있다.

19.
윗글의 내용과 일치하는 것은?

① 포유류는 X 염색체가 없으면 수컷이 된다.
② 사람의 고환과 난소는 각기 다른 기관으로부터 발달한다.
③ 항뮐러관형성인자의 분비는 테스토스테론에 의해 촉진된다.
④ Y 염색체에 있는 성 결정 유전자가 없으면 볼프관은 퇴화된다.
⑤ 뮐러관이 먼저 퇴화되고 난 후 Y 염색체의 성 결정 유전자에 의해 고환이 생성된다.

문항 성격	문항유형 : 정보의 확인과 재구성
	내용영역 : 과학기술
평가 목표	이 문항은 동물의 성 분화 과정에 관여하는 성염색체와 호르몬의 역할에 대한 제시문 정보를 확인하여 선택지의 진위를 파악하는 능력을 평가하는 문항이다.
문제 풀이	정답 : ④

인간의 경우 성 발달의 기본 모델은 여성이고, Y 염색체의 성 결정 유전자의 발현으로 단일성선이 고환으로 발달하면서 남성으로의 발달이 시작된다. 고환에서 분비된 항뮐러관형성인자의 작용으로 인해 여성 생식 기관을 만들게 될 뮐러관이 퇴화하고, 역시 고환에서 분비된 테스토스테론에 의해 볼프관이 남성 생식 기관으로 발달하게 된다. 이 점을 유념하여 선택지의 진위를 판단하도록 한다.

④ 제시문 네 번째 단락 "Y 염색체에 있는 성 결정 유전자가 단일성선에 남성의 고환 생성을 명령하는 신호를 보내면서 남성 발달 과정의 첫 단계가 시작된다."와 다섯 번째 단락 "만약 적절한 시기에 고환으로부터 이와 같은 호르몬 신호가 볼프관에 전달되지 않으면 볼프관은 임신 후 14주 이내에 저절로 사라진다."로부터 Y 염색체의 성 결정 유전자에 의해 고환이 생성되는데, 만약 고환으로부터의 호르몬 신호가 없으면 남성 생식 기관을 만들게 될 볼프관이 퇴화한다는 것을 확인할 수 있다. 따라서 Y 염색체에 있는 성 결정 유전자가 없으면, 고환이 생성되지 않아 고환으로부터의 호르몬 신호도 있을 수 없으므로 볼프관은 퇴화된다.

① 제시문 첫 번째 단락에서 X 염색체는 포유류 암컷, 수컷이 모두 갖고 있음을 알 수 있다. 두 번째 단락에서 포유류는 암컷이 기본 모델인데, Y 염색체의 지령에 의해 수컷으로의 발달이 개시됨을 알 수 있다.

② 제시문 세 번째 단락에 따르면, 고환과 난소는 모두 단일성선으로부터 발달한다.

③ 제시문 다섯 번째 단락 "고환이 형성되고 나면 고환은 먼저 항뮐러관형성인자를 분비하여 뮐러관을 없애라는 신호를 보낸다. …… 그 다음에 고환은 남성 생식기의 발달을 촉진하기 위해 볼프관에 또 다른 신호를 보낸다. 주로 대표적인 남성 호르몬인 테스토스테론이 이 역할을 담당하는데 이 호르몬이 수용체에 결합하면 볼프관은 부고환·정관·정낭으로 발달한다."로부터 항뮐러관형성인자의 분비가 테스토스테론의 분비보다 선행한다는 것을 알 수 있다.

⑤ 제시문 다섯 번째 단락 "고환이 형성되고 나면 고환은 먼저 항뮐러관형성인자를 분비하여 뮐러관을 없애라는 신호를 보낸다."로부터 고환 생성은 뮐러관 퇴화보다 선행한다는 것을 알 수 있다.

20.

윗글을 바탕으로 〈보기〉의 '사람'에 대해 추론한 것으로 가장 적절한 것은?

보 기

'남성 호르몬 불감성 증후군'을 가진 <u>사람</u>은 XY 염색체를 가지고 있어 항뮐러관형성인자와 테스토스테론을 만들 수 있다. 하지만 이 사람은 남성 호르몬인 테스토스테론과 디하이드로테스토스테론이 결합하는 수용체에 돌연변이가 일어나 남성 호르몬에 반응하지 못하여 음경과 음낭을 만들지 못한다. 그리고 부신에서 생성되는 에스트로젠의 영향을 받아 음핵과 음순이 만들어져 외부 성징은 여성으로 나타난다.

① 몸의 내부에 고환을 가지고 있다.

② 부고환과 정관, 정낭을 가지고 있다.

③ 난소가 생성되어 발달한 후에 배란이 진행된다.

④ Y 염색체의 성 결정 유전자가 발현하지 않는다.

⑤ 뮐러관에서 발달한 여성 내부 생식기관을 가지고 있다.

문항 성격	문항유형 : 정보의 추론과 해석
	내용영역 : 과학기술

평가 목표 이 문항은 테스토스테론을 분비하는 고환을 가지고 있음에도 불구하고 여성의 외부 생식기를 가진 까닭에 외관상 여자로 보이는 사람에 대해 적절히 추론하는 능력을 평가하는 문항이다.

문제 풀이 정답 : ①

제시문과 〈보기〉에 제공된 정보를 조합하면, '남성 호르몬 불감성 증후군'을 가진 사람에 대해 추론한 내용인 선택지들이 적절한지를 어렵지 않게 판단할 수 있다.

정답 해설 ① 이 사람은 Y 염색체를 갖고 있으므로 몸의 내부에 고환을 가지고 있다는 것을 추론할 수 있다. 만약 그렇지 않다면, 항뮐러관형성인자와 테스토스테론도 만들 수 없을 것이다.

오답 해설 ② 제시문 다섯 번째 단락 "주로 대표적인 남성 호르몬인 테스토스테론이 이 역할을 담당하는데 이 호르몬이 수용체에 결합하면 볼프관은 부고환·정관·정낭으로 발달한다."로부터 이 사람은 부고환, 정관, 정낭을 갖고 있지 않다는 사실을 추론할 수 있다. 왜냐하면 돌연변이로 인해 수용체가 남성 호르몬과 결합하지 못하기 때문이다.

③ Y 염색체의 지령으로 인해 이 사람의 단일성선은 고환이 되므로, 난소는 생성되지 않는다는 것을 알 수 있다.

④ 이 사람은 테스토스테론을 만들 수 있으므로 고환을 가지고 있다는 것을 알 수 있다. 그런데 고환을 가지고 있기 위해서는 Y 염색체의 성 결정 유전자가 발현해야 한다. 따라서 이 사람의 경우, Y 염색체의 성 결정 유전자가 발현한다는 것을 알 수 있다.

⑤ 제시문 다섯 번째 단락 "고환이 형성되고 나면 고환은 먼저 항뮐러관형성인자를 분비하여 뮐러관을 없애라는 신호를 보낸다."로부터 이 사람은 뮐러관이 퇴화한 까닭에 뮐러관에서 유래하는 여성 내부 생식기관을 가지고 있지 않다는 것을 추론할 수 있다.

21.

㉠의 이론을 강화하는 내용으로 볼 수 있는 것은?

① 한 마리의 수컷과 여러 마리의 암컷으로 이루어진 물고기 집단에서 수컷을 제거하면 암컷 중 하나가 테스토스테론을 에스트로젠으로 전환하는 효소인 아로마테이즈 유전 자의 발현을 줄여 수컷으로 성을 전환한다.

② 붉은귀거북의 경우 28℃ 이하의 온도에서는 수컷만, 31℃ 이상의 온도에서는 암컷만 태어나고 그 중간 온도에서는 암컷과 수컷이 50 : 50의 비율로 태어난다.

③ 제초제 아트라진에 노출된 수컷 개구리는 테스토스테론이 에스트로젠으로 전환되어 암컷 개구리로 성을 전환한다.

④ 생쥐의 수컷 성 결정 유전자를 암컷 수정란에 인위적으로 삽입하면 고환과 음경을 가 진 수컷 생쥐로 발달한다.

⑤ 피리새 암컷에 테스토스테론을 인위적으로 투여하면 수컷처럼 노래한다.

문항 성격	문항유형 : 정보의 평가와 적용
	내용영역 : 과학기술
평가 목표	이 문항은 사례로 주어진 경험적 증거가 제시문에 소개된 이론을 강화하는지 판단하 는 능력을 평가하는 문항이다.
문제 풀이	정답 : ④

선택지에 제시된 각 동물들의 성 결정 과정이 "㉠ 기본 모델이 아닌 성은 성염색체 유전자의 지 령에 의해 조절되는 일련의 단계를 거쳐, 개체 발생 과정 중에 기본 모델로부터 파생된다."는 이 론에 부합하는지 판단해야 한다. 부합하지 않거나 무관한 선택지는 이 이론을 강화하지 않는다.

정답 해설	④ 포유류인 생쥐의 기본 모델은 암컷이다. 인위적으로 삽입된 수컷 성 결정 유전 자에 의해 수정란이 고환과 음경을 가진 수컷 생쥐로 발달한다는 내용은 ㉠을 잘 뒷받침하므로 ㉠을 강화한다.
오답 해설	① 이 선택지는 환경의 영향으로 발현 양상이 변하는 유전자에 의하여 물고기의 성 이 전환되는 과정을 설명하는 내용으로 성체에서 일어나는 현상에 대한 것이다. 따라서 발생 과정 중의 성 결정을 설명하는 ㉠과는 무관하다.
	② 이 선택지는 파충류인 붉은귀거북의 성이 온도라는 환경 요인에 의해 주로 결정 된다는 것을 보여주는 내용이다. 실제로 대부분의 거북이는 발생 과정 중 특정 시기의 온도에 따라 성이 결정된다. 암컷과 수컷을 모두 발생 가능하게 하는 중

간 온도에서는 성염색체에 따라 성이 정해지나, 낮은 '수컷' 온도와 높은 '암컷' 온도에서는 온도의 영향력이 염색체의 영향력을 뛰어 넘는다. 따라서 이 선택지는 ㉠을 오히려 약화하는 사례로 볼 수 있다.

③ 이 선택지 또한 환경 요인에 의한 동물 성체의 성 전환을 설명하고 있으므로 발생 과정 중 유전자 발현에 의한 성 결정 이론인 ㉠과는 무관하다.

⑤ 이 선택지는 남성 호르몬 투여에 의해 수컷 행동을 모방하는 현상에 대한 것으로 발생 과정에서의 성 결정과는 무관한 내용이다. 따라서 ㉠과도 아무 관련이 없다.

[22~25] 다음 글을 읽고 물음에 답하시오.

　결혼을 하면 자연스럽게 아이를 낳지만, 아이들은 이 세상에 태어남으로써 해를 입을 수도 있다. 원하지 않는 병에 걸릴 수도 있고 험한 세상에서 살아가는 고통을 겪을 수도 있다. 이렇게 출산은 한 인간 존재에게 본인의 동의를 얻지 않은 부담을 지운다. 다른 인간을 존재하게 하여 위험에 처하게 만들 때는 충분한 이유를 가져야 할 도덕적 책임이 있다. 출산이 윤리적인가 하는 문제에 대해, 아이를 낳으면 아이를 기르는 즐거움과 아이가 행복하게 살 것이라는 기대가 있어 아이를 낳아야 한다고 주장하는 사람도 있고, 반면에 아이를 기르는 것은 괴로운 일이며 아이가 이 세상을 행복하게 살 것 같지 않다는 생각으로 아이를 낳지 말아야 한다고 주장하는 사람도 있다. 그러나 이것은 개인의 주관적인 판단에 따른 것이니 이런 근거를 가지고 아이를 낳는 것과 낳지 않는 것 중 어느 한쪽이 더 낫다고 주장할 수는 없다. 철학자 베나타는 이렇게 경험에 의거하는 방법 대신에 쾌락과 고통이 대칭적이지 않다는 논리적 분석을 이용하여, 태어나지 않는 것이 더 낫다고 주장하는 논증을 제시한다.

　베나타의 주장은 다음과 같은 생각에 근거한다. 어떤 사람의 인생에 좋은 일이 있을 경우는 그렇지 않은 인생보다 풍요로워지긴 하겠지만, 만일 존재하지 않는 경우라도 존재하지 않는다고 해서 잃을 것은 하나도 없을 것이다. 무엇인가를 잃을 누군가가 애초에 없기 때문이다. 그러나 그 사람은 존재하게 됨으로써 존재하지 않았더라면 일어나지 않았을 심각한 피해로 고통을 받는다. 이 주장에 반대하고 싶은 사람이라면, 부유하고 특권을 누리는 사람들의 혜택은 그들이 겪게 될 해악을 능가할 것이라는 점을 들 것이다. 그러나 베나타의 반론은 선의 부재와 악의 부재 사이에 비대칭이 있다는 주장에 의존하고 있다. 고통 같은 나쁜 것의 부재는 곧 선이다. 그런 선을 실제로 즐길 수 있는 사람이 있을 수 없더라도 어쨌든 그렇다. 반면에 쾌락 같은 좋은 것의 부재는 그 좋은 것을 잃을 누군가가 있을 때에만 나쁘다. 이것은 존재하지 않음으로써 나쁜 것을 피하는 것은 존재함에 비해 진짜 혜택인 반면, 존재하지 않음으로써 좋은 것들이 없어지는 것은 손실이 결코 아니라는 뜻이다. 존재의 쾌락은 아무리 커도 고통을 능가하지 못한다. 베나타의 이런 논증은 아래 〈표〉가 보여주듯 시나리오 A보다 시나리오 B가 낫다고 말한다. 결국 이 세상에 존재하지 않는 것이 훨씬 더 낫다.

〈표〉

시나리오 A : X가 존재한다	시나리오 B : X가 존재하지 않는다
(1) 고통이 있음 (나쁘다)	(2) 고통이 없음 (좋다)
(3) 쾌락이 있음 (좋다)	(4) 쾌락이 없음 (나쁘지 않다)

베나타의 주장을 반박하려면 선의 부재와 악의 부재 사이에 비대칭이 있다는 주장을 비판해야 한다. ㉠첫 번째 비판을 위해 천만 명이 사는 어떤 나라를 상상해 보자. 그중 오백만 명이 끊임없는 고통에 시달리고 있고, 다른 오백만 명은 행복을 누리고 있다. 이를 본 천사가 신에게 오백만 명의 고통이 지나치게 가혹하다고 조치를 취해 달라고 간청한다. 신도 이에 동의하여 시간을 거꾸로 돌려 불행했던 오백만 명이 고통에 시달리지 않도록 다시 창조했다. 하지만 베나타의 논리에 따르면 신은 시간을 거꾸로 돌려 천만 명이 사는 나라를 아예 존재하지 않게 할 수도 있다. 그러나 신이 천만 명을 아예 존재하지 않게 하는 식으로 천사의 간청을 받아들이면 천사뿐만 아니라 대부분의 사람들은 공포에 질릴 것이다. 이 사고 실험은 베나타의 주장과 달리 선의 부재가 나쁘지 않은 것이 아니라 나쁠 수 있다는 점을 보여 준다. 생명들을 빼앗는 것은 고통을 제거하기 위한 대가로는 지나치게 크다.

첫 번째 비판은 나쁜 일의 부재나 좋은 일의 부재는 그 부재를 경험할 주체가 없는 상황에서조차도 긍정적이거나 부정적인 가치를 지닐 수 있다는 베나타의 전제를 받아들였지만, ㉡두 번째 비판은 그 전제를 비판한다. 평가의 용어들은 간접적으로라도 사람을 언급함으로써만 의미를 지닌다. 그렇다면 좋은 것과 나쁜 것의 부재가 그 부재를 경험할 주체와는 관계없이 의미를 지닌다고 말하는 것은 무의미하고 바람직하지도 않다. 베나타의 이론에서는 '악의 부재'라는 표현이 주체를 절대로 가질 수 없다. 비존재의 맥락에서는 나쁜 것을 피할 개인이 있을 수 없기 때문이다.

만일 베나타의 주장이 옳다면 출산은 절대로 선이 될 수 없으며 출산에 관한 도덕적 성찰은 반드시 출산의 포기로 이어져야 한다. 그리고 우리는 이 세상에 태어나게 해 준 부모에게 감사할 필요가 없게 된다. 따라서 그 주장의 정당성은 비판적으로 논의되어야 한다.

260

22.

베나타의 생각과 일치하지 <u>않는</u> 것은?

① 누군가에게 해를 끼치는 행위에는 윤리적 책임을 물을 수 있다.
② 아이를 기르는 즐거움은 출산을 정당화하는 근거가 되지 못한다.
③ 태어나지 않는 것보다 태어나는 것이 더 나은 이유가 있어야 한다.
④ 고통보다 행복이 더 많을 것 같은 사람도 태어나게 해서는 안 된다.
⑤ 좋은 것들의 부재는 그 부재를 경험할 사람이 없는 상황에서조차도 악이 될 수 있다.

문항 성격	문항유형 : 주제, 요지, 구조 파악
	내용영역 : 인문
평가 목표	이 문항은 제시문의 핵심 주제를 정확하게 파악하고 있는지 평가하는 문항이다.
문제 풀이	정답 : ⑤

베나타의 생각과 일치하는 바를 찾는다. 제시문 첫 번째 단락에서는 베나타의 주장이 나오게 된 배경이 설명되고 있으므로, 이 단락의 내용 또한 베나타가 동의하고 있다는 점을 놓치면 안 된다.

정답 해설 ⑤ 제시문 두 번째 단락 "반면에 쾌락 같은 좋은 것의 부재는 그 좋은 것을 잃을 누군가가 있을 때에만 나쁘다."에 따르면 이 선택지는 베나타의 생각과 일치하지 않는다.

오답 해설 ① 제시문 첫 번째 단락 "다른 인간을 존재하게 하여 위험에 처하게 만들 때는 충분한 이유를 가져야 할 도덕적 책임이 있다."에서 누군가에게 해를 끼치는 행위에는 윤리적 책임을 물을 수 있다는 것을 알 수 있다.

② 제시문 첫 번째 단락 "출산이 윤리적인가 하는 문제에 대해, 아이를 낳으면 아이를 기르는 즐거움과 아이가 행복하게 살 것이라는 기대가 있어 아이를 낳아야 한다고 주장하는 사람도 있고, 반면에 아이를 기르는 것은 괴로운 일이며 아이가 이 세상을 행복하게 살 것 같지 않다는 생각으로 아이를 낳지 말아야 한다고 주장하는 사람도 있다. 그러나 이것은 개인의 주관적인 판단에 따른 것이니 이런 근거를 가지고 아이를 낳는 것과 낳지 않는 것 중 어느 한쪽이 더 낫다고 주장할 수는 없다."로부터 알 수 있다.

③ 제시문 첫 번째 단락 "다른 인간을 존재하게 하여 위험에 처하게 만들 때는 충분한 이유를 가져야 할 도덕적 책임이 있다."에서 태어나지 않는 것보다 태어나는 것이 더 나은 이유가 있어야 한다는 것을 알 수 있다.

④ 제시문 두 번째 단락 "이 주장에 반대하고 싶은 사람이라면, 부유하고 특권을 누리는 사람들의 혜택은 그들이 겪게 될 해악을 능가할 것이라는 점을 들 것이다. 그러나 베나타의 반론은 선의 부재와 악의 부재 사이에 비대칭이 있다는 주장에 의존하고 있다."로부터 알 수 있다.

23.

베나타가 ㉠에 대해 할 수 있는 재반박으로 가장 적절한 것은?

① 전적으로 고통에 시달리는 사람도, 전적으로 행복을 누리는 사람도 없다.
② 쾌락으로 가득 찬 삶인지 고통에 시달리는 삶인지 구분할 객관적인 방법이 없다.
③ 삶을 지속할 가치가 있는지 묻는 것은 삶을 새로 시작할 가치가 있는지 묻는 것과 다르다.
④ 경험할 개인이 존재하지 않는 까닭에 부재하게 된 쾌락은 이미 존재하는 인간의 삶에 부재하는 쾌락을 능가한다.
⑤ 어떤 사람이 다른 잠재적 인간에게 존재에 따를 위험을 안겨 주는 문제와 어떤 사람이 그런 위험을 스스로 안는가 하는 문제는 동일한 문제가 아니다.

문항 성격	문항유형 : 정보의 확인과 재구성
	내용영역 : 인문
평가 목표	베나타에 대한 첫 번째 비판의 요지를 파악하고 베나타의 입장에서 이에 대해 어떻게 재반박할 것인지를 묻는 문항이다. 이를 통해 논증을 효과적으로 재구성할 수 있는 능력을 평가하고자 한다.
문제 풀이	정답 : ③

첫 번째 비판은 이미 존재하는 천만 명에 대한 사고 실험에 기초하고 있다. 이것이 베나타의 의도와 맞지 않는다는 것을 파악해야 한다.

정답 해설	③ 베나타는 태어나지 않는 것이 더 낫다고 주장하는 논증을 펼치고 있다. 그런데 베나타는 이미 존재하는 사람이 고통을 느낄 때 그들을 존재하지 않게 하는 것에 대해서는 말하지 않고 있나. 그러나 첫 번째 비판은 이미 존재하는 천만 명을 없애는 것에 대한 사고 실험을 통해 "생명들을 빼앗는 것은 고통을 피하기 위한 대가로는 지나치게 크다."라고 주장한다. 따라서 베나타는 자신의 '삶을 새로 시

작할 가치가 있는지 묻는 것'은 첫 번째 비판이 말하는 '삶을 지속할 가치가 있는지 묻는 것'과는 다르다고 재반박을 할 것이다.

① 두 번째 단락에서 "이 주장에 반대하고 싶은 사람이라면, 부유하고 특권을 누리는 사람들의 혜택은 그들이 겪게 될 해악을 능가할 것이라는 점을 들 것이다."에 이어 베나타가 여기에 반대한다고 하고 있다. 따라서 베나타는 행복이 고통보다 얼마나 많으냐와 상관없이 태어나는 것 자체에 반대하므로, 이 진술은 베나타가 할 수 있는 재반박이 아니다.

② 〈표〉에서 보듯이 쾌락과 고통이 있고 없을 때 좋은지 나쁜지가 베나타의 주된 관심 사항이다. 따라서 베나타는 쾌락으로 가득 찬 삶인지 고통에 시달리는 삶인지 구분할 객관적인 방법이 있다고 보므로, 이 진술은 그가 할 수 있는 재반박이 될 수 없다.

④ 베나타의 입장에서 '경험할 개인이 존재하지 않는 까닭에 부재하게 된 쾌락'은 〈표〉의 (4)에서 보듯이 나쁘지 않은 정도다. 그러나 '이미 존재하는 인간의 삶에 부재하는 쾌락'은 〈표〉의 (3)에서 보듯이 좋다. 그러므로 전자가 후자를 능가한다는 것은 베나타의 입장에서 틀린 진술이고, 따라서 이것은 재반박으로 적절하지 않다.

⑤ 첫 번째 단락 "이렇게 출산은 한 인간 존재에게 본인의 동의를 얻지 않은 부담을 지운다."는 어떤 사람이 다른 잠재적 인간에게 존재에 따를 위험을 안겨 주는 문제와 어떤 사람이 그런 위험을 스스로 안는가 하는 문제는 동일한 문제가 아니라는 것을 함축한다. 그런데 이것은 베나타뿐 아니라 첫 번째 비판 또한 동의하는 생각으로 제시문 도입부에 소개되어 있다. 따라서 선택지는 베나타가 할 수 있는 재반박으로 적절하지 않다.

24.

ⓒ이 〈표〉에 대해 생각하는 것으로 가장 적절한 것은?

① (2)와 (4) 모두 좋다고 생각한다.
② (2)와 (4) 모두 좋지도 않고 나쁘지도 않다고 생각한다.
③ (2)는 좋지만 (4)는 좋기도 하고 나쁘기도 하다고 생각한다.
④ (2)는 좋지만 (4)는 좋지도 않고 나쁘지도 않다고 생각한다.
⑤ (2)는 좋기도 하고 나쁘기도 하다고 생각하지만 (4)는 나쁘다고 생각한다.

문항 성격	문항유형 : 정보의 추론과 해석
	내용영역 : 인문
평가 목표	이 문항은 제시문의 내용을 〈표〉와 연결하여 적절히 해석할 수 있는 능력을 평가하는 문항이다.
문제 풀이	정답 : ②

두 번째 비판이 지니고 있는 의미를 그림으로 표현할 수 있어야 한다. 좋은 것과 나쁜 것의 부재나 회피를 경험할 주체가 없으면 어떻게 되는지 이해해야 한다.

정답 해설 ② 두 번째 비판은 "나쁜 일의 부재나 좋은 일의 부재는 그 부재를 경험할 주체가 없는 상황에서조차도 긍정적이거나 부정적인 가치를 지닐 수 있다는 베나타의 전제"를 비판한다고 했다. 즉, "좋은 것과 나쁜 것의 부재가 그 부재를 경험할 주체와는 관계없이 의미를 지닌다고 말하는 것은 무의미하고 바람직하지도 않다."라는 것이다. 따라서 시나리오 B처럼 좋은 것과 나쁜 것의 부재나 회피를 경험할 주체가 없으면, 고통이나 쾌락의 부재, 곧 (2)와 (4)는 좋지도 않고 나쁘지도 않아야 한다.

25.

〈보기〉와 같은 주장의 근거로 가장 적절한 것은?

보기

다음 두 세계를 상상해 보자. 세계 1에는 갑과 을 단 두 사람만 존재하는데, 갑은 일생 동안 엄청난 고통을 겪고 쾌락은 조금만 경험한다. 반대로 을은 고통을 약간만 겪고 쾌락은 엄청나게 많이 경험한다. 그러나 세계 2에는 갑과 을 모두 존재하지 않는데, 그들의 고통이 없다는 것은 좋은 반면, 그들의 쾌락이 없다는 것은 나쁘지 않다. 베나타에 따르면 세계 2가 갑에게만 아니라 을에게도 언제나 분명히 더 좋다. 그러나 나는 적어도 을에게는 세계 1이 훨씬 더 좋다고 생각한다.

① 나쁜 것이라면 그것이 아무리 작아도 언제나 좋은 것을 능가할 수 있기 때문이다.
② 쾌락은 단순히 고통을 상쇄하는 것이 아니라 고통을 훨씬 능가할 수 있기 때문이다.
③ 고통의 없음은 좋기는 해도 매우 좋지는 않지만 쾌락의 없음은 매우 좋기 때문이다.
④ 인간은 고통이 쾌락에 의해 상쇄되지 않아 고통이 쾌락을 능가하는 시점이 있기 때문이다.

⑤ 고통의 없음은 매우 좋지만 쾌락의 없음은 나쁘기는 해도 매우 나쁜 것은 아니기 때문이다.

문항 성격	문항유형 : 정보의 평가와 적용
	내용영역 : 인문
평가 목표	이 문항은 베나타의 논증 및 그에 대한 두 가지 비판의 내용을 〈보기〉에 주어진 제삼의 비판에 적용하여 그것의 논증 구조를 파악하는 능력을 평가하는 문항이다.
문제 풀이	정답 : ②

베나타와는 달리, 〈보기〉는 적어도 을에게는 세계 1(시나리오 A)이 훨씬 더 좋다고 생각한다. 이는 두 논증의 전제가 다르기 때문이다. 베나타에 따르면, 존재의 쾌락은 아무리 커도 고통을 능가하지 못하므로, 을이 고통을 겪는 한 을에게도 세계 2(시나리오 B)가 더 좋다. 〈보기〉의 주장이 성립하기 위해서는 베나타의 전제가 어떤 것으로 대체되어야 할지 생각해 보도록 한다.

정답 해설 ② 쾌락이 단순히 고통을 상쇄하는 것이 아니라 고통을 훨씬 능가할 수 있다면, 다시 말해 쾌락이 있는 정도가 고통이 있는 정도보다 훨씬 높다고 한다면, 〈보기〉에서와 같이 을에게는 세계 1이 훨씬 더 좋다는 주장이 도출된다. 따라서 이 선택지는 〈보기〉 주장의 근거로 적절하다.

오답 해설 ① 나쁜 것이라면 그것이 아무리 작아도 언제나 좋은 것을 능가할 수 있다고 한다면, 쾌락이 있는 정도가 고통이 있는 정도보다 어떤 경우에라도 높을 수 없다.

③ 고통의 없음은 좋기는 해도 심하게 좋지는 않지만 쾌락의 없음은 매우 좋다는 것은 쾌락이 있는 정도가 고통이 있는 정도보다 훨씬 높다는 것과 무관하다.

④ 인간은 고통이 쾌락에 의해 상쇄되지 않아 고통이 쾌락을 능가하는 시점이 있다고 한다면, 쾌락이 있는 정도가 고통이 있는 정도보다 훨씬 높다는 것과는 반대되는 내용이 될 수 있다.

⑤ 고통의 없음은 매우 좋지만, 쾌락의 없음은 나쁘기는 해도 매우 나쁜 것은 아니라는 것은 쾌락이 있는 정도가 고통이 있는 정도보다 훨씬 높다는 것과 무관하다.

주어진 조건에서 자신의 이익을 최대화하는 합리적인 경제 주체들의 선택에서 출발하여 경제 현상을 설명하는 신고전파 경제학의 방법론은 오랫동안 경제학에서 주류의 위치를 지켜 왔다. 신고전파 기업 이론은 이 방법론에 기초하여 생산의 주체인 기업이 주어진 생산 비용과 기술, 수요 조건에서 이윤을 극대화하는 생산량을 선택한다고 가정하여 기업의 행동과 그 결과를 분석한다. 그런데 이런 분석은 한 사람의 농부의 행동과, 생산을 위해 다양한 역할을 담당하는 사람들이 참여하는 기업의 행동을 동일한 것으로 다룬다. 이에 대해 여러 의문들이 제기되었고 이를 해결하기 위해 다양한 기업 이론이 제시되었다.

㉠코즈는 가격에 기초하여 분업과 교환이 이루어지는 시장 시스템과 권위에 기초하여 계획과 명령이 이루어지는 기업 시스템은 본질적으로 다르다고 보았다. 이 때문에 그는 모든 활동이 시장에 의해 조정되지 않고 기업이라는 위계 조직을 필요로 하는 이유를 설명해야 한다고 생각했다. 예를 들어 기업이 생산에 필요한 어떤 부품을 직접 만들어 조달할 것인지 아니면 외부에서 구매할 것인지 결정한다고 생각해 보자. 생산 비용 개념만 고려하는 신고전파 기업 이론에 따르면, 분업에 따른 전문화나 규모의 경제를 생각할 때 자체 생산보다 외부 구매가 더 합리적인 선택이다. 생산에 필요한 모든 활동에 이런 논리가 적용된다면 기업이 존재해야 할 이유를 찾기 어렵다. 따라서 기업이 존재하는 이유는 생산 비용이 아닌 ㉡거래 비용에서 찾아야 한다는 것이 코즈의 논리이다.

코즈는 거래 비용을 시장 거래에 수반되는 어려움으로 정의했다. 그리고 수요자와 공급자가 거래할 의사와 능력이 있는 상대방을 만나기 위해 탐색하거나, 서로 가격을 흥정하거나, 교환 조건을 협상하고 합의하여 계약을 맺거나, 계약의 이행을 확인하고 강제하는 모든 과정에서 겪게 되는 어려움을 그 내용으로 들었다. 거래 비용이 너무 커서 분업에 따른 이득을 능가하는 경우에는 외부에서 구매하지 않고 기업 내부에서 자체 조달한다. 다시 말해 시장의 가격이 아니라 기업이라는 위계 조직의 권위에 의해 조정이 이루어진다는 것이다. 코즈가 제시한 거래 비용 개념은 시장 시스템으로만 경제 현상을 이해하지 않는 새로운 방법론의 가능성을 제공했다. 그러나 코즈의 설명은 거래 비용의 발생 원리를 명확하게 제시하지 않았고, 주류적인 경제학 방법론도 '권위'와 같은 개념을 수용할 준비가 되어 있지 않았다.

윌리엄슨은 거래 비용 개념에 입각한 기업 이론을 발전시키기 위해 몇 가지 새로운 개념들을 제시했다. 먼저 '합리성'이라는 가정을 '기회주의'와 '제한적 합리성'이라는 가정으로 대체했다. 경제 주체들은 교활하게 자기 이익을 최대화하고자 하지만, 정보의 양이나 정보 처리 능력 등의 이유로 항상 그렇게 할 수 있는 것은 아니라는 것이다. 그리고 코즈가 시장 거래라고 뭉뚱그려 생각한 것을 윌리엄슨은 현물거래와 계약으로 나누어 설명하면서 계약의 불완전성이란 개념을 제시했다. 계약은 현물거래와 달리 거래의 합의와 이행 사이에 상당한 시간이 걸린다. 그런데 제한적 합리성으로 인해 사람들은 미래에 발생할 수 있는 모든 상황을 예측할 수 없고, 예측한 상황에 대해 모든 대비책을 계산할 수도 없으며, 언어는 원래 모호할 수밖에 없다. 따라서 계약의 이행 정도를 제삼자에게 입증할 수 있는 방식으로 사전에 계약을 맺기 어렵기 때문에 통상적으로 계약에는 빈구석이 있을 수밖에 없다.

상대방이 계약을 이행하지 않을 경우에는, 그가 계약을 이행할 것이라고 신뢰하고 행했던 준비, 즉 관계특수적 투자의 가치는 떨어질 것이다. 이 때문에 윌리엄슨은 계약 이후에는 계약 당사자들 사이의 관계에 근본적인 전환이 일어난다고 말했다. 그 가치가 많이 떨어질수록, 즉 관계특수성이 클수록 계약 후에 상대방이 변화된 상황을 기회주의적으로 활용할 가능성에 대한 우려가 커져 안전장치가 마련되지 않을 경우 관계특수적 투자가 이루어지기 어렵다. 윌리엄슨은 이를 '관계특수적 투자에 따른 속박 문제'라고 부르고, 계약의 불완전성으로 인해 통상적인 수준의 단순한 계약을 통해서는 사전에 이 문제를 방지하기 어렵다고 보았다. 따라서 이 문제가 심각한 결과를 초래하는 경우에는 단순한 계약과는 다른 복잡한 계약을 통해 안전장치를 강구할 것이고, 그런 방식으로도 해결할 수 없다면 아예 자체 조달을 선택할 것이라고 보았다.

이렇게 본다면 안전장치가 필요 없는 거래만 존재하는 상황이 신고전파 경제학이 상정하는 세계이고, 다양한 안전장치를 고려하지 않고 기업의 자체 생산만 대안으로 존재하는 상황이 코즈가 상정하는 세계라고 할 수 있다. 윌리엄슨의 기업 이론 이 거둔 성과 덕분에 거래 비용 경제학이 서서히 경제학 방법론의 주류적 위치를 넘볼 수 있게 되었다.

26.

㉠이 신고전파 기업 이론의 비판을 통해 해결하려고 한 의문으로 가장 적절한 것은?

① 누가 기업의 의사 결정을 담당하는 것이 바람직한가?
② 분석해야 할 기업의 행동에는 생산량의 선택밖에 없는가?
③ 기업에 참여하는 모든 사람들이 기업의 이윤 극대화를 추구하는가?
④ 왜 어떤 활동은 기업 내부에서 일어나고 어떤 활동은 외부에서 일어나는가?
⑤ 다수가 참여하는 기업과 한 사람의 생산자 사이에 생산량의 차이는 없는가?

문항 성격	문항유형 : 의도, 관점, 입장 파악
	내용영역 : 사회
평가 목표	이 문항은 코즈가 제기하고 해결하고자 한 의문이 무엇이었는지, 즉 코즈의 의도와 관점을 파악하는 능력을 평가하는 문항이다.
문제 풀이	정답 : ④

신고전파 기업 이론은 한 개인 생산자의 행동과 다수의 사람들이 참여하는 기업의 행동을 동일하게 다룬다. 이에 대해 코즈가 제기하고 해결하고자 한 의문이 무엇이었는지 파악하도록 한다.

정답 해설	④ 제시문 두 번째 단락에 '코즈의 논리'가 상세히 설명되어 있다. 코즈의 문제의식은 "모든 활동이 시장에 의해 조정되지 않고 기업이라는 위계 조직을 필요로 하는 이유를 설명해야" 하는 것이다. 그에 따르면, "기업이 존재하는 이유는 생산 비용이 아닌 거래 비용에서 찾아야 한다는 것"이다. 따라서 코즈가 신고전파 기업 이론의 비판을 통해 해결하려고 한 의문으로 가장 적절한 것은 "왜 어떤 활동은 기업 내부에서 일어나고 어떤 활동은 외부에서 일어나는가?"이다.
오답 해설	①, ②, ③, ⑤, 즉 정답을 제외한 모든 선택지는 신고전파 기업 이론에 대해 제기할 수 있는 의문이지만, 코즈가 신고전파 기업 이론과 다른 설명을 제시하기 위해 제기한 의문이라고 볼 수는 없다. 실제로 ①은 재산권 이론이, 그리고 ③은 대리인 이론이 제기한 의문이라고 할 수 있으며 이 이론들은 코즈의 기업 이론과 다른 방향으로 기업 이론을 발전시켰다.

27.

ⓛ에 대한 진술로 가장 적절한 것은?

① 거래량과 반비례 관계이다.
② 현물거래의 경우에는 발생하지 않는다.
③ 계약 제도의 발달을 통해 줄일 수 있다.
④ 기업 내부에서 권위의 행사에 수반되는 비용이다.
⑤ 거래되는 재화의 시장 가치가 확실할수록 더 커진다.

문항 성격	문항유형 : 정보의 추론과 해석
	내용영역 : 사회

이 문항은 '거래 비용' 개념에 대한 진술의 진위 여부를 제시문을 통해 추론할 수 있는 능력을 평가하는 문항이다.

정답 : ③

코즈의 '거래 비용' 개념에 대해서는 제시문 세 번째 단락에서 다음과 같이 설명하고 있다. "코즈는 거래 비용을 시장 거래에 수반되는 어려움으로 정의했다. 그리고 수요자와 공급자가 거래할 의사와 능력이 있는 상대방을 만나기 위해 탐색하거나, 서로 가격을 흥정하거나, 교환 조건을 협상하고 합의하여 계약을 맺거나, 계약의 이행을 확인하고 강제하는 모든 과정에서 겪게 되는 어려움을 그 내용으로 들었다." 이 설명으로부터 합리적인 추론을 통해 선택지의 적절성을 판단해 보도록 한다.

③ 계약 제도의 발달을 통해 거래 비용에 속하는 "계약을 맺거나 계약의 이행을 확인하고 강제하는 모든 과정에서 겪게 되는 어려움"을 줄일 수 있으므로 적절하다.

① 거래 비용은 거래에 수반되는 어려움이므로 거래 횟수나 거래 건수에 비례하여 늘어날 것으로 생각할 수 있다. 물론 거래마다 어려움의 정도가 다르므로 거래 건수와 정비례하지는 않을 것이다. 그러나 한 번 거래할 때 거래량이 많든 적든 거래할 때 수반되는 비용은 일정한 경우가 많을 수는 있어도 줄어드는 경우는 없다. 따라서 거래비용이 "거래량과 반비례 관계이다."라는 진술은 적절하지 않다.

② 거래 비용 가운데에는 계약과 관련된 거래 비용도 있지만 수요자와 공급자 사이에 필요한 상대방을 탐색하거나 가격을 흥정하는 것과 같이 계약이든 현물거래이든 상관없이 수반되는 어려움도 있기 때문에 거래 비용이 "현물거래의 경우에는 발생하지 않는다."는 진술은 적절하지 않다.

④ 거래 비용은 시장 거래에 수반되는 어려움이므로 "기업 내부에서 권위의 행사에 수반되는 비용이다."는 진술은 적절하지 않다.

⑤ 거래되는 재화의 시장 가치가 불확실할수록 "서로 가격을 흥정"하는 과정에서 겪는 어려움이 커지므로 거래 비용이 "거래되는 재화의 시장 가치가 확실할수록 더 커진다."는 진술은 적절하지 않다.

28.

보기 | 윌리엄슨의 기업 이론 |에 대한 평가로 적절하지 <u>않은</u> 것은?

① 권위의 원천에 대한 설명을 제시하는 데까지 나아가지는 못했다.
② 경제 주체의 합리성을 대체하는 새로운 가정을 제시하는 수준으로 나아갔다.

③ 현물거래와 자체 생산 이외에도 다양한 계약들이 존재하는 현실을 이해하게 해주었다.

④ 관계특수성이나 계약의 불완전성이 큰 거래일수록 거래 비용이 적어진다는 것을 알게 해주었다.

⑤ 시장 거래를 현물거래와 계약으로 구분하여 새로운 측면에서 거래 비용의 속성을 이해하게 해주었다.

문항 성격	문항유형 : 정보의 평가와 적용
	내용영역 : 사회
평가 목표	이 문항은 윌리엄슨의 기업 이론에 대한 설명을 바탕으로 이 이론의 성과를 적절하게 평가하는지 확인하기 위한 문항이다.
문제 풀이	정답 : ④

코즈의 거래 비용 개념에 입각한 기업 이론에 대한 평가와 윌리엄슨의 기업 이론에 대한 설명을 읽고, 제시된 선택지들이 적절한지 판단하도록 한다.

정답 해설 ④ 제시문 다섯 번째 단락 "관계특수성이 클수록 계약 후에 상대방이 변화된 상황을 기회주의적으로 활용할 가능성에 대한 우려가 커져 안전장치가 마련되지 않을 경우 관계특수적 투자가 이루어지기 어렵다."와 "계약의 불완전성으로 인해 통상적인 수준의 단순한 계약을 통해서는 사전에 이 문제를 방지하기 어렵다고 보았다. 따라서 이 문제가 심각한 결과를 초래하는 경우에는 단순한 계약과는 다른 복잡한 계약을 통해 안전장치를 강구할 것"에 따르면, 윌리엄슨의 기업 이론은 관계특수성이나 계약의 불완전성이 큰 거래일수록 거래 비용이 커진다는 것을 알게 해주었다.

오답 해설 ① 윌리엄슨은 코즈를 계승하여 거래 비용에 대한 설명을 발전시켰지만 윌리엄슨의 기업 이론에 대한 제시문의 설명에서 권위의 원천에 대한 설명은 제시되지 않고 있다.

② 윌리엄슨은 '합리성'이라는 가정을 '기회주의'와 '제한적 합리성'이라는 가정으로 대체했다. 따라서 적절한 평가다.

③ 제시문 마지막 단락에서 "다양한 안전장치를 고려하지 않고 기업의 자체 생산만 대안으로 존재하는 상황이 코즈가 상정하는 세계라고 할 수 있다."고 했고, 윌리엄슨은 "'관계특수적 투자에 따른 속박 문제' …… 가 심각한 결과를 초래하는 경우에는 단순한 계약과는 다른 복잡한 계약을 통해 안전장치를 강구할 것이고, 그런 방식으로도 해결할 수 없다면 아예 자체 조달을 선택할 것이라고 보았다."

고 했으므로, 윌리엄슨의 기업 이론이 "현물거래와 자체 생산 이외에도 다양한
계약들이 존재하는 현실을 이해하게 해주었다."는 것을 알 수 있다.
⑤ 제시문 네 번째 단락에서 "코즈가 시장 거래라고 뭉뚱그려 생각한 것을 윌리엄
슨은 현물거래와 계약으로 나누어 설명"함으로써 거래 비용에 대한 새로운 설명
을 제시한 데 대해 밝히고 있으므로, "시장 거래를 현물거래와 계약으로 구분하
여 새로운 측면에서 거래 비용의 속성을 이해하게 해주었다."는 진술은 윌리엄
슨의 기업 이론에 대한 적절한 평가임을 알 수 있다.

29.

윗글을 바탕으로 〈보기〉의 조사 결과를 해석할 때, 적절하지 <u>않은</u> 것은?

 보기

    화력 발전소의 설비는 특정 종류의 석탄에 맞춰 설계되며, 여러 종류의 석탄을 사용
하려면 추가적인 건설 비용이 많이 소요된다. 한편 탄전(炭田) 근처에 발전소를 건설한
전력 회사는 송전 비용을 많이 부담해야 하고, 소비지 근처에 발전소를 세운 전력 회사
는 석탄 운반 비용을 많이 부담해야 한다. 다음은 1980년대 초에 미국에서 화력 발전
전력 회사들의 석탄 조달 방법을 조사한 결과이다.

[조사 결과]
ⓐ 미국 화력 발전에 쓰인 석탄 가운데 15% 정도는 전력 회사가 자체 조달한 것이었다.
ⓑ 전체 계약 건수 가운데 1년 미만의 초단기 계약은 10%에 못 미쳤고, 1년 이상의 계
   약 건수 가운데 6년 이상의 장기 계약이 83%였고, 21년 이상의 계약도 34%였다.
ⓒ 특정 탄광에 접한 곳에 발전소를 건설한 경우에는 예외 없이 자체 조달 또는 복잡한
   장기 계약을 통한 조달이었는데, 이 경우 평균 계약 기간은 35년, 최대 계약 기간은
   50년이었다.
ⓓ ⓒ에서 복잡한 장기 계약의 경우, 품질과 가격에 관한 조건은 매우 복잡하게 설정하
   면서도 최소 공급 물량은 단순하게 명시했다.

① ⓐ는 탄광의 직접 경영에 따르는 문제보다 복잡한 장기 계약으로도 대처하기 어려운
문제에 대한 우려가 더 커서 거래 비용을 줄이는 방안을 모색한 결과이겠군.
② ⓑ에서 1년 미만의 초단기 계약은, 거래 당사자들 간의 신뢰가 형성되지 않아서 관계
특수적 투자에 따른 속박이 심각한 문제를 초래할 가능성이 가장 높은 경우에 맺은 것

이겠군.

③ ⓒ는 특정 탄광으로부터 석탄을 공급받을 것을 전제하고 행한 투자의 가치가 떨어질 가능성을 우려하여 특정 탄광과의 계속적인 거래를 보장받고자 한 것이겠군.

④ ⓓ에서 품질과 가격의 계약 조건이 복잡한 것은, 공급되는 석탄의 품질과 가격에 관련된 기회주의적 행동을 제삼자가 판단하기 어렵다고 우려했기 때문이겠군.

⑤ ⓓ에서 최소 공급 물량의 계약 조건이 단순한 것은, 공급 물량의 경우에는 예측 가능성이나 언어의 모호성에 따른 문제가 크지 않아서 계약을 이행하지 않았을 때 법원과 같은 제삼자에게 쉽게 입증할 수 있다고 생각했기 때문이겠군.

문항 성격	문항유형 : 정보의 평가와 적용
	내용영역 : 사회
평가 목표	이 문항은 윌리엄슨의 기업이론에 대한 설명을 바탕으로 〈보기〉에 소개된 화력 발전에서 석탄 조달 방식의 구체적인 실태를 제대로 해석할 수 있는 능력을 평가하는 문항이다.
문제 풀이	정답 : ②

〈보기〉는 MIT의 Paul Joskow 교수가 1980년대 초에 미국에서 화력 발전 전력 회사들의 석탄 조달 방법을 조사한 결과를 소개한 것이다. 이 조사 결과는 전력 회사들이 탄광을 직접 경영하여 석탄을 자체 조달한 경우와 계약을 통해 독립적인 탄광으로부터 구매한 경우의 실태를 보여주고 있는데, 탄광과 접한 곳에 발전소를 건설한 경우에는 자체 조달이나 복잡한 장기 계약을 통해 조달한다는 사실을 보여줌으로써 윌리엄슨의 기업이론에 대한 실증적 증거를 제시하고 있다. 이에 대해 자체 조달, 단기 계약과 장기 계약, 단순한 계약 조건과 복잡한 계약 조건 등과 관련하여 해석한 바가 적절한지 판단해 보도록 한다.

정답 해설	② 제시문 다섯 번째 단락에서 "'관계특수적 투자에 따른 속박 문제'……가 심각한 결과를 초래하는 경우에는 단순한 계약과는 다른 복잡한 계약을 통해 안전장치를 강구할 것"이라고 밝히고 있다. 그런데 관계특수적 투자에 따른 속박이 심각한 문제를 초래할 가능성이 클 경우에는 투자를 할 때 염두에 둔 특정 상대방과 계속적인 거래를 할 수 있도록 보장받기 위해 장기 계약을 맺을 것이다. 그러므로 석탄 조달 방식 가운데에서 현물거래에 해당하는 1년 미만의 초단기 계약은 장기 계약에 비해 관계특수적 투자에 따른 속박이 심각한 문제를 초래할 가능성이 더 낮은 경우에 맺은 계약이다. 따라서 이 선택지는 〈보기〉의 조사 결과에 대한 해석으로 적절하지 않다. ①, ③, ④, ⑤는 모두 〈보기〉의 조사 결과에 대한 해석으로 적절하다.

　　민주주의 체제는 권력의 집중과 분산 혹은 공유의 정도에 따라 ㉠합의제 민주주의와 ㉡다수제 민주주의로 분류된다. 전자는 주로 권력을 공유하는 정치 주체를 늘려 다수를 최대화하고 그들 간의 동의를 기반으로 정부를 운영하는 제도이다. 이에 반해 후자는 주로 과반 규칙에 의해 집권한 단일 정당 정부가 배타적인 권력을 행사하며 정부를 운영하되 책임 소재를 분명하게 하는 제도이다.

　　레이파트는 민족, 종교, 언어 등으로 다원화되고 이를 대표하는 정당들에 의한 연립정부가 일상화된 국가들을 대상으로 합의제 민주주의에 대해 연구했다. 그는 '당-집행부(행정부)' 축과 '단방제-연방제' 축을 적용해 권력이 집중되거나 분산되는 양상을 측정했다. 전자의 경우 정당 체계, 선거 제도, 정부 구성 형태, 입법부-행정부 관계, 이익집단 체계가 포함되고 후자의 경우 지방 분권화 정도, 단원제-양원제, 헌법 개정의 난이도, 위헌 재판 기구의 독립성 유무, 중앙은행의 존재가 고려되었다. 각 요인들은 제도 내에 내포된 권력의 집중과 분산 정도에 따라 대조적인 경향성을 띤다. 예를 들면, 정당 수가 상대적으로 많고, 의회 구성에서 득표와 의석 간의 비례성이 높고, 연립정부의 비율이 높고, 행정부의 권한이 약하며, 지방의 이익집단들의 대표 체계가 중앙으로 집약된 국가는 합의제적 경향을 더 많이 띤다고 평가된다. 반대로 단방제와 같이 중앙 정부로의 권력이 집중되고, 의회가 단원제이고, 헌법 개정의 난이도가 일반 법률 개정과 유사하고, 사법부의 독립적 위헌 심판 권한이 약하며, 중앙은행의 독립성이 약한 국가는 다수제적 경향을 더 많이 띤다고 평가된다.

　　두 제도는 정책 성과에서 차이를 보였다. 합의제는 경제 성장에서는 의미 있는 차이를 보이지 않지만 사회·경제적 평등, 정치 참여, 부패 감소 등에서는 우월하다는 평을 받고 있다. 자칫 불안정해 보일 수 있는 권력 공유가 오히려 민주주의 본연의 가치에 더 충실하다는 경험적 발견은 관심을 끌었다. 합의제 정치 제도를 채택하기 위한 시도가 사회 분열이 심한 신생 독립 국가나 심지어 다수제 민주주의로 분류되던 선진 국가에도 다양하게 나타났다.

　　그러나 권력의 분산과 공유가 권력의 집중보다 반드시 나은 것은 아니다. 오히려 한 나라의 정치 제도를 설계할 때 각 제도들이 내포한 권력의 원심력과 구심력 그리고 제도들의 상호 작용 효과를 고려해야 한다. 대통령제에서의 헌정 설계를 예로 들어 살펴보자. 여기에서는 '대통령의 단독 권한'이라는 축과 대통령과 의회 간의 '목적의 일치성/분리성'이라는 축이 주요하게 고려된다. 첫째, 대통령의 (헌)법적 권한은 의회와의 협력에 영향을 미친다. 권한이 강할수록 대통령이 최후의 정책 결정권자임을 의미하고 소수당의 입장에서는 권력 공유를 통해 정책 영향력을 확보하기 어렵게 된다. 반면, 권한이 약한 대통령은 효율적 정책 집행을 위해 의회의 협력을 구하는 과정에서 소수당도 연합의 대상으로 고려하게 된다.

둘째, 목적의 일치성/분리성은 대통령과 의회의 다수파가 유사한 정치적 선호를 지니고 사회적 다수의 요구에 함께 반응하며 책임을 지는 정도를 의미한다. 의회의 의석 배분 규칙, 대통령과 의회의 선거 주기 및 선거구 규모의 차이, 대통령 선거 제도 등이 대표적인 제도적 요인으로 거론된다. 예를 들어, 의회의 단순 다수 소선거구 선거 제도, 동시선거, 대통령과 의회의 지역구 규모의 일치, 대통령 결선투표제 등은 목적의 일치성을 높이는 경향을 지니며, 상호 결합될 때 정부 권력에 다수제적 구심력을 강화한다. 결과적으로 효율적인 책임정치가 촉진되지만 단일 정당에 의한 배타적인 권력 행사가 증가되기도 한다. 반면, 비례대표제, 분리선거, 대통령과 의회 선거구 규모의 상이함, 대통령 단순 다수제 선거제도 등은 대통령이 대표하는 사회적 다수와 의회가 대표하는 사회적 다수를 다르게 해 목적의 분리성을 증가시키며, 상호 결합될 때 정부 권력의 원심력은 강화된다. 이 경우 정치 주체들 간의 합의를 통한 권력 공유의 필요성이 증가하나 과도한 권력 분산으로 인해 거부권자의 수를 늘려 교착이 증가할 위험도 있다.

기존 연구들은 대체로 목적의 분리성이 높을 경우 대통령의 권한을 강화할 것을, 반대로 목적의 일치성이 높을 경우 대통령의 권한을 축소할 것을 권고하고 있다. 그러나 제도들의 결합이 낳은 효과는 어떤 제도를 결합시키는지와 어떤 정치적 환경에 놓여 있는지에 따라 다르게 나타날 수 있다.

30.

㉠을 ㉡과 비교하여 설명할 때, 가장 적절한 것은?

① 다당제 국가보다 양당제 국가에서 더 많이 발견된다.
② 선진 국가보다 신생 독립 국가에서 더 많이 주목받고 있다.
③ 사회 평등 면에서는 유리하나 경제 성장 면에서는 불리하다.
④ 권력을 위임하는 유권자의 수를 가능한 한 최대화할 수 있다.
⑤ 거부권자의 수가 늘어나서 정치적 교착 상태가 빈번해질 수 있다.

문항 성격	문항유형 : 정보의 확인과 재구성
	내용영역 : 사회
평가 목표	이 문항은 합의제 민주주의의 특징을 정확하게 파악하고 있는지 확인하는 문항이다.
문제 풀이	정답 : ⑤

합의제 민주주의와 다수제 민주주의의 차이점을 파악해야 한다. 각각의 선택지에 대해 제시문의 해당 지점을 일일이 조회하는 것보다는 양자의 특징에 대한 이해를 바탕으로 선택지의 진위를 판단하는 것이 바람직하다.

정답 해설 ⑤ 합의제 민주주의는 정치 주체들, 특히 정당 간 연합으로 권력을 공유하여 정치적으로 대표하는 시민들의 수를 최대화하여 최대 다수의 민주주의를 만들고자 하는 제도이다. 따라서 제도의 원심력을 최대한 이용한다. 그러나 자칫 권력이 과도하게 분산될 때, 거부권자의 수를 증가시켜 정치적 불안정을 야기할 수도 있다.

오답 해설 ① 제시문 두 번째 단락 "정당 수가 상대적으로 많고, 의회 구성에서 득표와 의석 간의 비례성이 높고, 연립정부의 비율이 높고, 행정부의 권한이 약하며, 지방의 이익집단들의 대표 체계가 중앙으로 집약된 국가는 합의제적 경향을 더 많이 띤다고 평가된다."에 따르면 합의제 민주주의는 다당제 국가에서 정당들 간의 연합에 의한 연립정부를 구성할 때 발견되는 경향이 있다.

② 제시문 세 번째 단락 "합의제 정치 제도를 채택하기 위한 시도가 사회 분열이 심한 신생 독립 국가나 심지어 다수제 민주주의로 분류되던 선진 국가에도 다양하게 나타났다."에서 확인할 수 있다.

③ 제시문 세 번째 단락 "합의제는 경제 성장 측면에서는 의미 있는 차이를 보이지 않지만 사회·경제적 평등, 정치 참여, 부패 감소 등에서는 우월하다는 평을 받고 있다."에서 확인할 수 있다.

④ 제시문 첫 번째 단락에 따르면, "전자(합의제 민주주의)는 주로 권력을 공유하는 정치 주체를 늘려 다수를 최대화하고 그들 간의 동의를 기반으로 정부를 운영하는 제도"이다. 유권자들은 주권을 위임하며, 한 사회에서 주권을 위임하는 유권자의 수는 동일하므로 최대화될 수 없다.

31.

'합의제'를 촉진하는 효과를 지닌 제도 개혁으로 가장 적절한 것은?

① 의회가 지닌 법안 발의권을 대통령에게도 부여한다.
② 의회 선거 제도를 비례대표제에서 단순 다수 소선거구제로 변경한다.
③ 이익집단 대표 체계의 방식을 중앙 집중에서 지방 분산으로 전환한다.
④ 헌법 개정안의 통과 기준을 의회 재적의원 2/3에서 과반으로 변경한다.
⑤ 의회와 대통령이 지명했던 위헌 심판 재판관을 사법부에서 직선제로 선출한다.

문항 성격	문항유형 : 정보의 추론과 해석
	내용영역 : 사회
평가 목표	이 문항은 '합의제' 촉진 효과를 가질 것으로 예상되는 방안을 합리적으로 추론할 수 있는지 평가하는 문항이다.
문제 풀이	정답 : ⑤

제시문 두 번째 단락 "각 요인들은 제도 내에 내포된 권력의 집중과 분산 정도에 따라 대조적인 경향성을 띤다. 예를 들면, 정당 수가 상대적으로 많고, 의회 구성에서 득표와 의석 간의 비례성이 높고, 연립정부의 비율이 높고, 행정부의 권한이 약하며, 지방의 이익집단들의 대표 체계가 중앙으로 집약된 국가는 합의제적 경향을 더 많이 띤다고 평가된다. 반대로 단방제와 같이 중앙 정부로의 권력이 집중되고, 의회가 단원제이고, 헌법 개정의 난이도가 일반 법률 개정과 유사하고, 사법부의 독립적 위헌 심판 권한이 약하며, 중앙은행의 독립성이 약한 국가는 다수제적 경향을 더 많이 띤다고 평가된다."로부터 '합의제'를 촉진하는 효과를 지닌 제도 개혁으로 적절한 것과 그렇지 않은 것을 구분하도록 한다.

정답 해설	⑤ 합의제 민주주의 국가는 위헌 심판을 하는 기관(우리나라의 경우 헌법재판소)의 독립성이 강한 경향이 있다. 기존 행정부와 의회가 지명했던 위헌 심판 재판관을 사법부(혹은 헌법재판소)에서 직선으로 선출한다면, 이는 사법부(혹은 헌법재판소)의 독립성을 강화하여 정부 구성에 있어 독립적인 거부권자로 존재할 가능성이 높아진다.
오답 해설	① 행정부의 권한이 약할 경우 합의제적 경향을 더 많이 띤다. 제시문 네 번째 단락에 따르면, "권한이 강할수록 대통령이 최후의 정책 결정권자임을 의미하고 소수당의 입장에서는 권력 공유를 통해 정책 영향력을 확보하기 어렵게 된다."
	② 합의제는 의회의 선거 제도로 득표와 의석 간의 비율이 높은 비례대표제를 의회 선거제도로 채택한 경우에 잘 구현된다. 이에 반해 단순 다수 소선거구제는 비례성이 상당히 낮고 양당제를 유인하는 구조를 지녀 다수제를 구성하는 주요 요인 중 하나이다.
	③ 합의제는 지방에 분산되어 있는 이익집단의 이익 대표 체계를 중앙으로 집약해 조합주의적 정부 운영(예, 노사정위원회)에 참여하는 국가에서 많이 발견된다.
	④ 합의제는 중요한 국가 정책(헌법의 경우 가장 중요한 정책이라고 볼 수 있음)을 최대한의 다수의 동의를 기반으로 결정하는 제도이다. 따라서 헌법 개정의 기준을 과반으로 하향 조정하는 것은 오히려 다수제적 성격이 강해지는 제도 변경이다.

32.

윗글을 바탕으로 〈보기〉의 A국 상황을 개선하기 위한 방안을 추론한 것으로 적절하지 <u>않은</u> 것은?

보기

A국은 4개의 부족이 35%, 30%, 20%, 15%의 인구 비율로 구성되어 있으며, 각 부족은 자신이 거주하는 지리적 경계 내에서 압도적 다수이다. 과거에는 국가 통합을 위해 대통령제를 도입하고 대통령은 단순 다수제로 선출하되 전체 부족을 대표하게 했으며, 의회 선거는 전국 단위의 비례대표제로 대통령 임기 중반에 실시했었다. 아울러 대통령에게는 내각 구성권, 법안 발의권, 대통령령 제정권 등의 권한을 부여했고, 의회는 과반 규칙을 적용해 정책을 결정했었다.

그런데 부족들 간의 갈등이 증가하면서 각 부족들은 자신의 부족을 대표하는 정당을 압도적으로 지지하는 경향을 보였다. 이에 따라 정책 결정과 집행 과정에서 의회 내 정당 간, 그리고 행정부와 의회 간에 교착 상태가 일상화되었다. 이를 극복하기 위해 정치 개혁이 요구되었고 정치 주체들도 서로 협력하기로 했지만 현재는 대통령제의 유지만 합의한 상태이다.

① 의회의 과반 동의로 선출한 총리에게 내치를 담당하게 하면, 의회 내 정당 연합을 유도해 교착 상태를 완화할 수 있겠군.

② 대통령령에 법률과 동등한 효력을 부여하면, 의회와의 교착에도 불구하고 대통령이 국가 차원에서 책임정치를 효율적으로 실현할 수 있겠군.

③ 의회 선거를 대통령 선거와 동시에 실시하면, 대통령 당선자의 인기가 영향을 끼쳐 여당의 의석이 증가해 정책 결정과 집행에 있어 효율성이 증가하겠군.

④ 상위 두 후보를 대상으로 한 대통령 결선투표제를 도입하면, 결선투표 과정에서 정당 연합을 통해 연립정부가 구성되어 정치적 갈등을 완화할 수 있겠군.

⑤ 비례대표제를 폐지하고 부족의 거주 지역에 따라 단순 다수 소선거구제로 의회를 구성하면, 목적의 일치성이 증가해 정책 결정이 신속하게 이루어질 수 있겠군.

문항 성격	문항유형 : 정보의 평가와 적용
	내용영역 : 사회
평가 목표	이 문항은 제시문의 정보를 가상의 국가에 적용하여 문제를 해결하는 능력을 평가하는 문항이다.

정답 : ⑤

가상의 국가 A는 네 개 부족이 지리적 경계로 구별되며 그 어느 민족도 과반이 아닌 나라로 권력의 분산이 강하도록 헌정 제도가 설계되어 있다. 부족 간의 갈등이 증가되면서 부족을 대표하는 정당을 압도적으로 지지하는 경향은 결국 행정부와 의회, 의회 내 정당 간의 교착을 증가시킨다. 이러한 교착을 해결하기 위해서는 제도의 구심력을 통해 목적의 일치성을 증가시키거나 대통령에 의한 책임정치를 강화시키는 방향의 재설계가 필요하다. 다만, 제도의 결합이 자아내는 구체적인 결과를 추론해서 답을 찾아가야 한다.

정답 해설 ⑤ 단순 다수제는 구심력이 강해 목적의 일치성을 증가시키는 효과가 있다. 그러나 〈보기〉에 제시된 A국의 제도 개혁이 "부족의 거주 지역에 따라 단순 다수 소선거구제"로 의회를 구성하면, 각 부족의 거주지에서 선출되는 의원들의 정당별 비율은 비례대표제로 선출한 의원들의 정당별 비율과 다르지 않고 의회의 환경에 그 어떤 변화를 주지 못한다. 따라서 원래 지니고 있던 구심력을 제대로 발휘하지 못한다.

오답 해설 ① 행정부의 권력을 분리해 의회에서 선출된 총리에게 내치를 담당하게 하는 것 자체는 대통령의 단독권력의 약화를 의미한다. 이는 의회의 다수 연합의 형성을 촉진하는데, 총리를 과반으로 선출하기 위해 부족 정당들 간의 연합은 필수적이다. 그리고 이는 총리를 중심으로 한 연립내각을 구성해 정부 운영을 주도해 나간다. 따라서 행정부와 의회 간의 목적의 일치성이 증가해 정국의 안정을 도모하게 된다.

② A국의 교착 상태는 행정부와 의회의 목적 일치성의 증가뿐만 아니라 대통령이 단독권한을 강화함으로써도 해소 가능하다. 〈보기〉에서 대통령은 전체 부족을 대표하는 존재로 묘사되어 있어 대통령령으로 전체 부족을 위하는 공공재를 제공할 수 있으므로 교착상태를 해소할 수 있다.

③ 대통령 선거와 의회 선거를 동시에 치르게 되면, 대통령 당선자의 후광(後光) 효과로 인해 대통령의 소속 정당의 지지율이 올라 의회 선거에서 선전하게 된다. 그 결과로 여당의 의석이 증가하게 된다. 따라서 목적의 일치성이 증가하게 된다.

④ 결선투표제는 과반의 득표로 선출되기에 어떤 형태든 당선자를 내기 위해서는 부족 정당 간의 연합이 형성될 수밖에 없다. 이러한 제도적 기회구조는 1차 선거와 2차 선거 사이에 정당 간 연합을 통해 연립정부를 구성할 수 있는 유인을 창출한다. 이에 의회와의 협력을 보색하는 대통령은 의회 내 정당연합을 통해 연립정부를 구성할 수 있는 구조를 지니게 된다. 따라서 의회 내 정당 간의 교착이나 행정부와 의회 간의 교착을 완화할 수 있는 기회를 가질 수 있다.

[33~35] 다음 글을 읽고 물음에 답하시오.

　사유재산 제도에서 개인은 자기 재산을 임의로 처분할 수 있다. 다만 생전의 제한 없는 재산 처분은 유족의 생존을 위협할 수 있다. 이에 재산 처분의 자유와 상속인 보호를 조화시키기 위해 최소한의 몫이 상속인에게 유보되도록 보호할 필요가 있는데, 이를 위한 제도가 유류분(遺留分) 제도이다.

　프랑스는 대혁명을 거치면서도 예전처럼 유언에 의한 재산 처분의 자유를 크게 인정하는 것이 일반적인 사회 관념이었다. 그러나 가부장의 전횡을 불러오는 이런 자유는 가정불화의 원인이 되기도 했다. 이로 인해 혁명기의 입법자는 유언의 자유에 대해 적대적인 태도를 취했다. 입법자는 피상속인의 재산을 임의처분이 가능한 자유분과 상속인들을 위해 유보해야 하는 유류분으로 구분하여 자유분을 최소한으로 규정했다.

　1804년의 나폴레옹 민법전에서는 배우자와 형제자매를 제외하고 직계비속 및 직계존속에 한해 유류분권을 인정했다. 유류분은 상속인의 자격과 수에 따라 달라지게 했다. 피상속인의 생전 행위 또는 유언에 의한 무상처분은 자녀를 한 명 남긴 경우에는 재산의 절반을, 두 명을 남기는 경우에는 1/3을 초과할 수 없도록 했다. 상속을 포기한 자녀는 유류분권자에서 배제되지만 유류분 계산 시 피상속인의 자녀 수에는 포함되도록 하여, 상속 포기가 있어도 자유분에는 변동이 없었다. 유류분권은 피상속인이 가족에 대한 의무를 이행하는 것이었으며, 특히 직계비속을 위한 유류분 제도는 젊은 상속인의 생활을 위한 것이었다.

　2006년에는 큰 변경이 있었다. 피상속인의 생전 처분이 고령화로 인해 장기에 걸쳐 진행되므로, 유류분 부족분을 상속 재산 자체로 반환하는 방식을 고수할 경우 영향 받는 제삼자가 그만큼 더 많아졌다. 상속 개시 시기가 늦어졌어도 상속인들이 생활 기반을 갖춘 경우가 일반화되었다. 또 이혼이나 재혼으로 가족이 재편되는 경우도 많아졌다. 이를 배경으로 유류분의 사전 포기를 허용하고, 직계존속에 대한 유류분을 폐지했다. 피상속인의 처분의 자유도 증대시켰다. 상속을 포기한 자녀는 유류분 계산 시 피상속인의 자녀 수에서 제외되어 상속 포기가 있으면 자유분이 증가하도록 했다. 유류분 반환 방식도 제삼자를 고려하여 유류분 부족액만큼을 금전으로 반환하는 방식으로 변경하였다.

　우리의 유류분 제도는 1977년에 신설되었다. 우리 민법은 상속을 포기하지 않고 상속 결격 사유도 없는 한, 피상속인의 직계비속과 배우자, 직계존속, 형제자매까지를 유류분권자의 범주에 포함하되 최우선 순위인 상속권자를 유류분권자로 인정한다. 그리고 직계비속은 1순위, 직계존속은 2순위, 형제자매는 3순위, 배우자는 직계비속·직계존속과는 동일 순위이지만 형제자매에 대해서는 우선순위의 상속인으로 인정한다. 유류분권자가 된 상속인의 법정 상속분 중 일정 비율을 유류분 비율로 정한다. 법정 상속분은 직계비속들 사이에서는 균분이고, 이들의 유류분 비율은 법정 상속분의 반이다. 구체적 유류분액을 확정하여 실제 받은 상속 재산이 이에 미달하는 경우에 그 부족분 한도에서 유증(遺贈) 또는 증여 받은 자에게 부족분에 해당하는 상속재산 자체의 반환을 청구하게 된다.

　　최근 우리의 유류분 제도 에 대해서도 개정 필요성이 제기되고 있다. 도입 당시에는 호주 상속인만의 재산 상속 풍조가 만연한 탓에 다른 상속인의 상속권을 보장해 주어야 한다는 점이 강조되었고, 법 적용에서도 배우자와 자녀들에게 유류분권을 보장하는 점이 중시되었다. 하지만 현재는 호주제가 폐지되고 장자 단독 상속 현상이 드물어졌다. 이와 관련하여 대법원도 판례를 통해 유류분 제도가 상속인들의 상속분을 보장한다는 취지 아래 피상속인의 자유의사에 따른 재산 처분을 제한하는 것인 만큼, 제한 범위를 최소한으로 그치게 하는 것이 피상속인의 의사를 존중하는 의미에서 바람직하다고 보았다.

33.

윗글의 내용과 일치하지 않는 것은?

① 프랑스 혁명기 입법자의 유언의 자유에 대한 태도는 자유분의 최소화로 나타났다.
② '1804년 나폴레옹 민법전'은 젊은 상속인의 생활을 보장하는 것이 피상속인의 의무라는 점을 들어 생전 재산 처분의 자유에 대한 제한을 정당화했다.
③ '2006년 프랑스 민법전'은 고령화 및 이혼·재혼 가정의 증가 현상에 대처하기 위해 피상속인의 재산 처분의 자유를 강화했다.
④ 우리 민법에 따르면 직계비속 및 배우자가 유류분권을 주장할 수 있는 경우에는 형제자매도 유류분권을 주장할 수 있다.
⑤ 우리의 유류분 제도 입법 취지는 호주 상속인이 단독으로 재산을 상속하여 배우자 등 상속인들의 권익이 보호받지 못하는 문제에 대처하기 위한 것이었다.

문항 성격	문항유형 : 주제, 요지, 구조 파악
	내용영역 : 규범
평가 목표	이 문항은 민법상 유류분 제도에 관한 제시문의 주제 및 요지를 파악하는 능력을 평가하는 문항이다.

정답 : ④

제시문에는 프랑스에서 유류분 제도의 변천 과정을 설명한 후, 우리 민법상 유류분 제도의 내용과 도입 취지, 그리고 최근 대법원 판결의 입장이 소개되어 있다. 이어 현재 우리 사회상의 변화에 비추어 어떠한 방향의 개정이 필요한지 생각해 볼 수 있도록 하였다.

정답 해설 ④ 제시문 다섯 번째 단락에서 우리 민법은 상속을 포기하지 않고 상속 결격 사유도 없는 한, 피상속인의 직계비속과 배우자, 직계존속, 형제자매까지를 한도로 최우선 순위인 상속권자를 유류분권자로 인정한다고 하였다. 그리고 상속순위는 직계비속이 1순위, 직계존속은 2순위, 형제자매는 3순위, 배우자는 직계비속·직계존속과는 동일 순위, 형제자매에 대해서는 우선순위의 상속인으로 인정한다고 하였다. 이러한 내용에 비추어 보면 직계비속 및 배우자가 유류분을 주장할 수 있는 경우는 이들이 곧 최우선순위상속권자라는 의미이므로 이들에 대해 후순위상속권자인 형제자매는 유류분권자로 인정될 수 없음을 알 수 있다. 따라서 그 경우 형제자매도 유류분권을 주장할 수 있다고 한 ④는 제시문의 내용과 일치하지 않는다.

오답 해설 ① 제시문 두 번째 단락 "혁명기의 입법자는 유언의 자유에 대해 적대적인 태도를 취했다. 입법자는 피상속인의 재산을 임의처분이 가능한 자유분과 상속인들을 위해 유보해야 하는 유류분으로 구분하여 자유분을 최소한으로 규정했다."에서 확인할 수 있다.

② 제시문 세 번째 단락 "유류분권은 피상속인이 가족에 대한 의무를 이행하는 것이었으며, 특히 직계비속을 위한 유류분 제도는 젊은 상속인의 생활을 위한 것이었다."에서 확인할 수 있다.

③ 제시문 네 번째 단락 "2006년에는 큰 변경이 있었다. 피상속인의 생전 처분이 고령화로 인해 장기에 걸쳐 진행되므로, 유류분 부족분을 상속 재산 자체로 반환하는 방식을 고수할 경우 영향 받는 제삼자가 그만큼 더 많아졌다. 상속 개시 시기가 늦어졌어도 상속인들이 생활 기반을 갖춘 경우가 일반화되었다. 또 이혼이나 재혼으로 가족이 재편되는 경우도 많아졌다. 이를 배경으로 유류분의 사전 포기를 허용하고, 직계존속에 대한 유류분을 폐지했다. 피상속인의 처분의 자유도 증대시켰다."에서 확인할 수 있다.

⑤ 제시문 마지막 단락 "(우리의 유류분 제도는) 도입 당시에는 호주 상속인만의 재산 상속 풍조가 만연한 탓에 다른 상속인의 상속권을 보장해 주어야 한다는 점이 강조되었고, 법 적용에서도 배우자와 자녀들에게 유류분권을 보장하는 점이 중시되었다."에서 확인할 수 있다.

34.

윗글에 제시된 각 입장에 따라 우리의 유류분 제도에 대한 개정 방향을 논의할 때, 추론의 내용으로 가장 적절한 것은?

① 프랑스 혁명기의 사회 관념에 따를 경우, 유류분권자의 권익은 현재보다 강화될 것이다.

② '1804년 나폴레옹 민법전'의 입장에 따를 경우, 배우자가 지니는 유류분권자로서의 권익은 현재보다 강화될 것이다.

③ '2006년 프랑스 민법전'의 입장에 따를 경우, 직계존속이 지니는 유류분권자로서의 권익은 현재보다 강화될 것이다.

④ '2006년 프랑스 민법전'의 입장에 따를 경우, 피상속인의 생전 처분으로 증여받은 제삼자의 권익은 현재보다 강화될 것이다.

⑤ 우리 대법원의 판례에 따를 경우, 상속 개시 전에 이해관계를 형성했던 제삼자가 고려해야 하는 유류분권자의 권익이 현재보다 강화될 것이다.

문항 성격	문항유형 : 정보의 추론과 해석
	내용영역 : 규범
평가 목표	이 문항은 제시문의 각 입장을 해석한 후 이를 바탕으로 우리 유류분 제도에 관한 개정 방향의 결과를 추론하는 능력을 평가하는 문항이다.
문제 풀이	정답 : ④

유류분 제도와 관련한 문제로 피상속인의 재산처분의 자유의 인정 범위, 생전처분으로 재산을 취득한 제3자의 보호 정도, 상속인으로서 직계존속과 배우자, 형제자매 중 어느 범위까지 유류분권자로 인정될 수 있는지 등이 있다. 제시문에서 프랑스 혁명기 일반 관념이나 혁명기 입법자, 나폴레옹 민법전, 2006년 개정 프랑스 민법전과 최근 우리 대법원 판례에서 각각 유류분권자의 인정 범위나 피상속인의 재산처분의 자유가 제한되는 정도 또는 유류분권이 보호받는 정도가 상이할 수 있음을 알 수 있다. 따라서 이를 바탕으로 우리 민법상 유류분 제도의 개정에 관해 논의할 때 각 법제에서 배우자나 직계존속이 유류분 권리자에 해당하는지, 현재보다 유류분 권리자나 제3자의 권익이 보호되는 정도가 어떠할 것인지에 관해 추론해 보도록 한다.

> 정답 해설   ④ 제시문 네 번째 단락에서 '2006년 프랑스 민법전'은 "유류분 부족분을 상속 재산 자체로 반환하는 방식을 고수할 경우 영향 받는 제삼자가 그만큼 더 많아"진 현상을 배경으로, "유류분 반환 방식도 제삼자를 고려하여 유류분 부족액만큼을 금전으로 반환하는 방식으로 변경하였다."고 하였다. 따라서 '2006년 프랑스 민

법전'에 따를 경우, 피상속인의 생전 처분으로 증여받은 제삼자의 권익은 현재보다 강화될 것이다.

오답 해설 ① 제시문 두 번째 단락에서 프랑스 혁명기의 사회 관념은 피상속인의 유언에 의한 재산 처분의 자유를 크게 인정하였고, 이것이 가부장의 전횡과 가정불화를 초래하였다고 하였다. 따라서 이에 따를 경우, 유류분 권리자의 권익은 현재보다 약화될 것이다.

② 제시문 세 번째 단락에서 '1804년 나폴레옹 민법전'은 배우자를 유류분권자에서 배제하였다고 하였다. 따라서 이 입장에 따를 경우, 배우자의 유류분권은 인정되지 않을 것이다.

③ 제시문 네 번째 단락에서 '2006년 프랑스 민법전'은 직계존속을 유류분권자에서 배제하였다고 하였다. 따라서 이 입장에 따를 경우, 직계존속의 유류분권은 인정되지 않을 것이다.

⑤ 제시문 마지막 단락에서 "(우리) 대법원도 판례를 통해 유류분 제도가 상속인들의 상속분을 보장한다는 취지 아래 피상속인의 자유의사에 따른 재산 처분을 제한하는 것인 만큼, 제한 범위를 최소한으로 그치게 하는 것이 피상속인의 의사를 존중하는 의미에서 바람직하다고 보았다."고 하였으므로 제삼자가 고려해야 하는 유류분권자의 권익은 그만큼 약화될 것이다.

35.

윗글을 바탕으로 〈보기〉에 대해 평가할 때, 적절한 것을 고른 것은?

보 기

　A가 사망했고 장남 B, 차남 C, A의 동생 D가 남아 있다. B는 사업에 실패하여 극심한 생활 곤란을 겪고 있고, C는 경제 능력을 갖추고 있으며, D는 고령으로 인해 생활 위기에 직면해 있다.

ㄱ. '1804년 나폴레옹 민법전'에 의하면, B가 상속을 포기할 경우 B는 유류분 계산시 A의 자녀 수에서 제외되지 않는다.

ㄴ. '1804년 나폴레옹 민법전'에 의하면, D는 유류분권을 주장할 수 없다.

ㄷ. '2006년 프랑스 민법전'에 의하면, C가 상속을 포기하더라도 자유분에는 변동이 없다.

ㄹ. 우리 현행 민법에 의하면, B와 C가 모두 유류분권자라고 할 때 두 사람의 유류분 비율은 동일하지 않다.

① ㄱ, ㄴ　　　　　　② ㄱ, ㄷ　　　　　　③ ㄴ, ㄷ
④ ㄴ, ㄹ　　　　　　⑤ ㄷ, ㄹ

문항 성격	문항유형 : 정보의 평가와 적용
	내용영역 : 규범

평가 목표 이 문항은 상속 포기가 유류분 또는 자유분에 미치는 영향, 형제자매가 유류분권자에 해당하는지 여부, 직계비속 간 유류분 비율의 동일 여부에 관해 제시문에서 관련된 정보를 찾아 사례에 적용하는 능력을 평가하는 문항이다.

문제 풀이 정답 : ①

제시문에서 1804년 나폴레옹 민법전, 2006년 개정 프랑스 민법전과 우리 현행 민법에서 각각 유류분권자의 범위, 상속 포기의 효과, 유류분의 비율에 관한 정보를 찾아 〈보기〉의 사례에 적용하여 ㄱ~ㄹ을 판단해 보도록 한다.

〈보기〉 해설　ㄱ. '1804년 나폴레옹 민법전'에서 상속인인 자녀가 상속을 포기하면 그는 상속권자는 아니게 되지만 유류분 계산 시에는 피상속인의 자녀의 수에 계속 포함된다고 하였으므로, ㄱ은 적절한 평가다.

　ㄴ. '1804년 나폴레옹 민법전'은 피상속인의 형제자매를 유류분권자에서 배제하였다고 하였으므로 동생인 D는 유류분권을 주장할 수 없다는 ㄴ은 적절한 평가다.

　ㄷ. '2006년 프랑스 민법전'에서 유류분의 사전 포기를 허용하고 이 경우 자유분이 증가하도록 했으므로, ㄷ은 적절하지 않은 평가다.

　ㄹ. 우리 현행 민법에 의하면, 직계비속들 사이의 상속분은 균등하고 이들의 유류분 비율은 법정상속분의 반이라 하였으므로, 유류분권자인 직계비속들 사이의 유류분 비율이 동일함을 알 수 있다. 따라서 ㄹ은 적절하지 않은 평가다.

법학적성시험
언어이해 영역

2012

2017학년도 언어이해 영역 출제 방향

1. 출제의 기본 방향

언어이해 영역은 미래의 법률가에게 요구되는 기본적인 언어 소양과 법학전문대학원 수학에 필요한 통합적 언어 능력을 평가하는 것을 기본 방향으로 삼고 있다. 특히 법학전문대학원에서 원활하게 수학하려면 학부에서의 전공과 상관없이 공적 가치 판단이 요구되는 전문적인 글들을 독해하고 평가할 수 있는 능력을 가지고 있어야 한다. 이 점을 중요하게 고려하여 텍스트를 능동적으로 이해하고 비판적으로 대하는 능력을 갖추고 있는지 점검하는 것을 출제의 기본 방향으로 삼았다. 구체적인 출제 원칙은 다음과 같다.

- 통합적이며 심층적인 독해 및 사고 능력을 평가한다.
- 인문, 사회, 과학기술, 규범 등의 다양한 분야에서 내용 및 표현 면에서 모범이 될 수 있는 제시문을 선정·개발한다.
- 제시문의 핵심 정보나 주요 세부 정보들을 파악하고, 정보들 간의 유기적 관련성을 분석·종합하며, 주어진 단서를 바탕으로 다양한 문제 상황에 대응할 수 있는 문제 해결 능력을 평가한다.
- 기본 독해 능력에 대해서는 동일한 유형의 문항을 활용하되, 제시문을 통해 획득한 단서를 바탕으로 새로운 상황에 적용하여 판단할 수 있게 하는 비판적·창의적 문제를 개발한다.

2. 출제 범위

언어이해 영역은 독해를 기반으로 한 언어 이해 능력을 평가하기 위한 영역이다. 이 능력은 다양한 주제를 다룬 폭넓은 유형의 글들을 정확히 읽어 내는 능력과, 그 글들을 바탕으로 적절한 추론과 비판을 수행할 수 있는 능력을 포함한다. 이러한 능력을 점검하기 위해 다양한 전문 분야에서 제시문의 소재를 구하되, 중요한 공적 가치를 지닌 주제들을 우선적으로 선정하였고, 언어이해 영역의 여러 평가 목표를 균형 있게 다룰 수 있도록 하였다.

이번 시험에서 제시문을 선정할 때 고려한 사항은 다음과 같다.

첫째, 대학 교양 교육의 충실한 이수를 유도하기 위하여 여러 학문 분야에 두루 사용되는 기본적인 개념이나 범주들을 중심으로 하되, 각 학문 분야의 최신 이론이나 시의성 있는 문제 상황을 반영하는 주제로 제시문을 작성하였다.

둘째, 문항 세트 설계를 원리적 모델들을 기반으로 제시문에 사용된 개념이나 범주들을 제대로 이해했는지 평가할 수 있게 하였다.

셋째, 법학의 배경 지식을 요구하는 제시문 대신 학제적 내용 분야와 각 주제를 연계함으로써 통합적 사고력과 문제 해결 능력을 평가할 수 있게 하였다.

넷째, 다양한 내용 분야가 법적 문제들과 연관될 수 있음을 보여 주는 제시문을 선정함으로써 법의 이론적·현실적 연관성을 폭넓게 사고하게 하였다.

다섯째, 최근의 시사와 학문적 동향을 반영하여 제시문 독해만으로도 교육적 효과를 얻을 수 있게 하였다.

3. 제시문 및 문항

이번 출제에서는 기왕의 출제 경향이 난삽하거나 현학적인 제시문을 출제하는 차원에 머물렀던 것을 지양하여, 가독성이 뛰어나고 취지가 분명한 제시문을 바탕으로 독해와 사고 능력을 측정하는 데 중점을 두었다. 이 시험이 지식이 아니라 능력을 측정하는 데 주요한 목표가 있다는 점에서 이와 같은 방향이야말로 독해 능력을 제대로 점검하는 데 도움이 될 것으로 생각한다.

이번 시험에서는 '인문', '사회', '과학기술', '규범'으로 분류된 4개 내용 영역의 문학, 사학, 철학, 경제, 정치, 윤리, 법철학, 물리, 생물 등의 분야에서 11개 문항 세트(총 35문항)를 출제하였다. 각각의 문항 세트는 대의 파악, 정보 재구성, 관점과 의도 파악, 추론, 비판과 적용 등 독해와 관련된 5개 영역을 전제로 제시문의 특성에 따라 구성하였다. 각 분야별로 제시문 선택 및 문항 구성의 주안점을 제시하면 다음과 같다.

'인문' 분야에서는 먼저 문학은 이청준 소설을 제시문으로 선택하였다. 이청준 소설을 택한 것은 이 소설이 현대사회의 모순이 개인의 내면에 미치는 영향을 잘 보여주기 때문이며, 법률가로서 필요한 섬세하고 구체적인 상황 판단 및 인간 심리 이해를 측정하기에 적합한 것으로 판단하였기 때문이다. 다음으로, 사학은 조선 시대에 재가 관련 규정이 성립되는 과정을 보여 주는 사료를 재구성하여 제시문으로 삼았다. 이 제시문은 논쟁점을 둘러싼 구체적 사실들과 그에 대한 다양한 의견을 제대로 파악할 수 있는지 점검하는 데 적합하다고 판단하여 선택하였다. 그리고 철학에서는 감각과 인지 과정에 대한 두 이론을 비교하는 내용을 제시문으로 구성하였다. 감각과 인지 과정을 대하는 대비적인 이론은 상반되는 입장의 공통점과 차이점을 정확하게 이해하는지 측정하는 데 적합한 것으로 판단하였다. 이러한 제시문을 바탕으로, 상반되는 입장 근저에 존재하는 공통된 전제의 파악, 상호 쟁점에 대한 구체적 이해, 다른 사례에 대한 적용을 점검하게 하였다.

'사회' 분야에서는 먼저 경제는 금융위기를 설명하는 네 가지 이론적 입장을 바탕으로 제시문을 구성하였다. 현대 자본주의의 중요한 문제를 다룬 이 글이 논제를 다루는 각 입장의 상이한 이론적 출발점을 비교 · 이해하는 능력과, 이를 바탕으로 실제 사례를 비판적으로 접근할 수 있는 능력을 점검하는 데 적합하다고 판단하였기 때문이다. 다음으로, 정치에서는 후기 현대사회로의 전환을 알려 주는 현상으로 '새로운 전쟁'을 다룬 글을 제시문으로 삼았다. 새로운 전쟁의 양상을 바탕으로 유럽에서 발원한 근대의 국민국가 체제가 균열됨을 보여 주는 이 글이 세계사적 변화와 인류 사회의 목표라는 대의를 읽어 낼 수 있는지 점검하는 데 적합하다고 판단하였기 때문이다.

'규범' 분야에서는 먼저 '카르네아데스의 널'을 재구성한 사례를 바탕으로 범죄 여부를 논한 글을 제시하였다. 정당방위와 긴급피난을 구성 요건, 위법성, 책임을 중심으로 논하는 이 글이 세밀한 논리적 연관 관계 및 사례에 대한 적용과 추론, 주요 개념에 대한 비판적 이해를 측정하기에 적합하다고 판단하였기 때문이다. 특히 법학의 사전 지식과 무관하게 문항을 구성함으로써 독해와 사고 능력을 제대로 측정하게 하는 것을 이 문항 세트 설계의 중점으로 삼았다. 두 번째 제시문은 개인의 복지 수준을 파악하는 여러 이론을 제시하고, 각 이론의 세부 내용을 제시하는 것으로 구성하였다. 각 이론에서 복지를 설명하는 방식의 차이를 다룬 이 글이 복지의 구성 요소에 대한 이론적 차이와 각 이론에 대한 비판적 추론을 묻기에 적합하다고 판단하였기 때문이다. 세 번째는 공화주의와 헌법 간의 관계를 다룬 글을 제시하였다. 공화주의와 헌법이 현대 민주주의 구현에 미치는 영향을 다룬 이 글이 역사적이고도 개념적인 진술 속에 나타난 기본 입장을 파악하고, 나아가 현대 민주주의가 나아갈 방향을 추론하는 데 적합하다고 판단하였기 때문이다. 마지막으로, 형사 절차에서의 변호인의 역할을 다룬 글을 제시문으로 삼았다. 변호인의 성실 의무를 쟁점으로 한 이 글은 미국에서 이루어진 각 판례의 주요 근거 파악, 판례들의 전체적인 흐름 파악, 우리나라와 미국 간의 공통점 추론 등을 측정하는 데 적합하다고 보았다.

'과학 · 기술' 분야에서 물리는 성운과 지구 간의 거리 측정을 다룬 글을 제시하였다. 변광성을 중심으로 성운의 거리를 측정하는 방법을 과학사적으로 다룬 이 글이 우주의 크기, 성운에 대한 천문학적 사실, 성운을 설명하는 두 가설 등을 중심으로 객관적 사실 파악, 과학 이론의 전제 파악, 세부적 사실의 추론 등을 측정하는 데 적합하다고 보았기 때문이다. 그리고 생물에서는 창자의 상피세포와 성체장줄기세포의 분화 과정을 다룬 글을 제시문으로 구성하였다. 분화 과정을 이루는 세부적인 과정과 결과를 다룬 이 글이 과학적 사실의 파악, 생리학적 과정의 정보 추출, 과학적 이론의 세부적인 추론 등을 점검하는 데 적합하다고 판단하였기 때문이다.

4. 난이도

2017학년도 법학적성시험에서는, 적정한 난이도를 유지했다고 판단되는 2016학년도와 같은 수준으로 난이도를 조정하고자 했다. 그러나 예년과 다른 점이 있다면, 출제 방향에서 중요한 준거로 난삽한 제시문을 통해서가 아니라 독해 능력을 실질적으로 측정하는 문항을 통해서 난이도를 조정하고자 했다는 점이다. 그 때문에 출제진은 제시문의 가독성을 예년보다 훨씬 높여서 제시문의 난삽함 때문에 실질적인 독해 능력 측정에 방해받는 경우가 없도록 하는 데 노력을 기울였다. 가독성이 높은 제시문으로 인해 정답률이 다소 높아질 수는 있지만, 그럼에도 불구하고 독해 능력 측정이라는 언어이해 영역의 본래 목적을 달성하는 데에는 더 효과적이라고 본다. 물론 제시문의 가독성을 높인다고 하더라도 제시문이 다루는 내용은 심도 있게 함으로써 국내의 시험 가운데 가장 수준이 높은 법학적성시험에 걸맞게 하였다.

한편, 개별 문항의 난이도를 확보함에 있어서도 제시문의 정보를 정확하게 이해했는지를 점검하는 데 중점을 기울였다. 제시문의 가독성이 높아 수험생들의 체감 난이도는 예년보다 쉬워질 수 있지만, 실질적인 난이도는 거의 차이가 없을 것으로 본다.

또 하나 강조할 것은, 제시문의 내용이 기출 문제나 사설 문제집과 부분적으로 겹치는 경우에 대해서이다. 이번 시험에서는 제시문의 제재를 새로운 관점에서 재구성하여 표면적인 유사성은 있더라도 실질적으로는 유사하지 않게 하고, 나아가 문항 구성도 기출 문제를 푼 사전 경험이나 지식으로는 절대 해결될 수 없게 하였다. 그리하여 설령 부분적으로 겹치는 내용을 미리 학습한 경우가 있다고 하더라도 그것이 이번 시험을 보는 데 유리한 영향을 미칠 수 없게끔 출제하였다. 그리고 특정 전공에 유리한 경우가 없게 하는 데에도 이번 출제진은 세심한 노력을 기울였다.

5. 문항 출제 시의 유의점 및 강조점

• 언어이해 영역에서 평가하고자 하는 능력이 주로 통합적 이해력과 심층 분석력에 있다는 점을 고려하여 제시문 분량과 제시문당 문항 수에 융통성을 두었다.
• 제시문의 내용과 문항 구성에 있어서 기존 문제나 사설문제집을 푼 경험에 의존해서는 풀리지 않도록 하였으며, 특정 전공에 따른 유불리도 나타나지 않도록 하였다.

- 출제의 의도를 감추거나 오해하게 하는 질문의 선택을 피하고, 평가하고자 하는 능력을 정확히 평가할 수 있도록 간명한 형식을 취하였다.
- 문항 및 선택지 간의 간섭을 최소화하고, 선택지 선택에서 능력에 따른 변별이 이루어질 수 있도록 하였다.

[01~03] 다음 글을 읽고 물음에 답하시오.

넓은 바다에서 여러 사람을 태운 배가 난파하였다. 바다에 빠진 선원 A는 바다 위에 떠 있는 널판을 발견하였다. 널판은 한 사람을 겨우 지탱할 만큼밖에 되지 않았다. 선원 A가 널판으로 헤엄쳐 갈 때, 마침 미처 붙잡을 만한 것을 찾지 못한 선원 B도 널판 쪽으로 헤엄쳐 왔다. 선원 A와 선원 B는 동시에 그 널판을 붙잡게 되었다. 두 사람이 계속 붙잡고 있다가는 널판이 가라앉을 것이기 때문에 선원 A는 둘 다 빠져 죽을까 걱정하여 선원 B를 널판에서 밀어내었다. 선원 B는 결국 물에 빠져 죽었고 선원 A는 구조되었다. 이는 고대 그리스의 철학자 카르네아데스가 만든 가상의 사건 '카르네아데스의 널'을 바탕으로 재구성한 사례 이다. 이 사례는 윤리적으로 허용될 수 있는지도 논란거리가 되지만, 형법상 처벌되어야 하는지도 따져 볼 만하다.

범죄는 '(1) 구성요건에 해당하고, (2) 위법하며, (3) 유책한 행위'라고 정의된다. 이 세 가지 요소 가운데 하나라도 빠지면 범죄는 성립하지 않는다. 이 중 구성요건이란 형벌을 부과할 대상이 되는 위법한 행위를 형법에 유형화하여 기술해 놓은 것을 말한다. 예를 들면, 형법 제250조 제1항은 "사람을 살해한 자는 사형, 무기 또는 5년 이상의 징역에 처한다."라고 규정하는데, 여기서 사람을 살해한다는 것이 구성요건이다. 따라서 구체적인 사실이 구성요건에 해당할 때에는 일반적으로 위법하다.

구성요건에 해당하더라도 위법하다고 볼 수 없을 때가 있다. 잘 알려진 것으로는 정당방위, 긴급피난에 해당하는 경우가 있다. 정당방위는 자기 또는 타인의 법익을 현재의 위법한 침해로부터 방위하기 위하여 상당한 이유가 있는 행위를 하는 것을 말한다. 여기에는 법이 불법에 양보할 필요가 없다는 전제가 깔려 있다. 긴급피난은 자기 또는 타인의 법익에 대한 현재의 위난을 피하기 위하여 상당한 이유가 있는 행위를 하는 것을 말한다. 생명과 같이 대체할 수 없는 큰 법익을 지키기 위해 어쩔 수 없이 재산과 같은 법익을 희생시킨 일을 가지고 사회적인 해악을 일으킨 위법한 행위라 하지 않는 것이다. 긴급피난은 꼭 위법한 침해 행위로 일어난 위난에 대하여만 인정하는 것이 아니라는 점에서 정당방위와 다르다.

앞의 사례에서 선원 A와 선원 B가 동시에 널판을 잡은 행위는 저마다의 생명을 생각할 때 불가피한 일이었다. 이 상황은 선원 A의 입장에서 급박한 위난이었고, 선원 A의 이어진 행위는 위난을 피하는 데 절실한 것이었다. 이러한 선원 A의 행위에 대해 ㉠ 정당방위가 인정된다고 생각하는 이나, ㉡ 긴급피난이 성립하여 위법성이 없다고 파악하는 이가 있을지 모른다. 그러나 그 어느 쪽도 해당하지 않는다고 해야 한다.

우선 정당방위의 요건을 생각할 때 위난에 빠진 선원 B의 행위에 대한 선원 A의 행위를 정당방위로 볼 수는 없으며, 또한 긴급피난이 성립하려면 보호한 법익이 침해한 법익보다 훨씬 커야 하는 데 이 사례는 여기에 해당하지 않는다. 그렇다고 해서 곧바로 선원 A에게 범죄가 성립한다고 단정할 수는 없다. 범죄가 성립하기 위해서는 '책임'이라고 하는 점도 고려해야 하기 때문이다. 범죄는 유책한 행위, 곧 행위자에게 책임을 물을 수 있는 행위여야 성립할 수 있는 것이다. 따라서 유책하지 않은 행위를 들어 형벌을 부과할 수 없다.

위법성은 개인의 행위를 법질서와의 관계에서 판단하는 것이어서, 행위자 개인의 특수성은 위법성 판단의 기준이 되지 않는다. 형법에서 위법한 행위를 한 행위자 개인을 비난할 수 있는가 하는 것이 바로 책임의 문제이다. 형법상 책임은 행위자에 대한 법적 비난 가능성의 문제인 것이다. 이는 구체적인 상황에서 행위자가 위법한 행위 말고 다른 행위를 할 수 있었겠는가 하는 기대 가능성으로 볼 수 있다. 적법한 행위를 할 수 있었는데도 위법한 행위를 한 데에 대하여는 윤리적인 비판뿐만 아니라 법적인 비난이 가해져야 하기 때문이다. '카르네아데스의 널'을 재구성한 사례에서 선원 A가 자신의 목숨을 희생하는 쪽을 선택하였다면 숭고한 선행임에 틀림없지만, 그렇게 하지 않은 데 대하여 윤리적인 비판은 몰라도 법적인 비난을 하기는 어렵다고 보는 것이 일반적이다.

01.

사례 에 관한 윗글의 이해로 적절한 것은?

① 선원 A나 선원 B의 행위는 모두 위난을 벗어나고자 한 것이라 할 수 있다.
② 선원 B가 만약 선원 A를 밀어 빠져 죽게 하였다면 그 행위는 범죄가 된다.
③ 선원 A와 선원 B의 행위는 형법상 살인죄의 구성요건에 해당하지 않는다.
④ 선원 B에 대한 선원 A의 행위는 윤리적으로 타당하기 때문에 형법상 비난받지 않는 것이다.
⑤ 선원 A가 선원 B를 살리는 선택을 하였더라도 그것을 윤리적으로 드높은 덕행이라 할 수 없다.

문항 성격	문항유형 : 주제, 요지, 구조 파악
	내용영역 : 법·규범
평가 목표	이 문항은 전체적 맥락에서 주어진 사례를 잘 이해하였는지 확인하는 문항이다.
문제 풀이	정답 : ①

동일한 위난 상황에 처한 선원 A와 B의 행위를 범죄 성립 여부의 관점에서 판단하고, 윤리적 차원과 법적인 차원에서 평가한다.

정답 해설 ① 선원 A나 B는 모두 배의 난파라는 위난을 벗어나고자 했지만, 결국 A만 성공했다. 그러므로 ①은 적절하다.

오답 해설 ② 선원 B의 가정된 행위는 선원 A의 실제 행위와 일치한다. 제시문은 선원 A의 행위에 대해 범죄가 되지 않는다고 평가하고 있기 때문에 선원 B의 행위도 마찬가지로 범죄가 되지 않는다고 보아야 할 것이다.

③ 제시문 두 번째 문단에서 "사람을 살해한다는 것이 구성요건이다."라고 밝히고 있다. 선원 B는 사람을 죽인 것이 아니기 때문에 당연히 구성요건에 해당하지 않고, 선원 A의 행위는 살인죄의 구성요건에는 해당하지만 유책하지 않다.

④ 선원 A의 행위는 윤리적으로 타당하기 때문이 아니라 기대 가능성이 없기 때문에 책임이 없다는, 곧 형법상 비난할 수 없다는 평가를 받는 것이다. 더욱이 제시문 마지막 문단의 "윤리적인 비판은 몰라도 법적인 비난을 하기는 어렵다."는 진술은 A의 행위가 윤리적 비판에는 열려 있음을, 즉 윤리적으로는 타당하지 않을 수 있음을 함의한다.

⑤ 첫 번째 문단에서 "널판은 한 사람을 겨우 지탱할 만큼밖에 되지 않았다."고 나와 있기 때문에 선원 B를 살리기 위해서는 선원 A는 자신의 목숨을 버릴 수밖에 없는 상황이다. 제시문 마지막 문단에는 "선원 A가 자신의 목숨을 버리는 쪽을 선택하였다면" 이는 "숭고한 선행임에 틀림없"다고 명시되어 있다.

02.

㉠, ㉡에 대해 추론한 내용으로 적절하지 <u>않은</u> 것은?

① ㉠은 선원 B의 행위가 위법한 침해라고 주장할 것이다.
② ㉠은 선원 A의 행위가 현재 자기에게 닥친 침해를 해결하려 한 것이라고 주장할 것이다.
③ ㉡은 선원 B의 행위가 위법한 침해라고 주장하지 않아도 된다.
④ ㉡은 선원 A의 행위에 대한 범죄 성립 여부는 그의 책임에 대한 문제까지 따져야 결정될 것이라고 볼 것이다.
⑤ ㉠과 ㉡은 모두 선원 A의 행위가 현재 직면한 위난을 해결하는 데 상당한 이유가 있는 것이었다고 볼 것이다.

내용영역 : 법·규범

평가 목표 이 문항은 입장을 달리하는 두 주장의 공통점과 차이점을 파악하고 있는지 평가한다.

문제 풀이 정답 : ④

위법성이 없다고 평가되는 사안인 정당방위와 긴급피난의 개념을 제시문에 주어진 사례에 적용하여 꼼꼼하게 따져 본다.

정답 해설 ④ 제시문 두 번째 문단에서 "형법상 범죄는 '(1) 구성요건에 해당하고, (2) 위법하며, (3) 유책한 행위'라고 정의된다. 이 세 가지 요소 가운데 하나라도 빠지면 범죄는 성립하지 않는다."고 하였다. 따라서 ⓛ의 주장처럼 긴급피난이 성립하게 되면, 책임을 따지지 않아도 범죄는 성립하지 않는다.

오답 해설 ① 제시문 세 번째 문단에서는 정당방위에 대해 "위법한 침해로부터 방위하기 위하여" 하는 것이라 설명하고 있으므로, 정당방위가 성립하려면 상대방의 행위가 위법하여야 한다. 따라서 정당방위의 성립을 주장하는 ⓞ은 B의 행위가 위법하다고 주장할 것이다.

② 제시문 세 번째 문단에서는 정당방위에 대해 "자기 또는 타인의 법익을 현재의 위법한 침해로부터" 방위하기 위한 것이라 하고 있으므로, 정당방위의 성립을 주장하는 ⓞ은 선원 A의 행위가 자기의 법익(생명)에 닥친 현재의 침해를 지키기 위한 행동이라고 주장할 것이다.

③ 긴급피난의 성립에는 꼭 위법한 침해에 대해 이루어진 행위일 것이 요구되지 않으므로, 긴급피난의 성립을 주장하는 ⓛ은 상대방의 행위가 위법하였다는 주장을 반드시 해야 되는 것은 아니다.

⑤ 정당방위나 긴급피난으로 평가받기 위해서는 대상 행위가 목적을 달성하는 데 "상당한 이유가 있는 행위"여야 하기 때문에 적절한 진술이다.

03.

윗글에 따를 때, 선원 A의 '책임'에 대한 설명으로 가장 적절한 것은?

① 구성요건에 해당하지 않는 행위는 책임을 따질 필요가 없기 때문에 선원 A의 책임은 인정되지 않는다.

② 형법상 책임이 있다는 것은 적법한 다른 행위를 할 수 있는 상황임을 전제하기 때문에

선원 A는 책임이 있다.

③ 선원 A의 책임 유무를 따지는 것은, 자신의 생명에 대한 위난을 피하기 위해 남의 생명을 침해한 행위가 위법하다고 인정되기 때문이다.

④ 유책하지 않은 행위에 대하여는 정당방위가 성립할 수 없기 때문에 선원 A의 행위에 대하여는 정당방위를 따지지 않고 책임의 문제를 검토하는 것이다.

⑤ 선원 A의 행위가 위법한지는 따져 보지 않아도 되는 것은, 위법성은 행위에 대한 법규범적 판단인 데 반하여 책임은 행위자에 대한 윤리적인 비난 가능성을 검토하는 것이기 때문이다.

문항 성격	문항유형 : 정보의 평가와 적용
	내용영역 : 법 · 규범
평가 목표	이 문항은 제시문의 논지를 세부 내용에 평가하고 적용하는 능력을 확인하는 문항이다.
문제 풀이	정답 : ③

유책한 행위의 요건을 제시문에 주어진 다른 개념들과의 관계 속에서 정확히 파악하고, 이로부터 선원 A의 '책임'을 검토한다.

정답 해설 ③ 제시문 마지막 문단에 "위법성은 개인의 행위를 법질서와의 관계에서 판단하는 것이어서, 행위자 개인의 특수성은 위법성 판단의 기준이 되지 않는다."고 나와 있다. 따라서 개인적인 책임을 따지는 문제는 구성요건에 해당하며, 위법성이 없다고 판단되지 않는 경우에 생각해 볼 수 있는 문제이다.

오답 해설 ① 선원 A의 행위는 구성요건에 해당하기 때문에 유책한지 따져 보아야 한다.

② 선원 A의 행위는 다른 선택을 하도록 요구하기 어려운 상황이었다고 평가되기 때문에 유책하지 않다.

④ A의 행위는 정당방위에 해당하지 않는 위법한 행위라고 판단되기 때문에 책임의 문제를 따지게 되는 것이다.

⑤ 선원 A의 행위는 구성요건에 해당하므로 일반적으로 위법하다고 판단되는 상황이다. 위법성이 없다고 볼 만한 사유가 예외적으로 있을 수 있는지 따져 보아야 하는데, 제시문 네 번째 문단에 따르면 위법성이 있다고 판단되었다.

개인의 복지 수준이 향상되었다거나 또는 한 개인의 복지 수준이 다른 사람들보다 높다고 할 때, 이는 무엇을 의미하는가? 이 물음에 대한 답변은 인간 복지의 본성이나 요건에 대한 이해를 요구하는데, 이와 관련된 대표적인 도덕철학적 입장은 다음과 같다.

첫째, '쾌락주의적 이론'은 긍정적인 느낌으로 구성된 심리 상태인 쾌락의 정도가 복지 수준을 결정한다고 본다. 어떤 개인이 느끼는 쾌락이 증진될 때 그의 복지가 향상된다는 것이다. 둘째, '욕구 충족 이론'은 개인이 욕구하는 것이 충족되는 정도에 따라 복지 수준이 결정된다고 본다. 어떤 개인이 지닌 욕구들이 좌절되지 않고 더 많이 충족될 때 그의 복지가 향상된다는 것이다. 셋째, '객관적 목록 이론'은 개인의 삶을 좋게 만드는 목록을 기준으로 그것이 실현되는 정도에 따라 복지 수준이 결정된다고 본다. 그러한 목록에는 통상적으로 자율적 성취, 지식, 친밀한 인간관계, 미적 향유 등이 포함되는데, 그것의 내재적 가치는 그것이 개인에게 쾌락을 주는지 또는 그것이 개인에 의해 욕구되는지 여부와는 직접적 관련이 없다. 이 중에서 '쾌락주의적 이론'과 '객관적 목록 이론'은 어떤 것들이 내재적 가치가 있는지를 말해 준다는 점에서 실질적인 복지 이론이며, '욕구 충족 이론'은 사람들에게 좋은 것들을 찾아내는 방법을 알려주지만 그것들이 무엇인지를 말해 주지 않는다는 점에서 형식적인 복지 이론이라고 할 수 있다.

이러한 복지 이론들 중에서 많은 경제학자들의 지지를 받는 것은 '욕구 충족 이론'이다. 그들은 이 이론을 바탕으로 복지 수준의 높고 낮은 정도를 평가할 수 있다고 본다. 그리고 우리가 직관적으로 복지의 증가에 해당한다고 믿는 모든 활동과 계기들이 쾌락이라는 심리 상태를 항상 동반하는 것은 아니기 때문에 '쾌락주의적 이론'은 복지에 관해서 너무 협소하다고 비판하면서 더 개방적인 입장을 가져야 한다고 주장한다. 욕구의 대상이 현실에서 구현되는 것이 중요하지 그 구현 사실이 인식되어 개인들이 어떤 느낌을 갖게 되는 것이 필수적이지는 않다고 보기 때문이다. 그 이론의 옹호자들은 '객관적 목록 이론'도 한계를 지니고 있다고 비판한다. 복지 목록에 있는 항목들이 대체로 개인들의 복지에 기여한다는 점은 인정할 수 있지만 그 항목들이 복지에 기여하는 이유에 대해서는 제대로 해명하지 못하고 있다는 것이다. 또한 개인들이 실제로 욕구하는 것들 중에는 그 목록에 포함되지 않지만 복지에 기여하는 경우도 있다는 것이다.

하지만 이러한 '욕구 충족 이론'도 다음과 같은 문제점을 갖고 있다. 첫째, 욕구의 충족과 복지가 어느 정도 연관성이 있기는 하지만 모든 욕구의 충족이 복지에 기여하는 것은 아니라는 문제가 있다. 사람들이 정보의 부족이나 잘못된 믿음으로 자신에게 나쁜 것을 욕구할 수 있으며, ㉠ 타인의 삶에 대해 내가 원하는 것이 이루어졌다고 할지라도 그것이 나의 복지 증진과는 무관할 수 있기 때문이다. 둘째, 사람들이 타인에 대한 가학적 욕구와 같은 반사회적인 욕구를 추구하는 경우도 문제가 된다. 셋째, ⓛ 개인이 일관된 욕구 체계를 갖고 있지 않아서 욕구들 사이에 충돌이 발생할 때 이를 해결하기 어렵다는 문제가 있다.

이러한 문제들에 대응하는 방식으로는 '욕구 충족 이론'을 버리고 다른 복지 이론을 수용하는 방식도 있지만 그 이론을 변형하는 방식도 있다. '욕구 충족 이론'과 구별되는 '합리적 욕구 충족 이론'은 개인들이 가진 모든 욕구들의 충족이 아니라, 관련된 정보에 입각하여 타인이 아닌 자기에게 이익이 되는 합리적인 욕구의 충족만이 복지에 기여한다고 본다. 이것은 사람들이 욕구하는 것이 합리적이라면 그것이 바로 좋은 것이라는 입장이다. 이 이론은 '욕구 충족 이론'이 봉착한 난점들을 상당히 해결해 준다는 점에서 장점을 갖고 있다. 하지만 이 이론은 어떤 욕구가 합리적인지에 대해 답변을 해야 하는 부담을 안고 있다. 만약 이 이론의 옹호자가 이에 대한 답변을 시도한다면 이 이론은 형식적 복지 이론에서 실질적 복지 이론으로 한 걸음 나아가게 된다.

04.

윗글에서 이끌어낼 수 있는 내용으로 적절하지 않은 것은?

① '쾌락주의적 이론'은 개인의 쾌락이 감소하면 복지도 감소한다고 본다.
② '욕구 충족 이론'은 개인들 간의 복지 수준을 서로 비교할 수 없다고 본다.
③ '객관적 목록 이론'은 쾌락이 증가하더라도 복지 수준은 불변할 수 있다고 본다.
④ '객관적 목록 이론'은 내재적 가치를 지닌 것들이 복지를 증진할 수 있다고 본다.
⑤ '합리적 욕구 충족 이론'은 모든 욕구의 충족이 복지에 기여하는 것은 아니라고 본다.

문항 성격	문항유형 : 의도, 관점, 입장 파악
	내용영역 : 법 · 규범
평가 목표	이 문항은 복지의 본성이나 의미와 관련된 여러 도덕철학적 입장을 이해하고, 이러한 입장들로부터 이끌어낼 수 있는 주장을 묻는 문항이다.
문제 풀이	정답 : ②

제시문에서 설명하고 있는 복지의 본성에 대한 '쾌락주의적 이론', '욕구 충족 이론', '객관적 목록 이론', '합리적 욕구 충족 이론'의 입장을 파악한 후에 각각의 입장으로부터 이끌어낼 수 있는 내용으로 적절하지 않은 것을 찾으면 된다.

② '욕구 충족 이론' 및 개인들 간의 복지 수준 비교에 대한 설명은 제시문의 첫 번째, 두 번째, 세 번째 문단에 나와 있다. "개인이 복지 수준이 향상되었거나 또는 한 개인의 복지 수준이 다른 사람들보다 높다고 할 때, 이는 무엇을 의미하는가?", "'욕구 충족 이론'은 개인이 욕구하는 것이 충족되는 정도에 따라 복지 수준이 결정된다고 본다. 어떤 개인이 지닌 욕구들이 좌절되지 않고 더 많이 충족될 때 그의 복지가 향상된다는 것이다.", "그들은 이 이론을 바탕으로 복지 수준의 높고 낮은 정도를 평가할 수 있다고 본다." '욕구 충족 이론'에 따르면, 어떤 개인의 욕구가 충족되는 정도를 기준으로 그 사람의 복지 수준을 알 수 있다. 또한 마찬가지로 다른 개인들의 복지 수준도 알 수 있다. 그래서 누구의 복지 수준이 높은지를 서로 비교하여 평가할 수 있다. 이처럼 '욕구 충족 이론'은 개인들 간의 복지 수준을 서로 비교할 수 있다고 본다. 그러므로 '욕구 충족 이론'이 개인들 간의 복지 수준을 서로 비교할 수 없다고 보는 ②는 적절하지 않다.

① '쾌락주의 이론'에 대한 설명은 제시문의 두 번째 문단에 나와 있다. "'쾌락주의적 이론'은 긍정적인 느낌으로 구성된 심리 상태인 쾌락의 정도가 복지 수준을 결정한다고 본다. 어떤 개인이 느끼는 쾌락이 증진될 때 그의 복지가 향상된다는 것이다." '쾌락주의 이론'에 따르면 쾌락의 정도에 따라 복지 수준이 결정된다. 따라서 쾌락이 증가하면 복지가 증가하고, 반대로 쾌락이 감소하면 복지도 감소한다. 그러므로 ①은 적절하다.

③ '객관적 목록 이론'에 대한 설명은 제시문의 두 번째 문단에 나와 있다. "'객관적 목록 이론'은 개인의 삶을 좋게 만드는 목록을 기준으로 그것이 실현되는 정도에 따라 복지 수준이 결정된다고 본다. 그러한 목록에는 통상적으로 자율적 성취, 지식, 친밀한 인간관계, 미적 향유 등이 포함되는데, 그것의 내재적 가치는 그것이 개인에게 쾌락을 주는지 또는 그것이 개인에 의해 욕구되는지 여부와는 직접적 관련이 없다." '객관적 목록 이론'에 따르면 복지를 증진시키는 데 기여하는 항목들은 그것들이 쾌락을 주는지 여부와는 관련이 없다. 따라서 목록에 쾌락이 포함되어 있지 않다면 쾌락이 증가하더라도 개인의 복지 수준은 변하지 않을 수 있다. 그러므로 ③은 적절하다.

④ '객관적 목록 이론'에 대한 설명은 제시문의 두 번째 문단에 나와 있다. '객관적 목록 이론'에 따르면 복지를 증진시키는 항목에는 자율적 성취, 지식 등이 있는데, 그것들은 내재적 가치를 지니고 있다. 따라서 내재적 가치를 지닌 것들이 복지를 증진시키는 데 기여한다. 그러므로 ④는 적절하다.

⑤ '합리적 욕구 충족 이론'에 대한 설명은 제시문의 다섯 번째 문단에 나와 있다. "'합리적 욕구 충족 이론'은 개인들이 가진 모든 욕구들의 충족이 아니라, 관련

된 정보에 입각하여 타인이 아닌 자기에게 이익이 되는 합리적인 욕구의 충족만이 복지에 기여한다고 본다." 즉, 이 이론에서는 모든 욕구의 충족이 복지에 기여하는 것은 아니라고 본다. 그러므로 ⑤는 적절하다.

05.

'욕구 충족 이론'의 관점과 부합하는 주장만을 〈보기〉에서 있는 대로 고른 것은?

> **보기**
> ㄱ. 욕구를 충족하는 것은 복지 증진의 필요조건이기는 하지만 충분조건은 아니다.
> ㄴ. 복지에 기여하는 행위는 그 전후로 개인의 심리 변화를 유발하지 않아도 된다.
> ㄷ. 미적 향유가 복지에 기여한다면 그 자체가 좋은 것이기 때문이 아니라 그것이 내가 원하는 것이기 때문이다.

① ㄱ ② ㄴ ③ ㄷ
④ ㄱ, ㄴ ⑤ ㄴ, ㄷ

문항 성격	문항유형 : 정보의 확인과 재구성
	내용영역 : 법·규범
평가 목표	이 문항은 복지에 대한 도덕철학적 견해들 중의 하나인 '욕구 충족 이론'의 관점을 제대로 이해하고 있는지를 묻는 문항으로, 이를 통해 학생들의 정보 파악 및 재구성 능력을 평가한다.
문제 풀이	정답 : ⑤

제시문에서 설명하고 있는 '욕구 충족 이론'의 입장을 파악한 후에 그것과 부합하는 주장만을 〈보기〉에서 있는 대로 모두 고르면 된다.

〈보기〉 해설 ㄱ. ㄱ과 관련된 '욕구 충족 이론'에 대한 설명은 두 번째, 세 번째 문단에 나와 있다. "'욕구 충족 이론'은 개인이 욕구하는 것이 충족되는 정도에 따라 복지 수준이 결정된다고 본다. 어떤 개인이 지닌 욕구들이 좌절되지 않고 더 많이 충족될 때 그의 복지가 향상된다는 것이다.", "욕구의 대상이 현실에서 구현되는 것이 중요하지 그 구현 사실이 인식되어 개인들이 어떤 느낌을 갖게 되는 것이 필수적이지는 않다고 보기 때문이다." 여기서 알 수 있듯이 '욕구 충족 이론'에서는 욕구가 충족되면 복지가 증진되며, 복지 증진을 위해서는 다른 요인이 추가적으로 필요하지는 않다. 따라서 욕구의 충족은 복지 증진을 위한 필요충분조건이다. 그러므로 욕구의 충족이 복지 증진의 필요조건이기는 하지만 충분조건은 아니라는 ㄱ은 '욕구 충족 이론'의 관점과 부합하지 않는다.

ㄴ. ㄴ과 관련된 '욕구 충족 이론'에 대한 설명은 세 번째 문단에 나와 있다. "이 이론의 옹호자들은 우리가 직관적으로 복지의 증가에 해당한다고 믿는 모든 활동과 계기들이 쾌락이라는 심리 상태를 항상 동반하는 것은 아니기 때문에 '쾌락주의적 이론'은 복지에 관해서 너무 협소하다고 비판하면서 더 개방적인 입장을 가져야 한다고 주장한다. 욕구의 대상이 현실에서 구현되는 것이 중요하지 그 구현 사실이 인식되어 개인들이 어떤 느낌을 갖게 되는 것이 필수적이지는 않다고 보기 때문이다." 여기서 알 수 있듯이 '욕구 충족 이론'은 복지에 기여하는 행위가 쾌락과 같은 심리 상태를 반드시 동반하는 것은 아니라고 본다. 따라서 복지에 기여하는 행위가 그 전후로 개인의 심리 변화를 유발하지 않아도 된다는 ㄴ은 '욕구 충족 이론'의 관점과 부합한다.

ㄷ. ㄷ과 관련된 '욕구 충족 이론'에 대한 설명은 두 번째 문단에 나와 있다. "'욕구 충족 이론'은 개인이 욕구하는 것이 충족되는 정도에 따라 복지 수준이 결정된다고 본다. 어떤 개인이 지닌 욕구들이 좌절되지 않고 더 많이 충족될 때 그의 복지가 향상된다는 것이다." 즉, '욕구 충족 이론'은 미적 향유가 복지에 기여한다면 그것이 내재적 가치, 즉 그 자체로서 가치를 지닌 것이기 때문이 아니라 개인이 욕구하는 것이기 때문이라고 본다. 개인이 욕구하는 것만이 복지에 기여하는데, 미적 향유가 복지에 기여하려면 미적 향유도 개인이 욕구하는 것, 즉 원하는 것이어야 하기 때문에 ㄷ은 '욕구 충족 이론'의 관점과 부합한다.

06.

〈보기〉의 사례들에 대한 반응으로 적절하지 <u>않은</u> 것은?

> **보기**
>
> (가) '갑'은 기차에서 우연히 만난 낯선 사람의 질병이 낫기를 간절히 원하였는데, 그 후에 그를 다시 만난 적이 없어서 그의 질병이 나았다는 것을 전혀 모른다. 그래서 그의 질병이 나았다는 사실은 갑에게 아무런 영향도 주지 않았다.
>
> (나) '을'은 A학점을 받기 위해 시험 전날 밤에 밤새워 공부하기를 원하면서도, 친구들과 어울리는 것이 좋아 밤늦게까지 파티에 참석하기도 원한다. 그래서 그는 어떻게 해야 할지 갈등하고 있다.
>
> (다) '병'은 인종 차별적 성향 때문에, 의약품이 더 필요한 흑인보다는 그렇지 않은 백인에게 의약품을 분배하기를 원한다. 그래서 그는 백인에게만 그 의약품을 분배하였다.

① (가)는 '욕구 충족 이론'의 문제점과 관련하여 ㉠의 사례로 활용할 수 있겠군.

② (가)는 '쾌락주의적 이론'과 '합리적 욕구 충족 이론' 모두의 관점에서는 갑의 복지가 증진된 사례로 활용할 수 없겠군.

③ (나)는 '욕구 충족 이론'의 문제점과 관련하여 ㉡의 사례로 활용할 수 있겠군.

④ (나)에 나타난 갈등은 항목들 간의 우선순위를 설정하지 않은 '객관적 목록 이론'에서는 해결하기 어렵겠군.

⑤ (다)는 '욕구 충족 이론'의 관점에서는 병의 복지가 증진된 사례가 될 수 없겠군.

문항 성격	문항유형 : 정보의 평가와 적용
	내용영역 : 법·규범
평가 목표	이 문항은 복지에 대한 여러 도덕철학적 입장을 이해한 다음에 각각의 입장에서 구체적인 사례들을 비판적 시각으로 판단할 것을 요구하는 문항으로, 이를 통해 학생들의 종합적인 정보 평가 및 적용 능력을 평가한다.
문제 풀이	정답 : ⑤

복지와 관련된 〈보기〉의 사례들을 분석한 후에 제시문의 '쾌락주의적 이론', '욕구 충족 이론', '객관적 목록 이론', '합리적 욕구 충족 이론'의 관점에서 그 사례들을 평가한 내용 중 적절하지 않은 것을 찾으면 된다.

⑤ '욕구 충족 이론'에 대한 설명은 제시문 두 번째 문단에 나와 있다. "'욕구 충족 이론'은 개인이 욕구하는 것이 충족되는 정도에 따라 복지 수준이 결정된다고 본다." 따라서 (다)에서는 백인에게만 의약품을 분배하기를 원하는 병의 욕구가 실제로 충족되었기 때문에 병의 복지가 증진되었다고 볼 수 있다. 병의 욕구가 인종 차별과 같은 반사회적 욕구이기 때문에 문제가 있다는 비판을 받을 수 있지만, '욕구 충족 이론'의 관점에서는 병의 욕구가 실현되었다는 점에서 병의 복지가 증진된 것으로 볼 수 있다. 따라서 '욕구 충족 이론'의 관점에서 (다)가 병의 복지가 증진된 사례가 될 수 없다는 ⑤는 적절하지 않다.

① '욕구 충족 이론'에 대한 설명은 제시문 세 번째 문단에 나와 있다. "욕구의 대상이 현실에서 구현되는 것이 중요하지 그 구현 사실이 인식되어 개인들이 어떤 느낌을 갖게 되는 것이 필수적이지는 않다고 보기 때문이다." '욕구 충족 이론'은 개인의 욕구가 충족되면 복지가 증진된 것으로 보며, 그러한 복지의 증진은 그 사람이 욕구 충족의 사실을 인식하고 있는지 여부와는 상관이 없다고 본다. 따라서 '욕구 충족 이론'에 따르면, (가)는 낯선 사람의 질병이 치료되기를 원하는 갑의 욕구가 충족되었다는 점에서 갑의 복지 증진 사례이다. 하지만 갑이 자신의 욕구가 충족된 사실을 알지 못하고 있으며 어떤 영향도 받지 않았다는 점에서 갑의 복지 증진과는 무관하다는 비판을 받을 수 있다. 따라서 (가)는 '욕구 충족 이론'의 문제점인 "타인의 삶에 대해 내가 원하는 것이 이루어졌다고 할지라도 그것이 나의 복지 증진과는 무관할 수 있다."는 ⊙의 사례로도 활용될 수 있다. 그러므로 ①은 적절하다.

② '쾌락주의 이론'의 관점에서는 쾌락이 증진되어야 복지가 증진된 것으로 본다. 그런데 (가)의 갑은 낯선 사람의 질병이 치료된 것을 통해 어떠한 영향도 받지 않았기 때문에, 즉 어떠한 쾌락도 얻지 못했기 때문에 갑의 복지가 증진되었다고 볼 수 없다. '합리적 욕구 충족 이론'의 관점에서는 "타인이 아닌 자기에게 이익이 되는 합리적 욕구의 충족만이 복지에 기여한다."고 본다. 그런데 (가)의 낯선 사람의 질병이 낫기를 바라는 갑의 욕구는 자기의 이익이 아니라 타인의 이익에 기여하는 욕구이며, 또한 그 타인의 질병이 치료된 사실을 통해 갑이 어떠한 영향도 받지 않았기 때문에, 즉 갑에게 어떠한 이익도 되지 않았기 때문에 갑의 복지가 증진되었다고 볼 수 없다. 따라서 (가)는 '쾌락주의 이론'과 '합리적 욕구 충족 이론' 모두의 관점에서 갑의 복지가 증진된 사례로 활용될 수 없다. 그러므로 ②는 적절하다.

③ '욕구 충족 이론'에서는 개인의 욕구가 충족되면 복지가 증진된 것으로 본다. 그런데 (나)의 을은 A학점을 받기 위해 밤새워 공부하려는 욕구와 친구들과 어

울리기 위해 파티에 참석하고 싶은 욕구를 갖고 있어서 어떤 선택을 할지 갈등을 하고 있다. 두 가지 욕구 모두 갑이 원하는 것으로서 갑의 복지 증진에 도움이 되지만, 그중에서 한 욕구를 선택하면 다른 욕구를 포기해야 하는 상황이어서 두 욕구가 서로 충돌하는 문제가 발생하고 있다. 따라서 (나)는 '욕구 충족 이론'의 문제점인 "개인이 일관된 욕구 체계를 갖고 있지 않아서 욕구들 사이에 충돌이 발생할 때 이를 해결하기 어렵다."는 ㉡의 사례로 활용될 수 있다. 그러므로 ③은 적절하다.

④ '객관적 목록 이론'에서는 목록에 제시된 내재적 가치를 지닌 항목들이 실현되면 복지가 증진된다. 그런데 (나)의 을은 A학점을 받기 위해 밤새워 공부할지, 아니면 친구들과 어울리기 위해 밤늦게까지 파티에 참석할지를 두고 갈등하고 있다. 만약 '객관적 목록 이론'에서 지식이나 우정(친밀한 인간관계)과 같은 항목들 사이에 어떤 것이 더 가치가 있는지를 밝혀 주는 우선순위가 설정되어 있지 않다면 그러한 을의 갈등은 해결되기 어렵다. 따라서 (나)에 나타난 갈등이 항목들 간의 우선순위가 설정되지 않은 '객관적 목록 이론'에서는 해결하기 어렵다는 ④는 적절하다.

[7~10] 다음 글을 읽고 물음에 답하시오.

　　명식의 밤 외출은 날이 갈수록 잦아 갔다. 2층 서재로 숨어 들어가 그의 가면 뒤에서 이상스런 휴식에 젖는 것도 마찬가지였다. 그렇게 하여 그는 사무실에서 묻어 온 피곤기를 가면 뒤에서 말끔히 씻어낸 다음 지연을 찾아 ⓐ 밤늦은 2층 계단을 내려오곤 했다.

[A] 　명식은 분명 그 가면 뒤에서라야 비로소 휴식을 얻을 수 있는 듯했다. 그것은 어쩌면 자기 변신의 연극기 같은 것에서 오는, 그 가면 뒤에서 세상을 바라보고 새삼스럽게 자기를 느끼는 시간이 되고 있는지도 모를 일이었다.

　　그것은 어쨌든, 이제 지연이 명식을 속속들이 다 만나는 것은 그가 그 밤 외출에서 이상스런 방법으로 피로를 씻고 새 힘을 얻어 돌아오는 날뿐이었다.

　　이윽고 지연에게도 한 가지 변화가 생기기 시작했다. 명식을 만나고 싶은 밤의 소망은 반드시 그의 가면을 연상시켜 주곤 했다. 지연은 명식의 가면을 사랑하기 시작했다. 그녀는 명식의 가면을 만나고 싶어 하고 있었다. 그녀에게는 명식의 가면이 어느새 그렇게 익숙하게 느껴지기 시작하고 있었고, 어찌된 셈인지 그녀는 명식의 동기까지를 포함하여 그러는 자신을 스스로 수긍해 버리고 있었던 것이다. 명식에게서도 혹시 그런 기미가 엿보이고 있었기 때문일까. ⊙ 지연은 이제 오히려 명식의 맨얼굴 쪽에서 어떤 불편스런 가면이 느껴지고 있을 지경이었다. 그녀에게는 명식이 맨얼굴로 대문을 들어설 때의 표정이야말로 영락없이 가면을 쓰고 있는 것처럼 뻣뻣하고 변화 없고 그리고 어떤 뻔뻔스런 피곤기 같은 것이 온통 그를 가려 버리고 있는 듯한 느낌이 들곤 했다.

그러나 지연은 그토록 익숙해진 명식의 가면을 아직도 똑똑히 본 일이 없었다.

그 첫날 한 번밖엔 명식이 자기의 가면 뒤에서 편안히 쉬고 있는 모습을, 그것이 진짜 자기의 얼굴이나 되는 양 익숙해져 버린 가면으로 의기양양 밤 외출에서 돌아오곤 한 명식을 다시 본 일이 없었다.

지연은 보지 않아도 그것을 알고 있었다. 그리고 이미 그 명식의 얼굴을 자신 속에다 깊이 지녀버리고 있었다. 문득문득 그것을 만나고 싶은 밤이 많았다. 이날도 지연은 그런 명식을 기다리고 있었다.

[중략 부분의 줄거리] 잠시 후 명식이 밤 외출에서 돌아온다.

한참을 기다렸다. 역시 기척이 없다. 이상한 일이었다.

ⓒ 오늘 밤에도 또?

지연은 갑자기 초조해지기 시작했다. 문득 어떤 별난 밤의 일이 떠올랐다. 그날도 명식은 썩 오랜만의 밤 외출에서 돌아와 소리 없이 2층으로 올라간 다음이었다. 지연은 물론 그녀의 침대 속에서 명식을 기다리고 있었다. 아무리 기다려도 그가 계단을 내려오는 기척이 없었다. 지연은 불쑥 상서롭지 못한 예감이 들었다. 술이 너무 지나쳤나 싶기도 했고, 그런 일이 워낙 처음이라 다른 심상찮은 변고가 생기지 않았나 싶기도 했다. 그녀는 기다리다 못해 결국 자기가 먼저 침대를 내려오고 말았다. 여자가 먼저 남편을 찾는 것처럼 보이기가 여간 쑥스럽지 않았지만, 어쨌든 그녀는 명식을 살피고 와야 한다고 생각했다. 마루에서 잠깐 발길을 망설이던 그녀는 ⓑ 가만가만 2층 계단을 올라갔다.

ⓒ 지연이 명식의 방문 앞까지 다가갔을 때 방안의 반응은 그녀가 예상했던 것과는 너무도 딴판이었다.

"좀 들어오지그래."

기다리고 있기나 했었던 듯 문을 열기도 전에 명식의 소리가 먼저 흘러나왔다. 술이 취해 있기는커녕 너무도 정연하고 조용한 목소리였다. 지연은 쑥스러움도 잊고 끌리듯 문을 열고 방안으로 들어섰다.

명식은 불을 켜지 않은 채 창문 근처의 어둠 속에 조용히 파묻혀 있었다.

"앉지 않구."

어둠 속이라 모습은 잘 보이지 않고 목소리만 들려왔다.

"오늘 밤은 여기서 좀 이렇게 지내다 가."

어떤 분명한 의미가 담긴 말이었다. 지연은 감히 명식의 곁으로는 갈 수가 없었다. 공연히 그가 두려웠다. 변장을 하고 있을 그의 얼굴을 만나 버리기가 두려웠다. 그녀는 명식과 멀찌감치 떨어져 있는 등 없는 둥글의자 위로 몸을 주저앉혔다. 그러나 지연은 그러고 앉아서도 명식의 어떤 분명한 얼굴을 보고 있었다.

[B] 명식은 아직 변장을 풀지 않고 있었다. 그는 목소리가 너무 잔잔했다. 어딘가 한숨 같은 것이 묻어 있는 잔잔한 음성이었다.

지연은 명식의 그 음성으로 그가 지금 자기는 보지도 않고 창밖으로 시선을 내보낸 채, 그녀로서는 도저히 알 수도 없고 설명할 수도 없는 어떤 깊은 갈망에 젖고 있다는 것을 어슴푸레 느낄 수 있었다.

— 이렇게 불을 끄고 앉아 있으니 밤이 좋군. ㉣ 대낮은 얼굴이 너무 따가워서…… 누구나 결국은 그렇게 되는 거지만 사실 사람들이 얼굴 가득히 그 엄청난 대낮의 햇빛을 스스럼없이 견디어 낼 수 있도록 잘 단련이 되고 있는 건 다행한 일이지.

— 하지만 그건 다행스럽다고만은 할 수가 없다면…… 그런 식으로 사람들은 제각기 자기의 가면을 든든하게 단련시켜 가고 있거든. 눈물을 흘릴 수가 없어…….

— 가면이 우는 걸 보았을까. 물론 그런 일은 있을 수가 없지. 가면의 눈물은 속으로만 흐르게 마련이거든.

명식은 역시 취기가 좀 숨어 있었던 모양이었다. 그는 어둠 속에서 혼잣말처럼 띄엄띄엄 중얼거리고 있었는데 앞뒤가 닿는 소리만 추려 보면 대강 그런 식이었다. ㉤ 지연이 보아 온 대로였다. 대낮을 다니는 맨얼굴에서 가면을 느끼는 대신, 가발과 콧수염으로 변장을 하고 있는 당장의 자신에 대해서는 전혀 이질감을 느끼지 않고 있는 기미였다. 그리고, 그래서 명식은 그러한 변장 속에서 비로소 자신의 고뇌를 가장 정직하게 안을 수 있는 듯한 태도였다.

지연은 아무 말도 하지 않았다. 조용히 입을 다물고 앉아서 어둠에 싸인 명식의 희미한 모습만 더듬고 있었다. 그러다가 방을 나오고 말았다.

—이청준, 『가면의 꿈』

07.

[A]와 [B]에 대한 설명으로 가장 적절한 것은?

① [A]는 인물 자신이 보고 들은 사건을 주관적 시각에서 직접적으로 서술한다.
② [A]는 인물의 독백적 발화를 통해 다른 인물의 내면 심리를 생생하게 제시한다.
③ [B]는 사건을 작중 상황 안에서 목격하는 인물과 그 사건을 전달하는 서술자가 서로 다르다.
④ [B]는 작중 상황 안의 서술자가 인물의 심리를 추측하여 전달함으로써 독자의 상상력을 제한한다.
⑤ [B]는 서술자가 인물의 행동과 심리를 작중 상황 밖에서 전달하다가 작중 상황 안으로 이동하여 전달한다.

문항 성격	문항유형 : 주제, 요지, 구조 파악
	내용영역 : 인문
평가 목표	이 문항은 소설이 사건을 전달하는 방식에 대한 문항이다. 사건을 작중 상황에서 직접 경험하는 인물과 그 사건을 전달하는 서술자가 일치하는지, 서술자가 작중 상황에 등장하는 1인칭 인물인지, 아니면 작중 상황 바깥의 인물인지 등과 관련된 서술 구조에 대한 이해를 평가한다.
문제 풀이	정답 : ③

소설의 시점 중에서 3인칭 전지적 작가 시점은 서술자가 작중 상황의 바깥에서 인물의 행동뿐만 아니라 심리까지 제시하며, 때로는 인물의 눈을 빌려 그가 보고 들은 바를 전달한다는 점을 바탕으로 선택지를 골라야 한다.

정답 해설	③ [B]는 바로 앞의 문장에서 "지연은 그러고 앉아서도 명식의 어떤 분명한 얼굴을 보고 있었다."라고 했으므로 지연이가 보고 있는 내용이다. 하지만 이 문장을 서술하는 사람은 같은 문장에서 드러나듯이 지연이 아니라, 작중 상황에 등장하지 않는 작중 상황 밖의 전지적 서술자이다. 만약 지연이었다면 [B]나 그 앞뒤에 '나'라는 단어가 나왔을 것이다. 그래서 [B]는 사건을 목격하는 것은 작중 상황 안의 지연이고 그 사건을 전달하는 서술자는 작중 상황 밖의 서술자로, 두 인물은 일치하지 않는다.
오답 해설	① [A]는 작중 상황에 등장하는 인물이 아니라, 작중 상황 밖의 전지적 서술자가 인물의 내면까지 파악하여 전달하는 부분이다. 만약 인물 자신이 직접적으로 서

술했다면 1인칭 시점이 되어야 하므로 [A]나 그 앞뒤에 '나'라는 단어가 나왔을 것이다.

② [A]는 작중 상황 밖의 전지적 서술자가 인물의 내면까지 추측하여 전달하는 부분이다. 전지적 서술자는 작중 상황 안의 인물이 아니며, 만약 [A]가 명식의 내면 심리를 전달하는 지연의 독백적 발화라면 [A]나 그 앞뒤에 지연이 등장해야 한다. 지연이 등장하지 않은 상황인데 지연이 독백적 발화를 한다는 것은 이치에 맞지 않다.

④ [B]는 작중 상황 안의 지연이 목격한 사건을 작중 상황 밖의 전지적 서술자가 전달하는 부분이다. 만약에 서술자가 작중 상황 안에서 사건을 전달한다면 그것은 1인칭 시점이 될 것이며, 반드시 1인칭임을 나타내는 '나'라는 단어가 나와야 한다. 하지만 [B]나 그 앞뒤에 '나'라는 단어는 등장하지 않는다.

⑤ [B]는 작중 상황 안의 지연이 목격한 사건을 작중 상황 밖의 전지적 서술자가 전달하는 부분이기에, 서술자는 시종일관 작중 상황 밖에 있다. 만약 서술자가 작중 상황 안으로 이동한다면 그것은 1인칭 시점이 될 것이며, 반드시 1인칭임을 나타내는 '나'라는 단어가 존재해야 한다. 하지만 [B]나 그 앞뒤에 '나'라는 단어는 전혀 등장하지 않는다.

08.

㉠~㉤의 문맥적 의미로 가장 적절한 것은?

① ㉠: 귀가할 때 다른 가면을 지어내는 '명식'에게 불편을 느끼고 있다.
② ㉡: 가면을 쓴 '명식'과의 대화가 누차 반복되었음을 나타내고 있다.
③ ㉢: '명식'에 대한 불길한 예감이 들어맞지 않았음을 보여 주고 있다.
④ ㉣: 타인들의 시선 때문에 낮에도 변장을 하게 되었음을 나타내고 있다.
⑤ ㉤: '명식'의 사회적 지위에 대한 '지연'의 부정적 인식을 드러내고 있다.

문항 성격	문항유형 : 의도, 관점, 입장 파악
	내용영역 : 인문
평가 목표	이 문항은 소설에서 중요한 역할을 하는 특정 구절들이 어떤 문맥적 의미를 지니고 있는지를 묻는 문항이다. 인물 간의 대화나 한 인물의 독백, 서술자의 묘사나 해설 등을

대상으로 그 속에 담긴 인물의 주관적인 의도나 관점, 입장 등을 이해하고 있는지 평가한다.

문제 풀이 정답 : ③

특정 구절의 문맥적 의미를 파악하기 위해서는 그 구절 자체가 지닌 정확한 의미를 파악해야 할 뿐만 아니라, 그 구절 앞뒤에 위치한 문장을 읽고 그 의미까지 정확하게 파악한 뒤에 선택지를 골라야 한다.

정답 해설 ③ ⓒ에서 지연이 2층 계단을 올라가 방문 앞으로 다가가기 전에 그녀는 "불쑥 상서롭지 못한 예감이 들었다. 술이 너무 지나쳤나 싶기도 했고, 그런 일이 워낙 처음이라 다른 심상찮은 변고가 생기지 않았나 싶기도 했다."고 하였다. 이는 그녀가 불길한 예감에 휩싸였음을 보여 준다. 하지만 2층 방문 앞까지 갔을 때 방안의 반응은 너무도 딴판이었다. "술이 취해 있기는커녕 너무도 정연하고 조용한 목소리"가 들려 왔던 것이다. 이로 보면 ⓒ은 명식에 대한 지연의 불길한 예감이 어긋났음을 보여 주는 것이라고 할 수 있다.

오답 해설 ① 명식은 대낮에 "햇빛을 스스럼없이 견디어 낼 수 있도록 단련"이 되었는데, 이는 곧 "자신의 가면을 든든하게 단련"시킨 것이다. 물론 이 가면은 실제 손으로 만져지는 가면이 아니라 자신의 참된 모습을 숨기고 있다는 것을 우회적으로 표현한 것이다. 명식은 ㉠에서 퇴근할 때도 그 가면을 벗지 못하는데, 지연은 그러한 그의 모습에 불편을 느끼고 있다. 명식은 피곤한 모습으로 낮의 가면을 그대로 쓴 채 귀가하기 때문이므로, 다른 가면을 지어낸다고 보는 것은 적절하지 않다.

② 제시문 여섯 번째 문단에서 지연이 "그 첫날 한 번밖엔 명식이 자기의 가면 뒤에서 편안히 쉬고 있는 모습"을 본 적이 없다고 하였다. 그 일은 바로 ㉡의 뒤에 나오는 "별난 밤의 일"이다. 다시 말해 지연은 가면을 쓴 명식과 오직 한 번만 대화를 나누었을 뿐이다.

④ ㉣에서 명식의 얼굴이 너무 따가운 이유는 "대낮의 햇빛" 때문이다. 이 햇빛은 실제의 햇빛이 아니라 다른 사람들의 시선을 우회적으로 표현한 것이다. 명식은 "햇빛을 스스럼없이 견디어 낼 수 있도록" 하기 위하여 "자신의 가면을 든든하게 단련"시키는데, 이때의 가면은 실제 손으로 만져지는 가면이 아니라 자신의 참된 모습을 숨기고 있는 것에 대한 우회적 표현이다. 그러므로 그가 낮에 가면을 썼다고 하면 맞는 진술이지만, 밤처럼 "가발과 콧수염"으로 변장을 하였다고 하면 사실과 부합하지 않는 진술이 된다.

⑤ ㉤의 바로 다음 문장을 보면 지연은 명식의 "대낮을 다니는 맨얼굴에서 가면을

느끼는 대신, 가발과 콧수염으로 변장을 하고 있는" 모습에 대해서는 전혀 이질감을 느끼지 않는다. 그녀는 명식이 낮에 사회적 활동을 하면서 타인의 시선이 두려워 가면을 쓴 것처럼 느끼며 참된 자신을 숨기는 태도를 어색하게 여기지만, 그의 사회적 지위를 부정적으로 생각하는 것은 아니다.

09.

ⓐ와 ⓑ에 제시된 행위에 대한 설명으로 가장 적절한 것은?

① ⓐ는 아래층 인물이 위층 인물을 전과 달리 대하는 결과를 낳는다.
② ⓐ는 위층 인물이 자신의 가면을 보여 주기 위하여 하는 행위이다.
③ ⓐ는 위층 인물이 일상의 고단함을 탈피하기 위하여 하는 행위이다.
④ ⓑ는 아래층 인물의 내적 욕망과 행동의 괴리가 일어나게 한다.
⑤ ⓑ는 아래층 인물이 부부에 대한 전통적 관념을 비판적으로 인식하게 한다.

문항 성격	문항유형 : 정보의 추론과 해석
	내용영역 : 인문
평가 목표	이 문항은 소설에 등장하는 인물의 행위에 담긴 내재적 의미를 추론하고 해석하는 문항이다. 인물들이 서로 주고받는 행동에 들어 있는 특정 인물의 내면적 욕망이나 상대 인물의 욕망을 제대로 파악하고 있는지, 행동과 욕망의 관계나 인물의 행동에 담긴 의미를 제대로 이해하고 있는지 평가한다.
문제 풀이	정답 : ①

인물의 행위에 담긴 내재적 의미를 추론하고 해석하기 위해서는 먼저 그 행동이 어떤 원인 때문에 일어났고 어떤 내용을 지니고 있는지를 파악하고, 그 행동이 이후에 어떤 결과를 가져오는지를 파악한 뒤에 적절한 선택지를 골라야 한다.

| 정답 해설 | ① ⓐ의 바로 앞 문장을 보면 명식은 2층 서재로 숨어들어 가면을 쓰거나 가면을 쓴 채 밤 외출을 하는 행위를 통하여 피곤기를 "말끔히 씻어낸 다음"에 지연을 찾는다. 제시문의 네 번째 문단을 보면, 이런 행동이 거듭되면서 "이윽고 지연에게도 한 가지 변화가 생기기 시작"한다. 즉, "지연은 명식의 가면을 사랑하기 시작했다." 이처럼 ⓐ는 아래층 인물인 지연이 이전과 달리 가면을 쓴 명식을 |

다르게 대하는 결과를 낳고 있다.

오답 해설 ② 제시문의 첫 번째 문단을 보면 명식은 2층 서재로 숨어들어 가면을 쓰거나 가면을 쓴 채 밤 외출을 하는 행위를 통하여 사무실에서 묻어 온 피곤기를 가면 뒤에서 "말끔히 씻어 낸 다음"에 지연을 찾는다. 그러므로 그가 아래층으로 내려오는 것은 "피로를 씻고 새 힘"을 얻었기 때문이다. 아래층으로 내려올 때 그는 가면을 쓰지 않는다. 만약 가면을 보여 주기 위해 아래층으로 내려왔다면 지연이 명식의 가면을 한 번밖에 보지 못했을 리가 없다.

③ 명식은 일상의 고단함을 탈피하기 위하여 2층 서재로 숨어들어 가면을 쓰거나 가면을 쓴 채 밤 외출을 한다. 그리고 '밤늦게' 2층 계단을 내려올 때는 이미 "피곤기를 말끔히 씻어 낸 다음"이다. 그러므로 일상의 고단함을 탈피하기 위하여 하는 행위라는 진술은 적절하지 않다.

④ ⓑ의 바로 앞부분을 보면, 지연은 2층 계단을 올라가기 전에 "여자가 먼저 남편을 찾는 것처럼 보이기가 여간 쑥스럽지 않았지만, 어쨌든 그녀는 명식을 살피고 와야 한다고 생각했다." 즉, 그녀는 내적 욕망과 일치되는 행동을 한다. 2층 계단을 올라간 이후 명식과 만났을 때 그녀의 내적 욕망은 "변장을 하고 있을 그의 얼굴을 만나 버리기가 두려웠다." 그래서 그녀는 명식의 곁으로 가지 않는다. 이처럼 그녀의 내적 욕망과 행동은 일치한다.

⑤ ⓑ의 바로 앞부분에 나타난 것처럼 지연은 "여자가 먼저 남편을 찾는 것처럼 보이기가 여간 쑥스럽지" 않았다고 여기는 남성 위주의 전통적 부부 관념을 지닌 인물이다. 그래서 2층 계단을 올라간 뒤에도 명식의 앞에 나서지 않고 "멀찌감치 떨어져 있는 등 없는 둥글의자 위"에 앉아 "아무 말도 하지 않았다. 조용히 입을 다물고 앉아서 어둠에 싸인 명식의 희미한 모습만 더듬고 있었다. 그러다가 방을 나오고 말았다." 이는 전형적으로 부부에 대한 전통적 관념을 따르는 행동이지, 그 관념을 비판적으로 인식하는 것이 아니다.

10.

〈보기〉를 바탕으로 윗글을 감상할 때, 적절하지 <u>않은</u> 것은?

보 기

소설 속 인물의 변신 모티프는 그가 겪는 갈등의 크기를 드러내고 그것을 해소하려는 깊은 소망을 내보이는 방편일 뿐, 소망의 실현을 목적으로 하지 않는다. 변신은 갈등의 일시적 해소 효과가 없지 않지만, 가짜 해결의 속임수이고 상상적 희망의 기호에 불과하다. 결국 갈등을 극복할 수 있는 길은 참된 자아의 진실을 근거로 하여 그것에 맞서는 것뿐이다.

－작가의 말 중에서

① '지연'이 '명식'과 멀찌감치 떨어져 있는 의자에 앉은 것은 '명식'의 참된 자아를 발견할까 두려웠기 때문이다.
② '명식'의 밤 외출이 잦아지는 것은 현실 세계와의 불화로 인하여 갈등이 고조되었음을 우회적으로 나타낸다.
③ '명식'이 가면의 눈물은 속으로만 흐른다고 말한 것은 참된 자아를 숨긴 채 살아가는 자기 삶에 대한 고백이다.
④ '명식'의 가면을 똑똑히 보지 않고도 그를 기다리는 '지연'의 행위는 '명식'의 상상적 희망을 자기화한 것이다.
⑤ '명식'이 가면을 쓴 자신에게 이질감을 느끼지 않는 것처럼 보였던 것은 그가 일시적 속임수에 도취되었음을 의미한다.

문항 성격	문항유형 : 정보의 평가와 적용
	내용영역 : 인문
평가 목표	이 문항은 먼저 소설 작품 바깥의 참고 자료인 작가의 말 속에 들어 있는 각종 정보를 파악한 뒤, 이 정보를 바탕으로 소설에 등장하는 다양한 인물의 대화나 행동 속에 담겨 있는 내재적 의미를 제대로 이해하고 객관적 입장에서 해석할 수 있는지를 평가한다.
문제 풀이	정답 : ①

〈보기〉는 작품을 감상할 때 반드시 참고해야 하는 자료이므로 그 의미를 정확하게 이해한 뒤, 반드시 그 의미에 바탕을 두고 작중 상황 속의 인물이 지닌 심리나 그가 하는 행동의 의미를 정확하게 파악해야 한다.

〈보기〉에서 작가는 '명식'이 변장을 하는 것은 그가 커다란 갈등을 겪고 있지만, 그 변장이 갈등의 해소를 목적으로 하지 않는다고 본다. 그렇기 때문에 변장은 일시적 갈등이 해결된 것처럼 보이게 하며, 상상을 통하여 인물이 갈등을 해결하고 싶다는 희망을 보여 줄 뿐이다. 작가에 따르면, '명식'은 참된 자아를 바탕으로 갈등을 해결하기 위하여 그 갈등에 맞서는 행동을 하지는 않는다.

① 지연이 명식과 멀찌감치 떨어져 앉은 이유는 "변장을 하고 있을 그의 얼굴을 만나 버리기가 두려웠"기 때문이다. 한편 〈보기〉에 따르면, 명식이 가면을 쓰는 것, 즉 변장을 하는 것은 참된 자아와 만나지 않고 일시적으로 가짜 해결의 속임수에 빠지는 것이고 상상적 희망을 하는 것이다. 그러므로 지연의 행동은 참된 자아를 발견할까 두려운 것이 아니라, 가짜 해결의 속임수에 빠진 명식의 얼굴을 보게 될까 두려운 것이다. 그 이유는 그녀 자신도 그러한 명식의 행동에 빠져들었기 때문이다. 다시 말해 지연은 자신도 동의하고 있는 명식의 상상적 희망이 깨질까 봐 두려웠기에 명식과 떨어져 앉았던 것이다.

② 명식은 밤 외출을 할 때 가면을 쓴다. 그런데 그가 가면을 쓰는 것, 즉 변신을 하는 것은 〈보기〉에서 그가 겪는 갈등의 크기를 드러내는 것이라고 하였다. 그러므로 그의 밤 외출이 잦아지는 것은 그의 갈등이 고조되었음을 간접적으로 나타내는 것이다.

③ 명식에 따르면, 낮에 사람들이 가면을 쓰는 이유는 다른 사람의 시선 때문이다. 이런 사람들은 눈물을 가면 속으로만 흘린다. 왜냐하면 참된 자아, 즉 자신의 진짜 얼굴을 숨겼기 때문이다. 이러한 사람들에는 명식 자신도 포함된다. 왜냐하면 명식과 지연 모두 명식의 "대낮을 다니는 맨얼굴에서 가면을 느끼"고 있기 때문이다. 이를 통해서 보면, 가면의 눈물은 속으로만 흐른다는 것은 자신의 진짜 얼굴, 즉 참된 자아를 숨기고 사는 명식의 자기 고백이라고 할 수 있다.

④ 지연이 명식의 가면을 보지 않고도 그를 기다리는 것은 "이미 그 명식의" 가면 쓴 "얼굴을 자신 속에다 깊이 지녀 버리고 있었"기 때문이다. 이로 보면, 자신의 참된 자아 대신에 가면을 쓰고 일시적으로 갈등을 해결한 것처럼 여기는 명식의 모습을 지연도 좋아하게 되었다는 것이다. 다시 말하면, 〈보기〉에서 말한 변장이라는 명식의 "상상적 희망의 기호"를 지연 자신도 받아들이게 되었다는 것이다. 지연 자신이 명식의 가면을 수용하게 된 것은 바로 명식의 가짜 모습을 자기화한 것이다. 지연 입장에서 보면, 자기화란 자기도 명식이 상상 속에서 갈등을 일시적으로 해결했다고 믿게 되었다는 뜻이다.

⑤ 〈보기〉에 따르면, 명식이 가면을 쓰는 것은 "갈등의 일시적 해소"이고 "가짜 해결의 속임수이고 상상적 희망"을 나타내는 기호이다. 그러므로 명식이 가면을

쓴 자신에게 이질감을 느끼지 않는 것은 그가 갈등이 일시적으로 해소되었다는 가짜 해결의 속임수에 빠져들었음을 보여 주는 것이다.

[11~13] 다음 글을 읽고 물음에 답하시오.

공화주의란 공동선을 추구하는 시민의 정치 참여에 기초하여 공동체적 삶에서 자의적 권력에 의한 지배를 배제하고 자치를 실현하고자 하는 사상이다. 이에 적합한 형태의 공동체에 관해서는 주로 그 규모와 관련하여 오랫동안 논의가 이어져 왔다. 시민적 덕성이 제대로 발휘되어 파벌이 통제되기 위해서는 공화국의 크기가 작아야 하지만, 외세의 침략 위험에 맞서 충분한 안전을 시민에게 제공하기 위해서는 그 크기가 커야 할 것이다. 미국 헌법 제정기의 연방주의자 인 『페더럴리스트 페이퍼』(1787. 10~1788. 8)의 저자들은 바로 연방 공화국의 형태가 공동체 내부의 부패와 대외적 취약성을 둘러싼 공화주의의 딜레마를 해결해 줄 수 있다고 보았다. 그것은 파벌 지도자의 영향력이 확산되지 못하게 막는 분할의 이익과, 한데 뭉쳐 외부의 적에 대항하도록 하는 결집의 이익을 함께 가져다준다는 것이다.

공동체에 대한 시민들의 이해관계가 복잡해지는 것을 나쁘게 볼 것만은 아니지만, 가까이 있어서 서로를 잘 아는 사람들보다 불가피하게 소원한 거리에 놓인 사람들이 우정과 연대의 공적 정신을 유지하기란 더 어려울 수 있다. 광대한 영토 위에서 공화주의 정부가 유지되기 위해서는 시민들로 하여금 사익의 추구를 자제하고 공동선을 지향하도록 하는 보다 강력한 조치가 필요할 것이다. 결국 연방주의자들은 대의제와 권력분립 등 헌정주의의 요소를 가미함으로써 이성과 법의 지배를 통하여 파벌과 전제적(專制的) 다수의 출현을 방지하고자 했다. 자치에 대한 시민들의 열정이 사그라지거나 폭주하지 않도록 헌법의 틀을 씌웠던 것이다.

그런데 헌법이라는 것에 대한 공화주의자들의 이해는 오늘날의 지배적인 견해와는 매우 다른 것이었다. 오늘날 헌법은 주로 정치 공동체의 실질적인 가치 기준과 운영 원칙을 정하는 견고한 문서로 이해되고 있다. 여기서 헌법은 헌법적 논쟁들에 대해 판단해 줄 누군가를 필요로 하게 된다. 그의 해석과 판단에 따라 헌법과 충돌하는 것으로 보이는 행정작용이나 법률은 그 효력을 잃게 될 것이다. 이처럼 지극히 법적인 의미로 이해된 헌법과는 달리, 공화주의자들이 생각하고 있던 헌법이란 단순히 정치 공동체 내에서 권력이 분할되는 방식을 나타내거나 그렇게 구성된 특수한 정부 형태를 지칭하는 정치적인 의미의 것이었다. 통치자의 선출과 정치적 지분의 할당을 통해 경쟁적 사회 집단 사이에 이해관계의 균형을 도모하는 것은 로마의 혼합정체 이래 지속 가능한 공화국의 골자를 이루게 되었다고 할 수 있다. 따라서 18세기 후반에 비로소 등장한 법적 의미의 헌법 개념은 당시 미국의 공화주의적 헌법을 구상하는 과정에서조차 의도되었던 바가 아니며, 성문의 헌법을 채택하면서도 여전히 그것은 사법적 헌장이라기보다는 시민의 헌장을 갖는다는 의미였을 것이다.

공화주의와 관련하여 우리가 헌법의 의미에 주목해야 하는 이유는 법적 의미의 헌법 개념을 과거의 공화주의 사상가들이 알지 못했기 때문만은 아니다. 그것은 오히려 헌법을 법적인 의미로 이해하는 전제에서 공화주의를 위하여 제안되는 이른바 ㉠ 헌정주의적 수단들이 역으로 공화주의의 핵심적 목적과 충돌하게 된다는 문제 때문이다. 예컨대, 그러한 수단의 하나로 제안되는 법률의 헌법 기속 개념은 기본적으로 시민의 대표들이 다수결로 도출하는 합의를 불신한다는 면에서 공동체적 삶의 향배를 시민들의 손에 맡기고자 하는 공화주의의 이상에 반하는 것이며, 그보다는 차라리 국가로부터 개인의 권리를 보호하고자 하는 자유주의적 사고의 장치에 가깝다는 비판을 받고 있다. 바꿔 말해서 소수의 현자들에 의한 사법 심사의 과정으로 뒷받침되는 헌법은 더 이상 공화주의적이지 않으며, 나아가 미국의 민주정치가 발전하는 데도 방해가 되어 왔다는 것이다.

그러나 현대 민주정치의 상황에서 시민의 정치 참여는 통치자의 선출이나 할당된 지분의 행사에서처럼 투표 과정을 중심으로 이루어져야 하는 것은 아니며, 오히려 공적인 토론의 과정을 중심으로 이루어질 수도 있다. 만약 사법 심사의 장이 그와 같은 토론의 과정을 촉발시키고 이끎으로써 궁극적으로 법의 지배에 기여하는 것이라면 그에 대한 평가는 달라질 것이다. 무엇보다 여기서 민주주의의 가치를 공동선에 관한 이성적 숙의에서 찾고자 했던 공화주의자들의 관점을 다시 발견할 수 있기 때문이다.

11.

윗글의 내용과 일치하는 것은?

① 공화국의 광대한 영토는 대외적 방어에 불리하다.
② 공화주의자는 시민으로서의 삶보다 개인으로서의 삶을 중시한다.
③ 『페더럴리스트 페이퍼』의 저자들은 안전보다 연대를 추구하였다.
④ 연방주의자는 공화주의의 딜레마가 지닌 정치적 함의를 간과하였다.
⑤ 로마의 혼합정체는 공화국의 대내적 균형을 확보해 주는 장치였다.

문항유형 : 정보의 확인과 재구성

내용영역 : 법 · 규범

이 문항은 공화주의 사상의 핵심 내용과 그 구현 사례를 통하여 주어진 정보와 사례 속에서 추상적인 사상과 구체적인 제도의 연결 양상을 파악하고 이해하는 능력을 평가한다.

정답 : ⑤

공화주의 사상의 핵심적인 아이디어와 이념에 관한 진술을 확인하고, 공화국의 규모와 관련한 딜레마와 함께 그것에 대하여 연방 공화국이라는 형태로 적절한 해결책을 제시하고자 했던 미국 헌법 제정기의 문제 상황에 대해 이해한다.

정답 해설 ⑤ 제시문 세 번째 문단의 "통치자의 선출과 정치적 지분의 할당을 통해 경쟁적 사회 집단 사이에 이해관계의 균형을 도모하는 것은 로마의 혼합정체 이래 지속 가능한 공화국의 골자를 이루게 되었다."라는 내용은 이해관계가 서로 다름에 따라 분열되고 파벌을 이룰 수 있는 구성원들 사이의 관계를 적절한 정치적 지분의 인정을 통한 상호 견제의 관계로 이행시켜 대내적 균형을 확보함을 보여준다.

오답 해설 ① 제시문 첫 번째 문단의 "외세의 침략 위험에 맞서 충분한 안전을 시민에게 제공하기 위해서는 그 크기가 커야 할 것이다."라는 내용으로 보아 광대한 영토가 대외적 안전에 유리함을 알 수 있다.

② 제시문 첫 번째 문단의 "공화주의란 공동선을 추구하는 시민의 정치 참여에 기초하여", 두 번째 문단의 "우정과 연대의 공적 정신을 유지하기", "광대한 영토 위에서 공화주의 정부가 유지되기 위해서는 시민들로 하여금 사익의 추구를 자제하고 공동선을 지향하도록 하는" 등의 표현을 보면, 공화주의자는 공동체 구성원들의 시민으로서의 삶을 중시함을 알 수 있다.

③ 제시문 첫 번째 문단의 "미국 헌법 제정기의 연방주의자인 『페더럴리스트 페이퍼』(1787. 10~1788. 8)의 저자들은 바로 연방 공화국의 형태가 공동체 내부의 부패와 대외적 취약성을 둘러싼 공화주의의 딜레마를 해결해 줄 수 있다고 보았다." 및 두 번째 문단의 "광대한 영토 위에서 공화주의 정부가 유지되기 위해서는…… 보다 강력한 조치가 필요할 것이다. 결국 연방주의자들은 ……"을 보면 『페더럴리스트 페이퍼』의 저자들은 대내적 연대의 문제만이 아니라 대외적 안전 문제를 아울러 고민했을 뿐 아니라, 보다 강한 공화국의 건설을 위해 포기할 수 없었던 전체 연방의 결집을 추진함에 있어, 광대한 영토 위에서는 공화주의가 어렵다고 보는 회의적 견해에 적극 맞서고 있는 것임을 알 수 있다.

④ 제시문 첫 번째 문단의 "미국 헌법 제정기의 연방주의자인 『페더럴리스트 페이퍼』(1787. 10~1788. 8)의 저자들은 바로 연방 공화국의 형태가 공동체 내부의 부패와 대외적 취약성을 둘러싼 공화주의의 딜레마를 해결해 줄 수 있다고 보았다."라는 부분을 보면 연방주의자가 공화주의의 딜레마를 해결하기 위한 문제의식을 가지고 있음을 알 수 있다.

12.

[연방주의자]의 생각으로 적절하지 <u>않은</u> 것은?

① 연방 공화국의 정부 형태를 출범시키기 위해서 헌법의 개념이 변해야 하는 것은 아니다.
② 선출된 대표가 파벌 지도자로 변질되는 것을 연방이라는 헌정 체제를 통해 견제할 수 있다.
③ 공화국에 대한 내부 위협은 소규모의 파벌이 광대한 영역 기반의 대규모 파벌로 커질 때 오히려 줄어들게 된다.
④ 규모가 커진 공화국은 구성원들의 사회적 다양성도 커져서 정치적 분열이 초래되어 전제적 다수가 형성되기 어렵다.
⑤ 인간 본성에 자리하고 있는 파벌의 싹은 근절될 수 없으므로 그것의 발호를 통제하는 제도적 장치를 갖추어 대응해야 한다.

문항 성격	문항유형 : 의도, 관점, 입장 파악
	내용영역 : 법 · 규범
평가 목표	이 문항은 미국 헌법 제정기의 연방주의자들이 공화주의 정부를 수립하는 과정에서 강력한 연방의 형태가 필요하다고 생각하게 된 배경과 문제의식을 보여 주는 정보를 통해 그들의 의도와 관점, 그리고 기본 입장을 파악하는 능력을 평가한다.
문제 풀이	정답 : ③

자의적 권력의 지배가 아니라 시민들의 자치를 지향하는 공화주의자이기도 한 미국 헌법 제정기의 연방주의자들이 지녔던 기본적인 입장과 반대자들에 대하여 연방의 결집을 주장하는 과정에서 드러나는 추가적인 입장을 이해한다.

③ 제시문 첫 문단의 "시민적 덕성이 제대로 발휘되어 파벌이 통제되기 위해서는" 및 "그것은 파벌 지도자의 영향력이 확산되지 못하게 막는 분할의 이익과", 그리고 두 번째 문단의 "결국 연방주의자들은…… 이성과 법의 지배를 통하여 파벌과 전제적 다수의 출현을 방지하고자 했다."와 같은 표현들을 보면, 파벌이 다수로 성장하는 경우, 혹은 그 극단적인 형태인 전제적 다수의 출현은 공화국에 위협이 된다고 연방주의자는 생각했음을 알 수 있다. 파벌이란 기본적으로 공적인 시민의 덕성이 부족해 발생한다는 점에서 그것이 다수가 된다고 하여 공화주의에 적합한 주체 단위가 되는 것은 아니다. 파벌은 반대파에 대한 자의적 배제의 정치를 추구할 것이기 때문에 그것이 장악한 정치체제는 공화주의라 할 수 없을 것이다.

① 제시문 세 번째 문단의 "따라서 18세기 후반에 비로소 등장한 법적 의미의 헌법 개념은 당시 미국의 공화주의적 헌법을 구상하는 과정에서조차 의도되었던 바가 아니며" 부분을 보면 연방주의자들도 당시 헌법의 의미를 여전히 정치적인 것으로 생각했음을 알 수 있다.

② 제시문 첫 번째 문단의 "바로 연방 공화국의 형태가…… 파벌 지도자의 영향력이 확산되지 못하게 막는" 및 두 번째 문단의 "결국 연방주의자들은…… 이성과 법의 지배를 통하여 파벌과 전제적 다수의 출현을 방지하고자 했다.', 그리고 네 번째 문단의 "그러한 수단의 하나로 제안되는 법률의 헌법 기속 개념은 기본적으로 시민의 대표들이 다수결로 도출하는 합의를 불신한다는 면에서" 부분을 보면 공화주의가 안고 있는 문제에 대응하는 보완 수단으로 연방이라는 체제 형식의 도입을 통해 항시 파벌로 변질될 수 있는 시민의 대표들을 견제하려 했음을 알 수 있다.

④ 제시문 두 번째 문단의 "공동체에 대한 시민들의 이해관계가 복잡해지는 것을 나쁘게 볼 것만은 아니지만…… 소원한 거리에 놓인 사람들이 우정과 연대의 공적 정신을 유지하기란 더 어려울 수 있다." 및 "광대한 영토 위에서 공화주의 정부가 유지되기 위해서는 시민들로 하여금 사익의 추구를 자제하고 공동선을 지향하도록 하는 보다 강력한 조치가 필요할 것이다."라는 부분을 보면 규모가 큰 공화국에서는 다양성의 증가에 따른 정치적 분열이 예상된다. 그러나 그것이 반드시 나쁜 것만이 아니라, 바로 동일한 이유에서 전제적 다수가 출현하기 어려워진다는 긍정적인 면도 있음을 추론할 수 있다.

⑤ 제시문 네 번째 문단의 "시민의 대표들이 다수결로 도출하는 합의를 불신한다." 부분에서 연방주의자들이 공화주의자로서 시민들의 공동선 추구의 덕성을 중시하면서도, 근본적으로 시민들에 대한 견제를 늦추지 않고 대비책을 강구한다는

점에서 인간의 속성에 대한 모종의 불신을 전제하고 있음을 알 수 있다. 즉 그러한 속성은 아예 근절될 수는 없는 인간의 본성이며, 이를 단지 헌정주의적 제도 장치의 도입을 통해 적절히 관리하는 것이 현실적이라고 생각하는 것이다.

13.

㉠에 대한 진술로 적절하지 <u>않은</u> 것은?

① 공적인 토론의 과정을 정치적 대표를 선출하는 투표 과정으로 대체한다.
② 헌법적 가치의 선언을 통해 의회의 결정 권한에 대한 제한을 공식화한다.
③ 성문화된 헌법은 최고법적 효력으로 인해 민주주의와 긴장 관계에 놓일 수 있다.
④ 대통령의 법률안 거부권을 인정하여 상호 견제를 통한 권력의 제한을 꾀한다.
⑤ 법의 지배는 그 누구의 지배도 아니라는 점에서는 자의적 권력의 지배를 거부하는 공화주의 이념과 연결된다.

문항 분류	문항유형 : 정보의 추론과 해석
	내용영역 : 법·규범
평가 목표	이 문항은 전통적인 공화주의 사상의 전제에서 볼 때 그 성공 가능성이 의문스러울 수 있는 대규모의 연방 공화국을 수립하고 운영하기 위해서 동원될 수 있는 헌정주의적 수단들을 추론해 보고, 그것이 어떤 점에서 연방 공화국의 체제에 기여하거나 긴장을 가져오는지 주어진 정보를 통해 해석하는 능력을 평가한다.
문제 풀이	정답 : ①

연방 공화국의 원활한 운영을 위해 공화주의의 보완을 꾀하며 제안되는 여러 헌정주의적 수단들이 어쩌면 공화주의의 근본적인 이념에 반하는 문제가 있을 수 있다는 지문의 내용에 비추어 그러한 헌정주의적 수단들 자체가 어떠한 것일지를 추론해 볼 수 있다.

정답 해설	① 제시문 세 번째 문단의 "통치자의 선출…… 을 통해 경쟁적 사회 집단 사이에 이해관계의 균형을 도모하는 것은…… 공화국의 골자를 이루게 되었다." 및 다섯 번째 문단의 "현대 민주정치의 상황에서 시민의 정치 참여는…… 투표 과정을 중심으로 이루어져야 하는 것은 아니며, 오히려 공적인 토론의 과정을 중심으로 이루어질 수도 있다."라는 부분을 보면, 공동체의 정치적 대표를 선출하는

투표 자체는 새롭게 가미된 헌정주의적 수단이라 할 수 없으며, 또한 투표가 있음에도 불구하고 그와 구별되는 공적인 토론의 과정이라는 것을 분명히 상정하고 있음을 알 수 있다.

오답 해설 ② 제시문 세 번째 문단의 "여기서 헌법은 헌법적 논쟁들에 대해…… 헌법과 충돌하는 것으로 보이는 행정작용이나 법률은 그 효력을 잃게 될 것이다." 부분을 보면, 행정부와 입법부의 권한을 제한하는 것이 헌법적 가치의 선언이 가져오는 주요 효과임을 알 수 있다.

③ 제시문 세 번째 문단의 "오늘날 헌법은…… 견고한 문서로 이해되고 있다.", 그리고 네 번째 문단의 "법률의 헌법 기속 개념은 기본적으로 시민의 대표들이 다수결로 도출하는 합의를 불신한다는 면에서" 부분을 보면, 성문의 헌법이라는 것이 법적인 의미로 이해되면서 불가피하게 민주주의와 긴장 관계에 놓임을 알 수 있다.

④ 제시문 두 번째 문단의 "결국 연방주의자들은 대의제와 권력분립 등 헌정주의의 요소를 가미함으로써" 부분을 보면, 대통령의 법률안 거부권을 통해 입법부를 견제하는 것도 헌정주의의 수단이 될 수 있음을 알 수 있다.

⑤ 제시문 첫 번째 문단의 "공화주의란…… 공동체적 삶에서 자의적 권력에 의한 지배를 배제하고 자치를 실현하고자 하는 사상이다." 및 두 번째 문단의 "이성과 법의 지배를 통하여 파벌과 전제적 다수의 출현을 방지하고자 했다.", 그리고 다섯 번째 문단의 "사법 심사의 장이…… 궁극적으로 법의 지배에 기여하는 것이라면" 부분을 보면 법의 지배(법치)라는 것은 근본적으로 자의적 권력으로 변질될 위험성을 갖는 특정인의 지배(인치)를 거부한다는 점에서 공화주의 이념(자치 이상)과 통할 수 있음을 알 수 있다.

과거에 일어난 금융위기에 대해 많은 연구가 진행되었어도 그 원인에 대해 의견이 모아지지 않는 경우가 대부분이다. 이것은 금융위기가 여러 차원의 현상이 복잡하게 얽혀 발생하는 문제이기 때문이기도 하지만, 사람들의 행동이나 금융 시스템의 작동 방식을 이해하는 시각이 다양하기 때문이기도 하다. 은행위기를 중심으로 금융위기에 관한 주요 시각을 다음과 같은 네 가지로 분류할 수 있다. 이들이 서로 배타적인 것은 아니지만 주로 어떤 시각에 기초해서 금융위기를 이해하는가에 따라 그 원인과 대책에 대한 의견이 달라진다고 할 수 있다.

우선, 은행의 지불능력이 취약하다고 많은 예금주들이 예상하게 되면 실제로 은행의 지불능력이 취약해지는 현상, 즉 ㉠ '자기실현적 예상'이라 불리는 현상을 강조하는 시각이 있다. 예금주들이 예금을 인출하려는 요구에 대응하기 위해 은행이 예금의 일부만을 지급준비금으로 보유하는 부분준비제도는 현대 은행 시스템의 본질적 측면이다. 이 제도에서는 은행의 지불능력이 변화하지 않더라도 예금주들의 예상이 바뀌면 예금 인출이 쇄도하는 사태가 일어날 수 있다. 예금은 만기가 없고 선착순으로 지급하는 독특한 성격의 채무이기 때문에, 지불능력이 취약해져서 은행이 예금을 지급하지 못할 것이라고 예상하게 된 사람이라면 남보다 먼저 예금을 인출하는 것이 합리적이기 때문이다. 이처럼 예금 인출이 쇄도하는 상황에서 예금 인출 요구를 충족시키려면 은행들은 현금 보유량을 늘려야 한다. 이를 위해 은행들이 앞다투어 채권이나 주식, 부동산과 같은 자산을 매각하려고 하면 자산 가격이 하락하게 되므로 은행들의 지불능력이 실제로 낮아진다.

둘째, ㉡ 은행의 과도한 위험 추구를 강조하는 시각이 있다. 주식회사에서 주주들은 회사의 모든 부채를 상환하고 남은 자산의 가치에 대한 청구권을 갖는 존재이고 통상적으로 유한책임을 진다. 따라서 회사의 자산 가치가 부채액보다 더 커질수록 주주에게 돌아올 이익도 커지지만, 회사가 파산할 경우에 주주의 손실은 그 회사의 주식에 투자한 금액으로 제한된다. 이러한 ⓐ 비대칭적인 이익 구조로 인해 수익에 대해서는 민감하지만 위험에 대해서는 둔감하게 된 주주들은 고위험 고수익 사업을 선호하게 된다. 결과적으로 주주들이 더 높은 수익을 얻기 위해 감수해야 하는 위험을 채권자에게 전가하는 것인데, 자기자본비율이 낮을수록 이러한 동기는 더욱 강해진다. 은행과 같은 금융 중개 기관들은 대부분 부채비율이 매우 높은 주식회사 형태를 띤다.

셋째, ㉢ 은행가의 은행 약탈을 강조하는 시각이 있다. 전통적인 경제 이론에서는 은행의 부실을 과도한 위험 추구의 결과로 이해해왔다. 하지만 최근에는 은행가들에 의한 은행 약탈의 결과로 은행이 부실해진다는 인식도 강해지고 있다. 과도한 위험 추구는 은행의 수익률을 높이려는 목적으로 은행의 재무 상태를 악화시킬 위험이 큰 행위를 은행가가 선택하는 것이다. 이에 비해 은행 약탈은 은행가가 자신에게 돌아올 이익을 추구하여 은행에 손실을 초래하는 행위를 선택하는 것이다. 예를 들어 은행가들이 자신이 지배하는 은행으로부터 남보다 유리한 조건으로 대출을 받는다거나, 장기적으로 은행에 손실을 초래할 것을 알면서도 자신의 성과급을 높이기 위해 단기적인 성과만을 추구하는 행위 등은, 지배 주주나 고위 경영자의 지위를 가진 은행가가 은행에 대한 지배력을 사적인 이익을 위해 사용한다는 의미에서 약탈이라고 할 수 있다.

넷째, ㉣ 이상 과열을 강조하는 시각이 있다. 위의 세 가지 시각과 달리 이 시각은 경제 주체의 행동이 항상 합리적으로 이루어지는 것은 아니라는 관찰에 기초하고 있다. 예컨대 많은 사람들이 자산 가격이 일정 기간 상승하면 앞으로도 계속 상승할 것이라 예상하고, 일정 기간 하락하면 앞으로도 계속 하락할 것이라 예상하는 경향을 보인다. 이 경우 자산 가격 상승은 부채의 증가를 낳고 이는 다시 자산 가격의 더 큰 상승을 낳는다. 이러한 상승작용으로 인해 거품이 커지는 과정은 경제 주체들의 부채가 과도하게 늘어나 금융 시스템을 취약하게 만들게 되므로, 거품이 터져 금융 시스템이 붕괴하고 금융위기가 일어날 현실적 조건을 강화시킨다.

14.

㉠~㉣에 대한 설명으로 적절하지 <u>않은</u> 것은?

① ㉠은 은행 시스템의 제도적 취약성을 바탕으로 나타나는 예금주들의 행동에 주목하여 금융위기를 설명한다.
② ㉡은 경영자들이 예금주들의 이익보다 주주들의 이익을 우선한다는 전제 하에 금융위기를 설명한다.
③ ㉢은 은행의 일부 구성원들의 이익 추구가 은행을 부실하게 만들 가능성에 기초하여 금융위기를 이해한다.
④ ㉣은 경제 주체의 행동에 대한 귀납적 접근에 기초하여 금융위기를 이해한다.
⑤ ㉠과 ㉣은 모두 경제 주체들의 예상이 그대로 실현된 결과가 금융위기라고 본다.

문항 성격	문항유형 : 주제, 요지, 구조 파악
	내용영역 : 사회
평가 목표	이 문항은 금융위기를 이해하는 네 가지 시각에 대한 정보를 바탕으로 각 시각의 특징을 제대로 이해하고 있는지, 혹은 두 시각의 차이를 제대로 파악하고 있는지 평가한다.

금융위기를 이해하는 네 가지 시각에 대한 정보를 바탕으로, 금융위기를 이해할 때 각각의 시각이 무엇에 주목하고 있는지, 무엇을 전제하고 있는지, 경제 주체의 행동에 대해 어떤 접근에 기초하고 있는지, 예상이 실현되는 방식과 관련하여 결과적으로 어떤 입장을 취하는 것으로 보아야 하는지 등을 추론하여 각 시각에 대한 설명으로 적절하지 않은 것을 골라야 한다.

정답 해설　⑤ '자기실현적 예상' 현상을 강조하는 ㉠은 예금주들이 은행의 지불능력이 취약하다고 예상하게 되면 부분준비제도 하에서 예금주들이 남보다 더 일찍 예금을 인출하는 것이 합리적이므로 예금 인출 요구가 한꺼번에 쇄도하게 되고, 은행들이 이에 대응하여 현금 보유량을 늘리기 위해 자산을 앞다투어 매각하면 은행들이 보유한 자산의 가치가 하락하여 은행의 지불능력이 취약해진다고 설명한다. 따라서 경제 주체들이 예상한 대로 현실이 변화한 결과가 금융위기라고 본다. '이상 과열' 현상을 강조하는 ㉣의 경우에는 경제 주체들이 자산 가격이 계속 상승할 것이라고 예상하게 되면 자산을 매입하기 위해 채무를 늘리게 되어 금융 시스템이 취약해져서 금융위기가 일어날 조건이 강화되는 방향으로 현실이 변화한다고 본다. 요컨대 ㉠은 경제 주체들이 예상한 방향으로 현실이 변화되어 금융위기가 일어난다고 보는 반면, ㉣은 경제 주체들의 예상이 예상과 다른 방향으로 현실이 변화되도록 만들어 금융위기가 일어난다고 본다. 따라서 ⑤는 적절하지 않은 설명이다.

오답 해설　① ㉠은 예금 인출 쇄도라는 예금주들의 행동에 주목하여 금융위기를 설명한다. 예금 인출이 쇄도하지 않는다면 은행들이 앞다투어 자산을 급하게 매각하는 일도 일어나지 않을 것이고, 이렇게 되면 은행의 자산 가치가 하락하여 금융위기가 일어나는 일도 없을 것이기 때문이다. 예금주들이 은행의 지불능력에 대해 비관적인 예상을 갖게 되었을 때 앞다투어 예금을 인출하는 행동을 하는 이유는 은행 시스템의 제도적 특성 때문이다. 만기가 없고 선착순으로 상환하는 독특한 성격의 부채인 예금 형태로 은행이 많은 돈을 빌리고 그에 대한 상환 요구를 충족시키기 위해 예금의 일부분만을 지급준비금으로 보유하는 은행 시스템의 제도적 특성 때문에 예금주가 은행의 지불능력에 대해 비관적인 예상을 갖게 되면 남보다 더 일찍 예금을 인출하는 것이 합리적인 행동이다. 따라서 ㉠은 은행 시스템의 제도적 취약성을 바탕으로 나타나는 예금주들의 행동에 주목하여 금융위기를 설명한다고 해석할 수 있다.

　② ㉡은 은행의 과도한 위험 추구를 금융위기의 원인이라고 보는데, 은행이 위험을 과도하게 추구하는 이유를 유한책임제도로 인해 비대칭적 이익 구조를 갖는 주

주들의 위험에 대한 태도로 설명한다. 따라서 이 시각은 은행의 경영자들이 고위험 고수익 사업을 선호하는 주주들의 이익을 반영하여 과도한 위험을 추구한다고 전제하고 있다. 만약 은행의 위험 추구를 결정하는 경영자들이 고위험 고수익 사업을 선호하는 주주들의 이익보다 그로 인해 은행이 직면하게 되는 위험을 떠안게 되는 예금주들의 이익을 우선한다면 은행이 과도한 위험 추구를 하여 금융위기가 일어난다는 설명의 적합성은 떨어지게 된다.

③ ⓒ은 은행의 지배주주나 고위 경영자와 같은 일부 구성원들이 은행에 대한 지배력을 자신들의 사적인 이익을 위해 사용함으로써 은행이 부실해진 결과로 금융위기를 이해하고 있다. 즉, ⓛ이 은행의 주주들의 이익을 추구한 결과 은행이 부실해진다고 보는 데 비해, ⓒ은 은행의 지배주주나 고위 경영자들의 이익을 추구한 결과 은행이 부실해진다고 보는 것이다.

④ ㉠, ⓛ, ⓒ이 경제 주체의 행동이 합리적으로 이루어진다는 것을 전제로 금융위기를 이해하는 데 비해, ㉣은 "경제 주체의 행동이 항상 합리적으로 이루어지는 것은 아니라는 관찰에 기초하여" 금융위기를 이해한다. 거품의 형성과 붕괴의 기초로 소개되는 "자산 가격이 일정 기간 상승하면 앞으로도 계속 상승할 것이라 예상"하는 행동도 "많은 사람들이" 보이는 "경향"일 뿐, 합리적인 경제 주체에 대한 전제로부터 도출된 법칙성은 아니다. 따라서 ④는 적절하다.

15.

ⓐ와 관련한 설명으로 적절하지 <u>않은</u> 것은?

① 파산한 회사의 자산 가치가 부채액에 못 미칠 경우에 주주들이 져야 할 책임은 한정되어 있다.
② 회사의 자산 가치에서 부채액을 뺀 값이 0보다 클 경우에, 그 값은 원칙적으로 주주의 몫이 된다.
③ 회사가 자산을 다 팔아도 부채를 다 갚지 못할 경우에, 얼마나 많이 못 갚는지는 주주들의 이해와 무관하다.
④ 주주들이 선호하는 고위험 고수익 사업은 성공한다면 회사가 큰 수익을 얻지만, 실패한다면 회사가 큰 손실을 입을 가능성이 높다.
⑤ 주주들이 고위험 고수익 사업을 선호하는 것은, 이런 사업이 회사의 자산 가치와 부채액 사이의 차이가 줄어들 가능성을 높이기 때문이다.

내용영역 : 사회

평가 목표 이 문항은 유한책임 주식회사에서 주주들의 '비대칭적 이익구조'에 관한 정보를 바탕으로 그 내용과 결과를 제대로 이해하는지, 혹은 재구성할 수 있는지 평가한다.

문제 풀이 정답 : ⑤

유한책임 주식회사에서 주주들의 '비대칭적 이익구조'의 내용과 결과를 제시문과 다르게 표현했을 때 적절하지 않은 진술을 골라야 한다.

정답 해설 ⑤ 주주들이 선호하는 고위험 고수익 사업은 저위험 저수익 사업에 비해 큰 수익과 큰 손실을 낼 가능성이 상대적으로 크고 작은 수익과 작은 손실을 낼 가능성이 상대적으로 작다. 이런 사업을 선택할 경우 결과적으로 회사의 자산 가치와 부채액 사이의 차이가 늘어날 가능성이 커진다. 주주는 부채를 상환하고 남은 회사의 자산에 대한 청구권자이고 유한책임을 지기 때문에 회사의 자산 가치가 부채액보다 클수록 이익이 커지지만 회사의 자산 가치가 부채액보다 작을 경우에는 주주의 손실은 주식을 구입하기 위해 투자한 금액으로 한정되어 주주의 이익은 회사의 자산 가치가 부채액보다 얼마나 작은지와 무관하게 된다. 이러한 비대칭적 이익구조 때문에 주주들은 회사의 자산 가치와 부채액 사이의 차이가 늘어날 가능성이 큰 고위험 고수익 사업을 선호하는 것이다.

오답 해설 ① 유한책임으로 인해 초래되는 주주들의 '비대칭적 이익구조'는 회사의 자산 가치가 부채액보다 작을 경우, 회사가 파산하게 되어 채권자가 회사의 소유자가 되어 회사 자산에 대한 청구권을 갖게 되고 주주들은 그 청구권을 잃게 된다, 다시 말해 회사가 파산할 경우 주주들이 보유한 주식의 가치가 사라지게 되는데, 유한책임제도로 인해 이 경우에 주주들은 회사의 소유권을 잃는 것, 즉 주식을 보유하기 위해 투자한 금액만큼을 잃는 것 이외에 추가적으로 책임을 지지 않는다. 따라서 회사의 자산 가치가 부채액에 못 미칠 경우에 주주들이 저야 할 책임은 자신이 주식을 구입하기 위해 투자한 금액으로 한정된다.

② 회사의 자산 가치가 부채액에 못 미칠 경우에 주주들은 회사의 자산에 대한 청구권을 잃게 되지만, 회사의 자산 가치가 부채액을 능가하는 경우에 회사의 소유자들인 주주들은 부채를 상환하고 남는 회사의 자산 가치에 대한 청구권을 갖는다. 따라서 이 경우에 그 차액은 원칙적으로 주주의 몫이 된다.

③ 회사의 자산을 다 팔아도 부채를 다 갚지 못할 경우, 즉 회사가 파산할 경우에 주주들의 손실은 한정되므로 회사의 자산 가치가 부채액에 얼마나 못 미치는지, 혹은 회사가 자산을 팔아 부채를 갚을 때 얼마나 못 갚는지에 따라 주주의 손실

이 영향을 받지 않는다. 따라서 회사가 파산할 경우 회사가 부채를 얼마나 못 갚
는지는 주주들의 이해와 무관하다.

④ 주주들이 선호하는 고위험 고수익 사업은 저위험 저수익 사업에 비해 큰 수익
과 큰 손실을 낼 가능성이 상대적으로 크고 작은 수익과 작은 손실을 낼 가능성
이 상대적으로 작다. 따라서 고위험 고수익 사업은 회사에 큰 수익을 가져다주
거나 큰 손실을 가져다줄 가능성이 큰 사업이다.

16.

윗글에 제시된 네 가지 시각으로 〈보기〉의 사례를 평가할 때 가장 적절한 것은?

보 기

1980년대 후반에 A국에서 장기 주택담보 대출에 전문화한 은행인 저축대부조합들이 대량
파산하였다. 이 사태와 관련하여 다음과 같은 사실들이 주목받았다.

• 1970년대 이후 석유 가격 상승으로 인해 부동산 가격이 많이 오른 지역에서 저축대부조
합들의 파산이 가장 많았다.

• 부동산 가격의 상승을 보고 앞으로도 자산 가격의 상승이 지속될 것을 예상하고 빚을 얻
어 자산을 구입하는 경제 주체들이 늘어났다.

• A국의 정부는 투자 상황을 낙관하여 저축대부조합이 고위험채권에 투자할 수 있도록 규
제를 완화하였다.

• 예금주들이 주인이 되는 상호회사 형태였던 저축대부조합들 중 다수가 1980년대에 주
식회사 형태로 전환하였다.

• 파산 전에 저축대부조합의 대주주와 경영자들에 대한 보상이 대폭 확대되었다.

① ㉠은 위험을 감수하고 고위험채권에 투자한 정도와 고위 경영자들에게 성과급 형태로
보상을 지급한 정도가 비례했다는 점을 들어, 은행의 고위 경영자들을 비판할 것이다.

② ㉡은 부동산 가격 상승에 대한 기대 때문에 예금주들이 책임질 수 없을 정도로 빚을 늘
려 은행이 위기에 빠진 점을 들어, 예금주의 과도한 위험 추구 행태를 비판할 것이다.

③ ㉢은 저축대부조합들이 주식회사로 전환한 점을 들어, 고위험채권 투자를 감행한 결
정이 궁극적으로 예금주의 이익을 더욱 증가시켰다고 은행을 옹호할 것이다.

④ ㉢은 저축대부조합이 정부의 규제 완화를 틈타 고위험채권에 투자하는 공격적인 경영
을 한 점을 들어, 저축대부조합들의 행태를 용인한 예금주들을 비판할 것이다.

⑤ ㉣은 차입을 늘린 투자자들, 고위험채권에 투자한 저축대부조합들, 규제를 완화한 정부 모두 낙관적인 투자 상황이 지속될 것이라고 예상한 점을 들어, 그 경제 주체 모두를 비판할 것이다.

문항 성격	문항유형 : 정보의 평가와 적용
	내용영역 : 사회
평가 목표	이 문항은 〈보기〉에 제시된 금융위기 사례에 대해 금융위기에 대한 네 가지 시각이 각각 어떤 평가를 내릴지를 제대로 이해하는지 평가한다.
문제 풀이	정답 : ⑤

〈보기〉에 제시된 금융위기 사례에 대해 금융위기에 대한 네 가지 시각은 각각 어떤 사실에 주목하여 어떤 경제 주체의 행동을 비판할 것인지 서술한 선택지 가운데 적절한 것을 골라야 한다.

정답 해설　⑤ ㉣은 경제 주체들이 자산 가격의 상승과 같은 낙관적인 투자 상황이 지속될 것이라고 예상하여 채무를 늘림으로써 거품을 키우는 이상 과열 현상이 금융위기의 현실적 조건을 강화한다고 이해한다. 따라서 이 시각은 저축대부조합이 대량 파산한 〈보기〉의 사례에서 자산 구입을 위해 차입을 늘린 투자자들이나 규제완화를 틈타 고위험채권에 투자한 저축대부조합, 규제완화를 통해 민간 경제 주체들의 투자와 차입을 부추긴 정부 모두가 낙관적인 투자 상황이 지속될 것이라는 예상에 기초하여 이상 과열을 부추겼다고 비판할 것이라고 추론할 수 있다.

오답 해설　① ㉠은 은행이나 차입자의 상태에 대한 정확한 정보가 경제 주체들 사이에 잘 공유되지 못해 예금 인출 쇄도 사태나 갑작스런 대출 회수 사태가 발생하는 것을 중시할 것이다.

② ㉡은 주식회사로 전환한 저축대부조합들이 과도한 위험을 추구하여 고위험채권에 대한 투자를 늘린 점이나 이들이 고위험채권에 투자할 수 있도록 규제를 완화한 정부의 행동에 주목할 것이다.

③ ㉢은 은행에 대한 지배력을 사적인 이익을 위해 행사한 대주주와 이사들의 행동이나 이들로 하여금 이런 행동을 선택하도록 부추긴 제도적 측면이나 정책에 주목할 것이다.

④ ㉣은 낙관적인 투자 상황이 지속될 것이라는 예상에 기초하여 이상 과열을 부추긴 경제 주체들의 행동에 주목할 것이다.

17.

㉠~㉣에 따른 금융위기 대책에 대한 설명으로 적절하지 <u>않은</u> 것은?

① 은행이 파산하는 경우에도 예금 지급을 보장하는 예금 보험 제도는 ㉠에 따른 대책이다.
② 일정 금액 이상의 고액 예금은 예금 보험 제도의 보장 대상에서 제외하는 정책은 ㉠에 따른 대책이다.
③ 은행들로 하여금 자기자본비율을 일정 수준 이상으로 유지하도록 하는 건전성 규제는 ㉡에 따른 대책이다.
④ 금융 감독 기관이 은행 대주주의 특수 관계인들의 금융 거래에 대해 공시 의무를 강조하는 정책은 ㉢에 따른 대책이다.
⑤ 주택 가격이 상승하여 서민들의 주택 구입이 어려워질 때 담보 가치 대비 대출 한도 비율을 줄이는 정책은 ㉣에 따른 대책이다.

문항 성격	문항유형 : 정보의 추론과 해석
	내용영역 : 사회
평가 목표	이 문항은 금융위기에 대한 네 가지 시각에 대한 이해를 바탕으로 각각에 따른 금융위기 대책을 제대로 추론할 수 있는지 평가한다.
문제 풀이	정답 : ②

어떤 시각을 중심으로 금융위기를 이해하느냐에 따라 금융위기의 원인과 대책에 대한 생각도 달라진다. 선택지들에 소개된 대책의 기초가 되는 시각이 적절하지 않게 서술된 것을 골라야 한다.

정답 해설 ② ㉠에 따르면 필요 때문이 아니라 은행이 파산하면 예금을 인출하지 못하게 될 것이라는 예상 때문에 예금주들이 앞다투어 예금을 인출하는 일이 일어나지 않도록 하는 예금 보험 제도가 금융위기에 대한 대책으로 중요하다. 그러므로 고액 예금을 예금 보험 제도의 보장 대상에서 제외하는 정책은 ㉠에 따른 것이 아니다. 이 정책은 예금 보험 제도로 인해 발생할 수 있는 예금주들의 도덕적 해이가 은행의 위험 추구를 부추길 가능성을 완화하기 위한 대책이라 할 수 있으므로, 굳이 말하자면 ㉡에 따른 대책이라 할 것이다.

오답 해설 ① ㉠은 은행의 지불능력에 대한 정보를 공유하지 못한 예금주들이 은행의 지불능력에 대해 부정적인 예상을 함으로써 발생하는 예금 인출 쇄도 사태가 금융위기에서 중요하다고 본다. 그러므로 실질적인 필요 때문이 아니라 은행이 파산하면 예금을 인출하지 못하게 될 것이라는 예상 때문에 예금주들이 앞다투어 예금을 인출하는 일이 일어나지 않도록 하는 것이 중요하다. 따라서 은행이 파산할 경우에도 예금 지급을 보장하는 예금 보험 제도는 ㉠에 기초한 금융위기 대책이다.

③ ㉡은 주주들의 이익 구조에 기인한 은행의 과도한 위험 추구를 중시하는데, 자기자본비율이 낮을수록 이러한 동기가 더욱 강하기 때문에 건전성 규제가 대책이라고 생각한다.

④ ㉢은 대주주나 경영자들이 사적인 이익을 위해 은행에 대한 지배력을 사용함으로써 은행이 부실해지는 것을 중시한다. 그러므로 대주주의 특수 관계인들의 금융 거래가 대중적으로 드러나도록 하는 정책을 대책으로 생각할 수 있다.

⑤ ㉣은 낙관적인 투자 상황이 지속될 것이라고 경제 주체들이 예상하여 차입을 늘림으로써 금융 시스템이 취약해지는 측면을 중시한다. 그런데 주택 가격이 상승했을 때 담보 가치 대비 대출 한도 비율을 줄이는 정책은 낙관적인 예상과 부채의 증가가 상승작용을 일으켜 금융 시스템이 취약해지도록 만드는 것을 방지하기 위한 정책이다. 따라서 이 정책은 ㉣에 따른 대책이다.

[18~20] 다음 글을 읽고 물음에 답하시오.

우주의 크기는 인류의 오랜 관심사였다. 천문학자들은 이를 알아내기 위하여 먼 별들의 거리를 측정하려고 하였다. 18세기 후반에 허셜은 별의 '고유 밝기'가 같다고 가정한 뒤, 지구에서 관측되는 '겉보기 밝기'가 거리의 제곱에 비례하여 어두워진다는 사실을 이용하여 별들의 거리를 대략적으로 측정하였다. 그 결과 별들이 우주 공간에 균질하게 분포하는 것이 아니라, 전체적으로 납작한 원반 모양이지만 가운데가 위아래로 볼록한 형태를 이루며 모여 있음을 알게 되었다. 이 경우, 원반의 내부에 위치한 지구에서 사방을 바라본다면 원반의 납작한 면과 나란한 방향으로는 별이 많이 관찰되고 납작한 면과 수직인 방향으로는 별이 적게 관찰될 것인데, 이는 밤하늘에 보이는 '은하수'의 특징과 일치한다. 이에 착안하여 천문학자들은 지구가 포함된 천체들의 집합을 '은하'라고 부르게 되었다. 별들이 모여 있음을 알게 된 이후에는 그 너머가 빈 공간인지 아니면 또 다른 천체가 존재하는 공간인지 의문을 갖게 되었으며, '성운'에 대한 관심도 커졌다.

성운은 망원경으로 보았을 때, 뚜렷한 작은 점으로 보이는 별과는 다르게 얼룩처럼 번져 보인다. 성운이 우리 은하 내에 존재하는 먼지와 기체들이고 별과 그 주위의 행성이 생성되는 초기 모습인지, 아니면 우리 은하처럼 수많은 별들이 모인 또 다른 은하인지는 오랜 논쟁거리였다. 앞의 가설을 주장한 학자들은 성운이 은하의 납작한 면 바깥에서는 많이 관찰되지만 정작 그 면의 안에서는 거의 관찰되지 않는다는 사실을 근거로 내세웠다. 그들에 따르면, 성운이란 별이 형성되는 초기의 모습이므로 이미 별들의 형성이 완료되어 많은 별들이 존재하는 은하의 납작한 면 안에서는 성운이 거의 관찰되지 않는다. 반면에 이들과 반대되는 가설을 주장한 학자들은 원반 모양의 우리 은하를 멀리서 비스듬한 방향으로 보면 타원형이 되는데, 많은 성운들도 타원 모양을 띠고 있으므로 우리 은하처럼 독립적인 은하일 것이라고 생각하였다. 그들에 따르면, 성운이 우주 전체에 고루 퍼져 있음에도 우리 은하의 납작한 면 안에서 거의 관찰되지 않는 이유는 납작한 면 안의 수많은 별과 먼지, 기체들에 의해 약한 성운의 빛이 가려졌기 때문이다.

두 가설 중 어느 것이 맞는지는 지구와 성운 사이의 거리를 측정하면 알 수 있다. 이 거리를 측정하는 방법은 밝기가 변하는 별인 변광성의 연구로부터 나왔다. 주기적으로 밝기가 변하는 변광성 중에는 쌍성이 있는데, 밝기가 다른 두 별이 서로의 주위를 도는 쌍성은 지구에서 볼 때 두 별이 서로를 가리지 않는 시기, 밝은 별이 어두운 별 뒤로 가는 시기, 어두운 별이 밝은 별 뒤로 가는 시기마다 각각 관측되는 밝기에 차이가 생긴다. 이 경우에 별의 밝기는 시간에 따라 대칭적으로 변화한다. 한편, 또 다른 특성을 지닌 변광성도 존재하는데, 이 변광성의 밝기는 시간에 따라 비대칭적으로 변화한다. 이와 같은 비대칭적 밝기 변화는 두 별이 서로를 가리는 경우와 다른 것으로, 별의 중력과 복사압 사이의 불균형으로 인하여 별이 팽창과 수축을 반복할 때 방출되는 에너지가 주기적으로 변화하며 발생한다. 이러한 변광성을 세페이드 변광성이라고 부른다.

1910년대에 마젤란 성운에서 25개의 세페이드 변광성이 발견되었다. 이들은 최대 밝기가 밝을수록 밝기의 변화 주기가 더 길고, 둘 사이에는 수학적 관계가 있음이 알려졌다. 이러한 관계가 모든 세페이드 변광성에 대해 유효하다면, 하나의 세페이드 변광성의 거리를 알 때 다른 세페이드 변광성의 거리는 그 밝기 변화 주기로부터 고유 밝기를 밝혀내어 이를 겉보기 밝기와 비교함으로써 알 수 있다. 이를 바탕으로 ㉠ 어떤 성운에 속한 변광성을 찾아 거리를 알아냄으로써 그 성운의 거리도 알 수 있게 되었는데, 1920년대에 허블은 안드로메다 성운에 속한 세페이드 변광성을 찾아내어 그 거리를 계산한 결과 지구와 안드로메다 성운 사이의 거리가 우리 은하 지름의 열 배에 이른다고 밝혔다. 이로부터 성운이 우리 은하 바깥에 존재하는 독립된 은하임이 분명해지고, 우주의 범위가 우리 은하 밖으로 확장되었다.

18.

윗글에서 알 수 있는 사실로 적절하지 <u>않은</u> 것은?

① 성운은 우주 전체에 고루 퍼져 분포한다.
② 안드로메다 성운은 별 주위에 행성이 생성되는 초기의 모습이다.
③ 밤하늘을 관찰할 때 은하수 안보다 밖에서 성운이 더 많이 관찰된다.
④ 밤하늘에 은하수가 관찰되는 이유는 우리 은하가 원반 모양이기 때문이다.
⑤ 타원 모양의 성운은 성운이 독립된 은하라는 가설을 뒷받침하는 증거이다.

문항 성격	문항유형 : 정보의 확인과 재구성
	내용영역 : 과학·기술
평가 목표	이 문항은 천체에 대한 관측 사실과 성운의 정체에 대한 두 가지 가설을 토대로 우리 은하의 특징, 밤하늘에서 은하수가 관찰되는 이유, 성운의 정체를 이해하고 있는지를 평가한다.
문제 풀이	정답 : ②

우리 은하의 모양, 은하와 은하수의 관계, 성운에 대한 관측 사실, 성운의 정체에 대한 두 가설에 대해 제시문에 주어진 정보를 확인하여 그 내용과 부합하는 선택지를 골라야 한다.

정답 해설 ② 제시문 마지막 문단의 "1920년대에 허블은 안드로메다 성운에 속한 세페이드 변광성을 찾아내어 그 거리를 계산한 결과 지구와 안드로메다 성운 사이의 거리가 우리 은하 지름의 열 배에 이른다고 밝혔다. 이로부터 성운이 우리 은하 바깥에 존재하는 독립된 은하임이 분명해지고, 우주의 범위가 우리 은하 밖으로 확장되었다."라는 부분으로부터 안드로메다 성운이 수많은 별들이 모인 독립된 은하(두 번째 가설)이며, 별 주위에 행성이 형성되는 초기의 모습(첫 번째 가설)이 아니라는 것을 확인할 수 있다.

오답 해설 ① 제시문 마지막 문단의 "이로부터 성운이 우리 은하 바깥에 존재하는 독립된 은하임이 분명해지고, 우주의 범위가 우리 은하 밖으로 확장되었다."라는 부분으로부터 성운의 정체에 대한 두 번째 가설이 옳다는 것이 밝혀졌다는 것을 알 수 있다. 두 번째 가설이 소개되는 대목인 "그들에 따르면, 성운이 우주 전체에 고루 퍼져 있음에도 우리 은하의 납작한 면 안에서 거의 관찰되지 않는 이유는 ……" 부분을 보면 성운이 우주에 골고루 분포함을 알 수 있다.

③ 제시문 첫 문단의 "이 경우 원반의 내부에 위치한 지구에서 사방을 바라본다면

…… 이는 밤하늘에 보이는 '은하수'의 특징과 일치한다."로부터 은하수가 은하의 납작한 면을 따라 관찰되는 별들의 집합이라는 것을 알 수 있다. 그리고 두 번째 문단 "앞의 가설을 주장한 학자들은 성운이 은하의 납작한 면 바깥에서는 많이 관찰되지만 정작 그 면의 안에서는 거의 관찰되지 않는다는 사실을 근거로 내세웠다."로부터 밤하늘을 관찰할 때 성운이 은하수 안보다 밖에서 더 많이 관찰된다는 것을 알 수 있다.

④ 제시문 첫 문단의 "이 경우, 원반의 내부에 위치한 지구에서 사방을 바라본다면 원반의 납작한 면과 나란한 방향으로는…… 이는 밤하늘에 보이는 은하수의 특징과 일치한다."로부터 밤하늘에 은하수가 관찰되는 이유는 우리 은하가 원반 모양이기 때문임을 알 수 있다.

⑤ 제시문 두 번째 문단의 "반면에 이들과 반대되는 가설을 주장한 학자들은 원반 모양의 우리 은하를 멀리서 비스듬한 방향으로…… 우리 은하처럼 독립적인 은하일 것이라고 생각하였다."로부터 성운이 타원 모양을 띠는 것이 성운이 독립된 은하라는 가설을 뒷받침하는 증거라는 것을 알 수 있다.

19.

㉠과 같이 우리 은하 밖의 어떤 성운과 지구 사이의 거리를 알아내는 데 이용되는 사실만을 〈보기〉에서 있는 대로 고른 것은?

보기

ㄱ. 성운의 모양이 원반 형태이다.
ㄴ. 별의 겉보기 밝기는 거리가 멀수록 어둡다.
ㄷ. 밝기가 시간에 따라 대칭적으로 변하는 변광성이 성운 안에 존재한다.

① ㄱ   ② ㄴ   ③ ㄷ
④ ㄱ, ㄴ   ⑤ ㄴ, ㄷ

 문항 성격   문항유형 : 정보의 추론과 해석
       내용영역 : 과학 · 기술

이 문항은 성운과 지구 사이의 거리를 측정하기 위한 방법을 이해하고 거리 측정을 위해 필요한 사실을 추론할 수 있는지 평가한다.

문제 해설 정답 : ②

세페이드 변광성은 쌍성으로 이루어진 변광성과 달리 밝기 변화가 시간에 따라 비대칭적이라는 사실과, 밝기 변화의 주기로부터 고유 밝기를 알 수 있고 고유 밝기가 같을 때 거리의 제곱에 비례하여 겉보기 밝기가 어두워진다는 사실을 제시문에서 확인하여야 한다.

〈보기〉 해설 ㄱ. 성운 안에 세페이드 변광성이 있으면 변광성의 거리를 측정하여 성운의 거리를 알 수 있다. 성운이 원반 형태라는 것은 변광성의 존재 유무와는 무관하므로 이것은 거리를 측정하는 데 사용되는 사실이 아니다.

ㄴ. 제시문 네 번째 문단의 "어떤 성운에 속한 변광성을 찾아 거리를 알아냄으로써 그 성운의 거리도 알 수 있게 되었는데……"와 "이러한 관계가 모든 세페이드 변광성에 대해 유효하다면, 하나의 세페이드 변광성의 거리를 알 때 다른 세페이드 변광성의 거리는 그 밝기 변화 주기로부터 고유 밝기를 밝혀내어 이를 겉보기 밝기와 비교함으로써 알 수 있다.", 그리고 제시문 첫 번째 문단의 "지구에서 관측되는 '겉보기 밝기'가 거리의 제곱에 비례하여 어두워진다는 사실을 이용하여 별들의 거리를 대략적으로 측정하였다."로부터 별의 겉보기 밝기는 거리가 멀수록 어둡다는 사실이 성운과 지구 사이의 거리를 측정하는 데 이용됨을 추론할 수 있다.

ㄷ. 제시문 네 번째 문단의 "어떤 성운에 속한 변광성을 찾아 거리를 알아냄으로써 그 성운의 거리도 알 수 있게 되었는데……"와 "이러한 관계가 모든 세페이드 변광성에 대해 유효하다면, 하나의 세페이드 변광성의 거리를 알 때 다른 세페이드 변광성의 거리는 그 밝기 변화 주기로부터 고유 밝기를 밝혀내어 이를 겉보기 밝기와 비교함으로써 알 수 있다.", 그리고 세 번째 문단의 "이와 같은 비대칭적 밝기 변화는 두 별이 서로를 가리는 경우와 다른 것으로…… 이러한 변광성을 세페이드 변광성이라고 부른다."로부터 밝기가 시간에 대하여 비대칭적으로 변화하는 변광성이 성운 안에 존재한다는 사실이 거리 측정에 이용됨을 알 수 있다.

20.

두 변광성 A와 B의 시간에 따른 밝기 변화를 관측하여 〈보기〉와 같은 결과를 얻었다. 이에 대한 설명으로 가장 적절한 것은?

보 기

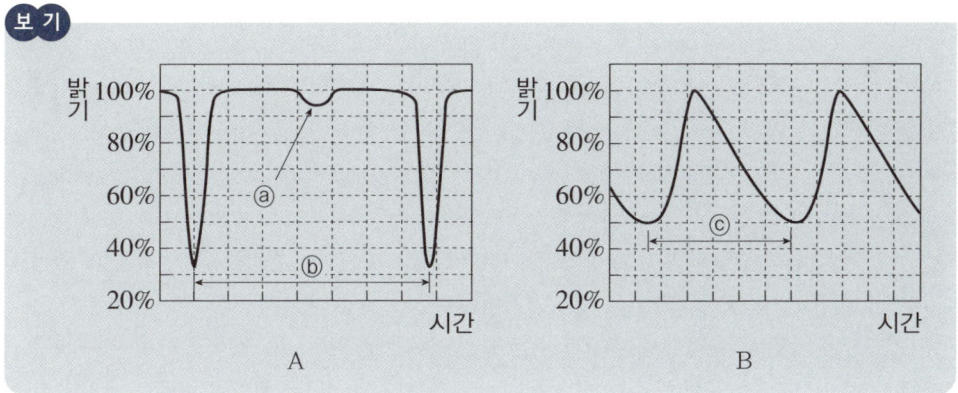

① A는 세페이드 변광성이다.
② B는 크기와 밝기가 비슷한 두 별로 이루어져 있다.
③ ⓐ는 밝은 별이 어두운 별을 가리고 있는 시기이다.
④ ⓑ를 측정하여 A의 거리를 알 수 있다.
⑤ ⓒ를 알아야만 B의 최대 겉보기 밝기를 알 수 있다.

문항 성격	문항유형 : 정보의 평가와 적용
	내용영역 : 과학 · 기술
평가 목표	이 문항은 두 종류의 변광성, 즉 쌍성과 세페이드 변광성의 밝기 변화 특성을 제시문에서 확인하여 〈보기〉에 주어진 실제 관측 자료에 적용할 수 있는 능력을 평가한다.
문제 풀이	정답 : ③

〈보기〉의 두 자료가 각각 어떤 종류의 변광성인지 파악하고, 쌍성의 경우에는 밝기 변화에 따른 두 별의 상대적인 위치, 세페이드 변광성의 경우에는 변광성의 밝기 변화 주기가 거리 측정에 이용되는 방식을 이해해야 주어진 선택지들의 적절성을 판단할 수 있다.

정답 해설   ③ 제시문 세 번째 문단의 "주기적으로 밝기가 변하는 변광성 중에는 쌍성이 있는데, 밝기가 다른 두 별이 서로의 주위를 도는 쌍성은 지구에서 볼 때 두 별이 서로를 가리지 않는 시기, 밝은 별이 어두운 별 뒤로 가는 시기, 어두운 별이 밝은 별 뒤로 가는 시기마다 각각 관측되는 밝기에 차이가 생긴다."로부터 〈보기〉의 밝기 변화 그래프에서 가장 밝은 시기가 두 별이 서로를 가리지 않을 때이고, 두 번째 밝은 시기(ⓐ)가 밝은 별이 어두운 별을 가릴 때이며, 가장 어두운 시기가 어두운 별이 밝은 별을 가릴 때임을 알 수 있다.

오답 해설 ① 제시문 세 번째 문단의 "이 경우에 별의 밝기는 시간에 따라 대칭적으로 변화한다. 한편, 또 다른 특성을 지닌 변광성도 존재하는데, 이 변광성의 밝기는 시간에 따라 비대칭적으로 변화한다. 이와 같은 비대칭적 밝기 변화는 두 별이 서로를 가리는 경우와 다른 것으로…… 이러한 변광성을 세페이드 변광성이라고 부른다."로부터 〈보기〉의 A는 시간에 따른 밝기 변화가 대칭적이므로 세페이드 변광성이 아니라는 것을 알 수 있다.

② 제시문 세 번째 문단의 "주기적으로 밝기가 변하는 변광성 중에는 쌍성이 있는데, 밝기가 다른 두 별이 서로의 주위를 도는 쌍성은 지구에서 볼 때 두 별이 서로를 가리지 않는 시기, 밝은 별이 어두운 별 뒤로 가는 시기, 어두운 별이 밝은 별 뒤로 가는 시기마다 각각 관측되는 밝기에 차이가 생긴다. 이 경우에 별의 밝기는 시간에 따라 대칭적으로 변화한다. 한편, 또 다른 특성을 지닌 변광성도 존재하는데, 이 변광성의 밝기는 시간에 따라 비대칭적으로 변화한다. 이와 같은 비대칭적 밝기 변화는 두 별이 서로를 가리는 경우와 다른 것으로…… 이러한 변광성을 세페이드 변광성이라고 부른다."로부터 〈보기〉의 B는 시간에 따른 밝기 변화가 비대칭적이므로 쌍성이 아닌 세페이드 변광성이라는 것을 알 수 있다.

④ 제시문에 따르면 〈보기〉의 A는 쌍성으로 이루어진 변광성이고 B는 세페이드 변광성이라는 것을 알 수 있다(선택지 ① , ②에 대한 해설 참조). 제시문 네 번째 문단의 "이러한 관계가 모든 세페이드 변광성에 대해 유효하다면, 하나의 세페이드 변광성의 거리를 알 때 다른 세페이드 변광성의 거리는 그 밝기 변화 주기로부터 고유 밝기를 밝혀내어 이를 겉보기 밝기와 비교함으로써 알 수 있다."로부터, ⓑ를 측정하여 A(쌍성)의 거리를 측정하는 것이 아니라 ⓒ를 측정하여 B(세페이드 변광성)의 거리를 측정하는 것이라는 것을 알 수 있다.

⑤ 제시문 네 번째 문단의 "이러한 관계가 모든 세페이드 변광성에 대해 유효하다면, 하나의 세페이드 변광성의 거리를 알 때 다른 세페이드 변광성의 거리는 그 밝기 변화 주기로부터 고유 밝기를 밝혀내어 이를 겉보기 밝기와 비교함으로써 알 수 있다."로부터 겉보기 밝기는 밝기 변화 주기와 독립적으로 측정되며, 밝기 변화 주기를 알아야만 겉보기 밝기를 알 수 있는 것은 아니라는 것을 알 수 있다.

[21~23] 다음 글을 읽고 물음에 답하시오.

조선 성종 8년(1477) 조정에서는 여성의 재가(再嫁)를 둘러싸고 토론이 벌어졌다. 그 계기가 된 것은 이심의 처 조 씨 사건이었다. 이 사건은 조 씨의 오빠인 조식이 전 칠원현감 김주가 과부인 누이 집에 와서 유숙한 것을 두고 강간이라고 고발하면서 시작되었다. 조사 결과 김주와 조 씨는 이미 성혼한 사이였으나, 중매를 거치지는 않았다. 조식은 과부가 된 누이를 돌보지 않다가 그 누이의 재산을 차지하려고 무고한 것이었다. 이렇게 끝날 뻔했던 사건이 부녀자의 재가 문제로 논제가 옮겨가면서 양상이 달라졌다. 당시 성종이 전·현직 고위 관료 46명을 불러 부녀자의 재가에 대한 의견을 들었는데, 다음이 대표적인 의견들이었다.

㉠ 영돈녕부사 노사신 등이 아뢰기를, "부인의 덕은 한 남편을 섬기는 것보다 더 큰 것이 없습니다. 그러나 젊은 나이에 과부가 된 자에게 재가를 허락하지 않는다면, 부모와 자식이 없어 의지할 곳이 없는 사람은 오히려 절개를 잃게 될 것입니다. 그런 이유로 국가에서 부녀자가 재가하는 것을 금하지 않았으니 그전대로 하는 것이 편하겠습니다."라고 하였다.

㉡ 지중추부사 구수영 등이 아뢰기를, "사족(士族)의 여자가 일찍 과부가 되어 생계가 막막해서 부득이 재가한 경우와 부모의 명으로 재가한 경우는 형세상 어쩔 수 없는 것이므로 〈경국대전〉에서도 세 번 시집가는 것에 대해서만 금지하고 있습니다. 그러나 자식이 있고, 집이 가난하지 않은데도 스스로 재가하는 자가 있으니 이는 정욕을 이기지 못한 것입니다. 금후 이 경우는 세 번 시집간 사례로 적용하는 것이 어떻겠습니까?"라고 하였다.

㉢ 예조참판 이극돈 등이 아뢰기를, "〈경국대전〉에, '재가한 부녀자에게는 작위를 주지 않고, 세 번 시집간 자는 실행(失行)한 자와 한가지로 아들과 손자에게 과거 응시와 현관(顯官: 특정한 요직) 제수를 허락하지 않는다'고 하였으니, 이는 정상을 참작하여 법을 만든 것으로 풍속을 경계하고 장려하기에 족합니다. 결혼한 여자가 한 남편을 끝까지 섬기는 것이 마땅하지만, 불행히 일찍 과부가 되어서 의탁할 곳이 없으면 그 재가가 부득이한 데서 나온 것입니다. 국가에서 사람마다 절의를 가지고 책임지우는 것은 마땅한 일이지만, 일일이 논죄한다면 또한 어려울 것이니 〈경국대전〉에 따라서 시행함이 어떻겠습니까?"라고 하였다.

㉣ 무령군 유자광 등이 아뢰기를, "예전에 정자(程子)가 가로되, '재가는 후세에 굶어 죽을 것을 두려워하여 하는 것이다. 절개를 잃는 것은 지극히 큰 일이고, 굶어 죽는 것은 지극히 작은 일이다'고 하였습니다. 세상 풍속이 절의를 돌아보지 않고 재가하고, 국가에 금령이 없어 절개를 잃은 자의 자손이 현관의 직에 오르는 일이 풍속을 이루며, 혼인을 주선하는 자가 없는데도 스스로 지아비를 구하는 자까지 있습니다. 금후로는 부녀자들의 재가를 금지하고, 이를 어기는 자가 있으면 모두 실행한 것으로 처벌하고, 그 자손도 관직에 오르지 못하게 해야 합니다."라고 하였다.

유자광의 의견에 동조한 사람은 세 명뿐이었다. 성종은, "전(傳)에 이르기를 '신(信)은 부녀자의 덕이니 한 번 함께 하였으면 종신토록 고치지 않는다'고 하였다. 그리하여 삼종지의(三從之義)라는 말이 있는 것인데 세상의 도리가 날로 비속해져 사족의 여자가 예의를 돌보지 않고 스스로 중매하여 다른 사람을 따르니, 이는 가풍을 무너뜨릴 뿐 아니라 유학의 가르침을 더럽히는 것이다. 이제부터는 재가한 여자의 자손은 관직에 임용되지 못하도록 하여 풍속을 바로잡도록 하라."라고 명하였다. 그에 따라 성종 16년(1485)에 수정된 〈경국대전〉에서는 재가한 여자의 아들과 손자는 과거에 응시하지 못하고 어떤 관직에도 임용되지 못하도록 규정되었다.

한편, 이심의 처 조 씨는 친척이 혼인을 주선하지 않았음에도 스스로 시집간 죄로, 김주는 조 씨와 혼인하되 예를 갖추지 않은 죄로 〈대명률〉의 "화간(和姦)한 자는 장 80에 처한다."라는 조항에 따라 모두 처벌하고 이혼시켰다. 조 씨 사건으로 촉발된 논의는 결과적으로 여성의 지위가 하락하게 되는 결정적 계기가 되었다. 이 논의 과정에서, 재가의 상대가 된 남성이나 재혼한 남성에 대한 처벌은 언급조차 되지 않은 점도 당시 사회 분위기를 잘 보여 준다고 할 것이다.

21.

윗글의 내용으로 보아 적절하지 <u>않은</u> 것은?

① 당시에는 〈경국대전〉에 직접적인 처벌 조항이 없어도 다른 법률을 이용하여 처벌하는 것이 가능하였다.
② 수정된 〈경국대전〉은 세 번 시집간 여자에 대한 제재 규정을 두 번 시집간 여자에게 그대로 적용한 것이었다.
③ 〈경국대전〉에서 재가를 규제하는 조항은 관직에 오를 자격이 없는 신분의 사람에게는 실효성이 없었을 것이다.
④ 성종은 부녀자의 재가가 유학의 기준으로 볼 때 풍속을 타락시키는 것이라고 판단하여 소수 의견을 받아들였다.
⑤ 〈경국대전〉에서는 여자가 세 번 시집가는 것에 대해 실행의 경우와 마찬가지로 그 자손들에게 불이익을 주도록 하였다.

문항 성격 문항유형 : 정보의 확인과 재구성

내용영역 : 인문

평가 목표 이 문항은 조선 성종 8년(1477) 여성의 재가 금지를 결정한 조정의 논의 과정 및 그 전후 사실에 대한 설명을 읽고, 제시문 속에 담긴 정보를 정확하게 파악했는지 평가한다.

문제 풀이 정답 : ②

제시문에 포함되어 있는 여러 가지 정보들을 정확하게 파악하여 그 내용과 부합하지 않는 선택지를 골라야 한다.

정답 해설 ② 제시문에서 수정 전 〈경국대전〉의 세 번 시집간 여자에 대한 제재 규정은 "세 번 시집간 자는 실행(失行)한 자와 한가지로 아들과 손자에게 과거 응시와 현관(顯官: 특정한 요직) 제수를 허락하지 않는다."라는 것이다. 이에 비해 재가한 여자에 대한 수정된 제재 규정은 "재가한 여자의 아들과 손자는 과거에 응시하지 못하고 어떤 관직에도 임용되지 못한다."라고 되어 있다. 여기서 제재 대상인 여자의 자손에게 현관 제수를 허용하지 않는 것(수정 전)과, 제재 대상인 여자의 자녀를 어떤 관직에도 임용되지 못하도록 한 것(수정 후)은 다르다. 따라서 "수정된 〈경국대전〉은 세 번 시집간 여자에 대한 제재 규정을 두 번 시집간 여자에게 그대로 적용한 것이었다."라고 한 선택지는 적절하지 않다.

오답 해설 ① 이심의 처 조 씨 및 그녀와 결혼한 김주는 〈대명률〉의 화간율에 의해 처벌받았다. 따라서 답지의 "당시에는 〈경국대전〉에 직접적인 처벌 조항이 없어도 다른 법률을 이용하여 처벌하는 것이 가능하였다."라는 선택지는 적절하다.

③ 여성의 재가를 금지하는 규정은 재가 여성 자신에게 작위를 주지 않거나 소생의 아들과 손자에게 과거 응시와 관직 임용의 기회를 박탈하는 방식으로 이루어졌다. 따라서 "〈경국대전〉에서 재가를 규제하는 조항은 관직에 오를 자격이 없는 신분의 사람에게는 실효성이 없었을 것이다."라는 선택지는 제시문으로부터 충분히 파악할 수 있는 진술이다.

④ 성종은 "세상의 도리가 날로 비속해져 사족의 여자가 예의를 돌보지 않고 스스로 중매하여 다른 사람을 따르니, 이는 가풍을 무너뜨릴 뿐 아니라 유학의 가르침을 더럽히는 것이다."라고 하면서 "이제부터는 재가한 여자의 자손은 관직에 임용되지 못하도록 하여 풍속을 바로잡도록 하라."라고 명하였다. 당시 논의에 참여한 사람들 가운데 이와 동일한 의견을 제출한 사람은 유자광 등 4명에 불과하였다. 따라서 "성종은 부녀자의 재가가 유학의 기준으로 볼 때 풍속을 타락시키는 것이라고 판단하여 소수 의견을 받아들였다."라는 선택지는 적절하다.

⑤ 제시문에 "〈경국대전〉에, '재가한 부녀자에게는 작위를 주지 않고, 세 번 시집간

자는 실행(失行)한 자와 한가지로 아들과 손자에게 과거 응시와 현관(顯官: 특정한 요직) 제수를 허락하지 않는다' 고 하였다."라는 진술이 있다. 따라서 "〈경국대전〉에서는 여자가 세 번 시집가는 것에 대해 실행의 경우와 마찬가지로 그 자손들에게 불이익을 주도록 하였다."는 선택지는 적절하다.

이 선택지에는 〈경국대전〉이 수정 전인지 수정 후인지가 밝혀져 있지 않으나, 세 번 시집간 여자에 대한 규제 조항은 수정 전의 〈경국대전〉에 이미 포함되어 있었고, 수정 과정에서 이 규정 조항에 대해서는 어떠한 변화가 있었다고 볼 근거가 없다.

22.

㉠~㉣의 주장에 대한 설명으로 가장 적절한 것은?

① ㉠과 ㉡은 재가를 금지할 경우 과부들이 절개를 잃는 일이 더 많아질 것이라고 보는 점에서 일치한다.

② ㉠은 새로운 법령을 만드는 것에 대해 긍정적인 입장이지만, ㉣은 새로운 법령을 만드는 것에 회의적인 입장이다.

③ ㉡은 부득이하지 않은 재가에 대해 기존 법률을 확대 적용하자는 의견이지만, ㉢은 기존 법률의 확대 적용에 반대하는 의견이다.

④ ㉡과 ㉢은 재가의 정황을 참작하지 않고 법률을 일률적으로 적용해야 한다고 보는 점에서는 동일한 입장이다.

⑤ ㉢과 ㉣은 국가가 현실을 고려하기보다 형벌을 강화함으로써 풍속을 지키는 데 적극 개입해야 한다는 입장이다.

문항 성격	문항유형 : 의도, 관점, 입장 파악
	내용영역 : 인문
평가 목표	이 문항은 조선 성종 8년(1477) 조정에서 여성의 재가 금지를 논의할 때 제시된 주장들을 비교하는 과정에서 각 주장의 결론뿐 아니라 논거까지를 제대로 이해하였는지를 평가한다.
문제 풀이	정답 : ③

제시문의 네 가지 주장(㉠~㉣) 각각에 대해 재가 금지 규정의 신설에 대한 입장뿐 아니라 의도와 관점까지를 면밀하게 파악한 후 제시문의 내용에 부합하는 선택지를 골라야 한다.

정답 해설 ③ ㉡은 부득이하지 않은 재가에 대해 〈경국대전〉의 "세 번 시집간 사례로 적용하는 것"을 주장하였고, ㉢은 부득이한 재가가 있음을 인정하면서도 "국가에서 사람마다 절의를 가지고 책임지우는 것은 마땅한 일이지만, 일일이 논죄한다면 또한 어려울 것이니 〈경국대전〉에 따라서 시행할 것"을 주장하였다. 따라서 이 선택지는 제시문의 내용에 부합하므로 적절하다.

오답 해설 ① ㉠은 "그러나 젊은 나이에 과부가 된 자에게 재가를 허락하지 않는다면, 부모와 자식이 없어 의지할 곳이 없는 사람은 오히려 절개를 잃게 될 것입니다."라고 하여 재가를 금지할 경우 과부들이 절개를 잃는 일이 더 많아질 것이라고 하였음을 알 수 있다. 그러나 ㉡은 재가를 금지할 경우 발생할 수 있는 문제에 대해서는 직접적으로 언급하지 않고 있다. 따라서 이 선택지는 적절하지 않다.

② ㉠은 "그전대로 하는 것이 편하겠습니다."라고 하여 새로운 법령을 만드는 것에 반대하였고, ㉣은 "금후로는 부녀자들의 재가를 금지하고, 이를 어기는 자가 있으면 모두 실행한 것으로 처벌하고, 그 자손도 관직에 오르지 못하게 해야 합니다."라고 주장하였다. 여기서 ㉣이 새로운 법령을 만드는 것까지 주장했는지는 직접 확인할 수 없지만, 이들의 주장이 받아들여져 〈경국대전〉에 새로운 규정이 추가된 것으로부터 추정할 수 있다. 이러한 추정과는 무관하게 ㉠에 대한 진술만으로 이 선택지는 적절하지 않음을 알 수 있다.

④ ㉡은 같은 재가라도 부득이한 경우와 그렇지 않은 경우를 나누어 법률을 적용하자는 입장인 데 반하여, ㉢은 국가에서 일일이 논죄하는 것이 어렵다는 이유로 일률적인 법 적용이 불가하다는 입장이다. 따라서 이 선택지는 적절하지 않다.

⑤ ㉢은 부득이한 재가가 있음을 인정하면서도 "국가에서 사람마다 절의를 가지고 책임지우는 것은 마땅한 일이지만, 일일이 논죄한다면 또한 어려울 것이니 〈경국대전〉에 따라서 시행함이 어떻겠습니까?"라고 하여 국가에서 적극 개입하기 어렵다는 입장인 반면, ㉣은 "세상 풍속이 절의를 돌아보지 않고 재가하고, 국가에 금령이 없어 절개를 잃은 자의 자손이 현관의 직에 오르는 일이 풍속을 이루며, 혼인을 주선하는 자가 없는데도 스스로 지아비를 구하는 자까지 있"는 현실을 지적하면서 "금후로는 부녀자들의 재가를 금지하고, 이를 어기는 자가 있으면 모두 실행한 것으로 처벌하고, 그 자손도 관직에 오르지 못하게 해야 합니다."라고 하여 국가가 풍속을 지키는 데 적극 개입해야 한다는 입장이다. 따라서 이 선택지는 적절하지 않다.

23.

윗글의 논의를 바탕으로 〈보기〉의 사례에 대해 추론한 것으로 적절하지 <u>않은</u> 것은?

> **보기**
>
> 사족의 딸인 목 씨는 첫 남편 강철호가 죽자 오빠 목인수의 중매로 남예건과 혼례를 올렸다. 재혼 당시 목 씨는 부모가 모두 사망하고 친족으로는 목인수만이 있는 상황이었으며, 남예건에게도 자식이 없었다.

① 이심의 처 조 씨 사건과 같은 시기에 일어난 일이라도 목 씨는 조 씨와 같은 죄목으로 처벌받지 않았을 것이다.

② 〈경국대전〉이 수정되지 않았다면 목 씨와 남예건 사이에서 태어날 아들은 관직 진출에 법령상 제한을 받지 않을 것이다.

③ 수정된 〈경국대전〉에 따르면 목 씨와 남예건의 손자는 과거에 응시하는 것이 불가능할 것이다.

④ 〈경국대전〉이 수정된 뒤에는 목 씨의 유죄 여부를 판정하기 위해 목 씨의 나이와 형편을 살폈을 것이다.

⑤ 〈경국대전〉이 수정된 뒤에도 목 씨의 남편 남예건 본인에게 적용될 처벌 규정은 생겨나지 않았을 것이다.

문항 분류 문항유형 : 정보의 평가와 적용
　　　　　　　내용영역 : 인문

평가 목표 이 문항은 조선 성종 8년(1477) 여성의 재가 금지를 논의하는 과정과 그에 따라 〈경국대전〉이 수정되는 과정을 〈보기〉의 구체적인 사례에 적용하여 추론하는 능력을 평가한다.

문제 풀이 정답 : ④

〈보기〉에 주어진 사례와 제시문의 사례를 비교하면서 두 사례의 공통점과 차이점, 그리고 〈경국대전〉 수정 전과 수정 후의 변화를 주의 깊게 생각하면서 제시문의 내용에 부합하지 않는 선택지를 골라야 한다.

〈보기〉 해설 〈보기〉의 목 씨는 제시문의 조 씨과 같은 사족이면서 재가한 여성이다. 그러나 목 씨와 조 씨 사이에는 중매의 유무라는 점에서 결정적인 차이가 있음에 유의해야 한다.

④ 〈경국대전〉이 수정된 뒤에는 재가한 여자의 아들과 손자는 과거에 응시하지 못하고 어떤 관직에도 임용되지 못하도록 규정되었다. 여기에는 재가한 여자의 여러 가지 상황, 즉 나이나 형편 등이 고려되지 않았다. 따라서 이 선택지는 〈보기〉의 사례에 대해 추론한 것으로 적절하지 않다.

① 이심의 처 조 씨는 단순히 재가했기 때문이 아니라 중매 없이 재가했다는 이유로 처벌을 받았다. 하지만 목 씨는 오빠의 중매로 재가한 것이므로 조 씨의 경우와 다르다. 따라서 이 선택지는 〈보기〉의 사례에 대해 추론한 것으로 적절하다.

② 수정 전 〈경국대전〉에는 "재가한 부녀자에게는 작위를 주지 않고, 세 번 시집간 자는 실행(失行)한 자와 한가지로 아들과 손자에게 과거 응시와 현관(顯官: 특정한 요직) 제수를 허락하지 않는다."라고 되어 있어서 재가한 부녀자의 자손에 대한 제재 규정이 없었다. 따라서 재가한 목 씨의 자손은 관직 진출에서 어떠한 제한도 받지 않게 되므로 이 선택지는 〈보기〉의 사례에 대해 추론한 것으로 적절하다.

③ 수정된 〈경국대전〉에서는 "재가한 여자의 아들과 손자는 과거에 응시하지 못하고 어떤 관직에도 임용되지 못하도록 규정"하였다. 이에 따르면 재가한 부녀자의 아들과 손자는 과거에 응시하지 못하게 된다. 그러므로 이 선택지는 〈보기〉의 사례에 대해 추론한 것으로 적절하다.

⑤ 여성의 재가 금지를 논의하는 과정에서 "재가의 상대가 된 남성이나 재혼한 남성에 대한 처벌은 언급조차 되지 않은 점"이 제시문 마지막 문단에 명시되어 있다. 이로부터 〈경국대전〉을 수정하면서 재가한 여성의 상대가 된 남성에 대해서는 어떠한 처벌 규정도 만들지 않았음을 추론할 수 있다. 따라서 이 선택지는 〈보기〉의 사례에 대해 추론한 것으로 적절하다.

근대 민주주의는 국민국가라는 정치 공동체 속에서 민족주의, 국민적 정체성, 국적에 수반되는 시민권 등을 중심으로 발전해 왔다. 하지만 최근의 세계화는 국민국가를 기반으로 하는 민주주의와 국제 관계의 질서에 변화를 가져오고 있다. 이 과정에서 국민국가 시대의 전쟁과는 다른 모습의 '새로운 전쟁'이 나타나고 있으며, 그 전쟁은 국민국가의 질서를 동요시키고 있다.

새로운 전쟁은 우선 경계가 불분명한 양상을 띤다. 국민국가 시기처럼 국가들 간에 전쟁이 발생하고 전쟁이 끝난 후 국제법을 통해 평화를 안착시키는 것이 아니라, 전후방 구분 없이 전투가 발생하고 전투원과 민간인, 공과 사의 구분이 사라지며 전쟁의 시작과 끝이 불명확해진 경우가 많다. 또한 현대 사회에서의 용병이라고 할 수 있는 민간 군사 기업이 군사 훈련에서 전후 처리까지 거의 모든 군사 서비스를 제공한다.

이와 함께 정치적, 이데올로기적 원인이 아닌 다양한 원인에 의해 전쟁이 발발하기도 한다. 동유럽에서는 사회주의 체제가 붕괴한 이후 종교, 언어, 문자, 민족 문제가 부각되고, 중동에서는 종교 갈등이 다양한 문제를 발생시키며, 아프리카에서는 부족과 식민지, 신생국들이 얽히고 자원 문제가 개입된다.

그리고 네트워크전, 비대칭전, 게릴라전, 테러 등의 전쟁 형태가 나타나고 있다. 네트워크전은 관료적 명령보다는 공유된 가치나 목표 속에서 움직이는 수평적 조정 메커니즘에 의존하며, 게릴라전은 전선이 불분명하지만 정교하게 조직된다. 1990년대 초 제1차 걸프전에서 보았듯이 미국의 공격으로 이라크 정부의 신경 체계가 몇 시간 만에 무력화되었지만 정작 이라크군은 연합군이 어디에 있는지조차 알지 못한 것에서도 새로운 전쟁의 양상을 알 수 있다.

마지막으로 전쟁 경제도 새로운 양상을 드러낸다. 새로운 전쟁은 국가의 통제 하에 놓이는 공식 경제와 조세를 통한 국가 수입뿐만 아니라 비공식 경제를 통해서도 전쟁 자금을 조달한다. 생산이 붕괴되고 징세가 어려운 상황에서 전투 집단은 약탈, 납치 등과 무기·마약·자원 등의 불법 거래, 국외 이주자의 송금, 인도적 원조에 대한 '과세', 타국 정부의 후원 등을 통해 자금을 조달한다.

이러한 새로운 전쟁에서 '새롭다'고 제시되는 현상들이 결코 새로운 것이 아니라, 기존 전쟁에서도 존재했지만 주목되지 않았을 뿐이라고 ㉠ 비판하는 이들도 있다. 비판자들은 새로운 전쟁론을 펴는 이들이 그러한 현상에 초점을 맞추고, 미디어 발달로 전쟁의 다양한 측면들이 부각되고 있을 뿐이라고 말한다. 또한 '새로운 전쟁'을 주장하는 연구들이 경험 자료가 불명확하고 자료의 양도 부족한데도 유리한 예만 선택하고 있을 뿐이라고 비판하면서, 오히려 1992년 이래 내전은 감소했으며 '새로운' 현상이 나타난 정도도 제2차 세계대전과 비교할 때 통계적으로 유의미하지 않다고 주장한다.

그럼에도 '새로운 전쟁' 개념은 국제정치의 새로운 위협 요소와 최근 변화를 인식할 수 있게 한다. 왜냐하면 '새로운 전쟁'은 국가를 만들기보다는 해체하는 경향을 갖기 때문이다. 전쟁으로 인해 '실패한 국가'의 예로 거론되는 소말리아의 경우를 보면 국가 붕괴 이후에도 우려되었던 무질서는 나타나지 않았으며, 오히려 사람들의 삶이 개선되어 가는 조짐마저 보인다. 국가 대신 국제협력, 전통 경제 등을 통해 공공재를 공급하고, 관습법과 부족 네트워크 등이 사회 질서 유지에 도움을 주고 있다. 한편, 중동에서는 종교나 부족 같은 요소가 부각된 새로운 민족주의의 양상도 나타난다. 이는 민족주의가 반드시 국가와 결합해야만 작동하는 것이 아님을 보여 준다. 그렇게 본다면 국민국가란 특정한 시기에 한정된 유럽 중심의 모델이며, 역사가 보여주듯이 다양한 정치체들이 존재하며 그것들의 공존도 가능하다. 아프리카나 중동에서 빈발하는 새로운 전쟁은 세계를 도시공동체·국가·제국 등 다양한 공동체가 공존하던 근대 이전의 혼란스러운 유럽과 같은 모습으로 회귀시키는 듯하다.

[A]
하지만 이는 새로운 공동체의 다양한 가능성을 구체화하기 위한 계기가 될 수 있다. 민주주의는 극우민족주의처럼 국민국가를 강화시키는 방향보다는 국민국가의 한계와 틀을 벗어나 그것들을 가로지르는 방향으로 추구되어야 한다. 다중적 정체성을 지닌 세계시민들이 동등한 시민권을 바탕으로 공존하는 글로벌 시티와 그 네트워크, 그리고 EU와 같은 초국가적 공동체에 이르는 다층적 공간은 민주주의를 위한 새로운 공간이 될 수 있다. 국민국가 시대에 성취한 민주주의는 이제 새로운 공동체들에서 보존되고 동시에 전환되어 새로운 시민과 그들이 만들어 내는 공동체 속에서 더욱 확장되어야 한다.

24.

'새로운 전쟁'의 양상으로 적절하지 <u>않은</u> 것은?

① 민간 군사 업체들이 전쟁 수행에 관여하는 정도가 높아진다.
② 전쟁의 원인이 다양해지고 전쟁 행위자들은 전투원에 한정되지 않는다.
③ 전쟁의 시작과 끝이 불분명해지면서 국제법을 통한 평화 안착이 어려워진다.
④ 전쟁 수행을 위해 국가 공식 경제 이외에도 다양한 재원 마련 방식이 동원된다.
⑤ 전후방이 없는 전투와 게릴라전 등으로 네트워크에 의존하면서 비조직적으로 전개된다.

문항 성격	문항유형 : 정보의 확인과 재구성
	내용영역 : 사회
평가 목표	이 문항은 '새로운 전쟁'의 특징을 설명하는 제시문의 세부 정보를 정확하게 파악하는 능력을 평가한다.
문제 풀이	정답 : ⑤

주어진 선택지들이 새로운 전쟁의 다양한 양상, 즉 불분명한 경계, 다양한 원인, 네트워크 형태의 전쟁, 새로운 전쟁 경제 등을 정확하게 기술하고 있는지 살펴본다.

정답 해설 ⑤ "비조직적"이 새로운 전쟁의 양상을 표현하는 것으로 적절하지 않다. 제시문 두 번째와 네 번째 문단에 따르면, 전후방 구분 없는 전투나 게릴라전 등은 "전선이 불분명하지만 정교하게 조직된다."

오답 해설 ① 제시문 두 번째 문단에 따르면, 새로운 전쟁에서는 민간 군사 업체가 거의 모든 군사 서비스를 제공한다. 따라서 이 선택지는 적절하다.

② 제시문 두 번째 문단에 따르면, 새로운 전쟁에서는 "전투원과 민간인, 공과 사의 구분이 사라"진다. 또 제시문 세 번째 문단에 따르면, "정치적, 이데올로기적 원인이 아닌 다양한 원인에 의해" 새로운 전쟁이 발발하기도 한다. 따라서 이 선택지는 적절하다.

③ 제시문 두 번째 문단에 따르면, 새로운 전쟁은 경계가 불분명하다. "전쟁의 시작과 끝이 불명확해진 경우"가 많고, "전쟁이 끝난 후 국제법을 통해 평화를 안착시키는 것이 아니"다. 따라서 이 선택지는 적절하다.

④ 제시문 다섯 번째 문단에 따르면, "새로운 전쟁은…… 공식 경제와…… 국가 수입뿐만 아니라 비공식 경제를 통해서도 전쟁 자금을 조달한다." 이러한 재원 마련 방식의 종류로는 약탈, 납치, 불법 거래, 국외 이주자의 송금, 인도적 원조에 대한 과세, 타국 정부의 후원 등이 있다.

25.

㉠이 활용할 수 있는 근거로 적절하지 <u>않은</u> 것은?

① 근대 국가의 경우에도 이민족 용병을 활용한 전쟁의 사례가 있었다.
② 근대 이전의 국가는 물론 근대 국가의 경우에도 내전이 빈번하게 발생하였다.
③ 게릴라전은 제2차 세계 대전 이전에 중국 공산당에 의해 전쟁의 형태로 활용되었다.

④ 국가에 의해 총력전 형태로 수행되는 전쟁이 이미 제1차 세계 대전 당시부터 보편화되었다.

⑤ 최근 IS가 벌인, 민간인과 전투원을 구별하지 않는 무차별 공격의 사례가 기존 전쟁에서도 이미 있었다.

문항 분류	문항유형 : 의도, 관점, 입장 파악 내용영역 : 사회
평가 목표	'새로운 전쟁론'의 비판자들은 이른바 '새로운 전쟁'에서 '새롭다'고 제시되는 현상들을 이미 근대 국민국가 시기의 전쟁에서도 뚜렷하게 발견할 수 있음을 주장한다. 이 문항은 선택지로 주어지는 사례들이 그러한 주장의 근거가 될 수 있는지 판단하는 능력을 평가하는 문항이다.
문제 풀이	정답 : ④

'새로운 전쟁'을 비판하는 학자들은 '새로운 전쟁'을 주장하는 학자들이 최근 전쟁의 특정한 현상에 주목하지만, 그러한 현상은 이미 근대 및 그 이전에도 존재했으며, 양적으로도 증가하지 않았다고 반박하고 있다. 따라서 이러한 반박의 근거 사례로 적절하지 않은 선택지를 골라야 한다.

정답 해설 ④ 제시문 두 번째와 네 번째 문단에 따르면 "국가에 의해 총력전 형태로 수행되는 전쟁"은 '새로운 전쟁'으로 보기 어렵기 때문에, '새로운 전쟁'의 양상이 기존 전쟁에서도 존재했다고 주장의 근거로 활용하기에 적절하지 않다.

오답 해설 ① 근대 국가에서도 이민족 용병을 활용한 사례가 있다면, "현대 사회에서의 용병이라고 할 수 있는 민간 군사 기업"의 군사 서비스 제공이 '새로운 전쟁'의 특징 중 하나라는 입장은 약화된다. 따라서 '새로운 전쟁론'을 비판하는 이들이 활용할 수 있는 근거로 적절하다.

② 제시문 여섯 번째 문단에 따르면, '새로운 전쟁론'을 비판하는 이들은 그 근거로 1992년 이래의 내전 감소를 들고 있다. 이를 통해, '새로운 전쟁론'을 주장하는 이들은 내전을 '새로운 전쟁'의 사례로 생각하고 있음을 알 수 있다. 이것은 두 번째 문단에서 '새로운 전쟁'의 특징으로 경계의 불분명함이 제시되고 있다는 점에서도 또한 알 수 있다. 따라서 내전이 근대나 그 이전 시기에 빈번하게 발생했다는 선택지는 비판자들이 활용할 수 있는 근거로 적절하다.

③ 근대나 그 이전 시기에도 게릴라전의 사례가 있다면, 네트워크전, 비대칭전, 게릴라전, 테러 등이 새로운 전쟁의 특징 중 하나라는 '새로운 전쟁론'은 약화된다. 따라서 '새로운 전쟁론'을 비판하는 이들이 활용할 수 있는 근거로 적절하다.

⑤ 기존 전쟁에서도 민간인과 전투원을 구별하지 않는 무차별적 공격이 있었다면, 전투원과 민간인 간 구분의 불분명함이 새로운 전쟁의 특징 중 하나라는 '새로운 전쟁론'은 약화된다. 따라서 '새로운 전쟁론'을 비판하는 이들이 활용할 수 있는 근거로 적절하다.

26.

[A]의 주장과 〈보기〉의 입장들을 비교한 내용으로 가장 적절한 것은?

> **보기**
>
> (가) 절대적 환대, 즉 어디에서 온 누구인지를 묻지 않고 보답을 요구하지 않으며, 상대방의 적대에도 불구하고 지속되는 환대에 기초한 사회를 상상해야 한다.
>
> (나) 새로 이주한 사람이 본래 따르는 특정한 종교적 관습이 이주한 국가의 보편적인 가치를 해칠 우려가 있다고 판단될 경우, 공공장소에서 그 관습을 표출하는 것을 금지해야 한다.
>
> (다) 새로운 시대의 애국주의는 민주주의적 헌정 질서의 가치와 원리 및 제도에 대한 사랑과 충성에서 성립해야 규범적으로 정당하며, 결코 기존의 사례처럼 지배적인 문화 양식이나 특정한 윤리적 지향과 결합되어서는 안 된다.

① [A]와 달리 (가)는 특정 공동체가 자기 사회에 새로 편입된 이주민의 정체성을 어떻게 동화시킬 것인지를 중요한 요소로 고려한다.

② [A]와 (나)는 모두 공동체의 유지와 발전을 위해서는 공동체의 구성원들이 단일한 문화적 정체성을 가져야 한다고 판단한다.

③ [A]와 달리 (다)는 기존에 명확하게 정해져 있는 정치적 규범과 질서를 준수하는 것이 민주주의 실현의 전제 조건이라고 판단한다.

④ [A]와 (가)는 새로운 공동체는 정체성을 근거로 사람을 차별하지 않는다는 점에서 공통되며, [A]와 (다)는 공동체에서 국가를 대하는 관점이 바뀌어야 한다고 보는 점에서 공통된다.

⑤ [A]와 (나)는 이주민의 종교적 관습을 존중한다는 점에서 공통되며, [A]와 (다)는 구성원들이 지닌 윤리적 지향의 차이를 용납하지 않는다는 점에서 공통된다.

문항유형 : 정보의 평가와 적용

내용영역 : 사회

이 문항은 제시문의 주장을 이해하고, 〈보기〉의 입장들과의 유사점과 차이점을 정확
하게 파악할 수 있는지를 평가하는 문항이다.

정답 : ④

(가)는 이방인에 대해 '절대적 환대'를 주장하는 것으로, 이방인의 정체성이 무엇
이든 그것에 대한 고려 없이 무조건적으로 받아들일 것을 주장한다.

(나)는 국가가 추구하는 보편적 가치에 근거하여 그 국가에 새로 이주한 이방인의
문화적 관습을 재단하고자 하는 입장이다.

(다)는 새로운 시대의 애국주의에 대한 주장으로, 문화적 정체성을 최대한 인정하
지만, 민주주의적 헌정 질서에 대한 사랑과 충성을 요구한다.

이러한 세 가지 입장에 비추어 보면, 제시문의 입장은 가능한 한 이방인의 정체성
을 인정한다는 점에서는 (가)와 유사하며, 민주주의에 대한 적극적 입장을 개진한
다는 점에서는 (다)와 유사하다.

④ [A]에서는 국민국가 시대에 성취한 민주주의가 '새로운 공동체'에서 더욱 확장
되어야 한다고 본다. 이때 확장의 방향은 "국민국가의 한계와 틀을 벗어나 그것
들을 가로지르는 방향"이다. 따라서 새로운 공동체의 구성원들은 다중적 정체
성을 지닌 채 동등한 시민권을 바탕으로 공존하게 되므로, 여기서는 정체성(예
컨대 국적)을 근거로 사람을 차별하는 일이 있을 수 없다. 그리고 (가)의 공동체
에서는 절대적 환대에 기초하여 이주민이 어디에서 온 누구인지를 묻지도 따지
지도 않게 된다면, 역시 정체성을 근거로 사람을 차별하는 일이 생길 수 없다.
한편 [A]에서는 국민국가를 넘어 다중적 정체성의 국가를 상정한다는 점에서,
그리고 (다)에서는 새로운 시대의 '애국주의'란 문화적 정체성을 넘어 정치적
민주주의의 원칙에 기초해야 한다고 주장한다는 점에서, 국가를 대하는 공동체
의 관점이 바뀌어야 한다는 점을 읽어 낼 수 있다.

① [A]는 '다중적 정체성을 지닌 동등한 시민'이라는 표현에서 보이듯, 정체성의
다양성을 인정한다. (가)는 '절대적 환대'라는 표현에서 나타나듯 공동체에 새
로 편입된 이주민의 정체성을 전혀 문제 삼지 않는다. 따라서 [A]와 (가)는 유사
한 시각으로, 이주민의 정체성을 어떻게 동화시킬 것인지를 중요한 요소로 고려
한다고 볼 수 없다.

② 이주한 국가의 보편적인 가치로의 동화를 주장하는 (나)와 달리 [A]는 '다중적
정체성'을 지닌 시민들의 공존을 바라는 입장이므로, "단일한 문화적 정체성을

가져야 한다고 판단"하는 것으로 볼 수 없다. 따라서 ②는 적절하지 않다.

③ (다)는 "새로운 시대의 애국주의는 민주주의적 헌정 질서의 가치와 원리 및 제도에 대한 사랑과 충성에서 성립해야 규범적으로 정당"하다고 주장하므로, 민주주의 실현을 위해서는 기존의 정치적 규범과 질서를 준수하는 것을 전제 조건으로 삼고 있다고 볼 수 있다. 그런데 [A]의 입장이 이와는 다르다고 볼 근거는 없다. 오히려 〈보기〉 해설에서 설명되었다시피, 민주주의에 대한 적극적 입장을 개진했다는 점에서 (다)와 유사하다. 그리고 [A]에서의 민주주의는 국민국가 시기의 한계와 틀을 넘어설 것이 요구되므로, 이것은 '동등한 시민권'과 같은 정치적 원칙에 근거할 수밖에 없다. 따라서 ③은 적절하지 않다.

⑤ (나)는 "특정한 종교적 관습이 이주한 국가의 보편적인 가치를 해칠 우려가 있다고 판단될 경우, 공공장소에서 그 관습을 표출하는 것을 금지해야 한다."고 주장하므로 이주민의 종교적 관습을 존중한다고 보기 어렵다. 또한 (다)는 "새로운 시대의 애국주의"가 "특정한 윤리적 지향과 결합되어서는 안 된다."고 주장하므로, 공동체의 구성원들이 지닌 윤리적 지향의 차이를 용납하지 않는다고 볼 수 없다. 따라서 ⑤는 적절하지 않다.

[27~29] 다음 글을 읽고 물음에 답하시오.

우리는 빨갛게 잘 익은 사과를 보고서, "그래, 저 사과 맛있겠으니 가족과 함께 먹자."라는 판단을 내린다. 이때 우리는 빨간 사과에 대한 감각 경험을 먼저 한다. 그러고 나서, "저기 빨간 사과가 있네."라거나, "사과가 잘 익었으니 함께 먹으면 좋겠다."라는 판단을 내린다. 이것은 보는 것이 믿는 것에 대한 선행 조건임을 의미한다. 감각 경험에 대한 판단과 추론은 고차원의 인지 과정이며 개념적 절차이고, 판단과 추론이 개입하기 이전의 감각 경험은 비개념적 내용을 가질 뿐이다. 이와 같이 비개념적인 감각 경험이 먼저 주어진 후에 판단과 추론이 이어지는 것을 정상적인 과정으로 보는 견해를 '비개념주의'라고 부른다.

비개념주의는 우리가 알아채는 것보다 실제로 더 많은 것을 본다는 점에 주목한다. 예를 들어 우리는 퇴근 후 아내와 즐겁게 대화를 나누며 저녁 식사를 하면서도 아내가 그날 노랗게 염색한 것을 알아채지 못할 수 있다. 아내의 핀잔을 들은 후 염색한 사실을 새삼스럽게 깨닫고서 어떻게 이를 모를 수 있었는지 의아해한다. 이렇게 현저한 변화를 알아보지 못하는 현상을 변화맹(change blindness)이라고 부른다. 우리가 이러한 특징적인 변화를 정말 보지 못했다고 생각하긴 어렵다.

새로운 시각 경험이 주어졌으나 이 경험을 인지하지 못했으며, 따라서 판단과 추론으로 이어지지 못했다는 설명이 자연스럽다. 우리는 아내의 노란 머리를 단지 알아차리지 못했을 뿐이지 보지 못했다고 말할 수는 없다.

그러나 '개념주의'는 시각 경험과 판단·추론이 별개의 절차가 아니라고 본다. 우리가 무엇인가를 볼 때 여기에는 배경 지식이나 판단 및 추론 같은 고차원의 인지적 요소들이 이미 개입하고 있다는 것이다. 개념주의에서는 우리가 빨간 사과를 지각할 때 일종의 인지 작용으로서 해석이 일어난다고 여긴다. 식탁에 놓인 것을 '빨간 사과'로 보는 것 자체가 일종의 해석이다. 우리가 이 해석 작용 자체를 인식하는 것은 아니지만, 이 작용은 두뇌 곳곳에서 분산되어 일어나는데 이것도 일종의 판단이나 추론이라는 것이다.

개념주의는 베르나르도 벨로토가 그린 ㉠〈엘베 강 오른편 둑에서 본 드레스덴〉을 통해서도 설명된다. 미술관에 걸려 있는 이 그림을 적당한 거리에서 바라볼 때, 원경으로 그려진 다리 위에는 조금씩 다른 모습의 여러 사람들이 보인다. 우리는 작가가 아마도 확대경을 이용하여 그 사람들을 매우 정교하게 그렸을 것이라 생각할지도 모른다. 그런데 그 티끌같이 작은 사람들이 정말 사람의 형태를 하고 있을까? 이 그림의 다리 위 부분을 확대해서 보면 놀랍게도 사람들은 사라지고, 물감 방울과 얼룩과 터치만이 드러난다. 어떻게 보면 작가는 다리를 건너는 사람들을 직접 그렸다기보다는 단지 암시했을 뿐이지만, 우리의 두뇌는 사람과 비슷한 암시를 사람이라고 해석하여 경험한다. 이와 같은 과정을 비유적으로 '채워 넣기'라고 부를 수 있다. 두뇌는 몇몇 단서를 가지고서 세부 사항을 채워 넣으며 이를 통해 다채로운 옷을 입고 여러 동작을 하면서 다리를 건너는 사람들을 보게 되는 것이다. 채워 넣기도 일종의 판단 작용이다. 우리의 시각 경험에 이미 판단 작용이 들어와 있기 때문에, 시각 경험과 판단 작용은 구분되지 않는다. 우리가 이 그림에서 사람들을 지각할 때 이는 이미 해석을 전제한다.

개념주의는 변화맹을 어떻게 설명할까? 개념주의에 따르면 나의 감각 경험에 주어진 두 장면 사이의 차이를 알아채지 못하는 변화맹은 불합리하다. 비개념주의에서는 판단 및 추론에서 독립된 감각 경험이 존재한다고 주장하는데, 판단이나 추론과 달리 나의 감각에 대해서는 나 자신이 특권을 가지므로 내가 나의 감각에 대해서 오류를 범할 수 없어야 한다. 그런데도 나의 감각의 변화를 내가 알아보지 못한다고 주장하는 것은 말이 되지 않는다. 변화를 알아볼 수 있을 때에야 감각하기 때문이다.

결국 개념주의는 비개념주의가 아는 것보다 실제로 더 많은 것을 본다는 근거 없는 자신감을 가지고 있다고 비판하는 셈이다. 반면에 비개념주의는 개념주의가 실제로는 더 많은 것을 보았는데 보지 못했다고 과소평가한다고 생각할 것이다.

27.

'비개념주의'와 '개념주의'가 모두 동의하는 주장은?

① 알아채지 못하는 감각은 불가능하다.
② 판단 과정에 개념적 내용이 들어간다.
③ 무엇인가를 본 뒤에야 믿는 것이 가능하다.
④ 판단 및 추론에 대해 오류를 범하지 않는다.
⑤ 감각 경험이 판단 작용으로 전환될 때 정보의 손실이 발생한다.

문항 성격   문항유형 : 주제, 요지, 구조 파악
　　　　　　　 내용영역 : 인문

평가 목표   이 문항은 감각 경험의 지위에 대해 비개념주의와 개념주의가 각각 어떤 주장을 하고,
　　　　　　　 두 이론 사이에 어떤 공통점과 차이점이 있는지 이해하는지를 평가한다.

문제 풀이   정답 : ②

비개념주의와 개념주의가 어떤 공통점과 차이점이 있는지 이해하여, 차이가 나는 주장을 배제하
고 두 이론 모두 동의하는 주장을 골라야 한다.

　정답 해설　② 첫 번째 문단에서 "감각 경험에 대한 판단과 추론은…… 개념적 절차"라고 했고
　　　　　　　세 번째 문단에서 개념주의는 "시각 경험과 판단·추론이 별개의 절차가 아니
　　　　　　　라고" 했으므로, 개념주의에서 "판단 내용에 개념적 내용이 들어간다."라는 주
　　　　　　　장에 동의하는 것은 분명하다. 그리고 첫 번째 문단에서 비개념주의는 "비개념
　　　　　　　적인 감각 경험이 먼저 주어진 후에 판단과 추론이 이어지는 것"을 정상적인 과
　　　　　　　정으로 보므로 개념적 내용이 들어가는 판단·추론이 있음을 인정한다. 따라서
　　　　　　　비개념주의도 위 주장에 동의한다.

　오답 해설　① 세 번째 문단에서 개념주의는 "시각 경험과 판단·추론이 별개의 절차가 아니
　　　　　　　라고" 했다. 이는 개념주의에서 감각과 알아챔은 별개의 것이 아니라는 뜻이므
　　　　　　　로, 개념주의는 "알아채지 못하는 감각은 불가능하다."에 동의한다. 그러나 두
　　　　　　　번째 문단에서 비개념주의는 "우리가 알아채는 것보다 실제로 더 많은 것을 본
　　　　　　　다는 점에 주목한다."라고 말한 데서 알 수 있듯이 알아채지 못하는 감각도 있
　　　　　　　다고 주장하므로, 위 주장에 동의하지 않는다.

　　　　　　　③ 첫 번째 문단에서 비개념주의는 "비개념적인 감각 경험이 먼저 주어진 후에 판
　　　　　　　단과 추론이 이어지는 것"을 정상적인 과정으로 본다고 했으므로, "무엇인가를

본 다음에 믿는 것이 가능하다.”라는 주장에 동의한다. 그러나 세 번째 문단에서 개념주의는 “시각 경험과 판단·추론이 별개의 절차가 아니라고” 했으므로, 무엇인가를 본 다음에 믿는 것이 아니라, 본 것과 믿는 것이 동시에 일어난다고 주장한다.

④ 다섯 번째 문단에서 개념주의는 “비개념주의에서는 판단 및 추론에서 독립된 감각 경험이 존재한다고 주장하는데, 판단이나 추론과 달리 나의 감각에 대해서는 나 자신이 특권을 가지므로 내가 나의 감각에 대해서 오류를 범할 수 없어야 한다.”라고 말한다. 이 말은 판단이나 추론에서는 내 자신이 특권을 가지는 것이 아니므로 오류를 범할 수 있다는 말이다. 따라서 “판단 및 추론에 대해 오류를 범하지 않는다.”라는 진술에 개념주의는 동의하지 않는다. 한편, 이 인용문은 개념주의가 비개념주의를 비판하는 맥락에서 사용되는 것이므로 비개념주의가 이 진술에 동의하는지 여부는 알 수 없다. 그러나 적어도 개념주의가 동의하지 않으므로 이 진술은 개념주의와 비개념주의가 모두 동의하는 주장은 아니다.

⑤ 두 번째 문단에서 비개념주의는 “우리가 알아채는 것보다 실제로 더 많은 것을 본다는 점에 주목한다.”라고 말한다. 즉, 비개념주의에서는 감각 경험이 판단 경험으로 바뀔 때 정보의 손실이 발생한다는 데 동의한다. 그러나 세 번째 문단에서 개념주의는 “시각 경험과 판단·추론이 별개의 절차가 아니라고” 했으므로, 개념주의에서는 정보의 손실이 발생하지 않는다.

28.

‘비개념주의’가 ㉠을 설명한다고 할 때 가장 적절한 것은?

① 사람임을 알고서 확대경으로 들여다보면 여전히 사람으로 보인다.
② 다리 위의 사람과 달리 물감 방울과 얼룩은 비개념적으로 인지해야 한다.
③ 해석이 되지 않은 감각 경험이 다리 위 무엇인가를 사람으로 인지하는 데 필요하다.
④ 가까이서 본 것과 멀리서 본 것의 차이를 통해 다리 위의 사람들을 사람으로 알아차린다.
⑤ 다리 위 무엇인가를 사람으로 인지하기 위해서는 그것이 물감 방울과 얼룩으로 이루어진 것임을 알아차려야 한다.

내용영역 : 인문

평가 목표   제시문에서 베르나르도 벨로토가 그린 〈엘베 강 오른편 둑에서 본 드레스덴〉은 개념
주의를 뒷받침하는 사례로 사용된다. 이 문항은 비개념주의에서는 이 그림을 어떻게
설명할 수 있는지 파악하는 능력을 평가한다.

문제 풀이   정답 : ③

비개념주의의 이론이 제시되어 있는 첫 번째 문단과 두 번째 문단을 참조하여 그 이론에 정합적
이면서 비개념주의가 위 그림에 대해서 할 수 있는 주장을 골라야 한다.

정답 해설   ③ 비개념주의의 기본 주장은 비개념적인 감각 경험이 먼저 주어지고 그것에 기초
하여 판단과 추론이 이루어진다는 것이다. 비개념적인 감각 경험은 개념주의가
말하는 해석이 들어가지 않은 감각 경험을 말한다. 따라서 비개념주의는 멀리서
사람을 보든 가까이서 물감 방울과 얼룩을 보든 간에, 먼저 감상자에게 감각 경
험이 발생하면, 그는 그것에 바탕을 두고 판단과 추론을 한다고 주장해야 한다.
다시 말해, "다리 위 무엇인가를 사람으로 인지하는" 데도 "해석이 되지 않은 감
각 경험"이 필요하고, 가까이 가서 물감 방울과 얼룩을 인지하는 데도 "해석이
되지 않은 감각 경험"이 필요하다고 주장해야 한다.

오답 해설   ① 비개념주의자이든 개념주의자이든 그림을 확대경으로 들여다보면 물감 방울과
얼룩이 보이는 것은 마찬가지이다. 따라서 이 선택지는 적절하지 않다.

② 비개념주의는 비개념적인 감각 경험이 먼저 주어지고 그것에 바탕을 두고 판단
과 추론이 이어진다고 주장한다. 따라서 멀리서 사람을 볼 때나 가까이서 물감
방울과 얼룩을 볼 때나 모두 비개념적인 감각 경험을 인지한다. 따라서 이 선택
지에서는 "다리 위의 사람과 달리"가 적절하지 않은 표현이다.

④ 비개념주의는 그림을 멀리서 보나 가까이서 보나 보이는 그대로 감각 경험을
통해 인지한다는 입장이다. 따라서 가까이서 본 것과 멀리서 본 것의 차이를 통
해 다리 위의 사람들을 사람으로 알아차린다는 선택지는 적절하지 않다.

⑤ 비개념주의는 그림을 멀리서 볼 때는 사람을 감각하고 그것을 통해 사람을 인
지하고, 가까이서 볼 때는 물감 방울과 얼룩을 감각하고 그것을 통해 물감 방울
과 얼룩을 인지한다는 입장이다. 따라서 사람으로 인지하기 위해 물감 방울과
얼룩으로 이루어진 것임을 알아차려야 한다는 선택지는 적절하지 않다.

29.

〈보기〉에 대한 설명으로 적절하지 <u>않은</u> 것은?

보 기

(가) 관객이 마술사의 화려한 손동작에 집중하느라 조수가 바뀐 것을 알아차리지 못했다.

(나) 개념적 일반화나 언어적 조작을 하지 못하는 갓난아이나 동물도 감각 경험을 한다.

(다) 오타가 있는 단어를 볼 때 무엇이 잘못되었는지 알아채지 못하고 제대로 읽는다.

(라) 같은 상황에서 변화를 알아차린 사람과 알아차리지 못한 사람의 뇌를 비교했을 때, 뇌의 시각 영역이 유사한 정도로 활성화된 것으로 밝혀졌다.

① 개념주의는 (가)에서 관객이 조수가 바뀌는 것을 보지 못했다고 말할 것이다.

② 개념주의는 (다)에서 제대로 읽은 까닭을 채워 넣기가 있었기 때문이라고 설명할 것이다.

③ 비개념주의는 (나)가 감각 경험에 비개념적 내용이 존재함을 보여 주는 사례라고 말할 것이다.

④ 비개념주의는 (다)를 추론 및 판단에서 독립된 감각 경험이 존재한다는 주장을 지지하는 근거로 삼을 것이다.

⑤ 비개념주의는 (라)를 사람들이 실제로는 더 많은 것을 본다는 사례로 활용할 것이다.

문항 성격	문항유형 : 정보의 추론과 해석
	내용영역 : 인문
평가 목표	이 지문의 비개념주의와 개념주의는 각각 자신의 이론을 지지하기 위해 자신에게 유리한 사례들을 들고 있다. 이와 마찬가지로 〈보기〉의 사례들을 각 이론은 어떤 식으로 활용하는지 평가하는 문항이다.
문제 풀이	정답 : ④

비개념주의와 개념주의의 핵심 주장을 토대로 각 이론이 각 사례들에 대해 적절하게 평가를 내리는지를 판단하면 된다.

정답 해설 ④ (다)는 개념주의를 지지하는 사례이다. 네 번째 문단의 개념주의에 따르면, 우리의 두뇌는 암시만 주어도 '채워 넣기'를 통해 추론 및 판단을 한다고 했는데, 사례 (다) 역시 오타가 있다고 하더라도 우리 두뇌가 채워 놓기를 통해 제대로 읽기 때문이다. 이 경우 "우리의 시각 경험에 이미 판단 작용이 들어와 있기 때문에, 시각 경험과 판단 작용은 구분되지 않는다." 한편, (다)는 변화의 사례가 아니기 때문에 변화맹의 사례가 아니고, 따라서 비개념주의를 지지하는 사례로 보기 어렵다.

① (가)는 변화맹의 사례이다. 다섯 번째 문단에서 개념주의는 변화맹에 대해 "변화를 알아볼 수 있을 때에야 감각"을 한다라고 말함으로써 변화를 알아보지 못했으므로 감각을 하지 못했다고 주장한다. 그러므로 개념주의는 (가)에서 관객이 조수가 바뀌는 것을 보지 못했다고 말할 것이라는 선택지는 적절하다.

② 네 번째 문단에서 우리의 두뇌는 암시만 주어도 '채워 넣기'를 통해 추론 및 판단을 한다고 했는데, (다)에서는 오타가 있다고 하더라도 우리 두뇌가 채워 놓기를 통해 제대로 읽는다고 했으므로 이것은 개념주의를 지지하는 사례이다. 따라서 이 선택지는 적절하다.

③ 첫 번째 문단에서 보듯이 비개념주의는 비개념적 내용이 있음을 주장한다는 점에서 개념주의와 차이점을 보인다. 개념적 일반화나 언어적 조작을 하지 못하는 갓난아이나 동물도 감각 경험을 한다는 (나)의 사례는 비개념적 내용이 존재함을 보여 주므로 이 선택지는 적절하다.

⑤ (라)는 변화맹의 상황을 말하고 있는데, 변화를 알아차린 사람(변화맹을 경험하지 않은 사람)과 변화를 알아차리지 못한 사람(변화맹을 경험한 사람)의 뇌의 시각 영역이 유사한 정도로 활성화되었다는 것은 변화를 알아차리지 못할 때도 사실은 보고 있다는 것을 말해 준다. 따라서 (라)는 비개념주의가 우리가 실제로 더 많은 것을 본다는 것을 말해 주는 사례로 활용할 것이다. 그러므로 이 선택지는 적절하다.

[30~32] 다음 글을 읽고 물음에 답하시오.

양분을 흡수하는 창자의 벽은 작은 크기의 수많은 융모로 구성되어 있다. 융모는 창자 내부의 표면적을 넓혀 영양분의 효율적인 흡수를 돕는다. 융모는 아래의 그림에서 볼 수 있듯이, 한 층으로 연결된 상피세포로 이루어져 있다. 이 상피세포들은 융모의 말단 부위에서 지속적으로 떨어져 나가고, 이 공간은 융모의 양쪽 아래에서 새롭게 만들어져 밀고 올라오는 세포로 채워진다. 새로운 세포를 만드는 역할은 융모와 융모 사이에 움푹 들어간 모양으로 존재하는 소낭의 성체장줄기세포가 담당한다. 소낭의 성체장줄기세포는 판네스세포를 비롯한 주변 세포로부터 자극을 받아 지속적으로 자신과 동일한 성체장줄기세포를 복제하거나, ⊙ 새로운 상피세포로 분화하는 과정을 거친다.

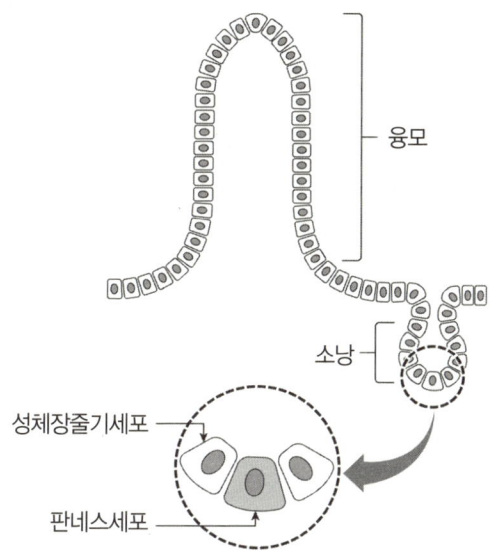

세포의 복제나 분화 과정에서 세포는 주변으로부터 다양한 신호를 받아서 처리하는 신호전달 과정을 거쳐 그 운명이 결정된다. 세포가 외부로부터 받는 신호의 종류와 신호전달 과정은 초파리에서 인간에 이르기까지 대부분의 동물에서 동일하다. 세포 내 신호전달의 일종인 'Wnt 신호전달'은 배아 발생 과정과 성체 세포의 항상성 유지에 중요한 역할을 한다. 이 신호전달의 특이한 점은 세포에서 분비되는 단백질의 하나인 Wnt를 분비하는 세포와 그 단백질에 반응하는 세포가 서로 다르다는 것이다. Wnt 분비 세포 주변의 세포들 중 Wnt와 결합하는 'Wnt 수용체'를 가진 세포는 Wnt 신호전달을 통해 여러 유전자를 발현시켜 자신의 분열과 분화를 조절한다. 그런데 Wnt 신호전달에 관여하는 유전자에 돌연변이가 생길 경우 다양한 종류의 질병이 발생할 가능성이 있다. 만약 Wnt 신호전달이 비정상적으로 활성화되면 세포 증식을 촉진하여 암을 유발하며, 이와 달리 지나치게 불활성화될 경우 뼈의 형성을 저해하여 골다공증을 유발한다.

Wnt 분비 세포의 주변 세포가 Wnt의 자극을 받지 않을 때, APC 단백질이 들어 있는 단백질 복합체 안에서 $GSK3\beta$가 β-카테닌에 인산기를 붙여 주는 인산화 과정이 그 주변 세포 내에서 수행된다. 이렇게 인산화된 β-카테닌은 분해되어 세포 내의 β-카테닌의 농도를 낮게 유지하는 기능을 한다. 이와는 달리, Wnt 분비 세포의 주변에 있는 세포 표면의 Wnt 수용체에 Wnt가 결합하게 되면 $GSK3\beta$의 활성이 억제되어 β-카테닌의 인산화가 더 이상 일어나지 않는다. 인산화되지 않은 β-카테닌은 자신을 분해하는 단백질과 결합할 수 없으므로 β-카테닌이 분해되지 않아 세포 내의 β-카테닌의 농도가 높게 유지된다. 이렇게 세포 내에 축적된 β-카테닌은 핵 안으로 이동하여 여러 유전자의 발현을 촉진하게 된다. 이런 식으로 유전자 발현이 촉진되면 암이 발생할 수도 있는데, 예를 들어 대장암 환자들은 APC 단백질을 만드는 유전자에 돌연변이가 생긴 경우가 많다. β-카테닌을 인산화하는 복합체가 형성되지 않아 β-카테닌이 많아지고, 그에 따라 세포 증식이 과도하게 일어나기 때문에 암이 생기는 것이다.

한편, 창자의 융모와 융모 사이에 존재하는 소낭에서도 Wnt 신호전달이 일어난다. 판네스세포는 Wnt를 분비하고 그 주변에 있는 성체장줄기세포는 Wnt 수용체를 가진다. 판네스세포에 가장 인접한 성체장줄기세포가 Wnt를 인식하면, 세포 내 β-카테닌의 농도가 높아져 이 단백질에 의존하는 유전자가 발현됨으로써 자신과 똑같은 세포를 지속적으로 복제하도록 한다. 반면에 성체장줄기세포가 분열하면서 생긴 세포가 나중에 생긴 세포에 밀려 판네스세포에서 멀어지면, 상대적으로 Wnt 자극을 덜 받아서 낮은 농도의 β-카테닌을 갖게 된다. 그 결과 자신과 똑같은 세포를 지속적으로 복제하는 데 관여하는 유전자는 더 이상 발현하지 않게 되어 성체장줄기세포가 분열하면서 생긴 세포는 상피세포로 분화한다.

30.
윗글의 내용과 일치하는 것은?

① 창자 내부의 표면적은 융모의 개수와 반비례한다.
② 성체장줄기세포의 위치는 소낭에서 융모로 바뀐다.
③ 성체장줄기세포는 Wnt를 분비하여 상피세포로 분화한다.
④ 융모를 이루는 세포는 소낭의 성체장줄기세포가 분화하여 만들어진다.
⑤ 융모에서 만들어지는 세포는 소낭 쪽으로 이동하여 성체장줄기세포로 전환된다.

문항 성격	문항유형 : 정보의 확인과 재구성
	내용영역 : 과학 · 기술
평가 목표	이 문항은 창자 내 상피세포의 분화 과정에 대한 내용을 다룬 제시문으로부터 세부 정보를 정확하게 파악하는 능력을 평가한다.
문제 풀이	정답 : ④

효과적인 풀이를 위해 이 문항과 관련된 제시문 내용을 요약하면 다음과 같다. 창자 내부의 표면적을 넓혀 영양분의 효율적인 흡수를 돕기 위해 생성된 오톨도톨한 부분인 융모는 한 겹의 상피세포로 이루어져 있는데, 상피세포는 창자 내부의 물질들과의 마찰에 의해 끊임없이 떨어져 나가므로 융모 옆 소낭에 존재하는 성체장줄기세포가 상피세포로 분화하여 보충된다. 이때 성체장줄기세포 주변의 판네스세포와의 Wnt 신호전달이 상피세포로의 분화에 관여하고, 분화한 상피세포는 소낭 쪽에서 융모 방향으로 이동한다.

정답 해설 ④ 제시문 첫 번째 문단의 "융모는 아래의 그림에서 볼 수 있듯이, 한 층으로 연결된 상피세포로 이루어져 있다. 이 상피세포들은 융모의 말단 부위에서 지속적으로 떨어져 나가고…… 소낭의 성체장줄기세포는 판네스세포를 비롯한 주변 세포로부터 자극을 받아 지속적으로 자신과 동일한 성체장줄기세포를 복제하거나, 새로운 상피세포로 분화하는 과정을 거친다."에서 융모를 이루는 세포는 소낭에 존재하는 성체장줄기세포의 분화를 통해 만들어짐을 알 수 있다.

오답 해설 ① 제시문 첫 번째 문단의 "융모는 창자 내부의 표면적을 넓혀 영양분의 효율적인 흡수를 돕는다."로부터 융모의 개수가 늘어나면 창자 내부의 표면적이 늘어난다는 사실을 알 수 있다.

② 제시문 첫 번째 문단의 "융모는 아래의 그림에서 볼 수 있듯이, 한 층으로 연결된 상피세포로 이루어져 있다. 이 상피세포들은 융모의 말단 부위에서 지속적으로 떨어져 나가고, 이 공간은 융모의 양쪽 아래에서 새롭게 만들어져 밀고 올라오는 세포로 채워진다. …… 소낭의 성체장줄기세포는 판네스세포를 비롯한 주변 세포로부터 자극을 받아 지속적으로 자신과 동일한 성체장줄기세포를 복제하거나, 새로운 상피세포로 분화하는 과정을 거친다."와 마지막 문단의 "반면에 성체장줄기세포가 분열하면서 생긴 세포가 나중에 생긴 세포에 밀려 판네스세포로부터 멀어지면, 상대적으로 Wnt 자극을 덜 받아서 낮은 농도의 β-카테닌을 갖게 된다. 그 결과 자신과 똑같은 세포를 지속적으로 복제하는 데 관여하는 유전자는 더 이상 발현하지 않게 되어 성체장줄기세포가 분열하면서 생긴 세포는 상피세포로 분화한다."로부터 성체장줄기세포는 소낭 내에 계속 존재하고, 소낭의 성체장줄기세포가 소낭에서 멀어져 융모로 가깝게 이동하면서 상피세포로 분화하여 융모에는 상피세포만 존재한다는 것을 알 수 있다.

③ 제시문 두 번째 문단의 "이 신호전달의 특이한 점은 세포에서 분비되는 단백질의 하나인 Wnt를 분비하는 세포와 그 단백질에 반응하는 세포가 서로 다르다는 것이다."와 마지막 문단의 "판네스세포는 Wnt를 분비하고 그 주변에 있는 성체장줄기세포는 Wnt 수용체를 가진다."로부터 성체장줄기세포는 Wnt를 분비하

지 않고 Wnt의 수용체를 가지고 있는 세포라는 것을 알 수 있다.

⑤ 제시문 첫 번째 문단의 "융모는 아래의 그림에서 볼 수 있듯이, 한 층으로 연결된 상피세포로 이루어져 있다. 이 상피세포들은 융모의 말단 부위에서 지속적으로 떨어져 나가고, 이 공간은 융모의 양쪽 아래에서 새롭게 만들어져 밀고 올라오는 세포로 채워진다. …… 소낭의 성체장줄기세포는 판네스세포를 비롯한 주변 세포로부터 자극을 받아 지속적으로 자신과 동일한 성체장줄기세포를 복제하거나, 새로운 상피세포로 분화하는 과정을 거친다."와, 마지막 문단의 "반면에 성체장줄기세포가 분열하면서 생긴 세포가 나중에 생긴 세포에 밀려 판네스세포로부터 멀어지면, 상대적으로 Wnt 자극을 덜 받아서 낮은 농도의 β-카테닌을 갖게 된다. 그 결과 자신과 똑같은 세포를 지속적으로 복제하는 데 관여하는 유전자는 더 이상 발현하지 않게 되어 성체장줄기세포가 분열하면서 생긴 세포는 상피세포로 분화한다."로부터 소낭에서 만들어진 성체장줄기세포가 분열해서 생긴 세포들이 융모 쪽으로 이동하여 융모를 이루는 상피세포로 전환된다는 것을 알 수 있다. 즉, 세포들은 소낭에서 융모 쪽으로 이동한다.

31.

㉠을 유도하는 현상이 아닌 것은?

① 판네스세포에 돌연변이가 생겨 Wnt 분비가 중단된다.
② 판네스세포와 성체장줄기세포의 물리적 거리가 멀어진다.
③ 성체장줄기세포에서 β-카테닌의 인산화가 활발하게 일어난다.
④ 성체장줄기세포에 GSK3β의 활성을 억제하는 물질을 첨가한다.
⑤ 성체장줄기세포의 Wnt 수용체에 돌연변이가 생겨 Wnt와 결합하지 못한다.

문항 성격	문항유형 : 주제, 요지, 구조 파악
	내용영역 : 과학 · 기술
평가 목표	이 문항은 제시문의 주요한 내용인 성체장줄기세포가 새로운 상피세포로 분화하는 과정을 정확하게 이해하고 있는지, 그리고 제시문의 구조를 숙지하여 관련 내용을 신속하게 조회할 수 있는지를 평가한다.
문제 풀이	정답 : ④

성체장줄기세포로부터 새로운 상피세포가 분화되는 과정에서 Wnt 신호전달이 담당하는 역할을 이해해야 한다. 특히 Wnt 수용체를 지닌 성체장줄기세포가 이웃한 판네스세포로부터 분비된 Wnt의 신호전달을 받는 과정을 입체적으로 파악하여야 한다. 〈Wnt 자극 있음 → GSK3β ↓ → β-카테닌 ↑ → 줄기세포 재생〉의 경로와 〈Wnt 자극 없음 → GSK3β ↑ → β-카테닌 ↓ → 상피세포로의 분화〉의 경로를 주지하여 선택지 각각의 상황을 파악하면 진위 판단이 가능하다.

정답 해설 ④ 제시문 세 번째 문단의 "Wnt 분비 세포의 주변 세포가 Wnt의 자극을 받지 않을 때, APC 단백질이 들어 있는 단백질 복합체 안에서 GSK3β가 β-카테닌에 인산기를 붙여 주는 인산화 과정이 그 주변 세포 내에서 수행된다. 이렇게 인산화된 β-카테닌은 분해되어 세포 내의 β-카테닌의 농도를 낮게 유지하는 기능을 한다."와, 마지막 문단의 "판네스세포에 가장 인접한 성체장줄기세포가 Wnt를 인식하면, 세포 내 β-카테닌의 농도가 높아져 이 단백질에 의존하는 유전자가 발현됨으로써 자신과 똑같은 세포를 지속적으로 복제하도록 한다. 반면에 성체장줄기세포가 분열하면서 생긴 세포가 나중에 생긴 세포에 밀려 판네스세포에서 멀어지면, 상대적으로 Wnt 자극을 덜 받아서 낮은 농도의 β-카테닌을 갖게 된다. 그 결과 자신과 똑같은 세포를 지속적으로 복제하는 데 관여하는 유전자는 더 이상 발현하지 않게 되어 성체장줄기세포가 분열하면서 생긴 세포는 상피세포로 분화한다."로부터 GSK3β의 활성에 의해 β-카테닌에 인산화가 일어날 경우 성체장줄기세포가 상피세포로 분화한다는 것을 알 수 있다. 이때 GSK3β의 활성을 억제하는 물질을 첨가할 경우 β-카테닌에 인산화가 일어나지 않아 성체장줄기세포가 상피세포로 분화하지 않고 자신과 똑같은 성체장줄기세포로 복제될 것이라는 사실을 알 수 있다.

오답 해설 ① 제시문 마지막 문단의 "한편, 창자의 융모와 융모 사이에 존재하는 소낭에서도 Wnt 신호전달이 일어난다. 판네스세포는 Wnt를 분비하고 그 주변에 있는 성체장줄기세포는 Wnt 수용체를 가진다."와, 세 번째 문단의 "Wnt 분비 세포의 주변에 있는 세포 표면의 Wnt 수용체에 Wnt가 결합하게 되면 GSK3β의 활성이 억제되어 β-카테닌의 인산화가 더 이상 일어나지 않는다."로부터 판네스세포에서 돌연변이가 생겨 Wnt의 분비가 중단될 경우 성체장줄기세포는 Wnt 신호전달을 받지 못해 상피세포로 분화할 것이라는 사실을 추론할 수 있다.

② 제시문 마지막 문단의 "반면에 성체장줄기세포가 분열하면서 생긴 세포가 나중에 생긴 세포에 밀려 판네스세포에서 멀어지면, 상대적으로 Wnt 자극을 덜 받아서 낮은 농도의 β-카테닌을 갖게 된다. 그 결과 자신과 똑같은 세포를 지속적으로 복제하는 데 관여하는 유전자는 더 이상 발현하지 않게 되어 성체장줄기

세포가 분열하면서 생긴 세포는 상피세포로 분화한다."로부터 ②는 ①을 유도하는 현상이라는 것을 알 수 있다.

③ 제시문 세 번째 문단의 "Wnt 분비 세포의 주변 세포가 Wnt의 자극을 받지 않을 때, APC 단백질이 들어 있는 단백질 복합체 안에서 GSK3β가 β-카테닌에 인산기를 붙여 주는 인산화 과정이 그 주변 세포 내에서 수행된다. 이렇게 인산화된 β-카테닌은 분해되어 세포 내의 β-카테닌의 농도를 낮게 유지하는 기능을 한다."와, 마지막 문단의 "반면에 성체장줄기세포가 분열하면서 생긴 세포가 나중에 생긴 세포에 밀려 판네스세포에서 멀어지면, 상대적으로 Wnt 자극을 덜 받아서 낮은 농도의 β-카테닌을 갖게 된다. 그 결과 자신과 똑같은 세포를 지속적으로 복제하는 데 관여하는 유전자는 더 이상 발현하지 않게 되어 성체장줄기세포가 분열하면서 생긴 세포는 상피세포로 분화한다."를 종합하면, 성체장줄기세포에서 β-카테닌의 인산화가 활발하게 일어날 경우 성체장줄기세포는 상피세포로 분화한다는 것을 추론할 수 있다.

⑤ 제시문 세 번째 문단의 "Wnt 분비 세포의 주변에 있는 세포 표면의 Wnt 수용체에 Wnt가 결합하게 되면 GSK3β의 활성이 억제되어 β-카테닌의 인산화가 더 이상 일어나지 않는다. 인산화되지 않은 β-카테닌은 자신을 분해하는 단백질과 결합할 수 없으므로 β-카테닌이 분해되지 않아 세포 내의 β-카테닌의 농도가 높게 유지된다."와, 마지막 문단의 "반면에 성체장줄기세포가 분열하면서 생긴 세포가 나중에 생긴 세포에 밀려 판네스세포에서 멀어지면, 상대적으로 Wnt 자극을 덜 받아서 낮은 농도의 β-카테닌을 갖게 된다. 그 결과 자신과 똑같은 세포를 지속적으로 복제하는 데 관여하는 유전자는 더 이상 발현하지 않게 되어 성체장줄기세포가 분열하면서 생긴 세포는 상피세포로 분화한다."를 종합하면, 성체장줄기세포의 Wnt 수용체가 Wnt와 결합하지 못할 경우 β-카테닌의 농도가 낮아져서 성체장줄기세포가 상피세포로 분화한다는 것을 추론할 수 있다.

32.

윗글에서 추론한 내용으로 가장 적절한 것은?

① 성체장줄기세포의 수가 감소하면 창자에서 양분의 흡수가 증가하게 될 것이다.
② Wnt 신호전달을 조절하여 골다공증을 치료하는 약물은 β-카테닌의 양을 증가시킬 것이다.

③ GSK3β의 활성을 위해 필요한 APC 단백질은 인산화된 β-카테닌 단백질의 분해를 막을 것이다.

④ APC에 돌연변이가 일어난 대장암 세포에 Wnt를 처리하면 β-카테닌 단백질의 양이 줄어들 것이다.

⑤ β-카테닌 유전자에 돌연변이가 일어나서 β-카테닌 단백질에 GSK3β에 의한 인산화가 일어나지 않으면 성체장줄기세포의 수가 감소하게 될 것이다.

문항 성격	문항유형 : 정보의 추론과 해석
	내용영역 : 과학 · 기술
평가 목표	이 문항은 제시문의 세부 내용을 활용하여 새로운 정보를 추론해 내는 능력을 평가하는 문항이다.
문제 풀이	정답 : ②

창자 내에서 성체장줄기세포의 역할을 파악하고 성체장줄기세포의 줄기세포 재생 또는 상피세포로의 분화를 일으키는 메커니즘을 이해하여 선택지들에 추론된 내용의 진위를 판단한다.

정답 해설 ② 제시문 두 번째 문단의 "만약 Wnt 신호전달이 비정상적으로 활성화되면 세포 증식을 촉진하여 암을 유발하며, 이와 달리 지나치게 불활성화될 경우 뼈의 형성을 저해하여 골다공증을 유발한다."를 통해 골다공증에서는 Wnt 신호전달이 약화되어 있다는 것을 알 수 있다. 한편, 세 번째 문단의 "Wnt 분비 세포의 주변에 있는 세포 표면의 Wnt 수용체에 Wnt가 결합하게 되면 GSK3β의 활성이 억제되어 β-카테닌의 인산화가 더 이상 일어나지 않는다. 인산화되지 않은 β-카테닌은 자신을 분해하는 단백질과 결합할 수 없으므로 β-카테닌이 분해되지 않아 세포 내의 β-카테닌의 농도가 높게 유지된다."를 통해 골다공증을 치료하기 위해 Wnt 신호전달을 강화하는 약물을 처리하면 β-카테닌의 양이 증가한다는 것을 알 수 있다. 따라서 이 선택지는 제시문에서 추론 가능한 내용이다.

오답 해설 ① 제시문 첫 번째 문단의 "융모는 창자 내부의 표면적을 넓혀 영양분의 효율적인 흡수를 돕는다. 융모는 아래의 그림에서 볼 수 있듯이, 한 층으로 연결된 상피세포로 이루어져 있다."와 "소낭의 성체장줄기세포는 판네스세포를 비롯한 주변 세포로부터 자극을 받아 지속적으로 자신과 동일한 성체장줄기세포를 복제하거나, 새로운 상피세포로 분화하는 과정을 거친다."로부터 양분의 흡수를 증가시키기 위해서는 창자 내부의 표면적을 늘려야 하고, 다시 이를 위해서는 융모를 구성하는 상피세포가 계속 만들어져야 한다는 것을 알 수 있다. 상피세포는 성체장줄기세포가 분화하여 생성되므로 성체장줄기세포의 수가 감소하면 창자에서 양분의 흡수가 줄어들게 될 것이다.

③ 제시문 세 번째 문단의 "Wnt 분비 세포의 주변 세포가 Wnt의 자극을 받지 않을 때, APC 단백질이 들어 있는 단백질 복합체 안에서 GSK3β가 β-카테닌에 인산기를 붙여 주는 인산화 과정이 그 주변 세포 내에서 수행된다. 이렇게 인산화된 β-카테닌은 분해되어 세포 내의 β-카테닌의 농도를 낮게 유지하는 기능을 한다."와, "예를 들어 대장암 환자들은 APC 단백질을 만드는 유전자에 돌연변이가 생긴 경우가 많다. β-카테닌을 인산화하는 복합체가 형성되지 않아 β-카테닌이 많아지고"로부터 APC 단백질은 GSK3β의 활성을 도와 β-카테닌을 인산화하여 분해되도록 한다는 것을 추론할 수 있다.

④ 제시문 세 번째 문단의 "예를 들어 대장암 환자들은 APC 단백질을 만드는 유전자에 돌연변이가 생긴 경우가 많다. β-카테닌을 인산화하는 복합체가 형성되지 않아 β-카테닌이 많아지고"와, "Wnt 분비 세포의 주변에 있는 세포 표면의 Wnt 수용체에 Wnt가 결합하게 되면 GSK3β의 활성이 억제되어 β-카테닌의 인산화가 더 이상 일어나지 않는다."를 통해 APC의 돌연변이와 Wnt 처리 모두 β-카테닌의 인산화 저해를 통해 β-카테닌 단백질의 양 증가에 기여한다는 것을 알 수 있다.

⑤ 제시문 세 번째 문단의 "Wnt 분비 세포의 주변 세포가 Wnt의 자극을 받지 않을 때, APC 단백질이 들어 있는 단백질 복합체 안에서 GSK3β가 β-카테닌에 인산기를 붙여 주는 인산화 과정이 그 주변 세포 내에서 수행된다. 이렇게 인산화된 β-카테닌은 분해되어 세포 내의 β-카테닌의 농도를 낮게 유지하는 기능을 한다."와, 네 번째 문단의 "판네스세포에 가장 인접한 성체장줄기세포가 Wnt를 인식하면, 세포 내 β-카테닌의 농도가 높아져 이 단백질에 의존하는 유전자가 발현됨으로써 자신과 똑같은 세포를 지속적으로 복제하도록 한다."로부터 β-카테닌 단백질에 GSK3β에 의한 인산화가 일어나지 않아야 β-카테닌 단백질의 농도가 증가하고, 그 결과 성체장줄기세포의 복제가 일어난다는 것을 추론할 수 있다. 그러므로 β-카테닌 유전자에 돌연변이가 일어나서 β-카테닌 단백질에 GSK3β에 의한 인산화가 일어나지 않으면 성체장줄기세포의 수가 증가하게 된다.

[33~35] 다음 글을 읽고 물음에 답하시오.

형사절차에서 변호인은 단순히 '소송대리인'에 그치지 않고 검사에 비하여 열악한 지위에 있는 피고인의 정당한 이익을 보호하는 자이다. 공정한 재판을 위해서는 검사와 피고인이 실질적으로 대등해야 하기 때문에 변호인은 형식적인 존재가 아니라 효과적인 변호를 수행하는 존재이어야 한다. 특히 미국의 형사절차는 당사자인 검사와 피고인이 증거를 신청하지 않는 한 법관이 직권으로 증거 조사를 할 수 없는 등 당사자주의 소송 구조로 되어 있어서 변호인의 역할이 매우 중요하다.

미국의 연방대법원은 이미 1965년 ㉠ 미란다 판결에서, 기소된 피고인뿐 아니라 기소 전에 수사를 받는 피의자도 국선 변호인의 조력을 받을 권리가 있다고 하였다. 하지만 효과적인 변호를 받아야 한다는 데까지는 이르지 않았다. 효과적이지 못해 논란을 일으키는 변호의 유형으로는 (1) 변호인과 피고인의 이익이 충돌하는 변호, (2) 변호가 일정한 기준에 미치지 못하는 불충분하고 불성실한 경우가 있다. (1)의 경우, 미국 판례는 물론 우리 판례도 피고인의 권리 침해를 인정하고 유죄 판결을 파기하였다. 더욱 문제가 되고 있는 것은 (2)의 경우이다.

변호인의 '성실 의무'에는 성실한 업무 처리뿐만 아니라 법률 전문가다운 유능한 업무 수행이 포함된다. 미국에서는 변호인이 불성실한 변호를 하면 징계를 받거나 위임 계약 위반에 따른 배상 책임을 진다. 그런데 성실 의무의 준수 여부에 대한 판단이 주관적이고 성실 의무의 내용도 유동적이어서 그 위반 여부를 사후에 판정하는 것은 곤란하기 때문에 성실 의무 위반이 이른바 효과적인 변호를 받을 피고인의 권리를 침해하는 것인지에 대해서는 논란이 있어 왔다.

1958년 연방대법원은 ㉡ 미첼 판결에서, '변호의 효과'는 변론 기술의 문제이므로 변호를 받을 권리의 내용에 포함되지 않는다고 하였다. 더구나 변호는 고도의 전문성을 발휘하는 임기응변적 기술이기 때문에 변호의 효과는 변호인이 소송 중에 그때그때 상황에 맞추어 적절하게 대응했는지에 따라 결정되는 것이다. 따라서 그 재판이 끝난 후에 변호인의 성실 의무 준수 여부를 다른 재판부가 평가하는 것은 문제가 있다고 하였다.

이후 1984년 연방대법원은 ㉢ 스트릭랜드 판결에서, 변호의 효과를 객관적 합리성의 기준에 따라 판단할 수 있다고 하였다. 다만 변호인이 성실 의무를 위반하였다는 점과 그 위반이 재판의 결과에 영향을 주었다는 점을 피고인이 입증해야 유죄 판결을 파기할 수 있다고 하였다. 나아가 1986년 플로리다 주 대법원은 ㉣ 메이켐슨 판결에서, 변호의 질은 변호인의 보수에 영향을 받는다고 하면서, 정부가 효과적인 변호를 받을 권리를 보장하기 위해 국선 변호인의 보수를 더욱 적극적으로 지원하여야 한다고 하였다.

우리나라의 경우, 헌법재판소는 헌법상 국선 변호인의 조력을 받을 권리가 피고인에게만 인정된다고 좁게 해석하였다. 그리고 변호사법 등에는 변호인의 성실 의무가 규정되어 있다. 따라서 성실 의무를 지키지 않는 것은 윤리 규범뿐만 아니라 실정법을 위반하는 행위이다. 성실 의무의 위반이 재판에 영향을 미치면 형사절차의 공정성과 기본권 보장에 대한 침해가 될 수 있는데도, 우리나라는 이 문제를 변호인 개인에 대한 징계나 손해 배상의 문제로만 취급하고 있다. 이는 변호인의 조력을 받을 권리와 공정한 재판을 받을 권리를 경시하는 태도이다. 헌법이 보장하는 변호인의 조력을 받을 권리는 효과적인 변호를 받을 권리이다. 이제부터 우리나라도 불성실한 변호로 인해 효과적인 변호를 받을 권리가 침해당한 경우 피고인에 대한 유죄 판결을 파기할 수 있어야 한다. 또한 국가는 국선 변호인에 대한 재정 지원도 확대해야 한다. 효과적인 변호의 보장은 국가의 의무이기 때문이다.

33.

윗글의 내용과 일치하지 <u>않는</u> 것은?

① 국선 변호인이 받은 보수가 매우 적어서 성실하지 않은 변호를 하였더라도 징계를 받지 않는다.
② 변호인의 성실 의무에는 변호인이 전문가로서 변호 기술을 충분히 발휘하는 것도 포함된다.
③ 변호인의 조력을 받을 권리'는 조력을 받는 대상의 확대에서 변호의 질 보장으로 발전하여 왔다.
④ 형사절차에서 변호인은 피고인이 실질적으로 검사와 대등한 지위에서 재판을 받을 수 있도록 돕는다.
⑤ 당사자주의 소송 구조에서 법관은 검사나 피고인의 증거 신청 없이 직권으로 증거 조사를 할 수 없다.

문항 성격	문항유형 : 주제, 요지, 구조 파악
	내용영역 : 법·규범
평가 목표	이 문항은 피고인이 변호인의 효과적인 조력을 받을 권리와 변호인의 성실 의무가 무엇인지를 정확히 이해하고 있는지 평가한다.
문제 풀이	정답 : ①

변호인의 의무와 책임, '변호인의 조력을 받을 권리'의 변화 과정, 당사자주의 소송 구조 하에서 법관의 역할 등을 제시문을 통해 확인한 후, 그 내용과 일치하지 않는 선택지를 골라야 한다.

정답 해설 ① 제시문 세 번째 문단의 "미국에서는 변호인이 불성실한 변호를 하면 징계를 받거나 위임 계약 위반에 따른 배상 책임을 진다."와, 여섯 번째 문단의 "우리나라는 이 문제를 변호인 개인에 대한 징계나 손해 배상의 문제로만 취급하고 있다."라는 부분에서 국선 변호인을 포함한 변호인은 보수가 많고 적음을 떠나 동일하게 성실한 변론을 할 의무가 있고, 이를 준수하지 않을 경우 징계를 받는다는 것을 알 수 있다. 따라서 이 선택지는 제시문의 내용과 일치하지 않는다.

오답 해설 ② 제시문 세 번째 문단의 "변호인의 '성실 의무'에는 성실한 업무 처리뿐만 아니라 법률 전문가다운 유능한 업무 수행이 포함된다."라는 내용과 일치한다.

③ 제시문 두 번째 문단의 "1965년 미란다 판결에서 기소된 피고인뿐 아니라 기소 전에 수사를 받는 피의자도 국선변호인의 조력을 받을 권리가 있다고 하였다. 하지만 효과적인 변호를 받아야 한다는 데까지는 이르지 않았다.", 다섯 번째 문단의 "1984년 연방대법원은 스트릭랜드 판결에서, 변호의 효과를 객관적 합리성의 기준에 따라 판단할 수 있다고 하였다.", 같은 문단의 "메이켐슨 판결에서, 변호의 질은 변호인의 보수에 영향을 받는다고 하면서, 정부가 효과적인 변호를 받을 권리를 보장하기 위해 국선 변호인의 보수를 더욱 적극적으로 지원하여야 한다고 하였다."를 종합하면, '변호인의 조력을 받을 권리'는 조력을 받는 대상의 확대에서 변호의 질 보장으로 발전해 왔음을 알 수 있다.

④ 제시문 첫 번째 문단의 "공정한 재판을 위해서는 검사와 피고인이 실질적으로 대등해야 하기 때문에 변호인은 형식적인 존재가 아니라 효과적인 변호를 수행하는 존재이어야 한다."라는 내용과 일치한다.

⑤ 제시문 첫 번째 문단의 "당사자인 검사와 피고인이 증거를 신청하지 않는 한 법관이 직권으로 증거 조사를 할 수 없는 등 당사자주의 소송 구조로 되어 있어서" 부분의 내용과 일치한다.

34.

㉠~㉣에 대한 이해로 적절하지 <u>않은</u> 것은?

① ㉠에서는 효과적이지 않은 변호로 피의자가 국선 변호인의 조력을 받을 권리를 침해 당하는 것을 방지하려고 하였다.
② ㉡에서는 변호인이 소송 과정에서 성실했는지의 여부를 상급 법원의 재판부가 판단하기 어렵다고 보았다.
③ ㉢에서는 변호가 불성실했다는 것을 피고인이 입증하는 것만으로는 유죄 판결이 파기되지 않는다고 하였다.
④ ㉣에서는 변호와 보수의 관계를 고려하여 국선 변호인에 대한 정부의 재정 지원 의무와 노력을 강조하였다.
⑤ ㉢과 ㉣에서 변호인의 조력을 받을 권리라는 말의 '조력'은 효과적인 변호에 따른 조력임을 전제한다.

문항 성격	문항유형 : 의도, 관점, 입장 파악
	내용영역 : 법·규범
평가 목표	이 문항은 미국에서 변호인의 조력을 받을 권리의 발전 과정을 각각의 판결을 통해 정확하게 이해하고 있는지를 평가한다.
문제 풀이	정답 : ①

미국에서 변호인의 조력을 받을 권리 보장의 발전 과정을 제시문에서 확인한 후, 그 내용과 부합하지 않는 선택지를 골라야 한다.

정답 해설 ① 제시문 두 번째 문단 "미란다 판결에서, 기소된 피고인뿐 아니라 기소 전에 수사를 받는 피의자도 국선 변호인의 조력을 받을 권리가 있다고 하였다. 하지만 효과적인 변호를 받아야 한다는 데까지는 이르지 않았다."에 따르면, 미란다 판결에서는 효과적이지 않은 변호로 피의자가 국선 변호인의 조력을 받을 권리를 침해당하는 것을 방지하려 한 것은 아님을 알 수 있다.

오답 해설 ② 제시문 네 번째 문단의 "그 재판이 끝난 후에 변호인의 성실 의무 준수 여부를 다른 재판부가 평가하는 것은 문제가 있다고 하였다."에서 확인할 수 있다.

③ 제시문 다섯 번째 문단의 "다만 변호인이 성실 의무를 위반하였다는 점과 그 위반이 재판의 결과에 영향을 주었다는 점을 피고인이 입증해야 유죄 판결을 파기할 수 있다고 하였다."에 따르면 유죄 판결이 파기되기 위해서는 변호인의 성

실 의무 위반이 재판의 결과에 영향을 주었다는 점 또한 입증되어야 한다.

④ 제시문 다섯 번째 문단의 "변호의 질은 변호인의 보수에 영향을 받는다고 하면서, 정부가 효과적인 변호를 받을 권리를 보장하기 위해 국선 변호인의 보수를 더욱 적극적으로 지원하여야 한다고 하였다."에서 확인할 수 있다.

⑤ 제시문 다섯 번째 문단의 "스트릭랜드 판결에서, 변호의 효과를 객관적 합리성의 기준에 따라 판단할 수 있다고 하였다."와, "메이켐슨 판결에서, …… 정부가 효과적인 변호를 받을 권리를 보장하기 위해 국선 변호인의 보수를 더욱 적극적으로 지원하여야 한다." 부분에서 확인할 수 있다.

35.

변호에 관한 우리나라와 미국의 공통점으로 가장 적절한 것은?

① 변호인의 불성실한 변호를 이유로 하여 유죄 판결을 파기한 사례가 있다.
② 불성실한 변호를 할 경우 그 변호인은 민사상 손해 배상 책임을 질 수 있다.
③ 기소되기 전의 모든 피의자는 국선 변호인의 조력을 제공받을 권리가 있다.
④ 불성실한 변호는 윤리 규범을 위반한 것이지만 실정법을 위반한 것은 아니다.
⑤ 국선 변호인과 피고인의 이익이 충돌하는 변호의 경우 유죄 판결을 파기할 수 없다.

문항 성격	문항유형 : 정보의 확인과 재구성
	내용영역 : 법·규범
평가 목표	이 문항은 제시문에 주어진 세부 정보를 확인하여 우리나라의 변론과 미국의 변론을 정확하게 비교할 수 있는지를 평가하는 문항이다.
문제 풀이	정답 : ②

우리나라와 미국 중 어느 한 국가에서만이라도 제시문의 내용과 부합하지 않는 선택지들을 우선적으로 지워 나간다면, 양국의 공통점에 해당하는 선택지를 찾을 수 있다.

정답 해설 ② 제시문의 세 번째 문단 "미국에서는 변호인이 불성실한 변호를 하면 징계를 받거나 위임 계약 위반에 따른 배상 책임을 진다"와, 여섯 번째 문단의 "성실 의무의 위반이 재판에 영향을 미치면 형사절차의 공정성과 기본권 보장에 대한 침해가 될 수 있는데도, 우리나라는 이 문제를 변호인 개인에 대한 징계나 손해

배상의 문제로 취급하고 있다."를 볼 때, 불성실한 변호는 우리나라와 미국 모두에서 민사상 손해 배상 책임의 대상임을 알 수 있다.

오답 해설 ① 제시문 여섯 번째 문단 "성실 의무의 위반이 재판에 영향을 미치면 형사절차의 공정성과 기본권 보장에 대한 침해가 될 수 있는데, 우리나라는 이 문제를 변호인 개인에 대한 징계나 손해 배상의 문제로만 취급하고 있다."와, "이제부터 우리나라도 불성실한 변호로 효과적 변호를 받을 권리가 침해당한 경우 피고인에 대한 유죄 판결을 파기할 수 있어야 한다."를 볼 때, 우리나라에서는 성실 의무 위반을 이유로 유죄 판결을 파기한 사례가 없음을 알 수 있다.

③ 제시문 여섯 번째 문단 "우리나라의 경우, 헌법재판소는 헌법상 국선 변호인의 조력을 받을 권리가 피고인에게만 인정된다고 좁게 해석하였다."와, 두 번째 문단 "미국의 연방대법원은 이미 1965년 미란다 판결에서, 기소된 피고인뿐 아니라 기소 전에 수사를 받는 피의자도 국선 변호인의 조력을 받을 권리가 있다고 하였다."에서 우리나라와 미국의 공통점으로 적절하지 않음을 확인할 수 있다.

④ 제시문 여섯 번째 문단 "우리나라의 경우…… 성실 의무를 지키지 않는 것은 윤리 규범뿐만 아니라 실정법을 위반하는 행위이다."에서 공통점으로 적절하지 않음을 확인할 수 있다.

⑤ 제시문 두 번째 문단 "변호인과 피고인의 이익이 충돌하는 변호……의 경우, 미국 판례는 물론 우리 판례도 피고인의 권리 침해를 인정하고 유죄 판결을 파기하였다."에서 공통점으로 적절하지 않음을 확인할 수 있다.

법학적성시험
언어이해 영역

2016

2016학년도 언어이해 영역 출제 방향

1. 출제의 기본 방향

언어이해 영역은 법률가에게 요구되는 기본적인 언어 소양과 법학전문대학원 수학에 필요한 통합적 언어 능력을 평가하는 것을 기본 방향으로 삼았다. 특히 법학전문대학원에서 수학하는 사람이라면 대학에서의 전공과 상관없이 공적 가치 판단이 요구되는 다양한 전문 분야의 글들을 독해하고 평가할 수 있는 능력을 가지고 있어야 한다는 점을 중요하게 고려하였다. 구체적인 출제 원칙은 다음과 같다.

- 통합적이며 심층적인 독해 및 사고 능력을 평가한다.
- 사학, 문학, 예술사학, 정치학, 경제학, 물리학, 생물학, 윤리학, 법제사, 법학 등의 다양한 분야에서 내용 및 표현 면에서 모범이 될 수 있는 제시문을 선정·개발한다.
- 제시문의 핵심 정보나 주요 세부 정보들을 파악하고, 정보들 간의 유기적 관련성을 분석·종합하며, 주어진 단서를 바탕으로 다양한 문제 상황에 대응할 수 있는 문제 해결 능력을 평가한다.
- 기본 독해 능력에 대해서는 동일한 유형의 문항을 활용하되, 제시문을 통해 획득한 단서를 바탕으로 새로운 상황에 적용하여 판단할 수 있게 하는 비판적·창의적 문제를 개발한다.

2. 출제 범위

언어이해 영역은 높은 수준의 독해 능력을 평가하기 위한 영역이다. 이 능력은 다양한 상황에서 폭넓은 유형 및 주제의 글을 접하게 되었을 때 이를 정확히 읽어 낼 뿐 아니라 글이 담고 있는 의미의 함축과 가치를 비판적으로 판단할 수 있는 능력까지 포함한다.

따라서 언어이해 영역에서는 다양한 전문 분야에서 제시문의 소재를 구하되, 중요한 공적 가치를 지닌 주제들을 우선적으로 선정하였고, 언어이해 영역의 여러 평가 목표를 균형 있게 다룰 수 있도록 제시문의 성격을 다양화하였다.

이번 시험에서 제시문 선정 시 고려한 사항은 다음과 같다.

첫째, 대학 교양 교육의 충실한 이수를 유도하기 위하여 여러 학문 분야에 두루 사용되는 기본적인 개념이나 범주들을 중심으로 제시문을 선정하였다.

둘째, 각 학문 분야의 최신 이론이나 시의성 있는 문제 상황을 반영하는 주제로 각 제시문들을 구체화하였으며, 특히 원리적 모델들을 함께 제시함으로써 여기서 사용된 개념이나 범주들을 적용·평가할 수 있도록 하였다.

셋째, 법학의 배경 지식을 요구하는 제시문 대신 학제적 내용 분야와 각 주제를 연계시킨 제시문을 출제함으로써 통합적 사고력과 문제 해결 능력을 평가할 수 있게 하였다.

넷째, 다양한 내용 분야가 법적 문제들과 연관될 수 있음을 보여 주는 제시문을 선정함으로써 법의 이론적·현실적 연관성을 폭넓게 사고하게 하였다.

다섯째, 최근의 학문 동향을 반영하여 제시문 독해만으로도 교육적 효과를 얻을 수 있게 하였다.

3. 제시문 및 문항

언어이해 영역에서는 '인문', '사회', '과학기술', '법·규범'으로 분류된 4개 내용 영역에서 문학, 사학, 예술사학, 정치학, 경제학, 물리학, 생물학, 윤리학, 법제사, 공법학, 형사법학의 분야를 선정하여 11개 제시문을 기반으로 총 35문항을 출제하였다. 문항 세트는 제시문 특성에 따라 종합적인 독해 능력을 평가하거나 특정한 평가 기준을 적용하여 평가하도록 설계하였다.

'인문' 분야에서 문학은 제시문을 통해 김춘수와 김수영이라는 한국 현대시의 두 거목을 비교하면서 이들의 시와 예술관에 대한 심층적인 이해를 도모하고자 하였고, 상징과 역설적 표현이 포함되어 내용적으로 풍부한 추상적인 논의를 독해해 낼 수 있는 능력을 측정하고자 하였다. 순수시와 참여시라는 피상적 구분의 이면을 볼 수 있도록, 두 시인의 공통된 인식을 묻는 문항도 설계하였다. 사학은 신채호의 「조선역사상 일천년래 제일대사건」의 핵심 부분을 원문에 대한 큰 수정 없이 제시문으로 구성하였다. 통상 일면적으로만 알려져 있는 묘청에 대한 역사가 신채호의 평가의 핵심을 이해하고 당시 역사적 사실들을 추론할 수 있게 설계하였다. 예술 관련 제시문은 영국 화가 콘스터블에 대한 다양한 비평적 관점들을 제시하고, 그들 간의 방법론적 차이를 비교한 후 이를 다른 예술 상황에도 적용해 볼 수 있는 문항으로 설계하였다.

'사회' 분야에서는 정치학과 경제학 제시문을 다루었다. 정치학 제시문에서는 책임정치 구현을 위한 정당의 역할과 변모를 다루는 제시문을 통해, 20세기에 들어 대중정당의 모습이 어떻게 변해 가고 그 각각의 특징은 무엇인지를 살펴보게 한 후, 이들의 정치적 역할에 대한 논쟁적 평가를 제시하여 그 장단점을 판단하도록 하였다. 경제학 제시문에서는 '기술과 교육의 경주 이론'의 내용과 그에 따라 설명되는 경제 현상들을 이해할 수 있는지를 물은 후 이론의 한계를 평가하게 함으로써 경제적 문제에 개입된 교육의 역할에 대해 생각해 볼 수 있도록 설계하였다.

'과학기술' 분야에서는 물리와 생물 제시문을 선택하였다. 물리는 레이저 냉각의 원리를 다루었는데, 이에 대한 심층적 설명을 통해 빛과 원자의 특성, 공명과 도플러 효과 등 기본적인 물리적 원리들을 이해하고 적용할 수 있도록 설계하였다. 생물 제시문은 발생 단계에서 각각의 세포가 어떻게 서로 다른 기관으로 발달하게 되는지에 대한 의문을 제시하고 이를 설명하는 기본적인 이론 및 그 한계, 대안이 되는 생물학적 가설들을 검토하게 함으로써 발생에 대한 심화된 이해를 할 수 있도록 설계하였다.

'법·규범'으로 명시된 영역에서는 윤리학, 법제사와 법학에서 공법학과 형사법학에 관한 제시문 등 총 4개의 세트를 다루었다. 윤리학은 철학적 성격을 강화하기 위하여 메타 윤리학을 선택하였고, '선(善)의 존재론'에 관한 대표적인 철학적 입장들의 특징들을 이해하고, 이들을 절충하기 위한 방안을 추론해 보도록 하였다. 법제사는 로마법에 대한 연구사를 배경으로 삼아, 그로부터 인용된 '기판력'과 관련된 흥미로운 사례를 제시하고, 이에 대한 로마법 학자 파울루스와 근대 철학자 라이프니츠 간의 해석의 차이를 판단해 보도록 설계하였다. 공법학에서는 국가배상 제도가 재판에 적용될 때는 어떠한 특수성이 고려되는지를 다루었고 형사법학에서는 범죄 사건에 대한 언론 보도가 예단을 심어준다는 문제에 대해 어떤 방식으로 접근할 수 있는지를 다루었다. 법제사를 포함하여 모든 법학 관련 제시문들은 법학적 사전 지식이 영향을 미치지 않도록 정보를 충분히 제공하고 문항의 설계를 조정하였다.

4. 난이도

2016학년도 법학적성시험에서는, 적정한 난이도를 유지했다고 판단되는 2015학년도의 난이도를 참고하여, 난이도를 그와 같은 수준에 맞추고자 했다. 다만 작년에 비해 전체 글자 수가 다소 줄었기 때문에 수험생들이 시간 활용에 도움을 받게 된다면 원점수의 평균점수는 약간 상승할 수도 있다. 제시문의 심도가 다소 높고 정보량이 다소 많을 것으로 예상되는 내용을 가진 제시문들의 수는 작년과 유사하다. 특히 그 중의 두 지문인 문학과 물리 지문을 선택하여 4개 문항씩을 출제하였다. 이는 수험생들의 독해 시간 부담을 줄이는 대신 형평성과 변별력을 도모하려는 의도에서였다. 개별 문항의 난이도는 이전과 유사한 난이도를 유지하도록 하여 보다 효과적인 독해 능력 측정이 가능하도록 의도하였다. 정보량이 많은 제시문과 비교적 평이한 제시문을 함께 고려하여 다양한 성격의 제시문을 읽을 수 있는 능력을 측정하고자 하는 근본 취지는 예년과 마찬가지로 유지되었다. 또한 특정 전공의 배경 지식이 유리한 변인이 되지 않도록 조정한 것 역시 예년과 같다.

5. 문항 출제 시의 유의점 및 강조점

• 언어이해 영역에서 평가하고자 하는 능력이 주로 통합적 이해력과 심층 분석력에 있다는 점을 고려하여 제시문 분량과 제시문당 문항 수에 융통성을 두었다.

• 선지식에 의해 풀게 되거나 전공에 따른 유·불리가 분명해지는 제시문의 선택

과 문항의 출제를 지양하였다.

• 출제의 의도를 감추거나 오해하게 하는 질문의 선택을 피하고, 평가하고자 하는 능력을 정확히 평가할 수 있도록 간명한 형식을 취하였다.

• 문항 및 선택지 간의 간섭을 최소화하고, 선택지 선택에서 능력에 따른 변별이 이루어질 수 있도록 하였다.

　　범죄 사건을 다루는 언론 보도의 대부분은 수사기관으로부터 얻은 정보에 근거하고 있고, 공소 제기 전인 수사 단계에 집중되어 있다. 따라서 언론의 범죄 관련 보도는 범죄사실이 인정되는지 여부를 백지상태에서 판단하여야 할 법관이나 배심원들에게 유죄의 예단을 심어줄 우려가 있다. 이는 헌법상 적법절차 보장에 근거하여 공정한 형사재판을 받을 피고인의 권리를 침해할 위험이 있어 이를 제한할 필요성이 제기된다. 실제로 피의자의 자백이나 전과, 거짓말탐지기 검사 결과 등에 관한 언론 보도는 유죄판단에 큰 영향을 미친다는 실증적 연구도 있다. 하지만 보도 제한은 헌법에 보장된 표현의 자유에 대한 침해가 된다는 반론도 만만치 않다.

　　미국 연방대법원은 ㉠ 어빈 사건 판결에서 지나치게 편향적이고 피의자를 유죄로 취급하는 언론 보도가 예단을 형성시켜 실제로 재판에 영향을 주었다는 사실이 입증되면, 법관이나 배심원이 피고인을 유죄라고 확신하더라도 그 유죄판결을 파기하여야 한다고 했다. 이 판결은 이른바 '현실적 예단'의 법리를 형성시켰다. 이후 ㉡ 리도 사건 판결에 와서는, 일반적으로 보도의 내용이나 행태 등에서 예단을 유발할 수 있다고 인정이 되면, 개개의 배심원이 실제로 예단을 가졌는지의 입증 여부를 따지지 않고, 적법절차의 위반을 들어 유죄판결을 파기할 수 있다는 '일반적 예단'의 법리로 나아갔다. ㉢ 셰퍼드 사건 판결에서는 유죄판결을 파기하면서, '침해 예방'이라는 관점을 제시하였다. 즉, 배심원 선정 절차에서 상세한 질문을 통하여 예단을 가진 후보자를 배제하고, 배심원이나 증인을 격리하며, 재판을 연기하거나, 관할을 변경하는 등의 수단을 언급하였다. 그런데 법원이 보도기관에 내린 '공판 전 보도금지명령'에 대하여 기자협회가 연방대법원에 상고한 ㉣ 네브래스카 기자협회 사건 판결에서는 침해의 위험이 명백하지 않은데도 가장 강력한 사전 예방 수단을 쓰는 것은 위헌이라고 판단하였다.

　　이러한 판결들을 거치면서 미국에서는 언론의 자유와 공정한 형사절차를 조화시키면서 범죄 보도를 제한할 수 있는 방법을 모색하였다. 그리하여 셰퍼드 사건에서 제시된 수단과 함께 형사재판의 비공개, 형사소송 관계인의 언론에 대한 정보제공금지 등이 시행되었다. 하지만 ⓐ 예단 방지 수단들의 실효성을 의심하는 견해가 있고, 여전히 표현의 자유와 알 권리에 대한 제한의 우려도 있어, 이 수단들은 매우 제한적으로 시행되고 있다.

　　그런데 언론 보도의 자유와 공정한 재판이 꼭 상충된다고만 볼 것은 아니며, 피고인 측의 표현의 자유를 존중하는 것이 공정한 재판에 도움이 된다는 입장에서 네브래스카 기자협회 사건 판결의 의미를 새기는 견해도 있다. 이 견해는 수사기관으로부터 얻은 정보에 근거한 범죄 보도로 인하여 피고인을 유죄로 추정하는 구조에 대항하기 위하여 변호인이 적극적으로 피고인 측의 주장을 보도기관에 전하여, 보도가 일방적으로 편향되는 것을 방지할 필요가 있다고 한다. 일반적으로 변호인이 피고인을 위하여 사건에 대해 발언하는 것은 범죄 보도의 경우보다 적법절차를 침해할 위험성이 크지 않은데도 제한을 받는 것은 적절하지 않다고 보며, 반면에 수사기관으로부터 얻은 정보를 기반으로 하는 언론 보도는 예단 형성의 위험성이 큰데도 헌법상 보호를 두텁게 받는다고 비판한다.

미국과 우리나라의 헌법상 변호인의 조력을 받을 권리는 변호인의 실질적 조력을 받을 권리를 의미한다. 실질적 조력에는 법정 밖의 적극적 변호 활동도 포함된다. 따라서 형사절차에서 피고인 측에게 유리한 정보를 언론에 제공할 기회나 반론권을 제약하지 말고, 언론이 검사 측 못지않게 피고인 측에게도 대등한 보도를 할 수 있도록 해야 한다. 이를 위해 우리나라도 미국과 같이 '법원–수사기관–변호사회–보도기관'의 자율 협정을 체결할 필요가 있다.

01.

윗글을 이해한 것으로 적절하지 <u>않은</u> 것은?

① 범죄 관련 언론 보도를 접한 사람들은 피의자를 범죄자라고 생각하기 쉽다.
② 언론에 제공된 변호인의 발언은 공정한 형사재판을 침해할 우려가 상대적으로 적다.
③ 공판 전 보도금지명령은 공정한 형사재판을 위한 최소한의 사전 예단 방지 수단이다.
④ 언론의 범죄에 관한 보도가 재판에 영향을 미칠 가능성은 법관 재판의 경우에도 존재한다.
⑤ 소송 당사자 양측에게 보도 기관에 대한 정보 제공 기회를 대등하게 주어 피고인이 공정한 형사재판을 받을 권리를 보장하여야 한다.

문항 성격	문항유형 : 정보의 확인과 재구성
	내용영역 : 법·규범
평가 목표	이 문항은 언론의 표현자유, 즉 언론이 범죄를 보도할 자유와 형사절차에서 피고인이 공정한 재판을 받을 권리가 서로 충돌할 수 있는 상황에서 이를 조화할 수 있는 방안에 대한 논의에 대해서, 주어진 정보를 확인하고 재구성하는 능력을 평가한다.
문제 풀이	정답 : ③

범죄 사건을 다루는 언론의 보도 행태가 법관이나 배심원에게 유죄의 예단을 심어준다는 것을 이해하고, 이를 제한하여야 하는 이유와 그 방안을 확인하여 그 내용과 부합하지 않는 선택지를 골라야 한다.

정답 해설 ③ 제시문을 보면 '공판 전 보도금지명령'은 공정한 형사재판을 위한 '가장 강력한' 수단이지만 언론의 표현의 자유를 과도하게 제한할 수 있기 때문에 미국에서 위헌이라는 판결이 있었다는 점, 제시문 어디에서도 공판 전 보도금지명령을 예단 방지 수단으로 주장 내지 지지한 바가 없다는 점을 알 수 있기 때문에 이 선택지는 제시문을 옳게 이해한 것으로 볼 수 없다.

오답 해설 ① 제시문의 "범죄 사건을 다루는 언론 보도의 대부분은 수사기관으로부터 얻은 정보에 근거하고 있고, 공소제기 전인 수사 단계에 집중되어 있다."라는 부분, "피의자의 자백이나 전과, 거짓말탐지기 검사 결과 등에 관한 언론 보도는 유죄 판단에 큰 영향을 미친다는 실증적 연구도 있다."라는 부분, "수사기관으로부터 얻은 정보에 근거한 범죄 보도로 인하여 피고인을 유죄로 추정하는 구조" 부분을 보면 당연히 범죄 관련 언론 보도를 접한 사람들은 피의자를 범죄자라고 생각하기 쉽다는 것을 알 수 있다.

② 제시문의 "범죄 보도로 인하여 피고인을 유죄로 추정하는 구조에 대항하기 위하여 변호인이 적극적으로 피고인 측의 주장을 보도기관에 전하여, 보도가 일방적으로 편향되는 것을 방지할 필요가 있다고 한다."라는 부분, "일반적으로 변호인이 피고인을 위하여 사건에 대해 발언하는 것은 범죄 보도의 경우보다 적법절차를 침해할 위험성이 크지 않은데도…"라는 부분을 보면 언론에 제공된 변호인의 발언은 공정한 형사재판을 침해할 우려가 상대적으로 적다는 것을 알 수 있다.

④ 제시문의 "언론의 범죄 관련 보도는 범죄사실이 인정되는지 여부를 백지상태에서 판단하여야 할 법관이나 배심원들에게 유죄의 예단을 심어줄 우려가 있다."라는 부분, "언론 보도가 예단을 형성시켜 실제로 재판에 영향을 주었다는 사실이 입증되면, 법관이나 배심원이 피고인을 유죄라고 확신하더라도 그 유죄판결을 파기하여야 한다."라는 부분을 보면 언론의 범죄에 관한 보도가 법관 재판의 경우에도 영향을 미칠 가능성은 있다는 것을 알 수 있다.

⑤ 제시문의 "법관이나 배심원들에게 유죄의 예단을 심어줄 우려가 있다. 이는 헌법상 적법절차 보장에 근거하여 공정한 형사재판을 받을 피고인의 권리를 침해할 위험이 있어 이를 제한할 필요성이 제기된다."라는 부분, "형사절차에서 피고인 측에게 유리한 정보를 언론에 제공할 기회나 반론권을 제약하지 말고, 언론이 검사 측 못지않게 피고인 측에게도 대등한 보도를 할 수 있도록 해야 한다."라는 부분을 볼 때, 논자가 소송 당사자 양측에게 보도기관에 대한 정보 제공 기회를 대등하게 주어 피고인이 공정한 형사재판을 받을 권리를 보장하여야 한다고 주장하고 있음을 알 수 있다.

02.

㉠~㉣에 대한 진술로 적절하지 <u>않은</u> 것은?

① ㉠과 ㉡ 모두 공정한 형사재판을 통해서 진실이 발견되어야 한다고 보았다.

② ㉡은 예단에 대한 피고인의 입증 책임을 완화하였다.

③ ㉢은 적법절차를 보장하기 위하여 형사절차 내에서 예단의 사전방지 수단을 제시하였다.

④ ㉡에서 ㉢으로 이행은 공정한 형사재판의 측면에서 보면 후퇴한 것이다.

⑤ ㉣은 표현의 자유에 대한 과도한 제한을 경계한 것이다.

문항 성격	문항유형 : 의도, 관점, 입장 파악
	내용영역 : 법·규범
평가 목표	이 문항은 예단 금지와 관련된 미국 연방대법원 판례들의 내용과 취지를 이해하고 있는지 평가한다.
문제 풀이	정답 : ④

미국의 각 판례 중 공정한 형사절차를 중시한 판례와 표현의 자유를 구분하고 그 내용 및 취지를 공정한 형사절차 측면이나 표현의 자유 측면에서 검토하여 적절하지 않은 선택지를 골라야 한다.

정답 해설 ④ 제시문의 ㉡ 리도 사건 판결은 "적법절차의 위반을 들어 유죄판결을 파기할 수 있다."라는 부분, "㉢ 셰퍼드 사건 판결에서는 유죄판결을 파기하면서, '침해 예방'이라는 관점을 제시하였다. 즉, 배심원 선정 절차에서 상세한 질문을 통하여 예단을 가진 후보자를 배제하고, 배심원이나 증인을 격리하며, 재판을 연기하거나, 관할을 변경하는 등의 수단을 언급하였다."라는 부분을 보면 리도 사건 판결보다 오히려 셰퍼드 사건 판결이 공정한 형사재판의 측면에서 보면 진보한 것이라는 점을 알 수 있고, 이와 반대로 진술하는 ④는 적절하지 않은 선택지이다.

오답 해설 ① 제시문 "㉠ 어빈 사건 판결에서 지나치게 편향적이고 피의자를 유죄로 취급하는 언론 보도가 예단을 형성시켜 실제로 재판에 영향을 주었다는 사실이 입증되면, 법관이나 배심원이 '피고인을 유죄라고' 확신하더라도 그 유죄판결을 파기하여야 한다고 했다."라는 부분, "㉡ 리도 사건 판결에 와서는, 일반적으로 보도의 내용이나 행태 등에서 예단을 유발할 수 있다고 인정이 되면, 개개의 배심원이 실제로 예단을 가졌는지의 입증 여부를 따지지 않고, 적법절차의 위반을 들어 유죄판결을 파기할 수 있다."라는 부분을 보면 두 판례 모두 공정한 형사재판을 통하여 진실이 발견되어야 한다고 보았음을 알 수 있다.

② 제시문의 "ⓛ 리도 사건 판결에 와서는, … 개개의 배심원이 실제로 예단을 가졌는지의 입증 여부를 따지지 않고, 적법절차의 위반을 들어 유죄판결을 파기할 수 있다."라는 부분을 보면 리도 사건 판결이 피고인의 입증 책임을 완화한 판결임을 알 수 있다.

③ 제시문의 "ⓒ 셰퍼드 사건 판결에서는 유죄판결을 파기하면서, '침해 예방'이라는 관점을 제시하였다. 즉, 배심원 선정 절차에서 상세한 질문을 통하여 예단을 가진 후보자를 배제하고, 배심원이나 증인을 격리하며, 재판을 연기하거나, 관할을 변경하는 등의 수단을 언급하였다."라는 부분을 보면 셰퍼드 사건 판결이 적법절차를 보장하기 위하여 형사절차 내에서 예단의 사전방지 수단을 제시한 것임을 알 수 있다.

⑤ 제시문의 "법원이 보도기관에 내린 '공판 전 보도금지명령'에 대하여 기자협회가 연방대법원에 상고한 ⓔ 네브래스카 기자협회 사건 판결에서는 침해의 위험이 명백하지 않은데도 가장 강력한 사전 예방 수단을 쓰는 것은 위헌이라고 판단하였다."라는 부분을 보면 네브래스카 기자협회 판결이 표현의 자유의 과도한 제한을 경계한 것임을 알 수 있다.

03.

ⓐ를 뒷받침하는 경우로 보기 어려운 것은?

① 법원이 배심원을 격리하였으나 격리 전에 보도가 있었던 경우
② 법원이 관할 변경 조치를 취하였으나 이미 전국적으로 보도가 된 경우
③ 법원이 재판을 장기간 연기하였으나 재판 재개에 임박하여 다시 언론 보도가 이어진 경우
④ 검사가 피의자의 진술거부권 행사 사실을 공개하려고 하였으나 법원이 검사에게 그 사실에 대한 공개 금지명령을 내린 경우
⑤ 변호사가 배심원 후보자에게 해당 사건에 대한 보도를 접했는지에 대해 질문했으나 후보자가 정직하게 답변하지 않은 경우

문항유형 : 정보의 평가와 적용

내용영역 : 법 · 규범

이 문항은 어떤 상황이 제시문에 소개된 여러 가지 예단 사전방지 수단의 실효성을 의심하게끔 하는지를 올바로 판별할 수 있는 능력을 평가한다.

정답 : ④

제시문에서 소개된 셰퍼드 사건 판결 등에서 제시된 예단 방지 수단, 즉 법관이나 배심원들에게 예단을 줄 수 있는 것을 사전에 방지할 수 있다고 제시된 수단의 실효성에 의심이 가는 상황과 그렇지 않은 상황을 구별할 수 있어야 한다.

정답 해설 ④ 제시문의 "사전 예단 방지 수단인 형사소송 관계인의 언론에 대한 정보제공금지"라는 부분을 보면 소송 관계인 중 하나인 검사의 정보제공금지도 사전 예단 방지 수단의 하나임을 알 수 있고, 검사가 '피의자의 진술거부권 행사 사실'을 공개하면 이 정보를 접한 사람들은 피의자가 범죄사실의 일부를 숨기려고 하고 있다는 추측을 할 수 있다는 점을 상식적으로 쉽게 알 수 있다. 따라서 법원이 이를 금지하는 명령을 내렸다면 예단을 방지할 수 있는 실효성 있는 수단이 되므로 ④는 실효성이 의심되는 경우가 아니다.

오답 해설 ① 사전 예단 방지 수단의 하나인 "배심원의 격리"와 관련하여 격리 전에 보도가 있었다면 배심원은 이미 예단을 가졌을 가능성이 있으므로, ①은 실효성을 의심할 수 있는 상황이다.

② 사전 예단 방지 수단의 하나인 "관할 변경"과 관련하여 변경 전에 이미 피고인에 대한 범죄사실이 전국적으로 보도가 되었다면 그 보도를 접한 사람들은 이미 유죄의 예단을 가졌을 가능성이 크므로 범죄가 발생했거나 피고인이 체포된 지역 등에서 다른 지역으로 "관할의 변경"을 하더라도 예단 방지의 효과가 약할 것이므로, ②는 관할 변경의 실효성에 의심이 가는 상황이다.

③ 사전 예단 방지 수단의 하나인 "재판의 연기"와 관련하여 이것만으로는 재판을 재개할 무렵의 범죄 보도가 재현되는 것을 막을 수 없고, 실제로 재개에 임박하여 언론이 범죄 보도를 재현한다면 장기간의 재판 연기도 실효성을 거두기 어려울 것이므로, ③은 실효성에 의심이 가는 상황이다.

⑤ 사전 예단 방지 수단의 하나인 "배심원 선정 절차에서 배심원 후보자에게 상세한 질문을 통하여 예단을 가진 후보자를 배제"하는 것과 관련하여 변호사가 배심원 후보자에게 보도로 인한 예단 여부를 질문하면 후보자가 정직하게 답변하여야 효과가 있다. 그러나 배심원 후보자가 정직하게 답변하지 않고 거짓말로 보도를 접하지 않았다고 답변하면 변호사는 그 후보자가 예단을 가졌음을 알지

못하여 그 후보자를 배제할 수 없다. 따라서 이러한 때는 위 수단의 실효성에 의심이 가는 상황이다.

[04~06] 다음 글을 읽고 물음에 답하시오.

민족의 성쇠는 매양 그 사상이 지향하는 바에 달린 것이며 사상이 지향하는 바의 혹 좌, 혹 우는 매양 모종 사건의 영향을 입는 것이다. 그러면 조선 근세에 종교나 학술이나 정치나 풍속이 사대주의의 노예가 됨이 무슨 사건에 원인함인가? 나는 일언으로 대답하여 가로되 고려 인종 13년 서경(西京)의 전역(戰役), 즉 묘청이 김부식에게 패함이 그 원인이라 한다.

서경 전역을 역대의 사가(史家)들이 다만 국왕의 군대가 반적(反賊)을 친 전역으로 알았을 뿐이었으나 이는 근시안의 관찰이다. 그 실상은 이 전역이 즉 낭가(郎家)·불가(佛家) 대 유가(儒家)의 싸움이며, 국풍파(國風派) 대 한학파(漢學派)의 싸움이며, 독립당 대 사대당의 싸움이며, 진취사상 대 보수사상의 싸움이니, 묘청은 곧 전자의 대표요 김부식은 곧 후자의 대표였던 것이다. 이 전역에 묘청 등이 패하고 김부식이 이겼으므로 조선사가 사대적, 보수적, 속박적 사상 즉 유교사상에 정복되고 말았거니와, 만일 이와 반대로 김부식이 패하고 묘청 등이 이겼더라면 조선사가 독립적, 진취적 방면으로 진전하였을 것이니, ㉠ 이 전역을 어찌 '조선역사상 일천년래 제일대사건'이라 하지 않으랴?

인종이 즉위하매 낭가와 불가와 기타 무장과 시인(詩人)의 무리가 분기하여 황제를 칭하고 북쪽으로 금나라를 정벌하기를 강경히 주장함에 이르렀다. 칭제북벌론의 영수는 첫째 윤언이니, 윤언이는 곧 윤관의 아들로 유일한 낭가의 계통이라 본 논(論)의 영수됨이 필연코 당연한 일이며, 둘째 묘청이니, 묘청은 서경 승도(僧徒)로 도참(圖讖)의 설을 유포하여 서경에 천도하고 제호(帝號)를 칭한 후 북으로 금을 치자는 자이며, 셋째 정지상이니, 정지상은 당시에 이름을 떨치던 시인이요 강토의 확대를 몽상하던 인물이다. 이 삼인이 칭제북벌에 대한 의견은 동일하나, 다만 묘청과 정지상은 서경 천도까지를 주장하였고, 윤언이는 거기 부동의하던 바이다.

『고려사』에 묘청을 요적(妖賊)이라 하였다. 이는 묘청이 음양가의 풍수설로 평양 천도를 앞장서 주장하였기 때문이라 한다. 대개 신라 말엽부터 평양 임원역은 대화(大華)의 세라 여기에 천도하면 36국이 와서 조공을 바치리라는 비결이 유행하였다. 평양을 도읍으로 삼음은 역대 왕조에서 기도하던 바이나 기실은 평양에 천도하면 북쪽 오랑캐에 가까워지니 만일 적기(敵騎)가 압록강을 건너는 때에는 도성이 먼저 병화의 요충(要衝)이 되므로 실로 당시 도성될 지점에 결코 마땅치 않거늘, 칭제북벌론자가 매양 평양 천도를 전제로 함은 비상한 실책이니 윤언이가 전자를 주장하고 후자에 부동의함은 과연 탁견이라 이를 것이다. 그러나 비결과 풍수설로 평양 천도를 주장함은 묘청으로 시작된 것이 아니니 이로써 묘청을 요적이라 함은 너무 억울한 판결이다.

당시 칭제북벌론에 경향(傾向)한 자가 거의 전국인의 반이 지나며 군주 인종도 10의 9분은 묘청을 믿었다. 이같이 성숙한 시기를 선용치 못하고 서경에서 거병하여 국호를 대위라 하고 연호를 천개라 하고 인종에게 서경으로 천도하여 그 국호와 연호를 받기를 요구하니, 그 시대 신하의 예로 그 얼마나 발호(跋扈)한 행동인가? 이같이 발호한 행동을 할 것 같으면 반드시 그 내부가 공고하고 실력이 웅후한 뒤에 발표할 것이 아닌가? 인종이 비록 나약하나 어찌 대위국 황제의 허명을 탐하여 서경으로 즐겨 이어(移御)하였을 것인가? 윤언이가 비록 묘청의 칭제북벌론에 동의하던 일인이나, 어찌 이같이 광망한 거동에야 일치할 수 있을 것인가? 윤언이는 고사하고 묘청의 친당들도 거병의 소식이 처음 송도에 이르렀을 때에는 그런 일이 절대 없을 것이라고 믿었다. 그러나 사실이 차차 분명하여 오매 칭제북벌론자는 모두 와해되고, 반대자 등이 작약하여 김부식이 원수로 묘청 토벌의 길에 오르며 정지상 등은 출병 전에 김부식에게 피살되고, 윤언이는 김부식의 막하가 되어 묘청 토벌자의 일인이 되게 되었다.

묘청이 불교도로서 낭가의 이상을 실현하려다가 패망하고 드디어 사대주의파의 천하가 되어 낭가의 윤언이 등은 겨우 유가의 압박 하에서 그 잔명을 구차히 보존하게 되고, 그 뒤에 몽고의 난을 지나매 더욱 유가의 사대주의가 득세하게 되고, 조선은 창업이 곧 이 주의로 성취되매 낭가는 아주 멸망하여 버렸다. 정치가 이렇게 되매, 종교나 학술이나 기타가 모두 사대주의의 노예가 되어 비록 갑오·을미개혁의 시기를 만날지라도 진흥대왕과 같은 경세가가 일어나지 않고 외세를 따라 바뀌는 사회가 될 뿐이니, 아아 서경 전역의 지은 원인을 어찌 중대하다 아니하랴.

— 신채호, 「조선역사상 일천년래 제일대사건」에서

04.

윗글의 내용과 일치하지 <u>않는</u> 것은?

① 묘청이 거병하자 송도의 칭제북벌론자들도 호응해 봉기하였다.
② 갑오·을미개혁은 자주적인 근대화 개혁으로 나아가지 못하였다.
③ 조선 왕조는 건국부터 유교사상에 의한 사대주의로 일관하였다.
④ 묘청 이전에도 평양에 천도하면 국운이 흥성한다는 비결이 퍼져 있었다.

⑤ 묘청의 거병 당시 칭제북벌에 찬성하는 사람이 반대하는 사람보다 많았다.

문항유형 : 정보의 확인과 재구성

내용영역 : 인문

평가 목표 이 문항은 신채호의 「조선역사상 일천년래 제일대사건」에서 발췌한 제시문을 읽고 그 내용을 정확하게 파악했는지를 평가한다.

문제 풀이 정답 : ①

고려 인종 13년 '서경의 전역'(일명 묘청의 난)의 전개 과정에 대한 제시문의 진술들을 확인하여 그 내용과 부합하지 않는 선택지를 골라야 한다.

정답 해설 ① 제시문의 "윤언이는 고사하고 묘청의 친당들도 거병의 소식이 처음 송도에 이르렀을 때에는 그런 일이 절대 없을 것이라고 믿었다. 그러나 사실이 차차 분명하여 오매 칭제북벌론자는 모두 와해되고…"라고 한 부분에서 당시 서경에서 묘청의 거병이 송도(개경)에 있던 칭제북벌론자들과 사전 협의가 없었음은 물론이고, 서경 거병 직후 송도의 칭제북벌론자들이 즉시 제거되었음을 알려준다.

오답 해설 ② 제시문의 "정치가 이렇게 되매, 종교나 학술이나 기타가 모두 사대주의의 노예가 되어 비록 갑오 · 을미개혁의 시기를 만날지라도 진흥대왕과 같은 경세가가 일어나지 않고 외세를 따라 바뀌는 사회가 될 뿐이니…"라고 한 대목에서 갑오 · 을미개혁이 자주적인 개혁으로 나아가지 못했음을 알 수 있다.

③ 제시문의 "이 전역에 묘청 등이 패하고 김부식이 이겼으므로 조선사가 사대적, 보수적, 속박적 사상 즉 유교사상에 정복되고 말았거니와…"와 "조선은 창업이 곧 이 주의로 성취되매 낭가는 아주 멸망하여 버렸다."라고 한 대목에서 조선이 건국부터 멸망까지 유교사상에 의한 사대주의로 일관하였음을 알 수 있다.

④ 제시문의 "대개 신라 말엽부터 평양 임원역은 대화(大華)의 세라 여기에 천도하면 36국이 와서 조공을 바치리라는 비결이 유행하였다."라고 한 대목에서 평양에 천도하면 국운이 흥성할 것이라는 풍수설이 신라 말부터 이미 유포되어 있었음을 알 수 있다.

⑤ 제시문의 "당시 칭제북벌론에 경향(傾向)한 자가 거의 전국인의 반이 지나며 군주 인종도 10의 9분은 묘청을 믿었다."라고 한 대목에서 묘청이 거병할 당시 칭제북벌에 찬성하는 사람이 더 많았음을 알 수 있다.

05.

각 인물들에 대한 글쓴이의 평가로 적절하지 <u>않은</u> 것은?

① 묘청이 서경에서 군사를 일으킨 것은 성급한 행동이었다.
② 윤언이가 서경 천도에 동의하지 않은 것은 탁월한 판단이었다.
③ 정지상이 칭제북벌을 꿈꾼 것은 당대 상황을 오판한 결과였다.
④ 묘청이 국호와 연호를 세운 것은 신하로서 잘못된 행동이었다.
⑤ 풍수설로 서경 천도를 주장했다고 해서 묘청을 요적이라고 하는 것은 지나친 비판이다.

문항 성격	문항유형 : 의도, 관점, 입장 파악
	내용영역 : 인문
평가 목표	이 문항은 글쓴이가 윤언이, 묘청, 정지상에 대해서 어떻게 평가했는지 파악할 수 있는지를 평가한다.
문제 풀이	정답 : ③

글쓴이는 기본적으로 '서경 전역'에서 칭제북벌론과 서경 천도론을 구분하여 달리 평가하였다. 그에 따르면 칭제북벌 주장은 타당한 것이었으나, 서경 천도론은 옳지 못한, 글쓴이의 표현에 따르면 '비상한 실책'이라는 것이다. 이러한 생각은 "윤언이가 전자를 주장하고 후자에 부동의함은 과연 탁견이라 이를 것이다."라고 한 데 집약되어 있다. 여기서 전자는 칭제북벌, 후자는 서경 천도를 가리킨다. 이러한 평가의 기준을 먼저 파악하고 문제에 접근해야 한다.

정답 해설	③ 제시문의 "정지상은 당시에 이름을 떨치던 시인이요 강토의 확대를 몽상하던 인물이다. 이 삼인이 칭제북벌에 대한 의견은 동일하나, 다만 묘청과 정지상은 서경 천도까지를 주장하였고, 윤언이는 거기 부동의하던 바이다."라고 한 데에서 정지상이 칭제북벌론을 주장했음을 알 수 있다. 비단 정지상이 아니더라도 글쓴이는 칭제북벌론에 대해서 긍정적으로 평가하고 있으며, '당대의 상황을 오판한 결과'로 보지 않는다.
오답 해설	① 제시문의 "이같이 발호한 행동을 할 것 같으면 반드시 그 내부가 공고하고 실력이 웅후한 뒤에 발표할 것이 아닌가?"라고 반문한 대목에서 글쓴이가 당시 묘청의 거병이 철저한 사전 준비 없이 성급하게 이루어졌다고 평가하였음을 알 수 있다.
	② 제시문의 "윤언이가 전자를 주장하고 후자에 부동의함은 과연 탁견이라 이를

것이다."라고 한 데에서 글쓴이가, 윤언이가 서경 천도에 동의하지 않은 것이 탁월한 판단이라고 평가했음을 알 수 있다.

④ 제시문의 "서경에서 거병하여 국호를 대위라 하고 연호를 천개라 하고 인종에게 서경으로 천도하여 그 국호와 연호를 받기를 요구하니, 그 시대 신하의 예로 그 얼마나 발호(跋扈)한 행동인가?"라고 한 데서 글쓴이가 묘청이 연호와 국호를 세운 행동을 신하로서 옳지 않은 행동으로 평가했음을 알 수 있다.

⑤ 제시문의 "『고려사』에 묘청을 요적(妖賊)이라 하였다. 이는 묘청이 음양가의 풍수설로 평양 천도를 앞장서 주장하였기 때문이라 한다."라고 한 대목과 "그러나 비결과 풍수설로 평양 천도를 주장함은 묘청으로 시작된 것이 아니니 이로써 묘청을 요적이라 함은 너무 억울한 판결이다."라고 한 대목을 종합해 보면 글쓴이는 묘청이 음양가의 풍수설로 서경 천도를 주장했다고 해서 요적이라고 평가받는 것이 지나치다고 생각했음을 알 수 있다.

06.

㉠과 같이 주장한 핵심적인 이유는?

① 낭가와 불가가 힘을 합쳐 보수적인 유교사상에 대한 저항을 표출했기 때문이다.
② 북진 정책이 좌절되어 고구려의 옛 영토를 회복하지 못하게 되었기 때문이다.
③ 서경 천도의 실패로 음양가의 풍수설이 쇠퇴하는 계기가 되었기 때문이다.
④ 낭가의 독립적이고 진취적인 사상이 소멸하는 계기가 되었기 때문이다.
⑤ 우리 역사상 처음으로 칭제하고 연호를 세운 사건이기 때문이다.

문항 성격	문항유형 : 주제, 요지, 구조 파악
	내용영역 : 인문
평가 목표	이 문항은 제시문에 소개된 신채호의 「조선역사상 일천년래 제일대사건」의 전체적인 요지를 파악할 수 있는지 평가한다.
문제 풀이	정답 : ④

제시문에서 알 수 있듯이 신채호가 '조선역사상 일천년래 제일대사건'이라고 명명한 인종 13년 서경의 전역은 일반적으로 알려져 있는 것처럼 묘청의 서경 거병을 가리키는 것이 아니라, 김부

식이 지휘하는 국왕의 군대가 그 묘청을 진압한 전투를 가리킨다. 제시문을 읽으면서 이 점을 분명히 파악하고, 글의 전체적인 흐름과 글쓴이의 의도를 제대로 이해하고 있어야 한다.

정답 해설 ④ 제시문의 "이 전역에 묘청 등이 패하고 김부식이 이겼으므로 조선사가 사대적, 보수적, 속박적 사상 즉 유교사상에 정복되고 말았거니와, 만일 이와 반대로 김부식이 패하고 묘청 등이 이겼더라면 조선사가 독립적, 진취적 방면으로 진전하였을 것이니, 이 전역을 어찌 '조선역사상 일천년래 제일대사건'이라 하지 않으랴?"라고 한 대목에서 묘청이 진압되어 이후의 역사가 독립적, 진취적인 방향으로 나아가지 못하게 되었기 때문에 이를 '조선역사상 일천년래 제일대사건'이라고 주장하였음을 알 수 있다. 특히 그것이 낭가가 소멸하는 계기가 되었다고 보았음은 제시문의 다른 부분에서 "묘청이 불교도로서 낭가의 이상을 실현하려다가 패망하고 드디어 사대주의파의 천하가 되어 낭가의 윤언이 등은 겨우 유가의 압박 하에서 그 잔명을 구차히 보존하게 되고, 그 뒤에 몽고의 난을 지나매 더욱 유가의 사대주의가 득세하게 되고, 조선은 창업이 곧 이 주의로 성취되매 낭가는 아주 멸망하여 버렸다."고 한 데서 확인할 수 있다.

오답 해설 ① 서경의 전역은 묘청의 서경 거병을 가리키는 것이 아니라, 김부식이 묘청을 진압한 사실을 가리킨다. 따라서 "낭가와 불가가 힘을 합쳐 유교사상에 대한 저항을 표출한 사건이다."는 정답이 될 수 없다.

② 묘청의 거병이 실패로 끝나면서 북쪽으로 영토를 확장하는 일이 어려워진 것은 사실이지만, 제시문에서 북진 정책이나 '고구려의 옛 영토를 회복' 등의 내용은 찾아볼 수 없으므로 "북진 정책이 좌절되어 고구려의 옛 영토를 회복하지 못하게 되었기 때문이다."는 정답이 될 수 없다.

③ 서경 천도가 실패하면서 음양가의 풍수설이 쇠퇴했는지는 알 수 없으며, 글쓴이는 기본적으로 풍수설에 의한 서경 천도 주장을 지지하지 않았으므로 "서경 천도의 실패로 음양가의 풍수설이 쇠퇴하는 계기가 되었기 때문이다."는 정답이 될 수 없다.

⑤ 묘청이 우리 역사상 처음으로 칭제건원한 것은 사실이지만, 이 글에서는 묘청의 서경 거병이 아니라 김부식이 그것을 진압한 사실을 '조선역사상 일천년래 제일대사건'이라고 하고 있으므로 "우리 역사상 처음으로 칭제하고 연호를 세운 사건이기 때문이다."는 정답이 될 수 없다.

김춘수와 김수영은 대척되는 위치에서 한국 시의 현대성을 심화시킨 시인들이다. 김춘수는 순수시론의 일종인 ㉠ 무의미시론으로 새로운 해체시를 열어젖혔고, 김수영은 '온몸의 시학'으로 알려진 ㉡ 참여시론으로 현실참여시의 태두가 되었다. 비슷한 시기에 태어나 활동했던 두 시인은 개인의 자유와 실존이 위협을 받던 1960년대의 시대 현실을 비판적으로 인식하고 각자의 실존 의식과 윤리관을 예각화하면서 시적 언어와 창작 방법에 대한 성찰을 제시하였다. 하지만 두 모더니스트가 선택한 미학적 실험은 그 방향이 사뭇 달랐다.

김춘수는 「꽃」과 같은 자신의 1950년대 시가 '관념에의 기갈'에 사로잡혀 있었다고 진단한다. 그 결과 시적 언어는 제 구실의 가장 좁은 한계, 즉 관념과 의미 전달의 수단에 한정되었고 시는 대상의 재현과 모방에 머물렀다는 것이다. 추상적인 관념을 전달하는 이미지·비유·상징과 같은 수사에 대한 집착은 이런 맥락과 관련이 깊다. 하지만 김춘수는 말의 피안에 있는 관념이나 개인의 실존을 짓누르는 이데올로기로 인해 공포를 느꼈다. 이 공포에서 벗어나 자아를 보존하려는 충동이 그를 '생의 구원'으로서의 시 쓰기로 이끈 것이다. 그 방법으로 김춘수는 언어와 이미지의 유희, 즉 기의(記意) 없는 기표(記標)의 실험을 시도하였다. 기의에서 해방된 기표의 유희는 시와 체험, 시와 현실의 연속성을 끊는 것은 물론 역사 현실과 화해할 수 없는 자율적인 시를 만드는 원천이라고 믿었기 때문이다. 이 믿음은 비유와 상징은 물론 특정한 대상을 떠올리게 하는 이미지까지 시에서 배제하는 기법 및 형식 실험으로 이어졌다.

구체적으로 그는 이미지를 끊임없이 새로운 이미지로 대체하여 의미를 덧씌울 중심 대상을 붕괴시키고, 마침내 대상이 없는 이미지 그 자체가 대상이 되게 함으로써 무의미 상태에 도달하고자 했다. 물론 대상의 구속에서 벗어나 자유를 얻는 과정에는 창작자의 의식과 의도가 개입해야 한다. 이 점에서 무의미시는 인간의 무의식을 강조한 초현실주의와 차이가 있지만 자유연상 혹은 자동기술과 예술적 효과가 흡사한 결과를 얻을 수 있었다. 한편 김춘수는 언어 기호를 음소 단위로까지 분해하거나 시적 언어를 주문이나 염불 소리 같은 리듬 혹은 소리 이미지에 근접시키기도 하였다. 김춘수의 「처용단장」제2부는 이런 시적 실험들의 진면목을 드러낸 작품이다.

김춘수에게 시 쓰기란 현실로 인해 빚어진 내면의 고뇌와 개인적 실존의 위기를 벗어던지고 자신의 생을 구원하는 현실 도피의 길이었다. 이와 달리 김수영에게 시 쓰기란 자유를 억압하는 군사 정권과 대결하고 정치적 자유의 이행을 촉구하며 공동체의 운명을 노래하는 것이었다. 4·19 직후의 풍자시는 참여시 실험을 알리는 신호탄이었던 셈이다. 참여시론의 핵심은 진정한 자유의 이행을 위해 ⓐ '온몸으로 온몸을 밀고나가는 것'이란 모순어법으로 집약된다. 이는 내용과 형식은 별개가 아니며 시인의 사상과 감성을 생활(현실) 속에서 언어로 표현할 때 그것이 바로 시의 형식이 된다는 의미이다. 그런 까닭에 시의 현대성은 실험적 기법의 우열보다는 현실에 대해 고민하는 시인의 양심에서 찾아야 한다.

　물론 김수영도 김춘수가 추구한 무의미시의 의의를 일부 인정했다. 그 역시 '무의미'란 의미 너머를 지향하는 욕망, 즉 우리 눈에 보이는 것 이상을 보려는 것이고 시와 세계의 화해 불가능성을 드러내려는 것이라고 생각했다. 하지만 그는 김춘수가 시의 무의미성에 도달하기 위해 선택한 방법을 너무 협소한 것이라고 여겼다. 이런 점에서 "'의미'를 포기하는 것이 무의미의 추구도 되겠지만, '의미'를 껴안고 들어가서 그 '의미'를 구제함으로써 무의미에 도달하는 길"도 있다는 김수영의 말은 주목된다. 그는 김춘수처럼 시어의 무의미성에 대한 추구로 시의 무의미성에 도달하는 것도 현대시가 선택할 수 있는 유효한 실험이라고 보았다. 하지만 그는 시어의 의미성을 적극적으로 수용함으로써 마침내 시의 무의미성에 도달하는 것이 더 바람직한 시인의 태도라고 생각했던 것이다. 김수영은 김춘수의 궁극적인 꿈이기도 했던 시와 예술의 본질 혹은 존재 방식으로서의 무의미성까지 도달하기 위해 오히려 시어의 범위를 적극적으로 확대하고 시와 현실의 접촉을 늘려 세계 변혁을 꾀하는 현실 참여의 길로 나아갔던 것이다. 실제로 그의 참여시는 시와 산문의 언어적 경계를 허물어 산문적 의미까지 시에 담아내려 했다. 이를 통해 그는 일상어·시사어·관념어, 심지어 비속어와 욕설까지 폭넓게 시어로 활용하여 세계의 의미를 개진하고 당대 현실을 비판할 수 있었다.

　사실 김춘수의 시적 인식은 김수영의 그것에 대한 대타 의식의 소산이다. 김춘수는 김수영을 시와 생활을 구별하지 못한 '로맨티스트'였지만 자신의 죽음까지도 시 쓰기의 연장선상에 있었던 훌륭한 시인이라고 평가했다. 김춘수는 세계에 대한 허무감에서 끝내 벗어날 수 없었던 자신과 달리 김수영이 현대 사회의 비극적 운명에 '온몸'으로 맞서는 시인의 윤리를 실천한 점에 압박감을 느끼고 있었지만, 김수영의 시와 시론에서 시와 예술에 대한 공유된 인식 을 발견했던 것이다.

07.

㉠과 ㉡에 대한 설명으로 적절하지 <u>않은</u> 것은?

① ㉠은 언어유희를 활용하여 세계에 대한 허무 의식을 극복했다.
② ㉠은 시에서 중요한 것은 내용이나 의미가 아니라 형식이나 기법이라고 여겼다.
③ ㉡은 해체시 실험에 치중하면 현실 극복이 불가능하다고 인식했다.
④ ㉡은 시어의 범위와 시의 내용을 확장하여 시의 현실성을 강화했다.
⑤ ㉠과 ㉡은 모더니스트였던 시인의 예술관과 현실 대응 방식을 보여 준다.

문항유형 : 정보의 확인과 재구성

　　　　　　　　 내용영역 : 인문

이 문항은 제시문에 주어진 정보를 바탕으로, 글의 중심 제재인 김춘수의 '무의미시론'과 김수영의 '참여시론'이 지닌 각각의 특징을 제대로 파악하고 있는지 평가한다.

정답 : ①

제시문 전체에 대한 상세한 독해를 바탕으로 무의미시론과 참여시론의 등장 배경, 지향점, 상호 간의 인식 등을 확인하여 그 내용과 부합하지 않는 선택지를 골라야 한다.

정답 해설 ① 제시문의 두 번째 단락에서 "언어와 이미지의 유희, 즉 기의 없는 기표의 실험을 시도했다."는 정보를, 네 번째 단락에서 "시 쓰기란 현실로 인해 빚어진 내면의 고뇌와 개인적 실존의 위기를 벗어던지고 자신의 생을 구원하는 현실 도피의 길"이라는 정보를 찾아, 김춘수의 무의미시론이 지향한 시적 실험이 '언어유희'와 관련이 있고, 시 쓰기의 목표가 '생의 구원'에 있음을 확인할 수 있다. 하지만 마지막 단락에 나타난 정보, 즉 현실 참여를 통해 시인의 윤리를 실천했던 김수영과 달리 김춘수는 "세계에 대한 허무감에서 끝내 벗어날 수 없었던" 시인이라는 사실을 통해 선택지의 "세계에 대한 허무 의식을 극복했다."는 평가가 제시문의 내용과 일치하지 않음을 확인할 수 있다.

오답 해설 ② 제시문의 세 번째 단락에서 "이미지를 끊임없이 새로운 이미지로 대체하여 의미를 덧씌울 중심 대상을 붕괴시키고, 마침내 대상이 없는 이미지 그 자체가 대상이 되게 함", "자유연상 혹은 자동기술과 예술적 효과가 흡사한 결과를 얻을 수 있었다.", "언어 기호를 음소 단위로까지 분해하거나 시적 언어를 주문이나 염불 소리 같은 리듬 혹은 소리 이미지에 근접시키기도 하였다." 등은 김춘수의 무의미시(론)가 실험한 시의 형식과 기법에 대해 설명하는 진술이다. 그런데 두 번째 단락에 보면 언어(시어)의 의미로부터 해방되려는 이런 기법 및 형식 실험은 "시와 체험, 시와 현실의 연속성을 끊는 것은 물론 역사 현실과 화해할 수 없는 자율적인 시를 만드는 원천이라고 믿었기 때문"에 시도된 것이란 진술이 나온다. 이와 같이 시어의 의미, 더 나아가 현실 속의 체험이 시에서 배제된다면, 당연히 김춘수의 의도대로 시에 담을 내용과 의미는 사라질 수밖에 없다. 여기에서 김춘수의 무의미시(론)가 시에서 내용과 의미보다 형식이나 기법을 더 중시하였다는 사실을 확인할 수 있다. 따라서 선택지의 설명은 적절하다.

③ 제시문의 다섯 번째 단락에 나타난 "시어의 범위를 적극적으로 확대하고 시와 현실의 접촉을 늘려 세계 변혁을 꾀하는 현실 참여의 길"이란 진술에서 김수영의 참여시론은 시(시 쓰기)를 통해 부정적인 시대 현실을 극복하기 위한 실험이

란 정보를 확인할 수 있다. 이런 관점에서 보면, 김춘수의 '해체시'(첫 번째 단락) 실험, 즉 시어의 의미를 배제하고 대상이 없는 이미지를 만들어 내는 무의미 실험은 시와 현실의 접촉을 끊어내고, 세계의 변혁 대신 <u>현실의 도피를 지향하는 실험</u>으로 여겨질 수밖에 없다. 이는 다섯 번째 단락에서 김수영에 대해 서술한 내용, 즉 "시어의 의미성을 적극적으로 수용함으로써 마침내 시의 무의미성에 도달하는 것이 더 바람직한 시인의 태도라고 생각했던 것이다."라는 진술로도 뒷받침된다. 따라서 선택지의 설명은 적절하다.

④ 제시문의 다섯 번째 단락에 나타난 "그의 참여시는 시와 산문의 언어적 경계를 허물어 산문적 의미까지 시에 담아내려 했다. 이를 통해 그는 일상어·시사어·관념어, 심지어 비속어와 욕설까지 폭넓게 시어로 활용하여 세계의 의미를 개진하고 당대 현실을 비판할 수 있었다."라는 진술에서 관련 정보를 찾을 수 있다. 즉 김수영의 참여시(론)는, 시어의 범위를 극단적으로 축소하고 시어의 의미를 배제하려 했던 김춘수와 달리, 시어의 범위를 확대하여 시와 현실의 접촉을 늘리며 당대 현실을 비판하는 내용을 담아내려 했다는 사실이 확인되는 것이다. 시가 이런 내용을 담아내면 시의 현실성이 강화될 수 있다는 판단을 이끌어 낼 수 있으므로, 선택지의 설명은 적절하다.

⑤ 제시문의 첫 번째 단락에 나타난 "두 시인은 개인의 자유와 실존이 위협을 받던 1960년대의 시대 현실을 비판적으로 인식하고 각자의 실존 의식과 윤리관을 예각화하면서 시적 언어와 창작 방법에 대한 성찰을 제시하였다."라는 진술에서, 김수영과 김춘수가 모두 동시대에 활동한 모더니스트로서, 자신의 시와 예술관을 통해 당대의 시대 현실에 대응하려 했다는 공통점을 확인할 수 있다. 이런 정보를 통해 볼 때, 선택지의 설명은 적절하다.

08.

윗글의 김수영에 대한 서술을 근거로 ⓐ를 설명할 때, 적절하지 <u>않은</u> 것은?

① ⓐ는 동일한 존재가 행위의 수단이자 행위의 대상이 됨을 의미한다.
② ⓐ는 현실 도피 대신에 현실 참여를 시인의 윤리로 받아들이는 태도를 보인다.
③ ⓐ는 정치 현실로 인해 억압된 자유를 되찾으려 했던 시인의 고뇌를 담고 있다.
④ ⓐ의 행위 자체가 형식인 시에서 내용은 시인이 느끼는 사상과 감성에 관련된다.
⑤ ⓐ는 실험적 기법이 시의 현대성을 성취하는 근본 요건이라는 인식을 담고 있다.

문항 성격	문항유형 : 의도, 관점, 입장 파악
	내용영역 : 인문
평가 목표	이 문항은 제시문에 주어진 정보를 바탕으로, 글의 중심 제재 중 하나인 '참여시론'의 핵심 구절이 지닌 함축적 의미를 정확히 파악하고 있는지 평가한다.
문제 풀이	정답 : ⑤

제시문에 나타난 김수영에 대한 서술을 상세하게 독해한 후 참여시론의 핵심적 표현인 "온몸으로 온몸을 밀고나가는 것"이란 구절의 역설적 의미를 파악하고, 이 표현에 나타난 김수영 시와 시론의 의도와 관점, 입장을 판단하여 그에 부합하지 않는 선택지를 골라야 한다.

정답 해설　⑤ 네 번째 단락의 "시의 현대성은 실험적 기법의 우열보다는 현실에 대해 고민하는 시인의 양심에서 찾아야 한다."라는 진술에서, 김수영은 시의 현대성을 성취하려면 시의 형식과 기법보다는 내용과 의미가 더 중요하다고 인식했다는 정보를 확인할 수 있다. 또한, 다섯 번째 단락의 "그는 김춘수처럼 시어의 무의미성에 대한 추구로 시의 무의미성에 도달하는 것도 현대시가 선택할 수 있는 유효한 실험이라고 보았다. 하지만 그는 시어의 의미성을 적극적으로 수용함으로써 마침내 시의 무의미성에 도달하는 것이 더 바람직한 시인의 태도라고 생각했던 것이다."라는 진술에서, 시어의 무의미성을 추구하는 실험적 기법보다 시어의 의미성을 적극적으로 수용하여, 궁극적으로 시와 예술의 존재 방식으로서의 무의미성에 도달하는 길이 바람직하다고 여긴 김수영의 입장을 확인할 수 있다. 김수영은 실험적 기법의 가치를 부정하지는 않았지만, 실험적 기법 그 자체보다는 시의 의미와 내용에 더 깊은 관심을 기울였던 것이다. 이런 입장을 통해, ⓐ에서 실험적 기법이 시의 현대성을 성취하는 근본 요건이라는 인식을 찾아낸 선택지의 진술이 김수영의 입장과 배치가 됨을 확인할 수 있다. 따라서 이 선택지는 적절하지 않다.

오답 해설　① ⓐ는 모순어법에 해당되는 진술이다. 왜냐하면 "온몸으로 온몸을 밀고나가는 것"이라는 진술에서 행위의 주체는 '시'이고, 행위의 수단도 '온몸' 즉 시이며, 행위의 대상 역시 '온몸' 즉 시이기 때문이다. 행위의 주체인 존재가 동시에 행위의 수단이자 대상이 되는 모순된 표현이 성립하고 있는 것이다. 즉 시(쓰기)는 시(쓰기)로 시(쓰기)를 밀고가는 것이라는 논리적 모순이 나타나는 표현인 것이다. 김수영은 이런 모순어법을 통해 "진정한 자유의 이행"을 촉구하는 실천적 태도를 강조한 것은 물론, 시에 있어서 "내용과 형식은 별개가 아니"(네 번째 단락)라는 인식을 역설한 것으로 볼 수 있다. 따라서 이 선택지는 ⓐ의 의미를 정확하게 파악한 것이다.

② 네 번째 단락의 "자유를 억압하는 군사 정권과 대결하고 정치적 자유의 이행을 촉구하며 공동체의 운명을 노래하는 것"이란 진술에서, ⓐ가 추구한 "진정한 자유의 이행"이 시인의 현실 참여 의식을 보여 준 것이라는 정보를 확인할 수 있다. 또한 이것이 "현실에 대해 고민하는 시인의 양심"(네 번째 단락 마지막 문장), 즉 시인의 윤리관과 관련된다는 사실을 확인할 수 있다. 또한, 마지막 단락의 설명, 즉 "김수영이 현대 사회의 비극적 운명에 '온몸'으로 맞서는 시인의 윤리를 실천한 점"이란 진술도 ⓐ에 담긴 윤리적 지향성을 확인하는 단서로 활용될 수 있다. 이런 정보들을 종합할 때 ⓐ는 '현실 도피'(김춘수의 경우)보다 '현실 참여'를 시인의 윤리로 내세운 김수영의 입장에 연결된 것임을 확인할 수 있다. 따라서 이 선택지는 적절하다.

③ 네 번째 단락의 "김수영에게 시 쓰기란 자유를 억압하는 군사 정권과 대결하고 정치적 자유의 이행을 촉구하며 공동체의 운명을 노래하는 것이었다. 4·19 직후의 풍자시는 참여시 실험을 알리는 신호탄이었던 셈이다."에서 관련 정보를 찾아낼 수 있다. 이 정보는 김수영의 참여시론의 핵심적 표현인 ⓐ가 등장한 배경을 가리킨다. 즉 ⓐ는 정치적 자유가 억압된 군사 정권 하에서, 당대의 시인들을 향해, 더 나아가 억압적인 현실을 향해 '자유의 이행'을 촉구하는 내용을 담고 있는 표현인 것이다. 이런 점에서 ⓐ에 담긴 김수영의 입장과 그로 인한 정신적 고뇌를 이끌어 낼 수 있으므로, 이 선택지는 적절하다.

④ 네 번째 단락의 진술, 즉 "온몸으로 온몸을 밀고나가는"(ⓐ) 행위가 "내용과 형식은 별개가 아니며 시인의 사상과 감성을 생활(현실) 속에서 언어로 표현할 때 그것이 바로 시의 형식이 된다는 의미이다."에서 관련 정보를 찾아낼 수 있다. 제시문에서 김수영과 비교의 대상인 김춘수에게, 기법이나 형식 실험은 시에서 내용과 형식을 분리하고, 내용적 요소를 이루는 '의미'를 배제하는 과정이었다. 이로 인해 김춘수가 기법과 형식에만 매몰되는 결과를 낳았다. 반면 김수영의 입장은 극단적인 형식 실험이 아니라, 내용과 형식의 결합을 추구하는 것이었다. 그에게 있어 시의 형식이란 시의 내용적 요소를 언어로 표현하는 행위 그 자체였던 셈이다. 따라서 선택지의 진술처럼 ⓐ의 행위 그 자체가 시의 형식으로 간주되는 참여시에서, 시의 내용은 바로 시인이 자신의 현실(생활) 속에서 느끼는 사상과 감정이라는 판단을 도출할 수 있다. 따라서 이 선택지는 적절하다.

09.

김춘수와 김수영의 공유된 인식 에 해당하지 않는 것은?

① 공동체적인 삶의 지향을 통한 자아의 보존
② 개인의 실존을 억압하는 현실의 부조리성
③ 의미가 제거된 시어의 활용 가능성
④ 시의 존재 방식으로서의 무의미성
⑤ 시와 세계의 화해 불가능성

문항 성격 문항유형 : 주제, 요지, 구조 파악

내용영역 : 인문

평가 목표 이 문항은 제시문 전체에 대한 거시적 독해와 미시적 독해를 결합하여, 제시문의 전체
논리 흐름과 구조를 고려하면서 글의 주제와 요지를 파악하고 있는지 평가한다.

문제 풀이 정답 : ①

제시문에 나타난 김수영과 김춘수의 시와 예술에 대한 인식에 대한 독해를 통해, 김수영과 김춘
수의 시와 시론이 지닌 공통점과 차이점, 상대방에 대한 인식을 파악한 후, 두 시인의 시와 시론
이 지녔던 '공유된 인식'을 찾아내고, 이에 부합하지 않는 선택지를 골라야 한다.

정답 해설 ① 네 번째 단락의 진술, 즉 "김춘수에게 시 쓰기란 현실로 인해 빚어진 내면의 고
뇌와 개인적 실존의 위기를 벗어던지고 자신의 생을 구원하는 현실 도피의 길
이었다."에서 김춘수가 공동체적인 삶을 지향하지 않았다는 정보를 이끌어 낼
수 있다. 또한 두 번째 단락의 구절들, 즉 "개인의 실존을 짓누르는 이데올로기
로 인해 공포"와 "이 공포에서 벗어나 자아를 보존하려는 충동"이라는 구절 역
시 이를 뒷받침한다. "공동체의 운명을 노래하는 것"을 통해 "현대 사회의 비극
적 운명에 '온몸'으로 맞서"고자 하였던 김수영과 달리, 김춘수는 현실 도피를
통해 자아의 보존을 추구하는 입장이었던 것이다. 이런 정보들을 종합적으로 고
려할 때, 선택지의 진술은 김춘수에게 적용될 수 없는 것이며, 두 시인이 공유하
고 있는 시적 인식이라고 판단할 수 없다.

오답 해설 ② 첫 번째 단락의 진술, 즉 "비슷한 시기에 태어나 활동했던 두 시인은 개인의 자
유와 실존이 위협을 받던 1960년대의 시대 현실을 비판적으로 인식하고 각자
의 실존 의식과 윤리관을 예각화하면서 시적 언어와 창작 방법에 대한 성찰을
제시하였다.", 네 번째 단락의 진술, 즉 "김춘수에게 시 쓰기란 현실로 인해 빚

어진 내면의 고뇌와 개인적 실존의 위기를 벗어던지고 자신의 생을 구원하는 현실 도피의 길이었다. 이와 달리 김수영에게 시 쓰기란 자유를 억압하는 군사 정권과 대결하고 정치적 자유의 이행을 촉구하며 공동체의 운명을 노래하는 것이었다.”에서 선택지와 관련된 정보를 확인할 수 있다. 두 시인은 모두 1960년 대 시대 현실이 개인의 실존을 억압하는 부조리성을 지녔다는 비판적 인식을 공유했던 것이다. 다만 김춘수는 현실 도피를 통한 개인적 자아의 구원을, 김수영은 현실 참여를 통한 정치적 자유의 이행과 공동체의 구원을 시 쓰기의 목표로 삼은 점에 서로 어긋난다. 따라서 개인의 실존을 억압하는 현실의 부조리성에 대한 공유된 인식을 확인할 수 있으므로, 이 선택지는 적절하다.

③ 김춘수에게 있어서 ‘시어의 무의미성에 대한 추구’란 시어와 이미지에서 의미를 제거하는 시어의 실험과 같은 것이고, 이는 시의 본질 혹은 존재 방식으로서의 무의미성에 도달하기 위한 것이다. 한편 다섯 번째 단락의 진술, 즉 “‘의미’를 포기하는 것이 무의미의 추구도 되겠지만, ‘의미’를 껴안고 들어가서 그 ‘의미’를 구제함으로써 무의미에 도달하는 길”도 있다는 김수영의 말, 더 나아가 “김춘수처럼 시어의 무의미성에 대한 추구로 시의 무의미성에 도달하는 것도 현대시가 선택할 수 있는 유효한 실험이라고 보았다.”라는 진술을 통해, 두 시인이 의미가 제거된 시어의 활용 가능성에 대해 인식을 공유했다는 정보를 이끌어 낼 수 있다. 다만 김수영은, 김춘수가 이러한 기법 실험에 매몰되어 언어의 의미성에 대한 추구를 통해 시와 예술의 본질로서의 무의미성에 도달하는 방법을 몰각했다고 여긴 것이다. “김춘수가 시의 무의미성에 도달하기 위해 선택한 방법을 너무 협소한 것이라고 여겼다.”는 제시문의 진술은 이런 맥락과 관련이 있다. 따라서 이 선택지는 적절하다.

④ 다섯 번째 단락의 중간 부분, 즉 “김수영은 김춘수의 궁극적인 꿈이기도 했던 시와 예술의 본질 혹은 존재 방식으로서의 무의미성까지 도달하기 위해 오히려 시어의 범위를 적극적으로 확대하고 시와 현실의 접촉을 늘려 세계 변혁을 꾀하는 현실 참여의 길로 나아갔던 것이다.”라는 진술에서, 김수영과 김춘수가 시의 본질 혹은 존재 방식으로서의 무의미성에 대한 인식을 공유했다는 판단을 이끌어 낼 수 있으므로, 이 선택지는 적절한 진술이다.

⑤ 다섯 번째 단락의 첫 부분, 즉 “김수영도 김춘수가 추구한 무의미시의 의의를 일부 인정했다. 그 역시 ‘무의미’란 의미 너머를 지향하는 욕망, 즉 우리 눈에 보이는 것 이상을 보려는 것이고 시와 세계의 화해 불가능성을 드러내려는 것이라고 생각했다.”라는 진술에서 시와 세계의 화해 불가능성에 대한 인식이 두 시인에게 공유되고 있다는 정보를 이끌어 낼 수 있다. 따라서 이 선택지는 적절하다.

10.

윗글에 비추어 〈보기〉의 시 쓰기 방법을 평가할 때, 가장 적절한 것은?

> **보 기**
>
> 불러다오, 멕시코는 어디 있는가
> 사바다는 사바다, 멕시코는 어디 있는가,
> 사바다의 누이는 어디 있는가,
> 말더듬이 일자무식 사바다는 사바다,
> 멕시코는 어디 있는가,
> 사바다의 누이는 어디 있는가,
> 불러다오
> 멕시코 옥수수는 어디 있는가
>
> – 김춘수, 「처용단장」 제2부에서

① 김춘수는 〈보기〉에 외래어와 관념어를 사용하면 시적 언어를 확장하고 시와 산문의 경계를 허물 수 있다고 보았을 것이다.

② 김춘수는 〈보기〉의 염불 소리 같은 강렬한 청각 영상과 리듬감은 현실이 초래했던 고뇌와 공포를 상징한다고 여겼을 것이다.

③ 김수영은 〈보기〉가 '사바다'를 비하하여 '말더듬이 일자무식'에 비유함으로써 당대 현실을 풍자한다고 평가했을 것이다.

④ 김수영은 〈보기〉의 무의미성이 시어의 의미를 포기한 결과이므로 진정한 자유의 이행이 어려울 것으로 평가했을 것이다.

⑤ 김춘수와 김수영은 모두 〈보기〉가 의미를 덧씌울 대상을 붕괴시킴으로써 새로운 내용적 요소를 담을 여지가 생겼다고 평가했을 것이다.

문항 성격	문항유형 : 정보의 평가와 적용
	내용영역 : 인문
평가 목표	이 문항은 제시문 전체에 나타난 주요 정보에 대한 이해를 바탕으로, 제시문의 정보를 관련 자료에 적용하는 능력을 평가한다.
문제 풀이	정답 : ④

제시문 세 번째 단락에서 〈보기〉의 김춘수 시가 무의미시론에 나타난 "시적 실험들의 진면목을

드러낸 작품"임을 확인한 후, 이런 관점에서 작품을 감상해야 한다. 먼저 제시문에 나타난 김수영과 김춘수의 시와 예술에 대한 인식을 파악한 후, 〈보기〉의 시에 나타난 김춘수의 표현기법과 의도를 찾아내고, 이를 김수영의 입장에서 비판해야 작품 감상이 완료된다. 이를 통해 김춘수와 김수영의 시적 인식에 가장 부합하는 선택지를 골라야 한다.

정답 해설 ④ 다섯 번째 단락의 "'의미'를 포기하는 것이 무의미의 추구도 되겠지만, '의미'를 껴안고 들어가서 그 '의미'를 구제함으로써 무의미에 도달하는 길"이란 김수영의 말에서, 시어의 의미를 포기한 김춘수의 시적 실험이 김수영에게 비판적으로 인식되고 있다는 정보를 이끌어 낼 수 있다. 이런 김수영의 비판적 인식은 그가 "시인의 사상과 감성을 생활(현실) 속에서 언어로 표현"할 때 "자유의 이행"이 가능하다고 본 것과 밀접한 관련이 있다. 따라서 김수영이 〈보기〉의 작품이 지닌 무의미성이 제시문의 세 번째 단락에 서술된 김춘수의 언어와 이미지 실험의 결과라고 인식하고, 이런 실험이 진정한 자유, 즉 정치적 자유의 이행과는 무관한 것이라고 평가했을 것이라고 추론할 수 있다. 따라서 이 선택지는 적절하다.

오답 해설 ① 〈보기〉의 작품에는 외래어(멕시코, 사바다)와 관념어(일자무식)가 시어로 활용되었지만, 제시문에 따르면 이런 시어는 "기의 없는 기표의 실험"(두 번째 단락), 즉 자유로운 언어 및 이미지 유희에 지나지 않는다는 정보를 이끌어 낼 수 있다. 이와 같이 의미가 배제된 시어들은 시인의 시어 활용을 제약하고 시와 현실, 시와 산문의 경계를 강화한다고 판단할 수 있다. 또한, 다섯 번째 단락의 진술, 즉 "실제로 그의 참여시는 시와 산문의 언어적 경계를 허물어 산문적 의미까지 시에 담아내려 했다. 이를 통해 그는 일상어 · 시사어 · 관념어, 심지어 비속어와 욕설까지 폭넓게 시어로 활용하여 세계의 의미를 개진하고 당대 현실을 비판할 수 있었다."에서 '시적 언어의 확장'이나 '시와 산문의 경계 해체'는 김춘수의 실험 목적이 아니며 단지 김수영이 시도한 방법이라는 판단을 이끌어 낼 수 있다. 따라서 이 선택지는 김춘수의 창작 의도를 잘못 이해한 것으로서 적절한 진술이 아니다.

② 〈보기〉는 김춘수의 언급처럼 끊임없이 이미지를 해체하고 시적 언어를 마치 "주문이나 염불 소리 같은 리듬 혹은 소리 이미지에 근접"(세 번째 단락)시킨 것이다. 따라서 이런 실험은, 부조리한 현실로 인해 경험한 시인 자신의 고뇌와 공포와 관련된다고 보는 판단은 타당하다. 하지만 김춘수의 실험은 자신이 느꼈던 '고뇌와 공포'로부터 벗어나기 위한 것이었지, 그것을 상징하기 위한 것이었다고 볼 수 없다. 한편 두 번째 단락의 마지막 부분, 즉 "비유와 상징은 물론 특정

한 대상을 떠올리게 하는 이미지까지 시에서 배제하는 기법 및 형식 실험"이란 진술을 통해, 김춘수가 상징의 기법을 거부했다는 정보를 확인할 수 있다. 따라서 김춘수가 자신의 시어와 기법 실험이 "고뇌와 공포를 상징한다고 여겼을 것이다."라고 볼 수 없다. 이런 점에서 이 선택지는 부적절하다.

③ 김춘수의 무의미시론에 의하면 〈보기〉의 '사바다'와 '일자무식'은 모두 특정한 대상이나 의미가 없는 시어들이다. 따라서 '사바다'를 '일자무식'이라는 비하의 말로 지칭한다고 해서, 거기에 어떤 (풍자적) 의미가 발현된다고 볼 수는 없다는 평가를 이끌어 낼 수 있다. 한편 의미가 배제된 시어는 현실 세계를 담아낼 수 없으며 부정적인 현실을 풍자할 수 없다. 네 번째 단락의 진술, 즉 "4·19 직후의 풍자시는 참여시 실험을 알리는 신호탄이었던 셈이다."에서, 김수영의 참여시는 시어의 의미를 확장함으로써 부정적인 현실을 풍자하려 했다는 정보를 이끌어 낼 수 있다. 결국 선택지의 진술처럼 김수영이 〈보기〉에서 비유적 의미를 찾아내거나, 당대 현실에 대한 풍자의 가능성을 찾아냈을 것이라고 판단할 수 없다. 이와 같이 김수영의 시적 인식에 대해 오해하고 있는 선택지의 진술은 부적절하다고 볼 수 있다.

⑤ 〈보기〉의 언어 실험은 세 번째 단락의 진술, 즉 "이미지를 끊임없이 새로운 이미지로 대체하여 의미를 덧씌울 중심 대상을 붕괴시키고, 마침내 대상이 없는 이미지 그 자체가 대상이 되게 함"이란 정보와 관련이 있다. 김춘수의 이런 실험은 시에서 의미, 즉 내용적 요소를 없애기 위한 의도에서 비롯한 것이라고 판단할 수 있다. 따라서 "새로운 내용적 요소를 담을 여지가 생겼다고 평가했을 것"이라는 선택지의 평가는 김춘수의 실험 의도에 비추어 보아 적절한 평가라고 볼 수 없다. 김수영의 입장에서 보더라도 선택지의 판단은 적절하지 않다. 김수영의 입장에서는 의미를 덧씌울 대상이 붕괴되면 시에 새로운 내용적 요소를 담기 어려울 것이라고 판단할 수 있다. 제시문의 정보, 즉 김수영이 "일상어·시사어·관념어, 심지어 비속어와 욕설까지 폭넓게 시어로 활용하여 세계의 의미를 개진하고 당대 현실을 비판"(다섯 번째 단락)해야 한다고 보았다는 정보를 고려하면, 김수영은 시에 새로운(혹은 현대적인) 내용을 담기 위해서는 시어의 의미 추구가 필수적이라고 판단했을 것으로 볼 수 있기 때문이다. 따라서 "새로운 내용적 요소를 담을 여지가 생겼다고 평가했을 것."는 김수영과 김춘수의 시론에서 모두 도출될 수 없는 판단으로서, 두 시인에 대한 적절한 이해라고 볼 수 없다. 이런 점에서 이 선택지는 적절하지 않다.

　　윤리학에서는 선(善, good) 즉 좋음과 관련하여 여러 쟁점이 있다. 선이란 무엇인가? 선을 쾌락이라고 간주해도 되는가? 선은 도덕적으로 옳음 또는 정의와 어떤 관계에 있는가? 이러한 쟁점 중의 하나가 바로 "선은 객관적으로 존재하는가?"의 문제이다.

　　플라톤은 우리가 감각으로 지각하는 현실 세계는 가변적이고 불완전하지만, 우리가 이성으로 인식할 수 있는 이데아의 세계는 불변하고 완전하다고 보았다. 그에 따르면, 현실 세계는 이데아 세계를 모방한 것이기에 현실 세계에서 이루어지는 인간들의 행위도 불완전할 수밖에 없다. 이데아 세계에는 선과 미와 같은 여러 이데아가 존재한다. 그중에서 최고의 이데아는 선의 이데아이며, 인간 이성의 최고 목표는 선의 이데아를 인식하는 것이다. 선은 말로 표현할 수 없고, 신성하며, 독립적이고, 오랜 교육을 받은 후에만 알 수 있는 것이다. 우리는 선을 그것이 선이기 때문에 욕구한다. 이렇게 인간의 관심 여부와는 상관없이 선이 독립적으로 존재한다고 보는 입장을 선에 대한 ㉠ '고전적 객관주의' 라고 한다.

　　이러한 플라톤적 전통을 계승한 무어도 선과 같은 가치가 객관적으로 실재한다고 주장한다. 그에 따르면 선이란 노란색처럼 단순하고 분석 불가능한 것이기에, 선이 무엇인지에 대해 정의를 내릴 수 없으며 그것은 오직 직관을 통해서만 인식될 수 있다. 노란색이 무엇이냐는 질문에 노란색이라고 답할 수밖에 없듯이 선이 무엇이냐는 질문에 "선은 선이다."라고 답할 수밖에 없다는 것이다. 무어는 선한 세계와 악한 세계가 있을 때 각각의 세계 안에 욕구를 지닌 존재가 있는지 없는지와 관계없이 전자가 후자보다 더 가치 있다고 믿었다. 선은 인간의 욕구와는 상관없이 그 자체로 존재하며 그것은 본래부터 가치가 있다는 것이다. 그는 선을 최대로 산출하는 행동이 도덕적으로 옳은 행동이라고 보았다.

　　반면에 ㉡ '주관주의' 는 선을 의식적 욕구의 산물에 불과한 것으로 간주한다. 페리는 선이란 욕구와 관심에 의해 창조된다고 주장한다. 그에 따르면 가치는 관심에 의존하고 있으며, 어떤 것에 관심이 주어졌을 때 그것은 비로소 가치를 얻게 된다. 대상에 가치를 부여하는 것은 관심이며, 인간이 관심을 가지는 대상은 무엇이든지 가치의 대상이 된다. 누가 어떤 것을 욕구하든지 간에 그것은 선으로서 가치를 지니게 된다. 페리는 어떤 대상에 대한 관심이 깊으면 깊을수록 그것은 그만큼 더 가치가 있게 되며, 그 대상에 관심을 표명하는 사람의 수가 많을수록 그것의 가치는 더 커진다고 말한다. 이러한 주장에 대해 고전적 객관주의자는 우리가 욕구하는 것과 선을 구분해야 한다고 비판한다. 만약 쾌락을 느끼는 신경 세포를 자극하여 매우 강력한 쾌락을 제공하는 쾌락 기계가 있다고 해 보자. 그런데 누군가가 쾌락 기계 속으로 들어가서 평생 살기를 욕구한다면, 우리는 그것이 선이 아니라고 말할 수 있다. 쾌락 기계에 들어가는 사람이 어떤 불만도 경험하지 못한다고 하더라도, 그것은 누가 보든지 간에 나쁘다는 것이다.

이러한 논쟁과 관련하여 두 입장을 절충한 입장도 존재한다. ⓒ '온건한 객관주의'는 선을 창발적인 속성으로서, 인간의 욕구와 사물의 객관적 속성이 결합하여 생기는 것이라고 본다. 이 입장에 따르면 물의 축축함이 H_2O 분자들 안에 있는 것이 아니라 그 분자들과 우리의 신경 체계 간의 상호 작용을 통해 형성되듯이, 선도 인간의 욕구와 객관적인 속성 간의 관계 속에서 상호 통합적으로 형성된다. 따라서 이 입장은 욕구를 가진 존재가 없다면 선은 존재하지 않을 것이라고 본다. 그러나 일단 그러한 존재가 있다면, 쾌락, 우정, 건강 등이 가진 속성은 그의 욕구와 결합하여 선이 될 수 있을 것이다. 하지만 이러한 입장에서는 우리의 모든 욕구가 객관적 속성과 결합하여 선이 되는 것은 아니기에 적절한 욕구가 중시된다. 결국 여기서는 적절한 욕구가 어떤 것인지를 구분할 기준을 제시해야 하는 문제가 발생한다.

이와 같은 객관주의와 주관주의의 논쟁을 해결하기 위한 한 가지 방법은 불편부당하며 모든 행위의 결과들을 알 수 있는 ⓓ '이상적 욕구자'를 상정하는 것이다. 그는 편견이나 무지로 인한 잘못된 욕구를 갖고 있지 않기에 그가 선택하는 것은 선이 될 것이고, 그가 선택하지 않는 것은 악이 될 것이기 때문이다.

11.

윗글의 내용과 일치하지 않는 것은?

① 플라톤은 선의 이데아를 이성을 통해 인식할 수 있다고 본다.
② 플라톤은 인간이 행한 선이 완전히 선한 것은 아니라고 본다.
③ 무어는 선이 단순한 것이어서 그것을 정의할 수 없다고 본다.
④ 무어는 도덕적으로 옳은 행동을 판별할 기준을 제시할 수 없다고 본다.
⑤ 페리는 더 많은 사람이 더 깊은 관심을 가질수록 가치가 증대한다고 본다.

문항 성격	문항유형 : 정보의 확인과 재구성
	내용영역 : 인문
평가 목표	이 문항은 윤리학의 주요 쟁점 중의 하나인 '선(善)의 객관성' 문제와 관련하여 제시문에 소개된 플라톤, 무어, 페리의 윤리학적 견해를 정확하게 파악하고 있는지를 평가한다.

정답 : ④

제시문에 소개된 플라톤, 무어, 페리의 윤리학적 견해를 파악한 후에 이와 일치하지 않는 내용의 선택지를 찾아야 한다.

정답 해설 ④ 무어는 "선을 최대로 산출하는 행동이 도덕적으로 옳은 행동이라고 보았다."라고 하였다. 여기서 볼 수 있듯이 무어는 도덕적으로 옳은 행동이란 선을 최대로 산출하는 행동이라고 본다. 따라서 무어는 도덕적으로 옳은 행동을 판별할 기준을 제시하고 있다. 그런데 ④는 무어가 그러한 기준을 제시할 수 없다고 본다고 하였기 때문에 제시문의 내용과 일치하지 않는다.

오답 해설 ① 플라톤은 이데아의 세계를 이성으로 인식할 수 있다고 하였으며, 그러한 이데아의 세계에는 '선'(善)의 이데아가 포함된다고 하였다. 따라서 플라톤은 선의 이데아를 이성을 통해 인식할 수 있다고 본 것이다. 따라서 ①은 제시문의 내용과 일치한다.

② 플라톤은 이데아의 세계는 완전하지만 현실 세계는 불완전하며, 현실 세계는 이데아 세계를 모방한 것이기에 현실 세계에서 이루어지는 인간들의 행위는 불완전하다고 하였다. 따라서 현실 세계에서 우리가 행한 선은 완전한 선이라고 볼 수 없다. 그러므로 ②는 제시문의 내용과 일치한다.

③ 무어는 선은 단순해서 선이 무엇인지에 대해 정의를 내릴 수 없다고 하였다. 따라서 ③은 제시문의 내용과 일치한다.

⑤ 페리는 "어떤 대상에 대한 관심이 깊으면 깊을수록 그것을 그만큼 더 가치 있게 되며, 그 대상에 관심을 표명하는 사람의 수가 많으면 많을수록 그것의 가치는 더 커진다."라고 하였다. 페리는 더 많은 사람이 더 깊은 관심을 가질수록 가치가 증대한다고 본 것이다. 따라서 ⑤는 제시문의 내용과 일치한다.

12.

㉠에 대한 ㉡과 ㉢의 공통된 문제 제기로 적절한 것은?

① 사람들이 선호한다고 그것이 항상 선이라고 할 수 있는가?
② 선은 욕구하는 주관에 전적으로 의존하여 형성되지 않는가?
③ 선과 악을 구분할 수 없다면 어떤 행위라도 옳다는 것인가?
④ 사람들이 선을 인식할 수 없다고 보는 것은 과연 타당한가?

⑤ 선을 향유하는 존재가 없다면 그것이 무슨 가치가 있겠는가?

<table>
<tr><td>문항 성격</td><td>문항유형 : 정보의 평가와 적용</td></tr>
<tr><td></td><td>내용영역 : 인문</td></tr>
<tr><td>평가 목표</td><td>이 문항은 제시문에 서술된 선에 대한 '고전적 객관주의'의 입장에 대해 '주관주의'
와 '온건한 객관주의'가 제기할 수 있는 공통된 문제 의식을 찾아내는 비판 능력을 평
가한다.</td></tr>
<tr><td>문제 풀이</td><td>정답 : ⑤</td></tr>
</table>

'고전적 객관주의'의 입장, 그리고 '주관주의'와 '온건한 객관주의'의 공통된 입장을 파악한 후에 후자가 전자에 할 수 있는 적절한 문제 제기를 선택지에서 찾으면 된다. 따라서 문제 제기의 내용이 '고전적 객관주의'에 대한 비판으로 적절한지, 그리고 비판의 관점이 '주관주의'와 '온건한 객관주의' 모두의 공통된 입장에 해당하는지를 파악해야 한다.

정답 해설 ⑤ 제시문에 따르면 '고전적 객관주의'는 인간의 욕구와는 상관없이 선이 객관적으로 존재한다고 주장한다. 이에 비해 '주관주의'는 선을 인간 욕구의 산물로 보면서 선은 인간의 욕구와 관심을 통해 산출된다고 주장한다. 그리고 '온건한 객관주의'는 선을 인간의 욕구와 사물의 객관적인 속성이 결합하여 형성된 것으로 보면서 선의 형성에 인간의 욕구가 필요하다고 주장한다. 이처럼 고전적 객관주의는 인간의 욕구와는 상관없이 선이 존재한다고 주장하지만, 주관주의와 온건한 객관주의는 모두 인간의 욕구가 있어야 선이 존재한다고 주장한다. 따라서 주관주의와 온건한 객관주의는 공통적으로 "선을 향유하는 존재가 없다면 그러한 선이 무슨 가치가 있겠는가?"라고 고전적 객관주의에 대해 문제를 제기할 수 있다. 그러므로 ⑤는 고전적 객관주의에 대한 주관주의와 온건한 객관주의의 공통된 문제 제기로 적절하다.

오답 해설 ① 고전적 객관주의는 선이 인간의 욕구와는 상관없이 존재한다고 보며, 사람들이 선호한다고 그것이 항상 선이 된다고 주장하지 않는다. 따라서 "사람들이 선호한다고 그것이 항상 선이라고 할 수 있는가?"라는 진술은 고전적 객관주의에 대한 적절한 문제 제기가 아니다. 오히려 이것은 '주관주의'에 대한 문제 제기라고 할 수 있다.

② 고전적 객관주의는 선이 인간의 욕구와 상관없이 객관적으로 존재한다고 본다. 주관주의는 선이 인간의 욕구에 의존하여 형성된다고 본다. 온건한 객관주의는 선이 사물의 객관적 속성과 인간의 욕구 간의 상호 작용을 통해 형성된다고 보

며, 선이 욕구하는 주관에만 전적으로 의존하여 형성된다고 보지는 않는다. 따라서 "선은 욕구하는 주관에 전적으로 의존하여 형성되지 않는가?"라는 진술은 고전적 객관주의에 대한 주관주의의 문제 제기로는 적절하지만, 고전적 객관주의에 대한 온건한 객관주의의 문제 제기로는 적절하지 않다. 그러므로 ②는 고전적 객관주의에 대한 주관주의와 온건한 객관주의의 공통된 문제 제기로 적절한 것이 아니다.

③ 고전적 객관주의는 선이 인간의 욕구와는 상관없이 객관적으로 존재한다고 보며, 그러한 선을 인식할 수 있다고 본다. 그리고 그러한 선을 증진하는 것이 옳다고 본다. 따라서 "선과 악을 구분할 수 없다면 어떤 행위라도 옳다는 것인가?"라는 진술은 고전적 객관주의에 대한 문제 제기로 적절하지 않다.

④ 고전적 객관주의자인 플라톤은 이성을 통해 선을 인식할 수 있다고 보았으며, 무어도 선을 직관을 통해 인식할 수 있다고 주장하였다. 고전적 객관주의는 선을 인식 가능하다고 본 것이다. 따라서 "사람들이 선을 인식할 수 없다고 보는 것은 과연 타당한가?"라는 진술은 고전적 객관주의에 대한 문제 제기로 적절하지 않다.

13.

ⓐ를 상정한 이유로 가장 적절한 것은?

① 선을 직관할 수 없다고 보는 '고전적 객관주의'의 문제점을 해결하기 위해서이다.
② 욕구의 주체가 없어도 선이 존재한다는 '고전적 객관주의'의 주장을 강화하기 위해서이다.
③ 욕구하는 사람이 존재해야만 선이 형성된다는 '주관주의'의 주장을 약화하기 위해서이다.
④ 무엇을 욕구하더라도 모두 선이라고 간주해야 하는 '주관주의'의 문제점을 해결하기 위해서이다.
⑤ 선의 형성에서 인간과 사물의 상호 통합 작용이 필수적이라는 '주관주의'의 입장을 보완하기 위해서이다.

문항유형 : 정보의 추론과 해석

내용영역 : 인문

이 문항은 제시문의 전체 내용을 파악한 후에 그것을 바탕으로 '이상적 욕구자'를 상정한 이유에 대해 묻는 것으로서 추론적 사고의 능력을 평가한다.

정답 : ④

'선'의 객관적 존재 문제와 관련된 객관주의와 주관주의의 입장을 파악한 후에 '이상적 욕구자'를 상정하면 각각의 입장들이 갖고 있는 어떤 문제점이 해결될 수 있는지를 추론하여 적절한 것을 선택지들 중에서 찾으면 된다.

④ 주관주의는 인간의 욕구에 의해 선이 형성되며, 누가 무엇을 욕구하든지 간에 그것이 선이 된다고 주장한다. 그런데 이에 대해 고전적 객관주의가 비판하고 있듯이 인간이 욕구하는 모든 것이 선이 된다고 보는 관점은 문제점을 갖고 있다. 예를 들어 어떤 사람이 악을 욕구할 수도 있는데, 그것을 선이라고 볼 수는 없다는 것이다. 그런데 '이상적 욕구자'는 편견이나 무지로 인한 잘못된 욕구를 갖고 있지 않기 때문에 그가 욕구하는 모든 것은 선이 된다. 따라서 "무엇을 욕구하더라도 모두 선이라 간주해야 하는 주관주의의 문제점"을 '이상적 욕구자'를 상정하여 해결하려고 하는 것이다. 그러므로 ④는 '이상적 욕구자'를 상정하는 이유로 적절하다.

① 고전적 객관주의는 선이 인간의 욕구와는 상관없이 존재한다고 보며, 그러한 선은 직관 등을 통해 인식할 수 있다고 본다. 따라서 "선을 직관할 수 없다."고 보는 것은 고전적 객관주의의 문제점이 아니기에 그러한 문제점을 해결하기 위해 '이상적 욕구자'를 상정했다는 것은 적절하지 않다.

② '이상적 욕구자'도 욕구하는 존재이며, 그러한 존재가 있으면 그가 욕구하는 모든 것은 선이 된다. 물론 그러한 욕구하는 존재가 없으면 선은 존재하지 않게 된다. 따라서 "욕구의 주체가 없어도 선이 존재한다."는 고전적 객관주의의 주장을 강화하기 위해 이상적 욕구자를 상정했다고 보는 것은 적절하지 않다. 오히려 그러한 고전적 객관주의의 주장이 갖고 있는 문제점을 해결하기 위해 이상적 욕구자를 상정한 것이다.

③ '이상적 욕구자'도 욕구하는 사람이며, 그러한 존재가 있으면 그가 욕구하는 모든 것은 선이 된다. 따라서 이것은 "욕구하는 사람이 존재해야만 선이 형성된다."는 주관주의의 주장을 받아들이는 것이지 그 주장을 약화하기 위한 것은 아니다. 그러므로 ③은 이상적 욕구자를 상정한 이유로 적절하지 않다.

⑤ 주관주의는 전적으로 인간의 욕구에 의해 선이 형성된다고 본다. 이에 비해 온

건한 객관주의는 인간의 욕구와 사물의 객관적 속성이 상호 통합적으로 작용하여 선이 형성된다고 본다. 따라서 "선의 형성에서 인간과 사물의 상호 통합 작용이 필수적이다."는 주장은 주관주의가 아니라 온건한 객관주의의 입장이므로 ⑤의 내용은 적절하지 않다.

[14~16] 다음 글을 읽고 물음에 답하시오.

생명체가 다양한 구조와 기능을 갖는 기관을 형성하기 위해서는 수많은 세포들 간의 상호 작용을 통해 세포의 운명을 결정하는 과정이 필요하다. 사람의 경우 눈은 항상 코 위에, 입은 코 아래쪽에 위치한다. 이렇게 되기 위해서는 특정 세포군이 위치 정보를 획득하고 해석한 후 각 세포가 갖고 있는 유전 정보를 이용하여 자신의 운명을 결정함으로써 각 기관을 정확한 위치에 형성되게 하는 과정이 필수적이다. 세포 운명을 결정하는 다양한 방법이 존재하지만, 가장 간단한 방법은 어떤 특정 형태로 분화하게 하는 형태발생물질(morphogen)의 농도 구배(concentration gradient)를 이용하는 것이다. 형태발생물질은 세포나 특정 조직으로부터 분비되는 단백질로서 대부분의 경우에 그 단백질의 농도 구배에 따라 주변의 세포 운명이 결정된다. 예를 들어 뇌의 발생 초기 형태인 신경관의 위쪽에서 아래쪽으로 지붕판세포, 사이신경세포, 운동신경세포, 신경세포, 바닥판세포가 순서대로 발생하게 되는데, 이러한 서로 다른 세포로의 예정된 분화는 신경관 아래쪽에 있는 척색에서 분비되는 형태발생물질인 Shh의 농도 구배에 의해 결정된다〈그림 1〉. 척색에서 Shh가 분비되기 때문에 척색으로부터 멀어질수록 Shh의 농도가 점차 낮아지게 되어서, 그 농도의 높고 낮음에 따라 척색 근처의 신경관에 있는 세포는 바닥판세포로, 그 다음 세포는

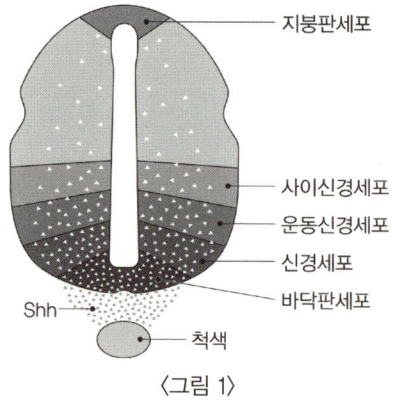

〈그림 1〉

신경세포 및 운동신경세포로 세포 운명이 결정된다.

한 개체의 세포가 모두 동일한 유전자를 갖고 있음에도 불구하고 서로 다른 세포 운명을 택하게 되는 것은 농도 구배에 대응하여 활성화되는 전사인자의 종류가 다른 것으로 설명할 수 있다. 전사인자는 유전정보를 갖고 있는 DNA의 특이적인 염기 서열을 인식하여 특정 부분의 DNA로부터 mRNA를 만드는 작용을 하고, 이 mRNA의 정보를 바탕으로 단백질이 만들어진다. 예를 들어 Shh의 농도가 특정 역치 이상이 되면 A전사인자가 활성화되고 역치 이하인 경우는 B전사인자가 활성화되면, A전사인자에 의해 바닥판세포의 형성에 필요한 mRNA와 단백질이 합성되고, B전사인자에 의해 운동신경세포로 분화하는 데 필요한 mRNA와 단백질이 만들어지게 되어 서로 다른 세포 운명이 결정될 수 있는 것이다.

하지만 최근의 연구 결과에 의하면 일부의 형태발생물질이 단순한 확산에 의하여 농도 구배를 형성하지 않고 특정 형태의 매개체를 통하여 이동한다는 사실이 보고되었다. 가령 초파리 배아의 특정 발생 단계에서 합성되는 Wg라는 형태발생물질은 합성되는 장소를 기점으로 앞쪽으로만 비대칭적으로 전달된다〈그림 2-1〉. 만약 단순한 확산에 의해 농도 구배가 형성된다면 Wg 형태발생물질이 합성되는 곳의 앞쪽 및 뒤쪽으로 농도 구배가 형성될 것을 예상할 수 있지만〈그림 2-2〉, 실제로 〈그림 2-1〉에서 보이는 바와 같이 Wg가 뒤쪽으로는 이동하지 않고 앞쪽으로만 분포하는 현상이 관찰되었다.

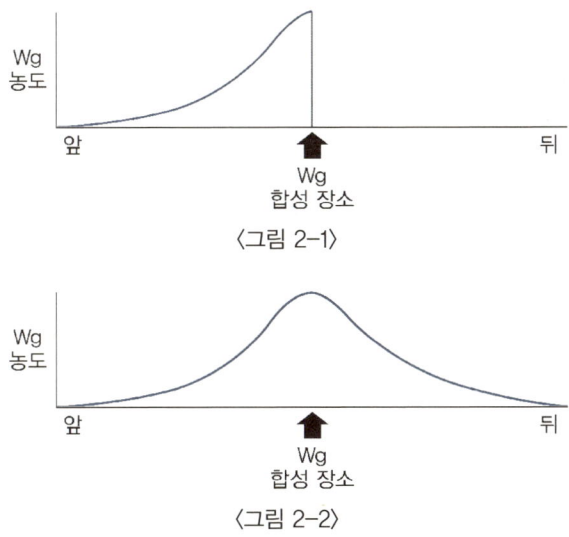

〈그림 2-1〉

〈그림 2-2〉

여러 가지 실험 결과를 바탕으로 초파리 배아에서 이러한 비대칭적인 전달을 설명하는 모델로서 아래와 같은 가설이 제시되었다.

(1) 수용체에 의한 전달 : 형태발생물질을 분비하는 세포 옆에 있는 세포의 표면에 있는 수용체가 형태발생물질을 인식하고 그 다음 세포의 수용체에 형태발생물질을 넘겨준다고 보는 가설이다. 이때 수용체의 양이 이미 비대칭적으로 분포하고 있다면 수용체에 부착된 형태발생물질의 농도 구배가 이루어질 수 있다.

(2) 세포막에 둘러싸인 소낭의 흡수에 의한 전달 : 형태발생물질을 분비하는 세포에서 형태발생물질이 소낭, 즉 작은 주머니에 싸여 앞쪽의 세포로만 단계적으로 전달된다고 보는 가설이다. 이 과정에서 형태발생물질의 일부만이 다음 세포로 전달되면 비대칭적 농도 구배가 이루어질 수 있다.

우리 몸을 구성하는 각 기관의 세포 조성이 다르고 서로 다른 발생 단계에서 각 세포가 처해 있는 환경이 다르므로 위에서 제시한 형태발생물질 농도 구배의 형성을 한 가지 모델로만 설명하는 것은 불가능하다. 특정 발생 단계에서는 단순한 확산에 의해서 농도 구배를 형성하고, 다른 환경이나 발생 단계에서는 위에서 기술한 비대칭적 이동에 의해 형태발생물질의 농도 구배가 형성된다고 설명하는 것이 타당하다. 하지만 어떤 방법에 의해서든지 형태발생물질의 농도 구배의 형성은 각각의 농도에 따른 서로 다른 유전자의 발현을 촉진함으로써 다양한 세포 및 기관의 형성 결정에 기여한다.

14.

윗글의 내용과 일치하지 <u>않는</u> 것은?

① 구형의 수정란은 형태발생물질의 도움으로 신체 구조의 전후 좌우가 비대칭적인 성체로 발생하게 된다.
② 단순 확산으로 전달되는 형태발생물질의 농도는 형태발생물질 분비 조직과의 물리적 거리에 반비례한다.
③ 모든 세포는 동일한 유전자를 가지고 있지만 특정 전사인자의 활성화 여부에 따라 서로 다른 단백질을 만들어낸다.
④ 형태발생물질의 비대칭적 확산을 위해서는 형태발생물질 분비 조직의 주변 세포에 있는 수용체 또는 소낭의 역할이 필요하다.
⑤ 형태발생물질은 척색이 있는 동물의 발생에서는 단순 확산의 형태로, 초파리와 같은 무척추 동물의 발생에서는 비대칭적 확산의 형태로 주로 쓰인다.

문항유형 : 정보의 확인과 재구성

내용영역 : 과학기술

이 문항은 수정란으로부터 개체로 발생하는 과정에 필수적으로 관여하는 형태발생물질의 역할과 발생학의 기본 원리를 주어진 제시문으로부터 확인해 낼 수 있는 능력을 평가한다.

정답 : ⑤

방사대칭의 수정란이 발생 과정을 통해 전후 좌우의 비대칭적인 성체로 성장하고 각 기관이 올바른 위치에 자리잡도록 하는 형태발생물질의 작용 원리를 제시문에 있는 내용을 토대로 정확하게 파악하여야 한다.

⑤ 제시문의 마지막 단락의 문장인 "발생 단계에서 각 세포가 처해 있는 환경이 다르므로 위에서 제시한 형태발생물질 농도 구배의 형성을 한 가지 모델로만 설명하는 것은 불가능하다. 특정 발생 단계에서는 단순한 확산에 의해서 농도 구배를 형성하고, 다른 환경이나 발생 단계에서는 위에서 기술한 비대칭적 이동에 의해 형태발생물질의 농도 구배가 형성된다고 설명하는 것이 타당하다."를 통해 척색 동물이나 무척추 동물 모두에서 두 종류의 농도 구배 형성 메커니즘이 모두 사용된다는 것을 알 수 있다.

① 제시문의 "세포 운명을 결정하는 다양한 방법이 존재하지만, 가장 간단한 방법은 어떤 특정 형태로 분화하게 하는 형태발생물질(morphogen)의 농도 구배를 이용하는 것이다. 형태발생물질은 세포나 특정 조직으로부터 분비되는 단백질로서 대부분의 경우에 그 단백질의 농도 구배에 따라 주변의 세포 운명이 결정된다."를 통해 형태발생물질이 성체로의 발생에 도움을 주는 것을 알 수 있다.

② 〈그림 1〉에 제시된 Shh 형태발생물질의 확산 과정을 이해하면 형태발생물질 분비 조직과의 물리적 거리에 반비례하여 형태발생물질의 농도 구배가 생성된다는 것을 파악할 수 있다.

③ 제시문의 "한 개체의 세포가 모두 동일한 유전자를 갖고 있음에도 불구하고 형태발생물질의 농도 구배에 따라 서로 다른 세포 운명을 택하게 되는 것은 다른 농도의 형태발생물질에 따라 활성화되는 전사인자의 종류가 다른 것으로 설명할 수 있다. 전사인자는 유전정보를 갖고 있는 DNA의 특이적인 염기 서열을 인식하여 특정 부분의 DNA로부터 mRNA를 만드는 작용을 하고 이 mRNA의 정보를 바탕으로 단백질이 만들어진다."를 통해 올바른 서술임을 알 수 있다.

④ 제시문의 "여러 가지 실험 결과를 바탕으로 초파리 배아에서 이러한 비대칭적인 전달을 설명하는 모델로서 아래와 같은 가설이 제시되었다." 이후에 제시된

두 가지 모델의 설명을 통해 수용체 또는 소낭의 역할이 필요하다는 것을 알아 낼 수 있다.

15.

윗글을 바탕으로 추론한 것으로 타당한 것을 〈보기〉에서 고른 것은?

> **보 기**
>
> ㄱ. 신경관을 이루는 세포들의 운명이 결정되기 전에 척색을 제거하면 바닥판세포가 형성 되지 않을 것이다.
>
> ㄴ. 신경관을 이루는 세포들의 운명이 결정되기 전에 척색을 다른 위치로 이동하면 그 위 치와 가장 가까운 곳에서 지붕판세포가 생길 것이다.
>
> ㄷ. 분화되지 않은 신경관에 있는 세포들을, 바닥판세포를 형성하는 Shh의 역치보다 높은 농도의 Shh와 함께 배양하면 사이신경세포보다 바닥판세포가 더 많이 형성될 것이다.
>
> ㄹ. 운동신경세포를 결정짓는 Shh 농도의 역치는 사이신경세포를 결정짓는 Shh 농도의 역치보다 낮을 것이다.

① ㄱ, ㄷ   ② ㄱ, ㄹ   ③ ㄴ, ㄷ

④ ㄴ, ㄹ   ⑤ ㄷ, ㄹ

문항 성격   문항유형 : 정보의 추론과 해석

내용영역 : 과학기술

평가 목표   이 문항은 형태발생물질 Shh의 농도 구배에 의해 신경관을 이루는 각 세포군들이 독 립적으로 발생하는 과정을 이해하고 이러한 정보를 가상의 실험 상황에 적용하여 적 절하게 추론할 수 있는지를 평가한다.

문제 풀이   정답 : ①

〈그림 1〉에 도해된 형태발생물질 Shh의 농도에 따른 발생 과정을 이해하고 각 선택지의 진위를 판단해야 한다.

〈보기〉 해설   ㄱ. 제시문의 "이러한 서로 다른 세포로의 예정된 분화는 신경관 아래쪽에 있는 척 색에서 분비되는 형태발생물질인 Shh의 농도 구배에 의해 결정된다."를 통하여 척색의 존재가 바닥판세포를 비롯한 신경관 구성 세포들의 형성에 의해 필수적인 것을 알 수 있다. 따라서 ㄱ은 타당한 추론이다.

ㄴ. 〈그림 1〉을 통해 척색에서 가장 가까운 위치에 바닥판세포가 생성된다는 것을 추론해 낼 수 있다. 따라서 ㄴ은 타당한 추론이 아니다.

ㄷ. 제시문의 "예를 들어 Shh의 농도가 특정 역치 이상이 되면 A전사인자가 활성화되고 역치 이하인 경우는 B전사인자가 활성화되면, A전사인자에 의해 바닥판세포의 형성에 필요한 mRNA와 단백질이 합성되고, B전사인자에 의해 운동신경세포로 분화하는 데 필요한 mRNA와 단백질이 만들어지게 되어 서로 다른 세포 운명이 결정될 수 있는 것이다."를 통하여 바닥판세포를 형성하는 Shh의 역치보다 높은 농도의 Shh와 분화되지 않은 신경관에 있는 세포들을 같이 배양하면 바닥판세포가 사이신경세포보다 많이 형성될 수 있다는 것을 추론해 낼 수 있다. 따라서 ㄷ은 타당한 추론이다.

ㄹ. 〈그림 1〉을 통해 운동신경세포가 사이신경세포보다 척색에 가까운 위치에서 발생하는 것을 알 수 있고, 이를 통하여 운동신경세포를 결정짓는 Shh 농도의 역치는 사이신경세포를 결정하는 Shh 농도의 역치보다 높다는 것을 추론할 수 있다. 따라서 ㄹ은 타당한 추론이 아니다.

16.

초파리 배아의 발생 과정에 관하여 추론한 것으로 타당한 것은?

① Wg 수용체의 비대칭적 분포는 Wg의 농도 구배에 기인한다.
② Wg를 발현하는 세포로부터 앞쪽으로 멀어질수록 Wg 수용체의 농도는 높다.
③ 소낭에 의해 전달되는 Wg의 양은 Wg를 발현하는 세포에서 멀어질수록 많다.
④ Wg 합성 장소에서 앞쪽과 뒤쪽으로 같은 거리만큼 떨어진 두 세포에서 만들어지는 mRNA는 동일하다.
⑤ Wg 수용체 유전자 또는 소낭을 통해 Wg 수송을 촉진하는 유전자는 Wg 합성 장소 앞쪽에서 발현한다.

문항 성격 | 문항유형 : 정보의 추론과 해석
내용영역 : 과학기술

이 문항은 제시문에 소개된 Wg 형태발생물질의 비대칭적 확산이 유지되는 메커니즘에 대한 정보를 토대로 추론하는 능력을 평가하는 문제이다.

정답 : ⑤

초파리 발생 과정에서 비대칭적으로 분포하는 Wg 형태발생물질의 작용 메커니즘과 비대칭 농도 구배 형성 메커니즘에 대한 정확한 이해를 토대로 추론할 수 있어야 한다.

정답 해설 ⑤ 제시문의 "(1) 수용체에 의한 전달 : 형태발생물질을 분비하는 세포 옆에 있는 세포의 표면에 있는 수용체가 형태발생물질을 인식하고 그 다음 세포의 수용체에 형태발생물질을 넘겨주는 방법이다. 이때 수용체의 양이 이미 비대칭적으로 분포하고 있다면 수용체에 부착된 형태발생물질의 농도 구배가 이루어질 수 있다. (2) 세포막에 둘러싸인 소낭의 흡수에 의한 전달 : 형태발생물질을 분비하는 세포에서 형태발생물질이 소낭, 즉 작은 주머니에 싸여 앞쪽의 세포로만 단계적으로 전달되는 방법이다. 이 과정에서 형태발생물질의 일부만이 다음 세포로 전달되면 비대칭적 농도 구배가 이루어질 수 있다."를 통해 Wg 수용체 유전자 또는 Wg 소낭 수송 기능을 담당하는 유전자는 Wg 합성 장소 앞쪽에 존재하는 세포에서 발현된다는 것을 추론해 낼 수 있다.

오답 해설 ① Wg 수용체의 비대칭적 분포에 의해 Wg의 비대칭적 농도 구배가 형성되는 것이다. 따라서 ①은 원인과 결과를 혼동하는 진술로서, 타당한 추론에 의해 얻어진 진술이 아니다.

② Wg 수용체에 의한 비대칭적인 Wg 농도 구배 생성을 위해서는 Wg를 발현하는 세포로부터 앞쪽으로 멀어질수록 Wg 수용체의 농도는 낮아져야 한다. 따라서 ②는 타당한 추론에 의해 얻어진 진술이 아니다.

③ 소낭에 의한 비대칭적인 Wg 농도 구배 생성을 위해서는 Wg를 발현하는 세포로부터 앞쪽으로 멀어질수록 소낭에 의해 전달되는 Wg의 양은 적다. 따라서 ③은 타당한 추론에 의해 얻어진 진술이 아니다.

④ 제시문 "한 개체의 세포가 모두 동일한 유전자를 갖고 있음에도 불구하고 형태발생물질의 농도 구배에 따라 서로 다른 세포 운명을 택하게 되는 것은 다른 농도의 형태발생물질에 따라 활성화되는 전사인자의 종류가 다른 것으로 설명할 수 있다. 전사인자는 유전정보를 갖고 있는 DNA의 특이적인 염기 서열을 인식하여 특정 부분의 DNA로부터 mRNA를 만드는 작용을 하고, 이 mRNA의 정보를 바탕으로 단백질이 만들어진다."라는 진술로부터 서로 다른 세포 운명을 택하게 되는 Wg 합성 장소 앞쪽의 세포와 뒤쪽의 세포는 같은 거리만큼 떨어져 있다고 하더라도 서로 다른 유전자 발현, 즉 서로 다른 mRNA 조성을 가지고

있으리라는 것을 추론할 수 있다. 따라서 ④는 타당한 추론에 의해 얻어진 진술이 아니다.

[17~19] 다음 글을 읽고 물음에 답하시오.

대의 민주주의에서 정당의 역할에 대한 대표적인 설명은 책임정당정부 이론이다. 이 이론에 따르면 정치에 참여하는 각각의 정당은 자신의 지지 계급과 계층을 대표하고, 정부 내에서 정책 결정 및 집행 과정을 주도하며, 다음 선거에서 유권자들에게 그 결과에 대해 책임을 진다. 유럽에서 정당은 산업화 시기 생성된 노동과 자본 간의 갈등을 중심으로 다양한 사회 경제적 균열을 이용하여 유권자들을 조직하고 동원하였다. 이 과정에서 정당은 당원 중심의 운영 구조를 지향하는 대중정당의 모습을 띠었다. 당의 정책과 후보를 당원 중심으로 결정하고, 당내 교육과정을 통해 정치 엘리트를 충원하며, 정치인들이 정부 내에서 강한 기율을 지니는 대중정당은 책임정당정부 이론을 뒷받침하는 대표적인 정당 모형이었다.

대중정당의 출현 이후 정당은 의회의 정책 결정과 행정부의 정책 집행을 통제하는 정부 속의 정당 기능, 지지자들의 이익을 집약하고 표출하는 유권자 속의 정당 기능, 그리고 당원을 확충하고 정치 엘리트를 충원하고 교육하는 조직으로서의 정당 기능을 갖추어 갔다. 그러나 20세기 중반 이후 발생한 여러 원인으로 인해 정당은 이러한 기능에서 변화를 겪게 되었다.

산업 구조와 계층 구조가 다변화됨에 따라 정당들은 특정 계층이나 집단의 지지만으로는 집권이 불가능해졌고 이에 따라 보다 광범위한 유권자 집단으로부터 지지를 획득하고자 했다. 그 결과 정당 체계는 특정 계층을 뛰어넘어 전체 유권자 집단에 호소하여 표를 구하는 포괄정당 체계의 모습을 띠게 되었다. 선거 승리라는 목표가 더욱 강조될 경우 일부 정당은 외부 선거 전문가로 당료들을 구성하는 선거전문가정당 체계로 전환되기도 했다. 이 과정에서 계층과 직능을 대표하던 기존의 조직 라인은 당 조직의 외곽으로 밀려나기도 했다.

한편 탈산업사회의 도래와 함께 환경, 인권, 교육 등에서 좀 더 나은 삶의 질을 추구하는 탈물질주의가 등장함에 따라 새로운 정당의 출현에 대한 압박이 생겨났다. 이는 기득권을 유지해온 기성 정당들을 위협했다. 이에 정당들은 자신의 기득권을 유지하기 위해 공적인 정치 자원의 과점을 통해 신생 혹은 소수 정당의 원내 진입이나 정치 활동을 어렵게 하는 카르텔정당 체계를 구성하기도 했다. 다양한 정치관계법은 이런 체계를 유지하는 대표적인 수단으로 활용되었다. 정치관계법과 관련된 선거제도의 예를 들면, 비례대표제에 비해 다수대표제는 득표 대비 의석 비율을 거대정당에 유리하도록 만들어 정당의 카르텔화를 촉진하는 데 활용되기도 한다.

이러한 정당의 변화 과정에서 정치 엘리트들의 자율성은 증대되었고, 정당 지도부의 권력이 강화되어 정부 내 자당 소속의 정치인들에 대한 통제력이 증가되었다. 하지만 반대로 평당원의 권력은 약화되고 당원 수는 감소하여 정당은 지지 계층 및 집단과의 유대를 잃어가기 시작했다.

뉴미디어가 발달하면서 정치에 관심은 높지만 정당과는 거리를 두는 '인지적' 시민이 증가함에 따라 정당 체계는 또 다른 도전에 직면하게 되었다. 정당 조직과 당원들이 수행했던 기존의 정치적 동원은 소셜 네트워크 내 시민들의 자기 조직적 참여로 대체되었다. 심지어 정당을 우회하는 직접 민주주의의 현상도 나타났다. 이에 일부 정당은 카르텔 구조를 유지하면서도 공직후보 선출권을 일반 국민에게 개방하는 포스트카르텔정당 전략이나, 비록 당원으로 유입시키지 못할지라도 온라인 공간에서 인지적 시민과의 유대를 강화하려는 네트워크정당 전략으로 위기에 대응하고자 했다. 그러나 이러한 제반의 개혁 조치가 대중정당으로의 복귀를 의미하지는 않았다. 오히려 당원이 감소되는 상황에서 선출권자나 후보들을 정당 밖에서 충원함으로써 고전적 의미의 정당 기능은 약화되었다.

물론 이러한 상황에서도 20세기 중반 이후 정당 체계들이 여전히 책임정당정치를 일정하게 구현하고 있다는 주장이 제기되기도 했다. 예를 들어 국가 간 비교를 행한 연구는 최근의 정당들이 구체적인 계급, 계층 집단을 조직하고 동원하지는 않지만 일반 이념을 매개로 정치 영역에서 유권자들을 대표하는 기능을 강화했음을 보여 주었다. 유권자들은 좌우의 이념을 통해 정당의 정치적 입장을 인지하고 자신과 이념적으로 가까운 정당에 정치적 이해를 표출하며, 정당은 집권 후 이를 고려하여 책임정치를 일정하게 구현하고 있다는 것이다. 이때 정당은 포괄정당에서 네트워크정당까지 다양한 모습을 띨 수 있지만, 이념을 매개로 유권자의 이해와 정부의 책임성 간의 선순환적 대의 관계를 잘 유지하고 있다는 것이다.

이와 같이 정당의 이념적 대표성을 긍정적으로 평가하는 주장에 대해 몇몇 학자 및 정치인들은 대중정당론에 근거한 반론을 제기하기도 한다. 이들은 여전히 정당이 계급과 계층을 조직적으로 대표해야 하며, 따라서 ㉠ 정당의 전통적인 기능과 역할을 복원하여 책임정당정치를 강화해야 한다는 주장을 제기하고 있다.

17.

20세기 중반 이후 정당 체계에서 발생한 정당 기능의 변화로 볼 수 <u>없는</u> 것은?

① 정부 속의 정당 기능의 강화
② 유권자 속의 정당 기능의 약화
③ 조직으로서의 정당 기능의 강화
④ 유권자를 정치적으로 동원하는 기능의 약화
⑤ 유권자의 일반 이념을 대표하는 기능의 강화

문항 성격	문항유형 : 정보의 확인과 재구성
	내용영역 : 사회
평가 목표	이 문항은 20세기 중반 이후 대중정당의 변천 과정에서 발생한 정당의 여러 고유 기능에서의 변화를 정확히 파악하고 있는지를 평가한다.
문제 풀이	정답 : ③

20세기 중반 이후 대중정당은 선거 경쟁력을 강화하기 위해 종래 당원 중심의 운영 구조를 보였던 대중정당으로부터 포괄정당, 선거전문가정당, 카르텔정당, 포스트카르텔정당, 네트워크정당으로 변모해 가면서 종래 대중정당이 지녔던 당원 중심의 정당 기능이 약화되어 가는 과정을 겪는다.

정답 해설	③ 제시문에서 조직으로서의 정당 기능은 "당원을 확충하고 정치 엘리트를 충원하고 교육"하는 기능으로 정의되고 있다. 그리고 "외부 선거 전문가로 당료들을 구성," "평당원의 권력은 약화되고 당원 수는 감소하여," 그리고 "선출권자나 후보들을 정당 밖에서 충원함으로써 고전적 의미의 정당 기능은 약화되었다." 는 기술을 통해 조직으로서의 정당 기능이 약화되었음을 진술하고 있다.
오답 해설	① 제시문에서 정부 속의 정당 기능은 정당이 "의회의 정책 결정과 행정부의 정책 집행을 통제"하는 기능으로 정의되어 있다. 그리고 "정치 엘리트들의 자율성은 증대되었고, 정당 지도부의 권력이 강화되어 정부 내 자당 소속의 정치인들에 대한 통제력이 증가되었다."라는 기술을 통해 정부 속의 정당 기능은 강화되었음을 진술하고 있다.
	② 제시문에서 유권자 속의 정당 기능은 "지지자들의 이익을 집약하고 표출하는" 기능이라고 정의되고 있다. 그리고 "특정 계층을 뛰어넘어 전체 유권자 집단에 호소," "이 과정에서 계층과 직능을 대표하던 기존 조직 라인은 당 조직의 외곽

으로 밀려나기도,” “지지 계층 및 집단과의 유대를 잃어가기 시작” 등의 기술을 통해 유권자 속의 정당 기능은 약화되었음을 진술하고 있다.

④ 제시문에서 “정당 조직과 당원들이 수행했던 기존의 정치적 동원은 소셜 네트워크 내 시민들의 자기 조직적 참여로 대체되었다. 심지어 정당을 우회하는 직접 민주주의의 현상도 나타났다.”라는 기술을 통해 정치적 동원 기능이 약화되었음을 진술하고 있다.

⑤ 제시문에서 “최근의 정당들이 구체적인 계급, 계층 집단을 조직하고 동원하지는 않지만 일반 이념을 매개로 정치 영역에서 유권자들을 대표하는 기능을 강화했음을 보여 주었다.”라는 기술을 통해 유권자의 일반 이념을 대표하는 기능이 강화되었음을 진술하고 있다.

18.

〈보기〉에 제시된 진술 가운데 적절한 것만을 있는 대로 고른 것은?

보 기

ㄱ. 지난 총선에서 지나치게 진보적인 노선을 제시해 패배했다고 판단한 A당이 차기 선거의 핵심 전략으로 중도 유권자도 지지할 수 있는 노선을 채택한 사례는 선거전문가정당 모형으로 가장 잘 설명될 수 있다.

ㄴ. B당이 선거 경쟁력을 향상시키기 위해 의석수에 비례해 배분했던 선거보조금의 50%를 전체 의석의 30% 이상의 의석을 지닌 정당에게 우선적으로 배분하고, 나머지는 각 정당의 의석수에 비례해 배분하자고 제안한 사례는 카르텔정당 모형으로 가장 잘 설명될 수 있다.

ㄷ. 다당제 아래 원내 의석을 과점하며 집권했던 C당이 지지율이 급감해 차기 총선의 전망이 불투명해지자 이에 대처하기 위해 개방형 국민참여경선제를 도입한 사례는 네트워크정당 모형으로 가장 잘 설명될 수 있다.

① ㄱ   ② ㄴ   ③ ㄷ

④ ㄱ, ㄴ   ⑤ ㄴ, ㄷ

문항유형 : 정보의 평가와 적용

내용영역 : 사회

이 문항은 제시문에서 소개하고 있는 각 정당 모형이 가장 잘 설명할 수 있는 사례를 찾게 함으로써 제시문을 통해 얻은 정보를 적용하는 능력을 평가한다.

정답 : ②

대중정당의 변화 과정에서 포괄정당은 기존 지지 계층을 뛰어넘어 포괄적인 지지 집단을 구성하려는 전략을 채택하며, 선거전문가정당은 외부의 선거 전문가들로 캠프를 구성하며, 카르텔정당은 소수 정당들의 진입을 가로막는 전략을 채택하며, 포스트카르텔정당은 공직후보의 선출권을 개방하는 전략을 채택하며, 네트워크정당은 온라인에서 지지자들을 조직하는 전략을 채택한다.

ㄱ. 진보적인 노선을 선택해서 총선에서 패배한 정당이 중도 유권자들도 견인하기 위한 전략을 채택한 것은 전형적인 포괄정당이 채택하는 전략, 즉 "특정 계층이나 집단의 지지만으로는 집권이 불가능해졌고 이에 따라 보다 광범위한 유권자 집단으로부터 지지를 획득하고자"한 전략이라고 볼 수 있다. 따라서 선거전문가정당이 아니라 포괄정당의 주요 특징이라 보아야 한다.

ㄴ. 기존에 의석수에 비례해 배분했던 선거보조금을 우선 50%를 전체 의석의 30% 이상의 의석을 지닌 정당에게 우선적으로 배분하고, 나머지는 각 정당의 의석수에 비례해 배분하자는 제안은 거대정당들이 정치적 자원을 과점하고 신생 정당이나 소수 정당의 진입을 막는 카르텔정당 모형의 주요 특징을 보여준다.

ㄷ. 다당제 아래 원내 의석을 과점하며 집권했던 C당이 지지율이 급감해 차기 총선의 전망이 불투명해지자 이에 대처하기 위해 개방형 국민참여경선제를 도입한 것은 "카르텔 구조를 유지하면서도 공직후보 선출권을 일반 국민에게 개방하는" 전략으로 네트워크정당의 전략이 아니라 포스트카르텔정당의 주요 전략으로 보아야 한다.

19.

㉠의 내용으로 적절하지 않은 것은?

① 당원의 자격과 권한을 강화하면 탈산업화 시대에 다변화된 계층적 이해를 제대로 대표하지 못하게 된다.

② 공직후보 선출권을 일반 시민들에게 개방하면 당의 노선에 충실한 정치 엘리트를 원활하게 충원할 수 없다.

③ 신생 정당의 원내 진입을 제한하는 규칙은 대의제를 통해 이익을 집약하고 표출할 수 없는 유권자들을 발생시킨다.

④ 정당이 유권자의 일반 이념을 대표한다고 할지라도 정당의 외연을 과도하게 확장하면 당의 계층적 정체성을 약화한다.

⑤ 온라인 공간에서 인지적 시민들과 유대를 강화하는 것에 지나치게 집중하면 당의 근간을 이루는 당원 확충에 어려움을 겪게 된다.

문항 성격	문항유형 : 정보의 평가와 적용
	내용영역 : 사회
평가 목표	대중정당론이 책임정당정치를 강화해야 한다고 주장하는 근거가 무엇인지, 즉 대중정당론이 다른 정당 체계 원리들을 어떻게 비판할 수 있는지를 판단하는 능력을 평가한다.
문제 풀이	정답 : ①

20세기 중반 이후 변모한 포괄정당, 선거전문가정당, 카르텔정당, 포스트카르텔정당, 네트워크정당에서 정당 기능의 변화를 대중정당론의 입장에서 비판하는 내용 중 적절하지 않은 것을 찾는다.

정답 해설 ① 대중정당론은 당원 중심의 운영 구조를 특징으로 하고 있다. 따라서 유권자 속의 정당 기능을 다시 당원 중심으로 복원하여 비록 다변화되었지만 탈산업화 시대에도 계층적 이해를 그대로 대변하자고 주장할 것이다. 그러나 ①은 이와 반대되는 주장으로서 오히려 대중정당론을 비판하는 입장에서의 진술이다.

오답 해설 ② 이 선택지는 대중정당론에 근거해 포스트카르텔정당의 전략을 비판한 것이다. 포스트카르텔정당은 공직후보 선출권을 일반 국민에게 개방하는 전략을 채택하는데, 이 과정에서 "선출권자나 후보들을 정당 밖에서 충원함으로써 고전적 의미의 정당 기능은 약화"될 수밖에 없다. 왜냐하면 당의 노선에 충실한 정치 엘리트가 아니라 일반 시민의 지지를 받고자 하는 후보가 더욱 많이 충원되기 때문이다.

③ 이 선택지는 대중정당론의 입장에서 카르텔정당론을 비판한 것이다. 대중정당론에 따르면, 정당은 계급과 계층을 고르게 대표해야 한다. 따라서 신생 정당의 진입을 막는 규칙들은 대표되지 못하는 유권자들을 발생시키기에 대중정당론의 입장에서 ③과 같이 비판할 수 있다.

④ 몇몇 연구들이 20세기 중후반 정당들이 유권자의 이념적 대표성을 강화해 왔다고 주장하고 있지만, 정당이 포괄 전략을 채택하는 한, 종래 정치적으로 대표하던 계층적 정체성은 약화될 수밖에 없다. 지지 계층을 중심으로 당의 지지 기반을 확장해 가야 한다고 주장하는 대중정당론의 입장에서 ④와 같이 비판할 수 있다.

⑤ 인지적 시민은 높은 정치적 관심에도 불구하고 정당에의 참여를 거부하는 시민들이다. 이러한 인지적 시민들과 온라인 공간에서 유대를 강화하는 것에 지나치게 집중하면 결국 당원 확충 기능이 약해질 수밖에 없다. 대중정당론은 이러한 전략이 결과적으로 당원 중심의 운영 구조를 약화시킬 것이라고 비판한다.

[20~22] 다음 글을 읽고 물음에 답하시오.

현대 사회에서 국가는 개인의 권리와 이익에 영향을 주는 다양한 행정 작용을 한다. 이에 따라 국가 활동으로 인해 손해를 입은 개인을 보호할 필요성이 커지게 되었다. 국가배상 제도는 국가 활동으로부터 손해를 입은 개인을 보호하기 위해 국가에게 손해배상 책임을 지운다. 이 제도는 19세기 후반 프랑스에서 법원의 판결 곧 판례에 의해 도입된 이래, 여러 나라에서 법률 또는 판례에 의해 인정되었다. 우리나라도 국가배상법을 제정하여 공무원의 법을 위반한 직무 집행으로 손해를 입은 개인에게 국가가 그 손해를 배상하도록 하고 있다.

법관이 하는 재판도 국가 활동에 속하는 이상 재판에 잘못이 있을 때 국가가 전적으로 손해배상 책임을 지는 것이 타당하다고 볼 수도 있다. 그러나 재판에는 일반적인 행정 작용과는 다른 특수성이 있어 재판에 대한 국가배상 책임을 제한할 필요성이 인정된다. 그 특수성으로 먼저 생각할 수 있는 것은 재판의 공정성을 위하여 법관의 직무상 독립이 보장되고 있다는 점이다. 만일 법관이 재판을 함에 있어서 사실관계의 파악, 법령의 해석, 사실관계에 대한 법령의 적용에 잘못을 범하였다는 이유로 국가가 손해배상 책임을 지게 되면, 법관은 이러한 손해배상 책임에 대한 부담 때문에 소신껏 재판 업무에 임할 수 없게 될 것이다.

법적 안정성을 위하여 확정 판결에 기판력이 인정된다는 것도 재판의 특수성의 하나이다. 기판력은 당사자가 불복하지 않아서 판결이 확정되거나 최상급 법원의 판단으로 판결이 확정되면, 동일한 사항이 다시 소송에서 문제가 되었을 때 당사자가 이에 저촉되는 청구를 할 수 없고 법원도 이에 저촉되는 판결을 할 수 없게 되는 구속력을 의미한다. 이는 부단히 반복될 수 있는 법적 분쟁을 일정 시점에서 사법권의 공적 권위로써 확정하여 법질서를 유지하고자 하는 것이다. 만약 일단 기판력이 생긴 확정 판결을 다시 국가배상 청구의 대상으로 삼는 것을 허용한다면, 그것만으로도 법적 안정성이 흔들리게 되기 때문이다.

재판에는 심급 제도가 마련되어 있다는 점도 특수성으로 볼 수 있다. 심급 제도는 법원의 재판에 대하여 불만이 있는 경우 상위 등급의 법원에서 다시 재판을 받을 수 있도록 하는 제도이다. 소송 당사자는 법률에 의하여 정해진 불복 절차에 따라 상급심에서 법관의 업무 수행에 잘못이 있음을 주장하여 하급심의 잘못된 결과를 시정할 수 있다. 심급 제도와 다른 방식으로 잘못된 재판의 결과를 시정하는 것은 인정되지 않는다. 재판에 대한 국가배상 책임을 넓게 인정하면 심급 제도가 무력화되어 법적 안정성을 해치게 된다.

독일에서는 법관의 직무상 의무 위반이 형사법에 의한 처벌의 대상이 되는 경우에만 국가배상 책임이 인정된다고 법률에 명시하고 있다. 이와 달리 우리나라의 국가배상법에는 재판에 대한 국가배상 책임을 부정하거나 제한하는 명문의 규정이 없다. 따라서 재판에 대한 국가배상법의 적용 자체를 부정할 수는 없다. 그러나 ⊙ 우리 대법원은 다음과 같은 방식으로 재판에 대한 국가배상 책임의 인정 범위를 좁히고 있다. 먼저, 대법원은 비록 확정 판결이라고 하더라도 법관이 그에게 부여된 권한의 취지에 명백히 어긋나게 이를 행사하였다고 인정할 만한 특별한 사정이 있는 경우에는 재판의 위법성을 인정한다. 뇌물을 받고 재판한 것과 같이 법관이 법을 어길 목적을 가지고 있었다거나 소를 제기한 날짜를 확인하지 못한 것과 같이 법관의 직무 수행에서 요구되는 법적 기준을 현저하게 위반했을 때가 이에 해당한다. 따라서 법관이 직무상 독립에 따라 내린 판단에 대하여 이후에 상급 법원이 다른 판단을 하였다는 사정만으로는 재판의 위법성이 인정되지 않는다. 그리고 대법원에 따르면, 재판에 대한 불복 절차가 마련되어 있는 경우에는 이러한 절차를 거치지 않고 국가배상 책임을 묻는 것은 인정되지 않는다. 불복 절차를 따르지 않은 탓에 손해를 회복하지 못한 사람은 원칙적으로 국가배상에 의한 보호를 받을 수 없다는 것이다. 단, 불복 절차를 거치지 않은 것 자체가 법관의 귀책사유로 인한 것과 같은 특별한 사정이 있으면 예외적으로 국가배상 책임을 물을 수 있다.

20.

윗글의 내용과 일치하는 것은?

① 프랑스를 비롯한 여러 나라에서 국가배상 제도가 법률로 도입되었다.

② 최하위 등급의 법원이 한 판결도 국가배상 책임의 대상이 될 수 있다.

③ 사실관계 파악은 법관의 직무가 아니므로 국가배상 책임의 대상이 아니다.

④ 독일은 판례를 통해서만 재판에 대한 국가배상 책임의 인정 범위를 제한한다.

⑤ 우리나라의 국가배상법은 별도의 규정으로 재판에 대한 국가배상 책임을 제한한다.

<table>
<tr><td>문항 성격</td><td>문항유형 : 정보의 확인과 재구성
내용영역 : 법 · 규범</td></tr>
<tr><td>평가 목표</td><td>이 문항은 국가배상 책임 및 재판에 대한 국가배상 책임의 인정 범위에 관한 제시문의
설명을 바탕으로 그에 관한 기본적인 정보를 정확하게 이해하고 있는지를 평가한다.</td></tr>
<tr><td>문제 풀이</td><td>정답 : ②</td></tr>
</table>

국가배상 책임 제도의 연혁 및 개념, 각국의 재판에 대한 국가배상 책임의 인정 범위에 관한 제시문의 설명을 정확하게 이해하고 그 내용과 부합하는 선택지를 골라야 한다.

정답 해설 ② 제시문의 "기판력은 당사자가 불복하지 않아서 판결이 확정되거나 최상급 법원의 판단으로 판결이 확정되면"에서 보면 최하위 등급의 법원도 당사자가 불복하지 않으면 판결이 확정될 수 있다. 판결이 확정된다면 당연히 국가배상 책임의 대상이 될 수 있다. 그런데 최하위 등급의 법원의 판결이 확정되는 것은 당사자가 불복하지 않기 때문인데, 제시문의 "불복 절차를 따르지 않은 탓에 손해를 회복하지 못한 사람은 원칙적으로 국가배상에 의한 보호를 받을 수 없다는 것이다."에 따르면 국가배상 보호를 받을 수 없을 수도 있으나 제시문의 다음 부분인 "단, 불복 절차를 거치지 않은 것 자체가 법관의 귀책사유로 인한 것과 같은 특별한 사정이 있으면 예외적으로 국가배상 책임을 물을 수 있다."를 보면 특별한 사정이 있으면 국가배상 책임을 물을 수 있으므로 국가배상 책임의 대상이 될 수 있다.

오답 해설 ① 제시문의 "이 제도는 19세기 후반 프랑스에서 법원의 판결 곧 판례에 의해 도입된 이래,"에 따르면 프랑스는 판례에 의해 국가배상이 도입되었다.

③ 제시문의 "법관이 재판을 함에 있어서 사실관계의 파악, 법령의 해석, 사실관계에 대한 법령의 적용에 잘못을 범하였다는 이유로 국가가 손해배상 책임을 지게 되면"에 따르면, 사실관계의 파악은 법관의 직무에 포함된다.

④ 제시문의 "독일에서는 법관의 직무상 의무 위반이 형사법에 의한 처벌의 대상이 되는 경우에만 국가배상 책임이 인정된다고 법률에 명시하고 있다."라는 부분을 볼 때, 독일은 재판에 대한 국가배상 책임의 인정 범위를 법률로 제한하고

있으며 판례로만 인정 범위를 제한하지 않는다.

⑤ 제시문의 "우리나라의 국가배상법에는 재판에 대한 국가배상 책임을 부정하거나 제한하는 명문의 규정이 없다."라는 부분을 볼 때, 우리나라에서는 재판에 대한 국가배상 책임을 별도의 규정으로 제한하지 않는다.

21.

㉠의 입장에 대해 판단한 것으로 적절하지 <u>않은</u> 것은?

① 국가배상 청구가 심급 제도를 대체하는 불복 절차로 기능하는 것을 허용하지 않는다.
② 법적 절차를 거치지 않은 피해자의 권리를 법적 안정성의 유지를 위해 희생하는 것을 허용한다.
③ 판결이 확정되어 기판력이 발생하면 그 확정 판결로 인해 생긴 손해에 대해서는 국가배상 책임을 인정하지 않는다.
④ 법관이 법을 어기면서 이루어진 재판에 대해서는 법관의 직무상 독립을 보장하는 취지에 어긋나기 때문에 그 위법성을 인정한다.
⑤ 법관의 직무상 독립을 위해, 판결에 나타난 법관의 법령 해석이 상급 법원의 해석과 다르다는 것만으로 재판의 위법성을 인정하지 않는다.

문항 성격 문항유형 : 의도, 관점, 입장 파악
내용영역 : 법·규범

평가 목표 이 문항은 제시문에 명시적으로 서술된, 재판에 대한 국가배상 책임의 인정 범위에 대한 대법원의 견해를 바탕으로 대법원의 입장을 정확히 파악하는 능력을 평가한다.

문제 풀이 정답 : ③

대법원은 불복 절차를 거치지 않으면 재판에 대한 국가배상 책임을 인정하지 않으나 불복 절차를 거치지 않은 것에 특별한 사정이 있는 경우에는 예외로 하고 있다는 제시문의 내용에 착안하여 문항에 접근해야 한다.

정답 해설 ③ 제시문의 "대법원은 비록 확정 판결이라고 하더라도 법관이 그에게 부여된 권한의 취지에 명백히 어긋나게 이를 행사하였다고 인정할 만한 특별한 사정이 있는 경우에는 재판의 위법성을 인정한다."에 따르면 대법원은 특별한 사정이

있으면 재판의 국가배상 책임을 인정한다.

① 제시문의 "소송 당사자는 법률에 의하여 정해진 불복 절차에 따라 상급심에서 법관의 업무 수행에 잘못이 있음을 주장하여 하급심의 잘못된 결과를 시정할 수 있다. 심급 제도와 다른 방식으로 잘못된 재판의 결과를 시정하는 것은 인정되지 않는다."를 보면 심급 제도와 다른 방식으로 재판의 잘못을 시정하는 것이 인정되지 않고, 제시문의 "대법원에 따르면, 재판에 대한 불복 절차가 마련되어 있는 경우에는 이러한 절차를 거치지 않고 국가배상 책임을 묻는 것은 인정되지 않는다. 불복 절차를 따르지 않은 탓에 손해를 회복하지 못한 사람은 원칙적으로 국가배상에 의한 보호를 받을 수 없다는 것이다."를 보면 대법원은 불복 절차가 있으면 그것을 국가배상 책임 인정보다 우선한다는 점을 알 수 있다. 따라서 대법원은 국가배상 청구가 심급 제도를 대체하는 것을 허용하지 않는다.

② 제시문의 "재판에 대한 국가배상 책임을 넓게 인정하면 심급 제도가 무력화되어 법적 안정성을 해치게 된다."를 보면 심급 제도가 법적 안정성을 위한 것임을 알 수 있고, "대법원에 따르면, 재판에 대한 불복 절차가 마련되어 있는 경우에는 이러한 절차를 거치지 않고 국가배상 책임을 묻는 것은 인정되지 않는다. 불복 절차를 따르지 않은 탓에 손해를 회복하지 못한 사람은 원칙적으로 국가배상에 의한 보호를 받을 수 없다는 것이다."를 보면 대법원이 법적 안정성을 위하여 법적 절차의 하나인 심급 제도를 거치지 않은 피해자의 권리를 희생할 수 있다는 입장을 취하고 있음을 알 수 있다.

④ 제시문의 "대법원은 비록 확정 판결이라고 하더라도 법관이 그에게 부여된 권한의 취지에 명백히 어긋나게 이를 행사하였다고 인정할 만한 특별한 사정이 있는 경우에는 재판의 위법성을 인정한다. 뇌물을 받고 재판한 것과 같이 법관이 법을 어길 목적을 가지고 있었다거나 소를 제기한 날짜를 확인하지 못한 것과 같이 법관의 직무 수행에서 요구되는 법적 기준을 현저하게 위반했을 때가 이에 해당한다."를 보면 대법원은 법을 어기면서 이루어진 법관의 재판에 대해서는 위법성을 인정한다.

⑤ 제시문의 "대법원은 비록 확정 판결이라고 하더라도 법관이 그에게 부여된 권한의 취지에 명백히 어긋나게 이를 행사하였다고 인정할 만한 특별한 사정이 있는 경우에는 재판의 위법성을 인정한다."와 "따라서 법관이 직무상 독립에 따라 내린 판단에 대하여 이후에 상급 법원이 다른 판단을 하였다는 사정만으로는 재판의 위법성이 인정되지 않는다."를 보면 대법원은 법관의 직무상의 독립을 위해 법관의 직무의 하나인 법령의 해석이 상급 법원의 해석과 다르다는 것만으로 재판의 위법성을 인정하지 않는다.

22.

〈보기〉의 사례에 대한 아래의 판단 중 적절한 것만을 있는 대로 고른 것은?

> **보기**
>
> A는 헌법재판소에 헌법소원 심판을 청구하였다. A는 적법한 청구 기간 내인 1994년 11월 4일에 심판 청구서를 제출하였으나, 헌법재판소는 청구서에 찍힌 접수 일자를 같은 달 14일로 오인하였다. 헌법재판소는 적법한 청구 기간이 지났음을 이유로 하여 재판관 전원 일치의 의견으로 A의 심판 청구를 받아들이지 않는다는 결정을 하였다. 당시에는 헌법재판소의 결정에 대한 불복 절차가 마련되어 있지 않았기 때문에 A는 위 결정의 잘못을 바로잡을 수 없었다. A는 법을 위반한 헌법재판소 결정으로 인해 손해를 입었다고 하여 1997년에 법원에 국가배상 청구를 하였고, 2003년에 이 청구에 대한 대법원의 판결이 내려졌다.
>
> ㄱ. 법관의 직무상 독립 보장만을 이유로 이 사건에서 국가배상 책임을 부인할 수는 없다.
> ㄴ. 법원은 A의 심판 청구서가 적법한 청구 기간 내에 헌법재판소에 제출되었다고 보아 헌법재판소 결정의 위법성을 인정할 수 있다.
> ㄷ. 1997년에는 헌법재판소의 결정에 대한 불복 절차가 마련되어 있지 않았기 때문에 A의 국가배상 청구는 법원이 받아들이지 않았을 것이다.

① ㄱ   ② ㄴ   ③ ㄷ
④ ㄱ, ㄴ   ⑤ ㄴ, ㄷ

문항 성격	문항유형 : 정보의 평가와 적용
	내용영역 : 법·규범
평가 목표	이 문항은 재판에 대한 국가배상 책임의 인정 범위를 제한하는 입장 및 대법원의 입장을 정확히 이해하고 그와 같은 입장을 〈보기〉의 사례에 적용할 수 있는 능력을 평가한다.
문제 풀이	정답 : ④

재판에 대한 국가배상 책임의 인정 범위를 제한하는 입장을 이해하고 이를 〈보기〉의 사례에 적용해 보고 이를 바탕으로 선택지의 적절성을 판단해야 한다.

〈보기〉 해설   ㄱ. 〈보기〉의 "헌법재판소는 청구서에 찍힌 접수 일자를 같은 달 14일로 오인하였다."를 보면 헌법재판소는 심판 청구를 한 일자를 오인하였고, 제시문의 "소를 제기한 날짜를 확인하지 못한 것과 같이 법관의 직무 수행에서 요구되는 법적 기준을 현저하게 위반했을 때가 이에 해당한다."에 따르면, 이것이 법관의 직무 수행에서 요구되는 법적 기준을 현저하게 위반한 것에 해당함을 알 수 있다. 제시문의 "법관이 그에게 부여된 권한의 취지에 명백히 어긋나게 이를 행사하였다고 인정할 만한 특별한 사정이 있는 경우에는 재판의 위법성을 인정한다."에 따르면 법관에게 부여된 권한의 취지에 명백히 어긋나게 이를 행사하였다고 인정할 만한 특별한 사정이 있다고 볼 수 있는 이 사건의 경우에는 법관의 직무상 독립 보장만을 이유로 국가배상 책임을 부인할 수 없음을 알 수 있다.

ㄴ. 제시문의 "소를 제기한 날짜를 확인하지 못한 것과 같이 법관의 직무 수행에서 요구되는 법적 기준을 현저하게 위반했을 때가 이에 해당한다."에 따르면 심판 청구 일자를 오인하였다는 점은 재판의 위법성을 인정할 수 있는 사유가 된다. 〈보기〉의 "재판관 전원 일치의 의견으로 A의 심판 청구를 받아들이지 않는다는 결정"의 위법성을 인정하기 위해서는 법원은 A의 심판 청구서가 적법한 청구 기간 내에 헌법재판소에 제출되었다고 판단해야 한다.

ㄷ. 제시문의 "대법원에 따르면, 재판에 대한 불복 절차가 마련되어 있는 경우에는 이러한 절차를 거치지 않고 국가배상 책임을 묻는 것은 인정되지 않는다."를 보면 불복 절차를 거치지 않으면 재판의 국가배상 책임을 인정하지 않는다. 그런데 제시문의 다음 부분 "불복 절차를 거치지 않은 것 자체가 법관의 귀책사유로 인한 것과 같은 특별한 사정이 있으면 예외적으로 국가배상 책임을 물을 수 있다."를 보면 불복 절차를 거치지 않은 것에 특별한 사정이 있으면 예외적으로 국가배상 책임을 물을 수 있다. 이 사례는 불복 절차가 마련되어 있지 않은 것이므로 특별한 사정이 있다고 볼 수 있으므로 법원이 국가배상 청구를 받아들이지 않을 것이라고 단정할 수 없다.

[23~25] 다음 글을 읽고 물음에 답하시오.

건초 더미를 가득 싣고 졸졸 흐르는 개울물을 건너는 마차, 수확을 앞둔 밀밭 사이로 양 떼를 몰고 가는 양치기 소년과 개, 이른 아침 농가의 이층 창밖으로 펼쳐진 청록의 들녘 등, 이런 평범한 시골 풍경을 그린 컨스터블(1776~1837)은 오늘날 영국인들에게 사랑을 받는 영국의 국민 화가이다. 현대인들은 그의 풍경화를 통해 영국의 전형적인 농촌 풍경을 떠올리지만, 사실 컨스터블이 활동하던 19세기 초반까지 이와 같은 소재는 풍경화의 묘사 대상이 아니었다. ⊙ 그렇다면 평범한 농촌의 일상 정경을 그린 컨스터블은 왜 영국의 국민 화가가 되었을까?

컨스터블의 그림은 당시 풍경화의 주요 구매자였던 영국 귀족의 취향에서 어긋나 그다지 인기를 끌지 못했다. 당시 유행하던 픽처레스크 풍경화는 도식적이고 이상화된 풍경 묘사에 치중했지만, 컨스터블의 그림은 평범한 시골의 전원 풍경을 사실적으로 묘사한 것처럼 보인다. 이 때문에 그의 풍경화는 자연에 대한 과학적이고 객관적인 관찰을 바탕으로, 아무도 눈여겨보지 않았던 평범한 농촌의 아름다운 풍경을 포착하여 표현해 낸 결과물로 여겨져 왔다. 객관적 관찰과 사실적 묘사를 중시하는 관점에서 보면 컨스터블은 당대 유행하던 화풍과 타협하지 않고 독창적인 화풍을 추구한 화가이다.

그러나 1980년대에 들어서면서 이와 같은 관점에 대해 의문을 제기하는 ⓐ 비판적 해석이 등장한다. 새로운 해석은 작품이 제작될 당시의 구체적인 사회적 상황을 중시하며 작품에서 지배 계급의 왜곡된 이데올로기를 읽어내는 데 중점을 둔다. 이 해석에 따르면 컨스터블의 풍경화는 당시 농촌의 모습을 있는 그대로 전달해 주지 않는다. 사실 컨스터블이 활동하던 19세기 전반 영국은 산업혁명과 더불어 도시화가 급속히 진행되어 전통적 농촌 사회가 와해되면서 농민 봉기가 급증하였다. 그런데 그의 풍경화에 등장하는 인물들은 거의 예외 없이 원경으로 포착되어 얼굴이나 표정을 알아보기 어렵다. 시골에서 나고 자라 복잡한 농기구까지 세밀하게 그릴 줄 알았던 컨스터블이 있는 그대로의 자연을 포착하려 했다면 왜 농민들의 모습은 구체적으로 표현하지 않았을까? 이는 풍경의 관찰자인 컨스터블과 풍경 속 인물들 간에는 항상 일정한 심리적 거리가 유지되고 있기 때문이다. 수정주의 미술사학자들은 컨스터블의 풍경화에 나타나는 인물과 풍경의 불편한 동거는 바로 이러한 거리 두기에서 비롯한다고 주장하면서, 이 거리는 계급 간의 거리라고 해석한다. 지주의 아들이었던 그는 19세기 전반 영국 농촌 사회의 불안한 모습을 애써 외면했고, 그 결과 농민들은 적당히 화면에서 떨어져 있도록 배치하여 결코 그들의 일그러지고 힘든 얼굴을 볼 수 없게 하였다는 것이다.

여기서 우리는 위의 두 견해가 암암리에 공유하는 기본 전제에 주목할 필요가 있다. 두 견해는 모두 작품이 가진 의미의 생산자를 작가로 보고 있다. 유행을 거부하고 남들이 보지 못한 평범한 농촌의 아름다움을 발견한 '천재' 컨스터블이나 지주 계급 출신으로 불안한 농촌 현실을 직시하지 않으려 한 '반동적' 컨스터블은 결국 동일한 인물로서 작품의 제작자이자 의미의 궁극적 생산자로 간주된다. 그러나 생산자가 있으면 소비자가 있게 마련이다. 기존의 견해는 소비자의 역할에 주목하지 않았다. 하지만 ⓒ 소비자는 생산자가 만들어 낸 작품을 수동적으로 수용하는 존재가 아니다. 미술 작품을 포함한 문화적 텍스트의 의미는 그 텍스트를 만들어 낸 생산자나 텍스트 자체에 내재하는 것이 아니라 텍스트를 수용하는 소비자와의 상호 작용에 의해 결정된다. 다시 말해 수용자는 이해와 수용의 과정을 통해 특정 작품의 의미를 끊임없이 재생산하는 능동적 존재인 것이다. 따라서 앞에서 언급한 해석들은 컨스터블 풍경화가 함축한 의미의 일부만 드러낸 것이고 나머지 의미는 그것을 바라보는 감상자의 경험과 기대가 투사되어 채워지는 것이라고 할 수 있다. 즉 컨스터블의 풍경화가 지니는 가치는 풍경화 그 자체가 아니라 감상자의 의미 부여에 의해 완성되는 것이다. 이런 관점에서 보면 컨스터블의 풍경화에 담긴 풍경이 실재와 얼마나 일치하는가는 크게 문제가 되지 않는다.

23.

컨스터블의 풍경화에 대한 설명으로 적절한 것은?

① 목가적인 전원을 그려 당대에 그에게 큰 명성을 안겨 주었다.
② 사실적 화풍으로 제작되어 당시 영국 귀족들에게 선호되지 못했다.
③ 서정적인 농촌 정경을 담고 있는 전형적인 픽처레스크 풍경화이다.
④ 세부 묘사가 결여되어 있어 그가 인물 표현에는 재능이 없었음을 보여준다.
⑤ 객관적 관찰에 기초하여 19세기 전반 영국 농촌의 현실을 가감 없이 그려 냈다.

문항 성격	문항유형 : 정보의 확인과 재구성
	내용영역 : 인문
평가 목표	이 문항은 제시문에서 소개되는 컨스터블의 풍경화에 대한 다양한 정보를 정확하게 이해하고 있는지 평가한다.
문제 풀이	정답 : ②

컨스터블의 풍경화가 묘사한 대상, 화풍, 역사적 배경 및 해석에 대한 제시문의 진술들을 확인하여 그 내용과 부합하는 선택지를 골라야 한다.

정답 해설 ② 제시문에서 컨스터블의 풍경화는 제작 당시 풍경화의 주요 구매층인 영국 귀족들에게 인기가 없었음을 밝히고 있다. 또한 제시문에서 컨스터블은 당시 유행하던 도식적이고 이상화된 풍경 묘사에 치중하는 픽처레스크 풍경화 제작 전통을 따르지 않고 객관적 관찰에 바탕한 사실적 화풍을 구사했음을 언급하고 있으므로, 컨스터블의 풍경화는 제작 당시 사실적인 화풍 때문에 영국 귀족들에게 인기가 없었던 것으로 이해할 수 있다.

① 제시문의 "컨스터블의 그림은 당시 풍경화의 주요 구매자였던 영국 귀족의 취향에서 벗어나 그다지 인기를 끌지 못했다."라는 진술을 통해 컨스터블은 생존 당시 큰 명성을 얻지 못했음을 알 수 있다.

③ 제시문의 "당시 유행하던 픽처레스크 풍경화는 도식적이고 이상화된 풍경 묘사에 치중했지만, 컨스터블의 풍경화는 평범한 시골의 전원 풍경을 사실적으로 묘사한 것처럼 보인다."라는 구절을 볼 때, 컨스터블의 풍경화는 전형적인 픽처레스크 풍경화와는 대척점에 서 있는 것임을 알 수 있다.

④ 제시문의 "시골에서 나고 자라 복잡한 농기구까지 세밀하게 그릴 줄 알았던 컨스터블이 있는 그대로의 자연을 포착하려 했다면 왜 농민들의 모습은 구체적으로 표현하지 않았을까?"라는 구절을 통해 인물 표현에 재능이 없었던 것이 아니라 재능이 있음에도 불구하고 인물 표현에 집중하지 않았음을 알 수 있다. 수정주의 미술사학자들은 컨스터블 풍경화에서 인물의 세부 묘사가 결여되어 있는 것은 컨스터블의 의도된 거리 두기 때문이라고 주장한다.

⑤ 제시문의 "사실 컨스터블이 활동하던 19세기 전반 영국은 산업혁명과 더불어 도시화가 급속히 진행되어 전통적 농촌 사회가 와해되면서 농민 봉기가 급증하였다. 그런데 그의 풍경화에 등장하는 인물들은 거의 예외 없이 원경으로 포착되어 얼굴이나 표정을 알아보기 어렵다."라는 진술과 컨스터블이 지주의 아들이었다는 점을 고려하면, 그가 당대 영국 농촌의 현실을 가감 없이 그려 낸 것이 아니라 선택적으로 표현했음을 알 수 있다.

24.

ⓛ을 바탕으로 ㉠에 대해 답한 내용으로 가장 적절한 것은?

① 현대 영국인들은 컨스터블의 풍경화에 담긴 농민의 구체적인 삶에 대해 연대감을 느꼈기 때문이다.

② 컨스터블이 풍경화를 통해 당대의 농촌 현실을 비판적으로 그려 내려 했던 의도에 공감했기 때문이다.

③ 컨스터블의 풍경화는 화가가 인물과 풍경에 대해 심리적 거리를 제거하여 고향의 모습을 담아냈기 때문이다.

④ 컨스터블의 풍경화에 나타난 재현의 기법이 현대 풍경화의 기법과는 달리 감상자가

이해하기 쉽기 때문이다.
⑤ 고향에 대한 향수를 지닌 도시인들이 컨스터블의 풍경화에서 자신이 마음속에 그리는 고향의 모습을 발견했기 때문이다.

<table>
<tr><td>문항 성격</td><td colspan="2">문항유형 : 정보의 추론과 해석</td></tr>
<tr><td></td><td colspan="2">내용영역 : 인문</td></tr>
<tr><td>평가 목표</td><td colspan="2">이 문항은 제시문 마지막 문단에서 소개하고 있는 수용 이론적 관점을 정확히 파악하여 컨스터블의 풍경화에 대한 현대 영국인들의 수용 방식에 관한 수용 이론적 설명을 올바르게 추론할 수 있는지 평가한다.</td></tr>
<tr><td>문제 풀이</td><td colspan="2">정답 : ⑤</td></tr>
</table>

수용 이론은 작품 해석에 있어 작품 제작자보다는 이를 소비하는 수요자의 능동적 역할에 주목한다. 작품의 의미는 제작자가 완성해서 제공하는 것이 아니라 이를 보는 관람자의 경험과 기대가 투영되어 완성된다. 여기서 주의할 것은 수용 이론이 수용자의 자의적 해석을 모두 용인하는 것은 아니라는 점이다. 작품의 의미는 텍스트와 수용자 간의 "상호 작용"에 의해 결정된다. 즉 수용자가 일방적으로 부여하는 의미는 가치가 없다. 예를 들어, 시골 농장에 있는 말을 그린 그림을 보고 농장에 같이 있는 소 생각이 났다고 해서 그림의 의미나 주제가 소라고 주장할 수는 없다. 본 문항에 대해 옳게 답하기 위해서는 이러한 수용 이론적 관점을 제대로 이해하고 있어야 한다.

정답 해설 ⑤ "미술 작품을 포함한 문화적 텍스트의 의미는 그 텍스트를 만들어 낸 생산자나 텍스트 자체에 내재하는 것이 아니라 텍스트를 수용하는 소비자와의 상호 작용에 의해 결정된다. 다시 말해 수용자는 이해와 수용의 과정을 통해 특정 작품의 의미를 끊임없이 재생산하는 능동적 존재인 것이다. 따라서 앞에서 언급한 해석들은 컨스터블 풍경화가 함축한 의미의 일부만 드러낸 것이고 나머지 의미는 그것을 바라보는 감상자의 경험과 기대가 투사되어 채워지는 것이라고 할 수 있다."라는 제시문의 내용을 통해 우리는 수용 이론적 관점을 파악할 수 있다. 수용 이론적 관점에서 컨스터블의 풍경화에 대한 현대 영국인들의 수용 방식을 생각해 보면, 산업화된 도시에 사는 영국인들은 고향에 대한 향수를 지니고 있어 컨스터블의 풍경화를 보며 자신이 마음속에 그리는 고향의 모습을 떠올린다고 볼 수 있다. 산업화된 도시에 사는 영국인들에게 컨스터블의 농촌 풍경화는 비록 자신이 떠나온 혹은 알고 있는 고향 마을의 풍경과 정확히 일치하지는 않지만 자신의 경험과 기대를 투사시킬 수 있을 정도로 충분히 유사하고 사실적이므로, 컨스터블의 풍경화는 도시인이 자신의 마음속에 그린 고향의 모습을 대변할 수 있다.

① 제시문에 언급되었듯이 컨스터블의 풍경화는 시골 농촌 풍경을 담고 있지만 농민의 구체적인 모습은 담고 있지 않다. 따라서 컨스터블의 풍경화를 통해 농민의 삶에 대해 연대감을 느끼기는 어렵다.

② 제시문을 통해 알 수 있듯이 컨스터블의 풍경화는 농촌 현실을 가감 없이 비판적으로 표현하지 않고 오히려 불안한 농촌의 현실을 은폐하고 있다.

③ 제시문을 통해 알 수 있듯이 컨스터블 풍경화에는 작가와 풍경 속 인물들 간에 일정한 심리적 거리가 존재한다. 또한 이 선택지는 ㉠에 대한 수용 이론적 관점에서의 대답으로 간주되기 어렵다. 현대 영국인들이 컨스터블의 풍경화를 감상하면서 어떤 의미 해석을 하는지에 대한 아무런 언급이 없기 때문이다.

④ ㉠에 대한 수용 이론적 관점에서의 대답으로 간주되기 어렵다. 컨스터블의 풍경화에 나타난 재현의 기법이 감상자가 이해하기 쉬운 기법이기 때문에 컨스터블이 영국의 국민 화가가 되었다는 주장에는 의미 해석에 있어서의 수용자의 능동적 참여를 과소평가하는 입장이 함축되어 있다.

25.
ⓐ의 시각에 따른 작품 해석과 가장 가까운 것은?

① 시민들의 희생을 추도할 목적으로 제작된 것으로 알려진 로댕의 조각 〈칼레의 시민〉은 인간의 내면적 고뇌를 독창적으로 표현하려는 작가 정신의 소산이다.

② 원시에의 충동을 잘 표현한 것으로 알려진 고갱의 그림 〈타히티의 여인〉은 그 밑바탕에 비서구 식민지에 대한 서구인의 우월적 시각이 자리 잡고 있다.

③ 바로크 양식을 충실하게 구현하였다고 알려진 렌의 〈세인트 폴 대성당〉 설계는 건물의 하중을 지탱하는 과학적 원리의 도입에 중점을 두고 있다.

④ 팬 포커스와 같은 탁월한 촬영 기법을 창안한 것으로 알려진 웰스의 영화 〈시민 케인〉은 내용과 형식의 완벽한 조화를 추구한 결과이다.

⑤ 레오나르도 다빈치의 〈모나리자〉를 모방한 것으로 알려진 뒤샹의 사진 〈모나리자〉는 원전에 대한 풍자의 의도가 깔려 있다.

문항유형 : 정보의 평가와 적용
내용영역 : 인문

이 문항은 제시문에 소개된 컨스터블의 풍경화를 해석하는 관점 중 하나인 비판적 해석이 무엇인가를 정확히 이해하고 이를 실제 다양한 작품 해석에 적용할 수 있는지 평가한다.

문제 풀이 정답 : ②

수정주의 미술사학자들이 주로 채택한 비판적 해석은 "작품이 제작될 당시의 구체적인 사회적 상황을 중시하며 작품에서 지배 계급의 왜곡된 이데올로기를 읽어내는 데 중점을 둔다." 즉 눈에 보이는 작품의 이면에 숨겨지거나 은폐된 지배 계급의 허위 의식을 찾아내어 폭로하는 관점이라는 것을 제대로 이해하고 있어야 한다.

정답 해설 ② "고갱의 그림 〈타히티의 여인〉은 그 밑바탕에 비서구 식민지에 대한 서구인의 우월적 시각이 자리 잡고 있다."는 작품 해석은 작품이 제작될 당시의 구체적인 사회적 상황을 중시하여 작품에서 서구인의 왜곡된 이데올로기를 읽어내는 데 중점을 두고 있으므로 비판적 해석에 따른 작품 해석으로 간주될 수 있다.

오답 해설 ① 로댕의 조각 〈칼레의 시민〉을 독창성을 추구한 작가 정신의 소산으로 보는 관점은, 작가를 '천재'로 파악하는 작가 개인에 초점을 맞추는 해석으로 사회적 상황을 중시하는 이데올로기적 해석과는 거리가 멀다.

③ 눈에 보이는 건축 작품의 양식보다는 그 이면에 내재한 과학적 원리의 탐구에 주목하는 관점은 작품을 통해 지배 계급의 숨겨진 이데올로기를 탐구하는 해석 방식과는 다분히 거리가 멀다.

④ 독창적인 기법의 탄생을 작품의 내용과 형식의 조화를 추구하는 작가 개인 정신의 소산으로만 파악할 뿐 구체적인 사회적 상황이나 왜곡된 이데올로기에 대한 언급이 없다. 비판적 해석으로 간주될 수 없다.

⑤ 원전을 바탕으로 한 모방을 일종의 풍자라고 보는 관점은 지배 계급의 왜곡된 이데올로기를 폭로하는 것과는 다분히 무관하다고 볼 수 있다.

[26~28] 다음 글을 읽고 물음에 답하시오.

지난 세기 미국 경제는 확연히 다른 시기들로 나뉠 수 있다. 1930년대 이후 1970년대 말까지는 소득 불평등이 완화되었다. 특히 제2차 세계 대전 직후 30년 가까이는 성장과 분배 문제가 동시에 해결된 황금기로 기록되었다. 그러나 1980년 이후로는 소득 불평등이 급속히 심화되었고, 경제 성장률도 하락했다. 이러한 변화와 관련해 많은 경제학자들은 기술 진보에 주목했다. 기술 진보는 성장과 분배의 두 마리 토끼를 한꺼번에 잡을 수 있는 만병통치약으로 칭송되기도 하지만, 소득 분배를 악화시키고 사회적 안정성을 저해하는 위협 요인으로 비난받기도 한다. 그러나 어느 쪽을 선택한 연구든 20세기 미국 경제의 역사적 현실을 통합적으로 해명하는 데는 한계가 있다.

기술 진보의 중요성을 놓치지 않으면서도 기존 연구의 한계를 뛰어넘는 대표적인 연구로는 골딘과 카츠가 제시한 '교육과 기술의 경주 이론'이 있다. 이들에 따르면, 기술이 중요한 것은 맞지만 교육은 더 중요하며, 불평등의 추이를 볼 때는 더욱 그렇다. 이들은 우선 신기술 도입이 생산성 상승과 경제 성장으로 이어지려면 노동자들에게 새로운 기계를 익숙하게 다룰 능력이 있어야 하는데, 이를 가능케 하는 것이 바로 정규 교육기관 곧 학교에서 보낸 수년간의 교육 시간들이라는 점을 강조한다. 이때 학교를 졸업한 노동자는 그렇지 않은 노동자에 비해 생산성이 더 높으며 그로 인해 상대적으로 더 높은 임금, 곧 숙련 프리미엄을 얻게 된다. 그런데 학교가 제공하는 숙련의 내용은 신기술의 종류에 따라 다르다. 20세기 초반에는 기본적인 계산을 할 줄 알고 기계 설명서와 도면을 읽어내는 능력이 요구되었고, 이를 위한 교육은 주로 중·고등학교에서 제공되었다. 기계가 한층 복잡해지고 IT 기술의 응용이 중요해진 20세기 후반부터는 추상적으로 판단하고 분석할 수 있는 능력의 함양과 함께, 과학, 공학, 수학 등의 분야에 대한 학위 취득이 요구되고 있다.

골딘과 카츠는 기술을 숙련 노동자에 대한 수요로, 교육을 숙련 노동자의 공급으로 규정하고, 기술의 진보에 따른 숙련 노동자에 대한 수요의 증가 속도와 교육의 대응에 따른 숙련 노동자 공급의 증가 속도를 '경주'라는 비유로 비교함으로써, 소득 불평등과 경제 성장의 역사적 추이를 해명한다. 이들에 따르면, 기술은 숙련 노동자들에 대한 상대적 수요를 늘리는 방향으로 변화했고, 숙련 노동자에 대한 수요의 증가율 곧 증가 속도는 20세기 내내 대체로 일정하게 유지된 반면, 숙련 노동자의 공급 측면은 부침을 보였다. 숙련 노동자의 공급은 전반부에는 크게 늘어나 그 증가율이 수요 증가율을 상회했지만, 1980년부터는 증가 속도가 크게 둔화됨으로써 대졸 노동자의 공급 증가율이 숙련 노동자에 대한 수요 증가율을 하회하게 되었다. 이들은 기술과 교육, 양쪽의 증가 속도를 비교함으로써 1915년부터 1980년까지 진행되었던 숙련 프리미엄의 축소는 숙련 노동자들의 공급이 더 빠르게 늘어난 결과, 곧 교육이 기술을 앞선 결과임을 밝혔다. 이에 비해 1980년 이후에 나타난 숙련 프리미엄의 확대, 곧 교육에 따른 임금 격차의 확대는 대졸 노동자의 공급 증가율 하락에 의한 것으로 보았다. 이러한 분석 결과에 소득 불평등의 많은 부분이 교육에 따른 임금 격차에 의해 설명되었다는 역사적 연구가 결합됨으로써, 미국의 경제 성장과 소득 불평등은 교육과 기술의 '경주'에 의해 설명될 수 있었다.

그렇다면 교육을 결정하는 힘은 어디에서 나왔을까? 특히 양질의 숙련 노동력이 생산 현장의 수요에 부응해 빠른 속도로 늘어나도록 한 힘은 어디에서 나왔을까? 골딘과 카츠는 이와 관련해 1910년대를 기점으로 본격화되었던 중·고등학교 교육 대중화 운동에 주목한다. 19세기 말 경쟁의 사다리 하단에 머물러 있던 많은 사람들은 교육이 자식들에게 새로운 기회를 제공해 주기를 희망했다. 이러한 염원이 '풀뿌리 운동'으로 확산되고 마침내 정책으로 반영되면서 변화가 시작되었다. 지방 정부가 독자적으로 재산세를 거둬 공립 중등 교육기관을 신설하고 교사를 채용해 양질의 일자리를 얻는 데 필요한 교육을 무상으로 제공하게 된 것이다. 이들의 논의는 새로운 대중 교육 시스템의 확립에 힘입어 신생 국가인 미국이 부자 나라로 성장하고, 수많은 빈곤층 젊은이들이 경제 성장의 열매를 향유했던 과정을 잘 보여 준다.

교육과 기술의 경주 이론은 신기술의 출현과 노동 수요의 변화, 생산 현장의 필요에 부응하는 교육기관의 숙련 노동력 양성, 이를 뒷받침하는 제도와 정책의 대응, 더 새로운 신기술의 출현이라는 동태적 상호 작용 속에서 성장과 분배의 양상이 어떻게 달라질 수 있는가에 관한 중요한 이론적 준거를 제공해 준다. 그러나 이 이론은 ㉠ 한계도 적지 않아 성장과 분배에 대한 다양한 논쟁을 촉발하고 있다.

26.

윗글에 제시된 미국 경제에 대한 이해로 적절하지 <u>않은</u> 것은?

① 20세기 초에는 강화된 공교육이 경제 성장에 기여했다.
② 20세기 초에는 숙련에 대한 요구가 계산 및 독해 능력에 맞춰졌다.
③ 20세기 초에는 미숙련 노동자가, 말에는 숙련 노동자가 선호되었다.
④ 20세기 말에는 숙련 노동자의 공급이 대학 이상의 고등교육에 의해 주도되었다.
⑤ 20세기 말에는 소득 분배의 악화 및 경제 성장의 둔화 현상이 동시에 발생했다.

문항 성격	문항유형 : 정보의 확인과 재구성
	내용영역 : 사회
평가 목표	제시문에 제시된 정보들을 제대로 파악하고 정확하게 재구성할 수 있는지의 능력을 평가한다.
문제 풀이	정답 : ③

20세기 미국의 경제 성장과 소득 분배를 기술과 교육의 경주에 의해 설명하는 과정에서 제시된 내용들을 제대로 이해했는지를 평가하기 위해 설계된 문항이다.

③ 제시문의 "기술은 숙련 노동자들에 대한 상대적 수요를 늘리는 방향으로 변화했고, 숙련 노동자에 대한 수요의 증가율 곧 증가 속도는 20세기 내내 대체로 일정하게 유지"되었다는 부분을 볼 때, 숙련 노동자는 20세기 내내 미숙련 노동자들에 비해 더 선호되었음을 확인할 수 있다. 또한 제시문의 "20세기 초반에는 기본적인 계산을 할 줄 알고 기계 설명서와 도면을 읽어내는 능력이 요구되었고, 이를 위한 교육은 주로 중·고등학교에서 제공되었다. 기계가 한층 복잡해지고 IT 기술의 응용이 중요해진 20세기 후반부터는 추상적으로 판단하고 분석할 수 있는 능력의 함양과 함께, 과학, 공학, 수학 등의 분야에 대한 학위 취득이 요구되고 있다."는 부분은 미숙련 노동자와 숙련 노동자의 구분에 관한 것이 아니라 신기술의 종류에 따라 요구되는 숙련의 내용에 관한 것이다. 따라서 20세기 초에는 미숙련 노동자가, 말에는 숙련 노동자가 선호되었다는 서술은 적절하지 않다.

① 제시문의 "지방 정부가 독자적으로 재산세를 거둬 공립 중등 교육기관을 신설하고 교사를 채용해 양질의 일자리를 얻는 데 필요한 교육을 무상으로 제공하"였다는 부분과 "새로운 대중 교육 시스템의 확립에 힘입어 신생 국가인 미국이 부자 나라로 성장하고, 수많은 빈곤층 젊은이들이 경제 성장의 열매를 향유했던 과정을 잘 보여 준다."는 부분을 결합하면, 20세기 초 강화된 공교육이 경제 성장에 기여했음을 확인할 수 있다.

② 제시문의 "20세기 초반에는 기본적인 계산을 할 줄 알고 기계 설명서와 도면을 읽어내는 능력이 요구되었"다는 부분을 통해 20세기 초에는 숙련에 대한 요구가 계산 및 독해 능력에 맞춰졌음을 확인할 수 있다.

④ 제시문의 "노동자들에게 새로운 기계를 익숙하게 다룰 능력이 있어야 하는데, 이를 가능케 하는 것이 바로 정규 교육기관 곧 학교에서 보낸 수년간의 교육 시간들" 부분과 "기계가 한층 복잡해지고 IT 기술의 응용이 중요해진 20세기 후반부터는 추상적으로 판단하고 분석할 수 있는 능력의 함양과 함께, 과학, 공학, 수학 등의 분야에 대한 학위 취득이 요구되"었다는 부분을 결합함으로써, 20세기 말에는 숙련 노동자의 공급이 대학 이상의 고등교육에 의해 주도되었음을 확인할 수 있다.

⑤ 제시문의 "1980년 이후로는 소득 불평등이 급속히 심화되었고, 경제 성장률도 하락했다."는 부분을 통해 20세기 말에는 소득 분배의 악화 및 경제 성장의 둔화 현상이 동시에 발생했음을 확인할 수 있다.

27.

'교육과 기술의 경주 이론'에 대한 진술로 적절하지 <u>않은</u> 것은?

① 숙련 프리미엄은 숙련 노동자가 미숙련 노동자에 비해 더 기여한 생산성 부분에 대한 보상의 성격을 지닌다.
② 기술 진보가 경제 성장에 미치는 효과를 높이기 위해서는 신기술에 적합한 숙련 노동자의 공급이 필요하다.
③ 숙련은 장비를 능숙하게 다룸으로써 생산성을 높일 수 있도록 연마된 능력을 뜻한다.
④ 숙련 프리미엄의 변화는 소득 불평등 변화의 주요 지표가 된다.
⑤ 교육의 속도가 기술의 속도를 앞서면 소득 불평등은 심화된다.

문항 성격 문항유형 : 정보의 추론과 해석
　　　　　　내용영역 : 사회

평가 목표 이 문항은 제시문에서 제시된 내용들을 제대로 이해했는지, 그리고 제시된 정보들을 근거로 추론하여 선택지의 진술이 적절한지를 판단하는 능력을 평가한다.

문제 풀이 정답 : ⑤

'교육과 기술의 경제 이론'은 미국 경제의 성장과 분배를 기술과 교육의 상호 관계에 의해 설명하겠다는 문제 의식 위에 숙련 프리미엄을 경제 성장과 불평등의 핵심 지표로 설정하고 기술 진보에 따른 숙련 노동자에 대한 수요의 변화 속도와 교육에 의한 숙련 노동자의 공급의 변화 속도를 비교함으로써 성장과 분배의 추이 변화를 해명한다. 이 문항은 숙련 및 숙련 프리미엄 개념, 기술 진보가 경제 성장을 촉진하는 과정에서 숙련 노동자가 담당하는 역할, 숙련 프리미엄과 소득 불평등의 관계, 교육과 기술의 경주에 의한 소득 불평등 변화 설명의 논리 등을 정확하게 이해했는지를 평가하기 위해 설계되었다. 이 문항은 선택지의 내용이 제시문의 어느 부분을 담고 있는지를 찾아내고 여기에 간단한 추론을 더함으로써 해결될 수 있다.

정답 해설 ⑤ 제시문의 "기술의 진보에 따른 숙련 노동자에 대한 수요의 증가 속도와 교육의 대응에 따른 숙련 노동자 공급의 증가 속도를 '경주'라는 비유로 비교" 부분과 "숙련 노동자에 대한 수요의 증가율 곧 증가 속도" 부분을 통해 교육의 속도는 숙련 노동자의 공급 증가율, 기술의 속도는 숙련 노동자의 수요 증가율임을 확인할 수 있다. 그리고 "숙련 프리미엄의 확대, 곧 교육에 따른 임금 격차의 확대는" 부분과 "소득 불평등의 많은 부분이 교육에 따른 임금 격차에 의해 설명되었다는 역사적 연구" 부분을 통해 숙련 프리미엄의 확대가 소득 불평등 확대로 연결됨을 확인할 수 있다. 이러한 정보를 바탕으로 제시문의 "1980년부터는 대졸 노동자의 공급 증가율이 숙련 노동자에 대한 수요 증가율을 하회하게 되었다."는 부분과 "1980년 이후로는 소득 불평등이 급속히 심화되었"다는 부분을 연결하면, 대졸 노동자의 공급 증가율, 곧 교육의 속도가 숙련 노동자에 대한 수요 증가율, 곧 기술의 속도에 뒤처졌으며 이것이 교육에 따른 임금 격차의 확대를 낳았고 결국 소득 불평등의 심화로 이어졌음을 확인할 수 있다. 따라서 교육의 속도가 기술의 속도를 앞서면 소득 불평등은 심화된다는 진술이 적절하지 않음을 확인할 수 있다.

오답 해설 ① 제시문의 "학교를 졸업한 노동자는 그렇지 않은 노동자에 비해 생산성이 더 높으며 그로 인해 상대적으로 더 높은 임금, 곧 숙련 프리미엄을 얻게 된다."는 부분을 통해 숙련 프리미엄은 숙련 노동자가 미숙련 노동자에 비해 더 기여한 생산성 부분에 대한 보상의 성격을 지닌다는 진술이 적절함을 확인할 수 있다.

② 제시문의 "신기술 도입이 생산성 상승과 경제 성장으로 이어지려면 노동자들에게 새로운 기계를 익숙하게 다룰 능력이 있어야" 한다는 부분, "기술이 중요한 것은 맞지만 교육은 더 중요하"다는 부분, "이를(숙련을) 가능케 하는 것이 바로 정규 교육기관 곧 학교에서 보낸 수년간의 교육 시간들"이라는 부분을 결합하면, 기술 진보가 경제 성장에 미치는 효과를 높이기 위해서는 신기술에 적합한 숙련 노동자의 공급이 필요하다는 진술이 적절함을 확인할 수 있다.

③ 제시문의 "신기술 도입이 생산성 상승과 경제 성장으로 이어지려면 노동자들에게 새로운 기계를 익숙하게 다룰 능력이 있어야 하는데, 이를 가능케 하는 것이 바로 정규 교육기관 곧 학교에서 보낸 수년간의 교육 시간들"이라는 부분과 "학교를 졸업한 노동자는 그렇지 않은 노동자에 비해 생산성이 더 높으며 그로 인해 상대적으로 더 높은 임금, 곧 숙련 프리미엄을 얻게 된다."는 부분을 결합하면, 숙련은 장비를 능숙하게 다룸으로써 생산성을 높일 수 있도록 연마된 능력을 뜻한다는 진술이 적절함을 확인할 수 있다.

④ 제시문의 "숙련 프리미엄의 확대, 곧 교육에 따른 임금 격차의 확대는" 부분과 "소득 불평등의 많은 부분이 교육에 따른 임금 격차에 의해 설명되었다는 역사적 연구"를 결합하면, 숙련 프리미엄의 변화는 소득 불평등 변화의 주요 지표가 된다는 진술이 적절함을 확인할 수 있다.

28.

㉠을 보여주는 사례로 적절하지 <u>않은</u> 것은?

① 숙련이 직장 내에서 이루어지는 경우
② 임금이 생산성 이외의 요인에 의해서도 결정되는 경우
③ 대학 졸업자의 증가로 노동자 간의 임금 격차가 줄어든 경우
④ 직종과 연령대가 유사한 대학 졸업자 간에 임금 격차가 큰 경우
⑤ 신기술에 의한 자동화로 숙련 노동력에 대한 수요가 줄어든 경우

문항 성격	문항유형 : 정보의 평가와 적용
	내용영역 : 사회
평가 목표	새로운 정보를 제시해 제시문과 비교하도록 함으로써 정보의 적용 능력 및 제시문에 대한 비판적 이해 능력을 평가한다.
문제 풀이	정답 : ③

교육과 기술의 경주 이론은 기술 진보가 숙련 수요를 낳으며 이 숙련 수요가 기업 외부의 교육에 의해 충족되는 과정에서 경제 성장과 소득 분배의 양상이 달라지는 과정을 숙련 프리미엄의 동태적 추이를 중심으로 해명하는 이론이다. 이 이론은 기술 진보에만 주목해 성장과 분배를 해명하는 이론에 비해서는 설명력이 훨씬 높지만 이론적 전제가 비현실적이어서 소득 불평등에 대한 설명력 자체는 높지 않다는 한계가 있다. 또한 숙련 수요가 교육기관에서 충족되었다거나 소득 불평등의 많은 부분이 학력에 따른 임금 격차에 의해 설명되는 등의 역사적 현실에 근거하고 있어 이러한 특수성에 변화가 생길 경우 교육과 기술의 경주로 성장과 분배를 설명하는 데 큰 한계를 보이게 된다. 이 문항은 제시문에 대한 정확한 이해와 더불어 그 이론의 한계를 비판적으로 인식하는 능력 또한 중요하다는 점을 고려해 새로운 정보의 제공을 통해 비판적 이해 능력을 측정하기 위해 설계되었다. 이 문항은 선택지에 새롭게 제시된 정보를 제시문의 해당 부분과 대조하고 이 새로운 정보가 교육과 기술의 경주 이론의 전제나 설명력을 약화하는지 여부에 대해 판단함으로써 해결될 수 있다.

정답 해설	③ 대학 졸업자의 증가로 노동자 간의 임금 격차가 줄어든 경우는 제시문의 "1915년부터 1980년까지 진행되었던 숙련 프리미엄의 축소는 숙련 노동자들의 공급이 더 빠르게 늘어난 결과"라는 부분을 단순히 반복했을 뿐이며, '교육과 기술의 경주 이론'의 설명력을 약화하는 게 아니라 강화하는 사례라는 점에서 이 이론의 한계를 보여 주는 적절한 사례가 아니다.

① 숙련이 직장 내에서 이루어진다면, 제시문의 "신기술 도입이 생산성 상승과 경제 성장으로 이어지려면 노동자들에게 새로운 기계를 익숙하게 다룰 능력이 있어야 하는데, 이를 가능케 하는 것이 바로 정규 교육기관 곧 학교에서 보낸 수년간의 교육 시간들"이라는 부분, 곧 기술이 필요로 하는 숙련은 정규 교육기관에 의해 제공된다는 전제가 성립하지 않게 된다. 이 경우에는 기업 외부의 교육기관에 대한 수요가 없어짐으로써 대학 등의 교육이 경제 성장이나 소득 분배 문제에서 차지하는 역할이 크게 축소되므로, 교육과 기술의 경주 이론의 한계를 보여 주는 적절한 사례이다.

② 임금이 생산성 이외의 요인에 의해서도 결정된다면, 제시문의 "학교를 졸업한 노동자는 그렇지 않은 노동자에 비해 생산성이 더 높으며 그로 인해 상대적으로 더 높은 임금, 곧 숙련 프리미엄을 얻게 된다."는 부분, 곧 생산성의 차이가 임금 격차를 결정한다는 전제가 성립하지 않게 된다. 이 경우 학력별 임금 격차가 숙련 프리미엄이라는 전제 또한 성립하지 않게 됨으로써 교육에 의해 숙련 노동력의 공급이 늘어나더라도 임금 격차는 줄어들지 않고 소득 불평등도 완화되지 않을 가능성이 커지므로, 교육과 기술의 경주 이론의 한계를 보여 주는 적절한 사례이다.

④ 직종과 연령대가 유사한 대학 졸업자 간에 임금 격차가 크다면, 제시문의 "노동자들에게 새로운 기계를 익숙하게 다룰 능력이 있어야 하는데, 이를 가능케 하는 것이 바로 정규 교육기관 곧 학교에서 보낸 수년간의 교육 시간들" 부분과 "학교를 졸업한 노동자는 그렇지 않은 노동자에 비해 생산성이 더 높으며 그로 인해 상대적으로 더 높은 임금, 곧 숙련 프리미엄을 얻게 된다."는 부분, 곧 숙련은 대학 등 교육기관이 제공하고 대학 교육에 따른 숙련의 차이가 임금 격차를 결정한다는 전제가 성립하지 않게 된다. 직종과 연령대가 유사한 대학 졸업자임에도 숙련 프리미엄인 임금 격차가 크다면, 이는 숙련이 대학이 아닌 다른 곳에서 제공됨을 의미하기 때문이다. 한편, 이러한 상황은 임금이 숙련 프리미엄이 아닌 다른 요인에 의해 결정된다는 것으로 해석될 수도 있다. 어떤 쪽으로 해석되건 직종과 연령대가 유사한 대학 졸업자 간에 임금 격차가 큰 경우에는 대학 등 교육기관이 경제 성장이나 소득 분배 문제에서 차지하는 역할이 크게 축소되므로, 교육과 기술의 경주 이론의 한계를 보여 주는 적절한 사례이다.

⑤ 신기술에 의한 자동화로 숙련 노동력에 대한 수요가 줄어든다면, 제시문의 "기술의 진보에 따른 숙련 노동자에 대한 수요의 증가 속도와 교육의 대응에 따른 숙련 노동자 공급의 증가 속도를 '경주'라는 비유로 비교함으로써, 소득 불평등과 경제 성장의 역사적 추이를 해명한다."는 부분, 곧 교육과 기술의 경주 이론

의 문제 설정 자체가 흔들린다. 이 경우 기술의 숙련 수요에 대응해 숙련 노동력을 제공함으로써 경제 성장을 촉진하고 소득 불평등을 완화한다는 대학 본연의 역할 자체가 크게 약화되며, 숙련 프리미엄의 축소로 불평등의 완화를 설명하는 핵심 메커니즘도 작동하지 않게 된다. 자동화로 숙련 노동력에 대한 수요가 줄어든다면 숙련 프리미엄은 축소하는 경향을 띠게 되는데, 이러한 숙련 프리미엄의 축소가 소득 불평등의 완화로 이어지지 않는다. 숙련 노동력에 대한 수요가 줄어들면 높은 임금을 받는 사람이 줄어들고 저임금을 받거나 실업 상태가 되는 사람들이 늘어남으로써 소득 불평등이 악화되기 때문이다. 이러한 상황에서 대학이 숙련 노동자의 공급을 늘리면 숙련 프리미엄은 더욱 축소되지만, 소득 불평등 문제는 해결하지 못한다. 대학이 반대로 숙련 노동자의 공급을 크게 줄이는 것은 숙련 프리미엄의 확대를 가져올 수 있지만, 이 또한 소득 불평등 문제의 해법이 되지는 못한다. 이처럼 자동화로 숙련 노동자에 대한 수요가 크게 줄어들면, 기술 진보가 경제 성장으로 현실화될 수 있도록 기술 진보를 보완하는 한편, 기술 진보 과정에서 숙련 노동자가 선호됨으로써 발생하는 소득 불평등의 경향을 상쇄시켰던, 교육과 기술의 경주 이론에서 주목했던 교육 본연의 역할은 현저하게 약화될 수밖에 없다. 따라서 신기술에 의한 자동화로 숙련 노동력에 대한 수요가 줄어든 경우는 교육과 기술의 경주 이론의 한계를 보여주는 적절한 사례이다.

[29~32] 다음 글을 읽고 물음에 답하시오.

이론적으로 존재하는 가장 낮은 온도는 −273.16℃이며 이를 절대 온도 0K라고 한다. 실제로 0K까지 물체의 온도를 낮출 수는 없지만 그에 근접한 온도를 얻을 수는 있다. 그러한 방법 중 하나가 '레이저 냉각'이다.

레이저 냉각을 이해하기 위해 우선 온도라는 것이 무엇인지 알아보자. 미시적으로 물질을 들여다보면 많은 수의 원자가 모인 집단에서 원자들은 끊임없이 서로 충돌하며 다양한 속도로 운동한다. 이때 절대 온도는 원자들의 평균 운동 속도의 제곱에 비례하는 양으로 정의된다. 따라서 어떤 원자의 집단에서 원자들의 평균 운동 속도를 감소시키면 그 원자 집단의 온도가 내려간다. 레이저 냉각을 사용하면 상온(약 300K)에서 대략 200m/s의 평균 운동 속도를 갖는 기체 상태의 루비듐 원자의 평균 운동 속도를 원래의 약 1/10000까지 낮출 수 있다.

그렇다면 레이저를 이용하여 어떻게 원자의 운동 속도를 감소시킬 수 있을까? 날아오는 농구공에 정면으로 야구공을 던져서 부딪히게 하면 농구공의 속도가 느려진다. 마찬가지로 빠르게 움직이는 원자에 레이저 빛을 쏘아 충돌시키면 원자의 속도가 줄어들 수 있다. 이때 속도와 질량의 곱에 해당하는 운동량도 작아진다. 빛은 전자기파라는 파동이면서 동시에 광자라는 입자이기도 하기 때문에 운동량을 갖는다. 광자는 빛의 파장에 반비례하는 운동량을 가지며 빛의 진동수에 비례하는 에너지를 갖는다. 또한 빛의 파장과 진동수는 반비례의 관계에 있다. 레이저 빛은 햇빛과 같은 일반적인 빛과 달리 일정한 진동수의 광자로만 이루어져 있다. 레이저 빛을 구성하는 광자가 원자에 흡수될 때 광자의 에너지만큼 원자의 내부 에너지가 커지면서 광자의 운동량이 원자에 전달된다. 실례로 상온에서 200m/s의 속도로 다가오는 루비듐 원자에 레이저 빛을 쏘아 여러 개의 광자를 연이어 루비듐 원자에 충돌시키면 원자를 거의 정지시킬 수 있다. 하지만 이때 문제는 원자가 정지한 순간 레이저를 끄지 않으면 원자가 오히려 반대 방향으로 밀려날 수도 있다는 데 있다. 그런데 원자를 하나하나 따로 관측할 수 없고 각 원자의 운동 속도에 맞추어 각 원자와 충돌하는 광자의 운동량을 따로 제어할 수도 없으므로 실제 레이저를 이용해 원자의 온도를 내리는 것은 간단하지 않아 보인다. 이를 간단하게 해결하는 방법은 도플러 효과와 원자가 빛을 선택적으로 흡수하는 성질을 이용하는 것이다.

사이렌과 관측자가 가까워질 때에는 사이렌 소리가 원래의 소리보다 더 높은 음으로 들리고, 사이렌과 관측자가 멀어질 때에는 더 낮은 음으로 들린다. 이처럼 빛이나 소리와 같은 파동을 발생시키는 파동원과 관측자가 멀어질 때는 파동의 진동수가 더 작게 감지되고, 파동원과 관측자가 가까워질 때는 파동의 진동수가 더 크게 감지되는 현상을 도플러 효과라고 한다. 이때 원래의 진동수와 감지되는 진동수의 차이는 파동원과 관측자가 서로 가까워지거나 멀어지는 속도에 비례한다. 이것을 레이저와 원자에 적용하면 레이저 광원은 파동원이고 원자는 관측자에 해당한다. 그러므로 레이저 광원에 다가가는 원자에게 레이저 빛의 진동수는 원자의 진동수보다 더 높게 감지되고, 레이저 광원에서 멀어지는 원자에게 레이저 빛의 진동수는 더 낮게 감지된다.

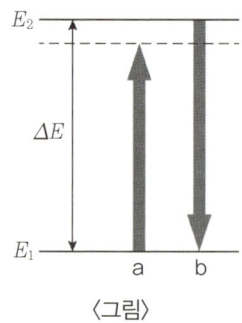

〈그림〉

440

한편 정지해 있는 특정한 원자는 모든 진동수의 빛을 흡수하는 것이 아니고 고유한 진동수, 즉 공명 진동수의 빛만을 흡수한다. 이것은 원자가 광자를 흡수할 때 원자 내부의 전자가 특정 에너지 준위 E_1에서 그보다 더 높은 특정 에너지 준위 E_2로 옮겨가는 것만 허용되기 때문이다. 이때 흡수된 광자의 에너지는 두 에너지 준위의 에너지 값의 차이 ΔE에 해당한다.

그러면 어떻게 도플러 효과를 이용하여 레이저 냉각을 수행하는지 알아보자. 우선 어떤 원자의 집단을 사이에 두고 양쪽에서 레이저 빛을 원자에 쏘되 그 진동수를 원자의 공명 진동수보다 작게 한다. 원자가 한쪽 레이저 빛의 방향과 반대 방향으로 움직이면 도플러 효과에 의해 원자에서 감지되는 레이저 빛의 진동수가 커지는데, 그 값이 자신의 공명 진동수에 해당하는 원자는 레이저 빛을 흡수하게 된다. 이때 흡수된 광자의 에너지는 ΔE보다 작지만(〈그림〉의 a), 원자는 도플러 효과 때문에 공명 진동수를 갖는 광자를 받아들이는 것처럼 낮은 준위 E_1에 있던 전자를 허용된 준위 E_2에 올려놓는다. 그러면 불안정해진 원자는 잠시 후에 ΔE에 해당하는 에너지를 갖는 광자를 방출하면서 전자를 E_2에서 E_1로 내려놓는다(〈그림〉의 b). 이 과정이 반복되는 동안, 원자가 광자를 흡수할 때에는 일정한 방향에서 오는 광자와 부딪쳐 원자의 운동 속도가 계속 줄어들지만, 원자가 광자를 내놓을 때에는 임의의 방향으로 방출하기 때문에 결국 광자의 방출은 원자의 속도 변화에 영향을 미치지 못하게 된다. 그러므로 원자에서 광자를 선택적으로 흡수하고 방출하는 과정이 반복되면, 원자의 속도가 줄어들면서 원자의 평균 운동 속도가 줄고 그에 따라 원자 집단 전체의 온도가 내려가게 된다.

29.

윗글의 내용과 일치하는 것은?

① 움직이는 원자의 속도는 도플러 효과로 인해 더 크게 감지된다.
② 레이저 냉각은 광자를 선택적으로 흡수하는 원자의 성질을 이용한다.
③ 레이저 냉각은 원자와 레이저 빛을 충돌시켜 광자를 냉각시키는 것이다.
④ 레이저 빛을 이용하여 원자 집단을 절대 온도 0K에 도달하게 할 수 있다.
⑤ 개별 원자의 운동 상태를 파악하여 각각의 원자마다 적절한 진동수의 레이저 빛을 쏠 수 있다.

문항유형 : 주제, 요지, 구조 파악

내용영역 : 과학기술

평가 목표 이 문항은 레이저 냉각의 방법과 원리에 대한 제시문을 읽고 레이저 냉각에 대한 전반적인 이해를 하고 있는지를 평가한다.

문제 풀이 정답 : ②

레이저 냉각의 방법과 원리에 대한 제시문의 진술들을 확인하여 그 내용과 부합하는 선택지를 골라야 한다.

정답 해설 ② 제시문의 세 번째 단락에서 "빛은 전자기파라는 파동이면서 동시에 광자라는 입자이기도 하기 때문에"와 세 번째 단락 마지막 부분에 "이를 간단하게 해결하는 방법은 도플러 효과와 원자가 빛을 선택적으로 흡수하는 성질을 이용하는 것이다."라는 부분을 볼 때, 레이저 냉각은 광자를 선택적으로 흡수하는 원자의 성질을 이용함을 알 수 있다. 그러므로 이 선택지는 옳은 진술이다.

오답 해설 ① 제시문의 네 번째 단락에서 "레이저 광원에 다가가는 원자에게 레이저 빛의 진동수는 원자의 진동수보다 더 높게 감지되고, 레이저 광원에서 멀어지는 원자에게 레이저 빛의 진동수는 더 낮게 감지된다."라고 도플러 효과에 대해서 설명하고 있는 부분에서 도플러 효과는 움직이는 원자의 속도가 바뀌는 것이 아니라 진동수가 바뀌는 것임을 알 수 있다. 그러므로 이 선택지는 틀린 진술이다.

③ 제시문의 두 번째 단락에서 "레이저 냉각을 사용하면 상온(약 300K)에서 대략 200m/s의 평균 운동 속도를 갖는 기체 상태의 루비듐 원자의 평균 운동 속도를 원래의 약 1/10000까지 낮출 수 있다."라고 한 부분에서 레이저 냉각은 광자를 냉각시키는 것이 아니라 물질(원자)을 냉각시키는 것임을 알 수 있다. 그러므로 이 선택지는 틀린 진술이다.

④ 제시문의 첫 번째 단락에서 "실제로 0K까지 물체의 온도를 낮출 수는 없지만 그에 근접한 온도를 얻을 수는 있다."라고 하여 절대 온도 0K까지 온도를 낮출 수는 없다는 것을 알 수 있다. 그러므로 이 선택지는 틀린 진술이다.

⑤ 제시문의 세 번째 단락에서 "그런데 원자를 하나하나 따로 관측할 수 없고 각 원자의 운동 속도에 맞추어 각 원자와 충돌하는 광자의 운동량을 따로 제어할 수도 없으므로"라고 하여 개별 원자의 운동 상태를 파악하여 각각의 원자마다 적절한 진동수의 레이저 빛을 쏠 수 없음을 알 수 있다. 그러므로 이 선택지는 틀린 진술이다.

30.

윗글의 〈그림〉을 이해한 것으로 적절하지 <u>않은</u> 것은?

① 다가오는 원자에 공명 진동수의 레이저 빛을 쏘면 원자 내부의 전자가 E_1에서 E_2로 이동한다.
② 원자의 공명 진동수와 일치하는 진동수를 갖는 광자는 ΔE의 에너지를 갖는다.
③ 원자가 흡수했다가 방출하는 광자의 에너지는 ΔE로 일정하다.
④ 정지한 원자가 흡수하는 광자의 에너지는 ΔE와 일치한다.
⑤ E_1에서 E_2로 전자가 이동할 때 광자가 방출된다.

문항 성격	문항유형 : 정보의 확인과 재구성
	내용영역 : 과학기술
평가 목표	이 문항은 제시문에서 움직이는 원자가 왜 원자의 공명 진동수보다 낮은 진동수의 빛을 흡수했다가 그보다 높은 진동수의 빛을 방출하는지를 설명한 부분의 세부적인 원리를 이해하고 있는지를 평가한다.
문제 풀이	정답 : ①

레이저 냉각의 핵심적인 원리를 설명하는 제시문의 다섯 번째와 여섯 번째 단락에서 〈그림〉을 중심으로 설명하고 있는 부분을 정확하게 이해하여야 한다.

정답 해설	① 제시문의 여섯 번째 단락에서 "우선 어떤 원자의 집단을 사이에 두고 양쪽에서 레이저 빛을 원자에 쏘되 그 진동수를 원자의 공명 진동수보다 작게 한다. … 이때 흡수된 광자의 에너지는 ΔE보다 작지만(〈그림〉의 a), 원자는 도플러 효과 때문에 공명 진동수를 갖는 광자를 받아들이는 것처럼 낮은 준위 E_1에 있던 전자를 허용된 준위 E_2에 올려놓는다."라고 서술하여 움직이는 원자에 공명 진동수보다 작은 진동수를 갖는 빛을 쏠 때 전자가 E_1에서 E_2로 이동할 수 있다는 것을 알 수 있다. 그러므로 공명 진동수의 레이저 빛을 쏘면 도플러 효과에 의해 진동수가 올라가서 공명 진동수를 초과하므로 그 빛은 원자에서 흡수되지 않는다. 그러므로 이 선택지는 틀린 진술이다.
오답 해설	② 제시문의 다섯 번째 단락에서 "한편 정지해 있는 특정한 원자는 모든 진동수의 빛을 흡수하는 것이 아니고 고유한 진동수, 즉 공명 진동수의 빛만을 흡수한다. 이것은 원자가 광자를 흡수할 때 원자 내부의 전자가 특정 에너지 준위 E_1에서 그보다 더 높은 특정 에너지 준위 E_2로 옮겨가는 것만 허용되기 때문이다. 이때

흡수된 광자의 에너지는 두 에너지 준위의 에너지 값의 차이 ΔE에 해당한다."라고 해서 원자의 공명 진동수와 일치하는 진동수를 갖는 광자는 ΔE의 에너지를 가짐을 알 수 있다. 그러므로 이 선택지는 옳은 진술이다.

③ 제시문의 여섯 번째 단락에서 "그러면 불안정해진 원자는 잠시 후에 ΔE에 해당하는 에너지를 갖는 광자를 방출하면서 전자를 E_1에서 E_2로 내려놓는다."라고 한 것으로부터 원자가 흡수했다가 방출하는 광자의 에너지는 ΔE로 일정하다는 것을 알 수 있다. 그러므로 이 선택지는 옳은 진술이다.

④ 제시문의 다섯 번째 단락에서 "정지해 있는 특정한 원자는 모든 진동수의 빛을 흡수하는 것이 아니고 고유한 진동수, 즉 공명 진동수의 빛만을 흡수한다. … 이때 흡수된 광자의 에너지는 두 에너지 준위의 에너지 값의 차이 ΔE에 해당한다."라고 하여 정지한 원자가 흡수하는 광자의 에너지는 ΔE와 일치함을 알 수 있다. 그러므로 이 선택지는 옳은 진술이다.

⑤ 제시문의 여섯 번째 단락에서 "그러면 불안정해진 원자는 잠시 후에 ΔE에 해당하는 에너지를 갖는 광자를 방출하면서 전자를 E_1에서 E_2로 내려놓는다."라고 하여 E_1에서 E_2로 전자가 이동할 때 광자가 방출되는 것을 알 수 있다. 그러므로 이 선택지는 옳은 진술이다.

31.

윗글에 따를 때, 〈보기〉에서 공명이 일어나는 것만을 있는 대로 고른 것은?

보기

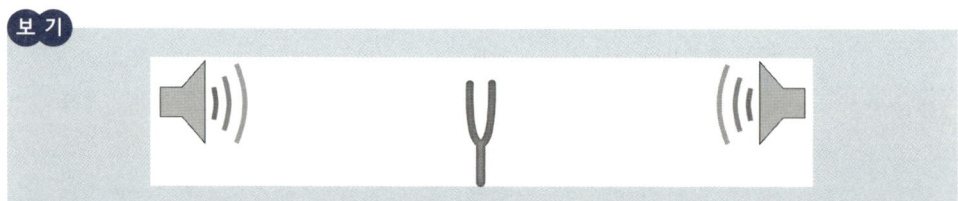

소리굽쇠는 고유한 공명 진동수를 가져서, 공명 진동수와 일치하는 소리를 가해 주면 공명하고, 공명 진동수에서 약간 벗어난 진동수의 소리를 가해 주면 공명하지 않는다. 그림과 같이 마주 향한 고정된 두 스피커에서 진동수 498Hz의 음파를 발생시키고, 공명 진동수가 500Hz인 소리굽쇠를 두 스피커 사이의 중앙에서 오른쪽으로 v의 속도로 움직였더니 소리굽쇠가 공명했다. 그 후에 다음과 같이 조작하면서 소리굽쇠의 공명 여부를 관찰했다. 단, 소리굽쇠는 두 스피커 사이에서만 움직인다.

ㄱ. 소리굽쇠를 중앙에서 왼쪽으로 v의 속도로 움직였다.

ㄴ. 소리굽쇠를 중앙에서 오른쪽으로 $2v$의 속도로 움직였다.

ㄷ. 왼쪽 스피커를 끄고 소리굽쇠를 중앙에서 왼쪽으로 v의 속도로 움직였다.

① ㄱ   ② ㄴ   ③ ㄷ

④ ㄱ, ㄷ   ⑤ ㄴ, ㄷ

문항 성격	문항유형 : 정보의 평가와 적용

내용영역 : 과학기술

평가 목표 이 문항은 제시문에 소개된 도플러 효과의 원리를 레이저 냉각에서 이용하는 상황과 유사한 음향학적 상황에 적용하여 나타나는 현상을 추론을 통해 예측할 수 있는지를 평가한다.

문제 풀이 정답 : ①

스피커 양쪽에서 일정한 진동수의 소리가 발생하고 그 사이에서 움직이는 소리굽쇠는 움직이는 속도와 방향에 따라 도플러 효과를 일으키는 정도가 달라진다. 제시문의 네 번째 단락에 소개된 도플러 효과에 대한 명확한 이해를 통해 문제를 해결할 수 있다. 제시문의 네 번째 단락에서 "이처럼 빛이나 소리와 같은 파동을 발생시키는 파동원과 관측자가 멀어질 때는 파동의 진동수가 더 작게 감지되고, 파동원과 관측자가 가까워질 때는 파동의 진동수가 더 크게 감지되는 현상을 도플러 효과라고 한다. 이때 원래의 진동수와 감지되는 진동수의 차이는 파동원과 관측자가 서로 가까워지거나 멀어지는 속도에 비례한다."라고 하였고 〈보기〉에서 "소리굽쇠는 고유한 공명 진동수를 가져서, 공명 진동수와 일치하는 소리를 가해 주면 공명하고, 공명 진동수에서 약간 벗어난 진동수의 소리를 가해 주면 공명하지 않는다. … 소리굽쇠는 오른쪽으로 v의 속도로 움직였더니 소리굽쇠가 공명했다."라고 했으므로 소리굽쇠가 v의 속도로 오른쪽으로 이동할 때 오른쪽 스피커에서 나오는 498Hz의 음파가 2Hz 진동수가 올라가 500Hz로 소리굽쇠에 감지되었음을 알 수 있다.

〈보기〉 해설 ㄱ. 소리굽쇠를 왼쪽으로 v의 속도로 움직일 경우에는 왼쪽 스피커에서 나오는 498Hz의 음파가 역시 2Hz 진동수가 올라가 500Hz로 소리굽쇠에 감지될 것이므로 공명이 일어난다.

ㄴ. 소리굽쇠를 오른쪽으로 $2v$의 속도로 이동시킬 때에는 오른쪽 스피커에서 나오는 498Hz의 소리가 4Hz 진동수가 올라가 502Hz로 소리굽쇠에 감지되어 공명이 일어나지 않고, 왼쪽 스피커에서 나오는 498Hz의 소리는 4Hz 진동수가

내려가 494Hz로 소리굽쇠에 감지되어 역시 공명이 일어나지 않는다.

ㄷ. 왼쪽 스피커를 끄고 소리굽쇠를 중앙에서 왼쪽으로 v의 속도로 움직일 때에는 오른쪽 스피커에서 나오는 498Hz의 음파가 2Hz 진동수가 내려가 496Hz로 소리굽쇠에 감지되기 때문에 공명이 일어나지 않는다.

32.

윗글에 비추어 〈보기〉의 리튬 원자의 레이저 냉각에 대해 설명한 것으로 적절하지 않은 것은?

보 기

	루비듐	리튬
원자량(원자의 질량)	85.47	6.94
정지 상태의 원자가 흡수하는 빛의 파장	780nm	670nm

① 리튬의 공명 진동수는 루비듐의 공명 진동수보다 크다.
② 원자가 흡수하는 광자의 운동량은 리튬 원자가 루비듐 원자보다 작다.
③ 같은 속도로 움직일 때 리튬 원자의 운동량이 루비듐 원자의 운동량보다 작다.
④ 루비듐 원자에 레이저 냉각을 일으키는 레이저 빛은 같은 속도의 리튬 원자에서는 냉각 효과가 없다.
⑤ 리튬 원자에 레이저 냉각을 일으킬 때에는 레이저 빛의 파장을 670nm보다 더 큰 값으로 조정한다.

문항 성격 문항유형 : 정보의 평가와 적용
내용영역 : 과학기술

평가 목표 이 문항은 제시문에서 레이저 냉각을 일으키기 위해서 원자가 도플러 효과에 의해 자신의 공명 진동수에 해당하는 빛으로 감지되는 빛만을 흡수한다는 성질을 이용한다는 내용을 정확하게 이해하고 그것을 제시문에 주로 예로 든 루비듐 원자 대신에 리튬 원자에 적용할 수 있는지를 평가한다.

정답 : ②

리튬 원자는 루비듐 원자보다 가볍고 공명을 일으키는 파장이 더 짧다는 정보를 〈보기〉에서 제시하고 제시문에서 제시된 대로 레이저 냉각을 일으키기 위해서 원자가 도플러 효과에 의해 자신의 공명 진동수에 해당하는 빛으로 감지되는 빛만을 흡수한다는 성질과 연관시켜서 선택지의 진위를 판단해야 한다.

정답 해설 　② 제시문의 세 번째 단락에서 "광자는 빛의 파장에 반비례하는 운동량을 가지며" 라고 했으므로 정지 상태의 원자가 흡수하는 빛의 파장이 리튬(670nm)이 루비듐(780nm)보다 작으므로 원자가 흡수하는 광자의 운동량은 리튬 원자가 루비듐 원자보다 크다. 그러므로 이 선택지는 틀린 진술이다.

오답 해설 　① 제시문의 다섯 번째 단락에서 "정지해 있는 특정한 원자는 모든 진동수의 빛을 흡수하는 것이 아니고 고유한 진동수, 즉 공명 진동수의 빛만을 흡수한다."라고 했고, 제시문의 세 번째 단락에서 "빛의 파장과 진동수는 반비례의 관계에 있다."라고 하였으므로 공명 진동수는 정지 상태의 원자가 흡수하는 빛의 파장과 반비례의 관계에 있게 된다. 그런데 〈보기〉에서 정지 상태의 원자가 흡수하는 빛의 파장은 리튬(670nm)이 루비듐(780nm)보다 작으므로 리튬의 공명 진동수는 루비듐의 공명 진동수보다 크다. 그러므로 이 선택지는 옳은 진술이다.

③ 제시문의 세 번째 단락에서 "속도와 질량의 곱에 해당하는 운동량"이라고 했으므로 같은 속도로 움직일 때 원자의 운동량은 원자의 질량에 비례한다. 〈보기〉에서 원자량(원자의 질량)은 리튬(6.94)이 루비듐(85.47)보다 작으므로 운동량도 리튬이 루비듐보다 작다. 그러므로 이 선택지는 옳은 진술이다.

④ 제시문의 다섯 번째 단락에서 "정지해 있는 특정한 원자는 모든 진동수의 빛을 흡수하는 것이 아니고 고유한 진동수, 즉 공명 진동수의 빛만을 흡수한다."라고 하였으므로 공명 진동수가 루비듐과 다른 리튬과 관련해서 루비듐 원자에 레이저 냉각을 일으키는 레이저 빛은 같은 속도의 리튬 원자에서는 냉각 효과가 없다. 그러므로 이 선택지는 옳은 진술이다. (여기에서 "같은 속도"라는 제한 조건은 다음과 같은 이유에서 제시되었다. 움직이는 원자가 광자를 흡수할 경우에 공명 진동수보다 작은 진동수를 갖는 광자만을 흡수하는데, 이 두 진동수의 차이는 원자의 속도에 비례한다. 그런데 리튬과 루비듐이 같은 속도로 움직이면 흡수하는 광자의 진동수와 공명 진동수의 차이가 같으므로 리튬에서 흡수가 일어나는 빛의 진동수와 루비듐에서 흡수가 일어나는 빛의 진동수는 둘 모두 함께 동일한 그 차이만큼 달라져서 결코 같아질 수 없다. 그러므로 같은 속도로 움직이는 루비듐 원자와 리튬 원자에서 동시에 냉각 효과를 일으키는 동일한 진

동수를 갖는 레이저 빛은 없다.)

⑤ 제시문의 여섯 번째 단락에서 "어떤 원자의 집단을 사이에 두고 양쪽에서 레이저 빛을 원자에 쏘되 그 진동수를 원자의 공명 진동수보다 작게 한다."라고 하였고 "빛의 파장과 진동수는 반비례 관계에 있다."는 것으로부터 리튬 원자에서 레이저 냉각을 일으킬 때에는 레이저 빛의 파장을 정지 상태의 리튬 원자가 흡수하는 빛의 파장인 670nm보다 더 큰 값으로 조정해야 함을 알 수 있다. 그러므로 이 선택지는 옳은 진술이다.

[33~35] 다음 글을 읽고 물음에 답하시오.

『로마법대전』에 대한 연구는 12세기에 볼로냐를 중심으로 본격적으로 시작되었다. 당시에 이 법서는 '기록된 이성'이라 부를 만큼 절대적인 권위가 인정되었고, 그 가운데 특히 「학설휘찬(Digesta)」 부분이 학자들의 관심을 끌었다. 여기에는 로마 시대의 저명한 법학자들의 저술에서 발췌한 학설들이 수록되어 있다. 초기에 법학은 이를 정확히 이해하는 데 치중하였고, 로마법을 비판적으로 바라보는 것은 금기시되었다. 이러한 학풍은 13세기 중엽 표준 주석서를 집대성하는 성과를 낳았고, 이후로는 로마법을 어떻게 실무에 적용할지의 문제로 법학의 중점이 옮겨 갔다. 16세기에 들어서면서부터는 「학설휘찬」에 대한 맹신에서 벗어나, 그것을 역사적 사료로 보면서 주석서의 해석에 얽매이지 않고 새롭게 접근하는 시도가 나타났으며, 이후에는 이런 경향이 낯설지 않게 되었다. 17세기의 학자인 라이프니츠도 로마법 자료에 대해 비판적으로 접근하여 새로운 논의를 이끌어 내려 하였다. 다음은 「학설휘찬」에 나오는 파울루스의 글이다.

[가]
펠릭스가 자신의 농장에 대해 에우티치아나(A), 투르보(B), 티티우스(C)에게 순차적으로 저당권을 설정해 준 것이 실질적 법률관계이다. 그런데 A는 C와의 소송에서 자신의 순위를 입증하지 못하여 패소하였고, 판결이 확정되었다. 이후 B와 C 사이에 저당권의 순위에 관한 다툼이 생겨 소송을 하게 되었다. 이 경우에 A를 상대로 승소한 C가 B보다 우선한다고 해야 하는가, 아니면 A는 없다고 생각하고 B의 권리를 C보다 앞에 두어야 하는가? ㉠ 어떤 이들은 C가 우선한다고 주장한다. 하지만 ㉡ 나는 그런 결론이 매우 부당하다고 생각한다. A가 방어를 잘못한 탓에 C에게 패소했다고 하자. 그러면 C가 A에게 승소한 판결의 효력이 B에게 미치는가? 이후에 일어난 B와 C 사이의 소송에서 B가 승소하면 그 판결의 효력이 A에게 미치는가? 나는 아니라고 생각한다. 제3순위자는 제1순위자를 배제시켰다고 해서 자기가

448

제1순위자가 되는 것은 아니며, 당사자 사이의 판결은 그 소송에 관여하지 않은 이에게 유리하게도 불리하게도 작용하지 않는다. 첫 번째 소송의 판결이 모든 것을 해결하는 것은 아니고, 다른 저당권자의 권리는 손대지 않은 채 남겨져 있는 것이다.

ⓐ 라이프니츠는 '손대지 않은 채 남겨져 있는 것'에 대하여 순위를 따져 보려고 하였다. 그는 우선 위 사안을 다음과 같이 정리하였다. 동일한 부동산에 대한 저당권은 설정한 순서에 따라 우선권이 주어지는 것이 로마법의 원칙이므로, (1) 가장 먼저 설정한 A의 권리는 최우선권을 가지므로 B의 권리에 우선한다. (2) 두 번째로 저당권을 설정한 B의 권리는 C의 권리에 우선한다. 하지만 (3) 판결로 확정된 법률관계는 그것이 진실한 것으로 취급될 수밖에 없으므로 C의 저당권은 A의 저당권에 우선한다. 여기서 (1)과 (3)이 충돌하지만 확정 판결의 효력 때문에 (3)이 우선할 수밖에 없으므로, 유효하게 고려하여야 하는 (2)와 (3)을 가지고 따져보면 순위는 간단히 정리될 수 있다고 보았다.

파울루스는 A가 제1순위를 회복할 수 없다고 하면서, C가 B보다 우선한다고도 B가 A보다 우선한다고도 인정할 수 없다고 하였다. 라이프니츠는 B가 A보다 우위라고 확언할 수 없다는 점에 대해 비판하였다. B가 C보다 앞설 경우에 C가 A보다 앞선다면, B는 A보다 앞서는 것이 당연하다는 것이다. 그리고 B가 C보다 후순위가 된다고 가정하는 것은, 판결의 효력이 소송에 관계하지 않은 이에 영향을 미쳐서는 안 된다는 데 위배되는 상황, 곧 파울루스가 피하고자 하는 것을 피하지 못하게 되는 설정이 되기 때문에, 허용될 수 없다고 하였다. 라이프니츠는 이러한 결론이 한 번의 패소로 순위가 두 개나 밀리게 만들지만 부당한 것은 아니라고 말한다. 소송을 잘못한 이에게 두 번 불이익을 주는 것이 잘못이 없는 이에게 한 번 불이익을 주는 것보다 낫기 때문이라는 것이다. 라이프니츠는 파울루스가 현자라는 사실이 의심된다는 익살까지 부린다.

라이프니츠의 이러한 작업은 로마법이 끼친 영향과 함께 그에 대하여 자유롭게 접근했던 당시의 분위기를 짐작하게 해 준다. 18세기 이후에는 로마법 연구의 전통을 기반으로 하여 새로운 이론과 법체계를 성립시키는 발전이 이어진다.

33.

윗글의 내용과 일치하는 것은?

① 12세기의 법학자들은 파울루스의 학설에 대하여 시대적 간극을 초월하여 받아들일 수

있는 이성적인 결과물로 여겼다.

② 13세기에는 「학설휘찬」보다 앞서 편찬된 『로마법대전』이 주요한 연구 대상으로 선택되었다.

③ 17세기 이후의 법학은 당시의 실정에 맞지 않는 로마법에 대한 연구를 버리고 법률 실무를 중심으로 한 새로운 방법론을 추구하였다.

④ 라이프니츠가 활동하던 시기에는 「학설휘찬」에 대한 비판이 금기시되었다.

⑤ 라이프니츠는 로마법을 역사적 사료로 보기보다는 시공을 뛰어넘어 적용할 수 있는 보편적인 법전으로 보았다.

문항 성격　문항유형 : 정보의 확인과 재구성

　　　　　　　내용영역 : 법·규범

평가 목표　이 문항은 서양법사에서 로마법이 차지하는 역할과 위상의 변화에 관한 제시문의 내용을 정확히 파악했는지를 평가한다.

문제 풀이　정답 : ①

서양법제사에서 로마법이 차지하는 역할과 위상의 변화를 개략적으로 이해하는가에 대한 물음이다. 특히 17세기에서 18세기까지 생존한 라이프니츠의 로마법 연구의 의의를 역사적 맥락에서 이해하여야 한다.

　정답 해설　① 제시문에서는 12세기에 로마법 연구가 시작되었고, 이 때 『로마법대전』은 '기록된 이성'이라 불릴 만큼 절대적인 권위가 인정되었다고 말한다. 특히 이 가운데 「학설휘찬」이 주목되었고, 이는 예시된 파울루스를 비롯한 로마 시대 저명한 법학자들이 저술한 것들이 모아져 있다고 했다. 따라서 12세기의 법학자들은 파울루스의 학설에 대하여 시대적 간극을 초월하여 받아들일 수 있는 이성적인 결과물로 여겼다는 진술은 옳다.

　오답 해설　② 로마법은 크게 네 부분으로 이루어져 있다. 제시문에서는 "그 가운데 특히 「학설휘찬(Digesta)」 부분이 학자들의 관심을 끌었다."고 되어 있다. 따라서 『로마법대전』과 「학설휘찬」이 서로 다른 성격의 책인 양 서술된 ②번 선택지는 옳지 않다.

　　　　　　　③ 제시문에서는 로마법 연구의 전통을 기반으로 법학이 발달하였다는 사실이 서술되고 있다. 특히 "18세기 이후에는 로마법 연구의 전통을 기반으로 하여 새로운 이론과 법체계를 성립시키는 발전이 이어진다."고 마무리한다. 따라서 17세기부터 로마법 연구를 버렸다는 진술은 옳지 않다.

④ 제시문에서는 로마법에 대한 비판이 금기시되던 경향은 로마법 연구 초기에 나타난 현상이라 서술하고 있다. 그리고 "16세기에 들어서면서부터는 「학설휘찬」에 대한 맹신에서 벗어나, 그것을 역사적 사료로 보면서 주석서의 해석에 얽매이지 않고 새롭게 접근하는 시도가 나타났으며, 이후에는 이런 경향이 낯설지 않게 되었다."고 말한다. 따라서 라이프니츠가 활동하던 17, 18세기에 「학설휘찬」과 같은 로마법 자료에 대한 비판이 금기시되었다고는 볼 수 없다. 더구나 라이프니츠는 이 자료에 대해 비판적으로 접근하고 있으며, 특히 "파울루스가 현자라는 사실이 의심된다는 익살까지 부린다."

⑤ 선택지 ④에 대한 해설에 따라 라이프니츠가 로마법을 역사적 사료로 보지 않았다거나, 시공을 뛰어넘어 적용할 수 있는 보편적인 법전으로 보았다는 진술은 옳지 않다.

34.

[가]에 대한 추론으로 적절하지 <u>않은</u> 것은?

① B와 C 사이의 소송에서 B는 자신이 C보다 먼저 저당권을 설정하였기 때문에 자신이 선순위자라고 주장하였을 것이다.
② B와 C 사이의 소송에서 C는 A가 B보다 먼저 저당권을 설정하였다는 것을 기초로 하여 자신이 B보다 선순위자라고 주장하였을 것이다.
③ ㉠은 C의 순위가 A에 우선한다는 판결이 B에게는 효력이 없다는 입장이다.
④ ㉡은 A와 C 사이에 내려진 판결이 A, B, C 모두의 순위를 바꾸는 것으로 판결한 것은 아니라는 입장이다.
⑤ ㉠과 ㉡ 모두 A와 C 사이에 내려진 판결의 효력은 인정해야 한다고 전제한다.

문항 성격	문항유형 : 정보의 추론과 해석 내용영역 : 법·규범
평가 목표	로마법의 가장 중요한 자료인 「학설휘찬」에 실린 파울루스의 한 학설에 대하여 제대로 이해하고 있는지, 나아가 학설의 숨어 있는 의미를 추론하고 해석할 수 있는지를 평가한다.
문제 풀이	정답 : ③

로마법의 가장 중요한 자료인 「학설휘찬」에 실린 파울루스의 글에 등장하는 저당권 순위 관련 소송 내용을 정확히 이해하고, 나아가 소송 당사자들, 파울루스, 그리고 파울루스와 다른 견해를 가진 사람들의 입장을 추론을 통해 정확히 파악하여야 한다.

정답 해설 ③ 인용문에서 ⊙은 C가 B보다 우선한다는 입장이다. "펠릭스가 자신의 농장에 대해 에우티치아나(A), 투르보(B), 티티우스(C)에게 순차적으로 저당권을 설정해 준 것이 실질적 법률관계이다."라고 하였는데, C는 A보다 앞선다는 판결을 받았다. C가 B보다 앞선다고 하기 위해서는, 이 판결의 결과를 들어 A보다 선순위라 주장하면서, 또한 자신의 후순위인 A는 B보다 앞서므로, 결과적으로 자신도 또한 B보다 앞선다고 해야 할 것이다. 따라서 C의 순위가 A에 우선한다는 판결이 B와의 소송에서 효력을 인정받지 못한다면, C가 B보다 우선한다는 결과를 도출시킬 수 없다. 이 선택지는 적절하지 않은 진술이다.

오답 해설 ① 인용문에서 "펠릭스가 자신의 농장에 대해 에우티치아나(A), 투르보(B), 티티우스(C)에게 순차적으로 저당권을 설정해 준 것이 실질적 법률관계이다."라고 하였다. 그리고 라이프니츠의 작업에 대한 설명에서 "저당권은 설정한 순서에 따라 우선권이 주어지는 것이 로마법의 원칙"이라 하고 있다. 따라서 B가 C보다 앞선다고 주장할 수 있는 근거는 저당권을 C보다 먼저 설정하였다는 데 있다고 볼 수 있다. 따라서 선택지 ①은 적절하다.

② 인용문에서 "펠릭스가 자신의 농장에 대해 에우티치아나(A), 투르보(B), 티티우스(C)에게 순차적으로 저당권을 설정해 준 것이 실질적 법률관계이다."라고 하였다. 하지만 C는 A보다 앞선다는 판결을 받았다. 라이프니츠의 작업에 대한 설명에서 "판결로 확정된 법률관계는 그것이 진실한 것으로 취급될 수밖에 없"다는 진술이 있다. 따라서 C는 이 판결의 결과를 들어 A보다 선순위라 주장할 것이다. 그런데 C가 B에 대해서도 선순위라고 주장하기 위해서는, 이 판결의 효력에 따라 자신의 후순위에 있는 A가 B보다 앞선다는 주장을 해야 할 것이다. 따라서 C는 A가 B보다 먼저 저당권을 설정하였다는 것을 기초로 하여 자신이 B보다 선순위라고 주장하였을 것이라는 선택지 ②는 적절하다.

④ ⓒ은 "제3순위자는 제1순위자를 배제시켰다고 해서 자기가 제1순위자가 되는 것은 아니며, 당사자 사이의 판결은 그 소송에 관여하지 않은 이에게 유리하게도 불리하게도 작용하지 않는다."는 입장이다. 그리하여 B가 당사자로 참여하지 않은, A와 C 사이의 소송에서 내려진 판결은 제2순위자인 B에게 영향을 미치지 않는다고 본다. 따라서 "A, B, C 모두의 순위를 바꾸는 것으로 판결한 것은 아니라는" 선택지 ④는 적절하다.

⑤ ㉠과 ㉡ 모두 A와 C 사이에 내려진 판결의 효력은 인정하면서 그 소송에 참여
하지 않은 B에게도 효력이 미치는 것으로 해석할 것인가에 대하여 견해의 대립
을 보인다. 따라서 선택지 ⑤는 적절하다.

35.

ⓐ가 한 논증 과정에서 나타나지 <u>않은</u> 것은?

① 저당권의 순위는 B, C, A의 순으로 놓인다는 결론을 내렸다.
② 확정 판결의 효력이 실질적 법률관계에 우선한다는 점을 전제로 삼았다.
③ 저당권의 우선순위는 먼저 설정된 순서로 정해진다는 로마법의 원칙이 부당하다는 것
을 확인하였다.
④ 파울루스가 논의한 사안을 정리한 결과, A가 제1순위라는 내용과 A가 제1순위가 아니
라는 내용의 충돌이 일어나자 그 모순을 해결하였다.
⑤ 권리를 입증하지 못하여 패소한 이가 이후에 자신이 당사자가 아닌 소송의 판결 때문
에 거듭 불이익을 받을 수 있다는 결론이 도출되지만, 그것이 부당하지 않다고 보았다.

문항 성격	문항유형 : 주제, 요지, 구조 파악
	내용영역 : 법·규범
평가 목표	저당권 우선 순위와 판결의 효력과 관련된 파울루스의 한 학설에 대하여 라이프니츠가 제기한 비판 논증의 내용과 논리적 구조를 정확히 파악하였는지 평가한다.
문제 풀이	정답 : ③

로마법의 가장 중요한 자료인 「학설휘찬」에 실린 파울루스의 한 학설에 대하여 라이프니츠가 어떠한 방식으로 논의를 진행시켜 나아갔는지, 그와 함께 파울루스의 주장과 차이를 보이는 점은 무엇인지, 이에 대하여 라이프니츠가 어떻게 비판하였는지 파악해야 한다.

정답 해설 ③ 제시문에서 라이프니츠는 "저당권은 설정한 순서에 따라 우선권이 주어"진다는 원칙과 "판결로 확정된 법률관계는 그것이 진실한 것으로 취급될 수밖에 없"다는 원칙, 이 두 원리를 파울루스가 제시한 사안에 적용시켜 나름의 논리적인 결론을 이끌어 내었다. 따라서 "저당권의 우선 순위는 먼저 설정된 순서로 정해진다는 로마법의 원칙이 부당하다는 것을 확인하였다."는 선택지 ③은 적절하지

않다.

오답 해설 ① 제시문에서 라이프니츠는 A가 제1순위 저당권자라는 사실은 A와 C 사이에 내려진 판결로 말미암아 인정되지 못하며, 오히려 C가 A에 우선하며, 또한 이것이 B가 C보다 앞선다는 사실에 대하여는 영향을 미칠 수 없다고 생각하였기 때문에 "순위는 간단히 정리될 수 있다고 보았다." 이에 따르면, 저당권의 순위는 B, C, A의 순으로 놓인다. 따라서 선택지 ①은 적절하다.

② 라이프니츠는 "판결로 확정된 법률관계는 그것이 진실한 것으로 취급될 수밖에 없"다고 전제하면서, 이 때문에 파울루스의 글에서 제시된 실질적 법률관계를 그대로 인정할 수 없다는 결론을 내리고 있다. 따라서 "확정 판결의 효력이 실질적 법률관계에 우선한다는 점을 전제로 삼았다."고 하는 선택지 ②는 적절하다.

④ 파울루스가 제시한 사안에 대해 라이프니츠의 정리한 내용 가운데 "(1) 가장 먼저 설정된 A의 저당권이 그 다음에 설정된 B의 권리에 우선한다."는 사실과 "(3)판결로 확정된 법률관계는 그것이 진실한 것으로 취급될 수밖에 없으므로 C의 저당권은 A의 저당권에 우선한다."는 사실이 충돌한다. (1)에서 A는 제1순위자이지만 (3)에서는 그렇지 못하여, 이 두 사실은 서로 양립할 수 없다. 이에 대하여 라이프니츠는 "판결로 확정된 법률관계는 그것이 진실한 것으로 취급될 수밖에 없다."는 원칙 때문에 A가 제1순위 저당권자라는 사실은 A와 C 사이에 내려진 판결로 말미암아 인정될 수 없어서 (1)은 받아들일 수 없다고 논증하였다. 따라서 선택지 ④는 적절하다.

⑤ A와 C 사이에 벌어진 소송에서 A가 패소하였고, 그 논리적 귀결로서 저당권의 순위는 B, C, A의 순이 되었다. A는 제1순위자였던 것이 제3순위자로 된 것이다. 곧, 순위가 두 칸이나 밀리게 된 것이다. 이것은 한 번의 소송에서 패소한 결과로 일어난 상황이다. 이에 대하여 라이프니츠는 "소송을 잘못한 이에게 두 번 불이익을 주는 것이 잘못이 없는 이에게 한 번 불이익을 주는 것보다 낫기 때문"이라는 이유로 부당하지 않다고 한다. 따라서 선택지 ⑤는 적절하다.

부록

법학적성시험
논술 영역

2021학년도 논술 영역 출제 방향

1. 출제의 기본 방향

2021학년도 법학적성시험 논술 영역은 공지된 출제 방향에 따라 다음과 같이 출제하였다. 첫째, 2개 문항 모두 사례형으로 출제하였다. 둘째, 이러한 사례형 제시문에 대한 이해 및 분석 능력과 논증적 글쓰기 능력을 평가하고자 하였다.

2. 출제 범위

논술 영역에서는 법조인에게 기본적으로 필요한 사안 분석 및 해법 제시 능력을 평가하는 데 적합한 문제를 출제하였다. 두 문항은 주어진 관점과 의견을 활용하여 사례를 해결할 것을 요구하는 것으로, 분석적이고 종합적인 사고 능력을 갖춘 수험생이라면 전공에 상관없이 일반적으로 풀 수 있도록 문항을 선정 및 구성하였다.

3. 문항 구성

1번 문항은 한 개의 사례와 세 개의 관점으로 구성된다. 사례는 과거 청산에 관한 문제로서 구체적으로는 부패 공직자 및 부정 축재자를 어떻게 설정해야 하는지가 문제된다. 세 개의 관점은 과거 청산의 방향을 어떻게 설정해야 하는지에 관한 것이다. 이 문항에서는 다음과 같은 과제를 수행해야 한다. 첫째, 사례의 쟁점을 파악하는 것이다. 둘째, 관점을 어떻게 활용할 것인지를 논증해야 한다. 셋째, 관점에 따라 사례에서 문제되는 입법안을 평가하고 필요한 경우에는 수정안을 제시하는 것이다. 특히 세 번째 과제를 수행할 때는 분석적 사고 능력뿐만 아니라 창의적인 사고 능력을 보여줄 필요가 있다.

2번 문항은 한 개의 사례와 세 개의 관점 및 여섯 개의 의견으로 구성된다. 사례에서는 중세의 가상 국가 A국에서 발생한 타인사칭 사건이 문제된다. 이에 대한 유무죄를 판단하는 것이 사례가 묻는 문제이다. 세 개의 관점은 타인사칭 사건의 유무죄를 판단할 때 무엇을 우선시해야 하는지를 보여준다. 여섯 개의 의견은 세 개의 관점을 뒷받침하는 논거에 해당한다. 이 문항에서는 다음과 같은 과제를 수행해야 한다.

첫째, 사례에서 무엇이 쟁점인지 파악해야 한다. 둘째, 사례를 해결하는 데 적합한 관점을 한 개 선택한 후 나머지 관점을 반박해야 한다. 이를 통해 자신이 선택한 관점의 타당성을 논증해야 한다. 셋째, 관점과 의견을 활용하여 타인사칭 사건에 대한 유무죄를 판단해야 한다. 이때 중요한 점은 여섯 개의 의견을 모두 활용해야 한다는 것이다. 더불어 유무죄를 판단할 때 사례 및 의견에 주어진 다양한 상황을 섬세하고 치밀하게 분석 및 평가할 필요가 있다.

4. 난이도

논술 영역은 수험생의 논증적 글쓰기 능력을 측정하는 것을 목적으로 한다. 따라서 간결하면서 함축적인 사례를 제시함으로써 수험생이 글쓰기에 더 많은 시간을 할애할 수 있게 하였다. 또한 2018학년도부터 도입한 사례형 문항 유형이 안착될 수 있도록 올해도 모두 사례형 문항으로 출제하였다.

5. 출제 시 유의점 및 강조점

- 1, 2번 문항의 배점을 동일하게 50점으로 배분하였다.
- 수험생은 문제의 취지를 정확하게 파악한 후, 체계적이고 정합적인 답안을 작성하는 데 더욱 힘을 써야 할 것이다.

01.

⟨사례⟩를 읽고 ⟨관점⟩을 고려하여 ⟨조건⟩에 따라 글을 작성하시오.

(900~1200자, 50점)

─── ⟨조건⟩ ───

1. 입법안에 대한 자신의 의견서를 작성할 것
2. 입법안에 대한 평가를 포함하고 수정이 필요하다면 제시할 것
3. 입법안을 활용할 때는 가①, 나②와 같은 방식으로 표시할 것
4. 소급입법 문제는 판단하지 말 것

─── ⟨사례⟩ ───

A국에서는 10년 넘게 폭정을 일삼아 온 독재 정권이 시민혁명으로 무너지고, 시민 다수의 지지를 받는 새로운 의회정부가 들어서게 되었다. 새로운 의회정부는 과거 독재 정권이 유지될 수 있었던 원인을 부패한 공직자 및 권력과 결탁하여 부정하게 재산을 축적한 자들로 보고 이들을 척결하기 위한 특별법을 제정하려 한다. 특별법 제정에서 가장 문제가 된 부분은 부패 공직자와 부정 축재자의 범위를 정하는 것이었다. 이를 두고 1년 넘게 지지부진한 논의만 계속되었다. 이에 더 이상 과거 청산을 늦출 수 없었던 의회정부는 논의를 종결하기 위해 시민들의 여론 조사를 토대로 하여 다음과 같은 입법안을 제시하였다.

가. 이 법에서 부패 공직자는 다음을 대상으로 한다.
① 독재 정권에서 임명된 장·차관 중 재임기간이 1년 이상이었던 사람
② 독재 정권에서 선출된 여당 국회의원 중 재선 이상이었던 사람
③ 독재 정권에서 임명된 재판관 중 각급 재판소의 장이었던 사람

나. 이 법에서 부정 축재자는 다음을 대상으로 한다.

① 독재 정권에서 부동산 취득액이 10억 원 이상이었던 사람

② 독재 정권에서 주식 취득액이 5억 원 이상이었던 사람

③ 독재 정권에서 세금 포탈액이 1억 원 이상이었던 사람

그런데 막상 입법안이 발표되자 기준이 너무 높다는 의견, 기준이 너무 낮다는 의견, 기준을 더 구체화해야 한다는 의견, 기준을 여론 조사로 정하면 안 된다는 의견, 기준을 정하지 말고 개별적으로 판단하자는 의견 등 다양한 반대 의견이 제기되었다. 이에 A국 의회정부 책임자들 사이에서는 입법안을 그대로 고수해야 한다는 의견과 더욱 가다듬을 필요가 있다는 의견이 대립하였다.

〈관점〉

1. 과거 청산 과정에서 억울한 대상자가 발생하면 안 된다. 시민들의 분노를 잠재운다는 명목으로 부패 공직자와 부정 축재자를 일률적으로 정하고 대상자를 공개하거나 처벌 범위를 과도하게 넓히는 것은 지양해야 한다.

2. 과거 청산은 신속하게 미래 지향적으로 이루어져야 한다. 고통스러운 과거에 얽매여 있는 것은 사회 발전에 도움이 되지 않는다. 주요 대상자로 한정하여 진상 규명 및 책임자 처벌을 수행한 후 화해와 상생으로 나아가야 한다.

3. 과거 청산은 진실에 근거하여 철저하게 이루어져야 한다. 독재 정권의 희생자와 시민혁명의 주체들을 기리고 정의로운 사회로 이행하기 위해서는 부패 공직자와 부정 축재자를 남김없이 찾아내어 강력하게 처벌해야 한다.

02.

〈조건〉에 따라 〈사례〉를 해결하시오. (900~1200자, 50점)

〈조건〉

1. 〈관점〉 가운데 하나를 선택하고 다른 〈관점〉을 모두 반박할 것
2. 〈의견〉을 모두 활용하여 논변할 것
3. 〈관점〉을 활용할 때는 X, Y, Z로 표시할 것
4. 〈의견〉을 활용할 때는 ①, ②와 같은 방식으로 표시할 것

〈사례〉

　중세 A국에서는 다음과 같은 사건이 발생했다. 가족 및 이웃과 지속적인 불화를 겪던 젊은 농민 갑은 아내를 버려둔 채 가출했다. 몇 년 후 전쟁이 발발하여 징병되었다는 소문을 끝으로 연락이 두절된 그가 십수 년이 지나 돌연히 귀향했다. 돌아온 갑은 예전에 비해 건장해지고 성실해졌으며 가출 전과 달리 아내에게 매우 다정해졌다. 둘 사이에는 자녀가 태어나기도 했다. 마을 사람들 또한 갑이 외지에서 배워 전파한 농작 기법 덕분에 마을의 수확량이 늘어난 데 기뻐했다. 그런데 재산이 늘어나면서 동업 관계에 있던 갑과 숙부 을 사이에 재산 다툼이 발생했다. 이 과정에서 을과 일부 친척들은 타인사칭 혐의로 갑을 고소하였다. 당시에는 다른 사람을 사칭하여 재산을 빼앗는 범죄가 자주 발생했기 때문에 A국 형법은 타인사칭을 중한 범죄로 규정하고 있었다. 지방 재판소는 선례에 따라 마을 사람들을 광장에 모이게 하여 갑이 진짜인지 가짜인지 의견을 물었다. 그리고 다수의 의견에 따라 무죄로 판단하였다. 을은 재판 방식 및 결과에 불복하여 상소하였다. 중앙 재판소는 마을 사람들 중 여섯을 선정하여 〈의견〉을 청취하였다. 이를 모두 들은 재판관 3인은 각자의 〈관점〉을 피력하고 갑의 유무죄를 판단하기로 했다.

〈관점〉

재판관 X : 선례와 공동체의 이익을 고려하여 유무죄를 판단해야 한다.
재판관 Y : 모든 증거가 유죄임을 증명할 수 없다면 무죄로 판단해야 한다.
재판관 Z : 중한 범죄의 경우 개연적인 유죄 증거가 있다면 유죄로 판단해야 한다.

〈의견〉

① 재단사 : 저는 이 마을에서 수십 년간 옷을 만들어 왔습니다. 가출 전에 갑이 수선을 맡겨놓고 찾아가지 않은 바지를 돌려준 적이 있는데 얼마 전 새로 주문한 바지는 이보다 두 치수 더 작았습니다. 제가 평생 보아온 바에 따르면 사람의 키가 커지는 경우는 있어도 작아지는 경우는 없었습니다.

② 갑의 누이 : 타인사칭을 주장하는 이들은 을로부터 돈을 받거나 협박을 받은 자들입니다. 재단사의 경우도 처남이 을의 소작농이라 그의 말을 믿기 어렵습니다. 설령 그의 말대로 치수가 줄었다 해도 긴 타지 생활로 몸이 변할 수 있습니다. 저는 갑의 동생으로, 누구보다 오빠를 잘 압니다. 거짓된 말들로 섣불리 판단하지 마십시오.

③ 촌장 : 저는 을의 의도가 조카에 대한 애정이 아닌 재산 욕심이라는 것을 분명히 밝히고자 이 자리에 섰습니다. 그로 인해 마을 사람들이 갈라지고 불신이 팽배해진 상황이 개탄스럽습니다. 만에 하나 그가 가짜라 해도 진짜는 이미 전쟁터에서 사망했을 텐데 을의 불순한 의도 때문에 마을 사람들이 반목하는 것은 옳지 않다고 생각합니다.

④ 제빵사 : 갑이 전쟁 이전과 많이 달라진 것은 사실입니다. 그렇지만 충분히 그럴 수 있다고 생각합니다. 저도 징병으로 전장에 나가서 싸웠던 경험이 있습니다. 그 참혹한 현장을 보고서는 사랑하는 가족을 다시 만날 수 있을까 하는 생각에 절로 눈물이 났었습니다. 전쟁에 갔다 오면 사람은 변할 수밖에 없습니다.

⑤ 을의 부인 : 저는 갑이 어렸을 때 거의 매일 돌보아 주었습니다. 그런데 돌아온 그를 지켜보며 의심스러운 점이 한둘이 아니었습니다. 사실 마을 사람 상당수가 의심을 품고 있을 텐데 지금 상황이 득이 되어서 모른 체하는 걸로 짐작됩니다. 갑의 누이와 아내 역시 가짜임을 알고 있으면서도 제 남편의 재산을 빼앗기 위해 진실을 은폐하고 있는 것입니다.

⑥ 원로 : 저희 마을에서는 심한 다툼이 발생할 때마다 마을 사람들 모두 광장에 모여 토론을 벌인 후 다수결에 따라 판단을 내려왔습니다. 마을에서 발생한 사건과 그 결과에 직접 영향 받는 사람들은 그곳에서 나고 자라 평생을 살아가는 저희이기 때문입니다. 지방 재판소는 이를 잘 알고 있기에 선례를 존중해준 것이라 생각됩니다.

2020학년도 논술 영역 출제 방향

1. 출제의 기본 방향

2020학년도 법학적성시험 논술 영역은 공지된 출제 방향에 따라 출제하였다. 첫째, 2개 문항 모두 사례형으로 출제하였고, 둘째, 평가의 방향도 제시문에 대한 이해 및 분석 능력과 논증적 글쓰기 능력을 측정하고자 하였다.

2. 출제 범위

논술 영역은 법조인의 기본 조건으로서 사안 분석 및 해법 제시의 능력을 평가하는 데 적합한 문제를 출제하였다. 2개 문항은 규범 해석과 규제 원칙에 관한 것으로서 분석적이고 종합적인 사고 능력을 갖춘 수험생이라면 전공에 상관없이 일반적으로 풀 수 있는 문제를 선정하였다.

3. 문항 구성

1번 문항에는 두 개의 사례와 세 개의 관점이 주어져 있고, 그중 하나의 관점을 선택하여 사례를 평가하도록 하였다. 첫 번째 사례는 중세의 한 국가에서 새로운 사태에 대한 기존 법의 유추적용에 관한 것이고, 두 번째 사례는 종교국가에서 도박의 개념을 둘러싼 해석에 관한 것이다. 이 문항에서 수행해야 할 과제는 세 가지이다. 첫째, 두 사례의 기본적인 쟁점을 파악하는 것이다. 둘째, 세 관점 중에서 선택한 관점에 입각하여 다른 관점들을 반박하는 것이다. 셋째, 두 사례의 법적 판단을 정합적으로 평가하는 것이다.

2번 문항에는 두 개의 사례와 규제 형식, 그리고 규제 지침이 주어져 있다. 첫 번째 사례는 네거티브 규제가 문제되는 경우이고, 두 번째 사례는 포지티브 규제가 문제되는 경우이다. 이로 인해 각 사례에서 어떤 문제가 나타나고 있는지, 이를 해결하기 위해서는 어떤 규제 형식을 선택해야 하는지가 주된 논점이다. 이때 규제 지침을 다양하게 활용하여 자신이 선택한 규제 형식을 논변하도록 하였다.

4. 난이도

논술 영역의 목적은 논증적 글쓰기 능력을 측정하는 데 있기 때문에, 간결하면서 함축적인 사례들을 제시함으로써 수험생이 글쓰기에 더 많은 시간을 안배할 수 있게 하였다. 또한 2018학년도부터 도입한 사례형 문항 유형을 안착시키기 위해, 올해 출제한 2개 문항을 통해 각각 사례를 평가하고 해결하는 능력을 중점적으로 측정하고자 하였다.

5. 유의점 및 강조점

• 1, 2번 문항의 배점을 동일하게 50점으로 배분하였다.
• 수험생은 문제의 취지를 정확하게 파악한 후, 체계적이고 정합적인 답안을 작성하는 데 더욱 힘을 써야 할 것이다.

01.

제시된 〈조건〉에 따라 〈사례〉를 논평하시오. (900~1200자, 50점)

─── 〈조건〉 ───

1. 아래 〈관점〉 중에서 하나를 선택하고, 다른 〈관점〉을 모두 반박할 것
2. 각 〈사례〉에 나타난 쟁점을 발견하고, 선택한 〈관점〉에 따라 각 〈사례〉의 법적 판단을 평가할 것
3. 〈관점〉을 활용할 때는 ㉮, ㉯, ㉰와 같은 방식으로 표시할 것

─── 〈사례〉 ───

〈사례 1〉

　중세 말 X국은 최고 법전인 치국대전(治國大典)에서 형법의 개정을 금지하고, 대신 형법전에 '마땅히 처벌할 만한 행위에는 유사한 조문을 적용할 수 있다'는 원칙을 규정하고 있었다. X국 사람인 甲은 화약을 사사로이 제조하여 화적패에게 팔아넘기려다 발각되었다. X국의 형법전에는 사인(私人)이 화약을 제조하는 행위를 처벌하는 조문이 없었다. X국 병기창이 화약 제조에 관한 신기술을 외국에서 수입하였던 까닭에 개인이 화약을 밀조하는 상황을 형법은 예상하지 못했던 것이다. 법원은 논의 끝에 형법전 상 동전 또는 달력 위조죄를 이 사건에 적용하기로 하였다. X국에서 동전의 주조나 달력의 제작은 국가가 독점해 왔다. 경제적 신용 수단으로서 화폐의 공급은 국가의 전권에 속하기 때문에 조폐창에서 동전의 주조를 전담하도록 하였고, 달력은 농사 일정에 관련되어 정확한 정보가 요구되기 때문에 일기청에서만 제작하도록 하였다. 법원은 화약을 사사로이 제조하는 행위를 동전 또는 달력의 위조와 같이 국가의 전권에 도전하는 행위로 보고 甲에게 유죄를 선고하였다.

<사례 2>

Y국 사람인 乙은 돈을 걸고 전통적인 카드 게임을 하다가 종교법 위반으로 체포되었다. Y국의 헌법에 의하면 법원은 종교법 사건에서 종교법 위원회의 판단을 따르도록 되어 있다. Y국 종교법에는 '화살 던지기 내기'만 명시적으로 금지되어 있었다. 화살 던지기는 일곱 걸음 거리에서 통에 화살을 던져 넣어 승패를 결정하는 게임을 의미한다. 그러나 당시 널리 알려진 도박 행위의 하나였던 화살 던지기 내기는 세월이 흐르면서 도박의 대명사가 되었다. 乙은 종교법이 금지하는 내기는 화살 던지기뿐이므로 카드 게임은 여기에 해당하지 않는다고 항의하였다. 또한 카드 게임의 승패는 화살 던지기와 달리 실력과 훈련에 따라 결정된다고 주장하였다. 법제정 당시의 기록을 검토한 종교법 위원회는 종교법이 내기를 금지한 이유가 불필요한 금전적 손실의 위험으로부터 사람을 보호하는 데에 있으며, 따라서 그러한 위험이 있는 모든 내기는 금지된다고 판단하였다. 법원은 이러한 판단에 따라 乙에게 유죄를 선고하였다.

──────── 〈관점〉 ────────

〈관점 ㉮〉

입법자가 모든 사례를 고려할 수는 없어. 처음부터 완벽한 법이란 존재하기 어려워. 그런 까닭에 다양한 역사적 자료나 유사한 입법례를 통해 입법자의 본래 의도를 발견해서 법을 해석하고 적용하는 것이 옳다고 생각해.

〈관점 ㉯〉

법의 해석과 적용에 있어서는 언어의 사전적(辭典的) 의미가 가장 중요해. 사람들은 통상 그런 의미로 법을 이해하거든. 그런 점에서 언어의 객관적인 의미에 따라 법을 해석하고 적용하는 것이 옳다고 생각해.

〈관점 ㉰〉

사회적 상황이나 판단은 변할 수 있기 때문에 법을 사전적 의미로 한정하는 것은 지나치게 좁은 해석이야. 그리고 법의 제정 시점보다 법의 적용 시점에서 합당한 것으로 수용된 견해에 따라 법을 해석하고 적용하는 것이 옳다고 생각해.

02.

〈사례〉에서 나타난 문제점을 분석하고 〈규제 형식〉 중 하나를 선택하여 〈조건〉에 따라 〈사례〉를 해결하시오. (900~1200자, 50점)

〈조건〉

1. 자신이 선택한 〈규제 형식〉을 두 〈사례〉에 일관되게 적용할 것
2. 자신이 선택하지 않은 〈규제 형식〉을 반박할 것
3. 〈규제 지침〉을 활용하여 논변할 것
4. 〈규제 지침〉을 활용할 때는 ㉮, ㉯, ㉰와 같은 방식으로 표시할 것

〈사례〉

〈사례 1〉

　최근 개나 고양이 이외에도 파충류나 야생 포유류 등 다양한 동물을 키우는 사람이 늘고 있다. 그러나 관련 법은 국제적 멸종 위기종에 해당하는 동물을 개인이 키우는 것을 금지할 뿐 그 밖의 동물을 개인이 키우거나 거래하는 것에 별도의 규제를 마련하고 있지 않다. 이로 인해 멸종 위기종에 해당하지 않는 뱀, 거북이, 악어, 북극여우 등과 같은 야생동물이 인터넷에서 제한 없이 거래되고 있다. 이에 동물 보호 단체 P는 충분한 정보나 지식 없이 개인이 야생동물을 키우게 되면 공중 보건 위해, 질병 및 상해 위험, 생태계 위협 등 각종 문제가 발생할 수 있을 뿐만 아니라, 해당 동물의 건강과 복지에도 나쁜 영향을 미칠 수 있다고 경고한다. 실제로 외국에서는 키우던 뱀의 공격을 받아 사망한 사고도 있었음을 강조한다. P는 보건 당국이 지정한 동물만을 개인이 반려 동물로 키울 수 있도록 법으로 규제해야 한다고 주장한다.

〈사례 2〉

　스타트업(start-up) 기업 Q는 이용자가 현재 있는 곳에서 가까운 주차장의 위치와 주차 요금을 알려주는 주차 공유 서비스 사업을 시작하려 한다. 서비스의 핵심 기능은 현재 활용되지 않는 주차 공간을 다른 사람이 쓸 수 있게 함으로써 도심지의 주차난을 해소하려는 것이다. Q는 사업을 위해 관할 지방자치단체에 사업허가를 신청하였다. 그러나 담당 공무원은 관련 법에는 주차 공유를 금지하는 규정도 없지만 이를 허용하는 규정도 없으므로 기존의 조례를 개정하여 법령상 근거를 마련하지 않는 한 사업을 허가해 줄 수 없다고 하였다. 이에 Q는 사업의 신속한 시행을 위해 관할 지방자치단체에 조례의 개정을 여러 차례 요구하였지만 수년 동안 개정 작업은 진척되지 않고 있다. Q는 스타트업 기업이 새로운 상품이나 서비스를 개발해도 각종 규제 때문에 신속하게 시장에 진출하는 데 어려움을 겪고 있다고 토로한다.

─── 〈규제 형식〉 ───

(1) 포지티브 규제(positive regulation) : 허용되는 것만을 규정하고 나머지는 원칙적으로 금지하는 규제 형식

(2) 네거티브 규제(negative regulation) : 금지되는 것만을 규정하고 나머지는 원칙적으로 허용하는 규제 형식

─── 〈규제 지침〉 ───

㉮ 규제는 사회가 요구하는 바를 정확하게 포착하여 이에 응답해야 한다.

㉯ 규제는 인간의 자유와 권리를 최대한 보장하는 데 역점을 두어야 한다.

㉰ 규제는 행위를 제한하는 것을 넘어 특정한 정책이나 가치를 형성하고 조정해야 한다.

㉱ 규제는 사회 및 시장이 스스로 문제를 해결할 수 있으므로 가능한 한 적게 해야 한다.

㉲ 규제는 인간과 자연의 지속 가능한 공존을 추구해야 한다.

㉳ 규제는 사회의 공리를 극대화하는 데 이바지해야 한다.

㉴ 규제는 사회에 해악이 되는 행위를 예방하고 금지해야 한다.

2019학년도 논술 영역 출제 방향

1. 출제의 기본 방향

2019학년도 법학적성시험 논술 영역은 이미 공지된 개선 방안에 따라 출제하였다. 첫째, 2개 문항 모두 사례형으로 출제하였고, 둘째, 평가의 방향도 제시문에 대한 깊이 있는 이해와 분석 능력 측정 중심에서 논증적 글쓰기 능력 측정 중심으로 바뀌었다.

2. 출제 범위

법조인의 주된 임무 중 하나가 사안을 정확하게 분석하여 논리에 맞는 해결책을 설득력 있게 제시하는 것인 만큼, 논술 영역에서도 그와 같은 능력을 평가하는 데 적합한 문제를 출제하였다. 또한 대학 교육을 이수하였다면 전공에 상관없이 풀 수 있는 문제로서 특별한 법적 지식을 요하지 않는 문제를 선정하였다.

3. 문항

1번 문항에는 두 개의 사례와 두 개의 관점이 주어져 있고, 답안은 관점을 반영하여 작성하도록 하였다. 첫 번째 사례는 의사인 승객이 탄 택시에서 기사가 의식을 잃은 것이고, 두 번째 사례는 대리 기사를 요청한 회사원 승객이 의식을 잃은 것이다.

문제는 주어진 네 가지의 질문에 대해 순서대로 답하는 것이다. 첫째, 두 사례의 유사점과 차이점을 찾아내도록 하고, 둘째, 두 사례에 대한 규범적 판단이 동일해야 한다고 가정할 경우와 셋째, 상이해야 한다고 가정할 경우, 어떤 답변을 제시할 것인지를 정하고, 그 답변에 대한 근거를 제시하도록 하였다. 마지막으로 앞선 논의를 바탕으로 자신의 입장을 정하고, 자신의 입장을 정당화하도록 하였다.

2번 문항에는 사례와 현행 정관의 내용이 주어져 있다. 사례는 재정 적자가 지속되어 위기 상황에 처한 협동조합 형태의 기업에서 조합원들이 정관 개정안을 둘러싸고 찬성 입장과 반대 입장으로 나뉘어 대립하는 상황에 관한 것이다.

답안 작성은 찬성과 반대의 입장 중 하나를 선택하여, 선택한 입장에 대하여는 지지하는 논거를, 선택하지 않은 입장에 대하여는 반박하는 논거를 제시하도록 하였다. 다만, 정관을 활용하여 논변할 것을 요구하였다.

4. 난이도

2019학년도 논술 시험의 목적은 논증적 글쓰기 능력의 측정에 있기 때문에, 문제를 이해하고 분석하는 데 소요되는 시간을 줄이고자 하였다. 수험생은 이를 통해 확보되는 시간을 답안을 잘 구성하여 논증하는 데 적절히 사용하여, 만족할 만한 답안을 작성하도록 해야 할 것이다. 문제 이해에 드는 시간이 줄었으므로 예년의 시험에 비해 어렵지 않다고 느낄 수 있지만, 평가의 초점이 바뀌었다는 점을 잘 이해해야 할 것이다.

5. 유의점 및 강조점

• 1, 2번 문항의 배점을 동일하게 50점으로 배분하였다.
• 수험생은 문제의 취지를 정확하게 파악하고, 체계적이고 조리 있는 답안을 작성하는 데 더욱 힘을 써야 할 것이다.

01.

〈사례 1〉, 〈사례 2〉를 읽고 〈관점〉을 반영하여 〈질문〉의 순서에 따라 글을
작성하시오. (단, 실정법적 판단은 제외할 것) (900~1200자, 50점)

〈질문〉
---

(1) 〈사례 1〉과 〈사례 2〉의 유사점과 차이점은 무엇인가?

(2) A와 C에 대한 규범적 판단이 동일해야 한다면 그 근거는 무엇인가?

(3) A와 C에 대한 규범적 판단이 상이해야 한다면 그 근거는 무엇인가?

(4) 본인의 견해는 (2)와 (3) 중 어느 것이고, 그 근거는 무엇인가?

〈사례〉

〈사례 1〉

　의사인 A는 해외학회 참석을 위하여 공항으로 가려고 콜택시를 요청하였다. 잠시 후 도착한
택시 운전사 B는 A를 태우고 공항으로 출발하였다. A는 네비게이션이 안내하는 길대로 가자고
하였지만, B는 자신이 빠른 길을 더 잘 안다고 네비게이션을 켜지 않았다. 길은 막혔고, 택시가
도로에 멈춰 있던 중에 B는 의식을 잃었다. A는 B를 깨워 보려 하였지만, B는 의식을 회복하지
못하였다. 비행기 출발 시각이 가까워져 다급해진 A는 B를 그대로 둔 채 다른 택시를 타고 다시
공항으로 향하였다. A는 사람들의 왕래가 많은 지역이어서 B가 곧 구조될 것이라고 생각하였다.
B는 A의 기대와 달리 의식을 회복하지 못하고 사망하였다.

〈사례 2〉

　회사원 D는 동료들과 회식 후 귀가하기 위하여 대리 기사를 요청하였다. 잠시 후 도착한 대리
기사 C는 D의 집으로 출발하였다. 만취한 D는 자신이 사는 아파트의 정확한 동·호수를 알려 주
지는 못한 채 운전하는 C에게 욕설을 퍼부었다. 아파트 근처에 도착할 무렵 D는 차 안에서 의식

을 잃었다. C는 D를 깨워 보려 하였지만, D는 의식을 회복하지 못하였다. D가 사는 곳을 정확히 알 수 없었던 C는 다른 대리 호출을 받고 아파트 주차장에 D의 차를 주차하고 떠났다. C는 D를 차 안에 홀로 남겨놓았지만, 시간이 지나 술에서 깨면 괜찮을 것이라고 생각하였다. D는 C의 기대와 달리 의식을 회복하지 못하고 사망하였다.

─────〈관점〉─────

갑 : 어떤 상황에서 어떤 행동이 올바른지를 고민하는 것은 바람직한 일이야. 하지만 현실에서는 개인이 어떤 행동을 선택하든 행동의 자유가 있어. 위급한 상황에 처한 사람을 내가 구할 수 있다고 해도 그 사람과 내가 특별한 관계가 없다면 구하지 않았다고 해서 비난할 수는 없어. 선한 행동을 하는 것이 그 사람이나 다른 사람에게 유익할 뿐 아니라 전체 공동체를 위해서 바람직하다고 해도 강제할 수는 없어.

을 : 행동의 자유를 누리는 것도 좋지만 생명이나 안전을 전적으로 개인의 선택에 맡기는 것은 절대 바람직하지 않아. 공동체의 유익을 증진시키기 위해서는 다른 사람을 구할 수 있는데도 그렇게 하지 않은 사람에 대해서는 제재를 가할 필요가 있어. 물론 동등하거나 우월한 가치가 있는 일을 하기 위해 부득이한 경우라면 예외로 해야겠지. 하지만 사람의 생명을 구하는 것보다 더 가치 있는 일이 어디 있겠어.

02.

〈사례〉를 읽고 〈조건〉에 따라 논술하시오. (900~1200자, 50점)

─────── 〈조건〉 ───────

1. 두 입장 중 하나를 선택하고 이유를 제시할 것
2. 자신이 선택하지 않은 입장을 반박할 것
3. 〈정관〉을 활용하여 논변할 것
4. 〈정관〉을 활용할 때는 '정관-가', '정관-나'와 같은 방식으로 명시할 것

─────── 〈사례〉 ───────

A는 지속 가능한 사회적 이익을 추구하는 협동조합* 형태의 기업이다. A는 이러한 목표를 실현하기 위한 여러 규칙과 절차를 협동조합 정관에 규정하고 있다.

그런데 최근 기업 환경이 급변하고 이러한 변화에 A가 제때에 대응하지 못함으로써 재정 적자가 지속되는 문제가 발생하였다. 다수의 조합원들은 이에 대응하고자 정관 개정안을 발의하였다. 정관 개정안은 A의 목표로 이윤 추구의 원리를 새롭게 추가하고, 긴급한 사유가 있는 경우 경영진에게 정관이 정한 규칙 및 절차 준수 의무를 면제할 수 있도록 하였다. 또한 기업 환경에 적극 대응할 수 있도록 이사장의 권한을 강화하고 감사의 권한은 대폭 축소하였다.

그러나 소수의 조합원들은 이러한 정관 개정안은 A의 존재 이유를 부정하는 것일 뿐만 아니라, A가 지속 가능하게 발전하는 데 필요한 규칙 및 절차를 훼손하는 것이기에 허용될 수 없다고 반대한다. 또한 정관 개정안은 권한 배분의 취지를 약화시켜 이사장의 전횡을 막을 수 없다고 한다.

이에 정관 개정을 지지하는 다수의 조합원들은 A 역시 기업으로서 수익을 창출해야 한다고 반박한다. 또한 협동조합의 운영은 다수결 원리에 따라 이루어지는 것이므로, 다수의 조합원들이 정관을 개정하여 권한 배분의 취지를 완화하고자 한다면 이는 허용될 수밖에 없다고 한다.

*협동조합 : 재화 또는 용역의 구매·생산·판매·제공 등을 협동으로 영위함으로써 조합원의 권익을 향상하고 지역 사회에 공헌하고자 하는 사업조직.

─────── 〈정관 : 현 정관의 주요 내용〉 ───────

가) A는 조합원의 권익을 향상하고 지역 사회에 공헌하는 것을 목적으로 한다.
나) A는 모든 조합원의 자유롭고 평등한 민주적 참여와 결정으로 운영된다.
다) A의 의사결정 방식은 다수결 원리를 따른다.
라) A의 운영은 정관이 정한 규칙 및 절차에 구속된다.

마) 조합원은 정관 개정안을 직접 발의하여 이를 조합원 투표에 부칠 수 있다.

바) A의 조합원총회, 이사회, 감사의 기능과 권한은 분리된다.

사) A의 중요 사항을 결정하기 위하여 조합원총회를 소집할 수 있다. 조합원총회 소집은 총회 7일 전까지 서면으로 통지한다.

아) 이사회는 A의 경영을 담당한다. 이사회에는 이사장을 둔다. 이사장은 A를 대표한다.

자) 감사는 이사회의 결정에 대해 사전 및 사후 감사를 할 수 있다. 특별한 경우 감사는 조합원총회에 이사 또는 이사장의 해임을 건의할 수 있다.

차) 지속 가능하고 투명한 경영 실현을 위하여 감사의 독립성과 신분은 보장된다.

2018학년도 논술 영역 출제 방향

1. 출제의 기본 방향

논술 영역에서는 장차 법률가로서 갖춰야 할 분석적·비판적·종합적 사고력과 논리적이고 창의적인 글쓰기 능력을 평가하고자 하였다. 법률가에게 합리적 판단을 위한 법적 추론의 능력과 그것을 설득력 있게 표현하는 능력은 필수적이다. 논술 문항은 이런 능력들을 검증하기 위해 인문·사회 분야의 텍스트를 제시문으로 선정하여 해석 능력을 점검하고, 그 해석을 바탕으로 제한된 시간과 분량 내에서 자신의 생각을 글로 작성하는 능력을 평가할 수 있도록 출제하였다.

2. 출제 범위

법학적성 평가를 위해 적절하다고 판단되는 논제를 제시하고 그에 따른 인문·사회 분야 제시문을 선정하되, 대학 교육을 받은 사람이라면 누구나 이해할 수 있는 수준이 되도록 하였다. 법에 관심을 가지고 있는 법학전문대학원 지망생의 특성을 고려하여 법과 관련된 내용도 포함시켰지만 법학 지식이 필요한 것은 아니며, 글을 읽고 이를 바탕으로 사고하는 인문학적 소양과 상식을 갖춘 학생이면 누구나 접근할 수 있도록 출제하였다.

3. 문항

2018학년도 법학적성시험 논술 영역은 두 문항으로 구성하였다.

1번 문항은 〈보기〉에서 의료 빅데이터의 활용에 대한 정부와 시민단체의 입장 대립을 제시하고, 수험생으로 하여금 그 중에 어느 하나의 입장을 선택하고, 〈자료〉를 모두 활용하여 자신의 입장을 강화하고 선택하지 않는 입장을 반박하도록 하였다. 수험생은 반드시 어느 하나의 입장을 취해야 하고 모든 자료를 찬반의 논거로 활용해야 한다. 적절한 자료를 기초로 규칙을 적용하는 능력과 일관된 입장에서 논리적으로 추론하고 비판하는 능력이 중요한 평가지표가 될 것이다.

2번 문항은 세대 간의 갈등을 최소화하는 방안을 제시하는 사례형 문제이다. 〈사례)는 복지 재원의 분배를 둘러싸고 세대 간 갈등 상황을 보여주고 있으며, 세 개의 〈제시문〉은 이 문제를 해결할 다수결원칙, 정의의 원칙, 경제적 불평등에 대한 사회 구조적 시각을 보여주고 있다. 수험생은 제시문의 의미를 파악하고 제시문의 통찰을 활용 발전시켜 세대 간의 갈등을 최소화할 수 있는 방안을 제시하도록 하였다. 쟁점 파악, 대안 제시 및 대안에 대한 근거 제시와 관련된 종합적 사고능력이 중요한 평가 지표가 될 것이다.

4. 난이도

2018학년도 법학적성시험에서는 2017학년도와 비슷하게 난이도를 유지하였다. 법학에 대한 선지식이 답안 작성에 미치는 영향을 최소화하면서도 응시자들에게 큰 부담을 주지 않는 범위 내에서 적절한 변별력을 가지도록 문항을 구성하였다.

5. 유의점 및 강조점

• 문제 유형과 답안 분량을 고려하여 1, 2번 문항의 배점을 각각 40점, 60점으로 차등 배분하였다.
• 과제수행상의 오해가 발생하지 않도록 질문과 조건을 명확하게 표현하였다.
• 제시문은 출제 의도를 좀 더 잘 구현하고 가독성을 높일 수 있도록 원자료를 적절히 재구성하고 윤문하였다.

01.

〈보기〉에 나타난 두 입장 중 하나를 선택하고, 자신이 선택한 입장을 〈조건〉에 따라 논변하시오. (900~1200자, 40점)

───────────────── 〈조건〉 ─────────────────

1. 자신이 선택하지 않은 입장을 반박할 것.
2. 자료를 모두 논거로 활용할 것.
3. 자료를 활용할 때 '자료 ①', '자료 ②'와 같은 방식으로 명시할 것.

───────────────── 〈보기〉 ─────────────────

　현대 정보화 사회에서는 큰 규모의 데이터를 이용해 작은 규모에서 불가능했던 새로운 통찰이나 가치를 찾아내고 이 과정에서 사회 전 분야에 걸쳐 변화를 가져오고 있다. 정부는 제4차 산업 혁명에 대응하기 위해 의료 빅데이터를 적극 활용하기로 하였다. 의료 빅데이터의 활용은 암이나 에이즈와 같은 난치병을 해결할 수 있는 치료법과 의약품을 개발하는 데 도움을 줄 것이다. 이를 위해 정부는 개인의 의료 정보를 수집·관리·공유하겠다고 발표하였다. 그러나 시민 단체들은 정부의 계획대로 의료 빅데이터를 구축하면, 개인의 의료 정보가 심각하게 침해될 뿐만 아니라 새로운 사회적 문제를 야기할 것이라고 우려한다.

───────────────── 〈자료〉 ─────────────────

　① 몇 년 전 구글의 연구원은 『네이처』에 흥미로운 논문을 발표했다. 논문의 내용은 구글이 겨울철 미국에서 독감의 확산을 예측할 수 있다는 것이었다. 전국적 규모에서뿐만 아니라 어느 지역에서 유행할지도 예측할 수 있다고 하였다. 이를 위해 구글이 사용한 방법은 사람들이 인터넷에서 검색한 내용을 살피는 것이었다. 전 세계적으로 구글에 보내는 검색 질문은 매일 30억 개 이상이었으므로 이용 가능한 데이터는 충분했다.

② 미국 샌프란시스코 시 당국은 외식을 하는 사람들에게 비위생적인 음식점에 관한 정보를 제공하기 위해 생활 정보 서비스 업체와 협력하여 음식점 이용 후기 데이터를 위생 점검 데이터와 연계하는 실험을 하였다. 이를 통해 각 음식점에 대한 위생 평가 점수를 만들어 고객에게 공개하고 있다. 사람들은 관련 홈페이지의 정보를 검색하는 것만으로도 어느 음식점이 더 위생적인지 알 수 있게 되었다.

③ 스티븐 스필버그가 감독한 영화 『마이너리티 리포트』는 매우 인상적인 사회를 그려 낸다. 이 사회에서는 세 명의 예언자가 범죄를 정확하게 예측한다. 이를 토대로 경찰은 아직 범죄를 저지르지 않은 사람을 그가 장래에 범죄를 저지른다는 이유로 사회로부터 격리한다.

④ 혁신적인 과학기술은 때로 새로운 산업혁명의 원동력이 된다. 그러나 과학자가 본래부터 새로운 산업혁명을 의도하고 과학기술을 개발한 것은 아니다. 현재의 제4차 산업혁명 역시 과학자가 의도했던 것은 아니다. 과학기술이 사회에서 어떻게 활용될 것인지, 인간의 삶을 어떻게 바꿀 것인지를 정확하게 예측하는 것은 어렵다. 따라서 과학기술 자체에 대해 가치판단을 하는 것은 피해야 한다.

⑤ 미국의 유통업체 '타깃'은 고객들의 구매 패턴 데이터를 수집·분석하여 고객들에게 유용한 맞춤형 광고 전단지를 제공한다. 이 과정에서 '타깃'은 10대 여학생의 구매 패턴 데이터를 분석함으로써 그녀가 임신했다는 사실을 예측하고 아기 용품 쿠폰이 첨부된 광고 전단지를 우편으로 보내기도 하였다.

⑥ 일정 직급 이상 공무원들의 병역 면제 사유인 질병명을 관보와 인터넷을 통해 공개하도록 하는 것은 허용되지 않는다. 왜냐하면 그러한 질병명은 내밀한 사적 영역에 근접하는 민감한 개인정보로서, 특별한 사정이 없는 한 타인에 의해 지득되거나 외부로 공개되지 않고 개인의 내밀한 영역 내에 유보되어야 하는 정보이기 때문이다.

02.

〈사례〉에 나타난 세대 간의 갈등을 최소화할 수 있는 방안을 〈조건〉에 따라 제시하시오. (1300~1600자, 60점)

〈조건〉

1. 제시문 (가), (나), (다) 모두에 대한 평가를 포함할 것.
2. 제시문을 활용하여 자신의 주장을 강화할 것.

〈보기〉

우리나라에서 저출산·고령화의 파급 효과는 21세기에 들어와 본격적으로 문제 되기 시작했으며, 인구 구성비의 불균형으로 인한 다양한 경제적·사회적 문제들이 점차 세대 간의 갈등으로 번지고 있다. 정치적으로는 고령 인구의 비율 증가에 따른 보수화 경향이 짙어지는 가운데, 경제 활동 인구의 감소, 사회복지 부담의 증가 등으로 인하여 경제 성장도 둔화되고 있다. 그 결과 복지 재원이 축소되어 사회적 약자들 사이에서도 재원 배분의 우선순위를 둘러싼 갈등이 심화되고 있다. 한정된 재원의 투입에서 고령 인구를 위한 국민연금 및 건강보험의 강화를 우선할 것인지, 젊은 세대를 위한 교육 투자 및 실업 대책에 더 많은 재원을 사용할 것인지에 대하여 견해가 대립하고 있다.

〈제시문〉

(가) 가장 대표적인 민주적 의사 결정 방식으로 다수결을 지칭하는 경우가 많다. 이는 다수결이 민주주의의 이념인 자유와 평등을 가장 잘 실현할 수 있다고 믿기 때문이다. 다수결의 정당성을 위한 전제로는 두 가지가 중요하다. 하나는 결정의 대상이 되는 사안이 다수결로 결정하기에 적합해야 한다는 것이다. 예컨대 학문적 진리를 다수결로 결정할 수 없으며, 유사한 맥락에서 고도의 전문성을 갖는 사안에 대해서는 비전문가의 다수결이 정당하지 않다. 다른 하나는 다수와 소수가 바뀔 수 있어야 한다는 것이다. 다수결의 한계로는 소수자가 납득할 수 있는 범위의 결정일 것, 즉 다수와 소수가 합의한 공동의 기초, 근본 가치를 침해하지 않는 것이 중요하다. 다수결이 다수의 횡포, 다수의 독재가 되어 소수자들의 극단적 저항을 불가피하게 만드는 경우에는 다수결의 정당성 또한 인정되기 어렵다.

(나) 세대 간의 문제는 정의의 문제이다. 후속 세대가 선행 세대로부터 과중한 부담을 떠안은 경우는 정의롭지 않다고 말할 수 있다. 세대 간의 문제를 정의의 관점에서 접근할 때 사회의 모든 구성원들은 선행 세대로부터 받아야 할 적정한 몫과 후속 세대를 위해 이행해야 할 본분과 관

련해서 합당한 원칙을 채택할 수밖에 없다. 그렇게 되면 서로 다른 세대에 속하는 사람들이 마치 같은 세대의 사람들처럼 서로에 대해 책무를 지게 된다. 현 세대는 미래 세대까지도 가상적인 협상 주체로 고려하여 정의로운 저축 원칙에 도달할 것이다. 물론 정의로운 저축의 비율은 고정불변이 아니라 사회의 발전 단계에 따라 달라진다. 빈곤한 사회라면 높은 저축률이 필요한데도 저축률이 낮을 수밖에 없고, 부유한 사회라면 더 높은 저축률이 기대된다. 완전히 정의로운 사회에 근접하고 시민의 권리가 충실하게 실현된다면 요구되는 저축은 영(零)에 가깝게 될 것이다.

(다) 청년 세대가 직면하고 있는 취업과 경제적 어려움의 원인을 '세대 간 불평등'에서 찾는 시각이 있다. 이러한 시각은 청년 문제의 사회 구조적 측면을 가볍게 취급한다는 데에 문제가 있다. 본래 세대 간 갈등은 히피문화, X세대, Y세대와 같은 청년 문화와 기성 문화의 충돌과 관련된 사회 문화적 맥락에서 등장하였다. 그런데 사회 문화적인 범주에 속하는 세대 간 갈등 개념을 경제적 범주로 끌어들여 무비판적으로 사용하고 있다. 현재 우리 사회가 겪는 갈등의 대부분은 사회 문화적인 측면보다는 사회 구조적 모순에서 그 원인을 찾을 수 있다. 청년 세대에 속한다고 해서 다 가난한 것도, 장년 세대에 속한다고 해서 다 부유한 것도 아니다. 그러므로 우리 사회의 구조적 문제를 풀기 위해서는 세대 간 갈등보다는 오히려 부의 불평등에 관심을 기울여야 한다.

2017학년도 논술 영역 출제 방향

1. 출제의 기본 방향

논술 영역에서는 미래의 법률가가 갖추어야 할 분석적, 비판적, 종합적 사고력과 논리적이면서도 창의적인 글쓰기 능력을 평가하고자 하였다. 법률가에게는 합리적 판단을 위한 법적 추론의 능력과 그것을 설득력 있게 표현하는 능력이 요구된다. 논술 문항은 이런 능력들을 검증하기 위해 인문·사회 분야의 텍스트를 제시문으로 선정하여 해석 능력을 점검하고, 그 해석을 바탕으로 제한된 시간과 분량 내에서 자신의 생각을 글로 작성하는 능력을 평가할 수 있도록 출제하였다.

2. 출제 범위

법학적성 평가를 위해 적절하다고 판단되는 논제를 제시하고 그에 따른 인문·사회 분야 제시문을 선정하되, 대학 교육을 받은 사람이라면 누구나 이해할 수 있는 수준이 되도록 하였다. 법학에 관심을 가지고 있는 법학전문대학원 지망생의 특성을 고려하여 사회 규범과 관련된 내용도 포함시켰지만 법학 지식이 필요한 것은 아니며, 글을 읽고 이를 바탕으로 사고하는 인문학적 소양과 상식을 갖춘 학생이면 누구나 접근할 수 있도록 출제하였다.

3. 문항

2017학년도 법학적성시험 논술 영역은 두 문항으로 구성하였다.

1번 문항은 〈보기〉에서 가상현실을 구현하는 상호작용적 매체에 대한 규제를 쟁점으로 제기한 다음, 〈규칙〉에서 규제의 요건을 밝히고 있는 두 개의 규칙을 주었으며, 〈자료〉에서 규칙을 적용할 때 활용할 수 있는 자료를 주었다. 수험생은 두 규칙을 적용할 때 이 규제에 대하여 찬반 중 어떤 입장을 취해야 하는지 판단하여야 하며, 이때 적합한 자료를 3~4개 활용하여 판단 근거로 제시해야 한다. 적절한 자료를 기초로 규칙을 적용하는 능력과 일관된 입장에서 논리적으로 추론하고 비판하는 능력이 중요한 평가지표가 될 것이다

2번 문항은 우선 〈사례〉에서 계층 분화 현상, 분배 관행의 문제, 정치적 평등과 심의민주주의의 문제 등을 함축하고 있는 가상 사례를 구성하여 주고, 가장 중요한 문제점을 선택하여 왜 가장 중요한지 설명하게 하였다. 이어서 해결 방안을 제시하게 한 다음, 〈제시문〉의 한 입장을 중심으로 이 방안의 타당성을 논증하게 하였다. 수험생은 문제점들을 비교하여 가장 중요한 문제점을 선택한 이유를 설득력 있게 제시하여야 하며, 제시문 검토를 바탕으로 자신이 제시한 해결책이 왜 타당한지 근거를 들어야 한다. 쟁점 파악, 대안 제시 및 대안에 대한 근거 제시와 관련된 종합적 사고능력이 중요한 평가지표가 될 것이다.

4. 난이도

2017학년도 법학적성시험에서는 2016학년도의 난이도와 비슷하게 유지하였다. 법학에 대한 선지식이 답안 작성에 미치는 영향을 최소화하면서도 응시자들에게 큰 부담을 주지 않는 범위 내에서 적절한 변별력을 가지도록 문항을 구성하였다.

5. 문항 출제 시의 유의점 및 강조점

- 문제 유형과 답안 분량을 고려하여 1, 2번 문항의 배점을 각각 40점, 60점으로 차등 배분하였다.
- 해석상의 오해가 발생하지 않도록 질문과 조건을 명확하게 표현하였다.
- 제시문은 출제 의도를 좀 더 잘 구현하고 가독성을 높일 수 있도록 원 자료를 적절히 재구성하고 윤문하였다.

01.

〈보기〉의 쟁점에 대하여 두 규칙을 모두 적용하여 찬성 또는 반대 중 하나의 입장
을 밝히시오. 단, 두 규칙을 적용할 때 모두 합하여 3~4개의 자료를 판단 근거로
활용하시오. [자료의 출처를 '자료 ①', '자료 ②'와 같은 방식으로 명시할 것]
(900~1,200자, 40점)

─────────────〈제시문〉─────────────

최근 가상현실(Virtual Reality: VR)을 구현하는 상호작용 매체에 대한 규제가 쟁점으
로 부각되고 있다. 이는 VR 매체가 긍정적인 면과 부정적인 면을 동시에 갖고 있기 때문
이다. VR 매체 활용 산업은 부가가치가 크고, VR 매체가 모의 조종 훈련이나 모의 올림
픽 경기 대비 훈련에 매우 유용하다는 점을 고려할 때 관련 산업을 육성할 필요가 있다는
의견이 있다. 한편, 사회 일각에서 청소년을 포함한 VR 매체 이용자의 매체 중독, 현실과
가상의 혼동 등 부작용에 대한 우려도 제기된다.

─────────────〈규칙〉─────────────

• 규칙 1 : 정부는 폭력이나 위법한 행위를 단순히 옹호하는 표현을 규제할 수 없다. 단, 어떤 표
현이 불법적 행동을 즉각적으로 야기할 것을 의도하고, 실제로 그 의도가 실현될 개연성이 있
는 경우에는 예외적으로 규제할 수 있다.

• 규칙 2 : 기술적 진보가 표현 매체의 특성에 근본적 변화를 가져오는 경우에는 새로운 매체에
대한 규제가 필요하다.

─────────────〈자료〉─────────────

① 상호작용 매체를 포함한 다양한 표현 매체의 이용 동기는 사회환경 학습 및 감시 동기, 사회
관계 통제 동기, 오락 및 여가 추구 동기, 자기 현시 및 표현 동기 등으로 파악되었는데, 이는

피트만 등이 제시했던 매체에 대한 전통적인 이용 동기, 즉 자아실현 동기, 통제 동기 및 사회적 동기 등과 크게 다르지 않다.

② 기존의 영화나 인쇄 매체의 이용자에 대해서는 물리적 접근을 차단하는 기술로 특정한 매체에 대한 접근을 제한할 수 있다. 그러나 사이버 네트워킹을 통해 폭력적이고 음란한 가상세계를 구현하는 VR 매체에 대한 접근 수단이 다양하여 물리적·기술적으로 완전히 차단하는 것은 매우 어렵거나 비현실적이다.

③ 범죄 원인에 관한 보도에 따르면, 폭력적이고 잔인한 범죄를 저지른 사람 중에는 폭력성이 강한 미디어 콘텐츠를 반복적으로 이용한 경우가 많았다. 특히 VR 매체 콘텐츠 제작자가 제공한 폭력적인 콘텐츠를 청소년과 같은 감수성이 큰 이용자가 사용하는 경우, 폭력적이고 잔인한 행위를 현실화할 가능성이 더욱 커질 것이라고 보도하였다.

④ 상호작용 매체의 영향에 대한 양적인 연구 조사 결과는 VR 매체가 사람에 따라 매우 다른 영향을 미친다는 점을 보여준다. 그런데 그러한 영향에 의해 개인이 더 공격적으로 된다거나 현실과 게임 상황을 혼동하는지에 대해서는 확실한 판단 근거를 제시하지 못한다.

⑤ 인지 기능 향상과 관련한 연구에 따르면 고전적 비디오 게임은 인지 기능에 영향을 주며, 특히 지각 과정에 영향을 준다. 인지심리학자 드류는 61~78세의 노인 13명에게 「Crystal Castles」이라는 게임을 매주 1시간씩 두 달 동안 하게 하고 인지 검사를 시행한 결과, 게임 후 노인들의 인지 기능이 향상되었다고 보고하였다.

⑥ 미디어 연구자 거슨은 VR 매체 게임의 특성을 '완전하게 몰입되는 환상 경험'으로 묘사한다. 이러한 특성은 실시간 상호작용성과 가상공간의 현실감을 극대화하여 실제 상황과 게임의 차이를 분간하지 못하게 하며, 궁극적으로 게임을 하고 있다는 것을 잊고 현실세계와 가상세계의 구분을 불가능하게 한다.

02.

〈사례〉의 A섬 해안 주민이 직면하고 있는 가장 중요한 문제점을 밝히고, 그것이 왜 가장 중요한지 설명한 다음, 문제점을 해결할 수 있는 방안을 〈조건〉에 맞추어 제시하시오. (1,300~1,600자, 60점)

─── 〈조건〉 ───

• 〈제시문〉의 세 입장을 검토하고 그중 하나의 입장을 중심으로 해결 방안의 타당성에 대해 논증할 것.

─── 〈사례〉 ───

A섬의 주민은 해안과 내륙으로 나뉘어 살고 있다. 해안 주민은 어로 활동을 하며, 내륙 주민은 감자를 재배한다. 해안 주민은 어선들을 공동으로 소유하였다. 어선을 이용한 어로 작업에서 얻은 어획물은 동등하게 분배되었지만, 어로 작업에 참여하지 않은 주민에게는 어획물을 분배하지 않았다. 해안 주민은 이런 관행을 통해 경제 생활의 질서를 유지했다.

세월이 지남에 따라 공동 소유 어선은 노후하여 사용할 수 없게 되었고, 그 사이에 내륙 주민과 거래를 통해 부를 축적한 해안 주민은 개별적으로 선박을 제작하였다. 그리하여 해안 주민은 어선 소유자와 어선을 소유하지 않은 자로 계층이 분화되었다. 양자는 일종 의 어로 작업조를 구성하여 공동으로 작업하고, 작업을 완료한 후에는 어선 소유자가 주 도하여 조원에게 어획물을 분배하였다. 그리고 어로 작업에 참여하지 않은 주민에게는 여 전히 어획물을 분배하지 않았다. 그러나 이런 상황이 지속되면서 어선을 소유하지 않은 자들의 생계가 점점 어려워졌다. 이를 안타깝게 생각한 섬의 원로들은 해안 주민 모두가 모이는 회의를 개최하여 이 어려움을 극복하자고 제안하였다. 하지만 어선을 소유하지 않 은 자들이 어선 소유자의 눈치를 보게 되어, 회의는 적절한 결론을 내지 못하고 표류하고 있다.

─── 〈제시문〉 ───

(가) 내면적인 입장에서 볼 때 가장 도덕적인 행위는 이타적 동기에서 나온 것이다. 외적인 관 찰자는 이기주의에서 선을 찾을지 모른다. 이런 사람은 인간 본성에 비추어 이기주의가 더 자연 스러운 것이고 사회에서도 이기주의가 필요하다고 판단할 것이다. 하지만 행위 주체의 입장에서 는 이타성이 도덕의 최고 기준이어야 함에 변함이 없다. 왜냐하면 행위 주체만이 사회적으로 승 인받은 행위조차 이기심에 의해 얼마나 타락하게 되는지를 잘 알기 때문이다. 다른 한편으로 사

회는 이타심보다 정의를 최고의 도덕적 이념으로 삼는다. 사회의 목적은 모든 사람들에게 균등한 기회를 부여하는 것이다. 만일 이런 평등과 정의가 이웃의 권익을 침해하는 사람들의 이기심을 억제함으로써만 달성될 수 있다면 사회는 이기심에 대한 제재를 승인할 수밖에 없다.

(나) 그리스어 이소노미아(isonomia)라는 용어는 법 영역 내에서의 평등을 의미하며, 이는 단순히 조건의 평등이 아니라 공동체를 구성하는 시민들의 평등이었다. 이소노미아가 평등을 보장한 것은 모든 인간이 평등하게 태어나거나 창조되어서가 아니라 도리어 본질적으로 평등하지 않으므로 법(nomos)을 통해 자신들을 평등하게 만들어 주는 인위적인 제도, 즉 폴리스가 필요했기 때문이었다. 평등은 이와 같이 특별한 정치 영역에만 존재했다. 사람들은 이 영역에서 사적 인간이 아니라 공적 시민으로서 서로를 만났다. 폴리스의 이소노미아, 즉 폴리스의 평등은 폴리스의 속성이었지, 사람들의 속성은 아니었다. 당시 사람들은 출생이 아니라 시민권을 통해 평등을 획득했다. 이 평등은 자연이 주거나 스스로 확대된 것이 아니었다. 반대로 관습적이고 인위적인 것, 즉 인간적 노력의 산물이며 인위적 세계의 특성이었다.

(다) 인간은 배척을 무엇보다 두려워한다. 집단 안에서 자기 자리를 확인하고 존재감을 한껏 누릴 때 가장 보편적인 기쁨과 만족을 느낀다. 우리는 도덕적 이상에 따라 타인을 돌보기도 하고 무기를 손에 들기도 한다. 인간은 기본적으로 타인을 모방하는 존재이다. 우리는 늘 교제에 목말라 있고 타인의 욕구에 민감하게 반응한다. 우리가 추구하는 소속감, 지식, 안정감에 대한 최종 답변이 사회가 아니라면, 이처럼 보편적이고 공유된 방식으로 타인들과 어울려 살아가지는 못할 것이다. '내가 옳다고 생각하는 것'이 항상 '나한테 유리한 것'과 동일하지는 않다. 왜냐하면 '내가 옳다고 생각하는 것'은 나에게 중요하고 가까운 이들의 생각을 반영하여 구성될 것이기 때문이다. 법과 질서에 대한 존중은 이런 여러 가지 개인적 경험, 특히 다양한 집단에 참여한 경험에 의해 더 넓은 시각으로 확장된다.

2016학년도 논술 영역 출제 방향

1. 출제의 기본 방향

　논술 영역에서는 미래의 법률가가 갖춰야 할 분석적·비판적·종합적 사고력과 논리적이면서도 창의적인 글쓰기 능력을 평가하고자 하였다. 법률가에게는 합리적 판단을 위한 법적 추론의 능력과 그것을 설득력 있게 표현하는 능력이 요구된다. 논술 문항은 이런 능력들을 검증하기 위해 인문·사회 분야의 텍스트를 제시문으로 선정하여 해석 능력을 점검하고, 그 해석을 바탕으로 제한된 시간과 분량 내에서 자신의 생각을 글로 작성하는 능력을 평가할 수 있도록 출제하였다.

2. 출제 범위

　법학적성 평가를 위해 적절하다고 판단되는 논제를 제시하고 그에 따른 인문·사회 분야 제시문을 선정하되, 대학 교육을 받은 사람이라면 누구나 이해할 수 있는 수준이 되도록 하였다. 법에 관심을 가지고 있는 법학전문대학원 지망생의 특성을 고려하여 법과 관련된 내용도 포함시켰지만 법학 지식이 필요한 것은 아니며, 글을 읽고 이를 바탕으로 사고하는 인문학적 소양과 상식을 갖춘 학생이면 누구나 접근할 수 있도록 출제하였다.

3. 문항

　2016학년도 법학적성시험 논술 영역은 두 문항으로 구성하였다.

　1번 문항은 〈제시문〉에서 애국가 사례에 대한 소개에 이어 공적 이용이 중요한 저작물에 관해 제기될 수 있는 세 입장을 제시한 다음, 〈보기〉에서 2개의 논제를 주었다. 수험생은 〈보기〉의 논제들에 대해 '저작권 인정론'과 '저작권 부정론'이 제기할 수 있는 주장을 정리한 다음 '수용·보상론'의 입장에서 두 입장을 반박하는 방식으로 답안을 작성해야 한다. 논제에 함축된 의미를 파악하는 능력과 일관된 입장에서 논리적으로 추론하고 비판하는 능력이 중요한 평가지표가 될 것이다.

2번 문항은 '분배 정의'에 관해 상이한 관점을 보여 주는 세 제시문 각각의 입장에서 가장 선호할 개선안을 〈보기〉에서 찾아 설명한 다음, 제시문 중 어느 입장이 〈사례〉의 문제를 해결하기에 가장 적절할지에 대해 다른 두 입장과 비교하면서 자신의 견해를 논술하게 하였다. 제시문으로는 평등주의적 입장, 능력주의적 입장, 양자를 조화시키려는 입장의 글을 주었다. 수험생은 세 제시문의 논지를 정확히 파악한 후, 〈보기〉의 개선안과의 호응관계를 잘 파악하여 설명해야 한다. 그 다음 제시문의 입장 중 〈사례〉의 문제를 해결하기에 가장 적절한 것을 선택하고, 왜 그것이 가장 적절한지에 대해 다른 두 입장을 비판하면서 자신의 생각을 논리적으로 전개해야 한다.

4. 난이도

2016학년도 법학적성시험에서는 2015학년도와 비슷하게 난이도를 유지하였다. 법학에 대한 선지식이 답안 작성에 미치는 영향을 최소화하면서도 응시자들에게 큰 부담을 주지 않는 범위 내에서 적절한 변별력을 가지도록 문항을 구성하였다.

5. 문항 출제 시의 유의점 및 강조점

- 문제 유형과 답안 분량을 고려하여 1, 2번 문항의 배점을 각각 40점, 60점으로 차등 배분하였다.
- 해석상의 오해가 발생하지 않도록 질문과 조건을 명확하게 표현하였다.
- 제시문은 출제 의도를 좀 더 잘 구현하고 가독성을 높일 수 있도록 원자료를 적절히 재구성하고 윤문하였다.

01.

다음 〈제시문〉을 읽고 C의 입장에서 A, B 두 입장을 모두 반박하는 글을 작성하시오. 이 때, 두 입장이 〈보기〉의 두 논제에 관하여 각각 어떤 주장을 제시할지 밝히고 이를 비판하는 순서로 작성하시오. (900~1,200자, 40점)

〈제시문〉

현재의 애국가는 1936년 안익태가 작곡하였다. 가사는 윤치호가 지었다는 설이 있으나, '애국가작사자 조사위원회'는 1955년 작사자 미상으로 결론지었다. 안익태에게 작곡자로서의 음악 저작권이 있는 애국가는 1948년 대한민국 정부 수립 이후 국가로 사용되었는데, 1965년 안익태가 스페인에서 사망한 이후로는 그곳에 남아 있는 유족들이 저작권을 보유하게 되었다. 유족들은 한국음악저작권협회에 애국가에 대한 저작권 관리를 위탁하였고, 이 협회를 통해 저작권료를 지급받고 있었다. 그러나 대부분의 국민들은 안익태가 애국가를 작곡했다는 것은 알고 있어도 애국가가 저작권의 대상이라는 것과 안익태의 유족들에게 저작권료를 지급하고 있다는 사실은 잘 알지 못하고 있었다. 2003년 한국음악저작권협회가 저작권료를 지불하지 않고 경기장에서 애국가를 연주하였다는 이유로 국내 축구 구단들을 고소하면서 애국가의 저작권 문제가 비로소 세상에 알려지게 되었다. 당시의 국내 법령에 의하면 저작재산권 보호 기간은 저작자가 사망한 후 50년까지였고, 따라서 2015년까지는 유족에게 저작권이 보장된 상태였다. 그러나 2002년 한·일 월드컵을 경험한 국민들은 온 국민이 사랑하고 공식적인 행사에서 제창하는 애국가에 과연 저작권을 인정해야 하는지에 대해 진지하게 고민하기 시작하였고, 일각에서는 국가를 바꾸어야 한다는 극단적인 주장까지 제기하였다. 이 문제는 안익태의 유족들이 애국가의 저작권을 대한민국과 국민에게 무상 기증하는 것으로 일단락되었다.

그러나 당시 이 문제와 관련하여 원칙적인 해법을 모색해야 한다는 주장도 강하게 대두되었다. 애국가와 같이 공공의 사용이 중요한 저작물에 관해 개인에게 저작권을 인정하는 것이 정당한지에 대해서는 다음 세 입장이 제기될 수 있다. 첫째, 저작물의 성격을 불문하고 저작권을 제한 없이 인정해야 한다는 입장(A 입장), 둘째, 저작물의 성격과 관계없이 아예 저작권 자체를 부정하는 입장(B 입장), 셋째, 수용 및 보상을 통해 저작권 문제를 해결해야 한다는 입장(C 입장)이다.

―――――――――――――〈보기〉―――――――――――――

• 논제 1 : 창작자의 노고를 어떻게 인정할 것인가?
• 논제 2 : 문화의 향상 발전에 어떻게 기여할 것인가?

02.

〈제시문〉(가), (나), (다) 각각의 입장에서 〈보기〉의 개선안 중 어느 것을 가장 선호할지 설명하고, 〈제시문〉 중 어느 입장이 〈사례〉의 문제를 해결하는 데 적절할지 다른 입장들과 비교를 통하여 논술하시오. (1,300~1,600자, 60점)

―――――――――――――〈사례〉―――――――――――――

A국 공공기관은 채용 시험을 통해 성적순으로 합격자를 선발하며, 대체로 매년 응시자의 3%만이 합격한다. 채용 시험의 합격은 직업적 · 경제적 안정을 보장하므로, 능력과 노력에 따른 합당한 보상으로 여겨졌다. 그런데 최근 10년간 응시자들의 사회적 배경, 즉 부모의 직업 · 수입 · 학력과 당사자의 출신 지역 등을 계량화하여 분석 · 비교한 연구 결과가 발표되었다. 이에 따르면 대다수 합격자의 '사회적 배경 지수'가 불합격자의 평균적인 사회적 배경 지수를 훨씬 상회하였고, 또 이러한 격차는 계속 확대되어 왔다. 그 때문에 이런 채용 방식에 대한 부정적 여론이 들끓게 되자, A국 정부는 '공정사회 구현을 위한 공공기관 채용 제도 개선안'을 모색하는 공청회를 열었다. 공청회에서는 〈보기〉의 안들이 제시되었다.

―――――――――――――〈보기〉―――――――――――――

[1안] 모집 인원 전체를 채용 시험 성적순으로 채용하되, 사회적 하위 계층*의 지원자에게 사회적 격차를 보정할 수 있는 수준의 가산점을 부여한다.
[2안] 모집 인원의 80%는 채용 시험 성적순으로 채용하고, 나머지 20%는 채용 시험 성적, 최종 학력, 학교 성적, 봉사 실적, 자기소개서 등을 종합 고려한 심사를 통하여 채용한다.
[3안] 모집 인원의 80%는 채용 시험 성적순으로 채용하고, 나머지 20%는 사회적 하위 계층 지원자 중 최소한의 직무 수행 기본능력을 고려하고 봉사활동 경력 등에 나타나

──────────〈제시문〉──────────

(가) 아무런 사회적 규제가 없는 자연 경쟁 체제에서, 사회의 분배 제도는 재능 있는 사람은 누구나 출세할 수 있다는 관념에 의해 규제될 것이다. 여기서 최초의 자산 분배는 자연적·사회적 우연에 의해 강력한 영향을 받게 된다. 그리고 현재의 소득과 부의 분배는 타고난 자산, 곧 자질과 능력의 선행적 분배의 효과가 누적된 결과다. 다시 말해 타고난 자산의 선행적 분배가 사람들에게 일정 기간 동안 어떻게 유리하게 또는 불리하게 사용되었는가에 따른 결과다. 이런 경쟁 체제가 정의롭지 못하다는 것은 직관적으로 명백하다. 무엇보다도 그 체제에서는 도덕적 관점에서 아무런 본질적 중요성을 갖지 않는 요인들 때문에 배분의 몫이 부당하게 좌우된다.

그렇기 때문에 어떤 사람들은 재능이 있으면 출세할 수 있다는 요구 조건에 실질적 기회 균등이라는 조건을 부가함으로써 이러한 부정의를 시정하자고 한다. 직위는 단지 형식적 의미에서만 개방되어서는 안 되고 모든 사람이 그것을 획득할 수 있는 실질적 기회를 가져야만 한다는 것이다. 다시 말해 유사한 능력과 재능을 가진 사람들은 유사한 삶의 전망을 가져야 한다.

그러나 이런 실질적 기회 균등의 체제는 사회 속에서 우연적 요인의 작용을 줄이는 장점은 있어도 여전히 천부적인 재능과 능력에 따라 부나 소득의 분배가 결정되도록 내버려 둔다는 단점이 있다. 그래서 이러한 체제도 도덕적 관점에서 마찬가지로 정당화되기 어렵다. 소득과 부의 분배가 역사적·사회적 행운에 의하여 이루어지는 것을 허용할 이유가 없는 것과 마찬가지로, 그 분배가 천부적 자산에 따라 이루어지는 것을 용인할 이유도 없다. 천부적 재능의 불평등도 부당하며, 이러한 불평등 역시 어떤 식으로든 교정되어야 한다. 그래서 사회는 더 불리한 사회적 지위를 갖고 태어난 사람은 물론 천부적 자질을 더 적게 가진 사람에게도 마땅히 더 많은 관심을 가져야 한다.

(나) 순자(荀子)는 말했다. "대체로 양편이 모두 귀한 사람이면 서로 섬길 수가 없고, 양편이 모두 천하면 서로 부릴 수가 없는데, 이것은 하늘의 섭리이다. 세력과 지위가 같으면서 바라는 것과 싫어하는 것도 같으면, 물건이 충분할 수가 없을 것이므로 반드시 다투게 된다. 다투면 반드시 어지러워지고, 어지러워지면 반드시 궁해질 것이다. 옛 임금들은 그러한 혼란을 싫어했기 때문에 예(禮)의 제도로써 이들을 구별해 주어, 가난하고 부하며, 귀하고 천한 등급이 있게 하여 서로 아울러 다스리기 편하게 하였다. 이것이 천하의 백성들을 기르는 근본이 되는 것이다." 그는 또 말했다. "덕이 있고 없음을 검토하여 서열을 결정하고, 능력을 헤아려 벼슬을 주어 모든 사람

들로 하여금 그의 할 일을 수행하며 각각 모두가 그의 합당한 자리를 차지하게 하는 것, 이것이 사람들을 잘 등용하는 것이다."

불평등의 긍정적 측면에 대한 순자의 이런 통찰은 오늘날의 민주주의 사회에서도 유효하다. 우리는 어떤 불평등은 도덕적으로 정당할 뿐만 아니라 또한 좋은 사회를 위해 중요한 역할을 수행한다는 점을 인식해야만 한다. 어떤 사회 체제에서든 '성층화(成層化)'는 불가피하다. 불평등(성층화)은 꼭 필요하지만 꺼리는 직업을 사람들이 수행하도록 하며 선호하는 직업에서도 더 열심히 일하도록 자극한다. 더 나아가 부의 불평등은 사람들이 경제적으로 더 나은 상태에 도달하기 위해 노력하도록 자극을 준다. 다시 말해 다른 사람들보다 더 잘살고 싶도록, 또는 자신이 느끼는 결핍 상태를 극복하도록 동기를 부여한다. 이런 불평등을 인위적으로 완화하려 하면, 사회는 활력을 잃고 혼란에 빠지고 말 것이다.

정의에 대한 상식적 관념에 비추어 보더라도 사람들이 누려야 할 응분의 몫은 다를 수밖에 없다. 특히 능력은 그 응분의 몫을 결정할 수 있는 가장 중요한 잣대다. 평등이 추구할 만한 좋은 가치이기는 하지만, 어떤 불평등은 불가피하고 정당하며 사회 전체에 대해 이롭다.

(다) 바람직한 민주주의 사회는 두 가지 원칙의 지배를 받아야 한다. 첫째, 인간은 성공적인 삶을 살기 원하며, 이런 지향은 누구에게나 똑같이 중요한 것으로 여겨져야 한다는 원칙이다. 둘째, 각자의 삶의 성공 여부에 대해서는 궁극적으로 오직 그 삶의 주인만이 책임을 져야 한다는 원칙이다.

첫 번째 원칙은 인간이 모든 점에서 동일하다거나 평등하다고 주장하지는 않는다. 여기서의 평등은 사람의 속성에 관한 것이 아니라 누구든 삶을 낭비하지 않고 가치 있게 살 수 있어야 한다는 의미다. 이 원칙에 따르면 시민에게 법에 충성하고 복종할 것을 요구하는 정치 공동체는 그들 모두에 대해서 공평한 태도를 취해야 한다. 정부는 시민이라는 점 이외의 다른 속성들, 예를 들어 경제적 배경, 성, 인종, 특별한 재능이나 장애 등에 의해 시민들의 운명이 가급적 좌우되지 않도록 법과 정책을 채택하여 그런 요인들에 따른 사회적 불평등을 가능한 한 최대한으로 교정해야 한다.

두 번째 원칙은 형이상학적이거나 사회학적인 것으로 이해하면 안 된다. 각자의 삶을 선택한 데에는 다양한 이유들이 있을 수 있다. 심리학적이거나 생물학적인 이유가 있을 수도 있으며, 더불어 문화나 교육이나 물질적 여건도 영향을 끼쳤을 수 있다. 그러나 자원과 문화에 의해 허용된 선택의 범위가 어떻든지 자기가 어떤 삶을 살지 스스로 선택하는 한, 그 선택에 대한 책임도 스스로 져야 한다는 것이 이 원칙의 핵심이다. 예를 들어 소비하기보다는 투자하기로 선택한 사람들이나 여가를 즐기기보다는 자기 계발을 위해 노력한 사람들은 이런 결정에서 나름의 이득을 누리는 것이 허용되어야 하고, 그 반대의 경우도 마찬가지다.

우리는 명백히 상반되는 이 두 원칙을 조화할 수 있는 길을 찾아야 한다. 사회적 불평등의 교정이라는 목적을 좇느라 개인적 책임의 중요성을 간과해서도 안 되지만, 개인의 포부를 이루기 위한 노력을 보상한다고 그에 따른 불평등이 지나치게 커지도록 내버려 두어서도 안 된다.